Batallón de mujeres

Heinz G. Konsalik

BATALLON de mujeres

Círculo de Lectores

Título del original alemán, Frauen Bataillon
Traducción, Manuel Vázquez
Cubierta, BIME

Círculo de Lectores, S.A.
Valencia, 344 Barcelona
2 3 4 5 6 7 8 9 5 8 0 4

Depósito legal B. 10634-1985
Impreso y encuadernado por
Printer, industria gráfica sa
Sant Vicenç dels Horts 1985
Printed in Spain
ISBN 84-226-1902-4

Edición no abreviada
Licencia editorial para Círculo de Lectores
por cortesía de Plaza & Janés, Editores

PROTAGONISTAS PRINCIPALES:

Stella Antonovna Salnikova	Tejedora
Marianka Stepanovna Dudóvskaia	Panadera
Schanna Ivanovna Babaieva	Pastora
Lida Ilianovna Selenko	Estudiante de Odontología
Daria Allanovna Kluieva	Estudiante de Arquitectura
Soia Valentinovna Baida	Capitana y jefa de la unidad
Galina Ruslanovna Opalínskaia	Doctora de la unidad
Victor Ivanovich Ugarov	Teniente
Foma Igorevich Miranski	Comisario político
Bairam Vadimovich Sibirzev	Sargento, tirador escogido
Iván Rasulovich Kitaiev	General del Ejército Rojo
Olga Petrovna Rabutina	Coronela directora de la Academia Especial
Doctor Viliam Matvejevich Semaschko	Médico en la aldea de Novo Kalga
Peter Hesslich (Piotr Hermannovich Salnikov)	Brigada
Uwe Dallmann	Suboficial
Lorenz von Stattstetten	Alférez
Richard Molle	Comandante de una unidad especial
Franz Bauer III	Teniente, jefe de la cuarta compañía
Fritz Plötzerenke	Cabo primero de la Plana Mayor
Helge Ursbach	Médico

La novela se desarrolla en Novo Kalga, Jarkov, y desde noviembre de 1942 hasta agosto de 1943, en el frente del Sur, entre Orel-Jarkov-Rostov.

¡Amado, ven a mi vera!
La perpetuación de nuestro amor
significa sólo una cosa para nosotros
en esta contienda sagrada: ¡vencer o sucumbir!

¡Ojalá no nos debilite nunca la ternura!
La lucha necesita un ser humano íntegro
para que el enemigo jurado no nos intimide
y nuestra cólera no se extinga jamás.

ANDREI UPITS
(Del poema *La comunitaria*)

PRIMERA PARTE

Él no la había visto venir, y tampoco la había oído. Ladina, pérfida y sigilosa como si sus patas estuviesen enfundadas en sacos llenos de plumas, la maldita bestia se deslizó hasta su escondite. Sólo cuando se enderezó cuan larga era echó hacia atrás la cabezota esférica y, lanzando un rugido sordo, colérico, le quemó el cogote con su candente aliento... Él comprendió que había perdido aquel desafío de varias horas.

Nadie osaría decir que Piotr Hermannovich Salnikov hubiese sido jamás una persona medrosa. Allá por 1946, cuando él y su joven esposa, Stella Antonovna, aparecieron en Novo Kalga; cuando él, un mozarrón jovial, se escupió en las manos y exclamando «¡ahora empieza la vida de verdad!», se lanzó a la construcción de una casa y roturó un trozo de taiga para ganarse el pan cotidiano, cada morador de la pequeña colonia se dijo: «He aquí un tipo que no se dejará quebrantar por nuestros inviernos, como les ocurre a tantos árboles que se derrumban con gran estruendo bajo las heladas.»

Y así fue. Piotr Hermannovich, por entonces un hombre de veintiocho años, de ojos azules muy despiertos, poderosa musculatura y plácido talante, edificó una hermosa alquería en las afueras de Novo Kalga, se colocó como montero oficial, recorrió la taiga abatiendo liebres polares y nutrias, martas cebellinas y zorros, lobos y osos, emprendió la cría de castores e incluso fue elegido para el Soviet del distrito.

Gracias a su elocuencia consiguió allí una y otra vez repartos especiales de ropa, calzado y aparatos electrodomésticos para Novo Kalga, y en las fiestas nacionales —por ejemplo, el aniversario de Lenin o el Día de la Revolución de Octubre— fue él quien se distinguió organizando las manifestaciones y los desfiles de obreros y campesinos y decorando la Casa del Partido.

A decir verdad, Piotr y Stella Antonovna formaron una bella y laboriosa pareja. La mujercita no se limitó a cuidar el huerto, curtir las pieles de las piezas cobradas y traer al mundo dos criaturas, un niño y una niña. También quiso reservar una habitación de la casa como taller de tejeduría. Al principio trabajó sólo para los vecinos de Novo Kalga, pero más adelante hizo llegar sus productos incluso hasta Siuddiukar, la localidad grande más cercana a las orillas de Viliui, donde los yacutos locales admiraron aquellos tejidos rusos antiguos, tan extraños para ellos. El negocio prosperó tanto, que Stella Antonovna contrató a cinco mujeres, hizo traer tres telares desde Yakutsk y montó una especie de fábrica. Fue una empresa arriesgada. El transporte mismo de los telares desde Yakutsk a Novo Kalga resultó ser una verdadera aventura. Pues, al fin y al cabo, uno no puede servir el pedido con un camión como lo haría en Moscú o Leningrado. Novo Kalga está situada al norte de Viliui, en una comarca forestal fértil y, a trechos, pantanosa del indómito río Yayetta. Por el Este, Oeste y Norte se abre la inmensa soledad, el bosque interminable cuyos límites son la tundra llana y los vetustos peñascos de las montañas de Viliuisski. Cuando alguien pregunta a las gentes de Novo Kalga cómo es posible que aquí vivan todavía seres humanos, recibe respuestas sorprendentes. Los comienzos de la colonia datan de 1825, cuando se sofocó la revuelta de los decembristas en San Petersburgo y el zar Nicolás I no sólo impulsó el destierro en Siberia a los cabecillas de la sublevación, sino que también envió hacia esas tierras inhóspitas a muchas gentes sencillas, sobre todo de la clase media, que habían visto con buenos ojos el levantamiento. La Policía secreta zarista hizo una limpieza concienzuda, de modo que Pantelei Maximovich Rubalki llegó también a la región de Yayetta, fundó allí una colonia y la llamó Novo Kalga, en recuerdo de su ciudad natal, Kalga, a orillas del lago Peipus. Junto con Rubalki se trasladaron seis familias a la vasta cuenca del Viliui, todos brindaron su amistad a los yacutos y disfrutaron de una libertad absoluta, como si fueran los únicos seres humanos sobre esta tierra.

Hoy día Novo Kalga cuenta exactamente con 1.014 almas, posee un aserradero, la tejeduría de Stella Antonovna, un almacén estatal, un koljós llamado «Progreso», una pequeña iglesia de madera, una Casa del Partido, un centro de investigación geológica, dos escuelas, una Casa de Cultura con teatro y un modesto hospital, bajo la dirección del doctor Viliam Matvejevich Semaschko.

Verdaderamente era una gloria observar al matrimonio Salnikov contemplar su laboriosidad infatigable, admirar cómo roturaba Piotr sus campos, cómo se las entendía con la caza, cómo medraba el huerto, cómo se ampliaba sin cesar la casa. Y, sobre todo, cómo se robustecía Piotr de un año para el otro, recio cual un abeto de la taiga cuya madera se endurece de un invierno al siguiente hasta que, por último, el filo acerado del hacha rebota en ella sin hacer mella siquiera.

No se le podía llamar endeblucho a Piotr, ¡ah, no! ¡Ni siquiera ahora, con sus cincuenta y cuatro años! Ciertamente pelo y barba se habían hecho algo grises, y las arrugas se incrustaban en un rostro curtido por el sol, el viento y las heladas; eran incisiones del destino, cicatrices de una vida rigurosa, pero él seguía pareciendo tan indomable como la taiga misma.

Ahora él estaba plantado allí, rígido, inmóvil, con brazos colgantes y manos vacías, sabiendo a ciencia cierta que esta vez no le salvarían su bravura y ni siquiera una oración.

A seis metros de distancia humeaba el fuego de campamento, todavía en ascuas. La pequeña tetera y un puchero con sopa de col colgaban de un trípode hecho con varas de sauce. Muy cerca había un periódico y una buena porción de reno esperando a que la ensartara otra rama de sauce para ser asada a la lumbre. Y un poco más allá, sobre el musgo, él veía su excelente rifle de cañón corto, un «Moisin-Nagant M-54», de mira telescópica y ampliación cuádruple, su viejo y querido camarada que hasta ahora no le había dejado jamás en la estacada. Podría desmontarlo con los ojos cerrados y volver a montarlo. Había practicado tanto con aquella arma, que sólo necesitaba enfocar su blanco con la mirada. Y siempre acertaba. Hombre y rifle constituían una unidad.

Pero ahora había seis metros entre él y el «Moisin-Nagant», una distancia mucho mayor que el camino hasta las constelaciones. No era sólo las tres zancadas que necesitaba dar para alcanzar el rifle, no; además requería tiempo para agacharse, alzar el arma y asegurar la puntería exactamente entre los ojos. El primer impacto debería ser mortal. No dudaba de que lo conseguiría... pero eso no le acercaba más al rifle. Los seis metros eran como seis eternidades.

¡Cuántas cosas no podrá pensar una persona en dos segundos!

De pronto, Piotr Hermannovich dio media vuelta y se agachó, alzando ambos puños.

¡Menudo oso!

Era el oso más grande y ancho de pecho, el más peludo, potente y hermoso que jamás viera en su vida. Para quitarte el aliento..., como proveniente de otro mundo, un coloso cuya procedencia se remontaba a tiempos primitivos, brumosos. Su pelambrera era de un castaño oscuro, casi negro, salpicada de múltiples cerdas blancas. El torso se arqueaba semejante a un bombo, la forma esferoidal de la poderosa cabeza habría sido perfecta si no fuese por el puntiagudo hocico y la húmeda nariz, sobre los cuales relucían, como botones de cristal negro, los ojos fríos e inquietos, rodeados de pelo. El oso, erguido cuan largo era y con las patas delanteras abiertas, cerraba la vista del cielo a Piotr Hermannovich. En aquel momento su belleza fue tan impresionante, su poder tan patente e invulnerable, que Piotr hizo una profunda inspiración y contuvo el aliento.

Él sabía ya que se trataba de un ejemplar singularmente hermoso. Hacia la madrugada le había descubierto allá abajo, en el pedregoso torrente. El animal se había sentado en el agua esperando la llegada de los peces, que aparecerían saltando sobre la tumultuosa corriente. «¡Dios mío! —había pensado Piotr ocultándose detrás de un árbol— ¡eso sí que es una bestia! Ninguno de nosotros sabía que un oso semejante viviese en estos bosques; jamás lo había visto yo al cabo de tantos años. Y debe de ser viejo... y solitario, un individualista, pues yo sé muy bien lo que ocurre aquí con las osas. ¿No será un tirano? Sí, uno de esos soberanos dominantes que se desentienden de familia y prole, y que, cuando quieren aparearse, ahuyentan a los demás machos y toman las hembras de su agrado, como hacían antaño los aristocráticos caballeretes que disfrutaban con las muchachas de la servidumbre. ¡Sí, será uno de ésos!» Y cuando el oso se alejaba, trotando, del riachuelo, Piotr se había olvidado de disparar, le había contemplado estático, lleno de admiración, recreándose con su belleza.

Eso había sido un error irreparable, que ahora le costaría la vida a Piotr. Apenas se apartó del arroyo, el oso había olfateado al hombre, le había avistado y, dando media vuelta, había emprendido veloz carrera para adentrarse en el bosque. Entonces fue cuando empezó el duelo entre hombre y bestia.

Piotr siguió al oso, se le ciñó contra el viento, le rodeó, atravesó corriendo espesuras de alerces y coníferas, se puso al acecho tras inmensos matorrales de bayas, avanzó a rastras como en la guerra, con el rifle sobre el pliegue del codo y cruzó pantanos y peñascosas vaguadas. Pero cada vez que creía tenerlo en el punto de mira, cada vez que alzaba el arma, y la forma peluda, negruzca, ocupaba el retículo, el oso resultaba ser más rápido, se echaba a un lado y desaparecía entre las peñas, para reaparecer más tarde abajo, en la enmarañada floresta.

Treinta años antes, el método había sido idéntico. Por entonces se había tratado también de hacerse invisible, mantener al adversario en el retículo y, conteniendo el aliento, apretar el gatillo. Y él lo sabía siempre por anticipado, incluso antes de que la culata le golpeara con su retroceso: «He acertado.» E inmediatamente lo anotaba con una raya en su cartilla de disparos. Cada vez había tenido que superar una resistencia interior para hacer aquella raya, aunque se dijera sin cesar: «¡Es la guerra!» El enemigo, al otro lado, no actuaba de otra forma. Hoy eras tú una pizca más rápido y astuto que él. Mañana podría ser él quien lo fuera, y entonces tú yacerías con un boquete perfecto en la frente sobre el suelo desgarrado por las granadas. El regusto desabrido que sentía al trazar su raya, podía interpretarse así: «Ahí había un ser humano.»

Aquí había un oso. Y este oso era un tipo endiabladamente taimado. Nueve horas duró el duelo; durante nueve horas, ambos se acecharon mutuamente, se rondaron, jugaron al escondite hasta que Piotr, resignado, renunció a la lucha. «Éste es tu territorio —pensó—. Aquí sabes bien por dónde vas. Pero, ¡ahora también te conozco, osito amigo! A la larga no podrás escapar de mí. Mañana estaré otra vez aquí, y pasado mañana y a la semana siguiente, y, si fuera menester, durante todo el mes próximo. Estaré aquí el tiempo que sea necesario para vencerte. No lo hago por cobrar tu piel, hermoso amigo, no. Ahora se trata del honor, ¿comprendes? Nadie que se haya atravesado en la mira de Piotr Hermannovich ha logrado zafarse hasta este día.»

Pero eso era inexacto. Hubo un instante en que él distinguió claramente a su adversario por la mira telescópica, había visto cómo su cabeza ocupaba el centro mismo del retículo, de tal modo que le habría bastado encorvar un poco el índice para poder ampliar su cartilla de disparos con una nueva raya. Sin embargo, no lo hizo. Sintió como si una losa se desplomase sobre su corazón..., y abatió el rifle.

Eso mismo había sido el comienzo de todo lo que ahora, treinta años después, tocaría a su término. Por aquellas fechas, el 1 de julio de 1943, al sur de Belgorod y a orillas del Donetz septentrional, él había titubeado. Y con aquel titubeo había desechado su vida vieja para adquirir una nueva.

Mientras rememoraba tales hechos, Piotr atizó el fuego, sopló la llama, colgó la tetera y el puchero de sopa, afiló la vara de sauce destinada a la carne e hizo todos los preparativos para un suculento yantar. Era una hermosa tarde del verano incipiente, y la taiga tenía una luminosidad azul bajo el sol. Las agujas de los alerces brillaban con tonos verdeazules aterciopelados como si el mismo cielo se hubiese derramado sobre ellas; la tierra despedía un olor acre; bandadas de pájaros alborotaban, revoloteando, entre las copas, y en la hondonada murmuraba el agua del arroyo sobre los pulimentados guijarros.

«La Naturaleza canta», había dicho cierta vez Stella. Aquel día, ambos estaban tendidos en el bosque y se amaban entre helechos, arbustos de bayas y pinos jóvenes. Hacía veinte años de eso. El primer hijo había nacido mucho antes, la pareja poseía ya una hermosa casa, una chimenea inmensa y una espaciosa cama de madera, pero cuando los dos salían juntos a cazar por la taiga, les solía asaltar una especie de embriaguez, y entonces se amaban bajo el vasto cielo o bajo unos árboles monumentales y se sentían felices como nunca. Así procrearon también a Nani, su segundo hijo, una niña..., cerca de un arroyo como aquél, a once verstas de allí hacia el Sur. Fue una mañana tan calurosa, que el bosque detrás de ellos parecía humear, y la calina les envolvía cuando ella le mordió el hombro desnudo y le recibió en su interior.

Piotr lo recordaba todavía con suma nitidez. Mientras evocaba aquello, se alejó de la fogata, dejó su rifle sobre la hierba y dio unos pasos hacia el achaparrado fresal silvestre en donde despuntaban ya las primeras fresas rojas. Él no era de los que desdeñaban aquel postre ofrecido por la Naturaleza. Así, pues, se agachó para coger un puñado de fresas, las probó, las encontró todavía muy ácidas y duras, siguió dedicando sus pensamientos a Stella..., y se olvidó por completo del oso.

Pero el oso no había olvidado a Piotr. Entre las artimañas de los osos figura la de huir ante el enemigo, esconderse, y luego regresar trazando un amplio arco, para tender una emboscada. Pero Piotr no recordó aquella vieja estratagema hasta que oyó a sus espaldas el rugido sordo, tras lo cual dejó caer las fresas y dio media vuelta.

Ahora se miraron de frente. El oso pasaba dos cabezas a Piotr, sus espaldas eran dos veces más anchas que las del adversario, sus remos delanteros semejaban dos gruesos tocones cubiertos de maleza, y las garras negras, corvas en las zarpas alzadas, eran tan largas como los garfios con que los electricistas trepan a los postes. Una vez más rugió el oso. Su aliento despidió un tufo nauseabundo, de podredumbre, y el viento lo lanzó contra el rostro de Piotr. Los fríos ojillos del animal examinaron al hombre fríamente, sin misericordia.

«No te muevas —pensó Piotr—. Sobre todo, no intentes huir. ¡Cualesquiera sean tus acciones en una situación semejante, él será siempre más rápido! Dile algo, dirígele la palabra, charla con él como si fuese un buen amigo..., él no ha oído jamás la voz humana, quizá le desconcierte. Pues con mi voz he conseguido ya muchas cosas..., he aplacado a perros rabiosos, he distraído a un jabalí desmandado..., e incluso cierta vez hablé con un lobo, dejándole tan sorprendido, que tuve tiempo de alzar velozmente el rifle y abatirlo. Y hoy, ¿qué? seis metros me separan del rifle, y aún necesito tres segundos más para disparar...»

Piotr le habló...

—Fuiste muy astuto, osito amigo —dijo Salnikov con voz ronca, opaca.

«Sin duda tengo miedo —pensó—. Verdaderamente es el miedo lo que desfigura mi voz. El palmario pavor del desvalido. ¡Serénate, Piotr Hermannovich! Tu miedo no te librará de este adversario.»

—Muy astuto —repitió—. Sencillamente te aproximas sigiloso por detrás y, de súbito, surges ahí. Sé muy bien lo que harás si me muevo. Veo tus garras. Me rasgarán de arriba abajo como si fuese un muñeco de papel japonés multicolor. Son cinco ganchos acerados, que me harán picadillo. Lo reconozco noblemente, oso bonito. Pero ahora debemos llegar a un acuerdo, ¿qué te parece? Tú me dejas retroceder paso a paso, y yo te prometo no matarte hoy. ¿Acaso no es un buen trato, osito?

Piotr miró de hito en hito aquellos ojos fríos, que le devolvieron la mirada, inmóviles; semejaron realmente dos botones de cristal cosidos a la piel. Entonces el oso hizo una profunda inspiración, el inmenso tórax se ensanchó una vez más, aumentando una tercera parte de su tamaño, y luego Piotr oyó, atónito, que el gigantesco animal exhalaba un suspiro casi humano. Por fin el cuerpo del plantígrado se inclinó, y dos zarpas enormes se apoyaron sobre los hombros de Piotr.

Salnikov sintió cómo se le aflojaban las rodillas, las piernas le temblaron, el peso le abrumó, la sangre le brotó de ambos hombros y le corrió por el pecho y la espalda; entonces fue cuando notó el dolor, oyó el horrible crujido de las garras en sus omóplatos y dejó escapar un alarido tan estremecedor, que él mismo se asustó, porque jamás había oído nada semejante en boca humana.

El oso se sobresaltó, apartó las zarpas de su víctima y retrocedió. Luego, ladeando la cabeza, miró, caviloso, a Piotr y alzó la nariz para ventear.

Salnikov cayó de rodillas. Su cuerpo se estremeció, los nervios le traicionaron. Aunque no quisiera llorar, las lágrimas le desbordaron los ojos y le resbalaron por el rostro convulso. La figura velluda y pardusca ante él pareció crecer inconmensurable en el cielo, se posesionó de bosque y nubes, perdió todo perfil y terminó fundiéndose con los rayos solares... Piotr cayó hacia delante sobre la hierba, mordió la tierra caldeada, blanda, y sollozó.

El oso se dejó caer sobre los remos delanteros, se le acercó con breve trotecillo, le empujó cuatro veces con el hocico y, después de lamerle el cuello, se alejó entre gruñidos hondos, retumbantes.

Piotr alzó la cabeza, escupió hierba y se desplomó de nuevo.

—¡Maldito oso, condenada carroña...! —le imprecó con aliento estertoroso—. ¡No me matas..., me dejas aquí para que reviente!

Se estiró y esperó a la muerte. «El desangrarse debe de ser una muerte benigna —pensó—. La vida te abandona en un goteo incesante, sientes una languidez creciente hasta que la gran oscuridad eterna te invade cual un sueño codiciado. Ya lo verás, Piotr Hermannovich, esto no durará mucho.»

Entonces pensó en Stella Antonovna, su mujer, y le pidió perdón por los treinta años de vida ingrata en común, cuyas horas hermosas habían sido tan raras como las pasas en un bizcocho.

Cuando los párpados empezaron a pesarle, Piotr rió tristemente. No hubo más dolores; sólo sintió una leve quemazón en la espalda. Comenzó la ingravidez.

Piotr comprobó, maravillado, lo bello que era morir.

Le encontraron por la noche, todavía con vida.

Stella Antonovna esperó paciente hasta el oscurecer. Luego se inquietó, corrió a la ventana y oteó la taiga. También salió dos o tres veces al portal y se apostó ante el seto de liquen, como si así pudiera atraer a Piotr y sacarle de la floresta. Cuanto más densas fueron las tinieblas sobre la tierra, tanto mayor se hizo su temor de que allá fuera, entre la maraña selvática, hubiese ocurrido algo terrible.

Era una de aquellas noche tenebrosas de luna nueva en que la taiga parece ser impenetrable. Stella Antonovna se anudó la toca y corrió a ver a Fedia Alexandrovich Stupka, alcalde de Novo Kalga y presidente local del partido.

Stupka era un hombre rollizo y campechano. Vivía con arreglo a una filosofía muy concreta y consecuente, que se fundaba en hechos elementales: ¡Aquí está Novo Kalga, y Moscú se halla muy lejos! Ciertamente nosotros escuchamos a Moscú, pero Moscú no nos ve. Así, pues, Novo Kalga se había hecho un lugar tranquilo que cumplía con sus deberes tributarios y en donde los inspectores de la capital se embriagaban con el aguardiente local hasta perder el sentido. Y aunque no fuera así, Novo Kalga, situada al margen del mundo civilizado, se ahorraba todas las conmociones de la gran política.

Fedia Alexandrovich estaba sentado ante su radiorreceptor, escuchando un concierto operístico emitido desde Yakutsk. Cuando un coro cantaba *timonel, deja la guardia...*, de *El Holandés errante* wagneriano, Stella llamó a la puerta y, sin esperar respuesta, irrumpió en la habitación gritando:

—¡Piotr se ha quedado en el bosque! Escucha, Fedia..., no ha regresado, y ahora aquello está negro como boca de lobo... Ha ocurrido algo terrible, Fedia, ¡lo intuyo! ¡Lo presiento en el alma! Circula por mis venas con cada latido del corazón... Jamás se ha quedado en el bosque de noche, jamás... Debéis buscarle... Todos debéis ir en su busca...

Stella se apoyó en la pared y dirigió la vista hacia el hermoso rincón, donde ardía comúnmente la luz eterna ante una imagen sagrada. Pero en casa de Stupka ya no lo había; como presidente del partido de Novo Kalga, él no podía permitirse semejante cosa. Ahora Lenin ocupaba el lugar de Cristo en un hermoso rincón. Y sus ojos no podían consolar a Stella.

En aquel momento comenzó el fragmento predilecto de Stupka, el coro de marineros entonando la danza del pataleo. Pero él apagó la radio, se frotó la bulbosa y enrojecida nariz y miró, perplejo, a Stella.

—¿Por qué no viene Piotr? —inquirió.

—¡Porque está en el bosque, alcornoque! —gritó Stella—. El bosque lo ha engullido.

—No se debe hablar así mientras no se sepa a ciencia cierta que Piotr ha desaparecido sin dejar rastro. Y ¿por qué habría de desaparecer? ¿Adónde iría, pues?

—Tal vez..., tal vez le hayan matado —balbuceó Stella, retorciéndose las manos.

—¿Quién? ¡Sólo tiene amigos!

—Yacutos nómadas que no le conozcan...

—¡Descartado! En cada *aul* yacuto conocen a Piotr Hermannovich. Y cuando hay alguien nuevo en la comarca, se le habla inmediatamente de Piotr. Y si lo han matado de verdad, no habrá desaparecido, sino que su cuerpo yacerá en algún paraje del bosque.

Stella cerró los ojos y apretó la cabeza contra la pared. Su cuerpo se estremeció desde las puntas de los pies hasta el extremo de la toquilla. Casi la desesperó Stupka, con su pérfido hábito de abordar cualquier cuestión haciendo alarde de una impasibilidad desconcertante.

—Búscale... —murmuró—. Por favor, búscale... Sé más o menos dónde puede estar. Antes de marchar me dijo cuál sería la zona donde cazaría... No nos puede pasar inadvertido. Nosotros..., nosotros le encontraremos...

Se le quebró la voz. Cubriéndose aún más el rostro con la toquilla, rompió en sollozos. Durante un rato Stupka la miró, pasmado, sin decir palabra, se mordisqueó el grueso belfo inferior y, por unos instantes, pareció un pez gordo de ojos fisgones. Luego se puso la chaqueta y se rascó una vez más la nariz.

—Vamos, vamos —murmuró bonachón—. No está todavía en el ataúd. Se hallará allá fuera, acuclillado ante una fogata, sano como un novillo y urdiendo algún proyecto especial.

—No ha pernoctado nunca allí sin decírmelo de antemano —lloriqueó Stella—. Y, ¿por qué habría de acuclillarse ante una fogata?

—Yo qué sé... ¡Quizás haya descubierto un raro ejemplar!

—¿De noche? ¿Quién se dedica a cazar en plena noche?

—¡Eso tiene sentido! —Stupka resolló fuerte—. Pero tranquilízate, Stellanka. Le encontraremos. Y cuando lo hayamos encontrado vivito y coleando ¡habrá una fiesta! ¡Y será algo grande, te lo prometo!

Una hora después estaban de pie todos los seres de Novo Kalga que supiesen correr. Sólo se quedaron los niños y los muy ancianos. Stupka actuó con la eficiencia de costumbre. No sólo hizo sonar las sirenas de incendios, sino también las campanas de la iglesia. Los furgones de bomberos salieron a la calle, y se marchó en siete camiones hacia la taiga, con antorchas, lámparas de carburo, reflectores de batería, linternas de bolsillo y farolillos de obras con torcidas de petróleo.

Lo que desfiló a través del bosque fue una verdadera exhibición de fuegos artificiales, mientras resonaban sin cesar voces gritando a coro en la noche:

—¡Piotr! ¡Piotr Hermannovich!

De no haberse quedado súbitamente ciego y sordo, Salnikov oiría sin duda aquel estrépito a gran distancia y daría la respuesta adecuada.

Pero Piotr Salnikov no se dejó oír. Stella, que encabezaba la columna con Stupka y el doctor Semaschko, alzó, desesperada, los brazos cada vez que se hizo una llamada y, tras un silencio esperanzador, no llegó la contestación deseada. Tan sólo los habitantes salvajes del bosque, sobresaltados por la deslumbrante procesión, salieron al monte bajo y huyeron presas de un terror pánico.

No obstante, lo encontraron al fin: el cuerpo estaba todavía derrumbado junto a la pequeña fogata, llevaba puesta su cazadora de hilo sobre los hombros desgarrados, ahora estaba boca abajo, y el rostro, vuelto hacia la izquierda. Había perdido el conocimiento, y su respiración era muy débil. Sus temblorosos labios parecían incoloros, casi grises, a la luz de las antorchas y faros manuales.

Llena de pasmo, Stella se acuclilló junto a Piotr y le puso las manos sobre la cabeza. El doctor Semaschko levantó la cazadora; las bocas de las personas circundantes dejaron escapar murmullos de horror, y alguien dijo con voz enronquecida:

—Recemos, hermanos...

Stupka se arrodilló al lado de Stella.

—Vive todavía... —susurró, impresionado, el doctor Semaschko—. Es un verdadero milagro. Y si conserva la vida, veremos el segundo...

Durante el viaje de regreso, en un furgón de bomberos, Salnikov recibió ya una infusión de cloruro sódico. Stella le rodeó la cabeza, Semaschko puso gran cuidado para que la aguja no se saliera de la vena con el traqueteo del vehículo, y Stupka, sentado en el asiento contiguo al conductor, se desató contra el hombre al volante tratándole de idiota, aunque él supiera sobradamente que era imposible transitar sin vaivenes por la senda forestal.

—¿Vivirá? —preguntó Stella poco después de que hubieran alcanzado la carretera asfaltada hacia Novo Kalga—. Dime la verdad, Viliam Matvejevich. Toda la verdad. ¿Es posible sobrevivir con semejantes heridas?

—Las heridas no son el problema.

Diciendo esto, el doctor Semaschko cambió la botella de infusión. Verificó las palpitaciones cardiacas y el pulso e, inclinándose sobre el rostro de Piotr, le miró durante largo rato. «Todavía un milagro, amigo mío —pensó—, haz que se produzca otro milagro. ¡Sobrevive! Tienes un corazón potente, has sido siempre recio como un árbol. Asimila las infusiones, haz que tus bombas neumáticas ayunas de sangre funcionen de nuevo. Yo no puedo hacer nada, salvo inyectarte sin cesar líquido.»

—La pérdida de sangre... —musitó con labios prietos Stella Antonovna.

—Sí.

—Sin embargo, todavía vive.

—Eso es precisamente lo que me parece inconcebible. No le queda ni una gota de sangre en las venas y, pese a todo, respira... Me es imposible explicarlo en términos médicos. Pero toda mi esperanza se aferra a eso.

—¿Sobrevivirá Piotr?

—Sólo Dios puede decidirlo.

—Yo no creo en Dios, Viliam Matvejevich.

Ella le miró de hito en hito con ojos muy abiertos. Su mirada reflejó consternación, perplejidad, incomprensión.

—¿Cómo es que tú crees en Él?

—Un médico suele ver a Dios muy cerca de sí. Pero no puedo explicártelo. Nunca lo comprenderías.

—Quizá sí. —Stella acarició la cabeza de Piotr y le besó los párpados—. Ahora es más probable que jamás lo fuera antes. Me gustaría hablar contigo más a menudo sobre ello, Viliam Matvejevich.

Stella le miró y sonrió tímida. «Él es un anciano —pensó—. Su cabello blanco semeja el mocho de una escoba.» Debe de tener ya setenta años largos; cuando la Revolución de Octubre, él era estudiante. Y más tarde combatió como subteniente junto a los blancos en Denikin, y con un regimiento cosaco, en el Don y Rostov. Los rojos le hicieron prisionero y le condenaron a muerte. Pero antes, él operó una hernia inguinal al general Chamkasski. Entre los documentos de Viliam había aparecido un informe en donde se le caracterizaba como el mejor cirujano de su promoción. La intervención quirúrgica fue un éxito, Chamkasski perdonó a Semaschko y suspendió su ejecución, para enviarle a Siberia; allí se le permitió ejercer su profesión en Yakutsk. Por una razón u otra, él visitó Novo Kalga y descubrió que aquí los seres humanos eran todavía libres bajo el ancho cielo. Desde entonces, él perteneció a la comunidad tanto como la tierra en donde fuera fundada. Naturalmente envejeció, pero Novo Kalga le creyó inmortal. Nadie pudo imaginar que algún día dejaría de ver su flotante cabellera blanca y de oír sus órdenes a los pacientes:

—¡Abajo esos pantalones, aunque no te hayas lavado! ¡La inyección no te hará nada, tú eres inmune a la suciedad!

«Él cree en Dios», se dijo Stella, soñadora, y siguió acariciando aquella cabeza pálida como la cera y vacía de sangre. Fíjate, eso es lo que él ha salvado de un tiempo pretérito. «¡Quién lo hubiera pensado! Pues, según se rumorea por ahí, él no ha visitado nunca la iglesia. Su concepto sobre Dios debe de diferir del que tiene el pope. Quiero hablar acerca de ello con él... tan pronto como sane Piotr...»

En el pequeño hospital de Novo Kalga, el doctor Semaschko hizo cuanto pudo. Inyectó por vía endocardiaca un potente cardiotónico, introdujo sangre vivificadora en las venas, dio masajes al esternón y, entretanto, no se atrevió a dirigir la mirada hacia Stella Antonovna. Ésta se mantuvo erguida al otro lado de la mesa de operaciones con ambas manos sobre la cabeza de Piotr, esperando que el esternón diera indicios de una respiración más o menos normal.

Cuando la transfusión empezó a funcionar, Stella exclamó, atropelladamente:

—¡Pero si se le sale otra vez toda por la espalda...!

—¡Ya lo veo!

El doctor Semaschko apretó los labios. Las gruesas compresas se empaparon de sangre. Fue como el viejo y estúpido chiste del labrador que, queriendo llenar de agua un cubo, se extrañaba de que el recipiente no se colmara nunca, hasta que alguien va y le dice: «¡Miserable tarugo! ¿No ves que el cubo no tiene fondo?»

Entre ambos dieron la vuelta a Piotr. Las horripilantes heridas quedaron al descubierto bajo la luz cruda del reflector. Jirones de carne colgando, apelmazados, de piel y tendones. ¿Qué se podía hacer todavía aquí en materia de remendar y coser? Faltaban unidades enteras de tejidos. A la sangre coagulada se adherían grumos de tierra y hierba, agujas secas de coníferas y fresas silvestres aplastadas.

—Le ha alcanzado hasta los huesos... —murmuró, consternado, Viliam Matvejevich—. Ha sido un oso. Aquí arriba, en los hombros, se ven todavía las marcas de sus garras. Enigmático. Realmente muy enigmático. ¿Cómo se dejaría sorprender Piotr por un oso?

Dicho esto, cogió unas pinzas y retiró las inmundicias más visibles de las heridas; luego intentó detener las hemorragias más violentas mediante grapas. Súbitamente, un leve estremecimiento agitó el cuerpo de Salnikov, los músculos se relajaron por completo, la respiración se interrumpió.

El doctor Semaschko soltó las pinzas, cerró la diminuta espita del grupo transfusor y se apoyó pesadamente en la mesa de operaciones. Frente a él, Stella Antonovna alzó la cabeza y le miró taciturna, con ojos ausentes.

—Sí —musitó Viliam Matvejevich—. Sí. No se dan nunca dos milagros seguidos. Y así ha ocurrido ahora, Stella Antonovna. Es preciso aceptarlo..., no podemos hacer nada más.

Ella asintió e, inclinándose sobre Piotr, le colocó la cabeza de lado y le besó en la mejilla. Cuando retiró las manos manchadas de sangre, ella las alzó a la luz, para examinarlas.

—Me gustaría conservar alguna sangre de Piotr —dijo inopinadamente.

El doctor Semaschko dio un respingo como si le hubiesen asestado una patada en el bajo vientre.

—¿Qué has dicho? —tartamudeó, estupefacto.

—Quiero llevarme sangre de él..., ya lo has oído.

—¿Sangre suya? —El médico se atragantó—. ¿Para qué?

—Deseo conservarla.

—¿Cuánta?

Ella dejó caer las manos ensangrentadas y las pasó por el desgarrado dorso de Piotr.

—Un frasco pequeño lleno.

—Se coagulará inmediatamente. Se apelmazará...

—Tú tienes elementos para mantenerla en estado líquido...

—¡Stellinka...!

—Por favor, Viliam Matvejevich...

—¡Pero si ya no será su sangre! —El doctor Semaschko tendió un sudario sobre el cuerpo destrozado. Sus manos temblaron como si estuviese desnudo a la intemperie—. Es sangre de transfusión...

—Sin embargo, ha pasado por su organismo. Ha fluido a través de él, su corazón ha conseguido hacerla circular por las venas. ¡Por consiguiente es su sangre! Un frasquito será suficiente, Viliam Matvejevich.

Una vez más, Stella acarició el cuerpo cubierto, y mostró tanta ternura, que el doctor Semaschko hizo rechinar los dientes. Luego ella abandonó el quirófano, no cual una viuda abatida, sino con cabeza erguida y paso firme. Fue como si Piotr Hermannovich le hubiese encomendado una misión importante que ella se dispusiera a cumplir.

El funeral semejó una fiesta.

Entonces se hizo patente cuánto habían querido todos a Salnikov y cómo se le conocía en lugares muy distantes de Novo Kalga. Además, nadie pronunció ni una sola palabra maliciosa contra él. Stella escuchó únicamente elogios y expresiones de condolencia auténtica. Sin derramar una lágrima, acogió serenamente la compasión de los demás. Se la abrazó, se la estrechó contra el pecho, se la besó en las mejillas o la frente; las mujeres prorrumpieron en grandes lamentos, los hombres le dieron el pésame con rostro adusto. Mientras tanto, se había montado una tienda detrás de la casa. Allí, diez vecinas cocinaban y freían, las mesas de madera estaban atestadas de exquisiteces. Había seis asados distintos, patatas rehogadas, verduras, ensalada de setas y gruesas empanadas rellenas de gallina. Se había preparado como postre bizcochos con bayas escarchadas, tortas con nata batida y pudines multicolores. Para beber había *kvas*, licor de fresa, vino de abedul, vodka y un brebaje infernal confeccionado por el propio Stupka, un aguardiente donde se mezclaban destilaciones de zarzamora, liquen y patata.

Buena prueba de lo importante que había sido Piotr, incluso para el partido, fue que el propio camarada secretario se trasladara con un helicóptero rojo desde Mirny —sede del distrito administrativo «Alto Viliui»— a Novo Kalga, para participar en las solemnidades. Fue él quien pronunció el discurso fúnebre diciendo, entre otras cosas:

—Murió como sólo puede desearlo un siberiano: allá fuera, en la taiga, luchando con la Naturaleza salvaje. La mayoría mueren en la cama, eso lo hace cualquiera, es lo normal..., pero no lo es el despedirse de este mundo al ser vencido honrosamente en combate con un oso..., ¡este desenlace es digno de Piotr Hermannovich!

Luego todos se encaminaron hacia la engalanada sepultura. Delante ondeó la bandera roja; Stupka y el secretario del partido de Mirny transportaron junto con los otros cuatro el ataúd descubierto, y la banda de Novo Kalga interpretó una marcha fúnebre. Jamás se había visto tanta gente alrededor de una tumba; como los escolares tenían fiesta, los jóvenes pioneros entonaron cánticos cuando la comitiva se aproximó al cementerio.

Detrás del ataúd descubierto marchó Stella Antonovna, cogida al brazo del doctor Semaschko. Ella no habría necesitado ningún apoyo, pero Viliam Matvejevich había creído procedente que un hombre caminase a su lado en ese recorrido.

Llegada ante la fosa, Stella Antonovna avanzó unos pasos hacia el ataúd descubierto, contempló el rostro serio, rugoso de Piotr, y le hizo una breve inclinación de cabeza, tal como soliera hacerle casi treinta años antes cuando él le preguntaba algo o cuando ella quería subrayar algo particularmente interesante a su juicio.

—Te quiero... —dijo con voz serena—. ¡Qué felices fuimos durante media vida: tú y yo! Un amor como el nuestro no se repetirá jamás en este mundo. —Luego retrocedió y, mirando al maravillado Stupka, que no había comprendido esas palabras de despedida, alzó la mano—. ¡Adelante! —dijo levantando la voz—. Dale su descanso...

Se descendió el ataúd en la fosa, se echó tierra encima y, seguidamente, todos regresaron a la villa para el convite del funeral. Sólo Stella y el doctor Semaschko permanecieron ante la fosa... Todo el mundo lo tomó por una última y silenciosa despedida, de modo que nadie se molestó. Sólo Semaschko podría estar mejor informado, pero la verdad era que él no sabía nada de nada.

—¿Por qué no nos vamos? —susurró él cuando el último asistente abandonaba el cementerio.

—Todavía espero algo.

El doctor Semaschko encajó los dedos de una mano en la otra e hizo crujir sus articulaciones. Lo hacía siempre que se irritaba, o se desorientaba, o le faltaban las palabras.

—Ten por seguro que él no levantará la tapadera y volverá a reunirse con nosotros —refunfuñó—. ¿A qué esperas?

—A ése... —Stella movió la cabeza hacia la izquierda.

Por el extremo opuesto del cementerio se aproximaba, con su ornato negro, el pope de Novo Kalga. Le precedía un jovenzuelo menudo llevando la cruz. Ambos habían esperado ocultos detrás de un arbusto a que terminase el funeral del partido y no quedase nadie en las proximidades. El doctor Semaschko se pasó las dos manos por sus erizados cabellos blancos. «Monstruoso —pensó—, esto es realmente monstruoso.»

—¡¿Le has dado cita tú?!

—Sí.

Stella cruzó las manos sobre el pecho y miró la cruz que se le acercaba lenta, oscilante.

—¡Pero si no crees en Dios!

El doctor Semaschko carraspeó de excitación cuando el pope comenzó a cantar con voz honda:

—Y Piotr Hermannovich era también ateo...

—¿Estás absolutamente seguro?

—Él mismo lo iba diciendo por todas partes.

—Uno puede decir muchas cosas.

—No iba nunca a la iglesia.

—No, él no iba nunca a la iglesia. Y tampoco tú. Sin embargo, tú crees en Dios.

Mientras tanto, ambos miraban al pope, quien se había colocado ante la sepultura y abría las manos para bendecir el ataúd cubierto ya casi por la tierra.

—¿Quién podría saber si Piotr quería o no un pope? No quiero cometer errores. Cada uno de nosotros ha sabido siempre lo que quería el otro. Sin embargo, jamás pensamos en la muerte. Extraño, ¿no es verdad? Yo no me he preguntado nunca si tal vez Piotr creía en Dios y estaba contra la Iglesia sólo para agradarme. Nosotros no hablamos nunca de eso. Y ahora pienso de pronto: «¿Qué habrá hecho él al ver que se moría? ¿En qué habrá pensado? ¿Habrá dicho algo? ¿Habrá invocado algo? ¿Habrá maldecido o rezado? Nadie podrá revelármelo jamás. Ahora bien, él podría haber clamado "¡Dios mío! ¡Dios, ayúdame! ¡Dios, permíteme seguir viviendo!"» Eso es muy posible, ¿no crees? ¿Por qué un hombre tan fuerte como Piotr no puede pedir ayuda cuando ve escapársele la vida por la espalda? ¿Y por qué no puede apelar a Dios? ¡Eso no es cobardía, Viliam Matvejevich! Y *si* él ha apelado a Dios, yo sería una mala mujer si ahora le dejara pudrirse sin Dios... aunque yo no crea en ese Dios.

Stella aferró el brazo del doctor Semaschko cuando el pope entonó el responso e inclinó la cruz sobre el sepulcro.

—¿Acaso no es como en el teatro? —susurró Stella.

—¿Y acaso no ha hecho antes lo mismo Stupka con la bandera roja?

Ella le miró petrificada. Y cuando el pope les bendijo a ellos, ella irguió la cabeza en lugar de humillarla, y esperó a que los dos se encontraran de nuevo solos ante la tumba.

—¿Qué haré ahora sin ti, Piotr? —exclamó. E inopinadamente rompió en un llanto amargo. Viliam Matvejevich la sujetó por detrás, temiendo que se fuera de cabeza a la fosa.

—Sin ti no habrá ya nada más para mí... Nada más...

Por la tarde, mientras todos se saciaban y emborrachaban, bailaban y alborotaban y la tienda detrás de la casa trepidaba y se bamboleaba, Stella Antonovna se acomodó en el extremo más distante del banco junto al hogar y miró la lejanía con ojos vacíos.

Viliam Matvejevich se mantuvo cerca, pero evitando permanecer demasiado tiempo en el campo visual de ella. «¿Qué estará pensando ahora? —se preguntó—. ¡Qué vida ha tenido, Dios mío!» En 1946, ambos llegaron a Novo Kalga con sus energías por todo equipaje. Construyeron la casa, crearon un pequeño imperio, procrearon dos hijos, Gamsat, el niño y Nani, la niña. Gamsat murió a los diez años de una estúpida septicemia, pues el muchacho pisó inadvertidamente un clavo oxidado. Y Nani fue corneada por un reno enfurecido cuando intentaba uncirlo al trineo. Por entonces, ella tenía diecinueve años y quería ir a la Academia de Jakutsk para estudiar pintura. Y ahora, un oso atrapa a Piotr Hermannovich. ¡Qué vida, Stella Antonovna!

En algún momento de aquella noche, mientras los borrachos parrandeaban en la tienda, ella le preguntó al doctor Semaschko:

—¿No te habrás olvidado del frasquito con la sangre de Piotr?

—Lo tengo en casa. ¿Acaso crees que lo llevo conmigo por todas partes como si fuera una botella de vodka?

—¿Se ha coagulado?

El doctor Semaschko hizo crujir una vez más las articulaciones de los dedos.

—Le he añadido un disolvente. Está en estado líquido. Tal como tú la querías.

Gracias, Viliam Matvejevich. Mañana temprano iré a recogerla.

Hacia las cuatro de la madrugada, ella bailó una alemanada con el secretario del partido de Mirny, porque los camaradas, rebosantes de vino y vodka, proclamaron ruidosamente que una viuda de edad todavía tan respetable como la suya debía ser jocosa y no circunscribir su vida a regar las florecillas de una tumba.

Mientras Stella danzaba, todos aplaudieron y cantaron. Tan sólo Viliam Matvejevich la observó caviloso, intentó desentrañar su mirada, y se maravilló de que nadie percibiese excepto él, cuán distante estaba Stella de aquel lugar, aunque sus piernas se moviesen con ritmo y sus labios rieran...

A la mañana siguiente, Stella Antonovna se puso unos pantalones, un chaquetón de suave piel de reno y unas botas altas hasta la rodilla, cosidas a mano. Luego se encasquetó en el cabello rubio, tirando a gris, una gorra redonda de cuero con ancha visera. Sobre un taburete junto a la puerta había una henchida mochila. Stella se acercó con paso firme a un armario, lo abrió y cogió un fusil del armero. Era un arma bien engrasada y cuidada con evidente esmero, un modelo que ya no conocía casi nadie, a menos que visitase un museo dedicado a la Gran Guerra Patriótica. Allí se conservaban en vitrinas aquellos fusiles, y un veterano explicaba a la juventud cómo los habían utilizado los héroes para luchar contra los alemanes y vencerlos.

Stella alzó el fusil hacia la ventana de modo que lo iluminaran los primeros rayos solares, hizo funcionar el cerrojo y aplicó el ojo a la mira telescópica incorporada; acto seguido echó mano a un arcón repleto con cargadores de a cinco y cargó el arma. Metió diez cargadores en una bolsa de cuero que se había colgado al cuello, cerró el armario y se echó el fusil al hombro.

Ante la casa esperaba una de las tejedoras con un caballo ensillado, una musculosa yegua de diez años y reluciente pelaje cobrizo, ojos despiertos y anchos ollares. Stella dio una vuelta a su alrededor, examinó la cincha, palmoteó el cuello del animal y le acarició los blandos e inquietos ollares.

—Lo conseguiremos, *Almas* —dijo con tono resuelto—. Ya no necesitaremos seguir contando las horas y los días.

Ató la mochila detrás de la silla e hizo un gesto alentador a la muchacha que sostenía las riendas. Luego saltó sobre la silla como si hubiese nacido sobre el lomo de un caballo, cogió las riendas y salió de su jardín a un trote ligero.

En el hospital, el doctor Semaschko estaba ya informado cuando Stella llamó a su puerta. La viuda Salnikova —se le había dicho— cabalga por la ciudad con un fusil al hombro. Esa hembra es una diablesa. Va sobre la silla como un cosaco. Y lleva indumentaria de cuero. Tal vez vaya a la taiga para desahogar su dolor.

—¿Has visto qué aspecto tienes? —vociferó el doctor Semaschko señalando con la mano extendida el viejo fusil en bandolera y meneando la cabeza.

—No te preocupes por eso —replicó ella sin inmutarse—. ¿Dónde está el frasco con la sangre de Piotr?

—¿Adónde vas?

—¡Preguntas! ¡Siempre preguntas! ¿Es que no se puede hacer nada sin necesidad de escuchar preguntas? ¿Qué te importa adónde voy yo? Dame ese frasco.

—Vas por el oso... —masculló Viliam Matvejevich, sombrío y aprensivo—. Quieres vengarte de él, ¿no es eso?

Ella calló y, extendiendo la mano derecha, chascó los dedos. Semaschko sacó un frasquito del refrigerador y lo puso en la mano de Stella. Ésta apretó los dedos alrededor del vidrio helado. Un estremecimiento sacudió su cuerpo. Pero se dominó al instante y metió el frasco en la bolsa donde guardara la munición.

—Eres un amigo de verdad, Viliam Matvejevich —balbuceó turbada. Resultó evidente que le costaba hablar.

—Avisaré a Stupka —dijo el doctor Semaschko—. No irás sola por ese oso.

—Olvídate de que lo sabes, Viliam... —Semaschko percibió en sus ojos un resplandor extraño, que no había visto nunca—. Si no lo haces, deberé olvidarme de que te conocí algún día.

—¡Sola con el oso! ¡Tú! ¡Jamás te lo permitiré! —gritó Viliam Matvejevich—. ¿No te basta que él haya matado a Piotr? ¿Quieres superarle en astucia? El oso le engañó..., se acercó por detrás y Piotr no oyó nada. ¡Menuda bestia! Pero tú pretendes ser más astuta...

—¡Yo podría contarte tantas cosas...!

Durante un largo momento, Stella le miró, vio en sus ojos la intranquilidad acuciante y sonrió entristecida. «Hace ya veintiséis años que nos conocemos —pensó—. Primero te llamábamos padrecito, porque éramos muy jóvenes y tú tenías ya el pelo blanco. Sin embargo, tú dijiste un día: "Padrecito es una palabra grata. Pero, permitidme ser vuestro amigo... Eso es más adecuado aquí, en la taiga".

»No obstante, tú has sido siempre nuestro padrecito, Viliam Matvejevich. Y ahora muestras también la impaciencia del padre intranquilo, pero yo no puedo ayudarte. Debo encaminarme hacia el bosque. Se lo prometí a Piotr mientras sostenía su cabeza. Cuando él agonizaba.»

—Más tarde —replicó en voz alta. Y enderezó el fusil.

—¿Más tarde qué?

—Habrá mucho que contar, Viliam Matvejevich.

—¡No serás tú quien cuente nada si te atrapa el oso! —aulló Semaschko en su desesperación.

—A mí no me sorprenderá.

Stella movió la cabeza de un lado al otro.

El aplomo en su voz desquició a Viliam. «¿Cómo puede estar tan segura? —oyó gritar una voz dentro de sí—. ¡Se cuelga el fusil del hombro y cree ya que eso es suficiente! ¿Acaso lo ha disparado alguna vez? ¿Quién la ha visto cazar jamás con un fusil? Piotr salía de caza casi siempre solo, y ella, cuando le acompañaba, acampaba en cualquier parte para ocuparse de la comida. ¿Sabrá siquiera lo que es una mira telescópica? ¿Para qué la habrá hecho montar ahí? Se caerá del susto cuando mire por ella y vea al oso haciendo ademanes feroces como si estuviese ya encima de ella.»

—¿Sabes disparar? —le gritó—. ¿Has aprendido por lo menos a sostener el fusil?

Ella le miró casi empavorecida, pues aquellas preguntas la habían desconcertado. Por fin asintió varias veces y se llevó la mano a la culata del fusil.

—Quisiera estar sola —dijo muy seria—. Sola en el bosque. ¿Lo entiendes, Viliam Matvejevich? ¡No me envíes a nadie! Te lo advierto. Quien mate a mi oso, será mi enemigo para siempre...

—Estás loca, Stellanka. ¡Absolutamente loca! ¡La muerte de Piotr te ha hecho perder el juicio! ¡Deberías estar atada con correas a una cama!

El doctor Semaschko contempló impotente cómo Stella Antonovna daba media vuelta y se encaminaba hacia la puerta. La mujer parecía muy belicosa, con su indumentaria de cuero, sus botas altas y su fusil de cañón largo a la espalda.

—¿Es que dispara..., dispara todavía..., ese abuelo de todos los fusiles? —vociferó desesperado Viliam Matvejevich cuando Stella se detenía ante la puerta—. ¿O acaso te propones destrozar la cabeza del oso con la culata? El cráneo del oso es tan duro como el hierro...

—¿Abuelo? —Stella se volvió y pasó el pulgar izquierdo por debajo del portafusil, apretando fuerte. Su expresión fue muy seria, casi solemne—. Ya te contaré cosas acerca de él, padrecito..., a mi regreso.

Dicho esto, abrió de un tirón la puerta y abandonó el hospital con paso vivo. Semaschko, mirando por la ventana, la vio saltar con juvenil impulso a la silla y cabalgar calle abajo; súbitamente se le ocurrió que él había convivido durante veintiséis años con los Salnikov como padrecito adoptivo y amigo y, sin embargo, aquella hermosa mujer había sido siempre un enigma para él, un enigma que ahora, tras la muerte de Piotr, parecía tan insoluble como siempre.

«Ella es diferente —pensó de pronto Viliam Matvejevich—, difiere mucho de la mujer que hemos conocido hasta ahora. Puede disparar, naturalmente, y sabe cómo se sostiene un fusil, y también sabe apuntar con una mira telescópica, eso por descontado. Y abatirá al oso, naturalmente. Adoptando una actitud fría hasta el fondo del alma, glacial cual una helada de enero, ella le dejará acercarse y entonces encorvará el índice. Y cuando el animal caiga y se agite en las ansias de la muerte, ella dirá: "Piotr, querido mío, ahora puedes descansar tranquilo en la eternidad..."»

—¡Dios mío! —murmuró el doctor Semaschko uniendo las manos—, ¡qué ciego puede ser uno! A decir verdad, soy un perfecto idiota...

Durante cuatro días con sus noches, Stella Antonovna permaneció sola en el bosque. Apenas se alejó del lugar donde Piotr encendiera su fogata para asar la carne. El suelo estaba aún empapado de sangre en el mismo sitio donde le atacara el oso. Por aquellos días había llovido sólo una vez, no lo suficiente como para disolver la sangre y hacerla filtrarse en el mantillo forestal. Stella se había sentado ante aquella gran mancha de un negro rojizo y había plantado ambas manos sobre la apelmazada hierba. Y así mantenía una plática silenciosa con Piotr. Sabía que él la oía. Él estaba en torno suyo, muy próximo, se sentaba a su lado. Stella lo percibía con toda claridad, y se sentía feliz, incluso alegre, sí, y repentinamente llegaba al convencimiento de que no existe la muerte conclusiva, sino sólo una transformación de la materia..., el paso desde lo corporal tangible, a lo espiritual perceptible. ¡Eternidad...! Ahora entendía ella ese concepto al colocar las manos sobre la sangre de Piotr y notar su proximidad.

El oso volvería allí. Eso estaba fuera de duda. Cada animal tiene su territorio, por donde deambula de unas marcas a otras. El territorio del oso es vasto, se extiende a lo largo de muchas verstas, pero, no obstante, tiene también sus límites. Y, por ende, él volverá algún día aquí, al lugar en donde destrozara a un ser humano. ¿Tendrá capacidad para recordarlo? ¿Poseerá memoria un oso? Sea como fuere... él volverá y descubrirá a Stella Antonovna. La ojeará, la verá sentada ante el fuego con el viejo fusil de cañón largo y mira telescópica sobre las rodillas..., la viuda Salnikova que le espera para vengarse.

¿Lo intuirá él? ¿Saldrá de la espesura para dejarse ver? ¿O acechará también a ese otro ser humano, le rodeará, se le aproximará furtivo para sorprenderle?

Pasó el tiempo y Stella esperó paciente. No se molestó en explorar la taiga y buscar el rastro del oso para perseguirle. Entretanto, había acampado en el escenario donde muriera Piotr, reuniendo mucha leña para el fuego nocturno, construyendo un cobertizo con ramas finas de alerce y gruesas de pino, y vivía de las conservas que había llevado consigo en la mochila. Cierta vez se sobrepuso a la tentación de disparar contra un conejo que había atravesado brincando y sin ninguna timidez, para dirigirse hacia el arroyo y tumbarse sobre una pulida piedra a tomar el sol.

«Serenidad, sólo serenidad absoluta», pensó Stella. Cualquier ruido excesivo puede sobresaltar al oso, alertarle y ahuyentarle de este lugar. Se alejó raras veces de su campamento, bajó tan sólo al riachuelo cantarín para lavarse con aquella agua deliciosamente fría. Hacia el mediodía, cuando los primeros calores estivales se concentraban bajo la arboleda, ella se tendía desnuda en el riente arroyo, pero siempre con el fusil al alcance en la misma orilla, de modo que un salto le bastaba para empuñar el arma, cuyo mecanismo estaba permanentemente presto para disparar. Era imposible sorprender a Stella Antonovna.

A su pequeña yegua *Almas* la dejó corretear sin trabas. Era su mejor centinela de vanguardia. Si el oso se acercara sin dejarse ver, el caballo lo olfatearía y acudiría, corriendo, con temblorosos flancos a su ama.

En el quinto día apareció el doctor Semaschko. Llegó montado en una motocicleta, un artefacto jadeante que soltaba unos estampidos horribles que llegaron a Stella desde la lejanía y la hicieron prorrumpir en juramentos nada femeninos. Semaschko irrumpió cual un huracán en la quietud reinante. Llevaba un anticuado traje de montería y botas de cordones, un atuendo con el cual tal vez se viajara por la taiga cincuenta años antes. Un gorro azul de punto cubría su cabello blanco, y, por añadidura, cuando el médico abandonó el sillín del vociferante monstruo de dos ruedas, enarboló una flamante carabina militar.

—¡Cuatro días desperdiciados! —exclamó, encolerizada, Stella cuando Semaschko se plantó radiante ante ella—. ¡Has echado todo a perder, Viliam Matvejevich! Si estaba en las cercanías, ¡ahora habrá puesto tierra por medio!

—Fue el único medio de impedir que Stupka y diez de los suyos vinieran furtivamente al bosque y montasen guardia a tu alrededor. Se proponían hacerlo, palabra. Entonces discutimos, y Stupka me preguntó si había mucha faena en el hospital. «No —respondí yo—. Sólo hay dos camas ocupadas.» Stupka inquirió: «¿Por quién?» Yo le respondí: «Una pierna enyesada y un aborto.» Stupka bramó: «¡No! ¡Qué barbaridad! Una pierna enyesada y un aborto mantienen en vilo al hospital. ¿Quién lo creería posible? ¡Qué tiempos tan decadentes y afeminados! ¡Échalos a la calle, Viliam Matvejevich, cierra la puerta con llave y tómate dos o tres días de permiso en el bosque!» Yo me defendí, quejoso: «¿Cómo puedo hacer tal cosa, Fedia Alexandrovich? Un hospital cerrado bajo llave..., ¡eso es inadmisible! Tenemos obligaciones de carácter ético, humanitario y médico... ¡Si llegase un caso urgente...!» ¿Y qué contestó Stupka? Pues esto: «Novo Kalga no tendrá ningún caso urgente mientras tú estés de permiso en el bosque, Viliam Matvejevich. ¡Yo me ocuparé de eso!»

Exhalando un largo suspiro, el doctor Semaschko se acomodó en el cobertizo, quitóse el gorro de punto y dejó al aire su pelambrera blanca.

—Sólo así me fue posible venir aquí sin Stupka y sus diez hombres. Hube de jurar, mano en alto, ¡que no regresaría hasta que hubieses recobrado la paz! Y ahora se plantea un grave problema, Stellanka. No se puede mantener cerrado indefinidamente un hospital. Es imposible prohibir las enfermedades por decreto.

—Y entonces, ¿pretendes quedarte aquí? —preguntó, muy excitada, Stella.

La ira coloreó sus mejillas. Paseó alrededor de la agonizante fogata, asestó un furioso puntapié a la motocicleta aparcada a un lado y se esforzó por no repetir las maldiciones que profiriera antes al oír los primeros estampidos.

—¿A quién le has quitado esa carabina?

—A Stupka. Es el arma más reciente del Ejército. Una «SKS-Simonov». Alcance hasta mil metros... —El doctor Semaschko enarboló de nuevo el mosquetón—. Con esto podrás disparar mejor que con tu vetusta escoba.

—Mi vetusta escoba, como tú lo llamas, tiene un alcance de dos mil metros... —replicó Stella sin darle importancia—. Con un proyectil «M-30», tipo «B-30», puedo perforar cualquier blindaje. La bala tiene una velocidad inicial de 850 metros por segundo...

Atónito, el doctor Semaschko abrió ojos como platos y se rascó la cabeza, cuyos pelos blancos se agitaban con el viento. Luego hizo crujir las articulaciones de los dedos y se apoyó en la hermosa y moderna carabina como si fuera un bastón.

—Me faltan las palabras —pudo decir, al fin—. ¿Es que nos has estado tomando el pelo durante veintiséis años?

—No necesitas vigilarme como un mastín, ¡por el simple hecho de que ahora sea viuda! —farfulló ella con ordinariez—. ¡Lárgate a tus camas de hospital! Yo no estoy enferma. Jamás me he sentido tan bien. ¡No te imagines que esto pueda seguir así! La pobre viudita..., tan sola..., es preciso animarla..., no se debe permitir que se sienta tan abandonada..., podría dar un traspiés la criatura..., o dislocarse algo cargando con cubos..., ya no es la joven de otros tiempos la infeliz..., y vosotros, queridos vecinos, constituid un comité, poneos de acuerdo sobre un horario: ¿Quién estará allí mañana, y pasado mañana, y el 17 de agosto...? Debemos cuidar de la pobre Stella Antonovna. —Nuevamente sacudió una violenta patada a la motocicleta y se irguió cuan larga era ante el doctor Semaschko. Luego se puso en jarras cual una verdulera a quien alguien le ha escachado los tomates—. ¡Esfúmate, Viliam Matvejevich! —gritó furibunda con ojos relampagueantes—. ¡Ya te llamaré si te necesito!

A sus setenta y tantos años, el doctor Semaschko tenía suficiente experiencia en el trato con las mujeres. Jamás se había casado, pero al correr del tiempo había tenido algunas amantes a quienes había despedido una tras otra sin promover escándalos, lo cual era buena prueba de su exquisito tacto. Además, como el médico es siempre un confesor de sus pacientes, él había acumulado por ese conducto una verdadera montaña de experiencias y echado infinitas ojeadas a la vida cotidiana, de modo y manera que, al cabo de medio siglo, podía aseverar sin exageración: «¡Querido hermano, yo conozco bien a los humanos, vaya que sí!»

El doctor Semaschko miró parpadeante a la iracunda Stella, acercóse al fuego apoyándose en la hermosa carabina «Simonov», se dejó caer al suelo y estiró las piernas.

—Ahora me gustaría tomar una tacita de té —dijo con tono campechano.

—¡Que te la haga el diablo! —bufó Stella.

—También podría hacerla una diablesa. —Viliam Matvejevich soltó unos gorgoritos de risa—. Déjate de melindres, Stellanka. ¿Por qué te exaltas tanto? Si Piotr pudiese vernos ahora, seguramente me abrazaría y diría: «¡Tienes razón, amigo mío! No abandones a mi mujercita.»

Fue un argumento falaz, para el cual Stella no halló respuesta. «Si Piotr pudiese vernos ahora...», esta frase la dejó indefensa. Pues ella notaba la presencia de Piotr en aquel lugar, y había departido con él durante cuatro días y sus cuatro noches.

En la madrugada del séptimo día compareció el oso.

Desde la vaguada ascendían velos de bruma, se adherían cual jirones sutiles a las copas de los árboles y reptaban por el calvero. El ambiente estaba impregnado de un olor entre dulzaino y acre a podredumbre, a madera enmohecida y musgo húmedo. La primera en olfatearlo fue *Almas*, la yegua de reluciente pelaje cobrizo. Se encabritó, lanzó los remos delanteros al aire uliginoso del amanecer, luego se quedó quieta con flancos trémulos y palpitantes ollares junto al cobertizo mirando, espantada, con sus ojos enormes y redondos, los confines del bosque, allá donde se iniciaba la suave pendiente hacia el arroyuelo.

El doctor Semaschko se arrodilló detrás de su motocicleta como si ésta fuera una placa de blindaje y miró la carabina que había colocado sobre el sillín. El miedo le quebró la voz. Hasta ese momento él había dormido envuelto en una manta y dentro de un saco de plástico que le llegaba hasta el cuello, para preservarse contra la humedad. El cálido resuello de *Lebjotka* le había despertado. Entonces supo, incluso antes de avistar al oso, que había sonado la hora crucial. Así, pues, se desembarazó de saco y manta, empuñó la carabina... y fue en aquel instante cuando se apercibió de que Stella no estaba bajo el cobertizo.

«¡Santo cielo! —exclamó para sí— ¡Dios mío! ¿Se irá a repetir el drama?» Miró muy agitado en torno suyo y descubrió a Stella allá abajo, a orillas del riachuelo. Se acababa de lavar y estaba poniéndose la blusa de algodón y secándose el cabello todavía húmedo. El fusil estaba a sus pies, presto como siempre para disparar. Eso tranquilizó un poco a Semaschko, aunque no conjurase todavía el peligro que se cernía sobre Stella.

«¿Convendrá gritar? —se preguntó Viliam Matvejevich—. Si vocifero ahora, el oso se largará y Stella me ahuyentará como a un perro merodeador. Si no grito, el oso la rodeará, alevoso, e intentará llevar adelante el mismo juego letal que acabó con Piotr Hermannovich. ¡Por mi alma que no sé cómo proceder! ¿Qué hacer, Dios mío?»

Se llevó al hombro su flamante «Simonov» y atisbó por la mira telescópica. Pero el oso era un granuja refinado. Se mantuvo a la sombra de los troncos, no salió al descubierto, se fundió prácticamente con el verde del follaje, el pardo de las ramas y los ondulantes velos de niebla. Tan sólo su silueta surgió de vez en cuando, mientras avanzaba con trote silencioso de un tronco al otro.

Sin sospechar nada al parecer, Stella, fresca y lozana tras el baño, subió el pequeño declive, llevando despreocupadamente el fusil en la mano derecha. Saludó alegre al doctor Semaschko, dio unas palmaditas en el lomo a *Lebjotka*, que había corrido con patas temblorosas a su encuentro, y se inclinó sobre el fuego para avivarlo. Luego coló la marmita del apoyo horizontal y, cogiendo un cubo de plástico, la llenó de agua. Entretanto, el doctor Semaschko sentía una flojedad muy poco varonil en las rótulas.

—¡El oso está ahí...! —le gritó a media voz.

—¡Cierra el pico! —replicó ella, calmosa—. Ya lo sé.

—Ahora se deja ver... ¡Y mira hacia nosotros!

—No le hagas caso, Viliam Matvejevich.

—¡Menudo tipo, Dios mío! Jamás había visto un oso semejante. ¡Ni siquiera en fotografía!

—Ningún otro podría haber vencido a Piotr...

Ella se volvió y, manteniéndose muy tranquila cerca del fuego, miro hacia el oso.

«Conque estás ahí, ¿eh? —se dijo—. Pareces lo que eres, ¡un asesino! Has matado a Piotr, pero sólo porque lo sorprendiste por detrás. No te reprocho que hayas sido artero..., uno debe atacar al enemigo con todos los medios disponibles. Así lo practicábamos nosotros, y hubo un tiempo en que una fracción de segundo solía decidir entre la muerte y la supervivencia. Jamás se me hubiera ocurrido que algún día necesitaría una vez más... esta sangre fría alcanzando hasta el fondo del corazón, la necesidad absoluta de que cada músculo de mi cuerpo reaccione adecuadamente al segundo siguiente, esta lucidez excepcional mediante la cual todos los pensamientos convergen sobre una línea única: la línea a través de la mira telescópica incorporada hasta la intersección del retículo en donde titila la cabeza del adversario, su frente, el arranque de su nariz, sus ojos..., su muerte.

»¡Cuánto tiempo hace de eso...! Y, sin embargo, uno no lo olvida jamás. Tan sólo... yo no habría querido servirme de ello nunca más. ¡Nunca más! Debería haber quedado sepultado bajo los años, desleído como recuerdo. Pero tú, oso asesino de Piotr, me has hecho olvidar todas estas décadas. Ahora me siento tan impasible como entonces, tan serena, tan concentrada..., y ahora ceso de pensar..., sólo permanece la línea, esa línea que va desde el ojo pasando por el retículo hasta ti...»

El oso barruntó el peligro. Se inmovilizó en la linde del bosque, rodeado por una muralla de bruma. Ahora el oso se sintió seguro, protegido por troncos y matorrales. Avanzó silencioso, pisando con los callosos pulpejos de sus zarpas, en dirección al río. El agua le atrajo, se sintió sediento y pensó en algún pez suculento.

Con mucha lentitud, conteniendo todo movimiento precipitado, Stella alzó su fusil. El doctor Semaschko, parapetado todavía detrás de su motocicleta, se mesó los blancos cabellos.

—¡Pero si no puedes ver nada...! —susurró acalorado.

—Veo lo suficiente.

Stella se llevó el fusil al hombro. La culata encajó en la porción clavicular del pectoral, como si aquello fuese su propia cuna.

—¡Ese bicho está aún demasiado lejos! —bisbiseó Semaschko—. ¿Cómo es posible que pretendas alcanzarle?

«Su cabeza es tres veces mayor que un casco de acero, incluido el pálido rostro debajo de él —pensó Stella—. Cierra de una vez el pico Viliam Matvejevich. Tú no tienes ni idea. Para mí está tan cerca, que podría acariciarle.»

Su índice, descansando sobre el gatillo, se encorvó hasta el punto de presión. En el retículo apareció la cabeza del oso, una inmensa bola pardusca e hirsuta de orejas diminutas, que se orientaban sin cesar a todos lados. «¡Vuélvete, asesino! —murmuró para sí Stella—. Así, de costado, está muy mal. Necesito mirarte a los ojos..., ahora, con este ángulo, la bala te dará en la cabeza, te destrozará el cerebro, es un proyectil "B-30", uno de los llamados balas "pesadas" que perforan también blindajes..., atravesará tu cabeza como lo haría con una esponja... pero ¡no estás colocado aún como es debido! Mi costumbre ha sido siempre la de disparar sólo cuando veo los ojos..., esa mirada final, orientándose confiada hacia el retículo de mi arma.»

El oso levanto la cabeza, olfateó al doctor Semaschko... Para Viliam Matvejevich el animal fue sólo una sombra borrosa en la niebla matinal.

El disparo fue seco, no muy ruidoso. Se disipó sin eco en el bosque uliginoso y no rebotó entre los árboles, sino que quedó amortiguado por el ambiente, como si lo absorbiera una masa de algodón. Semaschko se estremeció, miró a Stella y observó que ésta había abatido ya el arma. Luego atisbó por su mira telescópica, escudriñó sin resultado los confines del bosque y, finalmente, surgió por detrás de su motocicleta.

—¡Se ha ido! —exclamó en tono de reproche.

—Sí, se ha ido.

—¡Nadie puede disparar a esa distancia! ¡Pero intenta convencer de eso a una mujer! ¡Se acabó la caza!

—Sí. Se acabó.

—Volvamos a Novo Kalga. Esto ya no tiene sentido. Ese oso no reaparecerá.

—No..., no reaparecerá...

Cierto retintín en la voz de Stella irritó al doctor Semaschko. El hombre se quedó inmóvil, echó otro vistazo al lindero del bosque y se mesó una vez más los cabellos con ambas manos.

—Acompáñame... —le dijo ella.

Stella cogió la bolsa, dejó el fusil junto al fuego y se encaminó despacio hacia la pendiente. Viliam Matvejevich empuñó la carabina y corrió tras ella. «Eso no es posible —se dijo, lleno de confusión—. ¡Es totalmente imposible! A esa distancia y con semejante niebla, se ve tan sólo una sombra..., ¿quién me creerá cuando lo cuente? Ni yo mismo lo creería, y si alguien me asegurara tal cosa, le llamaría embustero. Pero ¡si yo mismo lo he presenciado! Ahora, hace cinco minutos, en la taiga, al norte de Novo Kalga...»

El oso estaba tendido de costado, como si durmiese. La muerte le había sorprendido cual un relámpago, de tal modo que el animal no pudo haber sentido dolor cuando el proyectil «B-30» le perforó el cerebro. Semaschko se inclinó, conturbado, sobre él, conturbado sobre todo ante la tremenda corpulencia del plantígrado, y miró, pasmado, los ojos. Pero allí sólo había un ojo reluciente, maligno..., en lugar del ojo izquierdo se abría un boquete de redondez perfecta, por donde brotaba un hilillo de sangre roja.

Stella Antonovna no se preocupó de Semaschko, quien seguía contemplando, atónito, el balazo y su víctima. Ella se sentó en la hierba junto a la cabeza del oso, abrió la bolsa y sacó el frasco de sangre de Piotr. Luego agarró el hocico del animal y, con una energía que asombró una vez más a Semaschko, abrió las mandíbulas y aplicando el frasco abierto a los lustrosos colmillos, dejó que la sangre de Piotr se derramara sobre las apestosas fauces.

—¡Dios... mío! —balbuceó el doctor Semaschko retorciéndose las manos—. ¡Ah, Dios mío...! ¡Cuánto puedes odiar, Stellinka!

Por la tarde, ambos regresaron a Novo Kalga. Causaron verdadera sensación. Abrió la marcha el doctor Semaschko sobre su estrepitosa motocicleta, le siguió Stella montando a su *Almas*. Se mostró muy seria, sin reaccionar ante los ademanes amistosos de los espectadores. Detrás de la yegua, arrastrado con una gruesa soga, el oso, al que el brioso corcel había paseado por toda la taiga. Ahora pasó rebotando sobre la calle, las poderosas zarpas al aire, el hocico ensangrentado, una cuerda alrededor del monstruoso cuello. Otrora, Héctor pasearía así con su carro de combate al vencido Patroclo ante las murallas de Troya, un triunfador exhibiendo el horror como una corona de laurel.

—Es preciso prepararlo... —dijo Stella, en su casa—. Prepararlo y disecarlo. Lo quiero tener para siempre ante mí. ¡Le escupiré, golpearé, maldeciré...! Y no se le deberá remplazar el ojo... ¡Quiero ver el boquete!

—Sí, el ojo.

El doctor Semaschko se sentó junto a Stella en el banco del hogar e hizo crujir por enésima vez las articulaciones de sus dedos. Lo que le causó tanta inquietud interior fue difícilmente descriptible con palabras. Ahí sólo pudo ayudarle el retorcer y el crujir de dedos. Así, pues, tomó dos tragos de vino de abedul y observó a Stella, quien se había levantado para acercarse a una cómoda y abrir un cajón, de donde sacó un grueso fajo de documentos envuelto en cartulina. Lo dejó sobre la mesa y volvió al banco.

—¿Querías contarme algo? —inquirió el doctor.

Ella asintió, sorbió un poco de vino y echó hacia atrás la cabeza, hasta apoyarla contra la pared del hogar apagado. En la pared opuesta había una fotografía de Piotr Hermannovich, de cuyo marco colgaba un crespón negro. Él era todavía joven en aquella foto que le hiciera casi veinte años antes el fotógrafo Schemelnik, hoy ya difunto. Por aquellas fechas vivía aún Gamsat, su hijo. El joven Salnikov había sido en aquel entonces un hombre apuesto; asimismo, la joven Stella había sido una beldad. Esto era aparente todavía ahora..., ella tenía la madurez dorada de un otoño espléndido.

—¿Cómo me llamo? —preguntó inopinadamente Stella.

El doctor Semaschko la contempló con mirada estúpida, parpadeante.

—Stella Antonovna Salnikova. ¿A qué viene esto?

—Salnikov. Sí... Nosotros nos inventamos ese apellido. Para ser exactos, lo robamos.

—¡¿Robado?! —Los dedos del doctor Semaschko crujieron amenazadores—. No me gastes bromas pesadas, Stellanka.

—Ocurrió en Jarkov, el año 1943. Por aquellos días, Piotr... no se llamaba todavía Piotr. Él necesitaba documentos de identidad... pues era un ser innominado, un donnadie, verdaderamente no le quedaba nada, y a mí tampoco, ya no, aunque toda Rusia me conociera. —Stella miró a Semaschko y sonrió benévola—. Pronto lo comprenderás, Viliam Matvejevich. Por entonces residíamos en Jarkov, había guerra, nos alojábamos peor que las ratas, y también se nos acosaba como a ratas. Cierta vez, cuando se descargaba un tranporte de heridos, Piotr colaboró, y uno de los camaradas se murió en sus brazos. Aquel hombre se llamaba Piotr Hermannovich Salnikov. Mi Piotr cogió sus documentos de identidad, y desde entonces se llamó así. Al muerto se le enterró sin nombre. Los dos lloramos de alegría. Éramos otra vez seres humanos, teníamos un apellido, podíamos abandonar nuestra cloaca y salir al sol, podíamos vivir... —Stella tomó otro sorbo de vino, miró la foto de Piotr y asintió como si él le hubiese dicho: «Haces bien, Stellinka..., revélalo. Viliam Matvejevich es un buen amigo...»

—¿Conoces Korolénkaia? —preguntó ella sin preámbulos.

El doctor Semaschko, que estaba intentando digerir laboriosamente cuanto había oído, se estremeció de nuevo.

—¿Es algún lugar geográfico?

—¡Deberías avergonzarte, Viliam Matvejevich! ¿Y a eso se le llama ser patriota? Korolénkaia es un apellido...

—¿Que uno debe conocer?

—Está grabado en la piedra de un monumento moscovita. Cualquiera puede leerlo en los textos escolares. Cien mil chicas y chicos conocen la historia..., la historia de la Korolénkaia, «heroína de la Unión Soviética».

—Me baila por la cabeza —dijo, más tranquilo, el doctor Semaschko—. ¡Ha pasado ya tanto tiempo, santo cielo! ¡Y se hablaba de tantos nombres por aquellos días!

—En la Gran Guerra Patriótica hubo sólo noventa y una mujeres que fueron «héroes de la Unión Soviética». Muchachas que combatieron en primera línea del frente. La mitad o algo más de aquellas «heroínas» fueron tiradoras selectas... incluida la Korolénkaia. Ella cayó, la fusilaron y enterraron los alemanes. Lo cuentan todos los libros de texto: la Korolénkaia dio su vida por Rusia cerca de Kasatschja-Lopan, en la línea ferroviaria de Jarkov a Kursk.

—¿La conociste?

El doctor Semaschko aferró su vaso de vino y no supo ya qué pensar, creer o decir. El balazo en el ojo del oso, aquel disparo magistral con niebla y a gran distancia... ¡Dios Todopoderoso! ¿Adónde iría a parar todo aquello?

—Lee esos papeles que escribió Piotr. —Ella señaló el grueso fajo de documentos envueltos en cartulina sobre la mesa—. Nosotros tenemos que recuperar algo... —Stella se recostó otra vez contra el hogar apagado, echó una mirada a la imagen de Piotr en la pared y le sonrió—. ¿Recuerdas todavía cuáles eran el nombre y el apellido paterno de la Korolénkaia?

—Ni idea... —murmuró, aturdido, el doctor Semaschko.

Le pareció estar cayendo en un abismo tenebroso, pultáceo, insondable.

—Stella Antonovna.

Ninguno de los dos volvió a decir palabra. En la vecindad aulló, lastimero, un perro.

Viliam Matvejevich se levantó del banco, caminó con piernas plomizas hasta la mesa, cogió los papeles y tomó asiento junto a la ventana al resplandor rojizo del sol vespertino.

«¿Qué sería de Rusia sin Siberia? —pensó casi amedrentado—. Ella absorbe los destinos como una esponja el agua.»

SEGUNDA PARTE

Extracto del parte presentado por el jefe de batallón, capitán Giovanni Langhesi, al Estado Mayor General del VIII Ejército italiano en el área Millerovo-Kantemirovka, punto de enlace con el Grupo de Ejércitos alemán «Don»:

... y todavía informar que se han repetido por cuarta vez las deserciones enigmáticas de escuchas destacados en terreno enemigo frente al I Ejército de la Guardia soviético. Todos los casos se produjeron en el sector de Cherjovo.

Los escuchas avanzados, cada vez dos hombres, no estuvieron en sus puestos de observación a la hora del relevo. No dejaron nada detrás. Se llevaron consigo armas y munición. Mientras tanto, no había habido ningún incidente especial en la zona de combate, la situación era tranquila hasta que, hacia mediados de diciembre de 1942, se hizo ostensible una creciente actividad de acciones individuales soviéticas, tales como hostigamiento con tiradores selectos, patrullas de reconocimiento y propaganda por altavoces invitando a la deserción.

Respecto a los escuchas desaparecidos se trata —según informan los jefes de compañía— de soldados intachables, algunos, condecorados con la cruz de hierro. Entre los combatientes desaparecidos hay también un suboficial.

Desde nuestras posiciones no se ha observado ningún indicio de acciones enemigas contra los escuchas. Cabe suponer, pues, que los ocho escuchas se han pasado a las filas soviéticas.

Ruego instrucciones para tomar las oportunas medidas preventivas. La moral de las tropas es excelente. Mayor razón para sorprenderse de esos extraños incidentes...

Este parte tardó seis días en llegar al Estado Mayor del VIII Ejército italiano, tras su paso por las oficinas de regimiento y división, donde se le proveyó de la correspondiente firma y la calificación de «urgente». Entretanto se pasaron tres escuchas más, lo cual motivó otro quejoso parte «muy urgente» del capitán Langhesi, quien lo cerró con una frase nada militar: «¡Me hallo ante un enigma!»

—¡Sea como fuere, a ese Langhesi le debe de remorder la conciencia! —comentó un tal coronel Bartollini en el Estado Mayor General, mientras metía ambos partes en una carpeta roja—. ¿Cómo puede mencionar la buena moral de sus tropas si los tíos se están pasando uno tras otro? ¡Y esos altavoces propagandísticos soviéticos son tan ridículos, que nadie en su sano juicio se dejaría convencer. ¿Piensan ustedes, caballeros, que alguien pueda dar crédito a semejantes mamarrachadas? ¡Justamente la zona de Cherjovo y en ninguna otra parte! Cada uno de nosotros sabe lo que le espera allá como prisionero de guerra. Los rusos no hacen distinciones entre prisioneros y desertores..., todo es mera propaganda.

—Ahora ellos han inventado otra cosa, mi coronel —terció un comandante joven que había llegado de Milán nueve días antes, para organizar un sistema de contrapropaganda. Había hecho ya una visita de dos días a las posiciones más avanzadas.

—¡Y qué más da! La mentira será siempre mentira.

—Una frase particularmente conspicua dice: «¡Arrojad las armas! ¡Venid a nuestras filas! ¡La guerra ha terminado para vosotros! Seguiréis viviendo. Mil labios rojos de mujer os esperan en Moscú...»

—¡Eso es una idiotez absoluta! —El coronel se limpió con ambas manos la pechera de su guerrera como si aquel aforismo propagandístico la hubiese mancillado—. ¡Disparatada idea!

—Sé que se discute en secreto sobre ello. Labios rojos de mujer..., y eso, para un italiano hambriento...

—¡Tal vez sea una broma estúpida, Vinzenzo! —El coronel Bartollini miró, algo alterado y perplejo, al joven comandante—. Seguramente la tropa se retorcerá de risa con esa propaganda soviética tan chabacana. En Moscú te esperan labios rojos de mujer..., ¡nadie se traga esa patraña, caramba! Aunque le revienten los pantalones al oír la palabra mujer. Dígame la verdad, Vinzenzo, ¿relaciona usted con eso la misteriosa desaparición de los escuchas?

—Sólo es una idea entre otras muchas, mi coronel.

—Quizá deberíamos llevar burdeles al frente, ¿no? ¡Cada compañía con su búnker de apareamiento! Habría una nueva sigla: PEV: putas especiales de vanguardia. ¡No! ¡Al capitán Langhesi le remuerde la conciencia, ni más ni menos! Yo llevaría el batallón a retaguardia y les dejaría desfogarse durante una semana si me fuese posible llenar de algún modo la laguna que deje. ¡Pero no puedo! Sólo queda un recurso: ¡hacer ver a a la gente que, tras la victoria, Toscana será mucho más hermosa que Siberia! ¡Combatir y vencer... o desertar y enmohecerse en la taiga! Ahora bien, es una alternativa morrocotuda.

Y así, ocurrió que no ocurrió nada... hasta la visita de una delegación del Grupo de Ejércitos «Don». El Cuartel General del mariscal Von Manstein envió nueve oficiales al VIII Ejército italiano para examinar la situación en función de la cartografía disponible, las declaraciones de prisioneros soviéticos y los partes del reconocimiento propio.

En aquellos primeros días de enero del año 1943 hubo tranquilidad en todo el frente. Sin embargo, fue una calma engañosa. Pese a los vientos glaciales que barrían la estepa del Don, pese a la congelación total de la Naturaleza bajo la helada y ese frío asesino que podía quemar a un hombre, los rusos erigieron un frente de asalto todavía invisible a lo largo de 550 kilómetros. Sólo se supo que diez ejércitos rusos perfectamente pertrechados se desplegaron ante seis ejércitos alemanes extenuados. E incluso esto no se ajustó por completo a la verdad, pues entre los seis ejércitos alemanes había tres aliados: el II Ejército húngaro, el VIII Ejército italiano y el III Ejército rumano. Los Estados Mayores alemanes estudiaban con inquietud aquel frente quebradizo. Mientras tanto, el VI Ejército, cercado en Stalingrado, disputaba desesperadamente cada metro de terreno, cada ruina, cada montículo estepario. Aún podía aprovisionarse mediante los aeródromos de Pitomnik y Gumrak, aún se esperaba romper de algún modo el cerco soviético, aunque se concentraran al oeste del Don nuevos grupos de Ejército soviéticos; aunque Stalingrado fuera tan sólo una pompa de jabón a punto de reventar. Los nuevos ejércitos se agrupaban ante las posiciones alemanas que se había podido fortificar, porque el VI Ejército debería sacrificarse para retener en Stalingrado a los Ejércitos soviéticos más escogidos. Todo el flanco derecho alemán del Grupo de Ejércitos «Don» ofrecía un aspecto muy poco satisfactorio..., dos Ejércitos aliados contra cinco rusos, y al Sur, cerca de Rostov, sólo el IV Ejército blindado alemán contra el «Frente Sur» íntegro del mariscal Yeremenko.

La situación permanecía inalterable: una relación de uno a siete. En los Estados Mayores, nadie se hacía ilusiones. Stalingrado estaba perdida, aun cuando se defendiera todavía con un heroísmo demencial. Hacia mediados de enero, lo más tardar, se desencadenaría desde la estepa la ofensiva soviética de invierno contra Orel, Kursk, Jarkov, Stalino y Rostov, teniendo como objetivo el desgarramiento del ala derecha alemana y, más al sur, la reconquista de la Transcaucasia.

Ante una situación semejante, ¡qué poco interesantes resultan los partes sobre la desaparición de algunos escuchas en la zona de Cherjovo! Por lo pronto, el coronel Bartollini no expuso la cuestión ante los camaradas alemanes..., pues a él le inquietaba mucho más la proximidad del III Ejército rumano. Le habían llegado de allí unas noticias increíbles: según se rumoreaba, los soldados rumanos se reunían secretamente con el enemigo en terreno neutral e intercambiaban sus pistolas ametralladoras y otras armas por cigarrillos *majorka* y vodka. Algo similar había sucedido con el IV Ejército rumano ante Stalingrado antes de que fuera literalmente barrido por las tropas del general Trufanov, tras lo cual se iniciaría el funesto destino del VI Ejército.

Fue el comandante Vinzenzo quien, tras una buena cena y la consiguiente ronda de coñac, informó de paso a los invitados alemanes sobre los desertores del capitán Langhesi.

—Sé lo que están pensando, caballeros —dijo, esbozando una sonrisa torcida—. ¡Cuando esos italianos oyen hablar de hembras...! Los rusos sólo necesitan hacerles señas con unas bragas para que todos acudan corriendo. ¡Conozco bien los chistes alemanes sobre nosotros! Parte de las fuerzas armadas italianas: una compañía italiana de asalto consiguió hacer bajar del sillín a un ciclista enemigo. Logró conquistar la rueda trasera y sigue combatiendo con arrojo para arrebatarle el manillar... —Vinzenzo hizo un ademán disuasivo cuando los oficiales alemanes intentaron protestar con cierta tibieza—. A diferencia del coronel Bartollini, yo he tenido un extraño presentimiento sobre la desaparición de nuestros escuchas. ¿Por qué siempre los observadores más avanzados?

—Ellos encuentran el camino más corto hacia la presunta libertad —apuntó, razonablemente, uno de los oficiales alemanes—. Eso está claro..., y además, se encuentran solos en la noche. Nadie los ve cuando se pasan. Ha ocurrido siempre de noche, ¿verdad?

—Sí.

—Entonces no hay más que preguntar.

—Para mí, sí.

El comandante Vinzenzo esperó a que el ordenanza llenase otra vez las copas de coñac. Se habían reunido en el zaguán de una hacienda próxima a Starobelsk, cuatro estufas de hierro despedían un calor achicharrante, olía a leña húmeda y pieles mojadas expuestas al fuego.

—Mañana visitaré la primera línea y exploraré detenidamente el sector.

—¿Y qué espera encontrar allí? —inquirió uno de los oficiales alemanes con burlona sonrisa. Su mirada pareció decir: «¿Por qué se empeñarán esos italianos en hacer de todo una ópera? Se pasan dos o tres tipos cobardes, cansados de guerra... Bueno, ¿y qué? Más tarde, cuando el ruso les arranque el reloj de la muñeca y les registre de arriba abajo, se darán cuenta de que han cometido una idiotez... ¿Para qué desperdiciar tantas palabras por eso?»

—Algo debe de perturbar a los hombres..., ¡atontarlos!

—¿Quiere usted decir que prosiguen las anomalías en el sector de ese capitán Langhesi?

—Ayer desapareció el brigada Pietro Lucca, el cual tiene la cruz de hierro de primera clase.

—¡Varios condecorados se han cagado ya en los pantalones! —El teniente coronel Von Rahden, uno de los visitantes alemanes, aplastó su cigarrillo en el cenicero de cristal que tenía ante sí sobre la mesa—. Es extraño que sólo en ese sector se multipliquen las deserciones, eso lo admito. ¿No ha ocurrido lo mismo en otros sectores?

—¡No! ¡Ni un solo caso de deserción! Únicamente en la zona de Cherjovo.

—¡Desde luego, eso es anormal! —Von Rahden miró, perplejo, a sus dos camaradas sentados frente a él. Éstos eran los comandantes de Estado Mayor Heinrich Schlimbach y Peter Halberbaum, veteranos combatientes con cruz de hierro, distintivo de «Lucha cuerpo a cuerpo», galón de herido, medalla de «Miembros congelados» y la Cruz Alemana en Oro—. ¿Acompañamos mañana a nuestro camarada italiano? ¿Qué os parece?

Los caballeros titubearon. Sus instrucciones decían que trataran con los oficiales del VIII Ejército italiano sobre un concepto táctico contra la inminente ofensiva rusa, pero no que visitaran la primera línea por pura curiosidad para echar un vistazo a los desmoralizados italianos. Además, se quebrantaba el reglamento. Un soldado no puede deambular a su capricho, y menos aún en el frente. Todo movimiento militar requiere una orden previa. Toda acción exige el concurso de diversas autoridades militares competentes. El teniente coronel Von Rahden disipó las dudas con un amplio ademán.

—Si esas deserciones crónicas son tan excepcionales, interesarán también al Grupo de Ejércitos. ¡Al fin y al cabo es nuestro flanco el que puede haberse reblandecido como la mantequilla sin que nos enteremos! Si esa añoranza por Siberia se generaliza..., bueno, entonces también puedes levantarte tú las faldas, abuelita..., sí, entonces el caso sería sobremanera acuciante ¡y se nos agradecería que hubiésemos procedido de una forma impulsiva! —Dicho esto, miró a Vinzenzo con ojos despiertos—: ¿Cuándo irá usted allá, comandante?

—Manana temprano hasta el regimiento..., y hacia el crepúsculo, al puesto de mando de la compañía. La posición es visible desde el campo soviético. Estepa, lisa como un vientre afeitado.

—Es decir, con suaves ondulaciones.

—Eso es.

—O sea, ¡una mierda de posición!

—No hay otra cosa. El terreno es llano por todas partes. Nos consolamos pensando que también podemos ver al ruso. El tránsito general se produce sólo de noche. ¡Y entonces se arma la gorda! Los soviéticos llevan víveres, munición y refuerzos con trineos a motor...

—¿Y no los detiene nadie con un par de baterías?

—La orden número uno dice: «¡Ahorrad munición! Pronto necesitaremos cada bala como el pan que comemos.» Ustedes mismos nos han traído el regocijante mensaje. La gran tormenta invernal está a la vuelta de la esquina.

—Le acompañaremos, comandante Vinzenzo —dijo Von Rahden, sediento de acción—. ¿Podremos estar de vuelta pasado mañana?

—¿A la noche siguiente? Sí. Les procuraremos medios para regresar. Yo me quedaré allá fuera y me alojaré en algún nido de escucha.

—Y entonces aparecerá el espectro desconocido y le devorará...

—Quizá.

El teniente coronel Von Rahden soltó una estruendosa risotada y estiró las piernas enfundadas en relucientes botas.

—Querido Vinzenzo, ¡cada vez comprendo mejor por qué es Italia el país del gran dramatismo teatral! ¡Tomemos otro coñac!

Hacia el alba, todos partieron en un camión cubierto desde Starobelsk al frente. El frío era como un cuchillo..., cortaba tela y piel, músculos y huesos, desmenuzaba los cuerpos en pequeños fragmentos. Las pieles de cordero calentaban un poco, ciertamente, pero el aliento dejaba al instante una película de hielo, se adhería a los vellones, obturaba las fosas nasales, formaba diminutos carámbanos en las cejas.

El conductor del vehículo, un menudo cabo primero de Trapani, Sicilia, se hacía un ovillo detrás del volante como un terrón helado, y el escape del camión despedía vapor cual un lanzahumos.

—¡Con esta helada no atacará el ruso! —exclamó, satisfecho, Von Rahden—. ¡A él se le congela el dedo sobre el cerrojo del fusil exactamente como a nosotros! El ruso flexiona también las rodillas para cagar...

En el regimiento se tenía ya conocimiento de la visita. Vinzenzo se había ocupado de anunciarla con el mayor sigilo. Se recibió con aguardiente y cordialidad a los camaradas alemanes del Estado Mayor General; el cocinero preparó tallarines con carne de vaca e hizo un gigantesco bizcocho, un *panettone*, cuyo interior contenía incluso pasas.

A modo de sorpresa se había hecho comparecer al capitán Langhesi. Éste saludó muy impresionado y lacónico a la delegación, y sospechó lo que se pensaba de él: «Ningún ascendiente sobre la tropa, la típica moral *spaghetti*..., si en cada compañía hubiese un brigada alemán, tan sólo uno, los italianos harían el saludo militar ante cualquier meón.»

—Ahora estamos enviando adelante cuatro hombres, pues cuatro no se pasan tan aprisa como dos —dijo, con amargura, Langhesi—. Y, además, nunca llegan a un acuerdo. Eso es una porcada...

—¿Y qué dicen los hombres?

Vinzenzo fumó, nervioso, un cigarrillo. Poco antes, Langhesi le había informado que los soviéticos estaban relevando a sus tropas en el sector de Cherjovo. Por la noche se veía trineos planos, rápidos, deslizándose por la estepa nevada hasta desaparecer entre las suaves ondulaciones del terreno. No parecían molestarles los proyectiles luminosos propios que, suspendidos de paracaídas, iluminaban la zona con una luz viva y blanquecina durante varios minutos. Ellos alardeaban de su superioridad. Se habían disparado dos o tres veces los lanzaminas contra las posiciones soviéticas sin resultados dignos de mención. Esto podía significar sólo una cosa: Nosotros seguimos aquí, nosotros vemos todo... Acercaos... ¿Qué ha dicho Hitler? ¡Cada alemán vale por doce rusos!

—¿Qué les importaba a ellos aquella disparatada consigna? Ellos eran italianos...

—Usted los verá y les hablará, mi comandante —dijo, abrumado, el capitán Langhesi—. La moral de la tropa es buena... ¡quiero hacerlo constar expresamente! Todos maldicen a los desertores.

—La gran aria de la condenación. —El teniente coronel Von Rhaden soltó una carcajada algo provocadora cuando Vinzenzo se lo tradujo—. No me lo tome a mal, Vinzenzo... pero es que eso tiene cierta conexión con la mentalidad meridional. El carácter mediterráneo...

Anochecía ya cuando todos partieron hacia las posiciones de vanguardia. Emplearon el trineo a motor hasta el puesto de mando del batallón, se pusieron la ropa blanca de camuflaje sobre los uniformes y se unieron a una patrulla que llevaba víveres en mochilas y recipientes metálicos para la cocina de la compañía.

Alcanzaron sin contratiempos las posiciones avanzadas, un sistema de atrincheramiento con algunas casamatas de tierra como apoyos. Trincheras poco profundas conducían hacia retaguardia, hasta una hondonada donde se había instalado el búnker de la compañía. Un teniente joven recibió a los visitantes con rostro amargado. Sólo en el área de la segunda compañía habían desaparecido cuatro hombres.

—Sin acontecimientos dignos de mención —notificó mientras miraba a los alemanes con una expresión no precisamente amistosa—. Se nos visita como si esto fuera una ruina romana. Triste fama eso de tener el mayor número de desertores.

—¿Cuándo iremos a los puestos de escucha? —preguntó el intrépido Von Rahden.

—Lo mejor será a medianoche. —El capitán Langhesi echó una ojeada a su reloj—. Dentro de tres horas. Así podrán ver ustedes cómo se mueven los soviéticos tan tranquilos de acá para allá. Aquello semeja un hormiguero. Durante el día se puede dormir; entonces todo está muerto y desierto al otro lado. Sólo la tierra parece humear por todas partes... ¡estufas en los búnkers!

—Bueno, para empezar calentémonos nosotros —propuso el comandante Schlimbach abriendo su bolsa de lona—. Al furriel de su regimiento le sobraba una botella de *grappa.*

Más tarde, todos ellos, bien templados por dentro, se tendieron sobre la cima del montículo y escudriñaron con prismáticos de noche las posiciones soviéticas. Una hilera de trineos automotores se deslizaba por la blanca estepa, dos vehículos blindados brincaban sobre el desigual terreno... Inesperadamente surgieron tres carros de asalto «T-34», moviéndose espectrales a través de la noche, hasta que los engulló la oscuridad.

—¡Qué desfachatez! —clamó el teniente coronel Von Rahden con voz enronquecida por la indignación—. ¡Si pudiéramos largarles una...!

—Si pudiéramos largarles una en todo el frente —terció sarcástico Langhesi—. Bueno, ahora estaríamos en los Urales.

—¡Qué error! ¡Entonces se llamaría ya Marca oriental desde hace mucho, y al año siguiente sería nuestro granero! Pero esos «síes» condicionales determinan la Historia Universal. Nosotros debemos conformarnos con estar tumbados aquí contemplando a los rusos y dejando que las nalgas nos tiemblen de cólera.

Poco después de medianoche, todos marcharon adelante, recibieron el parte de un sargento, que empezó a tartamudear abrumado ante una visita tan honrosa, y reptaron por las trincheras de enlace hasta los puestos avanzados. Como el nido era demasiado angosto para contener a todos, se había hecho retirar media hora antes a los escuchas. El comandante Halbermann miró casi con afecto la cuerda que iba desde el puesto avanzado a la trinchera. Aquella soga terminaba en un madero con latas vacías. Cuando las latas tintineaban, se quería decir: «¡Alarma, fuera de las casamatas! ¡El ruso ataca!»

Durante unos instantes, Halbermann rememoró sus días como jefe de compañía ante Leningrado, antes de que lo destinaran a los cursos de Estado Mayor y luego lo ascendieran a comandante. El matraqueo de las latas..., entonces uno cesaba de pensar y se transformaba en un arma.

Se acomodaron en el nido de escucha y miraron las posiciones soviéticas. A la izquierda se acurrucó Langhesi, muy incomodado, porque un terrón le reducía el campo visual; le siguieron uno tras otro el comandante Schlimbach, el teniente coronel Von Rahden y el comandante Halbermann. Apoyaron sus prismáticos sobre el terroso borde y escrutaron la estepa.

—¿Distancia? —preguntó Von Rahden—. Un cálculo aproximado...

—¿Hasta la pequeña humareda del búnker?

Halbermann proyectó hacia fuera el labio inferior.

—Sí.

—Quizá cuatrocientos metros.

—¿Y no quinientos?

—Difícil. Es muy engañoso.

—Así, pues, esos sujetos se han arrastrado a lo largo de cuatrocientos metros para desertar. No cabe suponer que marcharan de pie alzando los brazos..., se los habría visto desde nuestras trincheras. Por tanto, reptaron y llegaron allí sin complicaciones. ¿Qué deduce usted de eso?

—Los soviéticos les esperaban.

—¡Exacto! ¡Cuando se ve a un hombre arrastrándose, la reacción inmediata es disparar! Los rusos tienen también observadores en vanguardia. ¡Quién sabe dónde estarán! ¡Tal vez pudiéramos hablar por señas!

—¡Y eso es precisamente lo que han hecho los desertores! ¡Acto seguido, empezaron a reptar! —murmuró el comandante Schlimbach en tono convincente. Así se explica el silencio de la empresa.

—¡Deberíamos probarlo nosotros!

El comandante Halbermann rió entre dientes.

—¿Cómo?

Von Rahden le miró de reojo.

—Agitando un pañuelo blanco. Veríamos cómo reaccionan.

—¡Descartado! ¡Nada de provocaciones, Halbermann! Según creo, nos hemos aproximado bastante a la verdad. ¡Menuda mierda! «Mil labios rojos de mujer te esperan en Moscú...» ¡Sólo con eso se podría atraer a cualquier cabeza rizada de los Apeninos! ¡Qué soldados, Dios mío...!

Diciendo esto, se alzó un poco más, observó las sutiles columnas de humo sobre las casamatas y distinguió dos o tres figuras moviéndose de un lado a otro como sombras. Aparentemente estaban llevando provisiones a primera línea. Leche transformada en bloques helados, pan de textura pastosa apenas se lo saca al aire libre, sopa de col que despide un hedor agrio tan pronto como se la calienta.

—Todos ésos del otro lado son unos pobres cerdos, al igual que nosotros...

De pronto, Von Rahden dijo muy agitado:

—¿Ve usted lo mismo, Halbermann? No puede ser cierto. ¡Se me deben de haber empañado las gafas! Allí..., fíjese en las columnas de humo ante nosotros; pues bien, a un pulgar de la que está a la derecha desde la izquierda hacia el centro. ¿Lo tiene usted? Es incomprensible...

—¡Mujeres! —El comandante Schlimbach se encaramó algo más en el nido de escucha—. ¡Dos mujeres! ¡Muy claras!

—¡Se las reconoce por esa media melena rizada! ¡En esa posición tienen visita femenina! —Von Rahden descargó el puño sobre el borde terroso—. ¡No! ¡Qué barbaridad! ¡Eso haría ponerse blanco a un negro!

Todos se auparon fuera del nido y alzaron los prismáticos de noche.

Su blanca ropa de camuflaje las hacía fundirse con la nieve. Todas llevaban gruesas botas de piel blanda, gorros de lana muy ajustados que dejaban libre sólo la parte de los ojos y tenían una ranura delante de la boca para respirar, capuchas forradas y gruesos guantes blancos de punto.

Estaban en un embudo de granada: tres figuras tendidas, planas, respirando contra la tierra para que su aliento cálido no las delatara y escrutando, silenciosas, el terreno por sus miras telescópicas. Incluso sus fusiles de cañón largo estaban pintados de blanco.

El embudo era lo bastante grande para tres. Ellas estaban cómodas, tenían espacio suficiente para mover los codos en todos sentidos y podían colocarse sin impedimento detrás de sus fusiles. Hacía una noche moderadamente oscura; sobre la nieve se veía un resplandor pálido. Una tenue claridad se concentraba en las miras telescópicas y rodeaba con una especie de halo el objeto enfocado. La muerte llevaba aureola.

—Cada una tomará al que tenga enfrente —musitó la figura central—. Contaré desde diez hacia atrás. En cero dispararemos al mismo tiempo.

—¿Y el cuarto? —preguntó la figura de la izquierda.

—Yo hago treinta disparos por minuto —apuntó la figura de la derecha.

—¡Cuentista! Sólo tienes cinco en el cargador.

—En Frunse disparé con seis fusiles, uno tras otro. Treinta por minuto. Así lo dice en mi hoja de servicios.

—¿Y cuántos aciertos?

—Veinticuatro... En el centro...

—¡Qué artista!

La figura central rodeó el guardamontes del fusil con el dedo índice enfundado en el guante blanco de punto. Las otras dos la imitaron. Las tres se aplastaron contra la nieve cual otros tantos terrones apisonados, se hicieron invisibles incluso para cualquiera que estuviese de pie a un metro de distancia.

—Empiezo a contar... Diez... nueve.... ocho.... siete...

En los retículos de las miras telescópicas aparecieron, difusos, unos rostros provistos de prismáticos. Bajo las capuchas de camuflaje asomaron las viseras de los cascos. Luego, una barbilla al descubierto, un pescuezo, el cuello de una guerrera. El blanco no fue nada bueno, los prismáticos estorbaron, excluyeron los ojos como punto de impacto. Sólo quedó una mancha clara y diminuta sobre el arranque de la nariz, entre prismáticos y visera del casco, o, si acaso, a traves del cuello, pero esto era poco seguro..., muchos habían sobrevivido a los balazos en el cuello, para eso se necesitarían balas explosivas. Pero ellas las despreciaban..., les bastaba con los proyectiles «M-30» de punta amarilla, los proyectiles que ellas llamaban «golondrinas gordas». Cuando el «M-30» atinaba, uno podía trazar una raya en la cartilla de disparos. Y siempre se atinaba.

Las tres observaron por la mira telescópica... La mancha clara y minúscula sobre el arranque de la nariz quedó en lína recta. Ellas conocían sus fusiles como su propio cuerpo, no había ninguna deriva; los habían disparado con exactitud milimétrica..., si fallaran, la culpa no sería del fusil, sino de las tiradoras.

—... seis... cinco... cuatro... tres...

El índice se curvó hasta el punto de presión. Los rostros en el retículo, iluminados por la reverberación de la nieve, se agrandaron hasta parecer salir casi a su encuentro. Luego se elevaron de la tierra... Los cañones de las armas les acompañaron, la puntería mejoró, los prismáticos se apartaron de las faces, los ojos quedaron al descubierto, un blanco idóneo..., ojos que las miraron fijamente sin verlas.

—... dos... uno... cero.

—Sonó como un solo disparo. Dos segundos después restalló el cuarto. Nadie hubiera podido disparar más aprisa. Cerrojo hacia atrás, bala en la recámara, cerrojo hacia delante, presión sobre el gatillo... y todo eso en dos segundos.

—¡Demasiado tarde!

La figura central ladeó la cabeza. De todos modos, era absolutamente imposible. El reflejo que induce a hurtar la cabeza es más rápido que la acción de cargar.

Aquellas palabras tuvieron la sobriedad de un dictamen en el campo de tiro. Las tres observaron otra vez por la mira telescópica y vieron que el cuarto adversario se retiraba presuroso a gatas hacia las posiciones alemanas. Él no fue ya un objetivo. Hubiera sido una indignidad dispararle en las posaderas.

Las tres figuras casi invisibles se colocaron de lado y se miraron. Intercambiaron sonrisas y estrecharon los fusiles contra sí.

—Enhorabuena —dijo la central—. Enhorabuena, Schanna.

—Enhorabuena, Lida.

—Enhorabuena, Daria.

Esperaron todavía dos o tres minutos, pero en el campo alemán todo fue silencio. Luego reptaron una tras otra hasta una trinchera corrida, en la que se dejaron caer. Allí se abrazaron, se besaron en la mejilla y corrieron, agachadas, hacia las bien enmascaradas posiciones. Una vez dentro de la casamata, se quitaron los gorros.

Tenían rizos castaños, negros y rojizos, rostros bonitos de muchacha, casi infantiles...

El teniente coronel Von Rahden había descubierto el secreto de los desertores. Al menos él lo creyó así. Escrutó con encono las tres figuras femeninas situadas cerca de la casamata.

—¿Alguna pregunta? —Echó un rápido vistazo al capitán Langhesi—. Siento decirlo, pero eso sólo puede ocurrirle a los italianos. Apenas ven dos o tres traseros femeninos agitándose allá lejos..., ¡zas!, se pasan al otro lado. Allá donde haya unas faldas, se les saltan las bisagras. ¿Sabía usted que los rusos recibían visitas femeninas?

—No... —replicó iracundo el capitán Langhesi—. ¡Y quiero protestar! ¡No tolero que se insulte a mi patria!

—Señor capitán... —le interrumpió bruscamente el teniente coronel Von Rahden. ¡¡¡Un subordinado protestando contra la verdad!!! ¿Dónde se había visto semejante cosa?—. ¡Lo que yo veo lo doy por visto! Luego pienso con lógica. Y, en tercer lugar, estuve durante seis meses en el frente italiano de los Balcanes. Como observador. ¡Menuda carnavalada la que presencié allí! ¡El espanto me erizaba los pelos de tal modo, que se me escapaba la gorra! —Von Rahden se volvió otra vez hacia las líneas soviéticas, para observar a las mujeres. Éstas habían desaparecido. La estepa apareció solitaria y vasta bajo la difusa noche nevada—. Así que no me reviente usted con su orgullo nacional herido. ¡No todo el mundo puede ser prusiano! ¡Esas hembras se han largado! Caballeros, el asunto de los desertores está resuelto para mí.

Dicho esto, soltó los prismáticos y miró, parpadeante, hacia la lejanía. Asimismo, los comandantes Schlimbach y Halbermann abatieron sus anteojos. En aquel instante restalló un disparo. El capitán Langhesi se arrojó instintivamente de lado al fondo del nido. Casi simultáneamente se oyó un segundo disparo. Langhesi se agachó y percibió el zumbido de la bala pasando sobre su cabeza; alzó los hombros y se enrolló como un erizo. Si ahora siguiese el fuego de mortero, la situación se haría crítica.

—¡Vámonos! —bisbiseó a los tres oficiales alemanes—. ¡Están practicando el tiro al blanco!

Pero los oficiales no se movieron. Permanecieron en el nido con las cabezas caídas, como si esperaran algo. Lo único extraño fue que sus cabezas descansaban *sobre* el borde.

Cuando todo quedó en silencio, el capitán Langhesi estiró el cuello para hacer una pregunta. En aquel instante le extrañó la posición algo convulsa del comandante Halbermann. Estaba sobre el borde con la pierna izquierda encogida y los brazos extendidos, como si pretendiera levantar el vuelo a semejanza de un pájaro. A su lado, el teniente coronel Von Rahden tenía la cabeza ladeada como si durmiera. Por su parte, el comandante Schlimbach era el que más se había expuesto..., tenía el torso fuera del nido y el rostro apretado contra la nieve. Entonces fue cuando Langhesi lo comprendió todo. Tragó saliva varias veces, salió del nido arrastrándose sobre el vientre y huyó a escape en tal posición por la trinchera apenas excavada.

Entretanto, el comandante Vinzenzo, acuclillado junto al teléfono, hablaba con el regimiento. Su plan de acompañar a los oficiales alemanes hasta el puesto avanzado había sido desbaratado por una llamada telefónica de Bartollini. Pero se propuso seguirles apenas terminase.

—¡He sabido por casualidad dónde se encuentra usted! —ladró Bartollini—. ¡¿Se ha vuelto usted loco, Vinzenzo?! ¡Por lo visto no le basta con perder el juicio sobre esa historia de las deserciones, sino que además, involucra a tres camaradas alemanes en semejante majadería! Si ocurriera algo por causa de esta estúpida excursión...

—¿Qué puede ocurrir, mi coronel? —replicó Vinzenzo muy seguro de sí mismo—. Los caballeros alemanes no se pasarán, descuide.

—¡Le hago responsable, Vinzenzo!

—Este sector del frente está tan quieto como un cementerio. Ahora mismo iré detrás de los alemanes. No hay peligro alguno. Créame.

—¡Me responderá de todo, Vinzenzo!

El coronel Bartollini se mantuvo escéptico. ¡Estos oficiales jóvenes de Estado Mayor! Llega de Milán empapado con sabiduría de Academia y sacrosantas teorías, ha estado dos o tres meses en el frente de Grecia y una breve temporada en África del Norte, pero no tiene ni idea de Rusia. Cree que la guerra es siempre igual, dondequiera que sea. Cuando alguien te dispara, es preciso agacharse y responder al fuego, y si percibes que eres el más débil, procurarás salir como puedas del atolladero. Así de sencilla es la guerra...

—La delegación alemana ha acudido aquí para conferenciar sobre asuntos de Estado Mayor, no para visitar las trincheras.

—Esos caballeros lo decidieron así por su propia voluntad, mi coronel.

—¡Después de que usted les pusiera el sabroso barquillo ante las narices! ¡Y ellos le dieron un mordisco, naturalmente! ¡Suya es la responsabilidad, Vinzenzo!

El comandante Vinzenzo no pudo seguir a los camaradas alemanes, según se proponía. Tras el regimiento, telefoneó la división. Al parecer, una patrulla había hecho por allí algunos prisioneros, cuyas declaraciones ofrecían un cuadro estremecedor de la situación en el frente. Como Stalingrado no constituyera ya un problema serio para los soviéticos ni retuviera más a sus tropas, varios Ejércitos de refresco avanzaban por la estepa del Don para desencadenar el asalto contra las fluidas líneas alemanas. La tormenta de fuego se desataría en cuestión de días. Las perspectivas eran fatídicas.

Vinzenzo levantó la vista, sobresaltado, cuando el capitán Langhesi irrumpió en el búnker dando tumbos, jadeante, con pulmones silbantes, y se respaldó pesadamente contra la pared de tierra. Fuera se oyeron pasos presurosos y grandes voces. Vinzenzo tragó saliva a duras penas.

—Gracias —dijo al teléfono—. Corto. —Luego soltó el auricular e hizo una profunda inspiración—. ¿Qué ha sucedido, Langhesi? ¡Dios mío, no me lo diga...!

—Francotiradores. —Langhesi se dejó resbalar por la pared y quedó en cuclillas—. Sonó como *un solo* disparo.

—¿Sonó...?

Vinzenzo sintió que se le helaba el corazón. La silueta del capitán Langhesi se desdibujó ante su vista como una imagen reflejada en el agua.

—¿Quiere usted decir que...? —susurró.

—Sí. Balazos en la cabeza. Los tres.

—¿Y cómo sigue usted con vida? ¡¿Cómo tiene usted la desfachatez de quedarse ahí sentado?!

El capitán Langhesi se frotó la cara. Sus manos temblaron. Sintió náuseas.

—Quizá me encontrara en un ángulo poco favorable..., no lo sé. Rodé por el suelo al instante. La cuarta bala pasó rozándome la cabeza... Fue cuestión de un segundo.

—¡Tendría que haberse quedado quieto durante ese segundo! —murmuró, abatido, Vinzenzo—. ¡Dios mío! Y ahora, ¿qué hacemos?

—Ordenaré que recojan a los muertos de inmediato. ¿Dará usted... parte del accidente? ¿O me hago cargo yo?

—Hablaré con el Alto Mando.

Vinzenzo se levantó y, pasando ante Langhesi, salió al aire libre. Algunos soldados de la compañía que estaban haciendo leña se cuadraron y permanecieron firmes. Bajo un cobertizo humeaba la cocina de campaña. Olía a sopa de alubias. Ante el búnker de la oficina, el brigada de la compañía discutía sobre la novedad con cuatro soldados embozados: ¡Tres oficiales alemanes de Estado Mayor, liquidados como si tal cosa! Y eso en una posición absolutamente tranquila. ¡*Madonna mia,* este asunto traerá cola! El jefe de la compañía ha partido ya con algunos hombres y tres trineos planos para recoger a los muertos.

Apenas descubrió al comandante Vinzenzo, el brigada enmudeció y se deslizó en su búnker.

—¡Suya es la responsabilidad! ¡Usted me responderá de todo!

Vinzenzo cerró los ojos sin sentir el frío que le cubrió inmediatamente la cabeza de minúsculos cristales de hielo. «Fíjate lo que pasa ahora, *mama* —se dijo con infinita melancolía—. En Milán me dijiste, desde el andén: "Vuelve sano y salvo, mi pequeño Angelino. Ahora estás en el Estado Mayor, no necesitas ir más al frente. Manténte siempre cerca de tu general..., casi todos los generales sobreviven a una guerra. Piensa en que deberás hacerte cargo del negocio de *papa* cuando vuelvas. Porque no querrás seguir siendo soldado, ¿verdad? No habrá nunca más en Milán una empresa siderúrgica tan importante. Piénsalo bien, Angelino..., ¡siempre al lado del general! ¡Así estarás seguro!"» Luego ella le cogió la mano y corrió junto a la ventanilla, hasta que sus piernas no la llevaron más, y entonces agitó los brazos llorando a lágrima viva. Y él se había llevado consigo aquella escena a Rusia..., la escena de la menuda y valerosa Amelia Vinzenzo despidiendo a su hijo único y sintiéndose feliz porque él ya no se pudriría en las trincheras, sino que estaría siempre al lado de su general.

«Tú llorarás un poco, mi hermosa Loretta, pero la vida continuará y te enamorarás de otro hombre. ¡Qué bello era todo entonces, cuando nos sentábamos bajo los olivos de tía Rosa, cansados de amarnos, sudorosos, esperando tan sólo recobrar un poco de energía para devorarnos otra vez uno a otro! "¡Ahora quisiera yo tener un hijo tuyo! —dijiste—. Me importa poco lo que diga la gente. Nos casaríamos más tarde. Pero ¡ahora quiero un hijo! Así tendré algo tuyo, pues quién sabe cuánto durará la guerra. No sólo una foto, no sólo el medallón ni unas cuantas cartas..., ¡quiero un trozo de ti mismo!" Sin embargo, yo no lo hice. Me mostré precavido y tú te enfadaste de verdad, Loretta. Pero así estuvo bien, ¿no lo ves? ¿Qué habrías ganado ahora si estuvieses embarazada? Una mujer soltera con un hijo..., eso crea siempre problemas en Italia. Pero ahora eres una mujer joven y libre. Olvida a Angelo Vinzenzo cuanto antes, Loretta; por favor, olvídale. Sigue viviendo tú. Te amo...»

Vinzenzo dio media vuelta, entró en el búnker y vio a Langhesi sentado aún contra la pared. Su rostro contraído le hizo parecer un anciano.

—Llevaré a los camaradas alemanes esta misma noche —dijo el comandante Vinzenzo—. Eso es mejor que telefonear ahora para dar el parte. Usted puede presentar su informe más tarde. Y olvide lo que le he dicho antes.

—No sé a qué se refiere, mi comandante.

—Le pregunté por qué no había sido usted el cuarto. —Vinzenzo se pasó ambas manos por el pelo y la cara para limpiarse los cristales de hielo que empezaban a fundirse con el calor del búnker—. Yo debería haber dicho: ¿Por qué no soy yo el cuarto?

Una hora después, los cadáveres del teniente coronel Von Rahden, el comandante Schlimbach y el comandante Halbermann, quedaron alineados sobre trineos planos, ante el búnker de la compañía. Se había podido rescatar a los muertos sin tiroteos. Los rusos no habían dicho ni pío. Y, sin embargo, se había tenido la impresión de que unos ojos muy atentos siguieron punto por punto la operación de rescate.

Vinzenzo levantó las mantas con que se había cubierto los cadáveres. Y quedó tan consternado como todos los que les habían visto las cabezas.

Los tres habían muerto de la misma forma: un balazo muy ajustado en el ojo izquierdo. Al milímetro, casi incomprensible. Los tres cráneos tenían un boquete en lugar del globo ocular. Ni demasiado cerca de la nariz, ni demasiado cerca de la sien; no, habían vaciado los ojos con absoluta precisión, como si se pretendiera colocar unos nuevos.

—Increíble —murmuró, anonadado, el capitán Langhesi—. Ésos deben de ser tipos siberianos. Casi todos los grandes tiradores provienen de la taiga.

Vinzenzo cubrió otra vez a los muertos. «Caídos por el Führer y la Patria...» Así se escribirá a sus padres y madres, a sus esposas e hijos. Ellos combatieron bravamente por la victoria final, por el mantenimiento del Reich. Y al hacerlo se habían mostrado un poco curiosos, habían levantado una pizca la cabeza porque habían visto mujeres. Y a eso se le llama también una muerte heroica...

Con el resplandor gris del alba, la pequeña columna alcanzó el puesto avanzado de enlace con el regimiento. Allí fueron cargados los tres oficiales alemanes en un camión para transportarlos al Estado Mayor del Ejército.

Vinzenzo rehusó viajar en la cabina del conductor; prefirió acuclillarse junto a los muertos, bajo el toldo.

Fue un viaje accidentado por la resbaladiza carretera hasta Starobelsk. El vehículo brincó, el motor bramó dolorido, los neumáticos aullaron repetidas veces en sus giros. Con tanto estruendo no se pudo oír en la cabina disparo alguno.

El propio coronel Bartollini salió a la intemperie para supervisar la descarga de los cuerpos.

Había cuatro muertos.

Con rostro petrificado, Bartollini se llevó la mano a la gorra, mientras se llevaban en camilla al último: Vinzenzo.

En la carta que él escribió a la madre, Amelia Vinzenzo, dijo: *Angelo cumplió con su deber. Eso es lo más honroso que se puede decir sobre un hombre. Puede sentirse orgullosa de él, señora.*

Amelia Vinzenzo no comprendió jamás por qué habría muerto su hijo si estaba junto al general. Aquello fue para ella un enigma que obnubiló poco a poco su mente.

Quienes conocieron el destino que se había asignado a Foma Igorevich Miranski, chascaron la lengua con deleite, le miraron maliciosos y le envidiaron.

—¡Menuda ganga! —comentó uno—. ¡Precisamente había de tocarle a él! ¡Ya veremos cuánto dura! ¡Su potencia no es lo que era, y encima le largan eso! Durante los primeros días, ese lechón pringoso irá con la bragueta abierta por todas partes, pero luego se fatigará ¡y no encontrará su orgullosa espada por ninguna parte! ¿Es posible que un tipo como Foma Igorevich mande semejante tropa? ¡Siempre le ha de tocar al menos indicado, palabra!

Durante algún tiempo, Miranski se pavoneó cual un gallo de concurso, se dejó admirar, se cuidó con especial esmero el mostacho al que debía cierta semejanza con el camarada Stalin, se hizo recortar el pelo ya entrecano y se procuró en el mercado negro unas botas altas de cuero tan suave que ni los mismos generales las llevaban.

Seis semanas después, el hombre reapareció con tres días de permiso y ofreció un apecto muy distinto. Cuando todos le asediaron y le acribillaron a preguntas, él permaneció sentado y mudo. Miró con ojos turbios a los amigos que seguían chascando estúpidamente la lengua. Pero Foma no se arriesgó a hacer comentarios hasta que su vecino Tichon Ignatjevich gritó irritado:

—¡Dejad en paz al pobre hombre, camaradas! ¿No veis que le han extraído hasta el tuétano...?

—¡Qué zopencos sois, diablos! ¿Acaso sabéis lo que significan doscientas treinta y nueve hembras de golpe? ¡Qué va! ¡Yo hubiera preferido el infierno con otros tantos demonios! Si yo lo hubiese sospechado siquiera, me habría zambullido en la madriguera más profunda de los lirones...

Así, pues, no pareció precisamente entusiasmado con su nueva misión. Resultó difícil comprender cuáles eran sus motivos de queja. ¿Acaso no se le había confiado el honroso encargo de educar mentalmente como comisario político a una tropa especial compuesta sólo por mujeres? Y, ¡ojo!, mujeres jóvenes, muchachas de clases escogidas, bonitas y valientes, camaradas entusiastas de la guerra que habían acudido desde todos los puntos cardinales. Una auténtica unidad de élite... ¡y Foma Igorevich quejándose dale que dale, e incluso deseando estar en el infierno!

Para él resultó bastante complicado y penoso explicar a los camaradas lo que significaba vivir entre doscientas treinta y nueve mujeres de estupenda constitución, entrenamiento riguroso y arrojo sin límites. Y lo peor no era que él fuese —aparte un teniente instructor, un suboficial especializado en armamento y un inspector cuyas apariciones tenían carácter esporádico— el único hombre que hubiese de convivir permanentemente con aquellas muchachas. Pues el teniente, Victor Ivanovich Ugarov, un mozo de veinticinco años, de ardientes ojos castaños, había embelesado inmediatamente a la comandante de aquella tropa, Soia Valentinovna Baida. Aunque ella fuese seis años mayor que Victor y también su superior en rango militar, ambos se habían apresurado a compartir la colchoneta y, además, se habían hecho construir una gruesa y hermosa puerta que acarreaban siempre consigo en el vehículo de la impedimenta adondequiera que se les destinase. Apenas ocupaban nuevas posiciones y montaban el correspondiente abrigo, ellos hacían colocar la puerta en la entrada y así quedaba listo contra cualquier sorpresa el búnker del mando. Usualmente se oía suspirar y jadear a la fogosa Soia Valentinovna detrás de la maciza puerta, pero se le concedía ese placer. Su marido había muerto el año 1941, al principio de la guerra. Y no se podía negar el pan de cada día a una viuda que sabe cuánto vale un hombre en el momento oportuno.

Así, pues, el teniente estaba bien aprovisionado. El suboficial de armamento era un hombre maduro, atrabiliario, que tenía siempre junto a su catre la foto de una mujer oronda con siete hijos, y contaba sin cesar, a quien quisiera oírle, lo mucho que añoraba a su Marusia, e incluso solía maldecir con rostro congestionado cómo había ocurrido cierta vez cuando unas cuantas chicas le encerraron en la *bania* donde diez cuerpecitos desnudos danzaron a su alrededor. Una vez, sólo una, él quiso desfogarse con la robusta Dusia, se escabulló con ella en un granero y llegó a bajarse los pantalones, pero entonces la agitación anímica fue tan inoportuna, que el hombre dejó caer las manos, trastornado, sobre su alicaído falo. Dusia se tronchó de risa, balanceó los pechos ante sus narices y chilló:

—¡Cualquier pulga tendría el aguijón más tieso!

Y, dicho esto, dejó solo en el granero al pobre viejo. En aquella ocasión, Foma Igorevich se las vio y se las deseó para impedir que el suboficial se castrara con su propio cuchillo.

El inspector era un cagón. Tal como los demás hombres, él iba a retaguardia en las marchas y administraba a las muchachas como si fueran cajas de zapatos. Cuando se reunía con la tropa, era un tipo displicente y arrogante, censuraba a todo el mundo, lamentaba que se derrochase tanto en bragas y sujetadores, y calculaba exactamente cuántas compresas necesitaba la tropa al mes.

Como es de suponer, un espantapájaros semejante no podía irradiar ninguna clase de atractivo. Según aseveraba Foma Igorevich, el miedo puro y simple era lo que motivaba el nauseabundo comportamiento de aquel envarado camarada. Corrían muchos rumores sobre aquella unidad escogida; se decía que allí un comisario estaba expuesto a todos los placeres imaginables, hasta el punto de hacerse indispensable su ingreso en un hospital, porque, de lo contrario, el hombre se desecaría, ni más ni menos.

A Foma Igorevich le sucedía algo muy distinto. Se le respetaba como comisario político, evidentemente se le había clasificado como asexual, y se le utilizaba como confesor, ¡lo cual era lo más horripilante de todo!

Para mayor escarnio, la unidad de la comandante Baida era una formación muy especial..., la escogida entre las escogidas, la mejor de las mejores, la más brava entre las bravas: tiradoras de primera que podían acertar a un copec sobre una toalla a cien metros de distancia.

Cuando Foma Igorevich vio por vez primera aquel malabarismo, prometió para sus adentros no disputar nunca con ninguna de aquellas chicas. Y no se atrevió siquiera a pensar en los celos. Como único hombre todavía disponible, tuvo la sensación de que 293 fusiles le encañonaban constantemente.

Justo es admitirlo, camaradas, ¡un hombre debe tener nervios de acero en tal situación!

Pues bien, cuando Foma Igorevich relató esas cosas durante su permiso, reinó un asombro inmenso por todas partes. Y para dramatizarlo aún más, observó con cierto desgaire:

—¡Ah, queridos hermanos, cuánto debo callar! Todo lo de allí es un gran secreto. ¡Si vosotros supierais...! —Entonces les hizo un guiño y agregó muy circunspecto—: Allí ocurren cosas, os lo aseguro, que debo enterrar en lo más hondo de mi corazón. Quizá se sepa algo más de nosotros después de la guerra..., o quizá no. Es un cometido singular el que he de llevar a cabo.

Desde hacía tres semanas, él había vuelto al frente, ocupaba un húmedo búnker de tierra y esperaba la entrada en acción. Las chicas hacían prácticas, tallaban en madera muñecos, estrellas y otras estatuillas para las fiestas navideñas o el día del «padrecito Helor», hacían guirnaldas multicolores con trapos y papel pintado, se aburrían a ratos u oían la radio. Se recocijaban con cada parte triunfal desde Stalingrado, seguían en un enorme mapa el avance del Ejército Rojo, y Foma Igorevich lo aprovechaba —como comisario político— para dar conferencias sobre el valor de los soldados propios y el carácter diabólico de los alemanes y profetizaba que aquel mismo invierno se expulsaría a los agresores de Rusia y se les haría correr como liebres asustadas.

Y, por fin, las liberaron del servicio de retaguardia. Durante la noche fueron transportadas con trineos a primera línea, y allí las chicas ocuparon un vasto atrincheramiento con casamatas de tierra, desde las cuales observaron a los alemanes hasta que el teniente Ugarov les informó que los del otro lado no eran *niemtsi* ni, mucho menos, sino italianos.

La noticia levantó enormente el ánimo. ¡Por primera vez en su vida las muchachas tenían oportunidad de conocer italianos! Pues, ¿acaso había quien viajase desde Ust-Balaisk o Karaganda, desde Chemlaki o Tasskan a Roma o Venecia? ¿Quién podía permitirse semejante lujo? Todas ellas conocían Italia, pero sólo a través de revistas gráficas; sin duda sería un país espléndido en donde vivían gentes joviales y, sobre todo, muchos hombres guapos.

Pero las mujeres no olvidaron la guerra ni la pospusieron a aquellos pensamientos. Schanna Ivanovna Babaieva fue la primera que pudo trazar una nueva raya en su cartilla de disparos: apenas transcurridas cinco horas en primera línea, avistó a un enemigo que estaba muy atareado agrandando un nido de escucha y lo hacía, por cierto, con notable imprudencia. Comenzaba el crepúsculo vespertino, unas veces se dejaba ver la pala, otras la cabeza y el hombro. Aquel hombre se iba introduciendo cual un topo en la tierra congelada.

Schanna Ivanovna observó atentamente al laborioso mozarrón, le cogió la nuca con su mira y tiró del gatillo. Aquélla fue la primera víctima de las tiradoras selectas en el sector de Cherjovo.

Ante un humeante cubilete de té, la chica anotó la diana en su cartilla. Schanna se sintió enorgullecida y feliz. Por entonces contaba sólo dieciocho años, tenía rizos cortos y negros como una oveja caracul, ojos redondos, oscuros y facciones verdaderamente virginales. Era originaria de Tompa, una mancha a orillas del Baikal; allí había cuidado ovejas, y tal vez habría sido pastora toda su vida si no se hubiese oído hablar de ella en Nishni Angarsk. Aquí, la ciudad más próxima a su aldea, se contaba una historia sobre cierta pastora de ovejas que disparaba con tal puntería contra lobos y águilas, zorros y liebres, que los animales parecían haber sufrido un ataque cardiaco. Nada de pieles perforadas..., cada disparo en un ojo o en plena frente, es decir, allá donde un balazo no deteriora la piel. Y, para colmo, poseía tan sólo un fusil vetusto, que había heredado de su abuelo, una verdadera cafetera que ninguna persona normal utilizaría por temor a que el tiro saliese por la culata.

Así pues, Schanna Ivanovna —tenía entonces catorce años y no sabía leer ni escribir— fue trasladada a Nishni Angarsk, donde la observaron y la hicieron disparar contra un blanco, tras lo cual la llevaron, sin dilación, a Irkutsk. Aquí, después de haberse comprobado sus extraordinarias dotes, fue internada en una escuela y, al cabo de tres años, se hizo de ella una persona extremadamente sagaz y se le concedió el honroso título de «tiradora del Komsomol». Pues el caso fue que Schanna Ivanovna acertaba a todo cuanto se le pusiera ante el cañón de su fusil. Finalmente, cuando cumplió los diecisiete años, fue enviada a la Escuela Central para Tiradores Femeninos de Primera en Veschniaki, Moscú..., honor difícilmente superable.

En Veschniaki conoció a las otras chicas: Marianka, Lida y Daria. Juntas se ejercitaron en el patio del cuartel, acarrearon pesadas mochilas en agotadoras marchas forzadas bajo el sol y la nieve, aprendieron a camuflarse y atrincherarse, a esfumarse entre los arbustos y trepar por los árboles y hacerse invisibles en el follaje, aprendieron a zambullirse en los pantanos y respirar mediante una caña..., no se les regaló nada. Allí se les impuso una disciplina militar férrea como a los hombres en las unidades escogidas; se hicieron expertas en la lucha cuerpo a cuerpo, dando muestras de un valor frío incompatible con cualquier otro pensamiento; eran criaturas ajenas a todo sentimiento humanitario tan pronto como surgía una cabeza en el retículo de su mira telescópica.

Cuando recibieron su uniforme de campaña y emprendieron la marcha hacia el frente, la directora de la Escuela Central pronunció una breve alocución:

—¡Llegasteis aquí cual muchachitas ignorantes, y entretanto os habéis convertido en auténticas guerreadoras! —clamó con voz clara, tonante, la coronela Olga Petrovna Rabutina—. ¡Guerreadoras disciplinadas, entusiastas física y mentalmente! ¡Estáis ya dispuestas para ejecutar las órdenes de la patria, cualesquiera que sean! ¡La patria lo espera de vosotras! ¡Por la victoria!

Todas ellas se sintieron muy orgullosas. Se les entregó la cartilla de disparos positivos, un cuadernillo de aspecto inofensivo que ellas se guardaron en el bolsillo y cuyas páginas, escandalosamente vacías, estimularon la ambición de sus poseedoras.

Un registro de muertes. Una agenda de la impiedad y del homicidio frío. Un libro consagrado al arte de abrir un orificio exactamente sobre el arranque de la nariz.

Un cómputo de sangre, lágrimas y muertes repentinas.

Pues aquellas mujeres jóvenes, alegres y bonitas, uniformadas de pardo, que ahora partían hacia el frente, sabían disparar sin error en cualquier situación y con cualquier luz. Eran amigas, y se habían jurado seguir juntas siempre que fuera posible y matar cuantos alemanes pudieran. Las poseedoras de calificaciones óptimas formaron pronto un pequeño grupo y se presentaron a la capitana Soia Valentinovna Baida y su apuesto teniente Victor Ivanovich: fueron Marianka Stepanovna Dudóvskaia, Schanna Ivanovna Babaieva, Daria Allanovna Kluieva y Lida Ilianovna Selenko.

Ellas fueron las mejores del curso. Pero por Veschniaki se rumoreaba que aún quedaba un verdadero genio del tiro al blanco, una aspirante ucraniana de veinte años, una verdadera diablesa, según se rumoreaba. Cuando los alemanes arrollaron Ucrania, ella se hizo fuerte en bosques y barrancos, y junto con nueve hombres, voló carreteras, asaltó camiones de la Intendencia alemana, plantó minas, incendió almacenes, aniquiló patrullas especializadas en la caza de guerrilleros y convirtió en antorchas grandes depósitos de combustible.

Cuando llegó a Moscú, era una de las pocas que tenían cartilla de disparos. Con veinticuatro aciertos comprobados. Pero eso eran sólo rumores. Hasta entonces nadie la había visto ni hablado, y ella no había estado presente en el último curso de Veschniaki. Así pues, muchas chicas se negaban a tomar en serio aquellas habladurías y opinaban que alguien había inventado a aquella mujer para espolearlas. Y cuando se dio a conocer su nombre, subsistió el escepticismo. ¿Qué era, en definitiva, un nombre?

¿Cómo se llamaba la camarada de Ucrania? ¿Stella Antonovna Korolénkaia?

Si aquella mujer fuera real, evidentemente pronto se sabría algo más de ella.

Aquel nombre pasó al olvido... el quehacer cotidiano en el frente retuvo toda la atención de las chicas. Cierta vez la capitana Soia Valentinovna tuvo una idea que hizo reír de buena gana a todas, aunque se tratara de un juego peligroso con muchas probabilidades de muerte. Pero eso era una novedad excitante durante la tediosa espera hasta la gran ofensiva anunciada.

—¡Escuchadme! —dijo Baida rompiendo su rigor habitual—. La ociosidad no os va. Pasáis vuestro tiempo contemplando agujeros en el cielo, pensando..., bueno, no quiero decir qué. Y, accidentalmente, veis a un enemigo a lo sumo para poder demostrar lo que habéis aprendido. ¿Acaso hemos de seguir así? No. Es preciso emprender algo, creo yo. No podemos atacar porque nos lo prohíben unas órdenes muy estrictas, pero sí podemos crear cierta intranquilidad.

Miró el círculo de muchachas en torno suyo e hizo dos o tres guiños. Aquella Soia Valentinovna, tan bronca usualmente, se mostró alborozada. Su idea pareció entusiasmarlas.

—En terreno neutral, frente a nosotras, hay, como ya sabéis, nueve escuchas enemigos. Casi siempre, dos soldados en un nido. Me imagino que sería muy bonito poder verlos de cerca...

Las chicas sonrieron conteniendo el aliento. ¿Qué querrá decir la Baida?

—Explícate mejor, camarada. ¿Qué significa «verlos de cerca»? ¿Tal vez aproximarnos furtivamente a los escuchas y liquidarlos?

—Mañana llegará aquí un equipo de altavoces —dijo Soia Valentinovna—. Camaradas de la Sección de Propaganda. Y reflexionando sobre eso, se me ocurrió de pronto la idea. Escuchad...

En otro búnker estaban acurrucados el teniente Ugarov y el comisario Foma Igorevich Miranski jugando al ajedrez sobre una mesa apergeñada con tablas. Desde hacía casi una hora, ambos miraban fijamente las piezas sin hacer ni un movimiento. Era para desesperarse.

—Esto no me gusta nada —dijo, de improviso, Ugarov.

—Opino lo mismo —convino Miranski—. Suspendamos la partida.

—No me refiero a este estúpido juego. —Ugarov se respaldó contra la pared de tierra—. Estoy pensando en el plan desatinado de Soia.

—¿Tiene ella algún plan? —preguntó, consternado, Miranski—. ¿Qué clase de plan? ¡Yo soy la autoridad competente en planificación!

—Ella quiere atrapar hombres... —dijo con voz sepulcral Ugarov.

Miranski, olvidando que tenía las rodillas debajo de la mesa, dio un respingo y envió el ajedrez por los aires.

—¿He oído bien? —gritó aterrado—. ¡Quizás hayas bebido demasiado, Victor Ivanovich!

—Ella quiere robar hombres... Atraparlos, ni más ni menos.

—¿Dónde? —balbuceó, atónito, Miranski—. ¿Se ha vuelto loca?

—Allá fuera. En tierra de nadie.

—¿No tendrás fiebre, querido Ugarov? —Miranski escrutó, compadecido, la faz del teniente—. Tiéndete, relájate y bebe una jarra de té. ¡Ah!, y suda cuanto puedas. ¡No hay nada como los viejos remedios caseros! Cuando era niña, mi abuelita contrajo la difteria y se la curaron obligándola a beberse su propia orina.

Ugarov miró a Miranski con facciones descompuestas y meneó pausadamente la cabeza.

—Haz un esfuerzo por comprenderlo, Foma Igorevich. Soia se propone secuestrar a los escuchas avanzados del enemigo...

—Eso es muy sencillo, ¿verdad? —dijo Miranski como si hablara con un lunático peligroso a quien sólo se le pudiese hablar apaciblemente para evitar el desencadenamiento del frenesí—. Meterse en el bolsillo a los hombrecillos, ¿eh? Se coge un saco y se los embute dentro. ¡Qué fácil es! ¿No? ¿Por qué te asombras tanto, Victor Ivanovich?

—Comprendo tu burla, Foma Igorevich. Pero Soia lo ha dicho en serio. Pretende desalojar los nidos de escucha. ¡Una acción silenciosa e incruenta! Cuando se proceda al relevo, los hombres habrán desaparecido. Así de sencillo.

—¡Eso es una idiotez supina! —vociferó Miranski, golpeándose los muslos con ambos puños y tosiendo de indignación.

—Soia quiere atraer a esos hombres.

—¿Cómo? ¿Tal vez untándoles de miel los pantalones?

—Más o menos, Foma Igorevich. Ahora séme franco: ¿no te llevarás un sobresalto si se te aparecen de pronto dos chicas y se desabrochan la blusa para dejarte echar una ojeada exploratoria y te susurran, llenas de ternura, *mio caro*?

—¿Qué me susurran? —tartamudeó, muy agitado, Miranski.

—También quizá *caro mio*... ¡Yo qué sé! Frente a nosotros están los italianos. Según opina Soia, ese *caro mio*, más el vistazo a los pechos, basta para disipar todo pensamiento antagónico. Cuando no se hayan repuesto todavía de su estupor, recibirán un mazazo en la cabeza —siempre en opinión de Soia—, y serán hechos prisioneros.

—¿Cómo que hechos prisioneros? —inquirió Miranski. Sus ojos parpadearon nerviosos.

—Serán arrastrados.

—¿A nuestras líneas? ¿Hasta aquí?

—Eso es.

—¡Eso no es! —aulló Miranski, fuera de sí—. ¿Qué podemos hacer con unos italianos mareados por las tetas?

—Son prisioneros de guerra ordinarios, Foma Igorevich. Se los trasladará a retaguardia. Según Soia, se causará un desconcierto monstruoso en el campo enemigo. Ni combate, ni disparos, ni rastros... ¡los tomarán por desertores! Eso creará mala sangre y gran expectación. Se erosionará la moral.

Miranski sacudió la cabeza. «Esa Soia es una ramera demencial —pensó—. ¿Por qué debo soportarlo yo? ¿Por qué se me castiga tan duramente? ¿Qué pecado he cometido ante Dios para que se me encomiende el cuidado de doscientas treinta y nueve hembras?»

—Aquí no hay prisioneros. —Miranski exhaló un profundo suspiro—. No puede haberlos, Victor Ivanovich. Te lo revelo porque tú te acuestas con Soia y puedes serme de gran ayuda: ¡Tengo orden de no hacer prisioneros! Nadie que conozca a nuestras camaradas puede conservar la vida. El decreto es claro como el cristal: ¡Una sección de tiradoras escogidas no puede dejar supervivientes a su paso!

El teniente Ugarov le lanzó una mirada solemne.

—¿Puedo decírselo así a Soia Valentinovna?

—En esto no puedo aconsejarte. Eso debe salir de ti, Victor.

—Así pues, nuestra consigna es «sólo muertos».

—Pensé que lo sabías. Estamos en guerra y hemos de cumplir lo que se espera de nosotros. Debemos aniquilar al adversario y liberar a la patria. Todo el mundo puede hacer prisioneros. Ugarov... ¡excepto nosotros! —Miranski se agachó y recogió el ajedrez—. Por tanto se invalida el plan de la camarada Baida.

Casi a la misma hora, en el búnker contiguo, Soia Valentinovna dijo a las muchachas seleccionadas:

—Iréis siempre cuatro. Dos con ropa de camuflaje y armas por si fuera necesario abrir fuego protector, dos con guerrera y blusa. Os helaréis, queridas..., pero bien vale la pena temblar un poco para conseguir el éxito.

Aquella misma noche fueron «secuestrados» los cabos Luigi Tarnozzi y Salvatore Uganti.

Después de dar una prolija conferencia a Soia Valentinovna, Miranski durmió profundamente en su catre sin sospechar nada. Ella había asentido mientras decía:

—¡Eso es muy revelador, camarada comisario!

Y Miranski se había quedado tranquilo y contento.

Cuando las cuatro muchachas partieron, sigilosas, hacia la tierra de nadie, el teniente Ugarov se acurrucó compungido en el puesto de mando y soportó las imprecaciones de su querida *soichka*, quien llegó al extremo de llamarle cagón, cafetera oxidada y gallo castrado.

—¡Daré parte de ti! —se lamentó él—. ¡Todos conocemos a Foma Igorevich! ¡Es un mentecato vanidoso! No te lo perdonará nunca...

Hacia las dos de la madrugada, las cuatro tiradoras arrastraron a los dos prisioneros italianos por la trinchera corrida y los metieron en el búnker del mando.

¡Había sido tan fácil reducir a los jóvenes! Cuando Daria se abrió la blusa, los dos se quedaron literalmente petrificados en su nido, mirándola con ojos desorbitados. Ambos se dejaron golpear en la cerviz como estúpidas reses de matadero.

¿Qué se hace con dos prisioneros a quienes no se puede retener?

Foma Igorevich durmió el sueño de los justos, pero, ¡ay!, cuando despertara y, al hacer su ronda matinal por las posiciones, se topara con los dos italianos... Bramaría, naturalmente, estaba en su derecho... Ahora bien... ¿qué haría después? La responsable era Soia Valentinovna Baida, eso por supuesto; para ella, el secuestro de escuchas no era un mero disparate, sino una prueba de fuerza con el comisario. Entre ambos existía latente una feroz rivalidad desde hacía tiempo, concretamente desde la hora en que Miranski asumiera la supervisión política de la unidad especial femenina e, irguiéndose ante las curiosas mujeres, anunciara con voz tronante:

—¡El Buró de Formación Política os saluda! ¡No nos basta con enfilar muesca, punto de mira y blanco, sino que cada disparo debe ir animado también por el amor a la patria! ¡Pues la valentía sin el entusiasmo comunista es como una limonada carente de azúcar! Y entonces, ¿qué resulta? ¡Agua insípida! ¿Acaso queréis ser agua insípida? Yo he venido aquí para entusiasmaros en el combate.

—¡Atiza! —había exclamado por entonces la capitana Baida—. ¡Menuda posma se nos ha adherido a la guerrera! Fijaos bien en el hombrecillo. ¿Y un ratón sarnoso como ése... va a entusiasmarnos?

Esto ya lo hemos dicho: Miranski habría cambiado gustosamente a aquellas hembras por un número idéntico de diablos, y, por añadidura, se habría sentido feliz. Dondequiera que fuese, dondequiera que se detuviesen —la retaguardia o el frente, Stalingrado o, ahora, la estepa del Don—, Miranski tenía siempre la impresión de chocar contra un muro de caucho cuando se enfrentaba con Soia Valentinovna. Y ese enfrentamiento era sistemático cada día, cada hora, siempre... Apenas abría él la boca, la capitana Baida le miraba como si le hubiese escupido unas cuantas pipas en el pecho.

Sin embargo, hoy Soia tuvo también serios escrúpulos. Llevaron a los prisioneros hasta el búnker del segundo pelotón, y allí los dejaron, en el duro suelo. Les quitaron los cascos y les desabrocharon las guerreras. Ambos siguieron sin recobrar el conocimiento y parecieron estar dormidos..., dos mozos de rizos negros y rostros infantiles.

—¡Mañana temprano, cuando despierte el camarada comisario, estos dos tienen que haber desaparecido! —dijo, apremiante, Soia Valentinovna—. Fuisteis valientes, cumplisteis magníficamente vuestra misión. ¡Habéis demostrado que nada puede deteneros! Con ello termina la prueba.

Luego hizo una breve reverencia, lanzó una última ojeada a los dos cuerpos yacentes y abandonó el búnker. Fuera la esperaba el teniente Ugarov, retorciéndose las manos en el frío cortante.

—¡Hay que enviarlos sin pérdida de tiempo a la retaguardia! —dijo, muy agitado—. ¡Inmediatamente! Cuanto más aprisa, mejor. Hazlos llevar al convoy de suministro y... fuera con ellos.

—Hoy ya no vendrán trineos. —Soia volvió la cabeza y miró fijamente la vasta estepa—. Tendrá que ser mañana...

—Eso significará una catástrofe. ¡No podemos esconderlos durante todo un día!

—No. Eso no es posible.

La Baida proyectó hacia fuera el labio inferior. Diminutos cristales relucían en el gorro de piel que enmarcaba su cara, la helada le había enrojecido el rostro. Los ojos, ligeramente oblicuos, miraron al teniente. Su mirada reflejó ternura y frialdad a un tiempo. Victor Ivanovich se dejaría despedazar por aquella mujer.

—¿Qué será de ellos? —preguntó Ugarov, bastante confuso.

—¿Acaso puedo saberlo yo? —Soia Valentinovna le pasó un brazo por la espalda y señaló con la cabeza hacia el búnker—. Vámonos, osito mío...

Ugarov afirmó ambas piernas en la nieve helada. En el abrigo del segundo pelotón resonaron risas claras, a las que se sumaron inopinadamente los tonos del *baian*, la pequeña armónica. Era una canción alegre, que Ugarov conocía. La solían cantar en las largas y frías noches invernales, cuando todo el mundo se sentaba junto a la crepitante chimenea o ante la mesa de la rinconada, donde se acumulaba el aire caldeado. Una canción que te hacía recordar la primavera, las primeras flores, el agua fresca del arroyo forestal, la codiciada calidez del sol. *Muchachas, alzaos bien las faldas / bailad con piernas desnudas / sed alegres como mariposas / que besan la primera flor...*

—Pero, ¿qué está ocurriendo ahí? —tartamudeó Ugarov—. ¿Se han vuelto completamente locas?

—Es Marianka —dijo la Baida poniéndole la mano sobre el hombro—. Vámonos de una vez. Hace mucho frío.

—¿Les están cantando a los prisioneros?

—¿A mí qué me importa?

—¡Mañana temprano deben desaparecer! —gritó Ugarov sacudiendo la mano de Soia—. ¡Miranski dará parte también de mí!

Se temía mucho aquellos partes al regimiento y a la división. Se te hacía comparecer inmediatamente, pero no había grandes polémicas. Todas las infracciones del reglamento eran atentados contra la moral del combatiente y quedaban registradas en la hoja de servicios. También podían costarte la degradación o el destino a un sector menos tranquilo. O tal vez se te encomendara la misión de unirte a los guerrilleros detrás de las líneas enemigas, en la región de Orscha-Mogilev-Gomel, para sabotear las rutas alemanas de aprovisionamiento. Todo eso inquietaba no poco a Ugarov. Él no ambicionaba ser un gran héroe. Le bastaba con permanecer en el frente. Se veía a sí mismo como un chambón porque precisamente los italianos eran sus adversarios directos y no una división alemana o una brigada de la SS. Y, además, el descanso diario entre los brazos mórbidos de Soia era un placer que él no podía esperar en ningún otro frente. Todo ello entraría en juego cuando Miranski despertara y descubriese a los dos prisioneros. Entonces, la cólera le llenaría de espuma la boca; se le había visto con frecuencia en tal estado. Foma Igorevich solía excitarse tanto, que todo el mundo pensaba: ¡Ahora mismo caerá en redondo! Tendrá un paro cardiaco. Pero Miranski era un tipo correoso, aunque no lo pareciera.

—Mañana temprano desaparecerán.

—¡Pero si no habrá llegado todavía ninguno de los trineos!

—¿Para qué necesitamos un trineo? ¡Vamos ya, el frío me está llegando a los huesos!

Ugarov titubeó, aguzó el oído y siguió percibiendo las notas del *bania*. Durante unos instantes se le ocurrió echar una ojeada al abrigo para comprobar cuál era el estado de los prisioneros. Pero Soia Valentinovna le apremió demasiado, le besó los párpados mientras le hurgaba en los pantalones, y él no pudo resistirse nunca a semejantes argumentos. Así pues, dio media vuelta y la siguió hacia el búnker del mando, con la puerta maciza a prueba de ruidos. El calor que irradiaba la pequeña y panzuda estufa de hierro fue como una pared a la cual hubiera que derribar para poder entrar. Soia se quitó el gorro de piel y el capote, se frotó con una toalla la cara casi congelada y luego se despojó de la ropa restante. Cuando se quedó desnuda y ofreció su magnífico cuerpo blanco de formas redondeadas, Ugarov sintió que se le subía la sangre a la cabeza y... a otro sitio, lo cual le hizo olvidarse momentáneamente de los dos italianos.

Eso fue lo mejor que pudiera haberle pasado, pues si hubiese querido cumplir concienzudamente con su deber, habría necesitado emprenderla a latigazos e incluso empuñar su pistola. Lo que ocurrió en el búnker del segundo pelotón fue ya intolerable, aunque se quisiera interpretar con la máxima liberalidad su jurisdicción como oficial supervisor de la unidad especial femenina.

Luigi Tarnozzi y Salvatore Uganti eran amigos desde su primera infancia. Ambos habían nacido en la misma aldea —Sorvanola, Calabria—, habían crecido juntos en la más deplorable miseria, y, tras sus primeros pasos independientes, habían aprendido que la vida era sólo una pugna amarga por la subsistencia y que se precisaba reafirmar sin pausa el derecho a vivir en una campaña inacabable contra potentados y ricos funcionarios y policías. Cuando cumplieron los nueve años, fueron encarcelados por primera vez porque habían robado el equipaje a unos turistas ingleses que acampaban en los aledaños de Sorvanola. A los doce años, ambos descartaron la escuela y huyeron hacia la montaña. Más adelante trabajaron en una cantera, y entonces, creyendo que en la ciudad de Reggio se hallaba la clave de su felicidad, organizaron allí una banda de ladrones; desaparecieron dos veces de la circulación para vivir otras tantas temporadas entre rejas y, finalmente, se afiliaron —juntos, como siempre— al partido fascista y lucieron, orgullosos, sus camisas negras. Cuando la guerra les requirió, tuvieron la gran suerte de ser destinados a la misma unidad, y ahora el destino quiso que ambos fueran también secuestrados juntos en su nido de escucha.

Se despertaron porque el agua helada que se les arrojó sobre la cabeza hizo respingar sus cuerpos. Se levantaron de un salto, miraron atónitos a su alrededor y no supieron dónde se hallaban hasta descubrir los uniformes soviéticos. Instintivamente alzaron los brazos para entregarse.

Una cascada de risas se derramó sobre ellos. Varios pares de manos les siguieron desgarrando las guerreras, les cogieron por los pelos. Luego les echaron la cabeza hacia atrás y les acercaron a la cara una resplandeciente lámpara de petróleo. Tarnozzi y Uganti parpadearon a la luz. ¡Chicas! ¡Son chicas, maldita sea! Sí, habían aparecido inesperadamente ante el nido, se habían desabrochado las blusas..., *mamma mia!,* uno estaba preparado para ver de todo en primera línea, todo, ¡salvo unas tetas al aire! ¿Y dónde estaban ellos ahora? ¿Prisioneros de aquellas hembras? ¿En un abrigo ruso? *Madonna!* ¿Qué será de nosotros?

Con ojos empavorecidos miraron a las muchachas, que formaban círculo en torno suyo y charlaban muy excitadas.

Una hembra regordeta se arrodilló ante ellos, les arrancó las camisas y gesticuló con su ancho rostro asiático.

—¡Mirad qué hermosos son! —gritó Naila Tahirovna acariciando la cara de Uganti—. ¡Qué jóvenes y fuertes! ¿Vamos a dejar pudrirse una cosa semejante? En mi infancia me inculcaron esto: ¡Ninguna leche es tan agria que no se pueda beber! ¡Fijaos en esto! —Con dedos temblorosos, desabrochó la bragueta de Tarnozzi y hundió la mano ancha y firme hasta su bajo vientre—. ¡Ah! ¡Esto bate como un martillo pilón!

El cuerpo de Tarnozzi se retorció. El horror le subió hasta la garganta y casi le ahogó. A Uganti le ocurrió lo mismo; súbitamente cruzó las manos sobre el desnudo pecho.

—Por favor... —dijo en italiano—. Por favor... —Y siguió en alemán, porque había oído decir que muchos rusos lo entendían—: Por favor..., nosotros pobres soldados... No matar... Nosotros contentos... Guerra acabar... por favor...

Schanna Ivanovna se acuclilló ante él y le miró con ojos enfebrecidos. A su lado se arrodilló Lida. Ésta era una persona culta, había estudiado cinco cursos de odontología en Odessa y hablaba muy bien el alemán. Cuando los alemanes conquistaron Odessa, ella se hallaba haciendo el cursillo formativo de la «Osoviachim», «Asociación para el Fomento de la Defensa». Lida, como buena tiradora, condecorada ya con la medalla «Fusileras de Voroschilov», había acabado con diecinueve alemanes en combates cuerpo a cuerpo y, como todas sus camaradas, había sido reclutada por la Escuela Central en Veschniaki. No había nada desconocido para Lida, desde el lanzamiento con paracaídas hasta la lucha contra tanques.

—Sed valientes —dijo Lida marcando las palabras—. Todos tenemos que morir.

Uganti sintió que le temblaban las comisuras de la boca.

—No morir —balbuceó él—. Por favor..., ¡¿por qué morir?! Nosotros prisioneros... Guerra acabada...

—La guerra no acabará —replicó bruscamente Lida—. ¡No mientras haya un solo soldado alemán en suelo ruso!

—¡Nosotros somos italianos! —gritó Tarnozzi.

Apenas lo dijo, se retorció de dolor. La musculosa mano de Naila le estrujó los órganos genitales como si se propusiera arrancárselos.

—¡Italianos! Con uniforme alemán...

—Se nos obligó...

—¡Todos dicen lo mismo!

Lida se levantó. Otra muchacha se inclinó sobre Uganti, le manoseó los pantalones y, repentinamente, todo fue un hormigueo de cabezas femeninas y manos ansiosas. Les arrancaron las botas, les destrozaron los pantalones, hicieron jirones de su ropa interior... y una armónica empezó a sonar. Estruendosas risotadas les envolvieron. Quedaron tendidos boca arriba, helados, pero unos dedos, raudos cual comadrejas, les exploraron, y mientras el horror, mezclado con una esperanza irracional, les paralizaba, creció, ajeno a toda voluntad, su miembro viril, entre aclamaciones y aplausos entusiásticos.

La maciza Naila Tahirovna fue la primera en aprovechar esa oferta.

—¿No es un perfecto novillo? —clamó jubilosa, lanzándose sobre Tarnozzi—. ¡He soñado con esto desde hace semanas! ¡Que Satán se lleve a Foma Igorevich y sus preceptos! ¡Ese asno castrado! Esto me llega a lo más hondo del alma...

La mujer se apretó contra el petrificado Tarnozzi, le puso los rotundos pechos sobre el rostro, le asfixió casi con sus desbordantes carnes. Las chicas gritaron «¡bravo!», aplaudieron rítmicamente, y Marianka Stepanovna tocó una alegre melodía en su *baian*. Fue un estrépito infernal, que se acrecentó cuando Naila, movida por una ferocidad frenética mordió a Tarnozzi allá donde pudiera alcanzarle.

Entretanto, Uganti, sujeto por las piernas y los brazos, no tuvo ninguna oportunidad de presenciar aquel juego diabólico. Sobre él cayó cual un torbellino la menuda Antonina, un diablillo de caderas escurridas y pechos puntiagudos, natural de Ulan-Ude, que, lanzando un grito agudo, tomó posesión de su cuerpo, dejó escapar aullidos estridentes a cada movimiento y le arañó el rostro con dedos febriles. Uganti se arqueó bajo su peso, no notó la sangre que brotaba de los arañazos, no sintió dolor siquiera. Sólo hubo esa sensación melosa, enloquecedora, entre los muslos; vio el bello rostro oliváceo de la muchacha, la oyó gritar extasiada con música y cánticos como fondo. Por unos instantes, Uganti olvidó dónde se encontraba y lo que se estaba haciendo con él. Sintió tan sólo a Antonina, su cuerpo esbelto y tembloroso, su estrecha vagina; pero cuando alargó las manos para acariciarle los pechos, percibió que alguien le aferraba los brazos y le dejaba reducido a un simple falo, contra el cual se frotaban otros seres.

—¡Tú no nos tocarás! —exclamó una voz clara detrás de su cabeza. Él no la entendió, pero tampoco habría podido, aunque quisiera, porque en aquel instante Antonina se volcó prácticamente hacia delante y escondió el rostro en su hombro—. ¿Qué te has creído? ¿Tocarnos a nosotras? ¿Pretendes ser un joven semental? ¡Esto te costará la vida!

Tarnozzi dejó escapar un débil gemido cuando Naila le soltó y otra hembra se posesionó de él. Levantó un poco la cabeza y, mirando con ojos turbios a su alrededor, comprobó al resplandor lúgubre de la lámpara, que aún quedaban en el recinto muchas chicas desnudas riendo y cantando. Algunas sujetaban a Uganti sobre cuyo cuerpo se agitaba una hembra como si quisiera aplastarle contra el suelo.

Un dolor candente pareció quemarle las entrañas.

—¡Eh, Satán! —masculló la muchacha cuyos muslos le atenazaban ahora el cuerpo—. ¡Quiero escupirte entre los ojos!

Y, efectivamente, le escupió. La saliva le resbaló por la nariz hasta la boca, pero su vagina le quemó. La mujer pareció querer ensartarse ella misma con su aguijón.

«¡Dios mío! —pensó Tarnozzi, cerrando los ojos—. ¿Qué se propondrán hacer con nosotros? Se echarán todas ellas sobre nuestros cuerpos, una tras otra, no sé cuántas serán, quizá vengan todavía más de otras casamatas, toda una compañía de hembras lascivas y enloquecidas. Pero llegará un momento en que se nos acaben las energías y no habrá nada más, eso es completamente natural y no se puede evitar. ¿Qué harán entonces las otras, las que esperan cuando se sientan defraudadas? ¿Nos esconderán aquí? ¿Nos retendrán aquí como putas masculinas para un batallón de mujeres? ¡Menuda cautividad, *Salvatore*! ¡Esto sí que será una guerra placentera! ¡Uganti y Tarnozzi, las piedras afiladeras del Don! Eso suponiendo que sobrevivamos... ¡Pues adelante, lujuriosas palomitas! No os decepcionaremos. Sólo debéis concedernos un poco de respiro, unos momentos para recuperar el aliento, la Naturaleza no funciona a la orden.»

Fue una noche horrible. Dos o tres veces las muchachas vertieron agua sobre sus sudorosos prisioneros, porque ambos estaban exhaustos y no servían para nada. Luego se les frotó con toallas ásperas, se les dio a beber un dulzaino licor de miel, se les trabajó el cuerpo con tal delicadeza y constancia, que se consiguió una vez y otra devolver la energía a sus vísceras... lo cual no dejaba de ser admirable.

A la hora gris del amanecer se interrumpió la música de armónica. Las chicas se pusieron otra vez sus uniformes, los hermosos cuerpos desaparecieron bajo holgados y deformes chaquetones, en gruesas botas de fieltro. Uganti y Tarnozzi quedaron resollando sobre el suelo, con los ojos cerrados. Sus párpados temblaron de agotamiento. Sus cuerpos quedaron desfigurados con tantos golpes y arañazos, mordiscos y pellizcos. Tendidos allí, con labios entreabiertos, vieron aparecer a Naila Tahirovna, todavía desnuda, cuya mera presencia les infundió un pavor paralizante.

—Mañana... —murmuró Uganti con lengua pastosa—. Por favor..., mañana...

Naila Tahirovna negó con la cabeza. Con pisadas sorprendentemente alígeras se acercó a Uganti y Tarnozzi, les propinó una fuerte patada en el costado y dejó ver la mano derecha, que hasta entonces había llevado escondida detrás. No obstante su agotamiento, Uganti tuvo suficientes energías para arrastrarse hacia la pared del búnker y levantar allí las manos. Le siguió la pistola con que le encañonaba Naila. Uganti se volvió del otro costado, se cubrió el rostro con ambas manos y empezó a sollozar desesperadamente.

—Pero, ¿por qué, —balbuceó Tarnozzi—. Dentro de dos o tres horas nos habremos recuperado. No nos podéis matar ahora..., aquí, donde todo ha pasado..., por favor.

Alzó, suplicante, las manos, y gruesas lágrimas rodaron por sus mejillas.

—*Tischie!* —replicó áspera ella—. ¡Es la guerra! ¿Por qué quieres vivir una hora más? ¡Miranski te fusilaría de todas formas! Me has dado mucho gusto, querido mío, mi joven novillo..., pero ahora todo se acabó.

Tarnozzi quería decir algo más cuando vio ante sí la boca de fuego. Un puño inmenso le golpeó la frente..., no sintió nada más. Con la boca abierta se fue deslizando por la pared hasta desplomarse. Uganti lanzó un alarido agudo, estremecedor. Haciendo un disparatado alarde de rebeldía, se proyectó desde la pared contra el monstruo de piel blanca y grandes pechos pendulares. Pero Naila Tahirovna fue más rápida, la pistola en su mano dio sólo un pequeño brinco, y Salvatore Uganti retrocedió violentamente con los brazos muy abiertos. Cuando tocó la tierra estaba ya muerto.

Naila se vistió con gran parsimonia, dio el toque final colocándose el gorro de piel sobre los negros rizos y abandonó el búnker. Hizo una seña a dos o tres camaradas que esperaban en la trinchera y luego caminó hacia el puesto de mando para dar parte a la capitana Baida: órdenes cumplidas.

Luigi Tarnozzi y Salvatore Uganti fueron arrastrados hasta un embudo de granada seleccionado previamente, los arrojaron al fondo, y sus cuerpos fueron cubiertos con unas cuantas paladas de tierra. Verdaderamente fue innecesario... porque con el tremendo helor, los cadáveres desnudos se congelaban al instante, nadie examinaba el fondo de un embudo, y cuando llegase la primavera para descongelar con su sol a los dos muertos, se estaría en cualquier otro punto del frente haciendo correr a los alemanes hacia Occidente y, entretanto, alguna columna de retaguardia asumiría la tarea de enterrar los dos cuerpos desnudos.

Por la mañana, el comisario Miranski, con talante jovial tras un largo descanso, hizo su ronda de inspección por el área de la compañía. Encontró todo en perfecto orden, las chicas le hicieron saludos amistosos, no se vio ni rastro de escuchas alemanes secuestrados.

—Mi advertencia ha surtido efecto —comentó él más tarde, mientras tomaba el té con el teniente Ugarov—. Es preciso decir siempre las palabras justas..., ¡ahí está el quid! Eso las ha hecho renunciar a ese estúpido secuestro de escuchas. ¡Ah, de lo contrario yo les habría hecho sudar lo suyo! ¡Y cómo! ¡Habría dado la alerta al camarada general Kilaiev! ¡Cuánto me alegra que hayan sido razonables!

—Y, en definitiva, ¿qué habrían podido hacer con los escuchas? —observó, santurrón, Ugarov—. ¿Para qué nos habrían servido los prisioneros?

Mientras hablaba se imaginó las cosas que habrían sucedido en el búnker II. ¡Para erizar los pelos a cualquiera! Metió la mano debajo de su catre y sacó el tablero de ajedrez.

—¡Qué! ¿Una partida, Foma Igorevich? Eso distrae...

Miranski sorbió su té y asintió.

—¿No has oído música durante la noche? —preguntó de repente.

Ugarov se sintió como si le pasaran un trozo de hielo por la espina dorsal.

—¿Música? ¡No! ¿Dónde? ¿Aquí?

Y, para no mirar a Miranski, colocó las piezas con exagerada meticulosidad.

—No lo sé. Me lo pareció. ¡Pudo haber venido del otro lado! Esos italianos... Para ellos, la música es lo mismo que la vodka para nosotros. Que disfruten todo lo posible... ¡porque dentro de unos días ya no podrán! Pasaremos por encima de ellos como si fueran gusanos. ¡Te toca hacer el primer movimiento, Victor Ivanovich!

Así pues, la astucia femenina engañó al bueno de Miranski. Por tres veces, un comando secuestró a centinelas avanzados italianos, pero se borraron todas las huellas hacia la madrugada, los prisioneros desaparecieron. Tan sólo el teniente Ugarov corrió con expresión compungida de un lado a otro, pareció lívido e indispuesto, se quejó de una fuerte neuralgia, y cada noche suplicó a la Baida, casi de rodillas, que desistiera de tanta insensatez. Cuando Schanna, Lida y Daria anunciaron haber disparado con éxito contra tres oficiales alemanes, el teniente Ugarov respiró tranquilo, sintió tal recogijo, que le faltó poco para dar unos pasos de baile. Pues un hecho semejante tendría secuelas, los alemanes no se quedarían con los brazos cruzados..., lo cual significaba, a su vez, que daría fin el secuestro de escuchas.

Miranski pronunció una arenga y refrendó el éxito en la cartilla de disparos:

Lida Ilianovna Selenko	—24 disparos certeros
Schanna Ivanovna Babaieva	—29 disparos certeros
Daria Allanovna Kluieva	—29 disparos certeros

—¡Todas vosotras seréis «heroínas de la Unión Soviética»! —clamó, enorgullecido, Miranski—. ¿Sabéis que nosotros somos la mejor sección? ¡Pronto nos conocerá toda Rusia! Por cierto, mañana o pasado mañana, no lo sé exactamente, se reunirá con nosotros una camarada famosa: Stella Antonovna Korolénkaia. ¡Su presencia nos honra! ¡Viene directamente del frente de Briansk! Según se dice, ¡tiene cuarenta y un disparos certeros! ¡Y en tan poco tiempo! ¡Ya ha salido de Moscú para aquí! Bueno, ya veremos. ¿No os sorprende, queridas? Cuando Stella Antonovna se una a nosotros, aquí ocurrirán hechos grandiosos muy en breve.

—Yo la conozco. —Schanna hizo una mueca agria, como si alguien le hubiese echado vinagre en el té—. ¡Y no es poco orgullosa! Se comporta como una privilegiada. ¡Una niña mimada de los encumbrados camaradas! ¿Y qué pasó en Veschniaki? ¿Eh? Todo el mundo sabe que ella ha estado en la escuela como nosotras, pero nadie la ha visto. ¡Tan sólo se nos hacía saber cada semana que ella tenía no sé cuántos disparos certeros! ¡Se la ha aplaudido en el campo de tiro! ¡Stella Antonovna tiene tal precisión, que de un balazo puede dejar sin glándulas a una araña! ¡Siempre Stella Antonovna! ¡Si esto sigue así, pronto se le levantará un monumento! Cierta vez la vi por pura casualidad. Fui a la enfermería en busca de un par de tabletas contra la rescondera. Y allí espera una, más pequeña que yo, con tirabuzones rubios, ojos azul celeste..., una muñeca, pienso, así se las reserva el capitán médico para pasar sus noches, un auténtico juguete, no más. ¡Y cómo se yergue la moza! Manos a la espalda, pechos esféricos y salientes... «Quizá no sepas hacer más que eso, estúpida gansa —digo para mí—, poner ojos en blanco y apretar los pechos contra la camisa..., lo que les gusta a los tíos.» Y mientras espero a que me den mis tabletas, llega un cirujano y dice: «Ahora puedes entrar, camarada Stella Antonovna. Las radiografías son excelentes. No hay nada roto. ¡Enhorabuena!» Me sentí como si me hubiesen dado un garrotazo en la cabeza. Ella pasa por delante de mí, me sonríe y, ¡pum!, la puerta se cierra. ¡Ésa era, pues, Stella! Más tarde pregunto a la camarada doctora: «¿Está enferma?» y ella me responde: «La camarada Korolénkaia saltó ayer con un paracaídas, que se abrió poco antes de llegar a tierra. Pensamos que con aquel impacto se habría roto todos los huesos. Encomiéndate a Dios, Stella Antonovna, nos dijimos, ya no irás más por ahí. Pero, ¿qué hace ella? Al tocar tierra, rueda como un gato que se cae de un tejado, se levanta, se desabrocha el cinturón, recoge su paracaídas y se nos acerca agitando alegremente el brazo.» Más tarde se dijo que tiene el cuerpo lleno de hematomas, pero ella va por ahí tan fresca y sonriente como un cordero pascual. —Schanna Ivanovna soltó su vaso metálico y echó una ojeada a la concurrencia. Todas la habían escuchado muy interesadas—. ¡Así están las cosas! ¡Con ésa tendremos toda clase de experiencias!

Dos noches después, Stella se incorporó a su nueva unidad. Llegó justamente cuando la artillería italiana, deseando sin duda vengar a los oficiales alemanes muertos, dejaba caer una lluvia de granadas sobre las posiciones soviéticas. A decir verdad, eran sólo piezas ligeras de 7,5 cm, pero el fuego graneado era lo bastante peligroso como para hacer buscar a todos el refugio de las trincheras. Los trineos que usualmente traían cada noche munición y víveres, habían quedado retenidos en el batallón. Así, se hacía necesario recurrir una vez más a las porteadoras del rancho, lo cual solía ser una misión fatal... Cargadas con perolas o zafras de cinc sobre sus espaldas, las porteadoras, casi siempre voluntarias, salían de estampía por atrincheramientos y campo abierto hacia las cocinas de campaña, para recoger las provisiones destinadas a ellas y sus camaradas. Dos veces el mismo recorrido a través del infierno..., saltando de embudo en embudo..., echando cuerpo a tierra..., escuchando el zumbido hondo de las granadas..., el impacto..., luego adelante, siempre adelante..., hasta que el fragor sobre las cabezas se hacía cada vez más ensordecedor, y entonces, otro salto a un embudo te ofrecía la única salvación. Mientras tanto se aguzaba el oído para lanzarse al primer boquete recién hecho, todavía caliente, pues, según el viejo adagio del frente, un embudo no recibe nunca por segunda vez una granada.

La recogida del rancho era una carrera con la muerte. Y, a menudo, se perdía esa carrera.

Hacia las tres de la madrugada, cuatro muchachas que volvían con sus perolas y zafras sobre la espalda arrastrándose hacia las casamatas, llevaron consigo a Stella Antonovna. Habían permanecido inmovilizadas durante una hora más o menos en la estepa, porque la artillería enemiga se había encaprichado con esa zona. Una y otra vez las granadas habían levantado surtidores de tierra y esparcido la metralla candente en la noche; cada explosión había iluminado el campo durante varios segundos.

Fue un bombardeo extravagante, un derroche de munición... Aquel imprevisto cañoneo, no aportó nada, salvo los numerosos orificios en la tierra. Ciertamente destruyó un trecho de trinchera, pero no estaba ocupado. Las chicas se acurrucaron en sus casamatas, contemplaron los techos apuntalados y escucharon atentas el chirriante rugido de las granadas.

—¡Insensatos! —dijo Soia Valentinovna Baida en el búnker del mando—. ¿Qué sacan en limpio? ¿Quieren demostrarnos lo fuertes que son? ¡Ridículo!

Cuando remitió el fuego artillero, las muchachas salieron de sus casamatas y corrieron a ocupar las trincheras. Actuando como cualquier hombre entraron en posición con sus ametralladoras y colocaron a su alcance las granadas de mano; los fusiles de las tiradoras escogidas, con sus miras telescópicas, asomaron por el parapeto. ¿No venís ahora? ¿No nos atacáis? ¡Idiotas..., vuestra artillería ha disparado demasiado lejos!

Tras las atronadoras detonaciones se hizo una calma súbita. Todo quedó tan silencioso, que cada cual oyó su propio aliento; cada tintineo en las trincheras, cada rechinamiento de botas y cada llamada sonaron como pequeñas explosiones. Miranski recorrió el atrincheramiento preguntando sin pausa:

—¿Todo en orden? ¿Alguna baja? ¡Fuisteis afortunadas, queridas! ¡Valientes! ¡Valientes!

Las chicas le prestaron poca atención. No necesitaron palabras animosas, pues su agitación se acabó apenas sintieron la culata del fusil en el hombro, apenas atisbaron por la mira telescópica, apenas encorvaron el dedo índice en el guardamonte.

—¡Tú eres el fusil, y el fusil es tu propio ser! —les había dicho en Veschniaki la coronela Olga Petrovna Rabutina—. ¡El fusil es vuestra vida entera! Vosotras no tenéis corazón ni sangre... Vosotras quedáis reducidas a un pensamiento único: ¡muerte al enemigo! Cuando sea liberada vuestra patria, podréis volver a ser mujeres, *deberéis* volver a ser mujeres, ¡pues ésa es vuestra segunda misión! Pero hasta entonces, ¡dormid con vuestros fusiles! ¡Amadles con toda vuestra pasión!

¿Qué significaban, comparadas con eso, las necias consignas de Miranski?

El teniente Ugarov permaneció de pie en un recodo de la trinchera, tras una ametralladora pesada, y fumó nervioso ahuecando la mano. Junto a él, Daria Allanovna ante una caja abierta de munición. Ella era quien se encargaba de preparar las cintas de cartuchos. A su lado había otras tres cajas con cintas. En el campo soviético no escaseaba la munición. Allí se tenía suficiente de todo: suficientes armas y suficientes hombres. Sobre todo, material humano..., y la vastedad infinita del país. ¿Quién podría vencer a Rusia? ¿Acaso era siquiera vencible? Aunque alguien traspasara los Urales, debería hincarse de rodillas y orar, pues ante él se extiende Siberia. Entonces es cuando uno descubre el misterio insondable de este país. ¿Quién puede conquistar lo infinito?

Aun cuando Daria Allanovna hubiese sido destinada a la ametralladora pesada «DS-1939», su fusil de tiradora escogida, el «M-91/30», con la gran mira telescópica «PE» incorporada, descansaba a su alcance contra el parapeto de la trinchera. Le pertenecía. Adondequiera que ella fuese, iría también su fusil.

—¡Todavía no han llegado las porteadoras del rancho! —gritó Miranski.

—Estarán retenidas en la estepa.

—Y vivas, esperemos.

—Convendría echar un vistazo —observó astutamente Ugarov.

—Justamente me disponía a sugerirlo. —Miranski se mordisqueó el labio inferior, miró hacia las posiciones enemigas y se rascó la nariz—. ¿Crees que atacarán los italianos?

—¡No! ¡Si lo hubiesen pensado, ya lo habrían hecho! La táctica es siempre la misma. Fuego graneado, la artillería machaca todo y, protegida por el telón de granadas, la infantería se lanza al asalto —Ugarov señaló hacia el campo opuesto—. Pero ahí no se ve movimiento.

—Entonces, Victor Ivanovich, ¿no crees que hoy te sea necesario disparar con esa ametralladora? —inquirió, cauteloso, Miranski.

Él era un tipo ladino que, ante el desconcierto de todos, alcanzaba siempre su objetivo dando un buen rodeo. Sin sospechar nada, Ugarov cayó también en la trampa.

—Eso está descartado, Foma Igorevich. Si ellos saltaran ahora de las trincheras, cometerían un suicidio.

—Ya no tengo que dar aquí más órdenes —dijo Miranski—. Excepto en lo que atañe a los principios fundamentales del comunismo. ¡Y la disciplina! Y pensando en esto, querido Ugarov, se me ha ocurrido que podrías ayudar a la camarada Baida, quien parece muy preocupada, y echar tú mismo ese vistazo.

—Podrías haberte expresado con más claridad, Miranski —Ugarov se echó hacia la nuca el casco pintado de blanco—. ¡Está bien! ¡A mí también me preocupan las porteadoras!

Diez minutos después, el teniente Ugarov encontró a la patrulla en la estepa. Eran cuatro muchachas de la sección Baida, cargadas con perolas y zafras metálicas sobre la espalda. Estaban amontonadas en un embudo de granada y se disponían a vendar la herida de una camarada. La metralla le había alcanzado el hombro después de atravesar la zafra. Ahora la muchacha estaba con la falda del uniforme echa jirones y una gruesa compresa sobre la herida, pero su lesión no le irritaba tanto como la circunstancia de haber perdido el rancho.

Ugarov se dejó caer por la pendiente del embudo y aterrizó junto a una chica que no pertenecía a la unidad. Aunque esta mujer llevara una gruesa pelliza, se vio que era alta y esbelta. Se había quitado el gorro de piel y estaba sacando una venda de su envoltura; en la raíz del cabello empezaba a cristalizarse el sudor. Unos ojos grandes y oscuros miraron, desaprobadores, a Ugarov.

—¡Eh, so hipopótamo! —exclamó la hermosa joven—. ¿Por qué viene aquí esparciendo mierda? ¿No ve usted que hay una persona herida?

Ugarov fue incapaz de replicar. Miró alelado a la muchacha y perdonó inmediatamente a aquella boca magnífica cualquier otra imprecación que pudiera proferir. Se sintió arder bajo la mirada de aquellos ojos negros, centelleantes. Se volvió sin decir palabra, y al mirar en torno suyo descubrió otro rostro desconocido. Éste tenía un color gris sucio, el gorro había resbalado hacia atrás y un mechón rubio muy claro le caía sobre la frente.

«Ésta es ella —se dijo intuitivamente Ugarov—. ¡Ésta es Stella Antonovna! Es más pequeña de lo que todos imaginábamos. Estatura media. Quien la viera así, se diría: Bueno, una personilla insignificante. No todo el mundo puede ser un majestuoso cisne.»

Ugarov se le acercó y habló con esa voz vibrante de cuyos efectos eróticos en las mujeres estaba tan seguro..., pues incluso conmovía a Soia Valentinovna, la experta hembra.

—Usted es Stella Antonovna, ¿verdad? —dijo—. La he reconocido al instante. ¡Es una vergüenza que el enemigo la reciba de una forma tan hostil.

—¡Hemos venido aquí para disuadirle de eso, camarada teniente!

Su voz era aguda y clara. «Suena como si alguien hubiese golpeado una copa de plata», pensó, embelesado, Ugarov. Y se estremeció cuando otra voz más ronca y profunda sonó en su cogote.

—Es difícil ganar la guerra con hombres cuyo cerebro flaquea. ¿Qué función desempeña usted aquí, camarada teniente?

Ugarov dio media vuelta. La hermosa morena cuyo exterior le había dejado sin aliento se estaba limpiando la sangre de las manos. La muchacha herida, acurrucada al borde del embudo, bebía a pequeños sorbos una taza de té en donde se había disuelto un calmante.

—Soy oficial de enlace entre la unidad especial femenina y el regimiento —contestó Ugarov. Su voz tuvo un sonido opaco, como si acabase de beber demasiada agua helada.

—Así pues, usted no tiene nada que ordenarnos, ¿eh?

—Si acaso..., y sobre todo, aconsejarlas... —balbuceó Ugarov. Y comprendió que la mujer le había arrinconado, sin remedio, contra las cuerdas.

—Entonces estará usted bien aconsejado, camarada teniente, si ayuda a la camarada herida. —Luego alzó la cabeza e incluso contuvo el aliento (Ugarov pudo comprobarlo) para aguzar el oído—. El fuego artillero ha cesado. ¡Llevaremos a la herida al puesto de socorro del batallón! Si nos damos prisa podremos regresar a las posiciones hacia el amanecer. —Dicho esto, miró con ojos candentes a Ugarov—. ¿Le gusta el pescado, camarada?

—Con locura...

—¡Me lo imaginaba! Tiene la misma expresión estúpida de una merluza.

Las chicas rieron por lo bajo; Ugarov se puso colorado, tragó todo cuanto le ardía en la garganta y, acercándose luego a la muchacha herida, la ayudó a levantarse. Ella dejó escapar un lastimero gemido, pero acto seguido sonrió con valentía.

Así fue cómo Victor Ivanovich Ugarov conoció a la doctora Galina Ruslanovna Opalínskaia, destinada a la unidad especial.

Y, naturalmente, entonces no podía sospechar que con la Opalínskaia se crearía una multitud de problemas candentes para las muchachas.

La bienvenida de la capitana Baida a Stella Antonovna fue breve y llena de curiosidad escéptica, pues a este respecto el uniforme no alteraba esa cualidad tan femenina. Se estrecharon la mano, se presentaron mutuamente y Stella entregó sus papeles, papeles que Soia Valentinovna guardó, sin leerlos, en una mesa hecha con tablas. Ella sabía ya cuál era su contenido. El regimiento le había comunicado los informes esenciales mediante el teléfono de campaña. Sin embargo, nadie le había dicho cuándo llegaría Stella al puesto de mando. Por lo pronto, esa excepción encorajinó ya a Soia. ¿Por qué tendría aquella mujer unos derechos especiales? ¿Qué poderoso camarada la respaldaría en Moscú? ¿Y por qué se la mimaba tanto? ¿Sólo porque había eliminado a cuarenta alemanes? ¿O porque cada uno de sus disparos daba en la diana? ¿De dónde procedía aquella mujer?

Había aprendido a tejer junto a su padre, quien poseía un pequeño taller en Fastov, cerca de Kiev. Ucrania se hallaba todavía bajo la ocupación alemana, pero Stella había recibido, por conducto de los guerrilleros, noticias sobre lo ocurrido en su ciudad natal: casa y tejeduría habían sido incendiadas, y el padre había desaparecido; aparentemente, los alemanes le habían fusilado y enterrado. La madre había huido a los bosques, y se desconocía su paradero. Sólo se conocían más detalles sobre Konstantin, el hermano de Stella: fue colgado de una miserable horca improvisada en la plaza del mercado de Fastov, porque el muchacho, en su furia impotente, había apedreado al suboficial que incendiara la tejeduría del padre.

—Por suerte para ella, durante la ocupación alemana de su ciudad, Stella se encontraba en Kiev haciendo un cursillo de tejeduría. Desde allí huyó hacia Gomel, donde se incorporó a un grupo femenino de defensa civil. Pronto llamó la atención, porque su percepción visual semejaba la de un águila tan pronto como aplicaba el ojo a la mira telescópica. Ya sobresalió con su primera intervención contra las divisiones alemanas aparentemente incontenibles que, en las fases iniciales de la guerra, batieron al Ejército Rojo con sus grandes movimientos de tenaza en todos los frentes. Por aquel entonces, Stella, utilizando su fusil «M-91/30», abatió a diecinueve alemanes con un limpio balazo en la cabeza. Luego, acompañada de otras tres muchachas, se pasó seis semanas en los pantanos de Ogorodnie haciendo frente a un batallón alemán que tenía una misión de limpieza en la zona. Las divisiones alemanas conquistaron Roslavl y Kiev, Briansk y Orel. Sus tanques avanzaron hacia Moscú; fue una marcha victoriosa sin precedentes. Y entre una batalla y otra, siguiendo muchas veces una dirección paralela a las carreteras y vías férreas por donde transitaban las divisiones y los convoyes de avituallamiento alemanes, Stella y sus tres camaradas deambularon hacia el Este para reunirse con los restos del Ejército Rojo que intentaban sin descanso aferrarse a la tierra natal, aunque los alemanes les arrollaran una y otra vez.

Durante cuatro meses, las muchachas vagaron por regiones ocupadas, durmieron en bosques y cuevas, en casas incendiadas y embudos de granada donde se cubrían con tierra y se ponían sobre las cabezas una lona, encima de la cual echaban también tierra. Si alguien escudriñase esos embudos, ellas permanecerían invisibles..., pero, al fin y al cabo, ¿quién se molestaba en examinar los boquetes de granada detrás del frente?

Cuatro veces les sorprendieron patrullas alemanas, y cuatro veces Stella Antonovna resolvió fríamente el problema. Antes de que los alemanes averiguaran lo que buscaban ellas entre los árboles abatidos —sólo supieron que todas eran jóvenes y bonitas—, les alcanzaron mortalmente las balas. Las muchachas emplearon siempre la misma táctica: dos de ellas se aproximaban despacio alzando ambos brazos, a los soldados alemanes. Hacía calor, y las dos llevaban desabrochadas las blusas hasta su enlace con la falda, lo cual debía impresionar muy favorablemente a cualquier mílite, aunque fueran rusas y se hiciese preciso tratarlas con suma cautela, sobre todo en los bosques. La maniobra diversiva duraba pocos segundos, los suficientes para que Stella y la otra chica, escondidas detrás de los árboles, afinaran la puntería.

Stella Antonovna anotaba meticulosamente sus aciertos en la cartilla de disparos. Los soldados alemanes figuraban como desaparecidos para sus unidades. A fin de no dejar huellas, sobre todo los limpios balazos en la cabeza que revelarían a los alemanes la existencia de francotiradores en su retaguardia —con la consiguiente alarma general—, las chicas enterraban inmediatamente a los muertos y enmascaraban sus tumbas con ramaje.

Cuando el invierno sobrevino de repente y el avance alemán se paralizó; cuando los hielos causaron más víctimas que las armas; cuando las tormentas de nieve y los treinta grados bajo cero inmovilizaron a las divisiones alemanas mal preparadas para afrontar semejante invierno, y el Mando soviético empezó a creer en un nuevo milagro, Stella y una de sus camaradas lograron atravesar las posiciones alemanas y pasarse a los suyos. Dos chicas se quedaron atrás. Cayeron bajo el fuego de barrera de la artillería soviética. Desgarradas por la metralla, ambas fueron atendidas todavía por Stella y la otra muchacha, quienes las arrastraron hasta un granero abandonado. Les fue imposible llevárselas consigo.

Stella se sentó entre las dos mujeres heridas y miró, absorta, la resquebrajada pared del granero. Por los anchos resquicios de las tablas clavadas a los postes, la tormenta enviaba un frío glacial.

«Morirán dos veces —pensó Stella—: una, por las heridas, y otra, por el hielo. Nadie podrá ayudarlas. Sin embargo, nosotras, debemos volver con nuestros hermanos. Se nos ha encomendado una misión y la cumpliremos hasta el último latido de nuestro corazón: ¡muerte a los alemanes!»

«¿Qué será de vosotras, hermanas?»

Bajó la vista y miró a la chica tendida a su izquierda. La desdichada tenía los ojos abiertos. Sólo surgía su cabeza de la paja con que le habían cubierto el cuerpo, una parca defensa contra el frío glacial.

—Debes seguir adelante, Stella... —dijo resoplando. Un resuello hondo acompañó a cada palabra. También estarían dañados los pulmones.

—Sí. Debemos partir inmediatamente.

La muchacha cerró los ojos y dejó caer la cabeza a un lado.

—Hazlo... —musitó.

—¿El qué?

—¡Ya lo sabes! Hazlo, por favor... ¡Te lo suplico por Dios! ¡Hazlo!

—¿Y tú crees en Dios? —preguntó, aturdida, Stella—. ¿Crees todavía en Dios?

—Sí. Precisamente ahora...

—¿Dónde está tu Dios? ¡Él permite que Rusia sea asolada, que se incendie, que corra sangre por carreteras y caminos, campos y bosques! ¿Para eso debe haber un Dios..., y por añadidura llamado justo? Dime, Katiuscha, ¿crees también en la vida futura?

—Creo en ella —susurró la mujer herida—. Sólo muere mi cuerpo destrozado, no yo. Nos veremos de nuevo, Stellanka. No seas tan infantil. En definitiva, ¿qué significa morir? Tú cuentas incluso cada minuto que pasa. ¿Y tienes miedo de eso? Sé sincera...

—Sí, tengo miedo. —Stella Antonovna cerró convulsivamente los dedos agarrotados.

«Debemos continuar —pensó—. Sólo un par de verstas. Ya se oye el frente. El incesante gruñido de los cañones. Nosotras hemos averiguado a nuestra costa lo cerca que están. ¡La artillería propia nos ha cazado! Mientras tanto, estamos aquí sentadas hablando de Dios. Pero eso parece tranquilizar a Katiuscha.»

—Yo no tengo ya miedo —dijo Katia con voz apenas audible. Stella tuvo que inclinarse sobre ella para oírla. Una espuma sanguinolenta cubrió los labios de la moribunda y burbujeó con cada palabra—. ¿Acaso no estoy ya muerta? Dame la mano, Stellinka.

Stella hurgó en la paja hasta encontrar la mano helada de Katia y la estrechó con firmeza. En ese instante llegó de fuera la otra chica, Tamara Fiodorevna. Cristales de hielo hacían relucir su ropa, una nube densa y blanca flotaba ante su boca. La muchacha se respaldó contra el marco de la puerta y se apretó el pecho con ambas manos. Había corrido como si el diablo la persiguiera.

—¡Tanques...! —gritó entre resuellos—. ¡La carretera está llena de tanques alemanes! ¡Debemos partir! ¡Inmediatamente!

—¿Seguirás viviendo? —preguntó Stella—. ¿De verdad?

Inclinándose sobre Katia, le limpió la espuma de la boca y le acarició la cara. La mujer herida retorció los labios; sólo había intentado sonreír.

—Sí, Stellinka.

—¿Me lo juras?

—Te lo juro... Nosotras..., nosotras nos veremos otra vez..., seguro... Yo... te esperaré...

Stella se levantó, silenciosa y solemne, cubrió de nuevo a Katia con la paja, le acarició una vez más el rostro con indecible ternura, le besó los ojos cerrados y la frente y, al final, quitó con el pulgar el seguro del fusil. Tamara Fiodorevna, todavía en la puerta, plegó las manos y volvió la cabeza hacia la pared helada.

Restallaron dos disparos. Luego Stella empujó a la llorosa Tamara y abrió la puerta de un tirón. Un viento glacial le fustigó el rostro; se agachó y, escondiendo la cabeza entre los hombros, se precipitó afuera. Tamara la siguió pisándole los talones, la cogió del brazo y le hizo dar media vuelta.

—¿Por qué has hecho eso? —gritó entre los aullidos del viento.

—¡Olga estaba ya muerta..., sólo ha sido para asegurarme! —gritó, a su vez, Stella. Su rostro pareció desintegrarse.

—¡¿Y Katia?!

—Seguirá viviendo. ¡Tiene a su Dios! Me lo ha jurado. —Arrastró consigo a Tamara y le gritó en la cara—: ¿Querrías que la hubiese dejado reventar como a un perro callejero? ¿Qué otra cosa podría haber hecho yo? ¡Dímelo! ¿Qué otra cosa?

Tamara no respondió. Desde la carretera les llegó el rechinar y tabletear de los tanques alemanes en marcha. Ambas se agacharon y siguieron corriendo hacia el amparo de los bosques.

Cuatro días después, las dos hincaron las rodillas y lloraron de alegría al oír súbitamente voces rusas en un cerro cercano. Una patrulla de fusileros perteneciente a la Guardia Número 2 estaba peinando la zona.

Fue la primera vez que se citó el nombre Stella Antonovna Koroliénkaia en un parte del Estado Mayor General soviético.

La desusada solicitud del teniente Ugarov para con la nueva doctora, inquietó a Soia Valentinovna bastante más que la llegada de Stella al frente.

Primeramente, ella había mirado atónita a las porteadoras del rancho cuando se le informó sobre la acción de rescate emprendida por Ugarov. Pues la última vez que viera a Victor Ivanovich, el hombre estaba detrás de la ametralladora pesada, y ella le suponía aún allí cuando el pequeño destacamento se presentó para dar parte de su llegada con las provisiones. Sólo después de saludar a Stella y presentarla a las otras tiradoras del segundo pelotón, adonde la habían destinado, tuvo noticias sobre la incursión de su amante. La inquietud y la ira la hicieron enrojecer hasta la raíz del pelo, y, dejando plantadas a las estupefactas muchachas, corrió por la trinchera hasta el búnker del comisario Miranski. Éste se hallaba a punto de sumergir los pies en un barreño de agua jabonosa caliente. Desde hacía años, los pies le cosquilleaban y escocían como si un ejército de hormigas poblara sus arterias. El único remedio era el baño en una solución alcalina caliente que Foma Igorevich había descubierto después de que fracasaran todas las recomendaciones médicas y terapias.

—¡No debemos olvidar nunca los viejos remedios caseros! —clamaba siempre cuando otras personas doloridas le explicaban sus achaques—. ¡Esa gran mierda de la medicina moderna no es nada comparada con una buena infusión de cualquier hierbecilla!

—¿Dónde está Victor? —vociferó Soia Valentinovna cuando irrumpió en el abrigo.

Miranski dejó caer los pies en el barreño de cinc y se puso una toalla sobre los muslos porque llevaba sólo unos calzoncillos que se le abrían en el centro. Contempló, maravillado, a la Baida.

—¿Y me lo pregunta a mí? ¡Hasta el gallo más valiente necesita un rincón para descansar! —respondió parsimonioso.

—¿Qué hace Victor allá fuera en la estepa?

—Le indiqué claramente que debería echar un vistazo a las porteadoras del rancho, puesto que se retrasaban tanto.

—Las porteadoras del rancho están ya aquí.

—¡Qué bien! —Miranski se observó las piernas muy atento. «¿Cómo secarlas ahora? —pensó—. Si me quito la toalla, Baida verá mis calzoncillos abiertos. No vamos a permitirnos ahora tales familiaridades»—. ¿Qué me ha traído usted? ¿Quizás el menú, Soia Valentinovna?

—¡Victor no ha regresado!

—¡Santo cielo! —Miranski sacó las piernas de la solución alcalina—. ¿Ha pasado algo?

—¡Quién puede saberlo! Victor ha ido con una chica herida al puesto de socorro del batallón. Una doctora le ha obligado a hacerlo.

—¿Obligado? —Foma Igorevich no dio crédito a sus oídos. Se hurgó una oreja con el índice y se estremeció—. ¿Dice usted que alguien ha obligado a Victor?

—Es una mujer muy hermosa, según dicen las chicas. ¡Alta y dominante! ¡Incluso le ha llamado idiota!

—¡Una psicóloga, sin la menor duda! —observó Miranski haciendo muecas cual un mono satisfecho—. ¿Por qué se inquieta tanto, camarada capitana?

—Él ha obedecido sin rechistar.

—Verdaderamente, eso da qué pensar. —Miranski, el satánico, chascó la lengua y torció los ojos como un verraco a punto de embestir—. Esa camarada doctora debe de ser una hembra fenomenal, para conseguir que Victor Ivanovich escape de sus brazos, Soitschka...

La Baida fulminó con la mirada a Miranski y, frunciendo los gordezuelos labios, dio una patada descomunal a la puerta del búnker y abandonó el abrigo. Miranski pudo secarse al fin los pies. Luego los roció con unos polvos amarillentos, que apestaban a azufre, y se puso los gruesos calcetines de lana.

«Nos llega una nueva doctora —se dijo, meditabundo—. Y, según los comentarios, endiabladamente bonita. ¿Cuándo tuvimos la última médica en esta sección? Sí, fue en la estepa del Don, cuando se cerró el cerco de Stalingrado y el VI Ejército alemán quedó incomunicado. Por entonces se unió a nosotros la doctora Marfa Vadimovna, una picarona, ¡vive Dios!, de rostro severo, verdaderas ubres a modo de senos y un trasero donde se podía cortar leña. Y nada le amedrantaba; operaba en campo abierto bajo el fuego de los tanques, en plena estepa, y junto a ella, una bandera de la Cruz Roja tomada a los alemanes. Quienes veían la bandera, aunque fuera de lejos, respetaban el reducido espacio. Entonces, aquella hembra diabólica se acuclillaba para extraer balas y vendar heridas, coser jirones de carne y, ayudada por tres sanitarias, transportar a los heridos hasta un lugar seguro. El 27 de setiembre de 1942, aquella mujer murió cerca de la línea ferroviaria Olchovka-Kamuschin, al norte de Stalingrado, cuando se adentraba en la estepa enarbolando la bandera de la Cruz Roja en busca de heridos. Las bombas de un "Stuka" que bombardeaba la vía férrea la alcanzaron de lleno. No quedó ni rastro de ella ni de las cinco sanitarias.

»Poco después la sección se retiró por órdenes superiores y, trazando un gran arco sobre el Volga, pasó al Don central donde se la encuadró en el "Frente Sudoeste" del general Vatutin. Allí contribuyó a desbaratar los intentos alemanes por liberar Stalingrado. Desde entonces no tuvo más doctoras. Y ahora nos llega una nueva doctora al frente, lo cual sólo puede significar que la anunciada ofensiva es inminente.»

Miranski se calzó las botas de piel y, poniéndose la gruesa pelliza, se encaminó hacia el búnker II. Las muchachas estaban sentadas en sus catres comiendo el rancho recién repartido y royendo el durísimo pan. Flotaba en el ambiente un olor agrio y repugnante a col. «A estos rancheros no se les ocurre nunca nada nuevo —pensó amargado—. ¿Es que Rusia se compone todavía de col fermentada? Desde luego, es buena para el estómago, lo calienta, tiene uno la sensación de estar saciado, los intestinos se hinchan como después de un festín, se suelta uno cuescos realmente sonoros que te recuerdan los buenos tiempos, cuando se comía orondas cebollas, rojizas, jugosas, y gustosos pepinos..., pero, ¡por todos los diablos!, ahora no hay nada, excepto la col tras dos años de guerra. Entonces, ¿quién se come los millones de vacas, corderos e incontables cerdos, quién las gallinas, patos y gansos? ¡Por no mencionar los caballos! Camaradas, si se piensa bien, Rusia rebosa de carne, pero, ¿dónde está? ¡Que el diablo se lleve a la Administración! Por lo menos no llega al frente, aquí, en primera línea, o, para ser justos y honrados, sólo llega raras veces. Si acaso, algunas migajas que navegan solitarias por la sopa y se avergüenzan de ser tan pocas. ¿Quién se come, pues, toda esa carne? ¿Quién devora esa montaña de sabrosos asados?»

Miranski suspiró y se encogió de hombros, sobresaltado, cuando una joven se plantó ante él para anunciar con voz clara y laconismo militar.

—¡Camarada Stella Antonovna Korolénkaia, a sus órdenes!

—¡Celebro conocerla! —respondió Miranski algo confuso, descartando las maneras de un superior.

Dio la mano a Stella y la encontró muy simpática, pero no tan formidable como se le había hecho creer. Luego se sentó junto a las chicas en un catre. Le ofendió profundamente que ningún mando superior le hubiese comunicado la incorporación de una nueva doctora. Ella apareció allí tan tranquila, le sentó la mano al teniente Ugarov, puso a la Baida en un estado de celos insufrible y, por último, dispuso que Ugarov transportara a la retaguardia a una muchacha herida.

Miranski no pudo tolerar semejante desbarajuste.

—¿Qué ha ocurrido con el teniente Ugarov? —preguntó—. Quiero oírlo detalladamente.

—Llevábamos a una chica herida —dijo Stella Antonovna—.

Justamente cuando la vendaba la camarada Opalínskaia, el teniente cayó en nuestro embudo de granada. Nos estaba buscando.

—¿Qué más? —la apremió Miranski—. Eso ya lo sé desde hace mucho.

—Nada más. Galina Ruslanovna y el teniente Ugarov marcharon con la chica hacia atrás. Nosotras, hacia adelante.

—¿Por qué no la acompañó una de vosotras?

—¿Y hacer que el teniente llevara la perola y los cacharros de cocina? —inquirió Stella mirando, reprobadora, a Miranski.

«Esa explicación es buena —pensó Miranski—. Sí, un razonamiento lógico, irrefutable. Lo puedo utilizar incluso para calmar a Soia Valentinovna.» Así pues, miró agradecido a Stella, le dio una palmadita en la esbelta espalda y salió de nuevo al frío glacial.

Lo malo fue que Soia Valentinovna no podía ni quería calmarse; en las mujeres es casi imposible definir la diferencia sutil entre ambas cosas. Soia contempló a Miranski con ojos malévolos cuando él le explicó que un oficial de enlace sufriría en su dignidad si hubiese de galopar por la estepa con una perola en la espalda.

—¡Todo saldrá a relucir, Foma Igorevich! —dijo sombríamente la Baida—. ¡Sujétate bien los pantalones si temes que el miedo te aligere las tripas! Yo tengo buena vista. Y descubriré al instante cómo le ha ido a Victor.

—¡Permíteme una pregunta! —gritó Miranski, asaltado por una oleada súbita de desesperación—. ¿Qué es esto, un burdel o una sección del batallón de mujeres?

—Ambas cosas, ¡para que te enteres, chivo de pies sudados! —vociferó, a su vez, ella—. Nosotras vestimos uniforme, podemos sufrir, desangrarnos y morir. Luchamos como los hombres por nuestra patria, y ninguna se ha quejado de eso, ninguna se ha hecho la remolona. Pero, ¿qué hay debajo de las faldas? ¿Eh? ¿Nos lo han de coser por el hecho de que llevemos uniforme? El fusil entre los muslos..., ¿es un sustitutivo? ¡Y me preguntas todavía si esto es un burdel! ¡Santo cielo, qué no daría yo por estar en uno durante todo un día!

Miranski comprendió que sería imposible de momento frenar a la Baida. Se apiadó sinceramente del teniente Ugarov, le testimonió mentalmente su más profunda compasión y juzgó oportuno largarse de allí cuanto antes.

Soia Valentinovna escupió a sus espaldas, pero eso ya no pudo verlo él.

Hacia el alba, es decir, todavía a tiempo para refugiarse en las sombras, regresaron Ugarov y la doctora Opalínskaia. Fatigados, avanzaron dando tumbos por las trincheras corridas y se toparon con la Baida, que les esperaba, semejante casi a un carámbano, en la trinchera principal.

—¡Bienvenidos! —barbotó cáustica, y miró a Ugarov como si quisiera descuartizarle con los ojos—. Soy la capitana Baida.

—Lo sé, querida —replicó la Opalínskaia. Su exagerado tono de familiaridad denotó que ella se tenía por una igual. Un médico no se deja dar órdenes—. Victor Ivanovich me ha hablado de usted.

—¡Ah! ¿Sí? —La voz de Soia Valentinovna sonó casi como un alarido—. El bueno de Victor. Excelente conversador, ¿verdad?

—Nos entendemos bien —dijo, calmosa, la Opalínskaia—. ¿Dónde puedo instalar mi botiquín? ¿Tiene usted algún búnker desocupado?

—No tenemos bajas.

—Todavía no. —Galina Ruslanovna miró hacia las posiciones alemanas—. Pronto variará eso. Detrás de nosotros, en la estepa, esperan siete mil tanques, diez mil cañones y un millón largo de soldados. Entonces, ¿no tiene ningún búnker libre? Pues me acomodaré con usted, mi querida Soia Valentinovna...

Ugarov observó, estupefacto, que a la Baida le faltaba por primera vez una réplica adecuada.

Y la cuestión se hizo aún más violenta cuando se quedaron solos.

Efectivamente, Galina Ruslanovna tomó posesión del búnker de mando, y así lo confirmó abriendo su botiquín y colocando sobre la mesa estuches de jeringuillas, cajas de inyecciones, infiernillo de esterilización, instrumental quirúrgico envuelto en un cabás de lona y un montón de gasas. Ante semejante despliegue, Soia Valentinovna no tuvo reparos en elegir el búnker de Miranski como escenario para el gran enfrentamiento.

—¡Eh, cabrón de putas! —aulló agitando los puños—. ¡Mierda del diablo! ¡Oh, cómo te odio, Satán de nueve colas! ¡Se te saltan los botones de la bragueta apenas llega una con piernas largas, ojos vivarachos y tetas puntiagudas! ¿Acaso crees que lo voy a presenciar tan tranquila? ¿Que me refugiaré en una ratonera mientras vosotros lanzáis gemidos al cielo? ¿Qué te has creído, cola de Satán? ¡Ah, qué mal me conoces, enano avieso! ¿Habré de cortarte esos pocos centímetros que tanto te enorgullecen? ¿Qué serías tú entonces? ¡Sujetadme..., que lo hago! ¡Se la corto! ¡Él no merece llevar eso!

Miranski se sentó muy callado, en su catre, y la dejó desvariar. «Una hembra de pura sangre —pensó mientras un escalofrío le corría la espalda—. El bueno de Ugarov no sobrevivirá a esto. No tiene posibilidad alguna; si acaso, esperar que los malditos alemanes acaben con este endriago. Mientras ella viva, Ugarov será sólo su felpudo.»

Soia Valentinovna estuvo rabiando durante casi una hora. Entretanto, Ugarov calló sabiamente, no pronunció ni una sílaba; tan sólo aprovechó un momento en que ella se quedó sin aliento y se respaldó jadeando contra la pared, para volverse hacia Miranski y decirle:

—Tú eres mi amigo, Foma Ivanovich, ¿no es cierto?

—Eso lo sabes de sobra, Victor Ivanovich. ¡Vaya pregunta!

—¿Quieres prestarnos tu búnker durante una hora? Sería una obra caritativa en el sentido literal de la expresión...

Miranski miró, alelado, a Ugarov, luego comprendió y, echándose por encima el capote, abandonó el abrigo. «Las costumbres son así —reflexionó—. ¡Ah! ¡¿Adónde hemos llegado?! Ahí cerca acecha la muerte, y, sin embargo, yo debo pasearme con este frío porque un buen amigo necesita mi cama. ¡Esperemos que no se haga del dominio público!»

Ugarov esperó a que Miranski se alejara del búnker. Luego, sin decir palabra, se dejó caer los pantalones y señaló el catre con el pulgar.

—Vamos —dijo lacónico—. ¡Vamos ya...!

Con un gemido sordo, Soia Valentinovna se arrojó a sus brazos y le mordió el cuello.

A la noche siguiente se produjo un incidente desagradable: las cuatro chicas del primer pelotón que se deslizaron por terreno neutral para reanudar el secuestro de escuchas, encontraron una resistencia imprevista. Cuando aparecieron ante los nidos de observación y se abrieron las blusas, no vieron una escena de perplejidad inconmensurable... sino que tres fusiles abrieron fuego contra ellas.

Aquélla fue la gran hora del teniente Giovanni Lambordi, aunque también su última hora.

La muerte de los tres oficiales alemanes había constituido una sorpresa dolorosa para el Alto Mando del VIII Ejército italiano. El coronel Von Starcken, un oficial de enlace con el Grupo de Ejércitos «Don», había redactado para el mariscal Von Manstein un minucioso informe que llegó a destino dos días después, junto con los tres cadáveres. Lo que se quiso callar por vergüenza, adquirió notoriedad: En el sector de Cherjovo desaparecían los escuchas —«sin intervención ajena», como se dice en buen alemán oficial—, y el campo soviético había hecho entrar en acción a tiradores escogidos. Los balazos precisos en el ojo izquierdo de los tres oficiales muertos, claramente discernibles en las fotografías adjuntas, adquirieron un valor casi documental.

Los hilos telefónicos del Grupo de Ejércitos «Don» y la oficina del coronel Von Starcken con los *alpinis* —como se denominaba a los italianos—, se pusieron al rojo vivo. La muerte de los tres oficiales consternó al Estado Mayor, pero no fue sólo eso lo que le indujo a convocar una junta extraordinaria, ni tampoco la censurable curiosidad que despertó aquella tragedia. No; el verdadero motivo de preocupación lo constituyeron las circunstancias concomitantes.

¿Por qué desaparecían los escuchas sin dejar rastro? ¿Por qué no creía necesario el Ejército italiano informar sobre esos incidentes? ¿Acaso se insinuaría ahí una desmoralización de los italianos que, ante la inminente ofensiva rusa, podría acarrear un desastre similar al del año anterior, tras la irrupción soviética por las líneas del III Ejército rumano en el arco del Don entre Yalánskaia y Klétskaia?

Así había empezado la tragedia de Stalingrado. Los rusos consiguieron completar el cerco del VI Ejército, y sesenta divisiones soviéticas proyectaron sus cuñas entre el Ejército de Von Paulus y los otros Ejércitos alemanes ya bastante maltrechos en tierras esteparias.

¿Se repetiría algo parecido entre el Don y el Donetz?

Aquello comenzó con la inocua historia de los desertores... Una brecha de cien kilómetros en el frente podría significar el fin.

Se convocó a los jefes de compañía en el regimiento. Allí les arengó, tonante, un colérico teniente coronel, quien adjuró el honor de los italianos, evocó el heroísmo de los romanos cuyo espíritu combativo y cuya moral fueran otrora ejemplares y les sirvieran para conquistar el mundo, así como enseñar a los germanos lo que era un acueducto, un baño caliente y una calefacción..., precisamente a aquellos mismos germanos que ahora sonreían burlones y ponían en entredicho a la ética militar de sus aliados.

—¡A partir de ahora irá por lo menos un sargento a los puestos avanzados! —bramó el jefe del regimiento—. ¡No quiero oír hablar más de pérdidas! ¡Desde este instante haré responsables de cada deserción a los oficiales! ¿Creen ustedes que me he expresado con suficiente claridad?

El teniente Giovanni Lambordi no quiso dejar sin respuesta una provocación semejante. Durante tres noches consecutivas marchó afuera con sus escuchas más avanzados, se tendió en el bien construido nido y vigiló sin pestañear a los soviéticos. Cuando se relevaba a los centinelas, Lombardi no se movía de su puesto, y allí permanecía firme hasta que la madrugada empezaba a clarear y se desalojaban los nidos de observación.

En la cuarta noche se dejaron ver. Se les aproximaron cuatro sombras deslizándose por el maltrecho terreno nevado. Lambordi hizo una profunda inspiración. Sin poder explicarse el porqué, se sintió feliz. «Como puede verse —pensó—, no somos unos cobardes. Nadie desertó. Ésos se acercaron cada vez tal como lo hacen ahora, silenciosos, arrastrándose cual unas serpientes, casi invisibles con su ropa blanca de camuflaje. Se necesita tener una vista endiabladamente buena para descubrirlos a tiempo. ¡Sí, a tiempo...!, en eso estriba la solución del enigma. Ninguno de esos infelices los vio a tiempo, y cuando descubrieron al enemigo, los soviéticos estaban ya encima de ellos. ¡Sólo así puede haber ocurrido, camaradas alemanes! Ahora podemos demostrarlo.»

—¡Dejadles acercarse —susurró a los dos escuchas—. Mucha calma, *amici.* Dejadles llegar lo más cerca posible. Y entonces, a la voz de mando, fuego a discreción. Cargaremos con los muertos... ¡ellos serán nuestra prueba!

Se mantuvieron quietos en su nido, los fusiles prestos, esperaron con el corazón batiente tras el parapeto de tierra.

Las sombras blancas progresaron hacia ellos, desaparecieron súbitamente, como por encanto, para reaparecer en otro lugar, donde nadie les hubiera esperado. Se aproximaron con lentitud angustiosa y absoluto sigilo.

«Deberíamos lanzar un proyectil luminoso —reflexionó Lambordi—. Así iluminaríamos el campo visual, y entonces ellos surgirían ante nuestra vista como en una caseta de tiro al blanco. Pero nosotros también, y ahí enfrente unos tiradores escogidos están esperando precisamente a que algo se mueva por aquí.»

El teniente renunció, pues, al proyectil luminoso, e hizo señas a los dos escuchas para tranquilizarlos moviendo la cabeza. «Todavía no, dejadles acercarse un poco más. Ellos creen poder sorprendernos, pero hoy seremos nosotros quienes les sorprendan.»

Todavía diez metros..., quizá siete... El teniente Lambordi se apretó más la culata del fusil contra el hombro. La mano izquierda, cerca de su cabeza sobre el parapeto, se dispuso a dar la señal.

En aquel instante, dos de las figuras blancas se irguieron ante él, y una voz clara, femenina, les gritó algo. Lambordi vio claramente cómo se desabrochaban el uniforme. Dos níveos senos relucieron a la pálida luz nocturna.

—*Madonna mia...!* —balbuceó uno de los escuchas.

Lambordi se atragantó. Se sintió como si le arrojaran a una hoguera y las llamas le consumiesen. «Así que, ¿es esto? —pensó—. Por eso no se oye jamás un disparo. ¿Quién tendría el valor de disparar contra esos pechos?»

—¡Fuego! —gritó con voz cascada—. ¡Fuego!

Él disparó primero; los dos escuchas le imitaron. Pero dispararon mal... Sus manos temblaron. Las dos mujeres desaparecieron de un salto en el campo, rodaron de costado y se pusieron a cubierto boca abajo. Apenas tocaron el suelo, adelantaron los fusiles y quedaron prestas para responder al fuego. Lo habían practicado muchas veces, precisión perfecta, así se lo habían enseñado en Veschniaki, y hasta ahora les había salvado siempre la vida. Ellas sabían dejarse caer y rodar como gatos, hacerse invisibles como el zorro de las nieves.

El teniente Lambordi consiguió todavía cargar de nuevo su arma. El destino no le dio tiempo para más. A su derecha restalló un disparo. La bala le penetró exactamente por la sien, allá donde el casco se había torcido un poco con las prisas. Un segundo después, nuevo relampagueo a la izquierda. El cabo Paolo, que intentaba colocar de espaldas a su teniente, fue lanzado hacia atrás por el impacto. Abrió desmesuradamente la boca, una catarata roja brotó de su garganta. Un segundo disparo le alcanzó el cuello, pero él ya no lo notó. Murió tan aprisa, que no pudo decirse siquiera: «Te han cazado.»

El suboficial Fernando Bruzzi, tercer hombre en el nido, se hizo el muerto, con la descabellada esperanza de salvar así la vida. Pero antes quiso estirar de la cuerda que conducía a la trinchera.

En los abrigos de madera empezaron a chacolotear las latas vacías. Un estrépito lo bastante estridente como para sobresaltar a todos. Cualquier guripa conocía aquel chacoloteo.

—¡Alarma! ¡Alarma!

Los hombres surgieron de sus casamatas, corrieron raudos a sus puestos, quitaron los hules de las ametralladoras, abrieron las cajas de munición, alzaron los tubos de los morteros y alinearon las granadas de mano al pie del parapeto. En el búnker de la compañía, el brigada que remplazaba al teniente Lambordi, usó el teléfono de campaña para llamar al batallón y al grueso de la compañía que estaba de reserva un poco a retaguardia.

«Alarma desde los puestos avanzados. Aún no se ve nada. Emprendan marcha de aproximación en silencio.»

Las campanas de alarma resonaron en la zona del regimiento. La artillería antiaérea para el combate en tierra, la mejor arma contra los tanques soviéticos «T-34», estuvo presta para disparar a los pocos minutos. En segunda línea se cargaron los lanzaminas pesados. Y más atrás todavía, entre el regimiento y el Estado Mayor de la brigada, esperaron cinco tanques «Tiger» para contener una irrupción si fuese preciso.

Entretanto, el suboficial Fernando Bruzzi había tenido una suerte increíble. Cuando se hacía el muerto junto al teniente caído, una cabeza femenina asomó por el borde del nido. Con gran astucia, él había hundido la barbilla y retorcido el cuerpo de una forma anómala.

La muchacha le examinó fríamente y pareció quedar convencida, aunque no pudiese ver el balazo, porque el casco le había caído sobre los ojos. La cabeza se esfumó. Luego las sombras blancas se deslizaron una tras otra y se fundieron con la estepa nevada, antes de que las bengalas se elevaran, silbando, hacia el cielo nocturno, desde las trincheras enemigas.

Fernando Bruzzi emprendió la retirada arrastrando su tembloroso cuerpo. Cayó pesadamente en los brazos de dos camaradas, perdió de pronto la templanza y empezó a gritar, manotear, patear, escupir y arañar... Fue necesario asestarle dos puñetazos en la mandíbula para calmarlo. Luego se sentó, aturdido, dentro del búnker y, mirando con ojos vacíos a su alrededor, farfulló:

—¡Mujeres! Muje...res, ba...lan...ceando las te...te...tas. Mu...je...res...

Fue transportado con un trineo al puesto de socorro principal.

—Trauma psíquico —dijo el médico militar después de examinarle—. ¡Y muy intenso! ¡Es posible que le quede huella para siempre! —Puso una inyección de morfina a Bruzzi, no tenía otra cosa, y esperó que el sueño soporífero aliviase el trauma—. ¿Tan precario es el estado de alarma que tenéis allí? ¿Y qué quiso decir repitiendo sin cesar eso de las tetas balanceantes?

—Frente a nosotros hay mujeres, mi comandante —repuso el sargento que había acompañado a Bruzzi hasta el puesto de socorro—. ¡Tiradoras escogidas! Y van secuestrando a nuestros escuchas. ¿Quién se hubiera imaginado semejante cosa? Cuesta mucho creerlo...

A la mañana siguiente estaba ya en el Grupo de Ejércitos «Don» el correspondiente parte. El «Ib», primer jefe del Estado Mayor, se lo presentó personalmente al mariscal Von Manstein. Con rostro impasible, según su costumbre, Manstein leyó el informe. Cuando terminó, su faz, de líneas duras y nariz aguileña, siguió sin mostrar la menor emoción. Dejó caer la cuartilla sobre el escritorio lleno de mapas y miró con frialdad a su «Ib».

—¡Eso no puede ser más que una broma, querido amigo!

—Este mensaje parece verídico si se lo relaciona con la muerte heroica del coronel Von Rahden, el comandante Schlimbach y el comandante Halbermann. Aparentemente, ellos fueron también sorprendidos por mujeres. Está fuera de toda duda que el adversario ha desplegado un batallón de mujeres en ese sector del frente. Por lo menos, una unidad especial.

—Hágalo seguir como dato anecdótico al OKH* —dijo, tajante, Manstein.

Él tenía demasiadas preocupaciones como para que pudieran descomponerle unas cuantas mujeres que, presuntamente, se presentaban con torso desnudo a los escuchas italianos y los secuestraban. Las noticias que le llegaban sin pausa componían un cuadro estremecedor. El Ejército Rojo había concluido su despliegue ofensivo. Sólo en su zona del frente, el Grupo de Ejércitos «Don», había cinco Ejércitos soviéticos frente a sus tropas diezmadas, cuyos efectivos eran reales únicamente sobre el papel. Sus apremiantes llamadas al Cuartel General del Führer en Rastenburg recibían por toda respuesta promesas ambiguas. Todas las miradas convergían en Stalingrado. Allí, el VI Ejército sufría una muerte lenta y cruel. Trescientos sesenta mil soldados alemanes sucumbían miserablemente. Pero con su acción suicida retenían a sesenta divisiones rusas y permitían que otros Ejércitos alemanes tuvieran tiempo de hacerse fuertes en nuevas posiciones.

Sin embargo, otros frentes alemanes empezaban también a tambalearse. El general Eisenhower había desembarcado con quinientos barcos en Marruecos y Argelia, y ahora estaba atacando ya por la retaguardia a las unidades alemanas del Afrikakorps. Rommel libraba una batalla en dos frentes; había cedido ya El-Alamein en Egipto al VIII Ejército británico y se retiraba ante las tropas del general Montgomery en la Cirenaica, hacia Libia. Por todas partes se fragmentaban las líneas alemanas. La marcha triunfal de 1941 y 1942 había pasado a la Historia, y no se repetiría nunca más. Alemania se desangraba por la herida de Stalingrado.

Y ante todo esto, ¿quién se conmovería porque dos o tres hembras con los pechos al aire sugirieran la deserción a dos o tres hombres?

El «Ib» del Grupo de Ejércitos «Don» recogió el parte y se despidió de su jefe. Tal como le indicara el mariscal, le dio curso hacia el OKH en Berlín. Puro dato anecdótico.

Sin embargo, el OKH consideró seriamente aquel asunto. No el secuestro de centinelas, sino la aparición de unidades compuestas

* OKH: Alto Mando del Ejército.

por tiradoras escogidas. Pues esos partes no provenían exclusivamente del Don... También los enviaban el XVII Ejército en el Cáucaso, el I Ejército blindado en Terek, el II Ejército próximo a Voronesch y, sobre todo, el XVIII Ejército en el «Frente Volchov». Además, varios guerrilleros hechos prisioneros habían declarado, antes de ser fusilados o ahorcados, que en la región pantanosa de Pripiet y alrededor de Bobruisk, en los bosques a orillas del Dniéper y aún más allá, hacia Borissov, es decir, a espaldas del Grupo de Ejércitos alemán «Centro», operaban veintiséis mil guerrilleros, y entre ellos, aproximadamente, mil doscientas mujeres. Unidades especiales de la SS y la SD, empeñadas en la lucha contra guerrilleros, lo habían vivido no pocas veces: las muchachas se colocaban, alzando los puños, bajo la horca o ante el paredón, y morían con indescriptible orgullo dando vivas a Stalin y su Rusia soviética.

En Berlín, el coronel Von Hötzendorf, del Alto Mando de Ejército, archivó esos informes. Fueron completados con otras comunicaciones facilitadas por el Departamento «Ejército Extranjero Este» y el Servicio Secreto del almirante Canaris: resultó casi indudable que los batallones femeninos soviéticos hacían servicio de frente.

—¡Esto es la culminación! —exclamó el coronel Von Hötzendorf cuando vio sobre su mesa el parte del Grupo de Ejércitos «Don» y lo leyó—. ¡Fuerzas de choque con pecho descubierto! ¡Allá abajo debe de haber una especie singular de hembras! Si esto hace escuela en todos los frentes, la tropa necesitará en su rancho más soda que munición. Es de esperar que, por lo menos, tengamos suficiente soda...

Una broma amarga que ocultó un desvalimiento más amargo aún.

Pues cada disparo que hacían aquellas muchachas, significaba un soldado alemán de menos. Ellas necesitaban hacer raras veces un segundo disparo..., muy raras veces.

Peter Hesslich, con una «e» y dos «eses» —según lo indicaba frecuentemente él mismo—, era una persona nada aborrecible, pese al sibilante sonido de su apellido.

Un tipo vigoroso, eso sí, no especialmente alto, quizás un metro setenta y cinco, pero de espaldas anchas, y musculosas y caderas escurridas, que le permitían moverse como un bailarín. Así pues, era casi inevitable que si aquella época tan peculiar requería de todo joven alemán «la agilidad del lebrel, la resistencia del cuero y la dureza del acero Krupp», las gentes asediaran por todas partes a Peter Hesslich, proponiéndole la práctica de algún deporte. Tenía muchos para elegir..., lanzador de martillo o disco, *sprinter* o salto de altura, gimnasta, especialista en decatlón o nadador..., con sus facultades era apto para cualquiera de ellos. Pero a él no le apetecía ninguno.

—Lo único que podría convencerme sería la braza de pecho... pero ¡viéndosela hacer a las chicas!

Dijo esto riendo cuando se le recordó por enésima vez que era una vergüenza y una auténtica pérdida para el Gran Imperio alemán y su deporte el desaprovechar unas condiciones atléticas semejantes. El año 1936, cuando la juventud del mundo —según lo expresaba la propaganda nacionalsocialista— se daba cita en Berlín para celebrar los Juegos Olímpicos y un negro llamado Jesse Owens ganaba tres medallas de oro ante los horrorizados ojos del Führer, Hesslich recibió incluso la visita del *Gauleiter* interino.

—¿Sigue usted sin despertar, Peter? —dijo solícito el hombre del partido con su uniforme de paño pardusco y trencillas doradas—. ¡Un negro degrada a la raza blanca! ¡Menudo triunfo para la minoría! ¡Y usted aquí sentado sabiendo que posee el vigor necesario para derrotar a esos seres infrahumanos y demostrar lo que es la raza germánica! No se burle, Peter. Todos sabemos que usted corre y salta magníficamente. También sabemos que podría ser un bólido en el deporte..., ¡un martinete que batiría a todos esos afeminados de Norteamérica! ¿No se le parte su corazón alemán al saber que un negro se ha llevado los tres pequeños robles que donaba el Führer? ¡Tres robles alemanes en un arrabal negro! ¿Ha visto usted el *Wochenschau*? El Führer parecía petrificado, el *Reichsführer* del Deporte estaba a punto de llorar. Goering miraba al vacío. ¡El júbilo de los norteamericanos y sus amigos debe de haberle sonado al Führer como un escarnio de la raza blanca! ¿Y qué hace usted, Peter Hesslich? Pues bien, usted no hace absolutamente nada..., ¡y con ello traiciona a su patria! ¿Es que no le remuerde la conciencia?

Hesslich no sintió ningún remordimiento de conciencia. «Nadie puede obligarme a correr, a saltar, a piruetear en la barra fija, a esparrancarme en las paralelas o a lanzar una bola. Ni el *Gauleiter* ni el mismísimo Führer. No se puede dar órdenes a los músculos. No se pueden proyectar con precisión unos resultados en décimas de segundo. Ahí intervendrán siempre un ser humano, un cuerpo falible, un factor imprevisible de inseguridad.»

Por aquellos días, Peter Hesslich estudiaba el bachillerato. Su padre era profesor de Geografía y francés, y muy estimado entre los alumnos del «Instituto Schalegeter» en Wuppertal. Durante la clase de francés, relataba muchas veces historias sobre sus años de estudiante en París y Grenoble, y las competiciones de esquí en los nevados Alpes, y unas fabulosas vacaciones en Argelia, con los montes del Atlas y las gigantescas dunas. Así se daba entrada al tema para la siguiente clase de Geografía. Sin duda Friedrich-Wilhelm Hesslich era un buen pedagogo, que sabía suscitar el interés de sus discípulos. Pero eso era precisamente lo que le hacía impopular y sospechoso entre los profesores nacionalsocialistas y la Dirección Provincial de Enseñanza en Düsseldorf. El despertar añoranzas no favorecía los intereses del Magisterio nacional. Las veladas de las Juventudes Hitlerianas en sábados y domingos, días nacionales de la Juventud reservados al servicio JH, eran objetivos mucho más dignos que las mugrientas chozas de los bereberes. Y, en definitiva, ¿acaso un profesor de francés necesitaba ser tan francófilo que sólo supiera entusiasmarse por los Alpes de Saboya? ¿Habría olvidado ya Versalles? ¿Y la vergonzosa paz de 1918? ¿Y la humillación de Alemania en el Salón de los Espejos? ¿Y las reparaciones? ¿Y la ocupación de Renania por los franceses? Y no digamos de Schlageter —cuyo nombre llevaba el Instituto—, aquel íntegro patriota alemán que dinamitó los almacenes de las fuerzas ocupantes, y por eso los franceses le hicieron fusilar el 26 de mayo de 1923 en el Golzheimer Heide, junto a Düsseldorf. Sí..., ¿y por qué diablos hace caso omiso de todo eso un profesor alemán?

Se vigilaba muy de cerca a Friedrich-Wilhelm Hesslich, y, por añadidura, se le reprochaba en secreto que su hijo Peter, un muchacho nacido para el deporte, no quisiera hacer nada para contribuir a la gloria de la Gran Alemania. Así pues, Peter crecía en una atmósfera de recelo generalizado, que jamás le abandonaría. Atmósfera que se adheriría a él como un nevo materno.

Cuando concluyó el bachillerato, no deseó ser también maestro, como esperaba su padre, sino que se interesó más bien por la Naturaleza, con sus plantas, árboles y animales. Quiso ser ingeniero de Montes. Por una razón u otra, eso le cuadraba: quien miraba en sus ojos serenos comprendía repentinamente que Peter Hesslich pudiera pasarse las horas muertas sobre un altozano o detrás de un arbusto observando a los animales. Tras esa decisión, el deporte nacionalsocialista lo perdió definitivamente. Mientras otros se entrenaban con faz sudorosa, él vagaba por los bosques, escuchaba al grajo, se recreaba con el golpeteo del pájaro carpintero, acechaba a los urogallos durante la época del celo y aprendía en un calvero, sobre el musgo cálido y oloroso, las delicias del amor que le enseñaba una mujer madura. Hasta entonces, Peter Hesslich había conocido tan sólo a chicas de su misma edad, que se tendían boca arriba y suspiraban. Ahora cayó entre las manos expertas de la esposa del guarda forestal..., lo cual acrecentó aún más su amor por la Naturaleza.

Por fin Peter comenzó los estudios para el ingreso en la Escuela de Montes, y sus amigos le animaron a hacerse de la SA, o del Grupo deportivo militar, o del Cuerpo motociclista nacionalsocialista. Incluso su mentor opinó que si Hesslich quisiera hacer carrera algún día, le sería inevitable llevar una insignia cualquiera del Partido. Pues un funcionario sin ese distintivo de hojalata era siempre el último en el escalafón, porque el espíritu nacionalista patente resultaba ser ahora la mejor cédula personal, cien veces superior a todos los diplomas y merecimientos juntos. Por entonces murió repentinamente Friedrich-Wilhelm Hesslich, el profesor. O, para ser exactos, lo asfixió una espina de perca adherida a la tráquea. Antes de que pudiera intervenir un médico, Hesslich se puso amoratado y expiró.

Tras la muerte absurda de su esposo, Wilhelmine Hesslich,

madre de Peter, se sumió en una melancolía patológica, de la que nunca más emergió. Perdió poco a poco el juicio. Finalmente, fue preciso internarla en una casa de salud, pues no reconocía ni siquiera a su propio hijo.

Pocas semanas después de la tragedia doméstica, sobrevino otra de carácter profesional. Desde hacía meses, alguien causaba estragos en el distrito forestal de Peter Hesslich, matando salvaje e indiscriminadamente ciervos y corzas preñadas y dejando malheridas a las crías, que terminaban feneciendo de forma lastimosa. Realmente, una cochinada gigantesca.

Se patrulló día y noche sin encontrar sospechosos, ni huellas, ni pruebas, salvo los animales sacrificados.

Inesperadamente, en una noche clara de luna llena, Peter se vio ante el desconocido cazador furtivo. Aquel individuo, procedente del bosque, salió a una cañada exactamente en la pista de los venados... Era alto, fornido, con un atuendo azul marino de entrenamiento y calzado deportivo.

Peter Hesslich le llamó como era obligado.

—¡Alto! ¡No se mueva!

Pero el hombre no pensó hacerlo. Se volvió raudo, alzó su carabina y apuntó a la silueta, claramente perfilada, de Hesslich.

Más tarde, Hesslich no supo cómo podría explicarlo: él fue más rápido. Su disparo se anticipó al del adversario; fue cuestión de un pestañeo. Mientras que la bala del cazador furtivo partía errabunda hacia algún lugar del cielo, la de Peter hizo diana. Con inenarrable asombro, Hesslich vio cómo se desplomaba el hombre, dejando caer la carabina. Horrorizado, corrió a él, se hincó de rodillas junto al cuerpo abatido y le alzó la cabeza. Fue horrible: había disparado contra un ser humano. Fue en defensa propia, por supuesto..., ¡pero le había matado!

En la casa del guardabosque se emborrachó. Mientras llegaban la Policía y la ambulancia, pusieron al muerto dentro de un arcón en la porqueriza contigua.

—He matado a un hombre —dijo Peter Hesslich con voz monótona una vez y otra—. Vosotros podréis decir todo cuanto os plazca... pero yo le he matado. ¡Eso no lo ha hecho todavía ninguno de vosotros! No podéis imaginar siquiera cómo te trastorna una cosa así.

Todos sus superiores, hasta el Consejero del Departamento de Bosques y Plantíos, acudieron al lugar de los hechos, examinaron el cadáver en la porqueriza y admiraron el disparo.

—En plena frente —dijo el inspector forestal y jefe inmediato de Peter—. Cuesta creerlo..., ¡un disparo semejante tras una reacción relampagueante! Fantástico, ¿no?

—Una aptitud natural. —El consejero asintió varias veces, aprobador—. ¿Es que no ha observado nadie ese talento en las prácticas de tiro?

—Los resultados fueron normales, es decir..., ¡siempre excelentes! Pero ¡quién podría suponer que...!

—La ceguera respecto al vecino inmediato es siempre lo que menoscaba la construcción nacional —pontificó el consejero—. ¡Santo cielo! ¡Cuando se piensa en cómo se desaprovecha el talento latente en ese Hesslich! Es un buen hombre, pero en el fondo, un perro perezoso. ¡Cuánto se podría hacer con esa madera! ¿Por qué tendrá tan poca ambición el mozo? Se debería hacer algo al respecto...

Y efectivamente, se «hizo algo»: el Departamento de Bosques y Plantíos renunció a renovar para el siguiente curso una instancia del alumno Peter Hesslich donde éste solicitaba la exención temporal del servicio militar alegando ser insustituible en sus funciones; y, por el contrario, lo dejó libre para la milicia. El consejero escribió confidencialmente al jefe de la Caja de Reclutamiento: «Peter Hesslich tiene grandes dotes para todas las especialidades deportivas y es un tirador sobresaliente. A nuestras autoridades les interesa mucho que se promueva también su talento en el terreno militar. Peter Hesslich justifica las grandes esperanzas depositadas en él tal como lo concibe el ideario del Führer, a saber, que una selección entre los mejores ciudadanos alemanes servirá para asegurar el futuro del Reich.»

Esta carta infame resultó ser, al propio tiempo, una especie de salvoconducto para Peter Hesslich. La Caja de Reclutamiento de Münster acogió con benevolencia aquella misiva. El propio general hizo llamar a Hesslich, pero no vio nada de particular en aquellos ojos castaños de mirada romántica.

«Es sorprendente —pensó— que unos ojos tan blandos puedan ser infalibles ante el blanco. Bueno, ¡ya veremos cómo le sienta una educación militar metódica!»

Tras un año de servicio militar en una compañía de infantería en Wesel, interrumpido repetidas veces por cursillos deportivos, Peter alcanzó el grado de cabo primero, lo cual les pareció una ignominia a sus superiores. Su jefe de compañía le tomó el pelo, su teniente le hizo sudar tinta y cierta vez le dijo:

—Eso es para que le hierva el agua en el trasero y libere de una vez su cerebro.

Él fue siempre el que volvió más sucio del campo de instrucción, y durante las maniobras en el campamento de Münster y en los páramos de Luneburgo tuvo que actuar de enlace y se le envió de un lado para otro, hasta hacerle jadear como un perro. Pero él no cedió cuando su capitán le interpeló así:

—Qué, Hesslich, ¿cómo se siente usted? Cuando sea cadete y más tarde oficial, no necesitará hacer nada de eso... Entonces será usted quien haga saltar a los demás.

—No tengo vocación de oficial, mi capitán —replicó, cortante, Peter—. Soy ingeniero de montes.

Pero todo eso cambió cuando un viernes, el 1.º de setiembre de 1939, Hitler compareció ante el Reichstag vistiendo por primera vez una guerrera gris de campaña y proclamó con tono amenazador:

—Hoy he decidido hablar a Polonia en el mismo lenguaje que los polacos vienen empleando con nosotros desde hace meses... A partir de las cinco cuarenta y cinco horas, se responderá al fuego...

El discurso terminó con un anuncio inequívoco cuyo contenido determinaría desde aquel día el destino de todos los alemanes:

—Así como yo estoy dispuesto a empeñar mi vida en todo momento —cualquiera puede arrebatármela— por mi pueblo y por Alemania, también debo pedir lo mismo a cualquier otro. Ahora bien, ¡quien crea poder resistirse directa o indirectamente a ese mandamiento nacional, caerá! ¡Los traidores no pueden esperar nada, salvo la muerte! Todos nosotros profesamos exclusivamente nuestro viejo principio: «Nada importa que vivamos o no. ¡Lo esencial, lo indispensable es que nuestro pueblo viva, que Alemania viva!»

Cuando oyó esa arenga en el pequeño receptor popular de baquelita, Peter Hesslich se encontraba ya en las posiciones de ataque próximas a Neusalz del Oder. Él pertenecía a las fuerzas de acompañamiento y estaba, pues, con cocinas, oficinas e impedimenta detrás de la primera línea y soportaba con octaviana paciencia los comentarios del brigada de su compañía, cuyo colofón era éste:

—Seguramente tú tienes la misma abuela que el Führer, pues de lo contrario no estarías aquí, ¡sino con las tropas de asalto!

En enero de 1943, tras la campaña de Francia y la marcha sobre Rusia en el sector central con el IX Ejército, Peter Hesslich siguió sin llegar más allá de suboficial. En su expediente de la Wehrmacht figuró el siguiente dictamen: «Carece de ambición. Cumple sus deberes según el reglamento, no se destaca en ningún sentido, suele ser indolente a su modo. Buen camarada en el frente, algo indulgente como jefe de grupo pero el mejor tirador de la división. Ganó todos los premios de tiro con la puntuación máxima.»

Un dictamen mediocre, salvo la última parte. Ésta marcaría el destino de Hesslich.

Durante 1942 recorrió el frente con un comando especial. Dondequiera apareciera, era recibido con miradas admirativas o recelosas, según los casos. Dondequiera que hubiese en el campo soviético tiradores escogidos siberianos que convertían la guerra de posiciones en un duelo mortal, surgía Peter Hesslich. Así ocurrió en Demiansk, ante Leningrado, a orillas del lago Peipus, junto a Smolensko y Voronej, en los pantanos de Pripiet, zona de guerrilleros, y en la vía de circunvalación alrededor de Orscha.

—¡En todas partes cuecen habas! —decían los tiradores escogidos de los batallones alemanes cuando aparecía Hesslich, se acomodaba en los nidos del terreno neutral y, dando muestras de una calma literalmente inquietante, iniciaba el duelo con el adversario soviético y lo ganaba.

Ellos lo llamaban «foto instantánea». Era una acción implacable, que Peter Hesslich no rehuyó nunca más. Cuando él presenció varias veces con cuánta precisión abatían los siberianos a rancheros, enlaces, escuchas e incluso sanitarios que lucían el brazal de la Cruz Roja, con cuánta frialdad se deslizaban por allí los mozos de la taiga o la tundra y encontraban siempre un buen blanco, se alteró su concepto ético de la vida. La horrible sensación experimentada después de acabar con un ser humano, dio paso a un principio muy simple: ¡Tú o yo!

En 1942, Peter Hesslich recibió la Cruz de Hierro de Primera Clase, el brazalete dorado de «Combate Cuerpo a Cuerpo» y un apretón de manos del capitán general Von Kluge, comandante supremo del Grupo de Ejércitos «Centro». Entonces fue cuando se le retiró del frente para trasladarlo a Posen. Allí ocupó una habitación bien caldeada, con cortinas en las ventanas, tuvo mucho tiempo libre para aburrirse, pasó seis horas diarias en un campo de tiro «fotografiando» blancos móviles, reptando por terreno accidentado del cual surgía inesperadamente un camarada de cartón, al que abatía instantáneamente, explorando bosques en cuyos árboles le esperaban blancos ocultos, disparando a la carrera o cuando se tiraba al suelo y rodaba por él, o con agua hasta el cuello, o disfrazado de arbusto en una llanura y esperando, en un tronco de árbol hueco, al adversario de madera pintada.

Todo aquello fue parte de una instrucción especial que se dedicaba a un pequeño grupo. Éste vivía en las afueras de Posen, ocupaba una antigua fábrica, estaba a las órdenes de un comandante y era anónimo. En la entrada de la fábrica no se veía ningún signo táctico, ninguna indicación referente a la unidad. Sólo un cartel donde se leía: «Prohibido rigurosamente el paso. ¡Peligro de epidemia!»

—¿Acaso nos puede pasar algo mejor? —dijo, satisfecho, el menudo y vivaracho suboficial Uwe Dallmann cuando llegó con Hesslich a Posen y, juntos, se detuvieron ante el portal de la fábrica.

Hesslich venía de Voronej; Dallmann, de Rostov..., se habían encontrado en el camino hacia el Cuartel General y habían simpatizado inmediatamente. Dallmann era un muchacho rubio, jovial, de veintidós años, de ojos azules claros y manos delicadas.

—Aquí no nos supervisa nadie. Estaremos seguros cuando metamos mujeres de contrabando. Hay suficientes escondites.

El comandante Molle pareció no desconocer aquellos cálculos. Cuando Hesslich y Dallmann se presentaron a él, les dijo con tono casi paternal:

—Aquí formamos un pequeño grupo muy unido, cuyos aglutinantes son la muerte y la destrucción. El OKH nos concede unas condiciones especiales, recibimos las armas más recientes y los equipos más perfectos, hasta tal punto que nos envidiaría cualquier unidad SS. A vosotros se os cuidará como a toros de concurso..., ¡lo cual no significa que podáis meter aquí cuantas faldas se os antoje! El servicio que os espera os hará crujir los huesos, os devorará hasta el tuétano. Tanto, que no querréis saber nada de hembras..., ¡pero seréis los mejores tiradores de la Wehrmacht! Mejores que los siberianos, os lo prometo. ¡De lo contrario, os haré limpiar con la lengua el patio de la fábrica! Esto es un asunto secreto de comando, ¿comprendido? Y si se deja escapar algo por ahí fuera, si pesco un solo trozo de hembra aquí dentro..., ¡habrá un consejo de guerra con todo el pim, pam, pum! ¡¿Sabéis lo que significa pim, pam, pum?!

—¡Sí, mi comandante! —gritaron a coro Hesslich y Dallmann.

—Uno lo intentó. ¡Ahora está en el 999!

El 999 era un batallón disciplinario de la Wehrmacht, sobre el que se hablaba mucho, aunque apenas se supiera nada. Sólo una cosa estaba clara: quienes iban al 999 llevaban consigo, por así decirlo, un certificado de defunción en blanco.

Hasta entonces, Hesslich había creído ser un buen tirador, pero el comandante Molle le demostró en Posen que, comparado con su propio arte de tirar, él era todavía un meón. El comandante Molle se mostró satisfecho sólo cuando Hesslich derribó en terreno muy intrincado, y de un disparo fabuloso a la cabeza, una figura dc cartón con uniforme soviético y el rostro de una joven hermosa.

Todos los cursillistas restantes fracasaron con la muchacha de cartón. Cuando la vieron surgir súbitamente del escabroso terreno, titubearon, desconcertados, durante un segundo o más. Incluso antes de que dispararan, la voz del comandante Molle rugió por el altavoz; pues seguía atentamente la maniobra con el telescopio de tijeras.

—¡Ya está muerto usted, Dallmann! —vociferó—. ¡Si se tratara de un caso real, tendría ahora un boquete en el cráneo! ¿Por qué ha puesto esos ojos de besugo? ¿Porque era una hembra? ¡Escuche, Dallmann, la muerte tiene mil disfraces! ¿Cuántas veces he de repetírselo?

Lo mismo les ocurrió a todos; sólo Hessling «fotografió» sin vacilación. Se le premió permitiéndole abandonar la fábrica. Permiso en la ciudad hasta el toque de diana.

¿Adónde va un soldado en busca de solaz tras cuatro semanas de aislamiento?

—El lupanar de Posen va a necesitar ahora acetato alumínico a carretadas para enfriarse —comentó, envidioso, Dallmann—. Muchachos, ¡ése está obligado a contarnos todo cuando regrese a casa! ¿Quién de vosotros recuerda todavía cómo es un buen pezón?

Pero con Hesslich ocurrió algo muy distinto. No corrió echando humo al burdel, sino que visitó el Teatro Nacional de Posen y vio *Querella entre hermanos en Habsburgo,* de Franz Grillparzer.

—¡Majareta integral! —gimió, consternado, Uwe Dallmann cuando Hesslich se lo contó—. ¡Y eso es lo que te procura un volante de permiso hasta diana! ¡Grillparzer...!

El 10 de enero de 1943, el comandante Molle hizo llamar a Hesslich y Dallmann.

—Pasado mañana, ustedes dos irán destinados al Grupo de Ejércitos «Don» y, una vez allí, se presentarán en el VIII Ejército italiano.

—¡Atiza! —exclamó Dallmann.

Molle le miró sorprendido.

—¿Qué significa eso, suboficial?

—¡A los italianos! ¿Acaso deberemos enseñarles cómo se carga un fusil?

—Dejaré pasar por esta vez su apreciación acerca de nuestros aliados, Dallmann. Los italianos han hecho un esfuerzo muy considerable. Cuando el I Ejército de la Guardia soviético desencadenó su ofensiva en el frente del Don, el VIII Ejército, casi congelado, diezmado por aquel frío asesino, se batió en retirada con un arrojo digno de mención. Los italianos, habituados al sol, llegaron a llorar bajo aquella helada, pero consiguieron romper la bolsa. Se abrieron paso hacia atrás y se encastillaron definitivamente en la línea férrea Millerovo-Rossoj, donde formaron una cuña entre el VI Ejército soviético y el I Ejército de la Guardia. El general Badanov, del I de la Guardia, aseveró que «los italianos se habían desinflado», pero eso no es cierto. ¡Mantuvieron sus posiciones! Y pasado mañana, ustedes dos irán precisamente allí. Los italianos tienen conflictos en el sector de Cherjovo.

—¡Vaya! —murmuró Dallmann.

El comandante Molle miró muy serio a Hesslich y Dallmann, y luego extendió un mapa.

—La orden viene del mismo OKH. Informes del Servicio Secreto militar y del «Ejército Extranjero Este» confirman las siguientes observaciones de los italianos. En Cherjovo se ha desplegado frente a ellos un batallón de mujeres. Tiradoras escogidas. El número de bajas es alarmante. Muchachos... —Inopinadamente, Molle les habló con sorprendente afabilidad—: Espero de vosotros que no olvidéis en el Don lo que habéis aprendido en Posen. Aunque veáis enfrente labios rojos o tetas enhiestas..., la muerte os acechará. ¡Nada más que ella! Pensad siempre en esto: ¡La muerte tiene mil disfraces!

Aquella noche se cogió una buena borrachera. Hacia el amanecer, Dallmann cayó en un estado lamentable y berreó sin cesar:

—¡Mierda! ¡Ah, qué mierda! Debemos luchar contra mujeres..., yo debo tumbarlas, pero no para echarme sobre ellas... ¡Qué mierda de guerra!

Quedó tendido boca arriba mirando fijamente el techo. Unas convulsiones incesantes contrajeron su rostro.

Pero dos días después, el 12 de enero, no hubo partida para ellos.

El 12 de enero se oyó un ensordecedor estruendo en el Don, desde el gran arco meridional, hasta Novosil, quinientos kilómetros más arriba y al este de Orel, el frente quedó bajo el atronador martilleo de 16.000 cañones.

Había comenzado la ofensiva soviética de invierno.

Se desbordaron hacia Occidente el «Frente Briansk», bajo el mando del general Reiter; el «Frente Voronej», a las órdenes del general Golikov; el «Frente Sudoeste», dirigido por el general Vatutin, y el «Frente Sur», al mando del capitán general Yeremenko. Se desbordaron en el sentido literal de la palabra: Trece Ejércitos soviéticos con 7.100 tanques y dos millones cuatrocientos mil soldados arremetieron contra seis Ejércitos alemanes y aliados, contra divisiones alemanas cuya mayor parte tenía el potencial de una brigada, contra compañías alemanas compuestas por cuarenta o cincuenta hombres tan extenuados y ateridos por la helada, que habían perdido hacía mucho tiempo toda esperanza.

Un mar rojo inundó la estepa del Don. El I Ejército de la Guardia soviético embistió, enfurecido, al VIII Ejército italiano, perforó sus posiciones con un alud de carros e infantería después de que su artillería machacase durante horas a hombres y tierra.

Todo el frente alemán se tambaleó ante aquella colisión. Entre aulladoras tormentas de nieve se inició la retirada, se atravesó la bolsa soviética, cuyo contorno se perfilaba ya por todas partes, se salvó a marchas forzadas lo que aún se podía acarrear, se huyó ante la masa de soldados rusos bien equipados y con un material muy superior contra el cual era imposible resistir.

Un día antes del gran martilleo artillero, preludio de la ofensiva, la unidad especial femenina de la capitana Soia Valentinovna abandonó la primera línea y marchó, primero con trineos y luego en camiones, hacia la zona intermedia del frente. Finalmente, hizo alto en Bokóvskaia, a orillas del Tschir, pasados ya los firmes emplazamientos de la artillería pesada; allí se le asignó un edificio administrativo perteneciente al *soljós* «Don Eterno».

Miranski respiró aliviado. Allí la guerra quedaba bastante lejos, de modo que él podía decirse con absoluta convicción: «Esto ha ido bien una vez más.» Había temido que su sección marchara también al asalto como hicieran otras compañías de mujeres, por ejemplo, en Leningrado y Stalingrado. Pero el general Vatutin lo había pensado mejor. Un día antes de la ofensiva le había visitado el general Ivan Rasulovich Kitaiev, un camarada del Centro de Órdenes en Moscú, Kitaiev le había dado a entender que aquella sección femenina era demasiado valiosa para embarcarse en un ataque masivo. Estaba especializada en la guerra de trincheras. Una muchacha como Stella Antonovna, por ejemplo, era una combatiente individual e invisible, no un miembro de la masa que aullaba estremecedora a la vista del enemigo.

Mientras Peter Hesslich, todavía en Posen, escuchaba los partes de la Wehrmacht y seguía en un atlas escolar lo que se denominaba «reducción táctica del frente», Stella Antonovna se entrevistaba con el general Vatutin, comandante en jefe del «Frente Sudoeste». Pese al maremágnum del avance victorioso, con su confusión de hombres y vehículos, tanques, caballos y cañones, Vatutin dispuso de algunos minutos para ella. Le estrechó la mano y, después de examinar su cartilla de disparos, le dio un afectuoso abrazo.

—¡Cuarenta y nueve alemanes! ¡Nos enorgullece usted, camarada Koroléenkaia!

Allí recibió su segunda Medalla al Valor. En el Ejército Rojo había tan sólo otra tiradora escogida que superaba a Stella Antonovna: la legendaria Ludmilla Pavlitschenko, de la XXV División de Infantería. Hasta ahora tenía ciento cinco aciertos.

—Ya la alcanzarás, Stellanka —dijo Miranski cuando ella volvió a Bokóvskaia tras su entrevista con el general Vatutin—. Ludmilla está en el frente mucho más tiempo que tú. Espera a que volvamos allá. O caigamos con paracaídas detrás de las líneas alemanas. Enséñame tu nueva medalla. ¡Ah, brilla como el sol! ¿Es de oro? No, seguramente sólo dorada, pero, ¿qué importa? Es un gran honor..., ¡todo el mundo puede ver lo valiente que eres!

Arrolladores e incontenibles, los Ejércitos soviéticos se lanzaron sobre Rostov y Jarkov. El Grupo de Ejércitos «B», al mando del capitán general Von Weichs, no dio más de sí.

En Posen, Uwe Dallmann dijo plácidamente:

—Con esa mierda del Don, nuestra acción contra las mujeres se irá a tomar por el culo. ¡Y a Dios gracias! ¡Eso me horrorizaba de verdad!

Uwe Dallmann se equivocó de medio a medio.

En abril había cambiado el mundo. Desde luego no tenía mejor aspecto, pero..., así y todo, el futuro se perfilaba más claro. Eso no tenía nada que ver con la primavera; nada con el derretimiento de la nieve y del crujiente hielo en los ríos; nada con las enlodadas carreteras y los templados rayos del sol que hacían reverdecer la hierba en una noche, surgir el azafrán de la tierra como por encanto, que daban un soplo amarillento a los saucedales y un brillo plateado a los álamos. Aunque la Naturaleza se atuviera al ritmo anual impuesto por Dios, pese a las furiosas granadas y cadenas de tanques, pese a las vastas zonas ennegrecidas por los incendios..., lo importante era que los cuatro grupos de Ejércitos soviéticos habían aplastado todo el frente Sur alemán, y ahora el Don volvía a ser un río ruso en donde, tras el deshielo, se podía pescar nuevamente con caña y pequeñas redes, y en cuyos campos, llanuras y huertos aldeanos, los azadones removían de nuevo la tierra, y las semillas daban plantas. Se había reconquistado Voronej. Kursk era el punto central de una cuña soviética que penetraba profundamente en las líneas alemanas entre Orel y Jarkov. Rostov celebraba la reconquista por los hermanos rusos e iniciaba sin demora la reconstrucción, aunque las posiciones alemanas de Taganrog estuvieran casi al alcance..., lo cual no molestaba a nadie. Se sabía a ciencia cierta que los alemanes no podrían nunca más llegar hasta el Don.

En el profundo Sur, el grupo de Ejércitos «A», al mando del capitán general Von Kleist, se había visto obligado a desalojar el Cáucaso y se estaba desintegrando. El I Ejército blindado había conseguido alcanzar, en marchas forzadas, el Donetz; el XVII Ejército se retiraba a la península de Tamán, entre el mar de Azov y el mar Negro, y quedaba cercada allí. Un destino similar al del VI Ejército en Stalingrado se cernía sobre el XVII Ejército: Hitler le ordenaba la resistencia a ultranza.

Von Manstein hizo una llamada apremiante para que se procediera a la evacuación de ese Ejército en Crimea, porque cinco Ejércitos soviéticos embestían contra las exhaustas tropas alemanas, pero el Cuartel General del Führer hizo oídos sordos.

El avance triunfal de las divisiones soviéticas no dio fin hasta el 26 de marzo. Entretanto, ellas habían alcanzado su gran objetivo, Jarkov, pero volverían a perderlo cuando Von Manstein lanzó una rápida contraofensiva. Con ímpetu inaudito, producto de la desesperación, el I Ejército blindado, que llegaba del Cáucaso totalmente agotado; el XXX Cuerpo de Ejército, restos del IV Ejército blindado y la Agrupación de Ejército «Kempf», rechazaron a las fuerzas soviéticas, que se habían adentrado casi hasta Dniepropetrovsk y Krasnograd, y luego, auxiliados por el Cuerpo Kraus y el II Cuerpo blindado SS, envolvieron con una maniobra de tenaza al I Ejército blindado y al XL Ejército soviéticos.

Jarkov, símbolo de aquella ofensiva de invierno, fue ocupada nuevamente por los alemanes. El frente se estabilizó en el Donetz..., y comenzó una nueva guerra de trincheras.

En aquella primavera de 1943, la muerte tomó aliento una vez más, descansó, por decirlo así, durante algunas semanas, aunque en realidad sólo aguzara la guadaña con la que solía aniquilar pueblos enteros.

En ambos campos, alemán y ruso, se levantaron fortificaciones. Detrás del Donetz, en la estepa hasta Oskol y el gran arco al norte de Kursk, conquistado por los soviéticos, millares y millares de hombres construyeron inmensos sistemas de atrincheramiento, quizá los más sólidos e intrincados que jamás tuviera frente alguno: siete líneas fortificadas consecutivas, casamatas y emplazamientos artilleros, grupos blindados y efectivos de reserva, almacenes de avituallamiento y bases aéreas. El «Frente central», al mando del general Rokossovski, y el «Frente Voronej», al del general Vatutin, formando una cuña entre el grupo de Ejércitos «Centro» y el grupo de Ejércitos «Sur» alemanes, constituyeron una fortaleza de tierra sin precedentes. En el Sur y alrededor de Jarkov se atrincheraron dos nuevos grupos de Ejército soviéticos: el «Frente Estepa», a las órdenes del general Koniev, y el «Frente Sudoeste», mandado por el capitán general Malinovski.

Se necesitaba con urgencia una recuperación. La batalla invernal 1942-1943 había desangrado a los alemanes: unos 100.000 caídos, 5.000 aviones destruidos, 9.000 tanques aniquilados o apresados, millares de otros vehículos, unos 20.000 fusiles y otras armas... ¿Cómo podía aliviar esa situación una Alemania totalmente aislada?

Las pérdidas soviéticas eran todavía mayores..., pero allí se calculaba de otra forma. Había suficiente «material humano». El material «muerto», como camiones, tanques, armas, obuses, munición, acero y combustible, maíz y otros cereales, afluía constantemente de Norteamérica, era descargado en los puertos siberianos y, desde allí, seguía sin impedimento hacia el frente. La vastedad infinita de Siberia, un continente por sí sola, indomable, había sido transformada en inmenso arsenal. Mientras las fábricas de armas alemanas se desplomaban bajo las bombas mortíferas de las escuadrillas aéreas aliadas, las acerías soviéticas de Jabarovsk y Vladivostok trabajaban, seguras e inalcanzables, a 12.000 kilómetros de distancia.

Sí, el mundo había cambiado en aquella primavera de 1943. Palidecía ya la gloriosa aureola de los Ejércitos alemanes. Sus efectivos se estrellaban contra la inmensidad del país, el helor asesino, el barro en donde se hundían todos los convoyes, la masa humana siempre renovada que se precipitaba sobre ellos desde tierra adentro, las inagotables cuñas blindadas, el bosque de cañones vomitando incesantemente fuego, los cincuenta mil combatientes a espaldas de las divisiones alemanas que dinamitaban puentes y vías férreas, asaltaban columnas, convertían los acantonamientos en llameantes teas...

Un domingo, cuando finalizaba abril de 1943, la sección Baida se instaló en un atrincheramiento avanzado, al norte de Bielgorod, más allá del Donetz.

En Melechovo, a orillas del Rosumnaia, la plana mayor ocupó dos caseríos. Allí se acomodaron también el puesto de socorro, el almacén, los talleres, la impedimenta del batallón, las oficinas y la estación de radio. También apareció en Melechovo un armatoste singular..., un vehículo con una gigantesca antena bamboleante y una voluminosa pantalla llena de alambres.

—¡Es una maravilla! —informó, enorgullecido, el comisario Miranski, cuando regresó a las trincheras avanzadas.

Había ido a Melechovo para pugnar por su cargo con un miembro del Buró de Formación política. El decreto de Stalin disponiendo que los comisarios políticos se retiraran de las unidades combatientes y sus puestos fueran ocupados por oficiales, había horrorizado a Foma Igorevich. Cual un gallo desposeído de su plumaje o distintivo de masculinidad, había corrido de acá para allá condenando aquel decreto, tan ajeno a la realidad, o se había sentado, caviloso, en un taburete, madurando razonamientos e ideas para redactar una larga instancia a la Central.

Ahora, animado por un rayo de esperanza, volvió con «sus novias», como él denominaba a las tiradoras escogidas. El camarada moscovita le había prometido mediar para que se otorgara a Miranski el rango de oficial con la graduación de comandante. Así, él podría quedarse con su unidad.

—Lo conseguiremos —había dicho, alentador, el inspector al trémulo Miranski—. Tiene usted un admirable ascendiente sobre su tropa. Le felicito, Foma Igorevich. Ha congregado en torno suyo a las mejores tiradoras del Ejército Rojo. Eso se sabe en Moscú, naturalmente. ¡Y también se sabe que la moral ejemplar de esas camaradas es obra suya! ¡No pierda la esperanza, camarada!

Cuando alguien mencionaba la moral en presencia de Miranski, éste solía morderse, nervioso, el labio inferior. En el fondo, Foma

Igorevich se había transformado el 3 de marzo. El III Ejército blindado había conquistado Jarkov y proseguía su avance arrollador hacia Poltova, cuando el grupo Baida fue trasladado a la ciudad liberada. Allí ocupó una hermosa casa próxima al teatro, donde esperó su próximo destino.

Fueron unos días aburridos. Se hizo punto o música, se confeccionaron muñecas de trapo o se escribieron cartas. Dos o tres muchachas fueron con otros tantos mozos al sótano de la casa, donde se habían extendido algunos colchones, y allí liberaron las pasiones acumuladas. Se fue también al teatro, que había abierto sus puertas inmediatamente después de la reconquista, y Miranski visitó algunas veces el río Uda para pescar. Primero en un boquete del hielo donde tendía cuatro sedales y, envolviéndose con gruesas pieles de zorro, esperaba, paciente, a que algún anzuelo tirara; más tarde en agua corriente, donde ocupaba, acurrucado, un viejo bote que había amarrado a la orilla con una gruesa soga.

Por cierto, que el bote fue culpable de que Miranski tuviera conflictos con la susodicha moral. Un día, él se fue a pescar con Daria Allanovna Kluieva. Ella misma había expresado ese deseo, prometiendo estarse quieta y callada en la embarcación, no asustar a los peces y hacer todo cuanto le ordenara Foma Igorevich. Según dijo, la pesca le interesaba desde hacía mucho tiempo, y el pescado era su plato predilecto. Miranski tuvo la bondad de acceder y se la llevó consigo al Uda.

Es indispensable conocer a Daria Allanovna para comprender la benignidad de Miranski. Tenía un cabello rubio rojizo que brillaba al sol cual cobre bruñido; su cuerpo estaba dotado de redondeces delicadas allá donde un hombre espera encontrarlas en una chica esbelta de veinte años. Sus ojos, de un gris verdoso, relucían; cuando reía se le formaban dos hoyuelos deliciosos en ambas mejillas. Sólo el verla era un verdadero gozo, y cuando ella hablaba excitada, su voz sonaba como el chillido de una golondrina. Miranski la había observado a menudo sin que ella se diera cuenta, había admirado el suave balanceo de sus esbeltas caderas y su andar grácil. En su cartilla de disparos había treinta y dos aciertos..., sin contar los secuestros de escuchas. Según Schanna, la pastora del lago Peipus, ella era la más joven de la sección. Y la más alegre.

Así pues, aquel día increíblemente soleado, Daria tomó asiento en el bote junto a Miranski, quien había lanzado ya su anzuelo y miraba fijamente el flotador. A decir verdad, hacía mucho calor para un 3 de marzo. Por el Uda flotaban todavía gruesos témpanos, pero el paraje que había elegido Miranski estaba libre de hielo. Era un pequeño remanso, al que acudían los peces buscando refugio.

Tal vez fuese porque a la muchacha le faltase oxígeno o porque el sol y los indicios de la primavera en el aire le hicieran hervir la sangre..., sea como fuere, y ante la estupefacción infinita de Miranski, que la miraba de reojo, Daria se levantó las faldas hasta los muslos, se desabrochó la blusa, se desperezó, lo cual le sentó muy bien a sus jóvenes senos, y estiró las torneadas piernas.

Bajo los encanecidos pelos de Miranski, algo empezó a hormiguear. La piel nívea y tersa de aquellos muslos que parecían hechos de nácar le dio mareos, y cuando miró los pechos de Daria, la tráquea se le estrechó como si sufriera convulsiones.

—¡Te enfriarás! —dijo él con voz ronca cuando Daria se dejó caer la blusa de los hombros—. ¡No nos ha llegado todavía la primavera!

—¡Pero yo la presiento! —Rió entre gorjeos e hizo cosquillas en el costado de Miranski con la punta del pie—. ¿O crees que asustaré a los peces poniéndome así?

—Los peces son insensibles... —gruñó Miranski.

—¿También el hielo?

—¡El hielo también, naturalmente!

—Y la orilla de arena. Y también los prados, los avellanos, la hierba, los guijarros, la barca y el agua..., el viento, el sol, el cielo, las nubes..., ¡ninguno de ellos tiene sentimientos! ¿A quién molesto, pues?

—¡A mí! —replicó, sombrío, Miranski.

Se volvió hacia ella, la miró con ojos velados y, al contemplar su piel blanca, delicada, se sintió como si le clavaran mil agujas en el pecho. Proyectó hacia fuera el labio inferior como si quisiera escupir a Daria y se arrebujó, inquieto, en su chaquetón.

—¿Cómo puedo molestarte? —inquirió ella fingiendo pasmo—. Foma Igorevich, ¡no me diga que tiene usted sentimientos!

—¡Soy un hombre! —farfulló, bronco, Miranski.

—Si lo pone así en su documentación, será cierto. ¡Ah, sí! Cierta vez le vi por casualidad pegado a la pared del granero y soltando el agua sobrante con un hermoso chorro. Una mujer no puede quedar impávida ante...

La burla escaldó el alma de Miranski como ácido sulfúrico. El hombre hizo una profunda inspiración por la nariz, se tamborileó con los dedos el pecho y miró, glotón, el lugar donde se unían los muslos de Daria. Entretanto, la falda se había subido hasta allí.

—Hasta un garañón ciego olfatea a la yegua —dijo, con voz sorda, Miranski.

—Si es todavía un garañón. —Una vez más, Daria rió entre gorjeos y se desperezó, con lo cual el bote empezó a balancearse y cabecear—. ¡Está usted casado, Foma Igorevich! ¿Desde cuándo? ¡Bah, qué preguntas! ¿Recuerda usted aún el aspecto de ella? ¿Tiene un trasero gordito? ¿Y grandes senos? ¿Cuándo tuvo usted relaciones carnales con ella por última vez? Sí, claro..., hace más de cinco meses, cuando le dieron permiso. Le concedieron sólo una semana, pero, ¡por todos los santos, qué no se podrá hacer en una semana! ¿Cómo se llama la mujercita en la rueca? Praskovia Ivanovna..., ¿no es eso? ¿Acaso merece Foma Igorevich una hembra tan condescendiente como la Praskovia?

—¡Cierra el pico, ramera! —bramó Miranski—. ¡Ten cuidado, no te vaya a pasar algo malo! Te azotaré, y nadie podrá decirme después que he cometido una injusticia. ¡Gata encelada! ¡Vístete! ¡Es una orden! ¡Estamos en guerra, aunque no todavía en el frente! ¡Y tú estás de servicio, puta carroñera...! ¿Quieres cubrirte de una vez?

Diciendo esto, Miranski saltó para bajarle las faldas. Pero su movimiento fue tan violento, que el viejo bote escoró peligrosamente. El comisario buscó algo donde agarrarse, pues ya se veía en el agua glacial; sólo encontró los pechos enhiestos de Daria, y se aferró a ellos. El destino quiso que al mismo tiempo patinara en la resbaladiza madera, lo cual le hizo caer con todo su peso sobre Daria. Ésta le abrazó sin tardanza, le atenazó con ambas piernas y rió, descarada, frente al rostro purpúreo, descompuesto.

Según se ha dicho, desde aquel 3 de marzo, la palabra moral intimidó a Miranski. El tal vocablo era ya poco aprovechable para él, pues Daria Allanovna se deslizaba cada noche en su dormitorio, y hasta la mañana siguiente no volvía al piso que el grupo Baida utilizaba como alojamiento. Pese a las conjeturas hechas hasta entonces, Miranski parecía ser un amante excepcional. Cuando se le preguntaba a Daria, ella no daba respuesta. Tan sólo se iluminaban sus ojos verdosos de gata. Un día, el teniente Ugarov, que cumplía duro servicio en el dormitorio de la pura sangre Soia Valentinovna, decidió interrogar a Miranski durante una partida de ajedrez.

—Por ahí se murmura —dijo con tono reprensivo—. Se murmura que tú y Daria Allanovna...

—¡Yo no te reprocho nada acerca de la Baida! —le interrumpió Miranski.

—Yo no estoy casado.

—Eso es asunto mío.

—¿Cómo es ella? —Ugarov se inclinó hacia delante. Su voz era la de un conspirador—. Dicho sea entre amigos, Foma Igorevich. Una jaca tan joven...

—¿Qué podría decirte? —Miranski gesticuló orgulloso—. Es estudiante de Arquitectura. Bueno, imagínatelo. ¡Siempre tiene nuevas ideas cuando se trata de erigir algo!

La de Jarkov fue una temporada alborozadora, casi sin preocupaciones. Pero entonces los alemanes recuperaron la ciudad, y la unidad Baida se replegó otra vez para buscar su nuevo destino en Kupianks, a orillas del Oskol. Allí esperaron las muchachas hasta el 25 de marzo a que se estabilizaran los frentes y todo quedase claro: llegó la hora de recobrar el aliento, de concentrar fuerzas..., llegó la guerra de posiciones.

El gran momento de las tiradoras escogidas.

El momento del acecho, del deslizamiento hacia los hombres que podían darse por muertos cuando aparecían en el retículo de su mira telescópica. Ninguno contaba esos dos segundos que les quedaba de vida...

Bueno, pues volviendo al principio, Miranski regresó de Melechovo y llevó la noticia de que se le seguiría confiando la unidad femenina como comandante. La capitana Baida le abrazó, Ugarov le propinó una sonora palmada en la espalda, Daria Allanovna le esperó impaciente en un lugar oscuro para adherirse a él.

Verdaderamente, las posiciones que se habían erigido allí eran de lujo. El VII Ejécito de la Guardia que había ocupado aquel sector pertenecía al nuevo «Frente Estepa» del general Koniev, fuerzas de refresco procedentes de la reserva, regimientos tan bien pertrechados que casi reventaban por las costuras. El sistema de atrincheramiento escalonado que se había abierto era una obra maestra del arte arquitectónico. Allí había trincheras apuntaladas y abrigos con techos de gruesos maderos, casamatas de tierra con viguería por triplicado, trincheras corridas en donde no era necesario agacharse y enlazadas con nidos de la misma profundidad para los escuchas, en donde uno se hallaba bien protegido contra la metralla, era invisible al reconocimiento aéreo y estaba a salvo de los disparos directos en los nidos cubiertos. Y mucho más atrás, los soldados y la población civil superviviente habían movido millones de metros cúbicos de tierra para construir posiciones de resistencia inexpugnables. Allí podrían refugiarse las divisiones soviéticas —todo era posible en una guerra— si los alemanes tuviesen otro éxito con una segunda ofensiva y se viniesen abajo las defensas de siete líneas escalonadas.

Las tiradoras escogidas de la sección Baida habían ocupado un sector con espaciosas casamatas y trincheras que conducían directamente al batallón. No lejos de ellas, entre cerros y bosquecillos, había baterías de artillería ligera, morteros pesados, cañones antiaéreos y antitanques.

En Melechovo ocupaban ya sus puestos los tanques y la unidad que Miranski calificara de maravilla: un vehículo-escucha. Un equipo especial con antenas múltiples. En el radio de acción de la división captaba todos los mensajes radiofónicos emitidos desde el campo alemán.

Stella Antonovna había explorado a fondo la nueva posición. Ante ellas corría el Donetz septentrional, aquel río arenoso e indolente, de orillas onduladas, numerosos remansos y pequeñas penínsulas aserradas por la corriente y los témpanos. Ahora él se hallaba en tierra de nadie y formaba una frontera que debería ser violada por un campo u otro cuando se decidiese lanzar una ofensiva. Al otro lado estaban los alemanes, cuyas líneas zigzagueantes se extendían, sobre todo, ante Bielgorod. Esta ciudad era tan fatídica como Jarkov, cuatro veces conquistada y otras cuatro perdida y ahora eje entre el IV Ejército blindado alemán y la Agrupación de ejércitos «Kempf». Adolf Hitler había empezado a soñar con Bielgorod el 26 de marzo de 1943 en su Cuartel General «Wolfsschanze» junto a Rastenburg, cuando seguía sobre el mapa los movimientos para estabilizar el frente. Bielgorod, una espina clavada en el débil flanco Sur del «Frente Voronej», de Vatutin. ¡Bielgorod...! Allí, según soñaba el «Führer», cambiaría de curso el destino; allí se iniciaría el victorioso avance y se encarrilaría el aniquilamiento definitivo del Ejército soviético. El pueblo alemán y el mundo olvidarían de una vez por todas Stalingrado, el hito sangriento de esta guerra.

Por parte soviética se era más realista. Una red de espionaje, con el nombre codificado de «Luzy», operando desde la neutral Suiza, procuraba informaciones sobresalientes. Sus ramificaciones alcanzaban, cual las de un cuerpo fungoso, hasta los Estados Mayores alemanes y las autoridades encargadas del armamento. Apenas se le escapaba un detalle. La lenta pero precisa concepción de una ofensiva alemana; la preparación de los mejores materiales y armas; la producción en serie de tanques «Tiger» y el nuevo carro de asalto «Panther», con su incomparable cañón de 7,5 cm y tubo largo; la aparición del secreto «Goliath», un tanque en miniatura dirigido a distancia, una verdadera supergranada sobre ruedas... Sobre todo eso y más aún se informaba de manera puntual y fiable a Moscú desde Suiza.

«Dora a Director...», «Director a Dora...» Así comenzaba cada radiograma. La Central de Información del Ejército Rojo tenía incluso un oído atento en la fortaleza mejor guardada del mundo: el Cuartel General del Führer. Los generales soviéticos conocían el secreto de la inminente ofensiva alemana como una noticia ordinaria de la mañana.

Stella había necesitado dos días para enterarse de su misión. Se pasaba las horas muertas entre las hierbas altas a orillas del Donetz observando por encima de la corriente las posiciones alemanas. Sólo los mejores prismáticos permitían distinguir con claridad las fortificaciones alemanas. Entre el Donetz y los batallones enemigos había unos centenares de metros esteparios, trozos de bosque esquilmado y granjas abandonadas.

Stella estaba segura de que allá lejos, en el extenso terreno neutral, las patrullas alemanas o los meros paseantes llegaban hasta el río. Por parte soviética, muchos se bañaban de noche en los remansos del Donetz. Un lugar de recreo al amparo de una calma y un letargo engañosos..., una faja de tierra libre, un río brillando, plateado, al sol, praderas verdeantes y márgenes arenosas. ¡Qué hermoso sería tenderse en la tierra caliente, mirar el cielo azul, contar las nubes, escuchar el bordoneo de las abejas, el piar de los gorriones y el cantar de los grillos! El mundo está lleno de paraísos y resulta incomprensible que el hombre se proponga su destrucción a conciencia.

—Mañana por la noche empezaremos —dijo Stella Antonovna a la capitana Baida—. Hay múltiples posibilidades. Llevaré conmigo a Marianka, Schanna, Lida y Daria.

Soia Valentinovna asintió. Las semanas de descanso la habían hecho engordar aún más. Sus pechos se hinchaban, enormes, sobre el cinto de la camisa militar. Cuando Ugarov la veía desnudarse, suspiraba por dentro, atemorizado ante tanta plenitud.

Entretanto, el frente dormitaba hasta cierto punto, pero las acciones individuales no cesaban. Eran como pinchazos en un cuerpo deseoso de descanso..., un recuerdo perenne: ¡Muerte al agresor! ¡Muerte al fascista! Lucharemos mientras haya un solo pie alemán en tierra rusa.

Al llegar la noche, Stella y sus camaradas hicieron su primera salida. Utilizaron una pequeña lancha neumática entre gris y amarillenta, bogaron casi sin ruido a través de la corriente, cargaron sus fusiles en la otra orilla y subieron, arrastrándose, la pendiente. Una vez arriba, se dieron la mano y se dispersaron.

Aquella noche resultaron muertos diecinueve soldados, siete suboficiales, un alférez y un teniente. Un destacamento de cinco zapadores que querían pescar en el Donetz, no regresó; los dieron por desaparecidos. Dos cabos de la Compañía de Información que criaban dos cerdos en un establo del terreno neutral y acababan de hacerse con doce gallinas, fueron hallados muertos junto a los cubos del pienso. Otros cuatro miembros de una patrulla que se proponían atravesar de noche el Donetz y explorar la zona neutra soviética, aparecieron tendidos en hilera, como animales sacrificados, en la arenosa orilla.

Treinta y nueve muertos..., y todos de un balazo en la cabeza. No había huellas de combate ni ninguna otra herida. Todos hallaron la muerte repentina sin sospechar nada. Treinta y dos muertos en escaramuzas sólo al cabo de diez días.

Miranski se sintió orgulloso, la Baida hizo traer vino de Crimea, que el camarada furriel había atesorado a escondidas en la impedimenta, y Ugarov esperaba, como los demás miembros de la sección, una condecoración y una mención honorífica del general Koniev.

Fines de abril de 1943. Una primavera de terciopelo y seda engalanaba la cuenca del Donetz. En Jarkov se iba a los parques arrasados a tomar el sol, y a los ríos para bañarse; se aplaudía el teatro del frente con sus representaciones gratuitas. Los soldados alemanes cazaban en el Devotschki. Mientras tanto, los comandos especiales SS y SD recorrían las aldeas y liquidaban a guerrilleros, traidores, espías y a todos los que les parecieran lo mismo. En la Ópera de Jarkov, una compañía operística representaba *Zar y carpintero.*

El 13 de abril se había descubierto en Katin la fosa común de unos 4.000 oficiales polacos fusilados. La propaganda alemana difundió la tesis de los asiáticos infrahumanos por el mundo entero. Una comisión internacional de médicos y expertos en balística comprobó que los oficiales habían sido asesinados antes del avance alemán, es decir, por los soviéticos. La indignación fue inmensa, pero no pudo hacer olvidar los campos de concentración germanos y la exterminación de los judíos en las regiones orientales ocupadas por Alemania.

En Posen, el comandante Molle hizo llamar a sus dos discípulos predilectos: Peter Hesslich y Uwe Dallmann. Sin decir palabra, empujó hacia ellos dos documentos con muchos sellos que había sobre la mesa. Eran la orden de marcha.

—¡Ya sabía yo que no teníamos aquí un empleo vitalicio! —exclamó Dallmann con tono agrio—. ¿Dónde es el incendio ahora? Todo está tranquilo, ¿no? Los camaradas toman baños de sol y dejan crecer sus panzas de cerveza.

—¡Al Donetz! —El comandante Molle miró pensativo a Hesslich y Dallmann. Los partes que le habían entregado eran estremecedores, por decir algo—. Al nordeste de Bielgorod, en la zona neutra, ha habido treinta y nueve bajas por disparos en la cabeza. Tras el duodécimo balazo, un equipo médico ha hecho la autopsia a los demás muertos en el hospital de Bielgorod. Balística ha demostrado que catorce por lo menos de las veintisiete víctimas reconocidas fueron abatidas por el mismo tirador. Todas las estrías de los proyectiles son iguales. Esto significa una cosa: allá en el Donetz nos las tenemos que ver con un maestro..., o una maestra en su especialidad.

—¿Trasguean aún por ahí esas hembras?

Uwe Dallmann dobló su orden de marcha.

—Ha tenido usted todo el mes para practicar, Dallmann.

—Mi comandante, una cosa es disparar contra una camarada de cartón y otra muy distinta abatir a una muchacha viva.

—Esa muchacha tiene en la conciencia la muerte de doce camaradas suyos, Dallmann. ¡Y le volará también la cabeza a usted si no es más rápido que ella! ¿Recuerda aquel aforismo, suboficial?

—¡La muerte tiene mil disfraces! —Dallman dio un taconazo—. Pido permiso hasta el toque de diana, mi comandante.

—Su tren parte de madrugada, Dallmann.

—No importa. —Dallmann recogió la barbilla—. Quiero pescar a una chica buena antes de que la mala me mate.

—¡Concedido! —El comandante Molle asintió con la cabeza—. Llamaré a oficinas. ¿Usted también, Hesslich?

—Por favor, mi comandante. En el Teatro Nacional representan *El primo fulano de tal*.

—¡Tío loco! —exclamó, ya fuera, Uwe Dallmann, llevándose el índice a la frente—. ¡Una opereta en lugar de un trasero bamboleante! Hasta los gladiadores de la antigua Roma tenía su burdel, y todavía se tiraban a una antes de morir en el circo, ¡como nosotros ahora! ¡Vamos, Peter!

—¡Déjame ir primero al teatro! —Hesslich sonrió un poco—. Tal vez me reúna luego contigo. Sé dónde estarás.

—¡Te tomo la palabra! —Dallmann le hizo un alegre guiño—. Te calentaré a una de ellas y tú no tendrás más que saltar...

Cinco días después, ambos se presentaron en la división, después en el regimiento, el batallón, y, finalmente, ante el jefe de la IV compañía, teniente Franz Bauer III.

—¡Ajá! ¡Ustedes son los niños prodigio! —exclamó, sarcástico, el teniente Bauer III. Y dio unas palmaditas a los fusiles de la mira telescópica—. ¿Quieren ganar la guerra con ellos? ¡Pues adelante!

—Señaló la extensa zona neutra. Bajo la luminosidad rojiza del sol poniente se veían el Donetz, las granjas dispersas, los bosquecillos, la estepa—. ¡Por alguno de esos parajes se deslizan ellas! Desde ayer sabemos con quién tenemos que habérnoslas. Dos zapadores las vieron anoche navegando en una lancha neumática. Son tiradoras selectas.

—¡Ya tenemos la mierda! —comentó, amargado, Dallmann—. Con Molle era todavía una conjetura, ¡ahora nos lo confirman! ¡Maldita sea! ¡Si al menos me hubiera dejado ya atrás el primer disparo! Es como una chica virgen: ¡la primera vez te hará un poco de daño!

Aquella misma noche, Peter Hesslich se deslizó en tierra de nadie y se puso al acecho entre las granjas y el río. Un kilómetro más al norte, Uwe Dallmann reptó por la estepa y esperó en un terreno accidentado.

El punto donde desembarcó Stella Antonovna estaba exactamente entre ambos. Durante tres noches seguidas había observado que algunos alemanes se bañaban en un pequeño itsmo, protegidos por ametralladoras. Su insolencia la maravillaba. Pero un soldado alemán que ha sobrevivido a la retirada desde el Volga hasta el Donetz no puede tener ya miedo de nada..., ni siquiera de una tiradora soviética. Al fin y al cabo, habían emplazado dos ametralladoras..., ¡que vinieran los rusos si querían!

A la mañana siguiente, Stella Antonovna y Schanna Ivanovna anunciaron dos aciertos.

Dos servidores de ametralladora alemanes.

Soia Valentinovna Baida las abrazó y las besó. Miranski ofreció un coñac que le había proporcionado en Melechov el amigo furriel, el orondo jefe del almacén. Miranski le había prometido enviarle, tan pronto como se ofreciera la oportunidad, a la frescachona Nani, quien lamentaba la escasez de hombres y decía que si no tuviese pronto uno, explotaría como una mina de contacto.

Peter Hesslich, apostado al abrigo de una granja, miró con ojos contraídos hacia el Donetz y las lejanas trincheras soviéticas. Uwe Dallmann, recostado contra la pared, mascó un trozo de chusco.

—¡Menuda cagada nos han dejado! —exclamó chascando la lengua—. Dos balas que atravesaron limpiamente el cerebro... ¡ante nuestras narices!

—¡Las atraparé! —Peter Hesslich alzó los puños e hizo una profunda inspiración—. Ése será desde ahora el cometido de mi vida: pescar a esas anguilas...

Fue como un juramento.

Cuando la guerra duerme, aunque sólo sea dos horas; cuando la crueldad y el exterminio toman aliento para una nueva mortandad, la Humanidad despierta como una añoranza conmovedora de paz.

Una pausa en el combate durante el asedio de Leningrado. Surgen sanitarios de madrigueras y ruinosos arrabales, de sótanos y trincheras, se yerguen haciéndose señales unos a otros y se reúnen. Desde el campo soviético acuden, corriendo, muchachas de uniformes color siena, portando camillas..., sanitarias, cirujanas, doctoras que han estado aguantando semanas las granadas rompedoras, la muerte aullante de los «Stukas» y bajo el martilleo de las ametralladoras alemanas han vendado a los heridos, han operado y amputado sobre puertas desquiciadas o mesas bamboleantes, han extraído metralla de cuerpos rotos, y por la noche, bajo el fuego directo, han transportado a los supervivientes hasta la ciudad en carros o trineos, a menudo en lonas, alejándose metro a metro de la línea de fuego hasta encontrar a mitad de camino un lugar seguro para la concentración de los heridos... Allí se les da té caliente, y tan pronto como recobran el aliento, vuelven otra vez corriendo a los puntos más avanzados del frente.

Ahora acuden de todas partes y recogen a los heridos entre las posiciones..., los sanitarios alemanes con cruz roja sobre bandera blanca, o brazaletes, e incluso una venda alrededor del casco; los rusos, sin distintivo salvo un botiquín al hombro, sin casco, con quepis o gorro de piel.

Y ahí están los dos médicos jóvenes que se encuentran en tierra de nadie, uno ruso y uno alemán. En un montón de ruinas, el ruso se arrodilla junto a un herido, le levanta la cabeza. El infeliz resuella, todo su cuerpo tiembla, se aferra con los dedos al suelo, araña piedras y polvo. Con ojos desorbitados contempla fijamente el cielo; su mirada está ya más allá de todo lo presente.

—¿Puedo ayudarte? —pregunta el médico alemán mientras trepa por el montón de escombros y se acerca al ruso.

—Gracias, pero ya es inútil. —El médico soviético contesta en un alemán intachable—. Aunque tal vez lleves ahí algún calmante. A nosotros no nos queda nada en la ciudad. Sólo tenemos el recurso de apretar los dientes.

El médico alemán se arrodilla junto al herido ruso, abre la ensangrentada camisa y vuelve a cerrarla. La metralla le ha desintegrado el esternón, tejidos de pulmón asoman por la brecha. Sin decir palabra, el alemán abre su botiquín, saca una jeringuilla, rompe una ampolla e inyecta morfina al moribundo ruso. Juntos, los dos médicos esperan que se distienda el cuerpo convulso. Luego el ruso coloca cuidadosamente la cabeza del herido sobre un ladrillo grande y se levanta.

—Lo recogeremos después —dice, mirando a su alrededor.

Por todas partes son transportados muertos y heridos. Sobre camillas o lonas, a hombros, solos o por parejas, sobre trineos planos a los cuales van uncidos dos hombres... o dos chicas en el caso de los soviéticos.

—También queremos llevarnos a los muertos.

—Y nosotros.

—Ellos deben descansar en su tierra natal.

—En eso nos aventajáis.

—Nosotros estamos en casa y vosotros habéis venido para matarnos. —El médico soviético se frota la cara—. Si vamos alguna vez a Alemania... ¡vuestros muertos se quedarán en casa! ¿Cómo te llamas?

—Felix Baumann.

—Yo soy Serguei Ivanovich Losskovski. ¿Qué edad tienes?

—Veintitrés.

—Yo también. Vivo en Ribinsk, a orillas del Volga.

—Yo vengo de Detmold.

—¡Quién sabe si nos volveremos a ver!

—Si sobrevivimos a la guerra. Tomaré buena nota: Serguei Ivanovich Losskovski, de Ribinsk.

—Felix Baumann, de Detmold. ¿Qué quieres ser cuando termine la guerra?

—Cirujano.

—Yo neurólogo. —Losskovski ríe con amargura—. Este cuadro no es muy prometedor. ¿Tienes un cigarrillo, Felix?

—Claro.

Baumann se echa mano al bolsillo de la guerrera y saca una cajetilla. Está aplastada, arrugada y mugrienta. Serguei coge un cigarrillo con la punta de los dedos.

—¡Un «R-6»! —exclama, sonriendo de nuevo—. En la ciudad fumamos hojas secas.

—Esos cigarrillos me los ha enviado mi madre.

—Una buena madre. —Losskovski da dos o tres chupadas hondas y contempla el campo de batalla. Sobre los restos de una casa ondea la bandera de la Cruz Roja—. Salúdala de mi parte cuando vuelvas a casa. Ahora he de marcharme, Felix. La tregua acaba dentro de una hora. Allá detrás están haciendo señas. —Da otra larga chupada al cigarrillo y luego lo tira—. Hasta la vista, Felix.

—Hasta la vista, Serguei.

Nunca más volvieron a verse.

Stalingrado. Un parlamentario soviético que, enarbolando una bandera blanca, se ha encaramado al ruinoso puesto de mando del batallón alemán, solicita dos horas de tregua en nombre de su comandante. Acto seguido, rusos y alemanes se llevan a sus muertos, buscan camaradas heridos y caídos en escombros y sótanos, embudos de granada y casas derruidas.

El suboficial de Sanidad Pavel Ignatevich Taganiev se acuclilla en el borde de un sótano dinamitado y espera a un grupo de camilleros. En su búsqueda ha descubierto aquella casa y, dentro de ella, nueve camaradas, a quienes ha alcanzado de pleno una mina alemana plantada en el sótano. La mescolanza de extremidades y cuerpos, cabezas y jirones de tela ofrece un espectáculo atroz.

Taganiev sabe que allí hay nueve milicianos rojos porque él ha contado las cabezas.

Pavel Ignatevich siente náuseas. Decide fumarse un *papirossa*, se retrepa contra la resquebrajada pared y, al mirar hacia un lado, ve una figura gris sobre las ruinas, a dos metros de distancia. Alza la mano con el *papirossa* a guisa de saludo.

El sargento de Sanidad Hermann Brosser saluda con la cabeza a Pavel Ignatevich y, sentándose a su lado en los restos de pared, echa una ojeada al sótano.

—¡Menuda mierda!, ¿eh? —murmura con voz bronca—. ¡Todo un sótano repleto! ¡Y con este cochino frío! ¿Cómo te propones transportarlos? ¡Se han convertido en una gran pelota congelada! Dime: ¿acaso piensas separarlos a hachazos? ¡Lo mejor será sepultarlos! —Se sacude ambos brazos contra el cuerpo, se sopla las palmas de las manos y mira, compadecido, a Pavel—. ¡No sabes alemán! ¿Y por qué habrías de saberlo? Pastor de ovejas en la estepa, ¿no? Te sientas ahí ante un montón de muertos y haces guardia sin saber por dónde empezar. Eso sucede porque atacáis con demasiados hombres. A nosotros no nos puede ocurrir tal cosa... ¡Nuestro batallón se compone de sesenta y ocho hombres! En tres días hemos tenido sólo cuatro bajas...

—¡El resto estaréis pronto muertos! —masculla Pavel Ignatevich.

—¡Me cago en diez! ¡Si parloteas alemán! —Hermann Brosser se echa el casco hacia atrás, hasta la nuca—. ¿Cómo es eso?

—Escuela...

—¿En la estepa?

—En Blagoveschtschensk.

—¿Dónde está eso?

—En el Amur.

—¿Y dónde queda el Amur...?

—Asia..., frontera china..., Siberia..., gran río..., muy lejos.

—Nosotros no llegaremos hasta allí, ¿verdad?

—¡Jamás!

—¿Y hay rusos por todas partes allí?

—Y aún más lejos...

—¿Y nosotros queremos ganar la guerra?

—Eso tú lo sabrás...

—¡Lo sé! Pero, ¿lo sabrá nuestro Führer? ¡Esto es una mierda!

—¡Mierda pura! —Taganiev se lleva la mano al bolsillo de su desgarrado capote, enseña a Hermann Brosser un trozo de periódico, unas migajas de *majorka* y simula con los dedos el acto de liar un cigarrillo—. ¿*Papirossa?*

—¡Cómo no! ¡Eres un compadre de primera, Iván! Líame uno... ¡pero yo lameré!

Juntos lían el cigarrillo. Pavel, poniendo el tabaco en el papel de periódico; Hermann, pasando la lengua por el desflecado borde. Pavel tiene incluso una cerilla de cartón. Brosser da cuatro chupadas y, seguidamente, cede a Pavel el *papirossa*.

—¿Casado? —inquiere.

—*Niet...*

—¡Yo sí! —Brosser saca del bolsillo una foto. En ella se ve una mujer rubia, mofletuda, y un lactante. Ella ríe al objetivo; el niño bosteza—. Se llama Erna. Erna-Maria. Y la pequeña es Magda. Porque lo quiso Erna. Ella adora a Magda Goebbels. ¿Conoces a Magda Goebbels? ¿No? Bueno, ¡es igual! Sólo porque Magda Goebbels es tan rubia como ella... o viceversa, Erna tan rubia como... ¡puaf!, el caso es que nuestra hija debería llamarse Magda. ¡Esta fotografía la tomé hace cinco meses! En mi último permiso. Y también tomé otra cosa. ¡Tal vez haya ahora otro Hermann en camino! Ellos admiran también a Erna, me refiero a los peces gordos, los que llevan la chatarra en el pecho. ¿Sabes lo que es chatarra? ¿No? Bueno, no importa...

—¡Hermosa mujer! —murmura Pavel, aprobador, mientras examina la foto.

—¡Vaya si es hermosa, Iván! Me gustaría estar acostado con ella en vez de estar acurrucado junto a ti. —Diciendo esto, le quita la foto a Pavel y se la guarda—. Y tú, ¿no tienes fotos?

—Sólo *mamitschka...*

—Enséñamela.

Pavel se saca una fotografía de la guerrera. Una mujer menuda, regordeta, de cara ancha, con botas de fieltro, pantalones embarrados y chaquetón acolchado. Una pañoleta descolorida le cubre la cabeza. Del codo doblado cuelga una cesta de mimbre, repleta de gruesas cebollas.

—En el huerto... —dice Pavel con voz trémula.

—¡Vaya cebollas, muchacho! ¡Como la cabeza de un niño! Te pareces a tu madre...

Al cabo de una hora, los dos se abrazan, se besan en la mejilla y corren por las ruinas hacia sus respectivas posiciones. Ha terminado la tregua. Una batería antitanque soviética dispara contra una patrulla alemana. Tiene suficiente munición..., incluso para acosar con cañones antitanques a los soldados alemanes aislados.

Sí, eso es exactamente: cuando la guerra se detiene un instante, la Humanidad surge reptando de las ruinas.

Así ocurrió millares de veces en todos los frentes..., hubo apretones de mano e intercambio de fotografías, se compartió un cigarrillo, se habló de las respectivas familias..., y luego se corrió de vuelta a las posiciones para seguir asesinando.

¿Quién podrá entender jamás a los hombres?

Peter Hesslich se había pasado nueve días al acecho.

Lo que no hiciera jamás siendo joven, ni más tarde como alumno de ingeniería forestal —rastrear a los animales para abatirlos—, le parecía ahora que hacerlo con seres humanos era una tarea ineludible. Frente a él había un enemigo que no sabía de nada, salvo matar..., matar con los máximos conocimientos y astucia, una perfecta máquina aniquiladora compuesta por fusil y mira telescópica, cuyo objeto exclusivo era: muerte..., muerte..., muerte. Cada encorvamiento del índice significaba..., ¡muerte!

Pero el frente dormía.

Por las noches ya no cruzaban el Donetz lanchas neumáticas tripuladas por tiradoras escogidas, y enmudecía la artillería soviética, que hasta entonces inquietara al enemigo con su fuego intermitente. La ancha tierra se sumía en una paz engañosa bajo un cielo azul primaveral; el pálido sol era cada día más dorado, y quien mirase el campo, no se sorprendería si de pronto viera labradores y mujeres trabajando sus tierras, apacentando rebaños o sentados en bancos ante las casas para limpiar sus aperos, tras la larga hibernación, cavando sus huertos o pescando en el río. Se diría incluso que nadie podría extrañarse si alguien hiciese sonar unas campanas de iglesia y las buenas gentes marcharan por los caminos vecinales para asistir a la misa dominical. Tanta era la tranquilidad a orillas del Donetz y tan pacífica la primavera sobre estepa y río.

Así pues, Fritz Plötzerenke quiso disfrutar de aquella paz saturada de sol: decidió ir al río y bañarse desnudo en pleno día. Las posiciones soviéticas distaban más o menos ochocientos metros de la orilla opuesta del Donetz. Entremedias había dos o tres caseríos demolidos, con huertos cubiertos de maleza y cerezos floridos. Asimismo, los pequeños sauces y álamos de las márgenes brillaban exuberantes.

Fritz Plötzerenke se bañó a placer, nadó lejos río arriba, buceó, hizo el muerto y, por fin, se encaramó a la orilla y corrió un buen rato de acá para allá con los brazos doblados sobre el pecho como en una pista de atletismo.

No sucedió nada. Plötzerenke se tumbó al sol para secarse y luego regresó, muy orgulloso, a su compañía. Allí le esperaba ya el teniente Bauer III, pero antes le recibió el gafe de la IV compañía: el brigada Richard Pflaume.

El apellidarse Pflaume* ya es trágico de por sí. Pero este apellido en un ámbito militar, y sobre todo si lo lleva un superior, implica una lucha sin fin contra muecas burlonas y estúpidos chistes. Particularmente hace cundir entre los subalternos, la popular llamada de «¡eh, Ciruela, pasa!», lo cual reduce no poco las posibilidades de réplica. Por consiguiente, el brigada Pflaume escrutaba muy atento la faz de los reclutas recién llegados —sobre todo los mozos con seis semanas de instrucción básica en el campamento— para captar cualquier gesticulación necia o choteo bien disimulado, máxime cuando él se presentaba con toda cortesía.

—¡Ya os borraré esa mueca de memos! —bramaba él cada vez—. ¡Cuerpo a tierra! ¡Besad la madre tierra! ¡Os va a arder el culo, muchachos!

Desde luego, ello no era óbice para que la IV compañía aprove-

* *Pflaume* = Ciruela.

chara cada ocasión que le permitiese sacar de sus casillas a Richard Pflaume. Unas veces se ponía un letrero anónimo en la cocina de campaña: «¡Atención! ¡Receta para el pastel de ciruela! Se coge una ciruela especialmente gorda y madura antes de que se pudra hasta apestar...» Otras, la compañía entera entonaba una canción marcial en la que se intercalaba la palabra Pflaume. Apenas pasaba un día sin que Richard Pflaume no sufriera una contrariedad u otra por causa de su apellido.

Aquel día el brigada esperó en la trinchera exterior. Dada la calma general del frente, también estuvieron presentes varios elementos de la compañía que en general estaban en la retaguardia..., los dos oficinistas, el suboficial encargado de las armas y utensilios, el furriel, el sargento de la impedimenta y los dos enlaces. Unos, tumbados simplemente al sol; otros, jugando al tresillo, escribiendo cartas, leyendo folletos o libros rojos «Ullstein», dormitando o despotricando contra la guerra. Poco antes, Richard Pflaume había tratado con el teniente Bauer III sobre las solicitudes de permiso. No se sabía aún que el Alto Mando del Ejército había cancelado todos los permisos hasta nueva orden y que el mariscal Von Manstein y su colega, el mariscal Von Kluge, jefe del Grupo de Ejércitos «Centro», habían visitado repetidas veces a Hitler para solicitar el refuerzo de sus divisiones o el envío de nuevas divisiones.

En la IV compañía había diecinueve solicitudes de permiso, entre ellas, la de Fritz Plötzerenke. Motivo: «Hace nueve meses que no he ido a casa. Mi padre tiene setenta y cuatro años, mi madre padece reuma, y mi esposa desea un chico fornido para la Gran Alemania...»

—¡Preséntese al jefe correctamente uniformado! —dijo, gozoso, Richard Pflaume cuando Plötzerenke regresó del Donetz—. ¡Sobre el permiso sólo cabe decir que el viento se lo llevó! ¡Tienes cara de bañarte a la luz del día!

—¡Hacía una mañana tan estupenda, mi brigada! —Plötzerenke contempló, parpadeante, el cielo azul claro, sin una nube—. Incluso en los huertos de allá abajo florecen ya los ciruelos... —Enmudeció mirando, espantado, a Pflaume, y, al ver que éste hacía una profunda inspiración, añadió aprisa—: Y también los cerezos...

—¡Paso ligero! —bramó Pflaume—. ¡Dentro de diez minutos, presentación al jefe! ¡Y luego, nosotros dos charlaremos todavía un poco, Plötzerenke!

El teniente Bauer III estaba sentado ante una mesa tambaleante tomando café cuando Plötzerenke se presentó, entrando a trompicones en el abrigo. Se cuadró, dio un sonoro taconazo y tensó la correa de su fusil. El estuche de la careta antigás golpeó contra las hebillas de la pala.

Bauer III soltó el cubilete esmaltado, examinó a Plötzerenke como si viera ante sí a un pobre demente y movió despacio la cabeza. Es inútil echar una bronca a un cabo de la Plana Mayor. Ése es un viejo mandamiento militar. Quien lo desprecie, será el hazmerreír de todos. El impresionar a un cabo de la Plana Mayor es tan difícil como hacer cosquillas a un elefante en la planta del pie.

—¿Qué se proponía usted al bañarse en el Donetz? ¿Ofrecerse como blanco viviente? —preguntó con placidez el teniente Bauer III.

Plötzerenke miró por encima de su jefe la pared del abrigo. «¡Atiza! El viejo se pone duro. Entonces debe de haber peligro.» Él decía siempre el «viejo» aunque con sus veintiséis años tuviera dos más que Bauer III.

—No, mi teniente.

—Me lo imaginaba. ¿Sabe usted, en definitiva, lo que significa pensar?

—No estoy muy seguro...

—¡Pensar es lo que se esfuma cuando alguien suelta un trallazo y te abre un bonito orificio en la frente! ¿Está claro?

—¡En el campo ruso todo estaba tranquilo!

—¡Qué diablos! ¡Allá hay unas hembras de cuidado! Un batallón femenino. ¡Tiradoras escogidas! Pero eso no va con usted, ¿verdad? ¡Dando brincos por ahí desnudo!

—Quizá mi aspecto viril haya pasmado a esas hembras, impidiéndoles apuntar bien.

—¡Plötzerenke...! —exclamó, admonitorio, Bauer III.

—Lisbeth, mi mujer, me dice siempre: «Fritz, cuando te quitas los pantalones casi me das miedo...», ¡palabra!

—¡Fuera de aquí! —Bauer III le indicó la salida—. ¡Tres noches de guardia!

—¡Está bien, mi teniente! —Plötzerenke se quedó plantado como un poste—. He de darle todavía un parte...

—¿Qué pasa ahora? ¿Acaso le han fotografiado?

—En la aldea entre el Donetz y las posiciones soviéticas, los rusos están cuidando tan tranquilos los huertos. Se ven corretear incluso algunos cerdos. ¡Cerdos, mi teniente...! —El rostro de Plötzerenke se iluminó—. Y dos lechoncillos.

—¡Cabo de Plana Mayor...! —rugió amenazador, Bauer III.

—Mi teniente...

—Si en los próximos días aparece entre nosotros un asado de cerdo, daré parte por escrito de usted. ¿Entendido?

—Podría tratarse también de un desertor, mi teniente.

—¿A través del Donetz?

—Los cerdos saben también nadar.

—¡Fuera! —Bauer señaló de nuevo la salida.

Plötzerenke dio una rechinante media vuelta y abandonó el abrigo.

Fuera le esperaba el brigada Pflaume, como un azor a un ratón. Sonrió. Y eso presagió peligro.

—¿No tiene usted nada que decirme? —tronó cuando Plötzerenke intentaba pasar de largo.

Plötzerenke se detuvo y esbozó una amplia sonrisa.

—Tres noches de guardia, mi brigada.

—¿Y nada más?

—Sí. Debo preguntar a esos bestias de rancheros si saben ahumar jamón y tocino, y si pueden hacer para el teniente *molotschni prósionok*...

Pflaume abrió ojos como platos.

—¿Qué es eso?

—Una especialidad rusa: lechón asado con ciruelas pasas...

El brigada Pflaume pensó en el viejo adagio de que la venganza madura sólo en el tiempo, y renunció a vociferar.

—Cuando tenga usted una muerte heroica —dijo muy comedido—, yo me encargaré del epitafio. ¡No permitiré que nadie me lo arrebate! Y luego me emborracharé. ¡Lárguese, Plötzerenke!

Todas las observaciones corrían a cargo de Hesslich y Dallmann. Ambos vivían como «comisionados» en el búnker del jefe de la compañía, y deambulaban, solos o juntos, por la zona neutra. Muchas veces permanecían fuera dos días con sus noches, dando aviso previo, y entonces se alojaban en las granjas y los graneros destruidos o se tendían a orillas del Donetz, esperando una nueva incursión de las tiradoras escogidas.

Otras veces escudriñaban con sus potentes prismáticos la aldea fronteriza y veían dos o tres figuras terrosas que trabajaban muy tranquilas en los huertos. También veían cobertizos incendiados o demolidos; quedaban todavía algunas paredes en pie, de las cuales surgían vigas calcinadas. Pero entre las ruinas, todo crecía y florecía como si nunca hubiese caído una tormenta de fuego sobre aquel suelo. La vida eterna alentando en la tierra irrumpía con inquebrantable tenacidad y hacía brotar las plantas. La Naturaleza volvía a posesionarse de lo que destruyera la mano del hombre y, con un toque mágico, lo transformaba en verde y brotes multicolores.

—¡Han plantado incluso girasoles! —exclamó, atónito, Dallmann—. ¿Te cabe eso en la cabeza?

—¿Qué sería Rusia sin girasoles?

—¡Jamás llegarán a ninguna parte! Los arrugaremos con el próximo bombardeo artillero.

—No sé... —Hesslich miró hacia las líneas rusas. Distinguió claramente cinco muchachas que se afanaban en un huerto. Llevaban las melenas sueltas al viento tibio y las camisas desabrochadas. Desde el cinto hacia abajo, pantalones militares y voluminosas botas—. Según se dice, les parece imposible que crucemos jamás el Donetz. Se sienten tan seguras... que crean vida ante nuestra vista. Deberíamos reflexionar sobre eso, Uwe. Ésas de ahí nos toman por inofensivos, nos suponen ya vencidos. Saben más que nosotros.

—O pretenden enfurecernos. Eso es pura provocación.

—No lo creo. —Hesslich siguió observando a las chicas del huerto.

«Así son ellas —pensó—. Ahora cuidan las flores, más tarde tiran de gatillo y matan. Frialdad, precisión. Disparo a la cabeza. ¿Cómo es posible que unas jóvenes sean tan insensibles? ¿Que sepan tender una emboscada, enfocar un rostro con el retículo y apretar el índice sin que el corazón les tiemble ni el estómago se les revuelva? ¿Qué se ha hecho con esas mujeres? ¿Cómo se ha podido matar así su alma? ¿Destruir así sus sentimientos?»

Ambos continuaron tendidos bajo el sol, al amparo de un saucedal y se quitaron toda la ropa, excepto los pantalones. Dallmann se los desabrochó para bajárselos hasta las caderas.

—Todo parece suspirar por el aire primaveral —dijo gesticulante—. ¿Por qué he de negárselo?

Luego extendió los brazos y se entregó por entero al agradable calor. Hesslich dejó a un lado los prismáticos y, hundiéndose en la hierba, cerró los ojos. No era de esperar que nadie del campo soviético intentase atravesar el río. A lo lejos, en el sector de la I compañía, un avión ruso de reconocimiento sobrevolaba el Donetz; era uno de aquellos aparatos parsimoniosos, zumbadores, que trazaba círculos cómodamente sobre las posiciones alemanas sin importarle el fuego de ametralladora y fusil, porque su grueso blindaje le hacía invulnerable. Ellos sabían dónde estaban emplazadas exactamente las piezas antiaéreas..., y se guardaban mucho de volar por allí. Tampoco les atemorizaban los cazas alemanes; la aviación alemana se alegraba mucho de que no la sobrecargaran. Escaseaban los aparatos y, sobre todo, el combustible. Sólo volaba para acciones importantes, y el combatir contra un «molinillo de café», como llamaban a aquellos perturbadores soviéticos de la paz, no tenía la menor importancia. Aquel avión de reconocimiento fotografiaba cosas de escaso valor: el nuevo atrincheramiento alemán, cuyas fortificaciones mejoraban cada día, dos o tres tanques y emplazamientos de artillería camuflados, convoyes de abastecimiento y trenes de transporte. Mucho más precisos eran los comunicados procedentes de Suiza especificando cifras exactas y transmitidos por radio a Moscú: ¡la misteriosa red de espionaje «Luzy» lo sabía todo! Conferencias en el Cuartel General del Führer sobre fechas de ataque..., y ¡dos días después las conocía Moscú! ¡«Luzy» informaba con precisión sobre los planes «Von Manstein y Von Kluge»! La entrevista del capitán general Model con Hitler sobre la situación de su IX Ejército en el arco de Kursk, el proyecto de la tan discutida línea «Hagen» en el área del Grupo de Ejércitos «Centro», por cuyo medio los Ejércitos alemanes podrían reducir su frente para encastillarse como en una fortaleza..., sí, «Luzy» lo sabía todo, ¡en Suiza!

Hesslich miró el «molinillo de café», que, a despecho del nutrido tiroteo, trazaba sin prisas sus círculos, y cerró los ojos. El sol era cegador; las agujas del Donetz lanzaban destellos azules.

—Supongamos que una de esas muchachas lo cruza —dijo—. Entonces, ¿qué?

—¿Qué significa «entonces qué»? —preguntó, a su vez, Dallmann.

—¿Tú dispararías?

—Eso depende.

—¿Depende de qué?

—¡De su aspecto! Si fuese bonita, de piernas largas y tetas erectas..., esperaría a que desembarcase. Entonces el ratoncito se acercaría, yo seguiría esperando, y cuando estuviese muy cerca le diría, con tono afectuoso pero enérgico: «¡Ahora tira todo al suelo, Marusia, y pórtate como una buena chica..., yo me he quitado ya los pantalones!» —Dallmann lanzó un hondo suspiro—. ¡Maldita sea! ¡Eres un sádico! ¡Plantear semejante tema con este sol candente...!

—No se te ocurre pensar en otra cosa, ¿eh?

—Por el momento..., ¡no!

—La muchacha tiene una cartilla de disparos. ¡Y cada acierto es un camarada alemán!

—¡Y por cada acierto, ella tendría que hacerlo diez veces! —replicó, regocijado, Dallmann—. Sería un combate cuerpo a cuerpo...

—Entonces, ¿no dispararías en el acto?

—Sí, dispararía..., ¡pero no con un fusil! —Dallmann esbozó una amplia sonrisa. Luego se puso serio y, colocándose boca abajo, miró inquisitivo a Hesslich—. Tú harías fuego al instante, ¿verdad? Cuando tuvieses a la dulce criatura en el retículo, apretarías el dedo... Eres un perro de mucha sangre fría, Peter, ¿no te parece?

—Cuando disparé contra mi primera víctima, aullé.

—Yo vomité hasta que el estómago se me quedó colgando de las encías... —Dallmann apretó el rostro contra la hierba caliente—. Fue un disparo pésimo. Le arranqué media barbilla.

—Pero tú eras ya tirador de primera, ¿no?

—Sí. —Dallmann se puso otra vez de espaldas—. Es distinto cuando todo el mundo dispara. En un asalto o un contraataque con tropas de choque..., es preciso disparar para sobrevivir. Luego llegó el primer cursillo. Pero un muñeco no es un ser viviente. Más tarde echa uno cuerpo a tierra y espera, sabiendo muy bien una cosa: Si ahora llega un ruso, te harás todavía más pequeño, más plano, más invisible... ¡y desde lo invisible le fotografías! Verdaderamente, eso es asesinato...

—La guerra es un inmenso asesinato...

—¡Si dijeras eso en voz alta, te colgarían! ¿Qué hacer, pues? ¿Contribuir al asesinato o dejarte colgar? ¿Sobrevivir o balancearte de una rama? Peter... —Dallmann alzó la cabeza y miró de hito en hito a Hesslich—. Tú querrás vivir, ¿eh? Volver a casa, tener una profesión, ganar dinero, comprar una casita con jardín, tener mujer e hijos, ir al mar de vacaciones, haraganear en la arena o escalar una montaña... ¡Hombre, la vida tiene tantas facetas hermosas...! Pues, ¿sabes una cosa? Yo pienso todo eso cuando distingo una cabeza en la mira y aprieto el gatillo. Mientras pienso en la vida, doy muerte. Disparatado, ¿no? Y me digo: «Uwe, debes largarte de aquí. ¡Debes sobrevivir a Rusia! Y sólo puedes sobrevivir encorvando el dedo..., de la misma forma que los de allá sobrevivirán tan sólo si encorvan el dedo. Todo depende de eso, el acertar primero..., ¡así es este asqueroso juego de la guerra! Pero ahí tú eres diferente, ¿verdad? Si apareciera ahora mismo una chica allá en la orilla, podrías colocarte tranquilamente, apuntar y disparar. ¿Podrías hacerlo o no?

Peter Hesslich dobló la rodilla derecha y mantuvo cerrados los ojos.

—No lo sé —murmuró—. Quizás esperase a que ella alzara el fusil. Entonces lo haría en legítima defensa. Aunque... también pudiera ser demasiado tarde. Yo no esperaría ante una tiradora siberiana. La bajeza de un perro, cierto. Pero las chicas confían en eso, porque ellas saben muy bien que un segundo de titubeo significa la muerte...

En la orilla opuesta, ocultas tras una duna y un saucedal, estaban tendidas Stella Antonovna, Marianka Stepanovna y Lida Ilianovna. Mientras tres pelotones de la sección trabajaban en los jardines, ellas atendían a su seguridad vigilando el río. Miranski se había hecho también un jardincillo y lo labraba junto con su amante Daria Allanovna. La antigua granja era medianamente habitable y sólo tenía dañado el techo. Había una gran parva de paja en un rincón frente a los comederos, donde antaño hozaran los cerdos, y cuando Daria se acaloraba demasiado con las faenas hortícolas, solía quitarse la ropa y brincar desnuda por la porqueriza, comportándose cual un duende pelirrojo deseoso de ayudar una vez más al viejo genio.

Foma Igorevich no vacilaba por mucho tiempo y terminaba oprimiendo contra la paja a la pícara de piel ardiente. «Esto marcha todavía —se decía cada vez, satisfecho de sí mismo—. ¡Quién sabe cuánto durará! ¡Quién sabe cuándo se extinguirá el ardor de Daria! El que ella se haya liado conmigo sigue siendo un acertijo para mí. No soy ni alto ni fuerte, con mis cuarenta y tres años podría ser su padrecito, en el lecho conyugal no he realizado nunca grandes hazañas, y ahora arreo como un corredor de la maratón. ¿Qué habrá sucedido dentro de mí? Aprovechemos el buen momento.»

«¡No pienses, Foma Igorevich!»

Un día la guerra despertará súbitamente otra vez. Y entonces se llorará por las oportunidades perdidas.

—Son dos —dijo Stella en la orilla del Don mientras masticaba una ramilla verde de sauce—. Están tumbados, y la posición es desfavorable...

—¡Uno tiene hombros anchos muy hermosos y pelo negro en el pecho! —Marianka rió por lo bajo y acarició su fusil—. ¡A ése podríamos hacerle prisionero y esconderlo para nosotras! Le alimentaríamos como a un verraco, le cebaríamos..., ¡hasta que los músculos hicieran saltar la piel! Con huevos, carne, nata... —Chascó la lengua y atisbó curiosa por la mira telescópica aquella imagen distante—. Cada una de nosotras estaría dispuesta a ceder una parte de su rancho. ¡Menuda vida nos daríamos!

—Ahora levanta las piernas —dijo Lida.

—¿Quieres volarle la rótula?

Stella Antonovna apuntó a la rodilla de Hesslich. Durante unos instantes la tuvo en el retículo, luego la perdió. Entonces se alzó una cabeza, una cabeza de pelo castaño alborotado por el viento. Stella se clavó los dientes en el labio inferior.

—¡No dispares! —musitó Marianka, como si la pudieran oír allá lejos—. Todavía no. ¡Tiene tan buen aspecto...!

—¡Un alemán! —La voz de Stella fue bronca—. ¿Acaso hay para nosotras algún alemán con buen aspecto?

—No se nos escapará. Mañana estará otra vez ahí, seguro. ¡Mira...!, también se levanta el otro. ¡Oh, qué pelo tan rubio! ¡Amarillo como la paja seca! ¿Habéis visto jamás un pelo semejante? ¡Yo no! ¡Y qué joven es! ¡Un tipo para abrazar y acariciar! ¡Diantre! ¿Qué estoy viendo? ¡Stellinka! ¿Es cierto lo que ven mis ojos? Se ha desabrochado los pantalones..., ¡santo cielo!, se la ha dejado al aire! ¡La veo perfectamente!

—¡Vuélasela de un balazo! —gruñó, áspera, Stella Antonovna—. Con ella procreará nuevos alemanes, que nos asaltarán nuevamente algún día. Ellos no cederán jamás. Marcharán una vez y otra hacia el Este. Son como las hormigas: se envenena su ruta habitual, y entonces otras pasan sobre los cadáveres de sus hermanas para seguir por el mismo camino.

Pero ninguna disparó; todas siguieron observando a los alemanes con sus miras telescópicas. No cogieron sus prismáticos ordinarios hasta que vieron llegar a otros soldados alemanes reptando entre los escombros de las últimas granjas hacia la llana orilla. Todas reconocieron a Fritz Plötzerenke, quien había nadado desnudo en el Donetz ante sus propios ojos, y a quien habrían abatido de no haber sido por las exclamaciones de Schanna:

—¡Me gustaría acostarme con ése! ¡Dejádmelo, por favor! ¡Vaya toro! ¿No es verdad? ¡Regaládmelo!

Ellas habían accedido, riendo, a ese ruego. Pero Plötzerenke había sobrevivido porque Schanna no llevaba entonces su fusil, sino sólo una azada para el huerto.

—Eso sí que es todo un espectáculo, ¿eh? —dijo Plötzerenke tumbándose junto a Hesslich en la hierba y poniéndose ambas manos bajo la nuca—. ¡Eso de allá abajo son muñecas! ¡Diablos, se te revienta la bragueta!

—O el cerebro si la bala te toca exactamente sobre la nariz y te resquebraja ese estúpido cráneo...

—Yo quisiera coger prisionera a una de ésas. —Plötzerenke alzó la cabeza sin sospechar que Stella Antonovna lo tenía ahora en el retículo—. ¡Menudo interrogatorio sería ése, muchachos! Hasta el búnker temblaría...

—Jamás apresaremos a ninguna de esas chicas —replicó Hesslich seriamente—. Ellas lo saben muy bien: cuando viéramos su cartilla de aciertos, las pondríamos inmediatamente en el primer paredón.

—Igual que vosotros, ¿no? —Plötzerenke miró caviloso a Hesslich y Dallmann—. Si ellas os atraparan..., realmente sois unos tipos muy especiales. Decidme la verdad: ¿Os sentís seguros dentro de vuestra piel?

—¡Qué va! —Dallmann se subió los pantalones y se los abrochó—. Pero alguien debe hacer el trabajo sucio, ¿no? Y si las chicas pueden...

Enmudeció de pronto y miró, parpadeante, al sol. El viento trajo de lejos, hasta sus oídos, el rugido sordo de un cañón. Por lo visto, allá lejos, hacia el Sur, se había revolucionado un sector del frente. «Quizá sean otra vez los equipos de propaganda —pensó Dallmann—, esas unidades demenciales cuya presencia hace que cada soldado se lleve el dedo a la sien.» Comparecían dos o tres propagandistas de la muerte, montaban en las trincheras más avanzadas unos altavoces gigantescos con amplificador y vociferaban, en un ruso impecable, consignas y noticias a las líneas soviéticas. Llamaban delincuente y genocida a Stalin, rememoraban los hermosos tiempos de Rusia antes del bolchevismo —como si Rusia hubiese tenido jamás hermosos tiempos, ya fuera bajo el zar o bajo Stalin, pues el pueblo había sido siempre pisoteado por la clase dominante en cada época—, invitaban a la deserción y aseguraban incluso que en Alemania habría suficiente trabajo y pan para los milicianos rojos que rindieran las armas. Hasta mujeres rusas, sobre todo ucranianas, iban con los equipos de altavoces a primera línea y hablaban sobre los deseos de paz de innumerables mujeres que, sin embargo, sólo quedarían satisfechos cuando el soldado soviético acudiera, sin pensarlo más, brazos en alto y con bandera blanca.

La respuesta era siempre la misma: fuego artillero, lanzaminas, cañonazos de antiaéreos y granadas de mano; se rompía la deliciosa calma primaveral, había otra vez heridos e incluso algunos muertos, y los médicos maldecían a los idiotas de los «bocinazos susurrantes».

En el sector de la IV compañía apareció a su vez un equipo propagandístico. Mediante sus enormes altavoces difundió alegres melodías populares rusas, desde Kalinka hasta la patrulla cosaca; después habló una mujer refiriéndose a todo lo que se podía comprar libremente, por ejemplo, en las tiendas de Berlín. Aquello debía de ser, sin duda, un verdadero paraíso. Plötzerenke, sentado junto al jefe del equipo propagandístico, le dio un codazo en el costado.

—¿Y van a tragarse todo eso?

—¿Por qué no?

—Esas mentiras apestan toda la comarca.

—Tú te las sabes todas, ¿verdad, tío listo?

—Soy berlinés. He estado allí de permiso...

—Pero ellos no...

—¿Creéis que los rusos pueden ser tan lerdos?

—Sí. —Entretanto la mujer dio fin a su perorata, y el hombre de la propaganda tocó otro popurri de melancólicas canciones de la estepa—. La investigación racial ha demostrado que un cerebro eslavo normal tiene una capacidad mental equivalente a la mitad de un cerebro germánico.

—¡Y el ojo de tu culo!

—¡Contén tu sucia lengua!

El altavoz proyectó la música sobre el Donetz. Luego volvieron las hermosas palabras, la enumeración de pérdidas soviéticas, el recuento de éxitos alemanes. Mientras tanto, el teniente Bauer III había ordenado previsoramente el estado de alerta. No pasaría mucho tiempo sin que la artillería soviética se desencadenase. Todo ser viviente se refugió en las casamatas, bajo sus gruesas vigas y tierra apisonada.

Bauer III telefoneó al batallón.

—¿No se puede suspender esto?

—No. —El propio jefe del batallón, comandante Schelling, se puso al aparato—. Por desgracia, no. Es parte de la guerra psicológica.

—¡Mentecateces!

—Bauer, ¡no critique una disposición del OKH!

—¡No se sacará nada en limpio de esto!

—¡A quién se lo dice usted! Pero, ¿qué podemos hacer para impedirlo? ¡Nada! Conozco de sobra la respuesta de la Jefatura de Propaganda: ¡Los soviéticos hacen lo mismo! Un argumento irrefutable, ¿no es verdad? ¡Y no me diga ahora, Bauer, que los rusos responderán con granadas y que podrá haber bajas! ¡La guerra requiere zambombazos y desgarro de seres humanos!

—¡Pero aquí no es necesario ahora, mi comandante!

—¡Cielos, Bauer! ¡No me hable de lo que es necesario! ¡No podemos ir de un búnker a otro dando conferencias filosóficas! Si estalla algo, póngase a cubierto..., y ahora, ¡mucha suerte!

Sin embargo, no hubo ninguna respuesta artillera. Por parte soviética, todo continuó tranquilo. Las chicas del grupo Baida permanecieron juntas en las trincheras, escucharon música y rieron cuando la ucraniana de Berlín les contó cosas y cuando el camarada Stalin fue calificado de genocida. Sólo Miranski se enfureció desmesuradamente, se mesó los cabellos y corrió por las trincheras arriba y abajo como lobo enjaulado.

—¡Eso es monstruoso! —vociferó en medio de la hermosa música, mirando fijamente la orilla alemana. A su lado estaban, de pie, el teniente Ugarov y Soia Valentinovna Baida—. ¡Una desfachatez sin límites! ¡Un cuento de niños! ¡Huyen como liebres, están perdiendo la guerra y encima escupen en los ojos al camarada Stalin! ¡Ah, esta cólera acabará conmigo! ¿No oís eso? ¡Hacia fines de este año seremos aniquilados! ¡Me han cortado el aliento, amigos míos! ¡Golpeadme en la espalda, no sea que me ahogue!

Al cabo de una hora llegó a su término el alud verbal. La tropa alemana de altavoces desmontó sus aparatos y abandonó los puestos avanzados de observación. El jefe de la unidad se detuvo dos o tres veces para mirar hacia atrás. La desusada calma pareció irritarle.

—¿Estáis seguros de que hay rusos al otro lado? —preguntó a Plötzerenke.

—Si deseas una muerte heroica, acompáñame. Yo te la procuraré...

—No ha habido la menor reacción...

—Quizá tenga algo que ver con la reducida capacidad del cerebro eslavo, ¿no? —Plötzerenke gesticuló mordaz—. Además, allá hay hembras...

—¿Cómo?

El jefe se paró en seco y volvió la cabeza.

—Algo parecido a un batallón de mujeres.

—¿Tiradoras escogidas?

—¡Y cómo! Ésas te vuelan en un dos por tres la punta de las tetillas...

—¡Maldita sea! ¿Y me lo dices ahora? —El jefe corrió agachado hacia la retaguardia—. ¡Conozco bien a esas mujeres! En Jarkov tuvimos cuatro bajas... Tiros a la cabeza...

—¡Ésas son nuestras ratoncitas! —Plötzerenke rió satisfecho. Palmoteó al jefe en la espalda y señaló la orilla del río—. ¡Que no haya pánico! Ellas no alcanzan hasta aquí. Para eso has de plantarte en la orilla... o caer bajo su mira cuando las mozas acechan de noche en los restos del caserío. ¡Puedes levantar sin cuidado la calabaza, compadre!

El jefe renunció a una réplica, y sólo respiró aliviado cuando se encontró en el búnker del teniente Bauer bebiendo un aguardiente endiabladamente abrasador. El campo soviético siguió mudo. Nada de artillería. Quietud estival.

—El enfrentarse con mujeres debe de producir una sensación muy extraña, ¡diablos! —exclamó el hombre de la propaganda mientras un soldado joven, que hacía las veces de ordenanza cuando había «paz», le servía una ración de coruscante pollo.

—Uno se acostumbra a eso.

Bauer III se encogió los hombros.

—¡El odio contra esas hembras de gatillo fácil os debe dar vómitos!

—¿Por qué? Son soldados como nosotros. Visten uniforme.

—Os sacuden poniéndose al acecho.

—¿Qué significa acecho? —Bauer III hizo un amplio ademán, abarcando mucho espacio—. La guerra está por todas partes. No hay vanguardia o retaguardia, arriba o abajo. ¿Qué importa dónde y cómo nos enfrentemos? Sólo se precisa ser más rápido, ver antes al otro, disparar mejor..., ¡o simplemente tener suerte! Ahora tenemos aquí a dos de los llamados especialistas. Ya veremos lo que consiguen. Son combatientes solitarios, bragados, y saben muy bien que les espera constantemente una escalera hacia el cielo.

—¡Interesante! —El jefe de propaganda masticó su pollo con deleite—. Me gustaría conocerlos. Se podría hacer un espléndido reportaje. ¿Dónde puedo hablar con ellos?

—En cualquier parte. —Bauer III señaló hacia el Donetz, que lucía, rojizo y amarillento, bajo el sol vespertino—. Quizás en el río. No lo sé. A veces se pasan varios días fuera. Puede buscarlos usted mismo. No seré yo quien se lo impida... Sólo advertirle que allí estará usted al alcance de las muchachas.

Por la tarde, la columna de propaganda, con sus altavoces y discos, emprendió el camino de vuelta al regimiento. La ucraniana, una joven esbelta, rubia como el lino, de soñadores ojos azules, se despidió a regañadientes de la IV compañía, pues en el entretanto había conocido al alférez recién incorporado, Lorenz von Stattstetten. Él era también rubio, esbelto, de ojos azules, mostraba siempre una sonrisa luminosa, y sobre la cabeza, algo torcido, una abollada gorra de campaña. Apenas recibió la gorra, él le arrancó el alambre de refuerzo para aplastarla.

—A ése se le debería plantar ahí fuera como especialista de mujeres —había comentado Plötzerenke cuando Von Stattstetten se presentó en la cuarta compañía—. Tan pronto como aparezca en la orilla..., ¡zas!, las chiquillas arrojarán los fusiles y se levantarán las falditas. ¡Chicos, ése viene aquí como si fuera a pisar inmediatamente el parqué de una sala de fiestas!

Pero las apariencias eran engañosas. El rubio rayo de sol de la compañía llegaba a su nueva unidad con un distintivo de «Combate Cuerpo a Cuerpo» y dos cruces de hierro. Ahora acompañó un buen trecho hacia la retaguardia a la ucraniana del destacamento de propaganda, y al despedirse la besó inevitablemente.

—No nos veremos nunca más —susurró ella cogiéndole la mano, dirigiéndola a sus pechos y manteniéndola allí con firmeza.

—No lo sé. Si tú no vuelves...

—Me llamo Olga Fedorovna Nasarova. Te daré mi dirección. Puedes escribirme.

—Lo haré.

Von Stattstetten anotó el número de la estafeta militar y el domicilio de su tierra natal. Ella era de Krementschug, a orillas del Dniéper, y había querido ser profesora de alemán.

—Te quiero —dijo ella sin rodeos.

Se conocían desde hacía tres horas y, sin embargo, los ojos de aquel muchacho se habían hecho ya inolvidables para Olga Fedorovna. En adelante, Olga soñaría con él, con sus labios y sus manos delgadas, suaves y aquella risa juvenil que le había arrebatado el corazón. ¡Ah, sí, uno puede sentir en tres horas cómo cambia una vida! Puede uno apegarse a una persona en breve tiempo y de forma tan perfecta, que cree haber crecido inseparablemente con ella.

—Cuando la guerra termine...

—¡Quién sabe dónde estaremos nosotros!

—Nos buscaremos uno a otro..., debemos buscarnos..., con verdadera fe..., yo te buscaré...

Se besaron una vez más; luego Von Stattstetten se quedó parado diciendo adiós con la mano a Olga Fedorovna, hasta que el camión en donde ella volvía al regimiento desapareció entre las ondulaciones de la estepa.

Aquella misma noche, Von Stattstetten escribió su primera carta a Olga.

Cuando cierro los ojos, apareces ante mí, y cuando me tapo los oídos y todos los demás ruidos se desvanecen, oigo tu voz... ¡Qué bella eres, Olitschka...!

También aquella noche, Peter Hesslich atravesó el Donetz. Para ello utilizó un viejo bote que había encontrado en un granero; luego lo había reparado junto con Dallmann. Había sido preciso tapar dos boquetes y hacer una pala nueva. Al caer la noche, lo llevaron entre ambos al río y lo dejaron sobre el agua. ¡Flotaba! ¡Se había logrado cerrar las vías de agua!

—¡Déjame ir contigo! —dijo Dallmann por enésima vez—. ¡Cuatro ojos ven más que dos, Peter!

—Pero si voy solo tendré más movilidad. ¡Eso lo sabes de sobra!

—Y, en definitiva, ¿qué te propones hacer allí? —Dallmann alargó la pala a Hesslich, que ya estaba sentado en el bote—. ¡Te lo repito, estás cometiendo un maldito error! ¿Y si ellas han minado la orilla? ¡Volarás por los aires y no habrás conseguido nada de nada! ¡Muerte heroica por pura estupidez! ¡Deja que las chicas vengan a nuestro lado, Peter... entonces las pescaremos! Y con más seguridad. Aquí conocemos nosotros cada agujero, cada protuberancia de la tierra. Pero yo sé lo que pretendes. Quieres hacerles una demostración: ¡ojo, tened cuidado! ¡Lo que vosotras sabéis hacer también lo sabemos nosotros! Aquí hay alguien que también puede abriros un agujerito en la frente.

—Exacto. —Hesslich hundió silenciosamente la pala en el agua—. Quiero arañar un poco vuestra seguridad. Así notaréis que vosotras tenéis también nervios...

Saludó a Dallmann, rió sin ruido y se apartó de la orilla. Con leve paleteo, el bote se adentró en el río. El chapoteo de las olas y el cálido viento nocturno ahogaron el ruido.

Dallmann se tendió sobre la hierba y vio cómo partió Hesslich. Éste se desvió algo, bogó con fuerza contra la corriente y arribó, cual una sombra, a la orilla soviética, debajo de un saucedal.

—¡Fractura de cuello y tibia! —gruñó Dallmann, y regresó a la ruinosa granja en la que vivían hacía ya cuatro días. Una vez allí, sacó de un arcón un fusil ametrallador, llenó una caja con munición y volvió al Donetz. Si hubiese dificultades y Peter tuviera que retirarse, él le daría fuego de protección.

Dallmann emplazó el fusil ametrallador en la orilla, se tendió junto a él y esperó. Era una noche tibia; en los charcos de la orilla croaban las ranas. Chillaban en la oscuridad aves nocturnas cuyos nombres eran desconocidos para Dallmann.

«¡Qué guerra! —pensó—. Se destruye la tierra, se desangran los hombres..., y, no obstante, hay todavía ranas croando, y los pájaros surcan el aire que, de ordinario, pertenece a las granadas.»

Sin darse cuenta, se durmió junto a su fusil. Dentro de su cerebro, el croar de las ranas se transformó en música celestial. Uwe Dallmann soñó que estaba escuchando un concierto sinfónico y que, por primera vez, no se aburría. ¡Era tan hermosa aquella música!

Peter Hesslich había alcanzado la primera porqueriza y el primer huerto sin pisar minas ni tropezar con centinelas soviéticos.

Tras su arribada a la orilla soviética, había permanecido tendido en la hierba unos minutos acechando la noche. Había amarrado el bote con una cuerda de cáñamo a un raigón que surgía de la maleza ribereña. Si alguien le hubiese observado, el ataque se desencadenaría al instante. Le hacía reír la táctica anacrónica de dar una sensación de seguridad al adversario para golpearle cuando estuviese más desprevenido. A él no le sorprendía nada ni nadie. Cuando Hesslich se ponía en marcha con su fusil de precisión, se le aguzaban los sentidos. Entonces olfateaba como un animal, oía todo, veía y oía todo cuanto había en torno a él.

Se apretó contra el suelo, el arma junto a sí, el cañón descansando sobre el pliegue del codo. Llevaba sólo el fusil, dos cartucheras llenas de cargadores y una navaja de apertura automática. Nada más. Había dejado todo cuanto pudiera sonar —bayoneta, máscara antigás, cantimplora, pala—, todo cuanto le impidiera deslizarse por el suelo. También había renunciado al casco. Se tocaba con un gorro gris oscuro de punto.

Habían ocurrido ya algunas polémicas muy violentas acerca de ese gorro. Cuando Hesslich se preparaba por primera vez para una salida, se topó con un comandante.

—¡Acérquese, sargento! —dijo el comandante con voz bronca—. ¡¿Qué lleva usted en la cabeza?! ¿Tal vez un gorro de dormir? ¿Se va usted tan pronto a la camita? ¡Quítese esa cosa ridícula, hombre! ¡Daré parte de usted por desprecio del uniforme! ¿Es usted payaso de profesión? ¡Fuera con esa cosa!

—Este gorro forma parte de mi equipo, mi comandante. —Hesslich trató de explicarlo cortésmente—. Tía Erna lo hizo, en Wuppertal-Elberfeld...

—¿Se ha propuesto usted darme por el culo? —bramó el comandante con rostro purpúreo. Miró enfurecido el gorro gris de punto y contuvo el aliento—. Nombre...

—Frau Erna Villrath, Wuppertal-Elberfeld...

—¡El de *usted*, payaso! ¡Pero ya me encargaré yo de quitarle ese vicio! Unidad de destino...

—Comando especial E/I. Tirador escogido en comisión de servicio...

—¡¿*Qué* es usted?!

—Tirador escogido, mi comandante.

Peter Hesslich se esforzó por no sonreír. Él sabía por experiencia que tan pronto como citaba la expresión «tirador escogido», sus interlocutores se demudaban, ya fueran soldados rasos o generales. Era como si les rodeara repentinamente un hedor cadavérico, como si sus sentidos intuyeran la súbita frialdad del otro, frialdad mortal. Tirador escogido... significaba un agujero en la cabeza. Lo que había ante ellos era una máquina con figura humana.

Una máquina para matar.

—El gorro es parte de mi indumentaria.

—¿Cómo es eso?

La interrogación sonó ya más conciliatoria. El interlocutor se dignaba escuchar.

—El gorro es algo así como un camuflaje. Poco peso, no hace ruido como un casco ni brilla a la luz de la luna, cubre la frente si lo bajo hasta las cejas. Este gorro es un seguro de vida, por así decirlo, mi comandante.

—¡Pero no una prenda oficial!

—No lo comprendo, mi comandante.

—Hombre, ¿acaso pertenece el gorro al uniforme de la Wehrmacht?

—No. Es de tía Erna. Cuando entramos en acción, podemos llevar lo que nos plazca como camuflaje. Yo prefiero el gorro de tía Erna...

—¡Retírese! —exclamó rudamente el comandante. Luego, meneando la cabeza, vio cómo se iba el sargento, quien, evidentemente ajeno a toda ordenanza militar, se alejaba contoneándose con el fusil y un gorro de punto en la cabeza.

Desde aquel encuentro, Hesslich se encasquetaba su «gorro de camuflaje» muy poco antes de entrar en acción. Y aun así debía aguantar preguntas inquisitivas de los sucesivos jefes de compañía, aunque no en el tono del susodicho comandante. Sólo el teniente Bauer III se había mostrado indiferente. Cuando Hesslich compareció por primera vez con su gorro «tía Erna», él se limitó a lanzarle una breve ojeada.

Más tarde, cuando Hesslich le preguntó por qué no se había sorprendido, Bauer contestó:

—Me he acostumbrado a no hacer preguntas. Sobre todo con tipos como usted, Hesslich. Por mí puede ir usted con sombrero tirolés y un gran plumero..., ¡ése es su problema! ¿Qué carajo me importa saber cómo reventamos?

Una filosofía sorprendentemente elemental para un sujeto de veinticuatro años.

Hesslich siguió arrastrándose una vez se hubo cerciorado de que nadie había descubierto su travesía del Donetz. Sigiloso, reptó hacia aquel caserío que ellos observaran siempre con sus prismáticos. Era la aldea destruida, con los huertos recién labrados. Él no sabía si las muchachas pernoctarían también allí. Tardó media hora en alcanzar el primer granero incendiado. Se encaramó por el revoltijo de vigas calcinadas y se sintió algo más seguro ahora que había escapado ya al terreno llano, abierto.

No había ni una sola mina en toda la orilla..., por lo menos supo eso, «Están tan seguras de su causa —pensó—, que no se molestan ni siquiera en plantar las defensas elementales. No nos creen ya capaces de cruzar jamás el Donetz. Ahora tienen sólo una fe ciega en el éxito del Ejército Rojo. Por tanto, labran la tierra ante nuestra vista, al alcance de nuestras armas, bajo la campana de fuego que nuestra artillería podría colocarles encima.

»Podría..., ¡si tuviese suficiente munición! ¡Si no hubiésemos de contar cada granada!

»Ellas lo saben. De lo contrario, ¿cómo podrían mostrar tanto aplomo?»

Hesslich decidió no regresar aquella noche, y pasar el día en la parte rusa del río. Caminó cauteloso por la destruida aldea y contempló estupefacto todo cuanto se había hecho allí: los huertos estaban bien cuidados, en cuatro porquerizas gruñían cochinillos, en un espacioso granero conservado a medias se apretujaban diez ovejas. Éstas pastaban durante el día en una vaguada que no se podía ver desde el campo alemán; una alambrada les impedía escapar.

«¡Si lo supiera Plötzerenke...!», pensó Hesslich. Y rió para sí. Nadie podría impedirle que «organizara una redada». El peligro de muerte no entraba en sus cálculos. «¡Las provisiones correteando ante tu puerta, chico! ¡No hay quien vea eso con pasividad, palabra de honor!»

Hesslich descubrió en el amplio granero un escondite perfecto bajo una parte del techo todavía existente. Las vigas formaban allí, junto con herrumbrosos cachivaches desechados, una intrincada masa, que no podía interesar a nadie. Así pues, trepó por un pilar y, haciendo equilibrios sobre una solitaria viga, alcanzó el rincón del amasijo. Allí construyó su escondite sin dejar de vigilar el exterior: empujó hacia delante una lanza de carro oxidada y, utilizando paja, sacos, cestos, el capó abollado de un tractor y un neumático enmohecido, construyó un observatorio perfecto en el escaso espacio entre piso y techo. Luego se instaló detrás de él.

A sus pies se agitaron, rumorosas, las ovejas. Al notar la presencia de un ser extraño, se intranquilizaron un poco. Hesslich se estiró. «Eso de "estúpido como una oveja" es totalmente erróneo —pensó—. Estos animales son más listos de lo que se cree. Si ahora viniese alguien al granero, yo me ocultaría inmediatamente. ¡Aquí hay algo raro!»

Las horas nocturnas duran un sinfín cuando uno debe esperar que transcurran. Hesslich miró con frecuencia su reloj de pulsera. Antes de que hubiese transcurrido una hora temió que el reloj se hubiera parado. Dos o tres veces se lo llevó al oído, escuchó claramente el tictac, los segundos siguieron goteando, las manecillas se deslizaron sobre la esfera. Se le antojó que aquella noche no tendría jamás fin.

Hacia el alba, Hesslich se frotó enérgicamente con ambas manos el rostro, y se sintió como nuevo. La circulación sanguínea, estimulada de ese modo, le dejó lúcido y alerta. Se tendió boca abajo y, adelantándose un poco, tuvo casi todo el granero en su campo visual. Las ovejas estaban de pie muy apretadas unas contra otras, cual un ovillo colosal de lana grisácea.

Serían las siete de la mañana cuando llegó Schanna Ivanovna. Llevaba falda y blusa, y una pañoleta cubría su melena negra como una campesina. Sólo dos cosas recordaban que ella era un soldado: las botas militares y el fusil con mira telescópica que llevaba en la mano izquierda. Schanna tenía hoy servicio de ganado. Las otras componentes del grupo Baida —exceptuando tres centinelas— habían ido a las trincheras del tercer escalón donde estaba la plana mayor del batallón y ocupaban los bancos de la antigua *stolóvaia*, sala comunal de la aldea de Burienkova.

Adoctrinamiento político. De Moscú había llegado una camarada para explicar, con ayuda de grandes mapas desplegados, cómo evolucionaría la situación durante los años 1943 y 1944. Foma Igorevich Miranski, que entretanto había recibido la noticia de su plena asimilación al cuerpo de oficiales, saludó con suma cordialidad al amigo de la Central, le plantó dos sonoros besos y luego pronunció una encendida arenga que le dejó sin aliento. Seguidamente se sentó, tosiendo, en su banco y escuchó, alborozado, los aplausos.

Una jornada de adoctrinamiento tiene su lado bueno, queridos. No porque uno sea después más perspicaz y esté mejor enterado de lo que se nos viene encima..., no. ¡Uno obtiene también vituallas de la cocina del batallón! No obstante, el grupo Baida soportaba todo aquello casi como un correctivo; ellas se encontraban mejor en vanguardia que detrás del batallón..., aunque nadie lo mencionara. Pues, ¿a quién le importaba que Miranski y Ugarov, auxiliados por la imponente Soia Valentinovna, hubiesen formado, al cabo de dos meses, todo un rebaño de ovejas y hecho surgir un diminuto Koljós a orillas del Donetz? A los inspectores que visitaban ocasionalmente la sección femenina no se les enseñaba jamás la aldea en ruinas; se les llevaba, si acaso, hasta la trinchera periférica.

—¡Mirad, allá lejos están los alemanes! —se les decía siempre—. ¡No os aventuréis, camaradas, no desafiéis al destino! Permaneced a cubierto.

Invariablemente se seguía este consejo con verdadera unción.

Schanna se acercó a la puerta del granero, corrió el cerrojo y entró. Arriba, debajo del tejado, Peter Hesslich puso el pulgar sobre el seguro del fusil y lo corrió despacio, sin ruido. Por primera vez veía de cerca a una de aquellas legendarias muchachas. La moza estuvo casi a su alcance... Hasta pudo contarle las flores del pañuelo... Primaveras y panículas... Colores estampados muy pálidos. El pañuelo tenía flecos.

«Ahora ella es eso —pensó Hesslich—, una muchacha educada

para matar. Una chica verdaderamente guapa que olvida los latidos de su corazón cuando tiene al enemigo en el retículo.» Respiró con mucho cuidado mientras observaba a Schanna Ivanovna, que ahora caminaba entre las ovejas pasándoles la mano por la lana.

—Ahora mismo iréis al pasto. ¡Un poco de paciencia, pequeñas!

Su voz era clara e infantil. Se movió casi como si bailara. Cogió de un rincón dos cubos y un yugo de madera, en donde colgaría sin duda los cubos.

«¡Ajá! —pensó Hesslich—, primero cogerá agua para abrevar a las ovejas. No debe de haber agua donde pastan.» Esperó a que Schanna abandonara el granero y fuese probablemente a un pozo cercano para coger el agua. Le asaltó una idea disparatada: «La reduciré por la fuerza y me la llevaré como prisionera.»

¡La primera prisionera del misterioso batallón de mujeres!

Le bastaría con los pocos segundos que durase la sorpresa. El repentino sobresalto que experimentaría la muchacha cuando él la llamase. Lo que no estaba todavía claro era la forma de llevarla hasta el bote y cruzar el Donetz. Y, sobre todo: ¿estaría sola? ¿O trabajarían otras jóvenes en el huerto?

Hesslich se descolgó de su escondite y se asomó a la puerta para espiar el exterior. El sol matinal, todavía pálido, iluminaba un escenario de quietud y soledad. Vio que la chica regresaba con los cubos llenos. Iba sola. Nada se movía en la aldea bombardeada.

Hesslich saltó hacia atrás, quedó al amparo de una viga rota y esperó a que entrara Schanna. Admiró su paso alado a pesar de las toscas botas militares, y por primera vez le vio el rostro. Ojos grandes, negros, fantásticos, labios delgados, pómulos muy acentuados. Bajo el pañuelo asomaban unos mechones negros, que le caían sobre la frente. La pastora Schanna Ivanovna, del lago Baikal, la muchacha con la cartilla de aciertos número dos de la sección Baida. Había sido propuesta para la medalla Suvorov, una de las más altas condecoraciones soviéticas al valor.

Hesslich contuvo el aliento. Entretanto, Schanna había soltado los cubos y arrojado el yugo al heno. Por fin se desanudó el pañuelo.

«Ahora —se dijo Hesslich—. En estos segundos estará pensando cualquier cosa, salvo que un alemán está de pie a sus espaldas. Tiene calor. Se ahuecará el pelo, tal vez se desabroche incluso la blusa... ¡Tu vida cambiará en un segundo, chiquita!»

Hesslich alzó el fusil a la altura del pecho, contuvo otra vez el aliento y vociferó en el silencio:

—*Stoi!*

El sobresalto fulminante que debería haber paralizado a Schanna brilló por su ausencia. La muchacha no se mostró estática ni inerme. Reaccionó ante la llamada sin pensar, obedeciendo sólo a un reflejo, y, además, con la flexibilidad de un animal salvaje. Su esbelto cuerpo dio un brinco y, girando sobre sí misma, se arrojó sobre un montón de cachivaches junto a las ovejas. Ahora fue Hesslich quien permaneció paralizado unos instantes ante aquella reacción, pues no comprendió que una persona pudiera hacer con tal celeridad lo contrario de lo que él esperaba. Apenas hubo superado ese momento de sorpresa, oyó el primer disparo y, echándose a un lado, se escurrió hasta un rincón y esperó.

Schanna Ivanovna se mordió el labio inferior. No soltó presa hasta sentir el calor de la sangre sobre la barbilla. ¡Fallado! ¡Por primera vez había fallado! Lágrimas de ira inundaron sus ojos, los labios le temblaron, las manos aferraron convulsivamente el fusil. Todo había sido perfecto..., ni un segundo de vacilación, aprestar el fusil durante el salto, rodar en la caída e incorporarse apuntando y disparando. Pero no había acertado. Esto fue para ella una monstruosidad, su decepción no tuvo límites. Tragó saliva y, de pronto, fue tan sólo una jovencita de dieciocho años que no quería hacer nada, salvo llorar a moco tendido.

Esa fracción infinitesimal de tiempo dio a Hesslich su oportunidad. Él no supo dónde estaba exactamente la muchacha; sólo vio el montón de cachivaches junto a las ovejas, que ahora balaban y se apretujaban unas contra otras. Así pues, disparó al azar, enfurecido, porque le habían dejado con las manos vacías.

«¡Carroña! —pensó—, has demostrado ser una profesional. Eres una de esas que liquidan con fría precisión a mis camaradas. ¿Cuántos tienes ya en tu cartilla? ¿Eh? Diez, veinte... ¿o quizá más? Pero ahora estoy yo aquí y puedes tirar tu maldita cartilla, ¡no la necesitas más! No puedes escapar a un tal Peter Hesslich.»

Y esperó. No percibió ninguna reacción en el exterior. Las paredes del granero y el alboroto de las ovejas debieron de haber amortiguado tanto los estampidos, que apenas se los habría oído en el huerto. ¿No sería que realmente se encontraba a solas con aquella chica? ¿Es que no habría nadie trabajando hoy en la aldea?

Hesslich hizo un segundo disparo contra el montón.

Detrás de una caja, Schanna Ivanovna se estremeció y cayó hacia atrás. Un cubo, rodando por el suelo, reveló su escondite. El hombro izquierdo le ardió y vibró como si sufriera una descarga eléctrica. Notó el calor de la sangre y comprendió que la habían alcanzado. Desesperada, intentó levantarse y recuperar el fusil que se le había escapado de las manos, para usarlo contra ella misma. Pero, repentinamente, le faltaron las fuerzas para moverse.

«Jamás en cautividad —pensó— ¡Jamás! Lo hemos aprendido de la coronela Olga Petrovna Rabutina: "Se debe evitar siempre caer vivas en manos de los alemanes. El último recurso es asestar una patada en los testículos al enemigo. Entonces, él te matará. ¡Vosotras *debéis* morir antes de que os debilitéis en el interrogatorio! ¡No caed jamás prisioneras! ¡*Vosotras* no!"»

Schanna no pudo alcanzar su fusil. El alemán, plantado ya ante ella, se inclinó.

Schanna Ivanovna intentó darle una patada en los testículos, pero las piernas se negaron también a prestarle ese servicio. No pudo dominar el temblor. Aquella bala debió de haber tocado un nervio que había puesto en movimiento a todo el cuerpo. Cerró los ojos para no ver el aborrecible rostro del alemán.

—¡Dispara! —exclamó—. ¡Dispara de una vez, perro!

Hesslich no la entendió. Cuando vio que la sangre le empapaba la tela en el hombro izquierdo, le desgarró la blusa. Debajo no había ninguna otra prenda. Los pechos pequeños y firmes salieron al encuentro de las manos cuando él quiso incorporarla. La muchacha rechazó el contacto y se puso rígida. Le escupió en la cara cuando él la apretó contra el suelo.

—¡Ten cuidado, gata! —jadeó Hesslich.

Inopinadamente, aquella persona dejó de ser una enemiga, una asesina de camaradas, un elemento al que se debiera eliminar a toda costa para salvar la vida de otros; fue más bien una muchacha pequeña, ensangrentada, que intentaba rebelarse y a la que era preciso ayudar.

—Tú no me entiendes y tampoco te entiendo yo. No puedo llevarte conmigo porque estás herida. Pero me es imposible dejarte ahí tendida hasta que revientes. Eres demasiado joven y bonita para eso..., y aunque no lo fueras, me sería igualmente imposible. Cuando yo era cuidador de bosques, supe lo que es un tiro de gracia. Si fueras un animal, te lo daría. Pero eres un ser humano. También podría dispararte porque tú haces lo mismo. ¡Nada de prisioneros! ¡Pero eso tampoco es solución, chiquita! ¡Yo no podría matar a una mujer indefensa! Estúpida situación, ¿eh? Si al menos me fuera posible saber lo que ocurre ahí fuera...

—¡Perro! —exclamó Schanna Ivanovna rechinando los dientes—. ¡Alemán mierda de puta! ¡Mátame!

Hesslich se encogió de hombros.

—¡Si pudiera entenderte...! Sea como fuere, eso no me ha sonado a una declaración de amor. Y ahora, ¿qué hacemos? Primero, vendarte. ¿Te parece bien? No. ¡Primero seguridad!

Diciendo esto, soltó a Schanna y, cogiéndole el fusil, lo estrelló contra una vieja viga. Al tercer golpe la culata saltó por los aires; al quinto, reventó el cerrojo y se dobló el cañón. Schanna le vio hacer con ojos desorbitados por el horror.

«Mi fusil —pensó—, ¡mi querido fusil! ¡Ah, maldito cerdo! Si me hubieses matado se habría solucionado todo. Pero está matando mi fusil, haciéndolo añicos..., le oigo gritar..., mi fusil grita..., ¡qué horribles gritos...!, mi fusil...

Nuevamente intentó incorporarse, pero apenas pudo despegarse del suelo. Cuando cayó hacia atrás, la sangre brotó otra vez de su herida y el temblor comenzó de nuevo. Vio regresar al alemán con manos ensangrentadas y no se le ocurrió pensar: «Esa sangre es mía.» La obsesionó sólo un pensamiento: «Mi fusil se desangra..., se desangra y grita...»

—Ahora te vendaremos —dijo Hesslich arrodillándose junto a Schanna—. ¡Y si me escupes otra vez, muchacha, te largaré una! Y tendrás que aguantarlo, a pesar de tu hombro agujereado. Así que sé razonable, chiquita...

Luego se sacó una venda del bolsillo, la desenrolló y se la mostró a Schanna Ivanovna.

Ella le miró pasmada como si no pudiese comprender que, en vez de matarla, intentara incluso salvarla.

Y, en efecto, no lo comprendió. «Un enemigo debe morir.» Eso sí lo comprendía. La frase, «se ha de salvar también la vida a un enemigo», entrañaba un concepto ajeno a su comprensión.

Se puso rígida cuando Hesslich la incorporó para empezar a vendarla. Tuvo muy cerca la cabeza de él. «Ahora podría morderle la oreja», pensó. Y lanzó un gemido cuando él apretó la venda sobre la herida. «Podría arrancarle con los dientes un trozo de mejilla..., entonces ¡tal vez se decidiera a pegarme un tiro! Si le alcanzara el cuello, podría incluso cercenarle la yugular.»

Pero no lo hizo; no saltó para darle un mordisco fulminante, sino que se recostó en su brazo y se dejó vendar. Concluido el vendaje, murmuró con voz lastimera:

—¡Gracias..., perro del infierno!

Pocos minutos después se desmayó. Había perdido demasiada sangre.

Hesslich colocó a Schanna sobre la vieja parva de paja, tomó asiento a su lado y se puso el fusil sobre las rodillas. Comprendió que no podría regresar hasta que oscureciese de nuevo. Le esperaba una larguísima jornada.

No extrañó la ausencia de Schanna..., estaba con las ovejas.

El adoctrinamiento político del grupo Baida concluyó con alegres cánticos. Mientras las chicas hacían música en la *stolóvaia*, Miranski decidió hacer una ronda de inspección, que terminó en los almacenes del batallón. Por razones fáciles de comprender se había llevado consigo a Gulnara Petrovna. Ésta era georgiana, tenía ojos de fuego y, cuando respiraba hondo, había siempre gran expectación para ver si sus pechos hacían saltar los botones de la camisa. El modo y manera con que solía mirar a los hombres era literalmente endiablado. Las pestañas caían a medias sobre las pupilas, y de esa cortina entreabierta surgían rayos que cogían desprevenidos a los indefensos hombres. Incluso los oficiales superiores, a quienes se tenía por hombres bien templados, con absoluto dominio de sus sentidos, se descomponían bajo las miradas de Gulnara Petrovna y empleaban mil artimañas para sacar de su cuadra a la fogosa yegua. Un mozo especialmente astuto, el comandante Schelski, del Alto Estado Mayor moscovita, organizó incluso unas maniobras nocturnas con el exclusivo objeto de dar por herida a Gulnara durante el simulacro y curarle los pechos con sus propias manos.

Miranski había visto al instante las posibilidades que se le ofrecían mediante la irradiación sexual y docilidad de Gulnara. Cuando surgían problemas con camaradas particularmente intransigentes que se parapetaban detrás de las ordenanzas, Miranski se presentaba acompañado de Gulnara, hacía que ésta disparara sus miradas veladas y luego exponía su solicitud. Al cabo de poco tiempo, hasta los camaradas más herméticos abrían las puertas de par en par a sus pretensiones.

Así pues, Miranski apareció en el almacén del batallón y presentó al intendente —hombre gruñón y correoso con mostachos colgantes y ojos tristes de perro pachón— la lista de sus requerimientos. Encabezaba esa lista la palabra «vodka».

—Ésta es Gulnara Petrovna —dijo Miranski con fingida inocencia. Y palmoteó el opulento trasero de su compañera. Gulnara esbozó una misteriosa sonrisa, lanzó su primera mirada aniquiladora e hinchó la blusa inspirando profundamente. El mostacho del intendente empezó a temblar por las puntas—. Ella misma te explicará, querido hermano y camarada, cuáles son nuestras necesidades allá en las trincheras. ¿No es verdad, Gulinka, palomita mía..., que le explicarás todo? Bueno, ahora os dejo solos, y procuraré que nadie os moleste.

Una hora después, Miranski cargó hasta el borde una carretilla con toda clase de exquisiteces. El intendente y Gulnara se besaron apasionadamente, se dieron un último abrazo y se estuvieron diciendo adiós con la mano hasta que Miranski y su botín doblaron la primera esquina.

Todos estos acontecimientos contribuyeron a que el grupo Baida no regresara a sus posiciones hasta el atardecer..., todas parloteando alegres cual rebaño de gansos y cargadas con las exquisiteces que Miranski birlara y Gulnara pagara en una especie de intercambio.

—¡Qué día tan hermoso! —exclamó el teniente Ugarov saludando a Galina Ruslanova.

La doctora se había quedado en las trincheras para pintar. Su ocupación favorita era sentarse ante un lienzo y llenarlo con flores o paisajes fantásticos o, simplemente, una vorágine de colores en donde todas las formas estuviesen animadas por un ritmo interno.

Se había enfriado el amor incipiente entre ella y Ugarov. Soia Valentinovna quedaba como vencedora. Cuando Ugarov empezó a correr cual cachorro tras la doctora —cosa que no se le ocultó a nadie—, la Baida dijo a la Opalínskaia:

—La elección es tuya. ¡O haces que te destinen a otra unidad, o tú y Victor Ivanovich acabaréis con el cráneo partido! Él me pertenece, no se lo cedo a nadie, y quien intente arrebatármelo puede irse buscando ya una tumba. Tampoco lo compartiré con nadie... ¡aunque eso sea una utopía, porque él no lo resistiría! Todo cuanto él tiene es lo justo para mí, muy justo. ¿Necesito ser más explícita?

Durante dos semanas, la Opalínskaia merodeó como una asesina que nunca acaba de acercarse a su víctima. Pero, al fin, triunfó el sentido común sobre la pasión. La doctora se tomó una semana de permiso, y cuando regresó traía consigo un caballete de viaje, lápices grasos, colores de acuarela, tubos de óleo, pinceles de todos los grosores y longitudes y una inmensa paleta, así como tizas y colores al temple..., para resumir: su abrigo se transformó en un estudio de pintura. Y la primera que posó ante Galina Ruslanovna para un hermoso retrato fue la mismísima Soia Valentinovna.

Con ello quedó cerrado el asunto Ugarov para la Opalínskaia. Victor Ivanovich continuó siendo un buen amigo que la visitaba incluso para recoger alguna pomada cuando la Baida, cegada por el éxtasis, le llenaba el cuerpo de mordiscos. Cierta vez la Opalínskaia, después de curarle pequeñas hemorragias múltiples, se presentó a la Baida en el búnker de mando y dijo:

—Hermanita, esto no marcha. Tú no puedes devorar a Victor por muy bien que te sepa. El Ejército Rojo necesita todavía a ese teniente.

Tras lo cual, ambas estallaron en resonantes risotadas. Desde entonces reinó la armonía entre ellas.

Ahora, apenas regresó del adoctrinamiento, Ugarov entregó un regalo a la doctora: una gran botella de trementina para aclarar colores y limpiar pinceles.

—Según el camarada Samsónov, de Moscú, tenemos ya la guerra ganada. Él nos lo ha demostrado así en los mapas. Una conferencia interesante, hay que reconocerlo. Todo muy lógico..., sólo falta saber si los alemanes seguirán también esa lógica.

El rojo crepúsculo iluminó la tierra como el colorido en los románticos cuadros de Galina.

—¿Todo tranquilo ahí enfrente?

—Como siempre. Uno acaba habituándose a esta calma engañosa. ¿Cuál es el sonido de un cañonazo? ¿Qué sientes cuando llega aullando una granada? ¡Todos nos espantaremos cuando esto estalle otra vez!

—¿Hay alguien en la aldea?

—Sólo Schanna, con las ovejas.

—¿No ha regresado aún?

—Se ha quedado ahí fuera todo el día. Ha hecho calor de verdad. Se habrá tumbado en la hierba, desnuda como siempre, a tomar el sol.

Ugarov asintió, y unos instantes después olvidó por completo a Schanna Ivanovna. La chica volvería pronto, de eso no había la menor duda.

Pero Schanna no volvió. Después de que un cielo encendido engullera el día, y la noche se tendiera sobre la estepa, Stella Antonovna se presentó a Soia Valentinovna. La Baida estaba sentada con Miranski y Ugarov ante una radio de pilas escuchando la ópera *El príncipe Igor,* transmitida desde Moscú. Miranski se llevó el dedo a los labios, señaló el catre e hizo un gesto invitador a Stella. Sin embargo, ésta negó con la cabeza y permaneció inmóvil en la entrada.

—¡Schanna no ha regresado aún! —gritó en medio de un dúo. La Baida alzó la cabeza.

—¿Qué quieres decir?

—Está fuera con las ovejas.

—¿Todo el día..., y ya es de noche?

—¡Se habrá dormido en la paja! —Soia Valentinovna miró, inquisitivamente, a Stella—. No puede haber pasado nada. ¡Ha sido un día muy tranquilo! Estará dormida. Ve y despiértala.

Apenas quince minutos después, todas volvieron. La fornida Marianka Stepanovna con Schanna a la espalda. Lida Ilianovna se adelantó y gritó ya desde lejos:

—¡Galina! ¡Aprisa! ¡Aprisa! ¡Schanna se está muriendo... ¡Galina..., han disparado contra ella! ¡¡Galinaaa!!

En las trincheras hubo tanta agitación como en un hormiguero destruido. Cada cual corría por su lado. Salieron al encuentro de la jadeante Marianka, la aliviaron de su peso, cargaron con Schanna y la llevaron hacia las posiciones a paso ligero. Miranski y Ugarov se precipitaron fuera del búnker, la Baida bramó órdenes, en el abrigo de la Opalínskaia se arrinconó caballete y pinturas para colocar la estrecha mesa de operaciones plegable. Se abrió el estuche metálico con medicamentos e instrumentos y Galina Ruslanovna se quitó la bata de pintora.

Cautelosamente depositaron a Schanna sobre la mesa. Había recobrado el conocimiento. Los enormes ojos negros miraron fijamente la cegadora lámpara de techo que Galina acababa de instalar. La Baida se puso a la cabecera, sujetó las manos de Schanna y las acarició. Entonces fue cuando Stella entró en el abrigo llevando una lona cogida por las puntas. Sin decir palabra, soltó las puntas. El fusil destrozado de Schanna rebotó contra el suelo.

Soia Antonovna quedó petrificada, semejó una estatua de hielo.

—¡Todo el mundo fuera! —gritó con voz tensa—. ¡Todos! ¡Tú no, Stella! Pero las demás, ¡fuera!

Esperó a quedarse sola con Miranski, Ugarov, Stella y la doctora. Luego soltó las manos de Schanna y se agachó para recoger algunos trozos de fusil y mirarlos a la luz. Entretanto, Galina había retirado la ensangrentada venda, dejando la herida al descubierto. Era un sedal, el hueso estaba intacto. La bala había salido por la espalda, dejando un boquete grande, circular. No había peligro de muerte.

Galina se inclinó sobre Schanna, cuyos ojos negros seguían dirigidos hacia el techo, mirando al vacío como si estuviese viendo el cielo.

—¡Vivirás! —dijo Galina—. Nadie muere de una cosa así. Te anestesiaré ahora mismo para limpiarte el canal del balazo, luego te vendaré otra vez la herida. Además, recibirás una solución de sal en las venas. Mañana todo irá mejor, créeme...

—¡Alto! —dijo Baida alzando la mano—. ¡Que espere la anestesia! —Se acercó a la mesa e irguióse ante Schanna. Miranski proyectó hacia fuera el labio inferior, Ugarov se rascó nervioso el arco de la nariz—. ¿Puede oírme, Galina?

—Claro que sí. —La doctora asintió con la cabeza—. Tiene pleno conocimiento, sólo está muy débil...

—¡No tan débil como para no responder a mis preguntas! Schanna Ivanovna, ¿qué le ha ocurrido a tu fusil?

La cabeza de la Babaieva cayó despacio a un costado. La muchacha miró implorante a Soia Valentinovna.

—Él..., él fue mejor... —musitó.

—¿Te topaste con un alemán?

—Me esperaba donde están las ovejas..., en el granero...

—¿Te disparó en el acto?

Los grandes ojos negros suplicaron clemencia. La boca tembló varias veces.

—No.

El rostro de la Baida se endureció.

—¿Quién disparó primero?

—Él me llamó. *Stoi!* Disparé mientras saltaba...

—¿Y entonces...?

Schanna cerró los ojos e hizo una afirmación casi imperceptible con la cabeza. Durante las últimas horas, ella misma se había hecho esos reproches: «Has fracasado, Schanna Ivanovna, propuesta para la medalla Suvorov en bronce, has fracasado. ¡Permitiste que te destrozara el fusil un alemán y vives todavía...!» Si la vergüenza fuera un ácido, el cuerpo de Schanna se habría desintegrado a aquellas alturas.

—Él fue más rápido —replicó en un murmullo.

—¡Cómo! ¡No, eso no puede ser cierto! —La Baida le lanzó una mirada aviesa—. ¿Quieres decir que te disparó y alcanzó? ¿Y encima destrozó tu fusil?

—Yo quise..., quise..., que él me matara —replicó trabajosamente Schanna.

Galina sacó la botella de infusión y el instrumental. Schanna la oyó trastear. Cuando abrió los ojos, su mirada se encontró con las de Miranski y Ugarov. Foma Igorevich la miró como un buey. Victor se siguió rascando la nariz.

—Yo..., quise darle una patada..., en los cojones.

—¡No! ¡Qué cosas! —exclamó, consternado, Miranski.

La Baida le dirigió una mirada reprobadora.

—Él me mataría si yo le acertase..., pero..., me sentía demasiado débil. Todo temblaba... dentro de mí. Creedme..., creedme..., ¡caramba...! —Schanna suspiró levemente. Galina enarboló una jeringuilla y gesticuló para dar a entender que el cuidado de la enferma parecía ahora más importante que un interrogatorio—. Y entonces..., entonces él me curó..., no me mató...

La Baida se abrió, indignada, la blusa e inclinóse sobre Schanna.

—Te curó, ¿eh? ¡Luego se te aproximaría mucho! Estaría muy cerca. ¿Por qué no le mordiste la garganta? ¡¿Por qué no le desgarraste la nuez con los dientes?!

—No..., no pude —Schanna cerró otra vez los ojos y volvió la cabeza al otro lado—. Él me habló. Me habló como un padre... Me vendó... tres veces..., estuvo sentado todo el día junto a mí..., fue a buscar agua..., se marchó al oscurecer... Yo no me pude mover...

—¿Qué aspecto tenía? —inquirió la Baida sin cejar, haciendo caso omiso de Galina, que le hacía señas enérgicas: «¡Basta!»

—Llevaba..., uniforme alemán...

—¡Cabeza de chorlito! ¿Acaso supones que habría llegado desnudo para dispararte?

—Un gorro muy raro..., un gorro de punto...

—*¿Qué* dices? —preguntó, atónito, Miranski.

—Un gorro gris oscuro..., de lana..., un gorro redondo..., hasta las cejas. ¿Cómo explicar..., cuál era su aspecto...?

Soia Valentinovna se abrochó la blusa, se enderezó y miró fríamente a Schanna. Le examinó el pecho y el balazo. Su voz fue cortante.

—¡Schanna Ivanovna Babaieva! —dijo sin prestar atención al carraspeo de Miranski ni a los ojos de Ugarov, cuya mirada le pedía más tolerancia—. Usted ha fracasado. ¡Un fracaso lastimoso! ¡Mi deber es dar parte de usted, pero no lo haré! ¡¿Cómo podría hacerlo?! El batallón entero ha sido deshonrado por usted..., ¡y justamente en mi sección! ¡Olvidaremos que la han herido! ¡Para nosotras, usted no ha recibido jamás un balazo! ¡Nada aparecerá en su hoja de servicio!

—Gracias... —susurró Schanna. Y empezó a llorar—. Gracias...

—¡¿Gracias?! —La Baida perdió su aplomo y rugió—: ¡Óigame, Schanna Ivanovna! ¡Usted volverá a pertenecernos cuando haya demostrado que es una luchadora auténtica! Combatiendo con arrojo hasta la última gota de su sangre. Una luchadora que conoce sólo su patria, que vive sólo para defender a la Unión Soviética. Usted ha fracasado ante un enemigo de nuestra amada nación. Nuestra comunidad la admitirá otra vez, ¡cuando haya inscrito usted diez alemanes más en su cartilla de aciertos! Hasta entonces vivirá usted entre nosotras..., ¡pero nadie le hará caso! —Soia Valentinovna hizo una seña a la expectante doctora—. Ahora puedes empezar, Galina Ruslanovna. Ya está dicho todo. Recomponla para que pueda cumplir cuanto antes con su deber.

Echó un último vistazo a Schanna y miró fijamente los grandes y humillados ojos negros. Luego dio media vuelta y abandonó el búnker de Sanidad. La Opalínskaia clavó la aguja en el brazo de Schanna.

—Dentro de unos instantes no te dolerá nada —dijo.

Schanna asintió, desmadejada. Lloró como una niña, y aún seguía sollozando cuando la invadió el sopor.

—¿Habéis oído eso? —dijo la Baida cuando llegaron a la trinchera. Se respaldó contra la pared de tierra—. Aparece un alemán completamente solo entre nosotras, puede matar a Schanna y, en vez de eso, le salva la vida. Permanece acuclillado junto a ella toda la tarde, y luego se esfuma otra vez, cruza el río. ¡Un hombre con un gorro gris de punto! ¡Un tipo peligroso! Aún tendremos complicaciones con ése...

—Yo me ocuparé de él —dijo Stella Antonovna mirando más allá del río. En la noche de claridad lunar, la tierra brillaba como plata—. Le haré pagar su culpa por el deshonor de Schanna. ¡Ese diablo alemán me revienta!

—¡No irás sola allá! —dijo tajante la Baida—. ¡Sería una locura!

—Le esperaré aquí...

—Ése no volverá.

—Lo hará, Soia Valentinovna. —Stella Antonovna se apretó el fusil contra el pecho como si fuera a iniciar el paso de parada—. Volverá. ¡Un hombre vuelve...! ¡Eso está garantizado! Lo sé... ¡Yo no me diferencio mucho...!

Miranski la contempló, pasmado. En esos segundos comprendió por qué Stella Antonovna era una muchacha que se saltaba todas las normas convencionales.

Dallmann estaba ya bastante inquieto junto a su fusil ametrallador sobre la hierba, cuando Peter Hesslich regresó, por fin, del lado soviético. El viejo bote se acercó con leve chapoteo. Peter Hesslich bogó enérgico, pareció no preocuparle que pudieran verle. Prudentemente, Dallmann metió una cinta en el cerrojo de su fusil ametrallador y se aprestó a abrir fuego de protección si fuera necesario.

—Bueno, ¿qué tal te ha ido? —gritó Dallmann cuando el bote atracó, rechinando, en la arena y Hesslich saltó de él—. ¿Has descubierto algo?

—¡Nada! —respondió, malhumorado, Hesslich.

—¿Algunas tetas pimpantes?

—¡Cierra el pico!

Hesslich se puso el fusil bajo el brazo y trotó hacia el caserío derruido. Allí se quitó el gorro de punto, se lo guardó en el bolsillo del pantalón y se arrojó sobre la paja. Dallmann, con el fusil ametrallador al hombro, quedó plantado ante él.

—¿Qué sucede? —le preguntó—. ¿Acaso has visto un redondo trasero femenino, y ahora estás cabreado porque no has podido...?

—¡Estoy cansado!

Hesslich cerró los ojos. La escena de la joven rusa herida volvió a su mente. Él restañaba la sangre que le corría por sus pequeños pechos, y ella se mantenía inmóvil, pero le había escupido cuatro veces. En el transcurso del día, él le había refrescado la cabeza, le había dado de beber, y aunque ella no entendiera, le había contado lo baja, disparatada y sucia que era la guerra, y aun cuando sus respectivas misiones fueran las de matarse unos a otros, la vida podía ser muy hermosa. Al despedirse, hacia el crepúsculo, él la había besado en la frente, en los ojos y, por último, en la temblorosa boca, y esta vez ella no le había escupido.

—¿Volverás allá?

Dallmann se sentó sobre la paja al lado de Hesslich. El fusil ametrallador cayó estrepitosamente al suelo.

—No lo sé.

¡Vaya si lo sabía! Una cosa era segura: Por lo pronto no haría ninguna otra excursión a solas. La sección de tiradoras se hallaría en estado de alerta tras el hallazgo de la camarada herida.

—¡Ahora toma el catre, Uwe, y a dormir! ¡Ah, qué mierda!

—¿El qué?

—¡Todo! ¡Todo, muchacho! ¡Si al menos se pudiera dejar de pensar...!

Hacia la madrugada, Hesslich soñó con la pequeña rusa. Llegaba corriendo desnuda y se sentaba en sus rodillas. Sus inmensos ojos negros llameaban. La boca escupía fuego.

¡Maldito sueño!

Durante cinco días con sus noches, Peter Hesslich esperó a que las mujeres se tomaran venganza. Su encuentro con Schanna le había convencido de que todo el mundo subestimaba la peligrosidad y combatividad de aquella sección femenina. Asimismo, el teniente Bauer III sacudió la cabeza escéptico cuando Hesslich y Dallmann se reincorporaron a la compañía y dijo:

—¡Qué cosas les preocupan a los de arriba en el Ejército! —les dijo—. ¡Se rompen la cabeza por causa de esas hembras cazadoras! Tenemos bajas, claro está. Eso es natural cuando hay tiradores escogidos enfrente. Pero, ¿acaso creéis que no podríamos arreglárnoslas solos, sin vosotros, los especialistas?

Y Fritz Plötzerenke dijo encolerizado:

—¡Una manada cobarde es ésa, la del otro lado! Acechan y ¡pum! ¿Se puede llamar guerra noble a eso? Os aseguro que yo disparo tan bien como ellas. ¡Si al menos pudiera verlas...!

Ésa era la cuestión. No se las veía. Sólo se veían los balazos en la cabeza anotados en su haber. ¡Guerra noble! Quien hubiese ideado tal concepto era un sádico, un monstruo que utilizaba los muertos para plantear un tema sumamente sutilizado. ¿Qué es una guerra noble? ¿Cuerpos humanos desgarrados, casas machacadas, el arar la tierra con llamas y espadas, la incineración de toda vida existente, la erradicación de generaciones enteras...? ¿Qué hay de noble en emplear instrumentos mortíferos perfeccionados adoptando una rígida actitud militar?

Hesslich se pasó toda una noche intentando explicárselo a Bauer III. Le habló del comandante Molle en Posen, el jefe de la Escuela especial para combatientes individuales, le informó sobre lo que éste les había encomendado.

—El problema estriba también en lo psicológico —dijo Hesslich—. Tras las observaciones hechas en diversos sectores del frente se tiene el convencimiento, incluso en el OKH, de que los soviéticos han movilizado batallones de mujeres. No unidades de Sanidad o mujeres de Servicios Auxiliares, como entre nosotros..., no, sino unidades combatientes regulares, infantería, cañones antitanque, tiradoras de tanque, conductoras de tanque, zapadoras con lanzallamas y artefactos explosivos, cazas y toda una escuadra de bombardeo pilotados exclusivamente por mujeres...

—¿Te has vuelto loco?

Bauer III lió para los dos unos cigarrillos hechos de colillas, tercer «recuelo».

—Tiradoras escogidas... Donde reside su fuerza singular es sobre el terreno, por así decirlo. No hay ningún lugar donde no estén combatiendo las mujeres. Hacen todo cuanto hagan los hombres. Ante Leningrado han defendido las cabezas de puente hasta el último hombre..., es decir, hasta la última mujer. Durante el otoño de 1942 se aniquiló un batallón entero de mujeres en el Cáucaso. ¡Y una unidad SS descubrió de pronto que no tenía enfrente hombres, sino sólo mujeres! Y ellas no se han limitado a defenderse, no..., ¡también han atacado! ¡Han intentado arrolar las posiciones SS!

—¡Desvarías! —exclamó riendo Bauer III. Alargó a Hesslich el cigarrillo liado y le dio fuego—. Eso son puras invenciones. Como ocurre con los cazadores.

—El comandante Molle tenía cifras exactas. Cada día había instrucción en Posen..., siete horas de ejercicios sobre el terreno y tiro, tres horas de teoría y aleccionamiento. ¡Cada día! Allí había cifras sobre la mesa, mi teniente. Y grandes mapas regionales salpicados de puntos y círculos rojos. Esto significa: ¡hembras por todas partes! «Allá donde veis marcas rojas se ha comprobado la presencia de grupos combatientes femeninos», decía el comandante Molle. Y como quiera que nosotros hiciéramos también muecas escépticas, se nos hacían tragar las cifras. ¿Qué importan... dos o tres hembras? A ésas les echamos el lazo, nos las llevamos a la grupa, las calentamos de vez en cuando, y ¡por eso desperdicia usted tanto aliento...! Entonces, mi teniente, el comandante Molle nos mira y dice: «¡Globos desinflados! ¡Ved de una vez lo que ocurre! ¡Ahora aprenderéis de memoria los hechos tal como aprendisteis antaño la tabla de sumar en la escuela! Y luego pensad lo que os plazca cuando veáis unas faldas de mujer en caqui o unos cuantos rizos bajo una gorra rusa. ¡Tomad nota de una vez por todas!: ¡Allá enfrente no encontraréis un abdomen expectante, sino la muerte segura!» ¿Quiere que le recite, mi teniente, la tabla de sumar del comandante Molle?

—Adelante, sargento...

—Sabemos, por diversos informes de agentes, que casi toda la defensa aérea alrededor de Moscú y Leningrado está a cargo de mujeres. La Escuela Central Femenina de Artillería Antiaérea se halla en Moscú. La movilización de mujeres para el servicio militar en la Artillería Antiaérea fue dispuesta por dos decretos del Comité Nacional de Defensa soviético, fechados el 23-3-1942 y el 13-4-1942. Las muchachas llegadas a Moscú para seguir un cursillo de Artillería Antiaérea —¡menos de cuatro semanas!— fueron 2.670 de la región de Cheliabinsk, 4.057 de Sverdlovsk y 2.579 de Perm. Sólo el Regimiento de Artillería Antiaérea número 22 recibió 936 mujeres de los Urales. En el otoño de 1941, cuando nosotros nos acercábamos a Moscú, Stalin ordenó que todas las fuerzas aéreas soviéticas se concentraran en la región de Volokalamsk para obstaculizar el cerco alemán mediante una acción masiva. Así acudieron 762 aparatos desde cazas hasta bombarderos pesados, entre ellos, tres regimientos autónomos de Aviación con 30 aviones cada uno, la mayor parte, bombarderos. Jefe de la tropa femenina: ¡Coronela M. M. Raskova! —Hesslich hizo una pausa para cobrar aliento, bebió un trago de té frío con sucedáneo de limón y dio las últimas chupadas al cigarrillo de colillas—. Prosigamos, mi teniente. La 125 escuadrilla de bombarderos diurnos, destacada también en Stalingrado: ¡sólo mujeres! Lo sabemos porque una de las capitanas de escuadrilla es la famosa aviadora soviética Olga Nikolaievna Yamschtschikova. ¡Esa mujer vuela desde 1916 y tiene la plusmarca mundial de vuelos de largo recorrido!

—¡Estás loco! —exclamó, sobrecogido, Bauer III—. ¿Queda aún más dentro de esa caja diabólica?

—¡La tabla de sumar del comandante Molle es larga! La 588 escuadrilla de bombarderos nocturnos: ¡sólo mujeres! ¡En el mar Báltico hay dragaminas exclusivamente con tripulaciones femeninas! Por otra parte, hay una tal Yakaterina Selenko: el 12-9-1941, esta mujer arremetió con su avión de caza contra una escuadrilla de «Stukas». Después de agotar su munición embistió a un «Stuka» ¡y se desplomó con él! En octubre de 1941, nosotros atacamos la pequeña ciudad de Sutoki-Biakovo. Un batallón de infantería soviético, compuesto casi todo por mujeres, defendió la plaza hasta la última mujer..., pero no hasta la última bala. Quedaron sólo dos muchachas Natascha Kovschova y Mascha Polivanova. Entre ambas llevaron los últimos pertrechos —granadas de mano, minas, municiones— al Ayuntamiento y se convirtieron en bombas vivientes. Cuando nuestras tropas llegaron allí, las dos volaron por los aires junto con una compañía casi completa. Otro ejemplo, éste de Stalingrado: durante el despliegue por la estepa, mujeres combatientes aisladas con cargas explosivas, asaltaron los tanques «Tigre» y salieron proyectadas al cielo. La maestranza «Barricada Roja» fue defendida también por artillería antiaérea pesada. Cuando los nuestros la ocuparon, encontraron 37 piezas... ¡Todas servidas por mujeres! Pregunte usted a los hombres de la agrupación «Strachwitz», de la XVI División acorazada..., ¡ellos fueron quienes asaltaron a la artillería de mujeres! Y así sucesivamente, punto por punto en los mapas que el comandante Molle extendía sobre la pared. Mujeres combatientes por doquier. Sólo es posible calcular su número de forma aproximada. Únicamente en la infantería hay más de 100.000..., ¡y cada día se producen nuevas incorporaciones! Pero las unidades más peligrosas son las de tiradoras escogidas, y esa sección que tenemos aquí enfrente es la de peor fama. Se ha podido seguir su rastro con suma precisión. Se la vio por primera vez durante el invierno de 1942 en el frente del VIII Ejército italiano, concretamente el sector de Cherjovo. Allí tuvieron la desfachatez de secuestrar a varios escuchas. Por entonces, nosotros deberíamos habernos ocupado del asunto, pero sobrevino la retirada y no se hizo nada. Ahora sabemos que esa sección está aquí, en el

Donetz..., frente a nosotros, mi teniente. Y bien sabe el cielo que ésas no son mujeres insatisfechas dedicadas a la guerra porque no pueden fornicar, sino soldados magníficamente instruidos ¡comparado con los cuales, su Plötzerenke no es más que un meón! —Hesslich hizo una profunda inspiración y se recostó en la pared del abrigo—. ¡Ésa es la situación! Llena de mierda hasta el borde, pero no desesperada. ¿Comprende usted ahora por qué estamos aquí?

El teniente Bauer III lo había comprendido.

Desde aquel instante, Hesslich y Dallmann pudieron organizar como quisieron lo que tuvieron por conveniente. Por una u otra razón, las mujeres del campo opuesto debieron de haber percibido que «el tomar fotografías» resultaba peligroso. Durante tres semanas no hubo ninguna baja por la acción de las tiradoras; cesaron las «visitas de las damas».

Bauer III no se opuso a que Hesslich reclutara diez hombres de su compañía para vigilar día y noche la orilla del río.

—Tengo el presentimiento de que ocurrirá algo muy en breve —le había dicho Hesslich.

«Y uno necesita tener presentimientos, ¡pues de lo contrario no sobreviviría! ¡Uno debe sentir la proximidad del peligro como un hormigueo bajo la piel! Cuando uno lo ve, resulta demasiado tarde. Sobre todo con estas chiquitas. Y yo presiento algo...»

Ese presentimiento era inquietante, aun cuando no ocurriera nada. Se había tendido un puente de ideas.

Por aquellos días se habían formado en la sección Baida dos grupos de opinión contrapuestos.

Stella Antonovna, Marianka, Schanna, Lida y diecinueve chicas más, incluida la doctora Galina Ruslanovna, querían cruzar el río y matar a todo lo que se pusiera ante su mira en campo alemán.

Por su parte, Soia Valentinovna, Miranski, Ugarov, treinta y seis muchachas y, sorprendentemente, Daria Allanovna —quien vivía ahora en el búnker de Miranski como si fuera su esposa—, consideraban disparatada cualquier acción de ese tipo.

—El astuto zorro espera en su guarida a que pase por delante el cazador —manifestó la Baida en el acalorado debate.

Sin embargo, Stella terció:

—Pero el bravo lobo ataca. ¡Y nosotras somos lobas! ¿Por qué hemos de escondernos? ¡¿Por qué merodea un hombre con gorro gris de punto?! ¿Acaso tenéis miedo? Pero os pregunto sobre todo: ¿Cómo puede ser readmitida Schanna en nuestra comunidad si no se le da la oportunidad de matar a diez alemanes? ¡Eso es ilógico e injusto! ¡Si no se nos deja ir a todas al otro lado, al menos que lo haga Schanna!

—Conforme... —admitió titubeante, Baida. La lógica siempre la convencía—. Puede ir Schanna. Pero sola..., ¡es pura estupidez!

—Ese problema es de Schanna, no nuestro. —Stella miró a Miranski en busca de ayuda, pero el comisario se guardó mucho de tomar partido en una cuestión tan espinosa—. ¿Qué puedo decirle yo a Schanna?

—Dejemos transcurrir una semana.

La Baida exhaló un hondo suspiro. «Sólo hay paz —pensaba ella a menudo—, cuando estoy con Victor Ivanovich en la cama y acaricio su cuerpo. Paz auténtica. ¡Qué celestial es todo entonces! No debería ser nunca de otra forma.» En aquellos benditos momentos, ella olvidaba las paredes del búnker apuntaladas con vigas y tablones, la mesa y el taburete, tan rudimentarios, la litera de campaña y las escarpias donde colgaban armas y uniformes; olvidaba el teléfono de campaña y las cajas de municiones... Sólo veía la maciza puerta que llevaba consigo a todas partes, y pensaba: «Estoy en un castillo. Sola en un castillo con mi Victor...»

—Acunemos a los alemanes en la seguridad para que se adormezca su prevención. Entonces, Schanna podrá reintegrarse rápidamente a nuestro círculo. ¿Es que no lo veis?

Poco cabía decir contra eso. Stella accedió a permanecer inactiva una semana, pero miró, llena de rencor, hacia la orilla alemana del río.

Fue justamente la misma semana que se pasó Peter Hesslich, esperando en vano.

Jamás había habido nadie que considerase a Foma Igorevich como un hombre excepcional. Ni su aspecto ni su inteligencia, y todavía menos su potencia viril, daban motivos para ello. Y precisamente la última condición le estaba dando muchos sinsabores desde que la ardiente Daria Allanovna, aquella hechicera roja, decidiera mudarse a sus instalaciones.

Por lo pronto, no resulta ya nada fácil domar a una diablesa de veinte primaveras y darle lo que ella espera y necesita. Máxime cuando te hiere profundamente en el alma al susurrarte palabras tan alarmantes como «tiíto», «padrecito» e incluso «viejecito». Miranski se estremecía desde el cuero cabelludo hasta la planta de los pies cada vez que él se sentía muy orgulloso de su virilidad e, inopinadamente, Daria le decía con voz trémula:

—¡Oh, viejecito...! ¡Oh, oh! ¡Que no te dé ahora un ataque cardiaco...!

Entonces, Miranski resoplaba cual hipopótamo enfurecido, le alborotaba el pelo, le pellizcaba los senos llenos, la zarandeaba y la cubría de insultos, entre los cuales, el más suave era «puta del diablo». Pero lo malo era que, a pesar de todo, Daria se ponía, por su parte, en plena marcha, y entonces Miranski necesitaba hacer un monstruoso esfuerzo para mantenerse hasta el feliz final.

—Necesito un consejo —le dijo un día al teniente Ugarov—. Un consejo de hombre a hombre. Ciertamente, tu Soia Valentinovna es una olla a presión, y, ¡ay del que levante la tapadera...! Entonces, todo será borboteos y silbidos, ¿verdad? Volcánica es la palabra, casi se diría energía plutónica. ¡Una hembra tan ardiente puede aniquilar a cualquier hombre! Sin embargo, ¿qué pasa contigo, mi querido amigo Victor Ivanovich? Te vengo observando desde hace meses: tanto si es de madrugada como por la noche, abres la pesada puerta del búnker, marchas afuera, estiras cuanto puedes los brazos..., en suma, ¡te comportas como si salieras de un baño restaurador! Para ser exactos, ¡no tienes, ni mucho menos, el aspecto de alguien que ha sido devorado por unas llamas volcánicas! Mi mejor amigo y camarada, ¡revélame el secreto de tu misteriosa vitalidad!

—Eso engaña, mi querido Foma Igorevich. —Ugarov miró meditabundo ante sí y tamborileó con los dedos sobre su muslo—. ¡Yo me siento siempre como un trozo de leño calcinado! Incluso creo que si alguien me rozase en ese instante, mi cuerpo se desintegraría con espantosos crujidos. Para serte sincero y a título confidencial...

—Absolutamente confidencial, mi querido Victor.

—En la cama, Soitschka es una verdadera asesina.

—¡Ya lo decía yo! ¿Y cómo sobrevives a eso, amigo mío?

Miranski suspiró hondo. Pensó que el día declinaba aprisa y Daria le estaría esperando ya en el abrigo. Él sabía lo que le esperaba apenas entrase allí. Si le saliese al encuentro el olor a huevos fritos, no habría misericordia. Si, por el contrario, oliese a sopa de rancho, podría contar con la esperanzadora probabilidad de aguantar el ardor de Daria, aunque sintiese un dolor punzante en la espina dorsal.

—Tengo una treta —susurró Ugarov, cual un conspirador. Miranski silbó entre dientes.

—¿Tienes una treta? ¡Diablos contigo, Victor Ivanovich!

—¡Nacida de la necesidad! Los mayores inventos de Rusia se debieron a la imperiosa urgencia de improvisar...

—¿Tú improvisas con Soia Valentinovna? —balbuceó, pasmado, Miranski.

—Sí.

—¿Y ella no lo nota?

—Nota sólo que eso la complace mucho...

—¡Fenomenal! Puesto que eres mi mejor amigo, Ugarov, espero me confíes semejante descubrimiento. Te quedaré eternamente agradecido. Daria me vacía por completo...

Y así supo Miranski, gracias al teniente Ugarov, cómo se adueña uno de las mujeres volcánicas. Y habiéndose dicho eso a título confidencial, según hemos oído, ¡nos está vedado hablar sobre ello! Sea como fuere, se demostró que Miranski sobrevivió con buena salud a la semana siguiente, y Daria Allanovna le llamó otra vez «mi novillo salvaje» en lugar de «mi viejecito», mientras sus verdosos ojos felinos relampagueaban. Y Miranski abrazó dos o tres veces a escondidas al teniente Ugarov y le besó, agradecido, en ambas mejillas.

Naturalmente, en el batallón se supo muy pronto lo que acontecía allá delante con la sección femenina. No hubo ningún motivo para amonestaciones o expedientes disciplinarios. Mientras no hubiese celos entre las mujeres ni los correspondientes dramas histéricos, lo mejor sería cerrar ambos ojos, felicitar en secreto al privilegiado Miranski y alegrarse cuando las muchachas acudían a retaguardia ocasionalmente para recoger provisiones y munición, material o herramientas. Entonces, la noche era larga, sobre todo para los oficiales..., a quienes correspondía, en definitiva, decidir si era procedente dar parte de ciertos incidentes a la superioridad.

En el fondo, todo fue normal. Allá donde trabajen y combatan juntos hombres y mujeres, donde haya la posibilidad de morir también juntos, jamás se podrá prohibir que vivan y amen juntos. Se había dado incluso un sobrenombre a esas mujeres: *polévaia pochódnaia schena;* abreviado, «PPSch», o, simplemente, «mujeres de campaña». Quien daba albergue a una «PPSch» en su búnker era objeto de envidias, no de amonestaciones. Pero la cuestión se hizo penosa cuando se inició el despliegue general para no cesar más, como ocurrió entre enero y marzo de 1943. Entonces, las «PPSch» marcharon con la impedimenta, y nadie pudo saber si ellas buscarían consuelo con los despreciables camaradas encargados de avituallar a las tropas, que ocupaban la retaguardia y tenían mucho tiempo para echar vistazos bajo las faldas.

Las grandes catástrofes sobrevienen de pronto, sin aviso, como surgidas de la nada, y por eso mismo surten efectos destructivos.

Para Foma Igorevich hubo una catástrofe llamada Práskovia Ivanovna.

Era su esposa.

La Miránskaia era una mujercita de treinta y nueve años recién cumplidos, y, por tanto, había alcanzado una edad en que una persona se habitúa a ciertas condiciones de vida y se pone muy nerviosa cuando esa situación cambia de improviso. Siete meses antes, Miranski había estado de permiso por última vez, si se exceptúa un cursillo de adoctrinamiento en Moscú. Pero entonces, él se había limitado a emborracharse con sus amigos y contar anécdotas sobre el batallón de mujeres —lo cual le había valido envidia y admiración—, sin atender lo más mínimo a las necesidades y los sentimientos de la Práskovia.

Cuando una mujer se encuentra ante semejante situación suele tener ideas increíbles. La Práskovia no tuvo reparos en escribir al jefe del regimiento de su marido y participarle que Foma Igorevich Miranski era comisario de la unidad de tiradoras escogidas, y como el frente estaba tan tranquilo —lo decía Radio Moscú y lo escribía el *Pravda*— que se oía cacarear a las gallinas, ella solicitaba autorización para visitar a su muy amado marido. Sin duda la alegría le haría ser un combatiente más bravo de lo que ya era, sin necesidad de eso...

Un comisario queda subordinado al mando militar cuando se da una circunstancia única, a saber, la misión de combate. Pero quien decide sobre su bienestar es la Central de Adoctrinamiento Político en Moscú. Allí había algunos camaradas que en su candidez creyeron dar una grata sorpresa a Miranski enviándole de visita a la Práskovia Ivanovna. Así pues, le extendieron un salvoconducto y ¡se regocijaron por anticipado con las consecuencias de aquella mala pasada!

Hacia mediados de junio de 1943, en un domingo espléndido, ¡Práskovia Ivanovna Miránskaia llegó, efectivamente, al Donetz! Primero viajó con tren, luego le tocó el camión, e hizo el último trecho del trayecto en un carro aldeano tirado por dos viejos y esqueléticos jamelgos. El vehículo iba cargado con coles tempranas, que el labrador llevaba al batallón, donde se haría una sopa de verdura espesada con harina de cebada. El gran padrecito habló poco, fumó un tabaco homicida en una pipa tallada a mano y se hizo contar lo que pensaba hacer la Práskovia en los próximos días.

Solamente al concluir el recorrido y detenerse ante el almacén del batallón, el viejo preguntó:

—¿Pueden visitar a sus maridos en el frente todas las mujeres?

—Lo ignoro. —La Práskovia saltó del pescante y se alisó la falda nueva de algodón azul que se había hecho ella misma—. Yo lo intenté, padrecito, y me dieron autorización.

—Tu marido es oficial, ¿verdad?

—No, comisario...

El gran padrecito la miró con ojos entornados mientras chupeteaba su pipa:

—¿Qué me dices? ¿Comisario? ¡Je, je...!

—Sí, comisario político —replicó, enorgullecida, la Práskovia.

El viejo carraspeó, aspiró aire y lanzó un escupitajo certero contra el hombro izquierdo de la Práskovia. La Miránskaia quedó petrificada hasta que el gran padrecito desapareció entre las sombras del almacén. Se preguntó si debería gritar a voz en cuello, «¡han escupido a la mujer de un comisario! ¡Lo han hecho porque mi marido es comisario!» Pero luego se sintió insegura sobre las secuelas que tendría semejante alarido, cogió su bolso de lona y se encaminó hacia la casa sobre cuya puerta había un letrero donde se leía: COMANDANCIA.

«Fomascha se alegrará —pensó—. Le traigo un enorme pastel de mantequilla y trescientos gramos de vodka.»

Por desgracia —o suerte, según se miren las cosas, para Práskovia Ivanovna—, el oficial de guardia del batallón, que conocía a fondo las circunstancias de la sección femenina, se hallaba bañándose dentro de una inmensa cuba haciéndose frotar la espalda por un sanitario. Así pues, la valerosa y entrañable mujercita fue recibida en la oficina por un subteniente que se había incorporado al batallón quince días antes, un muchacho muy joven de Kamtschatka, que desconocía totalmente cómo iban las cosas allá delante en aquellos tiempos de calma celestial. Estaba muy atareado clasificando los movimientos de tropas que, procedentes de todos los rincones de la Unión Soviética, se estaban concentrando para constituir un nuevo grupo de Ejércitos: el «Frente Estepa», del capitán general Koniev. Cuatro Ejércitos soviéticos de la Guardia se apelotonaban en el pequeño sector del Donetz, desde Prochorovka hasta Woltschansk, en una extensión de cien kilómetros escasos. En ese reducido espacio se desplegaban tropas flamantes y saludables, óptimamente avitualladas y pertrechadas, llenas de un espíritu batallador, cuyo único objeto era contener la ofensiva alemana de verano anunciada por la red de espionaje «Luzy» en Suiza, y luego eliminarla en un poderoso contraataque. Sería una embestida arrolladora, algo jamás visto en aquella guerra cruel..., una marcha victoriosa hasta Polonia, hasta Berlín, hasta el aniquilamiento definitivo de los Ejércitos alemanes. A lo largo de esos cien ridículos kilómetros, cuatro Ejércitos intactos de la Guardia..., y ese espectáculo impresionante no era privativo del Donetz. Por todas las zonas de combate, desde Leningrado hasta el mar Negro, se ofrecía el mismo cuadro. El Ejército Rojo marchaba con 860 divisiones, 8.400 carros de asalto y 20.770 cañones. Cinco millones y medio de soldados rusos estaban en armas para pulverizar con una tempestad de fuego sin precedentes a los alemanes. Si Satán no tomase partido por los germanos, la grandiosa operación sería un éxito. ¿Qué tenían los alemanes para oponerse? 2.468.500 hombres fatigados y enflaquecidos, desmoralizados por los incesantes repliegues y combates defensivos, que necesitaban contar su munición y carecían de combustible para los vehículos. Aparte de eso, 8.037 piezas de artillería y 2.304 tanques, de los cuales sólo había 700 en perfectas condiciones para combatir.

Y eso concernía únicamente al frente ruso. África estaba ya perdida, Rommel había regresado de la aventura en el desierto. Respecto al Mediterráneo, los aliados preparaban el desembarco en Italia. Sicilia era el primer objetivo de la empresa. Desde aquí, el más que debilitado flanco Sur, se creía poder marchar en alud sobre Alemania. Si norteamericanos e ingleses arrollasen el frente desde Italia y Rusia hiciese correr a los alemanes con su tempestad de fuego, ya no habría contención posible, ni servirían de nada la bravura y resistencia inconcebibles de las tropas alemanas.

¡Sucedió lo que había de suceder! El joven subteniente de Kamtschatka, incapaz de asimilar la gran estrategia, pero agobiado con la anotación de los incesantes convoyes que transportaban hombres y material, recibió a Práskovia Ivanovna bajo la presión del tiempo. Echó un vistazo al documento de Moscú, el famoso salvoconducto, estampó al pie el sello del batallón y, después de firmar, dijo:

—Todo está en orden, camarada Miránskaia. El próximo vehículo del correo la llevará a primera línea. De momento no hay peligro. Todo está tranquilo. Sepa que usted hace ésta visita por su cuenta y riesgo.

—Sí, ya me lo han dicho.

La Práskovia sonrió feliz, cogió su bolso de lona y se preparó para la espera. El oficinista había prometido avisarla tan pronto como saliera un vehículo para el sector de la sección Baida.

La buena mujer tomó asiento fuera, en un montón de maderos adosados a la pared, se puso el valioso bolso entre las piernas y observó el movimiento aparentemente errático de soldados, el ir y venir, los gritos y las órdenes, las motocicletas y los camiones, y un pelotón de cosacos que, montando como en tiempos pretéritos unos caballejos veloces e hirsutos, entraron al galope en la aldea e iniciaron inmediatamente una polémica con el administrador del almacén. Le amenazaron con ahorcarle, atarle a la cola de un caballo, castrarle y amordazarle con sus propios testículos... Entonces llegó un teniente en ayuda del infeliz, dio voces estentóreas a los rezongones cosacos y les dijo que si seguían comportándose como piojos, se les daría el trato reservado a éstos.

¡Vaya vida la del frente! La Práskovia no se cansó de mirar mientras tenía constantemente en el pensamiento a su Foma Igorevich. «¡Pobre mío! Afligido allá delante en las trincheras. ¿Qué le decía en su última carta? ¡Ah, sí! *Me alegraré cuando termine la guerra. Padezco mucho con estas enormes tensiones y llego no pocas veces al límite de mis energías...*»

Eso respondió absolutamente a la verdad. Ahora la Práskovia se imaginó las onerosas privaciones y lloró largo rato sobre la carta. «¡Mi pobre Fomaschka..., llegando al límite de sus energías..., ¡cuánto debe sufrir! ¡Y cuánto no se exigirá de un guerrero! ¡Cómo se animará cuando vea un jugoso pastel de mantequilla hecho en casa!»

La culpa fue del propio Miranski. ¿Por qué apeló a su compasión cuando el tal agotamiento obedecía a causas muy distintas, que la Práskovia no podía sospechar? Él debería haberla escrito así: *Me va bien. Todo está tranquilo. He ganado tres kilos y la guerrera me aprieta en la barriga...* Entonces la Práskovia habría exclamado: «¡Ajá, ese perro holgazán vive en una tocinería!» Y luego habría hecho para sí el pastel de mantequilla con las provisiones ahorradas.

El error es irreparable, hágase lo que se haga, y Satán tergiversa siempre todo de tal modo, que se le huele a distancia.

Hacia el atardecer, un jeep correspondiente al cuerpo de la ayuda militar norteamericana, partió para el grupo Baida. La Práskovia, autorizada a sentarse detrás, apretó contra su notable busto el bolso de lona y se lanzó a la gran aventura cuyas incidencias le darían aún mucho que hablar: ¡Marchaba al frente!

Quiso la voluntad de Satán —en cualquier caso, resulta difícil darle otra explicación— que, al pasar por las trincheras de enlace con la retaguardia, la Práskovia viera la entrada de un búnker donde se leía COMISARIADO. Y antes de que nadie pudiera detenerla; antes de que la Baida la viera o tuviese por lo menos noticia de su visita, la Práskovia abrió la puerta sin llamar, llena de gozosa expectación.

Había hecho un día muy caluroso. Daria Allanovna estaba de pie en una bañera de cinc y se disponía a echarse por el cuerpo un cubo de agua refrescante cuando la puerta rechinó y una desconocida irrumpió en el búnker.

Daria soltó el cubo y quedó inmóvil en la bañera, exhibiendo su espléndida desnudez ante los ojos de la Práskovia.

Como ésta carraspeara nerviosa sin decir palabra, ella le dijo, afable:

—Sin duda te has equivocado, camarada. Éste es el búnker del comisario Foma Igorevich Miranski...

—¡Ajá! —exclamó la visitante.

Y, sin decir más, siguió mirando fijamente la figura desnuda en la bañera. Tras una breve pausa, Práskovia Ivanovna dijo otra vez «¡ajá!», enarboló el bolso con pastel de mantequilla y vodka y lo descargó con violencia y tino sobre la cabeza de Daria Allanovna. Cuando la mujer desnuda se tambaleó dentro de la bañera haciéndola volcar y derramando el agua por el suelo, la Práskovia rió, enloquecida.

Resultó inútil que Daria fuera muy diestra en el combate cuerpo a cuerpo y supiera toda clase de artimañas para sobreponerse a un adversario que creyera tenerla ya dominada. La botella de vodka la dejó aturdida al golpear contra su cráneo; durante unos segundos se bamboleó, incapaz de defenderse o comprender siquiera la situación; la cabeza le zumbó como si hubiera dentro un enjambre de abejas. La Práskovia aprovechó aquellos segundos para vencer a Daria Allanovna, aunque ella no tuviese ningún adiestramiento especial. Alzó ambos puños y golpeó a la barbilla a la mujer desnuda, dejándola casi en un estado de inconsciencia.

Daria se desplomó sobre el catre de Miranski y se esforzó desesperadamente por superar aquel momento de paralización abismal.

—Conque el felón de Foma Igorevich mantiene a una putilla, ¿eh? —dijo la Práskovia con entonación sombría—. Llegas aquí, te abres camino hasta el frente para hacer feliz al amado esposo y..., ¿qué encuentras en lugar de un ser sufriente? ¡Un macho cabrío de mierda que mantiene a una cabra para todos los usos! La añoranza y la inquietud te devoran, pides fervorosamente a Dios que la guerra respete a Foma, ¿y cuál es el agradecimiento? ¡Vive con una cerda, una yegua pelirroja, una perfecta mamona de ubres desafiantes! ¡La bilis me quema por dentro! ¡La sangre me hierve en la cabeza...! ¿No será una tormenta de fuego? ¡Mírala ahí, tendida con sus largas piernas, sus manos temblorosas, sus tetas puntiagudas...! ¡Ah, cuánta desvergüenza, cuánta repugnancia...! ¡Qué mierda endiablada es esta prostituta!

La Práskovia se entregó sin freno a su odio, su decepción... y su venganza. Una vez más asestó un mazazo en la barbilla a la Daria,

se estuviesen desarrollando unos acontecimientos tan espantosos?

Asimismo, Foma Igorevich había contado con todo: desde una reyerta violenta hasta dos sonoras bofetadas, pasando por lamentos estridentes y dramáticas acusaciones, pero no había previsto el espectáculo que se le ofreció cuando entró en el búnker. La sangre se le heló literalmente en las venas. Fue como si se le parara el corazón.

—Prás... Práskovia... —tartamudeó.

Ella presentó un aspecto horripilante, como si alguien la hubiese regado con una manguera llena de sangre. En un rincón del búnker, un montón de carne sanguinolenta... Y Miranski adivinó al instante que eso había sido una vez la hermosa Daria Allanovna, su insaciable diablillo, capaz de cantar *Stenka-Rasin* mientras hacía el amor.

—Prá... Práskovia...

No llegó a decir nada más. Un horrible garrotazo lo lanzó contra la pared. Una lluvia cálida le cayó sobre el rostro, cegándole, y él se dijo: «Esto es sangre. Ahora estoy listo. Ahora Práskovia me golpeará también a mí... Me golpeará con el garrote de las ratas hasta matarme, sin querer escucharme. Sin dejarme explicar que yo mismo soy una víctima, víctima de la lujuria de Daria... ¡Eres injusta conmigo, Práskovia! Yo no la amaba..., incluso me atemorizaba su cuerpo insaciable... Permíteme explicarte todo...»

Miranski se encogió y cayó de bruces. Apretando los dientes, la Práskovia siguió golpeándole con creciente ira. Fue como si estuviese rematando a un lobo que la hubiera atacado, como si se tratase de salvar su propia vida.

Una vez más, Miranski alzó la cabeza. Pero no vio nada porque se lo impedía el velo de sangre ante los ojos, y tampoco pudo oír nada, pues le habían machacado ambas orejas. Es más, no sintió nada, porque la Práskovia le había golpeado un nervio que neutralizó durante un rato su perceptividad sensorial. Sólo sospechó que su mujer, en un arrebato demencial, se proponía aniquilar todo cuanto hiriera antes su alma. Así que levantó por última vez la cabeza y le pidió perdón.

El siguiente mazazo fracturó el cráneo de Miranski. Un estremecimiento sacudió su cuerpo, y esa sensación fue la última que experimentó el comisario antes de que el silencio eterno se apoderara de él.

Una hora después, Ugarov y Soia Valentinovna se pusieron en marcha para componer la desavenencia matrimonial de Miranski. Quizás el pobre necesitara ayuda, en el caso de no haber llegado todavía a una reconciliación.

—Ahora podría haber concluido —dijo la Baida mirando su reloj—. ¡Ahora estarán todos roncos de tanto aullar! ¡Esos pigres del batallón! ¡Enviarnos una visita sin anunciarla! ¡Ya les contaré algo a ésos! Vamos, Victor Ivanovich...

Cuando ambos entraron en el búnker de Miranski, les salió al encuentro un hedor a sangre. La Baida dejó escapar un grito espeluznante. El teniente Ugarov sintió náuseas. Práskovia Ivanovna Mlránskaia estaba sentada junto al cadáver maltrecho de su Foma Igorevich y acunaba en su regazo el cráneo fracturado. A su lado, en un rincón, yacía el cuerpo no menos horrendo de la que fuera Daria Allanovna.

—Ya estáis aquí al fin —dijo la Práskovia con voz sorda, pero inteligible—. Al fin... ¡Cuánto habéis tardado...! Coged vuestras pistolas y disparadlas contra mí..., coged cualquier cosa con la que podáis matarme..., pero, por favor, ¡por favor, matadme! Dadme muerte..., dadme muerte aprisa... Os lo suplico...

Hacia la madrugada, Práskovia Ivanovna consiguió escapar. Como es de suponer, ni Baida ni el teniente Ugarov quisieron disparar contra ella. Lo sucedido era ya más que suficiente para desatar una interminable serie de penosos interrogatorios e investigaciones. Tanto la Central de Adoctrinamiento Político en Moscú como el general Koniev, en el Cuartel General del «Frente Estepa», se ocuparían, sin duda, del escándalo. ¡Un comisario y una famosa tiradora muertos a garrotazos por una esposa celosa! ¡Y para mayor escarnio, en el propio frente! ¡Inconcebible! Camaradas, ¿adónde vamos, pues? ¿En dónde vivimos? Sólo una cosa debe conmover nuestras almas: ¡la Gran Guerra Patriótica! Y nada más...

Después de que todas las muchachas hubieron visto los cuerpos horriblemente magullados de Miranski y Daria, y a la petrificada criminal, se encerró a la Miránskaia, aquella espantosa mujer que marchó con cabeza erguida por la trinchera y más tarde bebió té caliente y comió galletas de trigo en el búnker del mando. Sí, la encerraron en un abrigo vacío, y se le participó que a la mañana siguiente se la conduciría al batallón. Allí se sabría cómo debería concluir aquello.

Entretanto, Práskovia no había declarado nada acerca del crimen.

—No sé nada —reflexionó en tono monótono, como hablando para sí—. De repente vi mucha sangre a mi alrededor, y Fomascha estaba tendido ante mí, y una chica yacía allí, y antes se había bañado desnuda... Supe que Foma me engañaba, y entonces sentí un hervor dentro de mí..., y entonces, a mi alrededor, por todas partes..., sangre, sangre..., mucha sangre...

No se le pudo sacar ni una palabra más. La Baida opinó que se hallaba bajo los efectos de un trauma psíquico, y que mañana, cuando Práskovia comprendiese lo que había hecho, todo sería mucho peor aún.

—Eso nos arrastrará a todos en un torbellino —dijo, aprensiva, Soia Valentinovna, tras encerrar a la Miránskaia—. ¡Y cómo se enfurecerán los de Moscú! Plantarán entre nosotros un comisario... Victor Ivanovich, ¡me da escalofríos cuando pienso lo que se nos viene encima! Nos interrogarán como si nosotros fuésemos los asesinos. Saldrán a la luz muchas cosas que hemos mantenido ocultas hasta ahora y que Miranski ha callado en todos sus informes. ¡Sobrevendrá la catástrofe para nosotros y las chicas!

Se recostó sobre Ugarov buscando protección; ya no era la comandante de la unidad femenina más temida, sino tan sólo una mujer amedrentada, una palomita trémula suplicando amparo y calor. Victor Ivanovich —quien jamás se arredrara ante un subterfugio o un ardid— se mordisqueó, caviloso, el labio inferior.

Al cabo de un rato, dijo:

—Se podría olvidar todo.

—¿Qué significa olvidar, querido mío?

—Aquí no ha pasado nada —farfulló Ugarov, lisa y llanamente.

—¿Qué estás diciendo? —La Baida le miró pasmada y, cogiéndole la mano, se la puso en su impresionante busto—. ¿Notas cómo martillea mi corazón? Tengo miedo. ¿Puedes comprenderlo? Soia Valentinovna tiene miedo... no de los alemanes, sino de Moscú.

—¡Es la guerra! —murmuró, pensativo, Ugarov—. Nadie se molestará porque haya habido bajas entre nosotros.

—¿A qué viene esa necedad? —le interrumpió, amargada, Soia—. ¿Te parece oportuno gastar bromas estúpidas cuando todos estamos a punto de aullar...?

—Lo gracioso del asunto, Soitschka, es que Miranski y Daria Allanovna murieron a manos de los alemanes combatiendo por la patria. Tú redactarás un parte, un gran parte patriótico, y Daria conseguirá una medalla a título póstumo, Miranski será ascendido, y ambos quedarán catalogados como héroes y se esculpirán sus nombres en cualquier lápida conmemorativa. Y nosotros enterraremos aquí a los dos valientes, naturalmente. Pondremos incluso unas coronas en sus gloriosas tumbas. A nadie se le ocurrirá exhumarlos... La muerte del querido amigo Foma Igorevich y de la encantadora Darianka será lo más natural del mundo... Ambos han caído.

—¡Eres un diablo, palabra, un émulo de Satán! —exclamó, aprobadora, la Baida—. Pero eso no resultará.

—No veo impedimento alguno.

—¡Queda todavía la asesina, Práskovia Ivanovna! Desde luego, ella no callará...

—¡¿Tampoco si ello le permitiera salvar la vida?!

—Ella no quiere ya salvar la vida, ¡quiere morir! Y lo antes posible...

—Los deseos caprichosos como ése deben ser satisfechos —dijo Ugarov con benevolencia—. Si así se puede hacer feliz al interesado...

—¿Pretendes eliminarla, Victor? —gritó, aterrorizada, Soia Valentinovna.

—Se le debe dar una oportunidad de satisfacer su deseo. Es preciso pensarlo con calma, Soitschka. ¿Por qué no nos han de hacer los alemanes algún servicio de vez en cuando?

Dicho y hecho. Hacia el amanecer, la puerta del búnker estaba sin cerrojo cuando Miranska la empujó. Salió maravillada y, al observar que estaba sola, gateó fuera de la trinchera y corrió con faldas flotantes por la estepa y a través de la aldea destruida, camino del río.

La centinela informó a Soia Valentinovna.

—Pensemos de una forma lógica —dijo, satisfecho, Ugarov mientras descolgaba sus potentes prismáticos—. Esperemos que los alemanes no nos decepcionen...

Entretanto, Práskovia Ivanovna había alcanzado la orilla del Donetz y contemplaba la superficie argentada del agua bajo los primeros rayos del sol naciente. ¿Con que así es como uno puede poner fin a su vida?: se tira al agua y se ahoga. No es precisamente una muerte hermosa, pero Foma Igorevich tampoco ha tenido una muerte hermosa.

Práskovia descendió cautelosa el pequeño talud hasta el Donetz y entró en el agua.

Frente a ella, oculto tras un arbusto, Uwe Dallmann la observó con su mira telescópica. Había hecho la guardia de noche, y cuando se disponía a abandonar ya su puesto, descubrió la figura femenina que llegaba corriendo por la ruinosa aldea y se aproximaba a la orilla.

Pese a la engañosa calma, Hesslich había insistido en que se siguiese observando el río. Bauer III había hecho retirarse a los hombres que él cediera, entre ellos, Fritz Plötzerenke, quien había propuesto pescar con granadas de mano en el río, a lo cual se había opuesto terminantemente Bauer III. Mientras tanto, Hesslich y Dallmann permanecían fuera, como antes, se albergaban en el granero de la zona neutra y seguían esperando.

—¡Ellas vendrán! —había repetido, sin cesar, Hesslich—. ¡No tengáis cuidado..., vendrán! Ahora esto es un juego de paciencia, ¡cuestión de nervios!

No era otra cosa lo que pensaba Stella Antonovna. Repetía asimismo:

—¡Esperad! ¡Él vendrá! Ese individuo con el gorro de punto *debe* volver! No tiene más remedio.

Aunque ellos no lo supieran todavía, su duelo había comenzado.

Después de ceder la guardia a Dallmann, Hesslich se tendió en la paja para descansar. Cuando se acercaba la hora del relevo, la mañana se perfiló como una cinta pálida en el horizonte. Dentro de media hora, el sol brillaría. Entonces se podría tumbar también Dallmann. Durante el día, ninguna de las muchachas montaba guardia..., ambos campos se limitaban a observarse de una orilla a otra con potentes prismáticos. No se disparó siquiera contra Plötzerenke, quien se había bañado desnudo otra vez en el Donetz.

—A ése nos lo cargaremos un día —dijo Marianka Stepanovna chascando la lengua—. Le volaré esos colgantes de buey. ¡Será un auténtico placer!

Luego Bauer III retiró a su gente, y el río quedó verdaderamente solitario, puesto que Dallmann y Hesslich permanecían invisibles. Su camuflaje entre sauces y hierbas altas era perfecto.

Dallmann vigiló titubeante a la mujer. «¿Qué significará eso? —se preguntó—. ¿Tal vez una trampa? Viene al río en una mañana clara como si reinara una paz absoluta, se detiene ante el agua y contempla las olas. Si se desnuda ahora para zambullirse, me dará un buen disgusto..., ¡yo no puedo disparar contra una mujer desnuda! Y Peter tampoco..., ¡apostaría cualquier cosa! Si al menos empuñase un fusil...»

La Práskovia no se desnudó. ¿Para qué? Con el vestido que se hincha y te arrasta hacia el fondo, se ahoga uno mejor. Miró a la otra orilla sin sospechar que allí estaba el enemigo alemán. Si lo hubiese sabido, se habría adentrado en el río y les habría gritado: «¡Cerdos fascistas! ¡Asesinos! ¡Violadores de niñas! ¡Malditos seáis para siempre, hijos de puta leprosa...!» Les habría amenazado con el puño, habría hecho todo lo imaginable para provocar a los alemanes... con el objeto de que pusieran fin a su despreciable vida.

Pero ella no tenía ni idea. Miró cándidamente por encima del río a la otra orilla, preguntándose si sería muy fuerte la corriente y habría mucha profundidad en aquel paraje. Luego levantó la mano, se apartó el pelo de la frente y decidió dejarse caer simplemente en el río. Abriría la boca y dejaría que el agua entrase por ella. «¡Ten misericordia, Dios mío! Hazme morir aprisa.»

No fue Dios quien satisfizo su deseo, sino Uwe Dallmann.

Justamente cuando la Práskovia levantaba el brazo y avanzaba un paso en el agua, Dallmann tiró de gatillo. El solitario disparo fue como un ladrido seco en la pacífica mañana; algunas aves acuáticas se espantaron y levantaron el vuelo con clamoroso aleteo hacia el centro del río. Luego imperó de nuevo una quietud absoluta. La Práskovia cayó hacia atrás sin ruido sobre la amarillenta arena.

—Problema resuelto —comentó Ugarov.

El teniente había tomado posiciones con la Baida y Stella Antonovna en las ruinas de la granja avanzada y escudriñaba con sus prismáticos la margen opuesta.

—¿Habéis visto dónde se escondía el tirador?

—No.

Soia Valentinovna apoyó la cara sobre el antebrazo. Aunque la muerte de la Práskovia la hubiese trastornado, ella comprendió que era lo mejor. Tres personas caídas por la patria... ¿Por qué poner nervioso a Moscú con una descripción verídica?

—No he prestado atención.

—Debe de haberse ocultado entre los saucedales, pero tampoco sé exactamente dónde —dijo Stella Antonovna—. Ya encontraremos su madriguera cuando demos una vuelta por allí.

—¿Quién la recogerá? —preguntó la Baida.

Ugarov la miró atónito.

—¡Qué preguntas tienes, Soitschka...!

—No puede quedarse allá abajo todo el día.

—¿Por qué no? Ya no siente nada.

—Es inhumano.

—Tampoco lo nota ella. De día no podemos recogerla. ¡Los

alemanes lo celebrarían mucho si vagásemos por el río como blancos ambulantes!

—Podríamos llevar una bandera blanca... —murmuró, abatida, la Baida.

Ugarov negó enérgicamente con la cabeza.

—¿Qué diría ahora Miranski? ¡Un batallón de mujeres no ha agitado jamás bandera blanca! ¡Para vosotras sólo hay la bandera roja de la victoria! ¿Acaso hemos de romper la tradición por culpa de Práskovia Ivanovna?

—Le preguntaré a Galina Ruslanovna —dijo Soia con voz velada—. Ella es médico. Lleva el brazal de Sanidad. No dispararán.

—¿Y si lo hacen? ¿Hay alguna garantía?

—Dejemos que decida Galina. —La Baida retrocedió a gatas en las ruinas y luego se enderezó. Ugarov y Stella la siguieron—. Ahora daremos el parte al batallón. Tres muertos por francotiradores alemanes.

No obstante, antes de hacerlo dieron sepultura a Foma Igorevich y Daria Allanovna Kluieva, es decir, lo que restaba de ellos. No tenían ya forma humana. Era como si la Miránskaia hubiese utilizado un hacha en lugar de un garrote para ratas.

Pusieron los cadáveres en lonas y cosieron éstas; luego abrieron tres fosas en uno de los huertos delante de las granjas incendiadas y dieron tierra a los muertos. Una de las fosas quedó vacía: aún faltaba la Miránskaia.

Soia Valentinovna pronunció unas palabras, después echó un puñado de tierra sobre Foma y Daria y puso en cada montículo un gran guijarro, donde Schanna Ivanovna había pintado una estrella roja. Esta última llevaba todavía el hombro vendado, y la fiebre enrojecía su rostro. Se le había permitido echar un par de paladas sobre los muertos, pero la Baida no la miró ni habló.

«Nuestra comunidad está cerrada para ti. Tráenos diez cadáveres alemanes y ya veremos.»

Hacia mediodía, la doctora Galina Ruslanovna se puso en camino. Ugarov había hablado como los ángeles, pero enmudeció cuando la Baida le susurró, venenosa, al oído:

—¿De qué tienes miedo? ¡Ja! ¿De que tu angelito se despeine? Guarda en una vitrina a tu maulladora gatita...

Acto seguido, Ugarov desistió de reavivar la vieja polémica, se levantó muy tieso y dijo secamente:

—¡Ésa es una cuestión a resolver entre vosotras, las mujeres! Yo redactaré ahora el parte sobre la muerte heroica de nuestros tres valerosos camaradas...

La Opalínskaia se puso el brazal de médico y marchó hacia el río con la sanitaria Marfa Vassilievna. Despaciosas e intrépidas, ambas atravesaron la estepa, llevando una camilla compuesta por una lona y dos varas de aluminio.

A orillas del Donetz, Hesslich y Dallmann estaban ocultos en su escondite invisible y las observaban. Poco después de que Dallmann disparara contra la mujer, Hesslich, alarmado por la detonación, había surgido a su lado.

—¿Qué sucede? —le preguntó.

Dallmann señaló la figura tendida sobre la arena y se mordió, nervioso, el labio inferior.

—Se acercó al río..., y..., bueno...

—Hombre, Uwe, no lleva uniforme...

—Puede ser una treta. Aquí, entre los frentes, no hay personal civil. Quizás ésas de ahí enfrente tengan ahora una partida de guerrilleras...

—¿Actuando en pleno día?

—Ya lo sé, es una mierda. Apareció de repente ahí..., y disparé. Bueno, ¿y qué? ¿Acaso no dispararían también ellas si te vieran aparecer en la orilla con pantalón bombacho, camisa y corbata? Ésa era una de las tiradoras, tenlo por seguro. ¿Por qué se paseaba tan tranquila a orillas del río? Lo ignoro, pero eso no me concierne para nada.

Poco antes del mediodía tuvieron visita. Por aquellos días se había incorporado a la compañía un médico auxiliar, Helge Ursbach, quien tenía la misión de organizar un puesto de socorro avanzado..., otro indicio más de la inminente ofensiva alemana. Al brigada Pflaume le había alegrado mucho la nueva, pues el médico auxiliar había proclamado que él era un peligroso jugador de tresillo, y precisamente Pflaume estaba buscando algo parecido para pasar las largas veladas en aquella soledad. El tercero en discordia ante la mesa del tresillo era el alférez Von Stattstetten, que seguía escribiendo cada día una carta lírica a su ucraniana de la compañía de propaganda.

—Según he oído decir, tenéis tiradores de primera por aquí —dijo Ursbach en una visita a las líneas avanzadas.

—Un total de doce hombres en el sector del batallón. Pero con nosotros están los divos, dos recios mozos coriáceos. —El brigada Pflaume, que, junto con Bauer III, había enseñado las instalaciones al médico, señaló hacia las ruinas—. Allá están al acecho, esperando la llegada de las fusileras.

—Entonces, ¿es cierto que hay frente a nosotros un batallón de mujeres?

—No sabemos si es un batallón completo.

El teniente Bauer III salió de la trinchera y caminó, con el médico auxiliar Ursbach, hacia las ruinas. El brigada Pflaume se quedó allí y luego buscó a Plötzerenke para entablar una buena reyerta. Pues las desavenencias con el cabo de la Plana Mayor eran como la sal en la sopa..., condimentaban el tedioso quehacer cotidiano.

—Sea como fuere, tenemos que habérnoslas con una sección femenina cuyas componentes no sólo disparan, sino que también se lanzan al asalto. No exactamente aquí, ante la cuarta compañía, sino al sur de nuestras posiciones, en Jarkov. No se comprobó que eran mujeres hasta que se vio a los muertos, cuando reconquistamos algunas de esas posiciones. ¡Menudo alboroto se organizó en el Ejército! Y ahora tenemos mujeres en nuestro sector. Por fortuna nos separa el río.

—¿Se puede llegar a la orilla? —inquirió Ursbach.

—¡Claro! Aunque no como paseante. Nunca se sabe cuándo tendrán el capricho de alargar la lista en su cartilla de aciertos. —Bauer III miró de reojo al médico auxiliar—. ¿Le interesa de verdad ir allí?

—Sí. ¿Me acompaña?

—No. Yo estoy aquí para atender a mi compañía, no a los dos «fotógrafos» de ahí delante. —Ambos se detuvieron al amparo de las últimas ruinas, no lejos de la margen—. ¿Ve usted aquel saucedal de allí? Pues los dos estarán cerca. Sargento Hesslich y brigada Dullmann. Le aconsejo que gatee..., y siempre con la cabeza baja. Esas muchachas tienen debilidad por las frentes despejadas.

Ahora el médico auxiliar Ursbach estaba junto a Hesslich en el saucedal y observaba con los prismáticos a la víctima de Dallmann. La Práskovia estaba tendida en la arenosa orilla, y sus toscos zapatos tocaban el agua. Gracias a la enorme ampliación, se veía claramente que el brazo derecho estaba sobre la cabeza, como si la bala la hubiese sorprendido haciendo señas.

—No lleva uniforme —dijo también Ursbach.

Dallmann miró al cielo y suspiró.

—Desde hace casi dos meses tenemos tregua aquí. Es posible que las muchachas deseen corretear por ahí de vez en cuando con unas faldas. Trabajan también en sus huertos con blusas abiertas y piernas al aire si tienen demasiado calor. Se ve todo desde aquí... ¡Hace poco, una corrió incluso desnuda por ahí! ¡Y entonces la lengua te cuelga fuera como a un perro! ¿Qué significado tiene, pues, esa ropa? —Dallmann escupió el tallo de hierba que estaba mascando—. Son el enemigo. Si usted hubiese visto el limpio orificio en las frentes de nuestros camaradas, señor médico, hablaría de otra forma.

Luego, al mediodía, aparecieron Galina Ruslanovna y Marfa Vassilievna con su camilla y descendieron el declive hacia la orilla. Se inclinaron sobre la muerta y, apartándola del agua, la colocaron sobre la camilla. Durante largo rato, Galina examinó el pequeño círculo en la frente de la Práskovia. Un disparo magistral. ¿Lo habría hecho el soldado alemán con el gorro gris de punto al que se refiriera Schanna?

Galina percibió casi físicamente que la estaban observando desde la otra orilla. Pero no se volvió.

—No mires hacia allá... —susurró a Marfa, como si alguien pudiera oírla—. Haz como si estuviéramos solas...

En el saucedal, Hesslich se volvió hacia el médico auxiliar Ursbach.

—Visita de su colega rusa —dijo, bonachón—. Como si ella

hubiese adivinado que usted estaba aquí. ¿No se llama eso telepatía? Ahora fíjese: ambas llevan uniforme y recogen a la muerta.

—¡Entonces, ella era una de la tropa!

Dallmann emitió un suspiro de alivio. Le había dolido que Hesslich pareciera no aprobar su acción.

Ursbach observó con los prismáticos a la joven doctora. Cuando ésta alzaba la camilla con Marfa a una voz de mando, le pudo ver claramente las facciones, el cuello y la blusa generosamente desabrochada, con el nacimiento del seno.

—¡Qué bonita es, no acabo de creérmelo! —exclamó entusiasmado.

Hesslich asintió.

—Allá tienen hembras endiabladamente guapas. ¿Dónde puede haber una muerte tan dulce? En su caso sí cabe decir que la muerte tiene cara de ángel.

—¡No lleva sujetador! —exclamó Ursbach con tono de entendido.

—¡Dentro de un instante se ahogará usted con sus propias babas! —Dallmann rió por lo bajo—. A usted le gustaría, señor médico, que ella le asistiera, ¿eh?

Los tres observaron la marcha de Galina y Marfa con el cadáver por la orilla y luego, de regreso, atravesando la aldea incendiada.

—¡Y qué delicioso trasero tiene la otra, Dios santo! —dijo Dallmann siguiendo a Marfa con sus prismáticos.

—¡Y su colega, señor médico..., tiene unas piernas hasta el cuello!

—¡Vaya que sí! —Ursbach siguió con los gemelos de campaña a Galina hasta verla desaparecer entre las ruinas. Después los soltó y se volvió a medias—. Ellas tienen su propia Sanidad. Debe de tratarse, pues, de una unidad grande. Aunque todo esté permitido en la guerra, les diré..., si quieren saberlo, que es una guarrada hacer participar con armas a las mujeres. En retaguardia..., bien. Como enfermeras, obreras, telefonistas, oficinistas..., pero en vanguardia, como tropas, combatientes, fuerzas de asalto..., bueno, eso es una perfecta guarrada.

—Si sólo fuesen fuerzas de asalto —comentó, riendo, Dallmann—. Pero ellas no quieren entenderlo en ese sentido...

—Y la mayoría son voluntarias. —Hesslich miró su reloj—. Vírgenes con un índice mortífero. Se debe pensar siempre en eso..., ¡aunque se las vea mover el trasero y salírseles los pechos por la blusa! ¡Mediodía! ¿Me permite invitarle a almorzar, doctor? Hoy tenemos sopa de fideos con menudillos de gallina...

—¡Fantástico! —Ursbach miró a Hesslich—. ¡Ustedes dos viven como Dios en Francia!

—¡No! Como la muerte en Rusia.

Hesslich marchó reptando hacia atrás y dio un rodeo para no revelar su escondite. No se levantó hasta que llegó a las ruinas.

Stella Antonovna estaba tendida cerca de la orilla y armada de infinita paciencia. Había esperado que alguien se dejara ver allá lejos. Y al fin lo vio..., por primera vez.

«Ése es él —pensó. Y el corazón se le subió a la garganta—. ¡Debe de serlo, por fuerza! No lleva el gorro de punto, cierto, porque se lo pone sólo cuando merodea como un animal rapaz. Pero no hay duda..., ¡es él! Así, pues, ¿es ése el aspecto del gran adversario? Es más rápido que Schanna... Nadie lo diría por su apariencia. ¡Qué espaldas tan anchas tiene!»

Hesslich desapareció entre las ruinas. Stella Antonovna soltó los prismáticos. También ella se retiró reptando hasta perderse de vista. Luego se encaminó a la aldea. Allí estaba Práskovia sobre una lona junto a la fosa abierta. Justamente estaban dando los últimos puntos con un cordel fino a la mortaja.

—¡Fíjate en eso! —dijo Ugarov con voz temblona—. El centro de la frente exactamente. Y a esa distancia..., ¡es una monstruosidad!

—Le he visto. —Stella no dudó de que aquel hombre y el tirador eran la misma persona. Se inclinó sobre Práskovia y examinó el balazo—. ¡Yo seré mejor que él! Es preciso abordarle como si se tratara de un lobo gris.

Dos días después, Miranski, Daria Allanovna e incluso Práskovia Ivanovna —ésta, aun siendo civil, por estar de visita con su esposo— tuvieron una mención honorífica en el parte del Ejército. Los tres habían dado su vida por la patria.

Pero la sección de tiradoras escogidas Baida recibió una orden tajante del propio general Koniev, comandante en jefe del «Frente Estepa»: «Liquiden al enemigo alemán.»

Lo cual significó, ni más ni menos: «¡Tenéis carta blanca! Se os tolerará todo cuanto hagáis para exterminar al adversario.»

—Se acabó la calma... —dijo Soia Valentinovna a sus muchachas en una breve arenga—. ¡El camarada general Koniev quiere ver acción! Ahora elaboraremos juntas los planes.

Esto suele ocurrir en la vida: cuando el sosiego cunde por todas partes y uno se da por contento con lo cotidiano, resuena un estampido en cualquier lugar cercano y todo se desmorona otra vez. Según un antiguo proverbio popular, sólo el destino se cuida de que no crezcan árboles en el cielo, y ahí hay algo de verdad aunque los hombres atiendan raras veces ese aviso porque se les antoja demasiado incómodo y profético.

Tampoco lo tuvo presente el cabo de la Plana Mayor Plötzerenke. Uno puede convertir a un toro bravo en un manso animalito si lo lleva de un anillo que le ha pasado previamente por la nariz. Ahora bien, nadie podrá dominar jamás a un cabo de la Plana Mayor alemán que haya descubierto un hermoso cerdo, sonrosado ¡con un peso aproximado de quintal y medio!

Pues eso, justamente, era lo que había atisbado Plötzerenke: por una zona de bosque claro en campo soviético, un terreno breñoso alrededor de una cabaña campesina, trotaba, errabunda y gruñona, una maravillosa cerda..., una cerda de campeonato, por así decirlo. ¡Una cerca modélica! Si hubiese un concurso de belleza para puercos, ¡aquella cerda lo ganaría!

Plötzerenke mostróse ya incontenible. Desde luego, no dio parte de su descubrimiento al teniente Bauer III, pues conocía de antemano la reacción: «Olvídese de la cerda, es una orden.» Tampoco confió su secreto al brigada Pflaume; en resumidas cuentas, a nadie, salvo a cierto suboficial de una sección de zapadores que acampaba como tropa de vanguardia junto a la cuarta compañía. Cuando se desencadenase la ofensiva alemana, ellos tendrían la misión de asegurar el paso del río y construir un puente de pontones. Asimismo, tenían a su cargo las numerosas lanchas neumáticas almacenadas para transportar a las fuerzas de asalto alemanas.

A ese amigo auténtico fue a quien Plötzerenke pidió prestado un pequeño bote neumático, prometiéndole, como retribución, tres libras de cerdo asado, junto con una pata trasera y media cabeza para ponerla en salmuera. El suboficial de zapadores, un bávaro de la comarca de Kulmbach, soñaba desde hacía mucho con una cabeza de cerdo en salmuera.

Solo, cargado con cuatro granadas de mano y su fusil, Plötzerenke cruzó el Donetz una noche oscura y calurosa para atrapar a la hermosa cerdita. Su pequeño bote neumático fue descubierto con satisfacción desde el lado opuesto... Cuando Plötzerenke encalló bruscamente y saltó a tierra, Schanna y cuatro camaradas marchaban por la orilla y se ocultaban entre las hierbas altas.

Él esperó, escuchó en la oscuridad, pero no oyó nada, excepto el croar de las ranas y el chapoteo del agua en la ribera. Satisfecho, siguió avanzando hacia el terreno en donde localizara a la cerda.

Cuando se había distanciado unos cien metros de la orilla, las muchachas le hicieron caer en la trampa. Súbitamente aparecieron ante él Schanna y una camarada llamada Vanda; a sus espaldas surgieron otras dos chicas, y a un lado, por la derecha se vio una quinta sombra. Una voz clara y seca gritó:

—*Stoi!*

El titubeo de Plötzerenke duró sólo un segundo. Luego se revolvió y se arrojó al suelo de lado, en un salto verdaderamente felino. Una vez más, Schanna llegó demasiado tarde... Sin duda tenía el fusil en posición, pero no llegó a disparar porque el adversario desapareció.

Por el contrario, Plötzerenke disparó apenas tocó la hierba. Vio que la sombra aislada se desplomaba; rodó acto seguido y quitó el seguro a una granada de mano. Comenzó la cuenta pausada..., los segundos de espera hasta el lanzamiento..., veintiuno..., veintidós..., veintitrés..., ¡fuera con la cosa! La granada de mano voló en la noche... Plötzerenke apretó el rostro contra la tierra.

La explosión fue breve: un estallido sordo, acompañado de una nubecilla negra.

Siguió un alarido, luego se oyeron gemidos lastimeros y temblorosos gritos.

Plötzerenke alzó la cabeza. Vio que dos sombras se acercaban al lugar de la explosión y disparó otra vez. La sombra de delante se tambaleó, alzó los brazos y cayó de bruces. «Así se hace —pensó, satisfecho, Plötzerenke—. No necesito a ningún Peter Hesslich..., ¡puedo hacerlo solo!»

Siguió reptando, alcanzó al primer muerto y descubrió, horrorizado, que era una chica. «¡Mierda!», se dijo, y en ese instante comprendió que la hermosa cerdita había sido una trampa, un cebo. Se había hecho la prueba, sencillamente, calculando que un cerdo corriendo suelto no dejaría de conmover a un soldado. Sin duda se habría esperado algo más que a un alemán solitario..., tal vez una patrulla de cinco. Tan sólo se olvidaron de contar con ¡un Plötzerenke!

No tuvo mucho tiempo para meditar. Desde un lado saltó alguien y se arrojó sobre él. Cuando Vanda se desplomó a su lado, Schanna había dejado caer el fusil. No lejos de ella gemían las dos camaradas a quienes había destrozado la granada, pero sus lamentos se extinguieron. Luego vio al alemán ante sí, sacó el cuchillo, estilo puñal, y se lanzó sobre él tal como lo practicara tantas veces en la instrucción de lucha cuerpo a cuerpo..., «matar sin ruido, asestas la puñalada mientras estás todavía en el aire».

Plötzerenke tuvo una suerte increíble. Ciertamente Schanna cayó sobre él, pero la hoja del cuchillo le pasó rozando la cabeza y se clavó en tierra; el impulso fue tan violento, que ella no pudo sacar el arma del suelo.

Se había clavado hasta la empuñadura en la tierra esteparia.

Plötzerenke tuvo una reacción instintiva. Aferró con ambas manos el cuello de Schanna y apretó. Ella le golpeó con las rodillas en el abdomen e intentó zafarse, pero él siguió apretando, le robó el aire y, tras un breve y desesperado forcejeo, el cuerpo de Schanna quedó fláccido entre sus manos y la chica perdió el conocimiento.

Durante dos o tres minutos, Plötzerenke permaneció inmóvil entre las hierbas altas. Atrajo a Schanna hacia sí con el propósito de utilizarla como escudo viviente si le disparasen de nuevo. Luego levantó cauteloso la cabeza, apretó una vez más la laringe de Schanna y la arrastró por la hierba. Cuando llegó cerca de la orilla, se la echó al hombro y corrió con su carga hacia el bote neumático.

Plötzerenke remó con todas sus fuerzas hasta alcanzar la orilla opuesta del Donetz. Allí se cargó otra vez a Schanna y la llevó a una granja destruida que estaba en el sector de los zapadores. La dejó caer sobre un montón de paja, le ató manos y tobillos y corrió afuera.

Como es natural, todo el mundo había oído los disparos y la granada. Pero los escuchas se desconcertaron..., los fuegos artificiales provenían del campo soviético. Ante las líneas alemanas todo estaba tranquilo. Por consiguiente, se decidió no disparar bengalas. ¿Qué se podría ver, después de todo? ¿Quién podía saber qué fiesta celebrarían los rusos y el porqué de tantos disparos al aire?

Plötzerenke volvió a la granja y, encendiendo su linterna, iluminó el rostro de Schanna. Ésta, que había recobrado el conocimiento, contrajo los ojos y dejó caer la cabeza.

—¡Atiza! —exclamó Plötzerenke—. Eres una dulce palomita. *Lastotschka...,* ¿comprendes? Querías tumbarme, ¿eh? Te lo habías propuesto, ¿verdad? Ahora te tumbaré yo, pero no como te imaginas. —Se sentó junto a Schanna y le cogió un pecho; rió a carcajadas cuando ella, en su impotencia, le escupió—. Nadie sabe que he hecho una prisionera... Formidable, ¿eh? Te quedarás aquí, tendrás de comer y beber, cada día vendré a verte. Luego jugaremos al caballito..., ¡arre, arre!, después de la primera vez no podrás soportar la espera, te lo digo yo... Ahora la guerra es hermosa para nosotros, ¿eh, *makda*? ¿Me entiendes? Guerra *kaputt* para nosotros..., tú y yo..., sólo jodiendo... ¡Maldita sea! ¿Cómo lo decís vosotros? Bueno, lo comprenderás ahora mismo... —Diciendo esto, le arrancó la blusa, silbó entre dientes entusiasmado y le examinó el hombro vendado—. ¡Ajá! ¿Estás herida? ¡Encima, una brava combatiente! —Gesticuló, burlón, y le palpó los senos desnudos.

—Veamos lo que sabes hacer en el combate cuerpo a cuerpo. Lo mejor es la resistencia a ultranza...

Dio un empujón a Schanna, y ella cayó de espaldas sobre la paja, encogiendo las piernas. Plötzerenke rió, sombrío. Dejó la linterna a un lado y se desabrochó los pantalones.

—Ahora estate atenta a lo que jugamos... —Hizo una mueca y contempló admirado, los jóvenes senos—. ¡El hermoso cuento de la mesita te cubre, asno te derriba, porra fuera del saco...! Desde mañana no oirás otra cosa...

Schanna no consiguió morderle en la garganta cuando él la cubrió con el cuerpo, pero sí logró arrancarle un trozo de piel. Plötzerenke dio un bramido y puso los ojos en blanco.

—¡Eres una gata salvaje! —balbuceó—. Maldita..., ¡ah, maldita! ¿Pretendes devorarme?

Luego le plantó una mano bajo la barbilla y la dejó totalmente inerme. Schanna empezó a llorar, su cuerpo se desmadejó, se entregó al destino mientras pensaba: «¡También se puede morir así! ¡Esto es también una forma de muerte! No ha de ser siempre una bala...»

Jamás se había oído despotricar a la Baida como aquella mañana. Estaba fuera de sí, temblaba de pies a cabeza mientras iba de un lado para otro con facciones descompuestas. Quienes podían, se apartaban de su camino, pero ésos fueron pocos, porque Soia Valentinovna hizo formar a toda la sección y rugió hasta que se le hincharon las venas del cuello como a un pavo en celo.

Una patrulla que Ugarov despachara cuando Schanna y sus cuatro camaradas siguieron sin reaparecer a la madrugada, había encontrado y traído los cuatro cadáveres. Desde luego se habían oído a lo lejos algunos disparos y una explosión, pero entonces nadie había creído que la patrulla de Schanna estuviera relacionada con el tiroteo. Además, se había hecho el silencio inmediatamente después, de modo que las escuchas no habían podido determinar siquiera de dónde provenía el ruido. Podría muy bien haber tenido su origen en el campo alemán.

Ahora se sabía ya todo. Las cuatro muertas estaban alineadas ante la fosa: dos chicas muertas de un balazo; otras dos, por una granada de mano. Y Schanna desaparecida... ¡Esto era lo más monstruoso! No había ni rastro de ella. Se había explorado toda la zona, esperando que estuviese malherida y hubiera buscado algún escondite para esperar ayuda. Pero no se la vio por parte alguna. Esto tenía tan sólo una explicación: los aniquiladores de la patrulla habían logrado capturar a Schanna.

Y eso era lo que sacaba de quicio a la Baida. Por segunda vez, Schanna, una de las mejores tiradoras del Ejército Rojo, había fracasado lastimosamente. En la primera ocasión había dejado escapar al misterioso sujeto del gorro de punto. Esto lo había interpretado ya Soia Valentinovna como una espantosa provocación. Ahora, la ofensa era total: Schanna no figuraba como la quinta muerta de la estepa, sino que se había dejado secuestrar.

—¡Ahora se acabó definitivamente el sosiego! —vociferó Soia Valentinovna agitando los brazos cual aspas de molino—. Dondequiera que haya alemanes, ¡allí estaremos nosotras haciéndoles frente! Mirad a vuestras camaradas, embadurnadas en sangre, sus cuerpos desgarrados..., y pensad que entre vosotras hubo antaño una Schanna Ivanovna, quien tenía grandes probabilidades de ser «heroína de la Unión Soviética». ¡Ahora está en manos de los fascistas! La ahorcarán, ya lo sabéis. La torturarán e interrogarán hasta hacerle sudar sangre..., ¡y luego le pondrán una soga alrededor del cuello! ¡Tened siempre esa imagen ante los ojos! A partir de hoy sólo habrá una cosa, día y noche, para nosotras: ¡muerte al enemigo! No esperaremos más a que vengan, ¡nosotras mismas iremos en busca de los alemanaes! ¡El camarada general Koniev me ha dado plenos poderes!

Luego fueron enterradas las cuatro muertas, y una salva de honor resonó sobre sus tumbas. Stella Antonovna declamó una poesía de Máximo Gorki, y en las filas hubo muchas que lloraron en silencio, mientras otras sollozaron estrepitosamente. Acto seguido, la Baida distribuyó los grupos de combate..., se ocupó la orilla del Donetz; las muchachas, bien camufladas con ramas sujetas a la espalda, se tendieron en la arenosa faja ribereña. Al caer la noche excavaron agujeros con el espacio justo para moverse. Allí no les podría alcanzar una granada, aparte de un golpe de suerte..., y si hubiese tiroteo, se acurrucarían dentro del angosto boquete, se cubrirían con una tapadera de gruesos maderos y esperarían a que amainase el temporal. A derecha e izquierda habría suficientes ojos para observar sin trabas al enemigo. Si los alemanes cometiesen la locura de atravesar el Donetz, se daría inmediatamente la alarma.

A la noche siguiente, Stella Antonovna, Marianka Stepanovna y Lida Ilianovna emprendieron la marcha hacia la orilla opuesta del río. Habían construido para la aventura una balsa sobre cuya superficie se habían asegurado con clavos varios arbustos. Flotando en el agua semejaba un pequeño islote a la deriva que la corriente hubiese arrancado de la orilla. Escondieron entre los arbustos sus fusiles y munición, sus ropas y botas, luego se zambulleron desnudas y, asiéndose al «islote», lo empujaron, nadando, hacia la orilla alemana mientras ellas quedaban invisibles para cualquiera. Una vez allí, permanecieron vigilantes en el agua dos o tres minutos, y cuando se cercioraron de que nadie había descubierto su balsa, surgieron, sigilosas, del agua. Se vistieron, cogieron sus fusiles y empezaron a reptar por el suelo cual grandes lagartos verdosos.

En otros lugares, otros grupos de muchachas cruzaron el Donetz después de haberse pasado el día entero observando el campo enemigo. Allá la gente se había vuelto muy despreocupada. Casi tres meses de calma y, ahora, el relativo fresco estival, suscitaban una euforia realmente demencial. Se perdía de vista la realidad..., se contemplaba las plantas repletas de flores, se olía la hierba, se tomaba baños de sol. La corriente, con sus reflejos de un azul plateado atraía a todos, el gorjeo de los pájaros sonaba como la melodía de un mundo cautivador. Y las noches junto al Donetz eran cálidas, en la cantina se podía tomar aguardiente e incluso vino..., a decir verdad, sólo faltaban algunas mujeres bonitas y cariñosas para completar la armonía.

Los escuchas, muy separados entre sí, miraban, soñolientos, al frente. ¿Cómo van a venir ahora los rusos? ¿Súbitamente? ¿Furtivos e inaudibles, tal vez con calcetines? ¡Tonterías! ¡Cuando vengan los rusos, organizarán un escándalo con todos sus cañones! Entonces harán el ruido suficiente. La tierra se estremecerá y eso lo notará cualquiera.

Como es de suponer, Fritz Plötzerenke visitó otra vez aquella noche a su hermosa captura. Durante el día había estado dos veces con Schanna Ivanovna, le había llevado malta fría, galletas y carne de lata. Entretanto, ella seguía maldiciéndole y escupiéndole al rostro. Plötzerenke no entendía ni una palabra, pero cuando recibió los escupidos, pensó que quien te escupe no pretende exactamente demostrarte simpatía, de eso estuvo seguro.

—Pronto nos acostumbraremos el uno al otro —dijo, riendo contento—. La última vez estuvo muy bien, ¿no? Y cada vez será más hermoso, te lo garantizo...

Hizo un lazo con una cuerda larga, se lo colocó a Schanna alrededor del cuello y la condujo detrás de la casa como si fuera un perro que necesita hacer sus cosas. Y fue exactamente eso lo que hizo.

—No te preocupes —dijo Plötzerenke haciéndose cortésmente a un lado—. Eso es una necesidad humana, ¡y todo lo humano es normal! ¡Acuclíllate! Ahora hace ya casi cuatro años que yo cago al aire libre. Te va muy bien, basta con flexionar las piernas y sacar el culo. ¡Pero date prisa, pequeña! Siento ya martillazos en los pantalones...

Schanna se sometió. No tenía más alternativa, si no quería hacérselo encima. Plötzerenke le dio tiempo suficiente. También le permitió lavarse en una artesa, y cuando ella se miró en el espejo del agua, sintió asco de sí misma. Entretanto, el lazo seguía oprimiéndole el cuello. Tres veces intentó quitárselo, pero Plötzerenke se apercibió y tiró del lazo mientras decía, benévolo:

—¡No hagas estupideces, chiquita! ¿Adónde quieres ir? No llegarías más allá de cinco metros...

Después de aquellas excursiones, Schanna se tendía otra vez con brazos atados en la paja y aguantaba al jadeante Plötzerenke. Se mordió los labios hasta hacerlos sangrar pero no gritaba, y soportaba el peso cual una tabla. A Plötzerenke no le molestaba su pasividad. Él se contentaba con poseer su cuerpo joven, y cuando se marchaba, le dejaba una tableta de chocolate. Y Schanna se lo comía. Podía cogerlo con las manos atadas y llevárselo a la boca. Pero no llegaba hasta las ataduras de los pies, por mucho que se retorciera y estirase con su magnífica flexibilidad. Su única esperanza era darle una dentellada en la garganta; sin embargo, tras el primer mordisco en el cuello, Plötzerenke se había hecho muy prudente y siempre la esquivaba a tiempo. Cuando veía que se disparaba su cabeza, le soltaba una bofetada.

—¡Una vez y no más, anguila salvaje! —decía, muy satisfecho de sí mismo—. ¿Es eso lo que hacéis en Siberia?

Ahora era de noche. Plötzerenke había llegado llevando consigo un puchero lleno hasta el borde de sopa de alubias y un trozo de pastel con pasas que le había regalado el suboficial Senkler de un paquete de casa. Tres sacos repletos de correo y pequeños bultos habían llegado aquel día a la unidad. Por todas partes se veían soldados en sus abrigos que leían cartas y mostraban fotos, comían las golosinas de madre y contemplaban el vacío con mirada nostálgica.

El hogar. A ellos les va bien. Todos nos esperan..., esperan el permiso, el retorno definitivo, la paz.

Fuera, en el Donetz, se deslizan hacia tierra las tiradoras escogidas.

Plötzerenke no tuvo la menor idea de que en torno suyo la muerte reptaba por la hierba esteparia. Puso la mesa. Colocó sobre la paja una lámpara de batería que había llevado consigo para tener por lo menos una luz tamizada, se quitó la guerrera y, quedándose en camiseta y pantalones, se sentó junto a Schanna. Ella le miró entornando los ojos y cavilando sobre la forma de embaucarle. Al pensar lo que seguiría después de la cena, sintió un nudo en la garganta. No había posibilidad de resistirse...

Pero Plötzerenke se inquietaba también por Schanna. Aquella misma mañana, después de esconderla en la casa calcinada, él le había puesto un vendaje nuevo. Galina Ruslanovna le había limpiado el boquete del balazo lo mejor que pudo, pero tal vez algunos restos de tela habían quedado incrustados en la herida. Ésta empezaba a irritarse e inflamarse, la carne adquiría un tono rojizo y amenazaba con supurar. No obstante, la Baida se había negado rotundamente a que Schanna ingresara en un hospital de sangre, donde se tenían medios y medicamentos para atajar la infección.

—¡Entre nosotras no hay ninguna Schanna Ivanovna herida! —masculló, enfurecida—. ¿O acaso alguna de nosotras ha visto u oído que Schanna se enfrentara jamás con un alemán y éste sobreviviera al enfrentamiento? ¿Hay en nuestro círculo una Schanna que cayera en poder de los alemanes y luego los fascistas le devolvieran magnánimamente la libertad? ¿Eh? Entonces, ¿quién está herido aquí? ¿Quién puede asegurar que Schanna esté herida?

También calló Galina Ruslanovna, aunque ella, como doctora, pudiera haber formulado una protesta. Pero conocía bien el concepto del honor que reinaba en las secciones femeninas. Su primer destino había sido en un campo donde los prisioneros de guerra alemanes debían desfilar desnudos ante su vista, mientras ella decía con voz monótona:

—¡Apto para el trabajo! ¡Apto para el trabajo!

Ello significaba para muchos la pena de muerte..., pues se desplomaban al poco en las brigadas de leñadores o la cantera. Cuando fue relevada, Galina se alegró. Luego pasó a una compañía de Infantería femenina en período de instrucción y allí se familiarizó con el código del honor entre los batallones de mujeres: ¡Ser mejores que los hombres! ¡Más aguerridas y bravas, más duras y flexibles..., y morir sin una queja! ¡Nada tiene importancia en vuestra vida..., salvo la tierra natal, la patria!

Así pues, Galina estuvo preparada para reunirse con las tiradoras escogidas del frente. Allí, bajo el mando de Soia Valentinovna, todo fue mucho más intenso y fanático, aunque también, ante la muerte, más humano. A causa de esto —y no por razones personales—, la Baida hacía la vista gorda a los amoríos de sus muchachas con los oficiales de la retaguardia.

Sólo cuando estaban en juego la disciplina y el honor de las combatientes, la Baida no admitía compromiso alguno. Schanna tenía sólo una posibilidad de volver a ser una persona intachable: apuntarse diez aciertos en frentes alemanas. A Soia Valentinovna le tenía sin cuidado la herida.

—Pero, ¿qué tiene? —preguntó una vez a la Opalínskaia—. ¿Se ha hecho algún rasguño al tropezar con una esquina? ¿A qué viene tanto alboroto por eso?

Al ponerle el primer vendaje, Plötzerenke había visto inmediatamente que la herida no tenía buen aspecto. Ahora, aparte las alubias y el pastel de pasas, había traído una dosis de polvo de sulfopiridina que le había dado el sanitario de la compañía.

—¿Para qué es? —le había preguntado el cabo primero.

Los polvos contra las infecciones escaseaban. La farmacia del batallón los daba sólo mediante presentación de la receta, que —en el área de la cuarta compañía— debería ir firmada por el médico auxiliar, Helge Ursbach.

—¿Para qué? —rugió Plötzerenke—. ¡Desde luego no para el sudor de pies!

—No, para eso te basta con cortártelos...

—Está bien. ¡Los necesito para unas purgaciones!

—¿Espolvorearlas? ¿Hemos estado en el burdel? Saca la flauta, te daré una lavativa...

Finalmente, Plötzerenke consiguió la dosis. No supo si los polvos surtirían efecto. Pero como se decía que la sulfopiridina era buena contra todas las infecciones, no se perdía nada probándola con el hombro de Schanna.

—Acércate, alma mía, y no me mires como si quisieras comerme —dijo Plötzerenke.

Le desabrochó la blusa a Schanna y resistió la tentación de apresar los pechos jóvenes y firmes. Luego, poniendo a su vera venda y cajita de polvos, sonrió a Schanna:

—Sólo pretendo ayudarte, chica. Tiene mal aspecto esa herida tuya. Te dolerá, ¿verdad? ¡Lástima que no podamos entendernos! Tú *nix ponnimei guermanski*, ¿eh? —Cogió la cajita y se la puso a Schanna ante las narices—: Esto son polvos, polvos milagrosos, ¿comprendes?

—*Pudra...* —dijo, titubeando, Schanna—. *¿Pudrenitsa...?*

—¡Eso es! —gritó Plötzerenke. Y aplaudió de alegría—. ¡Tú lo has dicho! *¡Pudra!* ¡Bueno para *vunda*. —Le dio una palmadita cautelosa en el hombro izquierdo.

—*Rana...* —dijo Schanna.

—También *rana* si lo prefieres. Contra *infektiona...*

Schanna asintió y escrutó, desconcertada, a Plötzerenke.

—*Sarasa..., lichoradka...* (fiebre traumática).

—¡Esto va fantástico, chica! Tú lo has dicho también... ¡Tienes razón! ¡No te me escaparás, pequeña mía! Tu *samsena* doblará la rodilla...

—*Sarasa...*

Se estuvo muy quieta mientras Plötzerenke le colocaba la venda. Realmente la herida tenía un aspecto muy feo, sus bordes empezaban a hincharse. Schanna volvió la cabeza y miró fijamente la lesión. Hacía ya varios días que sentía pinchazos y latidos en el hombro.

—¡Excelente! —le había dicho Soia Valentinovna—. ¡Así recordarás continuamente que debes matar a diez alemanes!

—¿Y si me da fiebre? —había preguntado Schanna.

—Bueno, ¿y qué? —La Baida había reído con aspereza—. Nosotras disparamos incluso sin ojos, porque olfateamos al enemigo.

¿Qué hubiera podido contestar ella a eso?

Mientras le espolvoreaba y vendaba otra vez la herida, Plötzerenke se le acercó tanto en algunos momentos, que ella podría haberle mordido la garganta con un movimiento rápido de cabeza. Pero no lo hizo. «Me está ayudando», se dijo. Y ese pensamiento, que la Baida habría calificado de delito, la dominó. «Él es un cerdo, me está violando; confirma y refuerza en mí un odio inextinguible contra todo alemán. ¡Pero me ayuda! Quiere contener la fiebre y la supuración. Se preocupa por mí como un amante, un compañero. Entretanto, su muerte se acerca con cada hora que pasa.»

—¡Ya está! —exclamó, satisfecho, Plötzerenke al concluir el vendaje—. Esto lo haremos un par de veces al día, y cada vez se dará un premio al cariñoso joven. Pero comamos primero nuestro pastel, ¿no te parece? ¡Auténtico pastel alemán! Con huevo en polvo y colorante amarillo..., antes había sólo huevos. Doce trozos era la ración usual entre nosotros. Cuando mi madre hacía pan dulce, la mitad del pastel había desaparecido antes de salir del molde. ¡Ah, claro!, tú no me entiendes. Venga, comamos...

Por primera vez le desató las manos y le puso el pastel en el regazo, mientras él, por su parte, metía la cuchara en el puchero de alubias. Naturalmente la sopa estaba fría y espesa..., pero eso no alteraba a un cabo de la Plana Mayor. Para él todo era digno de engullir o poco menos. Mientras el hombre tenga vida debe comer, emborracharse y fornicar. Cualquier otro concepto de la vida es malsano. Sólo sirve para atormentarte. Por consiguiente, la moral de Plötzerenke se circunscribía a esas tres actividades, y el bienestar conseguido hasta entonces reforzaba su convencimiento de que, en el fondo, el hombre está constituido de una forma muy simple, y sólo se le complica la vida innecesariamente con eso que llaman ética.

Plötzerenke lo expresó así, aunque sin tanta erudición.

—¡Todo es una mierda! —exclamó—. ¡Bastan un plato repleto de carne, una hermosa cerveza y después una real moza sobre el colchón..., para que papá no se entumezca!

Schanna le observó. Él hizo ruidos con la lengua, lamió la cuchara de aluminio, rascó el puchero y soltó tres eructos de satisfacción. Ella partió dos o tres bocados del pastel, acumuló saliva para poder deglutirlos y se dijo: «¡Esto no es una capitulación! ¡Tú te los tragas para poder sobrevivir y vengarte! Es una estratagema de guerra. Debes mantenerte fuerte para aniquilarle.»

Ella se comió también el chocolate sobrante de la tarde y supo que ahora seguiría el «postre» de Plötzerenke: aquella horrible humillación de Schanna Ivanovna que ella creía poder borrar sólo con sangre. Apretó los dientes y respiró hondo cuando Plötzerenke se quitó los pantalones.

—¡Me gustaría explicarte tantas cosas...! —le dijo él sentándose a su lado. Schanna observó, maravillada, que esta vez no la ataba al poste ni la obligaba a abrir las piernas, como hiciera hasta entonces—. Pero tú no conoces el alemán y yo soy demasiado torpe para el ruso. Yo sé que quieres matarme, ¡pero tú ignoras que me gustas de verdad! ¡Y esto no es pura palabrería, pequeña! Bueno..., sí, tengo una mujer en casa, bastante más sólida que tú, te lo aseguro; en ella todo es redondo, ahí sí que es posible agarrarse bien. Sin embargo, jamás he tenido una chica tan joven y delicada como tú, siempre hembras macizas. Desde luego no me creerás si te digo que me he enamorado de ti..., ¡sí, de ti! ¡Qué estupidez! ¿Eh? Pirrarse por una fusilera. Pero no puedo evitarlo, me veo impotente ante eso, ahí manda sólo el corazón... Y ahora me pregunto: ¿Qué harás con la pequeña cuando esta guerra se desmelene otra vez? Eso es un problema auténtico, chica. Sería una estupidez enviarte a la cautividad. Entonces, la SD te cogería al instante y te colgaría. Esos grupos de asalto tienen predilección por las personas como tú. Mira, chica, no me cabe en la cabeza que quisieras hacerte tiradora escogida. Una cosa tan bonita como tú...

Diciendo esto, Plötzerenke se tendió en la paja. Schanna pudo haber aprovechado aquel momento para lanzarse cual una tigresa sobre él y matarle. Pero no lo hizo. Se limitó a escuchar su voz, aunque no entendía ni palabra.

Por suerte para él, la patrulla bajo el mando de Stella Antonovna no torció hacia la izquierda, sino hacia un caserío a mano derecha, en cuyas ventanas, cubiertas con mantas, les había parecido distinguir un leve resplandor. Así las muchachas invadieron la zona de la sección de ametralladoras que se había instalado en lo que fuera antaño una pequeña hacienda, un magnífico emplazamiento con un campo visual despejado hasta el río. Si los soviéticos atacaran allí alguna vez, se encontrarían con un nutrido fuego aniquilador.

La ociosidad que caracterizaba a la guerra desde hacía tres meses, dominaba también a la sección de ametralladoras. Una vez fortificadas sólidamente las posiciones, comenzaba la gran despreocupación. Y perduraba aunque se charlase acá y allá sobre las incursiones de la unidad femenina desplegada enfrente y los fulminantes disparos a la cabeza que inquietaban incluso al OKH. Tampoco surtía efecto la incorporación de dos tiradores escogidos de la Escuela Especial de Posen. Nada cambiaba, seguía prevaleciendo la somnolencia, y se generalizaba una opinión: ¡Los rusos están exhaustos! Stalingrado les ha desangrado. Y luego el avance por la estepa del Don, la ofensiva del Cáucaso, la conquista de Rostov y Krasnodar, la batalla de Kubán..., ¡eso jamás lo soportaría un ruso, aunque le respaldaran tres Siberias!

Lo cual era un error militar, cuya aclaración letal se estaba preparando desde hacía varias semanas.

El brigada Hermann Busch destacó tan sólo un escucha, quien se acomodó fuera de la hacienda en un hoyo relleno de paja y se amodorró pacíficamente. Cuando un ruso ataca, tiene siempre apoyo artillero y avanza protegido por carros de asalto. Casi siempre corre tras la primera oleada de tanques. Jamás llega solo, sin fuego protector. Todos estaban convencidos de eso. Atrás quedaban los tiempos en que un escuadrón cosaco cargaba al galope lanzas en ristre y blandiendo sables de ancha hoja, sin importarle una mierda las ametralladoras y los morteros. Ante Stalingrado no había habido esas heroicas y letales cabalgadas contra los tanques alemanes «Tiger».

Hoy día el ruso mima a sus soldados... Y, meciéndose con ese convencimiento, el escucha se durmió sin pensar que estaba incurriendo en la falta más grave que pueda cometer un soldado. Pero allí, a orillas del Donetz, aletargado todo el mundo por los tres meses de calma inalterables y resplandor solar, ante el panorama de una estepa florida y una inactividad amodorrante, había mucha indulgencia. Algunos jefes de compañía volvían a implantar incluso el servicio cuartelero: presentar armas, rígidos saludos militares, marchas, limpieza de armamento, instrucción teórica e ideológica.

Pregunta literal del brigada Pflaume:

—¡Fusilero Hansemann! Dígame qué respondería usted si el Führer le preguntara: «¿Le gusta la Wehrmacht?»

Hansemann, algo vacilante:

—Nada. Sólo meditaría...

—¿Qué haría usted? —rugió Pflaume.

—Así nos lo han enseñado: Un soldado alemán piensa antes de contestar.

—¡Usted tiene la suerte de que el Führer no conversa con calabacines! Debería responder, naturalmente: «¡Me enorgullece ser soldado!» ¡Repítalo, Hansemann!

—Me enorgullece ser soldado...

—Ahora, ¡una canción!

El brigada Pflaume alzó tres dedos: La número 3 en el repertorio de la compañía.

Es tan hermoso ser soldado,
Roooosemariiiiieee...

Por aquellos días todo pareció diferente junto al Donetz: lo único que no cambió fue la muerte.

El grupo de Stella Antonovna rodeó el nido del escucha y contempló, estupefacto, al plácido durmiente. El alemán estaba tendido de espaldas, tenía entreabiertos los labios y roncaba levemente, con unos silbidos finales.

Stella alzó el pulgar. ¡No disparar! De lo contrario se despertarían los demás inquilinos. Hizo señas a Tamara Fillipovna, una muchacha de los Urales. Asintiendo con la cabeza, Tamara se llevó la mano al cinto y se deslizó, cautelosa, en el hoyo.

La puñalada en el gaznate fue relampagueante y certera. Sólo se oyó un estertor sordo y, a renglón seguido, saltó un chorro de sangre. El cabo Wilmsen no se dio cuenta siquiera de que moría. Ningún cerebro dormido reacciona con tanta celeridad.

El brigada Busch y su grupo fueron sorprendidos asimismo en pleno sueño: ocupaban el aposento central de la hacienda, estaban tendidos unos junto a otro y cubiertos con mantas. Stella Antonovna y sus muchachas invadieron furtivamente el edificio y se quedaron inmóviles en la penumbra. La lámpara de petróleo colocada sobre una mesa humeaba un poco. Estaba encendida al mínimo, pero su débil resplandor era lo que había llamado la atención a Stella.

No hubo lucha. Fue una ejecución en masa. Ante las seis muchachas, nueve hombres dormidos. Entre ellos, otro tirador escogido que había sido adiestrado también en Posen..., el sargento Theodor Krahneburg. Precisamente aquella misma tarde, él había charlado con Peter Hesslich acerca de la mujer que matara Dallmann en la orilla opuesta.

—No sé por qué habrá tanta inquietud al otro lado —había comentado Hesslich—. No me gusta nada. ¿Qué tal en tu área, Theo?

—*Quieta duerme la mar...*

—¡Eso no es normal!

—¡Para mí sí! Celebro no tener que disparar contra esas chicas. Tiradoras escogidas o no..., siguen siendo mujeres. Necesitaría esforzarme mucho para hacer tal cosa...

Ahora no tuvo ya necesidad de sobreponerse a aquella turbación. Primero fueron atontados de un formidable culatazo tres alemanes. Theo Krahneburg fue uno de los seis muertos a tiros. Para terminar, remataron de la misma forma a los otros tres. Los disparos resonaron fuertemente en el espacioso aposento, pero las paredes, todavía intactas, se encargaron de amortiguar el ruido. No obstante, las muchachas abandonaron corriendo la casa y se arrojaron sobre la hierba. Se hizo todo sin ruido, sin voces de mando ni señales. Cada muchacha supo exactamente cómo proceder. Todas corrieron en orden abierto y formaron un semicírculo. Quien cayese en aquella trampa no tendría la menor probabilidad de sobrevivir.

El órgano auditivo de un combatiente veterano reacciona por alergia a todos los ruidos, aunque semejen disparos distantes. Plötzerenke, que estaba ocupado intensamente con Schanna, alzó de repente la cabeza y tendió el oído. También lo había percibido Schanna. Su corazón latió desbocado, sus músculos se tensaron... Miró con ojos muy abiertos la viga ennegrecida sobre su cabeza.

«Son ellas —pensó—. Me están buscando. Son Stella y Lida, Marianka y las demás camaradas. ¡Venid hacia aquí! ¡Hacia aquí! ¡Aprisa...!»

Luego miró atentamente a Plötzerenke, quien había abandonado su posición sobre ella y estaba arrodillado sobre la paja, montando su pistola ametralladora.

—¡Qué marranada! —gruñó con voz profunda—. Ni siquiera te dejan joder en paz. ¿Lo has oído, chica? Son disparos, no muy lejos de aquí. ¡Vaya que sí! ¿Quién estará disparando por ahí a estas horas?

El tono de su voz, la frustración en su rostro y su evidente desvalimiento a pesar del arma, fueron razones de peso para que Schanna decidiera no gritar. Además sería disparatado. Tan pronto como abriera la boca, Plötzerenke le asestaría un culatazo, por muy enamorado que estuviese de ella. Y si fuera Stella, que había cruzado el río para buscarla, ya no tendría tiempo después del tiroteo para atender a un grito solitario. Así pues, Schanna se mantuvo quieta y, apretándose el corazón con ambas manos, empezó a llorar calladamente.

«He fracasado por tercera vez —pensó—. ¡Por tercera vez! ¿Me está permitido seguir viviendo? ¿Me queda todavía una chispa de honor? ¿Acaso puedo llamarme aún camarada popular soviética?»

Miró a Plötzarenke, quien continuaba arrodillado a su lado, empuñando la pistola ametralladora y escuchando. La piel le relucía de sudor, el estómago le gruñía excitado. «Él tiene también miedo a la muerte —pensó. E inmediatamente se tranquilizó—. Todos tenemos ese miedo. ¡Quien afirme ser capaz de dar su vida sin sentir miedo..., miente! A todos nos gusta vivir. Sólo somos héroes porque nos quieren hacer héroes. Pero..., ¡uno es más feliz cuando puede vivir en paz!»

—¡Ha vuelto el silencio! —exclamó Plötzerenke dejando la pistola ametralladora montada, y sin seguro, a un lado—. Habrá sido un cochino escucha, uno de esos palurdos intentando cazar un conejo. ¿Te apuestas algo? —Se echó una mirada hacia abajo, gesticuló desolado y se tumbó de espaldas junto a Schanna—. Se acabó la magnificencia, ¿lo ves? De todos modos, se me han ido las ganas... ¡Ya estarás contenta! —Le acarició una vez más el cuerpo y los pechos, se vistió y luego examinó el vendaje del hombro—. Ahora, a dormir.

Le ató de nuevo manos y pies, le besó los grandes ojos negros y, después de apagar la lámpara, abandonó la casa. Ante la puerta se detuvo entre las tinieblas y miró hacia el río.

Nuevamente le sonrió la suerte a Plötzerenke. El grupo Stella Antonovna marchó en dirección al Donetz dando un rodeo para distanciarse de la cuarta compañía, y alcanzó el islote artificial sin que nadie le viera u oyera. Cuando se agarraron otra vez desnudas a la balsa camuflada y ésta las arrastró hacia la orilla opuesta, las muchachas volvieron a hablar entre sí.

—Ha sido una buena operación —dijo, enorgullecida, Stella Antonovna—. Se informará de ello al camarada general Koniev. Todas vosotras recibiréis una medalla. Podemos sentirnos orgullosas.

Diez alemanes muertos quedaron atrás. Si Schanna Ivanovna se pudiese atribuir esa hazaña, se la readmitiría en el círculo de sus camaradas.

Entre los mandos militares alemanes reinaba gran agitación.

Diez muertos en un frente absolutamente tranquilo, y nueve de ellos con un limpio balazo en la cabeza, la tarjeta de visita de las tiradoras escogidas. Lo más alarmante era que, evidentemente, un grupo nutrido de esas muchachas matadoras podía cruzar sin impedimento alguno el Donetz y merodear inadvertido por la zona neutra alemana. Ni siquiera los nueve disparos habían alertado a nadie.

Solamente cuando la sección de ametralladoras no envió a nadie para recoger el desayuno en la cocina de campaña ni se oyó la proverbial petición matutina del brigada Busch, «mermelada en vez de las cochinas salchichas, por favor», investigaron en la hacienda y encontraron los diez cadáveres.

Plötzerenke se guardó mucho de informar sobre sus observaciones, pues ello hubiera significado el fin de Schanna. Peter Hesslich recibió varias broncas, primero del batallón, más tarde del regimiento y, por último, hubo de comparecer en la división. Le recibió personalmente el jefe, después de hacerle esperar y desesperar durante dos horas. Hesslich se presentó con uniforme completo de campaña, casco, careta antigás, fusil y bayoneta, pala, mochila y cantimplora. Tuvo que dejar en la antesala el fusil especialmente preparado para su misión como tirador escogido.

El general comandante le miró un rato, alzando las cejas antes de tomar la palabra.

—¿Cómo ha podido pasar eso? ¡Diez hombres liquidados sin más ni más! Se nos envía desde Posen un llamado especialista y, ¿qué sucede? ¡Ante sus narices, esas hembras soviéticas atraviesan el Donetz y nos ponen en ridículo! ¡Quiero una explicación plausible, si tal cosa es posible! ¿Acaso os pasáis allí el tiempo durmiendo?

—En efecto, se ha comprobado que el grupo Busch estaba durmiendo cuando fue asaltado —dijo cautelosamente Hesslich—. Al escucha le acuchillaron. Tal vez le cogieran por sorpresa.

—¡Lo que faltaba! ¡Un centinela alemán *no se* deja sorprender! ¡Eso es absolutamente inconcebible!

—¿Me permite recordarle, mi general, la acción «Postenklau», en el VIII Ejército italiano, motivo por el cual vigilamos más de cerca a ese batallón de mujeres? Allí fueron sorprendidos también los escuchas.

—¿Qué significa eso, sargento? —El general torció el gesto—. ¿He de suponer que mis soldados reaccionan ante unas faldas tal como los italianos?

—Tenemos que habérnoslas con unas mujeres perfectamente adiestradas para el combate individual, mi general. Conocen todas las tretas.

—También usted, ¡o por lo menos eso me han dicho!

—La acción no tuvo lugar en mi sector, y el sargento Krahneburg, destinado allí, fue también víctima del asalto.

—¡Una plancha...! Eso sí lo verá usted, ¿no? —El general paseó arriba y abajo por la estancia y tamborileó con los dedos de una mano sobre el dorso de la otra—. He hecho que el jefe de su compañía me describa la situación. Podemos pagar con la misma moneda a esas hembras soviéticas. Ahora bien, quiero sacrificar el menor número de hombres posibles en esa empresa. Es asunto suyo, sargento. Usted se ha incorporado a nosotros con esa finalidad: combate individual del tirador escogido. —El general se paró en seco ante Hesslich—. ¿Tiene usted alguna propuesta que hacerme?

—Intentaré sembrar la intranquilidad al otro lado, mi general.

—¡Ajá! ¡Lo intentará! ¡Qué hermoso! ¡Qué tranquilizador! ¿Y qué se sacará en limpio de ese intento?

—Cruzaré el río...

—¿Usted solo?

—Necesitaré al suboficial Dallmann y a otros dos camaradas para que me cubran las espaldas. Prefiero trabajar solo...

—¿Trabajar...? —El general miró, caviloso, a Hesslich—. ¿Cree usted que es el término adecuado, sargento? ¡Usted combate por el Führer y la Patria! ¡Defiende su tierra natal! ¿Dónde ganó usted esa cruz de hierro?

—Durante el despliegue, mi general. Y también el distintivo de lucha cuerpo a cuerpo.

—Usted tiene el bachillerato, Hesslich. ¿No le interesa ser oficial?

—No, mi general.

—¿Por qué no?

—No soy un buen soldado, mi general. Cumplo con mi deber y nada más. Cuando termine la guerra, me alegrará poder quitarme el uniforme.

—¡Su sinceridad se asemeja a la automutilación, Hesslich! Eso está bien algunas veces, ¡pero casi siempre es una mentecatez! Sea como fuere, ya sé a qué atenerme con usted. Así pues, se adentrará como un lobo solitario en el campo soviético.

—Sí, mi general.

Hesslich y el comandante de la división se miraron de hito en hito unos instantes. Hubo un acuerdo tácito entre ambos.

—¿Y si le propusiera para el ascenso a oficial, Hesslich?

—No podría soportar la Academia militar, mi general.

—Entonces, ¿se niega definitivamente...?

—En verdad, mi general, no sé qué ventajas reportaría a las Fuerzas Armadas alemanas mi ingreso en el Cuerpo de oficiales. Esa consideración debería ser concluyente, creo yo.

—¡Desaparezca de aquí, sargento! —El general acompañó sus palabras con un ademán, y Hesslich dio un taconazo—. ¡Y mucha suerte con las fusileras! ¡Ah! ¡Y que el diablo se os lleve si os dejáis arrollar de nuevo!

El regreso desde la división a su puesto, pasando por regimiento y batallón, fue una carrera de baquetas. En todas partes se pitorrearon de Peter Hesslich.

—¡Queremos ver resultados! —le dijo, malicioso, el teniente coronel Maltzahn—. Tal vez su descubridor no le haya instruido sólo para tumbarse al sol y broncearse el trasero.

Y el comandante Bernstein le fustigó así:

—A todas luces, usted no es una de las armas secretas que estamos esperando para ganar la guerra, Hesslich. Pero al menos atisbe por su mira telescópica en lugar de contemplar las nubes.

Sólo Bauer III, que conocía de primera mano la situación, dijo, compadecido, a Hesslich, cuando le vio aparecer por la cuarta compañía:

—Ante todo, dese un baño en el río, ¿eh? Porque le habrán llenado de mierda de la cabeza a los pies, ¿no es verdad? ¿Cómo se siente ahora, Peter?

—Estupendamente. —Hesslich se quitó el uniforme, quedándose en pantalones y camiseta—. Todos se han mostrado muy amigables, casi azucarados. Se me han pegado como el caramelo. —Diciendo esto, se echó al coleto la copa de coñac que le había servido Bauer III y se enjuagó las encías con el alcohol—. Esta noche me pondré en marcha...

—¿Para echar un vistazo a las chicas?

—Sí. El general quiere ver algo tangible... —Bauer III escanció de nuevo y Hesslich tomó otro trago—. Si usted pudiera apostar un par de hombres en la orilla, me vendría muy bien.

—¿Cuántos quiere que le acompañen, Peter?

—¿Acompañarme? ¡Ninguno, por Dios! Se limitarán a cubrirme desde la orilla. Yo iré solo allá.

—¡Eso es un disparate, Peter!

—Esas chicas nos han demostrado que con el hostigamiento se puede mantener en jaque a toda una división.

—Fue un destacamento de asalto.

—Y yo tendré más movilidad yendo solo. —Hesslich se puso una camisa de verano muy fina y se ajustó el cinto—. Me vuelvo a casa. —Se refería a la granja derruida y calcinada en donde se habían instalado él y Dallmann—. Necesitaré diez hombres a medianoche en punto..., ¡sólo para vigilar la orilla!

—La gente será puntual, Peter. Enviaré tres fusiles ametralladores y un lanzagranadas. Nunca se sabe lo que puede suceder.

—¡Nada de tiroteos! —Hesslich le tendió la mano a Bauer III—. Necesito un silencio absoluto. Y muchas gracias, mi teniente.

—Me llamo Franz...

—Gracias, Franz.

—Aguza el oído, Peter...

Se dieron mutuas palmadas en la espalda, sintiéndose seguros de que su amistad sobreviviría a la guerra, caso de que ellos mismos sobrevivieran.

A las doce en punto se presentaron ante Peter Hesslich los diez hombres de la cuarta compañía al mando del brigada Plinner. Llevaban gruesas bandas de goma alrededor de los cascos para sujetar hierbas largas y pequeñas ramas, un camuflaje simple, pero muy efectivo, durante la noche.

Hesslich se había puesto ya su «ropa de trabajo»: gorro de punto, botas blandas de media caña con gruesas suelas de goma como las que usaban los paracaidistas, cinto verdoso de tela, del cual colgaban dos cartucheras con munición, y una camisa jaspeada de camuflaje. Dallmann vestía la misma indumentaria, salvo el gorro de punto; se tocaba con un casco no reflectante y con pintura de camuflaje.

Cuando llegaron los diez hombres, Hesslich se estaba embadurnando la cara con una pasta arcillosa que había hecho con la tierra pardusca de la estepa.

—Puede ser que me quede allí algún tiempo —dijo al brigada Plinter—. Por tanto, no os inquietéis...

—¿Qué quiere decir algún tiempo, Peter?

—Dos o tres días.

—¿Y cuándo podemos empezar a inquietarnos?

—Digamos..., al cuarto día. En tal caso habrá pasado algo.

—¿Lo sabe el teniente?

—No.

—¡*Prost,* Mathilde! —Plinner se echó el casco hacia atrás hasta la nunca—. Tres días de incertidumbre. Eso puede darte el hormiguillo...

—¡Después de todo, vosotros tenéis también derecho a beneficiaros del jueguecito! —A aquellas alturas parecía ya un hombre de barro de Nueva Guinea—. ¡En marcha, muchachos! Quien quiera, puede rezar...

Una hora después, Peter Hesslich tocó tierra en campo soviético.

Cuál no sería el regocijo general cuando Stella Antonovna anunció:

—¡Diez enemigos exterminados! —Soia Valentinovna la abrazó y, estrechándola contra sí, la besó; luego fue saludando una tras otra a las demás chicas, las besó igualmente y las llamó mis «bravas hermanitas». Y Ugarov, rebosante de orgullo, dijo:

—¡Esto sí que será un parte sonado! ¡Llegará hasta el camarada general Koniev, os lo garantizo! ¡Hacía mucho que no se había llevado a cabo una acción tan heroica! Ahora se olvidará que los alemanes acabaron con el pobre Miranski y su querida esposa Práskovia y nuestra camarada Daria Allanovna... ¡Has reparado nuestro honor, Stella!

—No sabemos todavía dónde se encuentra Schanna o lo que puedan haberle hecho.

La Baida se puso otra vez muy seria. Pues el problema llamado Schanna Ivanovna Babaieva le pesaba gravemente en el alma. Por grandioso que fuera el éxito de Stella y su patrulla, no habría verdadera alegría para Soia Valentinovna mientras persistiese aquella horrible perplejidad sobre el destino de Schanna.

Naturalmente, ello no fue óbice para que se festejase el acontecimiento. La orquesta femenina interpretó animadas melodías bailables, en lo cual se distinguieron Assia Mijailovna con el *bajan* —armónica de teclado— y Rossia Stepanovna con la *bandura,* instrumento de cuerda parecido a la cítara. Poco antes, Ugarov había telefoneado a la cocina para encargar una montaña de *kulebiaki*, grandes empanadas que, plegadas como sobres, iban rellenas de toda clase de exquisiteces.

Había habido sus más y sus menos, pues cuando el teniente Ugarov expuso sus deseos al camarada furriel, éste le tomó por loco.

—¡Muy bien, Excelencia! —replicó, rebosante de ironía—. Como usted mande. Tenemos también algunos esturiones cocidos al vapor y, si le place, gansos de marzo a la mantequilla, deliciosos *pelmeni*, excelentes pastelillos de liebre... O, ¿no preferirá su Excelencia que le envíe un jamón de oso ahumado al estilo campero y con guarnición de rizomas de ácoro escarchados? ¿Deberán vestir de librea los lacayos? ¿Quizá pelucas empolvadas? Eso le gustaba también mucho a Catalina *la Grande*...

—¡Escúchame bien, perca de ojos saltones! —vociferó el teniente Ugarov sin exaltarse demasiado—. Aquí estamos celebrando una victoria de la que tendrá noticia incluso el camarada general Koniev. ¡Mientras tú duermes con las putas aldeanas, nosotros combatimos aquí! ¡No me digas que no tienes eso en el almacén! ¡Sé muy bien, por el bendito comisario Miranski, lo que ocultáis en rincones y escondrijos! ¡Así que espero un gran festín! Y recuerda, mi querido camarada marmitón, que tu puesto no es vitalicio...

Así pues, cuando el camión del suministro llegó al frente por la tarde, no llevó tan sólo un gran recipiente con aromáticos *kulebiaki*, sino también algunas botellas de *samogonka*, el endiablado aguardiente cuya ingestión deja turulato por unos días al más empedernido borracho, así como una garrafa de vino dulce y dos botellas de licor de arándano.

Ugarov se puso muy contento y telefoneó al camarada cocinero para expresarle su agradecimiento.

—¡Ya hemos oído hablar de esa acción heroica! —exclamó el camarada furriel—. Me hago responsable de una ración especial, y así lo hago constar en el libro de salidas. Transmita mi enhorabuena a esas jóvenes heroínas, camarada teniente.

Evidentemente, no era sólo un campo el que cometía errores: aquella tarde los soviéticos olvidaron una regla fundamental de la guerra, a saber: el enemigo puede estar por todas partes.

Soia Valentinovna montó sólo tres puestos de guardia. Las demás muchachas lo festejaron en el espacioso búnker del mando, cantaron y bailaron, comieron y bebieron... Durante aquella velada, un solo impacto directo podría haber dado al traste con la flor y nata de las tiradoras soviéticas. Poco antes de medianoche, las chicas se retiraron cantando a sus abrigos y, repletas de licor dulzón y del espantoso *samogonka*, se tumbaron en sus catres. La Baida, Ugarov y cuatro muchachas prolongaron la bacanal hasta altas horas de la madrugada, confiando en que sus centinelas, que vegetaban aburridas en la ruinosa aldea, darían sin tardanza la alarma si viniesen los alemanes. Pero, ¿por qué habrían de venir? Los alemanes estaban satisfechos con la paz reinante..., eran como animales hostigados lamiéndose las heridas. Por consiguiente, nadie vigiló la orilla ni vio cómo Peter Hesslich cruzaba el río. Cuando él tocó la tierra, la Baida y Ugarov se acostaban con la bienaventuranza alcohólica e incapaces de dar un paso, por lo cual necesitaron del apoyo mutuo para llegar hasta el catre.

A todo esto, la heroína de la jornada, Stella Antonovna, había bebido muy poco, aunque hubiese brindado con todos. No había querido tomar aguardiente. Allí habían faltado sus bebidas favoritas, el vino de abedul, aromático y dulzaino, o la suave vodka hecha con trigo silvestre. Entre unas cosas y otras no tardaría en volver sola a su búnker, y allí, mientras contemplaba los extraños contornos de las ruinas que se perfilaban como sombras negras en el cielo nocturno, decidió visitar a las chicas encargadas de hacer la guardia.

Y fue entonces cuando Stella Antonovna cometió también un error que jamás debiera haberse permitido: olvidó coger su fusil al abandonar el búnker. Así pues, bajó desarmada a la aldea.

Entretanto, Hesslich, que había alcanzado ya las primeras ruinas, se tendió en uno de los huertos, tras un montón de vigas carcomidas. Comenzó la «caza a ciegas»..., en algún lugar acechaban escuchas, esto era lo único seguro, porque no había ningún puesto de referencia para localizar sus guaridas. Allí sólo servían la paciencia, un sigilo absoluto y una escucha indefectible para percibir hasta el ruido más ínfimo. Un leve crujido o una tos contenida, un frotar de suelas o un estornudo ahogado. Lo mejor sería observar el relevo. Entonces se sabría dónde se hallaba exactamente el enemigo..., siempre que se estuviese en las proximidades del lugar para asistir al acto.

Siguiendo esas directrices, Hesslich avistó primero a Dunia Alexandrovna, una muchacha de Ulan-Bator con facciones anchas, siempre risueñas y unos soberbios ojos almendrados. Dunia le dio facilidades. Contagiada por el convencimiento general de que los alemanes se ponían contentos cuando se les dejaba en paz, Dunia abandonó el amparo de la casa asolada y paseó, parsimoniosa, a la luz difusa del firmamento. Era una noche cálida, casi sin viento y muy tranquila... sólo llegaba del río el débil chapoteo de las olas.

Dunia Alexandrovna se echó el fusil a la espalda y caminó hacia una cuba para refrescarse la cara. Cogió agua con ambas manos y se la dejó caer por la cabeza; esta acción refrescante fue también un buen remedio contra el cansancio.

Hesslich apoyó cautelosamente su fusil sobre el montón de maderos y apuntó a Dunia. Vio su rostro de perfil, y el corazón le empezó a latir disparatado como en su encuentro con Schanna. Contuvo el aliento porque le asaltaron náuseas al pensar en que dentro de dos segundos abatiría a aquella mujer joven. Entonces se le ocurrió que la muchacha podría haber sido la que disparó contra diez camaradas dormidos, diez personas también jóvenes e indefensas, a quienes la muerte sorprendió surgiendo de la oscuridad.

Encorvó muy despacio el dedo índice hasta el punto de presión. Sólo una cosa le hizo vacilar: no quiso dispararle de costado, nada de agujeros en la sien. La bala debería penetrar entre los ojos, a un pulgar por encima de la nariz. Aquel disparo serviría de advertencia para las demás tiradoras: ¡aquí hay alguien que lo hace tan bien como vosotras! Los tiempos están cambiando...

Una vez se hubo refrescado, Dunia Alexandrovna dio media vuelta y quedó de espaldas a la cuba. Su ancho rostro asiático apareció de lleno en el retículo. Hesslich apretó los dientes y contuvo el aliento. Su dedo índice se encorvó por sí solo.

El disparo fue como un trallazo seco en el silencio nocturno. Sin emitir ni un quejido, Dunia cayó hacia atrás sobre un matojo de girasoles. Simultáneamente, Hesslich saltó sigiloso con sus gruesas suelas de goma y, escabulléndose en otra casa incendiada, echó cuerpo a tierra tras un muro derruido.

Cuando oyó en su proximidad aquel disparo solitario, Stella Antonovna quedó petrificada. Pero su inmovilidad duró sólo un segundo; luego buscó también la tierra y esperó. No oyó nada más. Sin embargo, su fina intuición para el peligro latente le dijo que aquello no había sido un disparo errático, ni un accidente inesperado. Entre ellas no ocurrían semejantes cosas.

Pensó inmediatamente que era el hombre del gorro de punto y sintió una oleada de calor en el rostro porque no había llevado consigo ningún arma ni había contado con que el satánico individuo podría estar muy cerca de allí y quizá merodeando en busca de víctimas.

¿Contra quién habría disparado? ¿A quién habría abatido?

Stella Antonovna reptó cual serpiente hacia delante, se mantuvo inmóvil varias veces y tendió el oído. Desde su nueva posición, Hesslich no pudo ver a Stella ni el lugar donde yacía Dunia. Cuando estaba en Posen con el comandante Molle, él lo había practicado hasta contraer osteítis: Después del disparo, cambiar inmediatamente de posición siempre que sea posible. No mostrar nunca al enemigo dónde te encuentras. No replegarse jamás en línea recta, sino trazando un arco. Pensar como pensaría el enemigo, y luego hacer todo lo contrario. Los momentos de sorpresa deciden entre la vida y la muerte. El combate individual es pura fantasía. El comandante Molle tenía una serie completa de eufemismos poéticos para los «muertos» en el campamento.

Cuando descubrió el cuerpo de Dunia entre los girasoles, Stella se le acercó reptando y lo examinó. El rostro estaba humedecido todvía con el agua refrescante; había aún gotas prendidas del cabello negro. Y exactamente sobre el arranque de la nariz se veía un pequeño orificio, del que brotaba un hilillo de sangre.

Stella descansó la cabeza sobre el pecho de Dunia y cerró los ojos durante unos instantes. «Sin duda es él —se dijo—. Debe de serlo. El gorro gris de punto. Sólo a él puedo atribuirle ese disparo..., con cualquier luz desde cualquier distancia, en cualquier posición. Ha sucedido lo que siempre predije: ¡Él ha vuelto! Se han reído de mí... ¡Ya veremos si se siguen riendo cuando vean la cabeza de Dunia! ¿Qué dijo ese fatuo de Ugarov? ¡Ah, sí! "¡Ved cómo sueña Stella con el alemán! Tal vez le gustara llevárselo a la cama, ¿eh? Deberíamos llamarle a través del río con el gran altavoz: ¡Ven aquí, diablo del gorro! ¡Stella Antonovna no puede dormir por tu culpa...!"

»¿Qué dirá ahora el guapetón de Victor Ivanovich?» Stella pasó la mano por los ojos muertos de Dunia, le quitó el fusil del hombro y cogió también los cargadores de la cartuchera. Ahora tenía un arma excelente de tiradora escogida; ciertamente no la suya, el arma con la que siempre se había ejercitado, pero al menos no estaba indefensa ante la mortífera sombra que acechaba en algún lugar entre las ruinas. Stella cargó con un golpe de cerrojo. El chasquido le sonó como un cañonazo en la quietud nocturna. También debió de haberlo oído el adversario. Con movimientos felinos, se puso de lado y rodó sobre sí misma.

Hesslich no oyó nada, pero Flora Victorovna sí percibió el ruido. Poco antes, el disparo la había alarmado en su puesto de escucha. Ahora, agachándose un poco, corrió por los huertos en donde suponía a Dunia. Saltó ágilmente de una ruina a otra, aprovechó cada viga calcinada, cada cobertura para escuchar y luego atravesar de dos o tres saltos el terreno descubierto, y todo ello con la gracia y celeridad de una gacela.

Flora Victorovna, de Gorki. Alta, muy delgada, huesos grandes forrados de músculos de acero. Campeona juvenil en salto de altura. Tenía la risa fácil y contaba sin cesar sus primeras experiencias amorosas a quien quisiera oírla. El amante era un buen lanzador de martillo, pero..., cuando ambos se unieron en el vestuario del estadio y el mozarrón vio cómo sangraba la joven desflorada, rompió en sollozos y huyó presa del pánico. Flora se retorcía de risa cuando narraba la historia.

Peter Hesslich se arrodilló detrás de un muro derruido. Flora corrió directamente a él. Cuando quisiera alcanzar el huerto en donde yacía Dunia, pasaría exactamente ante sus narices.

Stella pareció presentirlo. Apretó el fusil de Dunia y gritó con todas sus fuerzas:

—¡A tierra! ¡Alarma! ¡Alarma! ¡Cubierta completa...!

A Flora le sentó como un mazazo. Ella se hallaba justamente en un trecho descubierto, dispuesta a buscar la siguiente cobertura, una chimenea deshecha que distaba unos cinco metros.

Hesslich se sobresaltó también con el alarido estridente de Stella, pero su reacción fue inmediata. Fue la serenidad de quien, carente de recursos, ha aprendido que la sangre fría es una compañera eterna de lo imposible.

Apenas tuvo la cabeza de Flora en el punto de mira, Hesslich apretó el gatillo. La alcanzó en su último y desesperado salto. Ella echó los brazos al aire como si quisiera coger las estrellas y aferrarse a éstas con sus dedos agarrotados. Luego se desmadejó y cayó de bruces.

Con ojos desorbitados, Stella Antonovna contempló la muerte dramática de su camarada. No pudo disparar porque la posición del alemán estaba en ángulo muerto, pero ahora sabía ya dónde buscarle.

Raudo y silencioso sobre sus suelas de goma, Hesslich trazó un amplio arco y esperó en un granero incendiado a la muchacha que había dado el grito de alarma. Se cubrió aún más el rostro con el gorro de punto, aunque sus facciones fueran ya una mancha borrosa bajo la capa de barro, buscó entre las vigas un hueco que le ofreciera un buen campo visual y allí entró en posición.

Stella Antonovna se desentendió de Flora Victorovna, pues sabía que su ayuda era ya innecesaria y que ahora se enfrentaba a solas con un adversario de su misma talla: se había cumplido su deseo secreto. «Alguien habrá oído los disparos —pensó manteniéndose muy quieta—. Y también, quizá, mis gritos.» Pero entonces recordó que todos habían bebido demasiado y que, por tanto, Soia Valentinovna y el teniente Ugarov serían incapaces de captar el menor ruido o dar las órdenes oportunas. Todos, salvo las camaradas que hacían la escucha, se hallaban ahora durmiendo profundamente en los abrigos. El próximo relevo se haría dentro de cuatro horas, y hasta entonces nadie despertaría, aunque sonase algún disparo aislado.

Tres centinelas hacían guardia ante las trincheras de la sección Baida, y dos de ellas estaban muertas. Parecía lógico que ahora la tercera escucha acudiese para averiguar la causa de los disparos hechos por Flora o Dunia. No sería nada importante, porque ninguna de las dos había dado la alarma.

Realmente, Peter Hesslich hubo de agradecer a la fortuna el haber percibido la sombra que se deslizaba fugaz por las ruinas. Admiró, fascinado, los movimientos de aquella muchacha que aprovechaba cada sombra profunda, cada accidente del terreno, para ocultarse; que reaparecía dando súbitos saltos sin ofrecerse ni un instante como blanco. «Son auténticas conocedoras —pensó—. Comparado con ellas, el soldado alemán se mueve como un hipopótamo saliendo a la orilla. ¡Cuánta celeridad, cuánta gracia..., y esa perfecta adaptación al terreno...! ¡Es fantástico!

»¡Lástima, amiga mía, lástima que hoy te enfile la mira de un tal Peter Hesslich! ¿Fuiste tú, quizás, una de las que degollaron a mis diez camaradas?»

Marianka Stepanovna Dudóvskaia, la graciosa panadera de Kaluga, parecía aún algo infantil sin el uniforme. Pero aquella primera impresión era engañosa; después de todo, ella era la que había reclamado a Plötzerenke para sí, prometiendo volarle los «colgantes de buey» tan pronto como lo encontrara otra vez. Ahora se inmovilizó entre las sombras profundas de una pared de granero. La conjetura de Hesslich fue acertada: Marianka había participado en la liquidación de la sección de ametralladoras, lo cual le había permitido apuntar dos alemanes más en su cartilla de aciertos. Ahora podía vanagloriarse de haber causado 32 bajas al enemigo, y lucía dos medallas al valor.

Hesslich miró fijamente la sombra de pared que había engullido a la chica. Sostuvo el fusil con ambas manos, presto para llevárselo al ojo y apretar simultáneamente el gatillo. Esto era una especialidad suya que nadie conseguía imitar: en una fracción de segundo podía enfilar a simple vista un objetivo alineando visual, muesca de alza y punto de mira, e instantáneamente resonaba el disparo con una precisión mortal.

Stella Antonovna se deslizó, silenciosa, por los huertos. Al igual que Hesslich, ella contorneó el lugar en donde suponía al adversario y se le acercó por otro lado. No obstante, esta vez se equivocó. Entretanto, Hesslich había reanudado su repligue y ahora estaba arrodillado tras un montón de escombros a cinco metros escasos de Dunia, la muerta. Realmente había trazado un círculo hasta alcanzar casi el mismo lugar en donde se tendiera Stella al oír el primer disparo. Así pues, se encontraron otra vez frente a frente sin que ninguno de los dos lo supiera. Y, entremedias, los cadáveres de Flora y Dunia. Mientras tanto, Marianka continuó inmóvil, protegida por la pared del granero al margen de la zona de muerte, y Hesslich siguió creyendo que era ella quien había proferido el grito dc aviso.

La espera fue angustiosa; los nervios empezaron a vibrar. Marianka, que por cierto no podía ver a Dunia ni a Flora, caviló sobre el motivo de los dos disparos. No se le ocurrió que un alemán solitario pudiera cruzar el Donetz y empezar a matar con la precisión de una máquina. ¡Era una idea tan absurda, tan inconcebible! Desde luego, Schanna había fracasado con un merodeador solitario, pero Marianka había reído como la Baida y Ugarov cuando Stella predijo que volvería el diablo de gorro de punto. Era mucho más probable que las chicas de escucha hubiesen visto una liebre. Tal vez la hubiesen espantado al hacer la ronda, y la imagen de un asado suculento en el búnker las hubiera inducido a romper el silencio nocturno con un par de disparos.

—Dunia... —susurró Marianka desde la sombra—. ¡Dunia! ¡Soy yo! ¿Has disparado tú? ¿Ha sido una liebre? Dunia...

Hesslich sopesó su fusil. Intentó atravesar con la mirada aquella sombra de la pared. El susurro había provenido de allí..., una voz clara, juvenil. «Déjate ver —pensó. Una vez más, el corazón le latió en la garganta, dificultándole la respiración. Bastaría con un paso fuera de la sombra—. ¿Qué ocurrió con aquellos diez? Todos estaban durmiendo en la casa y vosotras os plantasteis ante ellos y les disparasteis en la cabeza. ¿Os latió más aprisa el corazón? Tal vez...

»Sal de las sombras, chiquita...»

Entonces fue cuando resonó otra vez un grito agudo, penetrante.

—¡A cubierto, Marianka! ¡Un alemán!

Cual un relámpago, Marianka se arrojó al suelo y se fundió con la tierra. Hesslich se mordió, nervioso, el labio inferior. «Así que son dos —pensó. Y alzó un poco los hombros—. La otra está exactamente enfrente, allí donde yo mismo estuve hace tres minutos. Se ha deslizado hasta allí porque sabe muy bien de qué dirección ha provenido el disparo. ¡Menuda astucia la de esa puta!»

Él no se movió. Prefirió esperar vigilando la gran sombra bajo cuyo amparo se ocultaba Marianka y aguzó el oído en la dirección donde Stella Antonovna aguardaba con la esperanza de que el alemán cometiera un error y se delatara.

«Intentemos una treta muy simple —se dijo Hesslich—. La recuerdo desde mi niñez, cuando iba a ver películas de Tom Mix. Una artimaña india muy vieja, pero enormemente eficaz, porque en los momentos de tensión nerviosa puede desencadenar reacciones erróneas.»

Se inclinó y, cogiendo sin ruido una piedra, la lanzó hacia el cadáver de Dunia, al otro lado del jardín. El proyectil cayó sobre algo metálico. «¡Qué golpe tan afortunado! —pensó, satisfecho, Hesslich—. Debe haber dado en un cubo o algo parecido. Ha sonado como un trueno.»

Alzó al instante el fusil para disparar tan pronto como se viese una boca de fuego.

Nadie se sobresaltó... Marianka pemaneció pegada a la tierra y sólo levantó un poco la cabeza. Stella Antonovna no movió ni un músculo. Una malévola sonrisa desfiguró su rostro.

«Has cometido una equivocación, diablo —pensó—. Ahora sabemos ya que estás en las proximidades. ¡Lanzar una piedrecita...! ¿Quién caería en una trampa tan simplona? ¿Nos tomas por idiotas? Deberías saber que nosotras disparamos tan sólo cuando tenemos nuestro objetivo en el retículo. Sabemos esperar...»

Hesslich se encogió de hombros. «Perdón —pensó—. Ha sido un error. Verdaderamente vosotras no tenéis nervios. Hay pocos que puedan sorprenderos. Los soldados alemanes ven sólo unas mujeres hermosas y os desnudan con el pensamiento... Casi ninguno os conoce de verdad ni sabe que matáis sin piedad, que podéis ser frías y crueles cuando tenéis un fusil en las manos.»

Le dominó una mezcla de odio e ira. Se acomodó, cauteloso, en la tierra, detrás de los escombros, y se dispuso a presenciar desde aquel lugar la salida del sol. Entonces la situación se haría súbitamente crítica para todos: él y las chicas. Quien busca puede ser también hallado. Y quien es hallado, puede darse por muerto.

Marianka aprovechó la sombra que la rodeaba. Reptando muy despacio, contorneó la pared y, una vez lo hubo hecho, se puso en pie. Luego se llevó la mano al cinto, empuñó una pistola de cañón grueso y disparó una bengala blanca al cielo nocturno. Al momento la aldea demolida quedó envuelta en una luz brillante. Hesslich se apretó contra unos restos de pared y hundió la cabeza cuanto pudo. Ahora sabía dónde estaba la muchacha. Aquel proyectil luminoso le había revelado su posición.

Stella Antonovna maldijo para sus adentros. «Eres una perfecta imbécil, Marianka. ¿Acaso no podías esperar? ¿Para qué necesitamos iluminación? ¿Es que ahora ves más? ¿Dónde está el diablo alemán? ¿Le ves salir a la luz y hacerte señas? ¿Eh? Eso ha sido un error. Al *Gorro de punto* hay que acecharle como a un oso. No es de los que caen en trampas. Ahora, Marianka, nuestra tarea será todavía más difícil.»

Después de trazar un amplio arco, la bengala cayó a tierra y se extinguió sobre la hierba esteparia. Tras el vivo resplandor, las tinieblas fueron particularmente impenetrables, y Stella aprovechó los escasos segundos que requiere la vista para habituarse de nuevo a la oscuridad. Así pues, saltó de su escondrijo y corrió hacia la granja más próxima, en la dirección donde se ocultaba el alemán, según sus presunciones. Pues la piedra que golpeara el cubo sólo podía provenir del lugar en donde ella se movía ahora con saltos largos y elásticos.

Sin embargo, Hesslich decidió también simultáneamente buscar otro refugio. Se le ocurrió que aquél era el mejor momento para un cambio de escondite.

Una vez más, ambos se cruzaron sin enterarse y ambos echaron cuerpo a tierra. Sólo Marianka permaneció donde estaba..., porque su muro protector estaba rodeado por todas partes de huertos, y si corriese en cualquier dirección, la verían al instante.

Entretanto, Hesslich había hallado una casa ruinosa atestada de escombros y vigas calcinadas. Apenas se dejó caer tras un montón de piedras, vio pasar ante sí, rauda, una figura. El fusil se apoyó instantáneamente contra su hombro, la mira telescópica captó una cabeza. La muchacha quedó de pie detrás de un maltrecho carromato y escudriñó el panorama ante ella. Pero tenía la muerte detrás, a treinta pasos escasos.

Stella Antonovna había alargado un poco el cuello para captar cualquier ruido. Su intuición le dijo que el peligro le amenazaba en las proximidades inmediatas. Lo sintió como un hormigueo en la piel. Continuó vigilante detrás del carromato, apretando con ambas manos el fusil de Dunia. También miró hacia atrás dos o tres veces..., y durante esos segundos tan breves, Hesslich pudo ver el rostro en el retículo, aquel rostro hermoso, abierto, enmarcado por rizos rubios. Fue la primera vez que Hesslich veía a su enemiga jurada. Él había intentado frecuentemente fotografiar a aquella tiradora selecta que, según contaban los prisioneros soviéticos, había abatido ya más de cien alemanes y cuyo nombre se haría inmortal algún día. Era muy bella, con pelo rubio rizado y un hoyuelo en la mejilla izquierda. En el periódico del Ejército se había publicado un panegírico del general, así como una fotografía de ella.

Ahora Peter Hesslich lo adivinó al ver aquella faz en el retículo: ¡Es ella! Rizos rubios, hoyuelo en la izquierda. Su dedo índice quedó rígido. Miró absorto a Stella Antonovna, la contempló con tal admiración, que por un instante se sintió paralizado. Cuando se apercibió de su titubeo y quiso apretar el gatillo, ella había desaparecido de su campo visual para dar otro salto. Hesslich abatió el fusil y se escondió entre los montones de ruinas.

Su vacilación durante esos segundos cruciales le conmovió de tal modo, que decidió suspender la acción por aquella noche. «Esto no debe suceder nunca más —pensó—. Has de verla tan sólo como una tiradora escogida que mata a sangre fría. ¡Y nada más! No puede ser para ti una mujer. Tu titubeo te habría costado la vida si ella te hubiese visto. ¿Habría dudado ella en encorvar el dedo? ¡Ni mucho menos!

»¿Acaso no sabes que tu vacilación podría costar la vida mañana a uno o varios de tus camaradas? Entonces, tú serías culpable de su muerte.»

Mientras pensaba así, se protegió tras una montaña de cachivaches y se sintió anonadado. «¡No sigas por ese derrotero, Peter Hesslich! ¡Deja de hacerte reproches! ¡Hazlo mejor la próxima vez! Dispara simplemente, sin cavilar..., aunque ella tenga rizos rubios y un delicioso hoyuelo en la mejilla izquierda...»

Durante tres días con sus tres noches, Hesslich permaneció en campo soviético.

Cambió constantemente de escondite, surgió, fantasmal, en los más diversos parajes del sector de la sección Baida y desapareció con idéntica celeridad. Dondequiera que lo viesen, dejaba atrás víctimas...

En aquellos tres días y noches abatió a nueve enemigos.

La Baida rabió, bramó y lloró. Loca de furia, despachó a sus muchachas por todo el terreno de la sección. Se organizó una minuciosa batida; se peinó cada metro de la arrasada aldea. Ugarov pidió apoyo aéreo, y tres días después, un «molinillo de café» sobrevoló despacioso y a poca altura la orilla soviética del Donetz y escudriñó cada recoveco del ondulado terreno.

Durante aquellas horas críticas, Hesslich se agazapó en un embudo estrecho de granada y se puso encima un arbusto. Las patrullas pasaron dos o tres veces muy cerca del escondite subterráneo. Oyó las voces de las muchachas, el golpeteo de sus botas claveteadas..., y contuvo cuanto pudo el aliento.

Al caer la noche, Hesslich emergió otra vez y disparó. Sólo se le vio una vez. Dascha Borisovna se salvó dando un salto desesperado a un revoltijo de vigas calcinadas, mientras que Marina Pavlovna, a su lado, se desplomaba con un boquete en la frente.

—¡Es él...! —tartamudeó Dascha más tarde, temblando convulsivamente—. ¡El hombre del gorro de punto! ¡Le he visto claramente! Es el diablo..., el diablo..., el diablo...!

Gritó desaforada, batió los brazos en todas direcciones y estuvo al borde de la locura. Galina Ruslanovna hubo de aplicarle un enérgico sedante.

El teniente Ugarov corrió acá y allá profiriendo maldiciones. La Baida se sentó ante las nueve muertas y las miró con ojos vacuos, mientras se preguntaba cómo era posible que no se pudiera descubrir a un hombre solitario, un hombre que merodeaba impunemente entre ellas y por su propio terreno.

—¿Dónde está Stella Antonovna? —preguntó una vez—. ¿Por qué no se ha dejado ver?

—Está allá fuera. Hace tres noches y dos días... —Lida Ilianovna bebió su té con limón y se recostó contra la pared. El cansancio pareció pesarle varios quintales, porque ella misma estaba en acción ininterrumpida desde hacía treinta y nueve horas—. No es posible sacarle ni una palabra. Se está comportando como una tigresa...

A la noche siguiente, Peter Hesslich regresó al lado alemán del río. Al igual que las muchachas, enmascaró su equipaje con un arbusto previamente sujeto a una pequeña balsa de caucho. Atravesó nadando el Donetz y se encaramó, desnudo, a la orilla.

Casi enfrente se apostó Stella. A esa distancia, y con luz desfavorable, aquel hombre le resultó inalcanzable con el arma, pero los prismáticos le permitieron reconocerlo claramente. Ella había llegado demasiado tarde por muy pocos minutos. Inicialmente se había desentendido del río porque —según se dijo— aquel diablo estaría aún merodeando en busca de una nueva víctima..., pero ahora le vio surgir inesperadamente del agua, coger su fusil de la balsa camuflada y desdoblar su uniforme. También le vio quitarse el empapado gorro de punto, sacudirlo y escurrirlo.

Luego Stella se sentó en la orilla y, llevándose ambas manos al rostro, rompió en amargo llanto. Más tarde se tendió boca arriba en la hierba y, aporreando la tierra con brazos y piernas, clamó, llorosa, su desgracia al rutilante firmamento.

Durante cinco días, Fritz Plötzerenke pudo mantener oculta a su conquista, Schanna, mas luego comprendió que la situación se agravaba por momentos.

Pese al incesante cambio de vendas; pese a los polvos de sulfamida y diversos ungüentos, la herida de bala en el hombro de Schanna empeoró cada vez más; sus bordes se hincharon como si estuviesen llenos de levadura y adquirieron un tono rojizo vidrioso. Apareció el pus, y al cuarto día de cautividad, Schanna contrajo la temible fiebre perniciosa y, desde ese momento, la infección fue ya incontenible.

Con suma prudencia Fritz Plötzerenke se dirigió al suboficial de Sanidad requiriendo información sobre las heridas de bala infectadas y sus consecuencias. El catálogo se le antojó interminable.

—Sí —dijo el sanitario, perplejo ante el inaudito interés de Plötzerenke por la medicina—, todo, desde la simple supuración hasta la gangrena, pasando por la septicemia. ¿Por qué quieres saberlo? ¿Tal vez te enganchaste con un clavo oxidado?

—Estoy leyendo un libro en donde se habla de una herida enconada.

—¡Ah! ¿Adónde vamos a parar? ¿Se nos habrá devuelto el Paraíso? ¡Plötzerenke lee un libro! ¿Es un libro de verdad? ¿Con muchas páginas encuadernadas? ¿No te habrás equivocado, Fritz?

—¡Cállate, ojo de culo! —murmuró, apático, Plötzerenke—. ¡No te creas un Einstein porque tienes el bachillerato! Gangrena... Eso significa la guadaña, ¿no?

—Casi siempre. Las perspectivas son fatales. En el hospital vi dos o tres casos..., ¡todos liaron el petate! ¿Qué cuenta tu documentado libro?

—Habla de uno que tiene un balazo en el hombro. Ahora la herida supura, se ha inflamado hasta ponerse roja, y el tipo tiene también mucha fiebre...

El suboficial de Sanidad asintió repetidas veces.

—Sigue leyendo, Fritz —dijo benévolo—. ¿En qué página estás?

—La ciento cincuenta, más o menos...

Plötzerenke miró, inquieto, al sanitario.

—Estará muerto en la doscientas..., si el autor es sincero y no desvaría. Tú sigue leyendo...

La información infundió una especie de terror pánico a Plötzerenke. Para él, los días y noches con Schanna habían sido los más bellos de su vida, aunque ella no hubiese renunciado a su pasividad y soportara estoicamente todo cuanto le sucedía. Además, él conocía ya el nombre de su «novia», su «pequeña». Cierta vez le había dicho señalándose a sí mismo:

—Yo... Fritz. *Ponimei?* Yo... Fritz...

Y ella había asentido y respondido a su vez:

—Schanna... Ivanovna.

—¿Schanna? ¡Éste sí que es un nombre bonito! Ningún otro podría sentarte tan bien, pequeña.

Así pues, Plötzerenke se sentía feliz. El gran interrogante sería el futuro de Schanna cuando se reanudase la ofensiva o el repliegue. Además, no era posible seguir desestimando su herida. «Se me morirá entre los brazos si no hago algo —pensó—. Contraerá la gangrena ¡y sucumbirá de un modo horrible! Es imposible cargársela a la espalda y llevarla a las posiciones. ¡Dios mío, dame alguna idea! ¡Ayúdame! Tú lo ves todo... Tú recordarás, pues, que fui acólito durante tres años largos y balanceé el incensario... Siempre fui un buen cristiano... Dios, ayúdame ahora...»

Se exprimió el cerebro para encontrar un escape, pero todas las posibles soluciones desembocaban en el mismo callejón sin salida: ¡Sería preciso entregar a Schanna! ¡Poco importaba lo que él hiciese o dejara de hacer! El destino de Schanna estaba sellado, por así decirlo. Una de dos: o ella moriría de gangrena entre grandes sufrimientos, o la pondrían ante el paredón en el regimiento, como «fusilera emboscada». No parecía haber ninguna probabilidad de supervivencia. Ese pensamiento resultaba tan horrible por sí solo, que era incapaz de desarrollarlo hasta su lógica conclusión.

Por añadidura, la situación evolucionaba de forma muy favorable, a su juicio.

Schanna no le escupía ya cuando él le echaba el lazo al cuello y la conducía hasta el vertedero para que «hiciera sus cosas», esos minutos degradantes durantes los cuales todo decoro, todo amor propio, se quemaban en el fuego del odio y la desesperación. Tampoco había hecho ningún otro intento de morderle en la garganta cuando él se echaba sobre su cuerpo y la martirizaba con mil ternuras.

Plötzerenke se esforzaba por demostrar a Schanna, mediante detalles insignificantes, que estaba enamorado y que ella no significaba ya tan sólo un mero placer corporal. Como quiera que el entendimiento verbal fallase y cada uno pudiera deducir si acaso por la entonación lo que quería significar el otro, Plötzerenke había recurrido a un medio universal de comunicación: la música.

Él había tenido ya cierta experiencia al respecto. Durante las llamadas «meriendas campestres», él había tenido tres veces la ocasión de acomodarse en un soleado calvero del bosque para barrer, mediante los sones de su armónica, los últimos residuos de timidez en las codiciadas y algo melindrosas acompañantes.

Ésos eran los recuerdos de Plötzerenke al pensar en Schanna Ivanovna... Él sabía que el cabo primero Rumpe tenía una armónica vieja y abollada que le había acompañado durante todo el ataque y la subsiguiente retirada por la estepa del Don. Era un instrumento barato, que Plötzerenke no se había llevado nunca a los labios porque eso hubiera menoscabado su dignidad. El propio Rumpe lo tocaba raras veces, y si lo llevaba consigo en la mochila, era sólo por piedad..., pues su madre se la había regalado diez días antes de morir víctima de la tuberculosis.

Plötzerenke había tomado prestada aquella armónica, sacrificando a cambio unos cigarrillos adquiridos en la cantina. Y Rumpe se había embolsado los pitillos sin hacer demasiadas preguntas sobre el súbito interés de Plötzerenke por la armónica.

Una tarde, Plötzerenke se acuclilló ante la estupefacta Schanna y le regaló los oídos con algunas melodías berlinesas. *Das ist die Berliner Luft... Luft... Luft,* y *Es war in Schöneberg im Monat Mai...* Por primera vez sonrió Schanna, y el odio desapareció de sus inmensos ojos negros.

Y aquella actuación resultó verdaderamente artística cuando Plötzerenke se presentó al día siguiente con una pequeña mandolina que pertenecía al suboficial Hammacher, de la compañía de talleres. Así le fue posible incluso cantar y acompañarse... Schanna Ivanovna le miró pasmada y, al fin, lo comprendió: aquel diablo gigantesco y brutal estaba realmente enamorado de ella y hacía cuanto podía por animarla.

Después de gruñir, más que cantar, *Dunkelrote Rosen schenk' ich, schöne Frau...*, Plötzerenke se inclinó sobre Schanna y sonrió como si quisiera decirle: «¿Qué? ¿Te gusta esto, pequeña? ¿Te imaginas lo que sería si hubiese paz y nosotros dos estuviésemos ahora en un cenador a orillas del Wannsee...?»

—¿Conoces *Lilí Marlén*? —preguntó. Arrancó algunos acordes a la mandolina y miró inquisitivo a Schanna—. ¡Claro que la conoces! Escucha atenta, voy a cantártela... Pero yo tengo otra versión que me gusta mucho más...

Rasgueó de nuevo la mandolina y comenzó su particular *Lilí Marlén*:

En mi cuartel,
ante el gran portal,
había un farol
y todavía está.
Con el apagón
todo oscureció
y me camelé a una gachí fetén
que atendía al nombre de Lilí Marlén.

La apreté contra el pilar:
Chica, no seas tonta,
que la vieja porra
no te tumbará.
Y así, por primera vez,
forniqué bajo el farol
con Lilí Marlén.

Sonaron pisadas duras
en la noche oscura.
La patrulla me llevó
al puesto de retén,
pues la guardia lo vio:
Bajo el farol del cuartel
se estaba fornicando con Lilí Marlén.

En el cuartel,
tras el gran portal
estoy bajo arresto
jugándome el puesto.
Si algún día nos vemos otra vez,
no se me alzará el pincel
con Lilí Marlén.

Con un suave acorde, Plötzerenke puso punto final a su mensaje. Luego miró a Schanna.

—¿Qué te ha parecido? Bonito, ¿verdad?

—Muuy boniitoo...

Schanna cerró los ojos porque Plötzerenke se inclinó sobre ella y la besó. «Debo matarle —pensó entretanto—, debo matarle de una forma u otra, aun cuando él me quiera y se preocupe por mí. Mi deber es matarle o, de lo contrario, nunca volveré a ser Schanna Ivanovna, condecorada con la medalla Suvorov en bronce por su heroico comportamiento en la lucha contra los fascistas alemanes. ¿Y qué será de mí si no puedo llamarme nunca más Schanna Ivanovna Babaieva? ¡Fritz..., debo matarte!»

La cabeza le ardió de fiebre, la herida del hombro se inflamó desmesuradamente, el boquete del balazo destiló un pus verdoso y maloliente. Sus energías menguaron a ojos vistas.

Plötzerenke interrumpió sus manifestaciones amorosas... pues

Schanna sufría demasiado para soportar encima aquello. Su estado empeoró de hora en hora. Plötzerenke tembló de miedo..., quitó el pus, limpió la herida, la espolvoreó, refrescó la frente de Schanna y después aquel cuerpo candente, estremecido por unos temblores incesantes..., a sabiendas de que todo era inútil.

Cierta noche, cuando Plötzerenke marchaba para hacer otra visita a Schanna, firmemente resuelto a rematarla de un balazo apenas se presentasen los síntomas de muerte y no quedase ya ninguna esperanza, se cruzó en el camino con el médico auxiliar Helge Ursbach.

Ursbach regresaba precisamente de la aldea destruida, adonde había ido para visitar a Peter Hesslich. Después de su primer encuentro, ambos habían trabado amistad, y Ursbach frecuentaba siempre que podía el «hogar» de Hesslich a orillas del Donetz, para discutir sobre los problemas del mundo. Los dos habían llegado a la conclusión de que ahora estaban viviendo sus años perdidos.

Plötzerenke cerró los ojos cuando vio acercarse por las trincheras al médico auxiliar Ursbach. Una última y desesperada esperanza germinó en su interior. «¡Dios mío! —imploró para sus adentros—, ¡hazle comportarse como un ser humano! ¡Como un médico humanitario y no como un oficial nacionalsocialista! Que diga "ahí yace una moribunda", y no "¡que reviente esa fusilera!". ¡Hazle ser sólo médico..., por favor...!»

—Mi teniente... —dijo Plötzerenke cuadrándose ante Ursbach, como si éste fuese un general. Su voz sonó ronca y temblorosa—: Mi teniente..., yo..., yo necesito pedirle un gran favor... Usted..., ustedes, los médicos, están obligados a guardar el secreto profesional según he leído. ¿Es válida también esa obligación en guerra?

Ursbach miró, maravillado, a Plötzerenke.

—¿Se encuentra usted enfermo, Plötzerenke? Si ha pescado una gonorrea, ¿por qué callarlo? ¡Eso es un honor desde el punto de vista militar! Y si nos sale usted con una sífilis, también será preciso anotarlo. ¡Hay que respetar el orden! ¿Dónde le duele?

—Es..., una cuestión de vida o muerte, mi teniente... Sólo usted puede ayudar, si la ayuda sirve todavía de algo. Se trata de una gangrena...

—¡Demencial! —Ursbach miró de hito en hito a Plötzerenke—. ¿Dónde tiene usted la gangrena? ¿Eh? ¡Si acaso, en el cerebro!

Plötzerenke alargó una mano temblorosa.

—Prométame no decir ni una palabra a nadie, mi teniente. Usted puede hacerlo. Sólo le afecta en su condición de médico..., no de soldado...

Ursbach asintió, Plötzerenke estaba descompuesto, eso saltaba a la vista. ¿Qué habría ocurrido? Le dio una palmada en la espalda y, empujándole hacia un recoveco de la trinchera como si aquello fuera una sala de consulta, dijo:

—Bueno, ahora desembuche. ¿Qué le inquieta tanto?

Plötzerenke alargó otra vez la mano hacia Ursbach.

—¿Palabra de honor, mi teniente?

—¡Ya se lo he dicho! —exclamó Ursbach.

—Tengo..., tengo escondido a un herido —murmuró Plötzerenke en voz tan baja, que al médico le costó entenderle. Pero esta dificultad habría sido idéntica aunque Plötzerenke lo hubiese proclamado a gritos.

—¿*Qué* tiene usted? —inquirió, encolerizado, Ursbach.

—Primero pensé que lo de la herida no era ni la mitad de grave. Sólo un rasguño en el hombro..., nadie muere por eso. Pero ahora supura, está muy roja e hinchada... Ahora tengo miedo...

—¿Está delirando, Plötzerenke? ¿Qué clase de herido es ése? ¿Y qué significa escondido? ¿Quién es? ¿Para qué necesita usted esconderlo?

—Es... —Plötzerenke miró a Ursbach cual perro apaleado—. Mi teniente..., ¡es una mujer!

—*¿Cómo?*

—Una chica. Pertenece al batallón femenino de allá enfrente. Quise atrapar una cerda, y en su lugar la hice prisionera a ella... La traje conmigo y la escondí en un granero. Hace seis días de esto...

—¡Plötzerenke!

—La quiero, mi teniente...

—¿Se ha metido usted en el catre con una de esas malditas fusileras?

—Está herida, mi teniente... Y..., y por todas las señas, parece gangrena...

—¡Dios mío! ¡Menudo hueso me larga usted, Plötzerenke!

—¡Por favor, mi teniente, ayúdenos! ¡Me ha dado usted su palabra de honor! ¡Ha prometido usted pensar exclusivamente como médico! Se trata de una chica enferma y nada más. ¡Ella le necesita! Sin usted, reventará...

—Si es realmente gangrena, no podré hacer nada, Plötzerenke. Aquí no. Es preciso llevarla a un hospital.

—Pero siendo una de las llamadas fusileras, no podrá ingresar jamás en un hospital.

—Es posible. —Ursbach miró más allá de Plötzerenke, hacia la aldea ruinosa a orillas del Donetz. «¡Tremenda situación! —pensó, horrorizado—. Si esto se supiera, podría costarle la cabeza a Plötzerenke; todo dependería del Consejo militar que le juzgase. ¡Una de las temidas tiradoras como amante secreta...! ¡Parece una fábula!»—. ¿Y qué ha pensado hacer usted en definitiva?

—¡Nada!

—¡Lo creo! ¿Y cómo continuará esta historia?

—No lo sé, mi teniente. ¡Es tan bonita...!

—¡Y usted está tan colado por ella...!

—Sí...

—¡Se le debería operar como medida profiláctica, Plötzerenke! ¡Castrarle, sencillamente!

—¿Qué significa profiláctica, mi teniente?

—*Profiláctica* quiere decir preventiva.

—Demasiado tarde. Ya ha ocurrido todo... Ayúdenos, mi teniente, por favor...

Ursbach alzó los hombros.

—Veré a la chica —replicó secamente—. Le he dado mi palabra de honor, Plötzerenke.

—Gracias...

—Pero se lo advierto desde este momento: si es gangrena, actuaré exactamente como médico, según me ha pedido usted: ¡haré ingresar a esa chica en un hospital! No podré dejarla por más tiempo en su escondite, porque eso me lo prohíbe mi conciencia médica.

—¿Hay alguna esperanza con la gangrena?

—Una muy lejana, Plötzerenke.

—Entonces, ¿para qué hospitalizarla?

—¿Y dejarla que reviente en la paja?

—Si no hay ningún remedio, poco importará en dónde muera. Cuando la cosa se agrave, yo podré..., podré... —Plötzerenke tragó saliva y volvió la cabeza hacia otro lado mientras Ursbach hacía una profunda inspiración—: ¿Es posible verla ahora, mi teniente?

—No llevo nada conmigo.

—Allí hay de todo..., vendajes, polvos de sulfamida, ungüentos para las heridas... No han servido de nada.

—Mala señal...

—Lo sé...

Ambos salieron de la trinchera y caminaron silenciosos en la noche. Cuando alcanzaron las primeras ruinas, se detuvieron a la sombra de una pared; Plötzerenke dijo:

—He reflexionado durante días, mi teniente. Ahora supongamos una cosa: si la hiciese pasar por una campesina que volvía clandestinamente a su antigua aldea para recoger algunas cosas, y entonces la sorprendí y disparé contra ella..., se me daría crédito, ¿verdad?

—¿Viste uniforme esa chica?

—Sí. —Plötzerenke se retorció las manos—. Pero debe de haber algunas ropas de paisano detrás del regimiento o en la división. ¿No podría..., no podría usted procurarme algunas?

—¡Me convierte usted en un cómplice consumado, Plötzerenke!

—Sólo como médico...

—Eso no lo disculpa todo. Está bien, ropa de campesina. Y luego, ¿qué?

—Luego no existe ninguna fusilera y no la cuelgan la SD.

—¿Sabe usted acaso si ella quiere ese arreglo..., con la ropa de paisano?

—¡Por lo menos querrá sobrevivir! —La mirada de Plötzerenke reflejó un asombro infantil, ingenuo—. ¡Todo el mundo quiere vivir!

—Yo no estaría tan seguro con ese tipo de mujer. Antes necesito conocerla.

Los dos se deslizaron entre los escombros de la aldea como una patrulla de reconomiento. Plötzerenke insistió en hacerlo así porque quería evitar a toda costa que un escucha descubriese el escondite. Así pues, dieron algunos rodeos hasta alcanzar el granero. Una vez allí, Plötzerenke encendió su linterna, iluminó a Schanna y luego encendió la lámpara de petróleo.

Schanna Ivanovna estaba tendida en la paja, tenía muy abiertos los ojos y se estremecía con un nuevo ataque de escalofríos. La herida le pinchaba como si le clavasen una lanza tras otra en el hombro; los dolorosos pinchazos se dejaban sentir hasta en los dedos de los pies y abrasaban en todos los nervios. Cuando Plötzerenke se arrodilló a su lado para retirar cautelosamente las mantas y soltar sus ligaduras, ella lanzó un fuerte gemido. Ursbach carraspeó. La juventud y belleza de Schanna le conmovieron profundamente; no hubo nada de erotismo, sino más bien una especie de condolencia como lo que se siente cuando se ve sufrir a un niño.

—¿Son necesarias esas cosas? —preguntó, angustiado.

—De lo contrario, escaparía, mi teniente.

—Así pues, se trata de un amor unilateral...

—Por ahora...

—Eso cambiará muy poco, Plötzerenke. Es usted un maldito soñador.

La magia se esfumó. Desde ese instante, Ursbach apreció con talante realista la situación de Schanna. La tiradora que ha caído herida en manos de Plötzerenke y sufre violaciones ininterrumpidas. ¡Una marranada, para expresarlo moderadamente!

—Sería mucho mejor que la dejara huir... ¡Lo deberían castrar, Plötzerenke!

Ursbach se sentó junto a Schanna y, abriéndole la camisa, le descubrió los hombros. Pese al dolor, la mirada de ella fue hostil y defensiva.

—*Niet!* —exclamó Ursbach sacudiendo la cabeza—. No te haré nada. —Se señaló a sí mismo y esbozó una sonrisa aplacadora—. *Ia vratsch...,* doctor..., *ia rana proveriat...*

Plötzerenke se mesó el pelo.

—¡Habla usted ruso...!

La voz le tembló de contento.

—¡Ah, Dios mío, no! A esto no se le puede llamar ruso. He hilvanado dos o tres palabras con la esperanza de que ella me entienda.

La mirada de Schanna se dulcificó un poco. Miró interesada y dijo una frase breve, que el médico no comprendió. Las palabras acompañadas de un aliento candente parecieron surgir de un horno en llamas.

Ursbach le quitó la venda. El olor dulzaino y pútrido del pus almacenado fue bastante revelador. Cuando dejó al descubierto la herida y Plötzerenke la enfocó con su linterna, Ursbach supo que allí sólo cabía una intervención quirúrgica. No se podía hacer ya nada con medicamentos o, por lo menos, con los que se tenía en primera línea.

—¿Gan... gangrena? —preguntó, balbuceante y temeroso, Plötzerenke.

—Todavía no. Pero si no se actúa aprisa, puede darla usted por segura. Es preciso operar. No se limpió bien el boquete del balazo..., se requiere cortar y legrar...

—¿Y..., y puede hacerlo usted, mi teniente?

—¿Aquí?

—¡Sí!

—¡No! Se trata de una operación en toda regla, Plötzerenke. Con anestesia y demás zarandajas.

—Durante el ataque y la retirada no se ha hecho otra cosa en el puesto central de socorro. Lo he visto con mis propios ojos. Se ha amputado, se ha extraído metralla de los intestinos..., mi teniente. ¡Incluso hubo uno que tenía toda la espalda desgarrada y se la cosieron! Y esto es sólo una pequeña herida... Por favor, inténtelo usted, por favor...

Ursbach examinó concienzudamente la herida y sonrió a Schanna cada vez que ésta suspiró de dolor o apretó los dientes.

—*Ia xotschu pomotsch...* (me gustaría ayudarla) —dijo. Schanna le comprendió y asintió. Él espolvoreó otra vez la herida. De momento, no se podía hacer más y la vendó de nuevo—. *Saftra ia pritti* (volveré mañana). —Enseñó su mano nervuda a Schanna y movió los dedos—. *Operaziia...*

Luego colocó otra vez cuidadosamente a Schanna sobre la paja y la cubrió de nuevo. Plötzerenke vació su mochila: chocolate, mermelada de cuatro frutas envuelta en papel de estraza, una punta de chusco, un trozo de queso y dos latas de cerveza. Le mostró sus tesoros haciendo una mueca alegre, pero Schanna negó con la cabeza y cerró los ojos.

—No puede comer —dijo Ursbach—. Le resultará difícil tragar.

—Mañana temprano le traeré unas gachas. Eso le vendrá bien, ¿verdad?

—¿Cómo se propone usted hacerlas?

—Sólo leche en polvo. Me queda todavía harina. Conseguiré la leche en la cocina de campaña..., ¡me bastará con explicarles unos cuantos chistes sucios!

—Ante todo, no siga maniatando a la chica, Plötzerenke. ¡Eso es una tortura auténtica!

—¿Y si huye?

—¿Adónde? ¿A través del río? Está tan débil, que no llegaría ni a la orilla.

Plötzerenke echó una ojeada a Schanna. Su rostro enmarcado por la cabellera negra, se había hecho aún más enjuto, más infantil. «¡Qué hermosa es! —pensó—. ¡Esta maldita guerra...! Bien es verdad que si no hubiese sido por ella, no la habría conocido jamás, pero, ¡ahora podría terminar! Yo trabajaría por ti día y noche, Schanna. Lo pasarías bien conmigo. No te faltaría de nada, créeme, yo puedo trabajar como un buey si quiero, nada me parece demasiado pesado ni despreciable, tengo manos fuertes. Nuestra vida podría ser muy hermosa, con un huerto y una casita. ¡Sí, yo la construiría para nosotros, Schanna, y los demás se asombrarían y palidecerían de envidia! Tú aprenderías alemán o yo aprendería ruso, ya veríamos..., lo que fuese más sencillo, en eso no tendríamos ninguna dificultad, Schanna. Sólo se interpone esta mierda de guerra, sólo ella...»

—Tiene usted razón, mi teniente —dijo—. ¿Adónde puede ir? No la ataré más...

E, inclinándose sobre ella, Plötzerenke le besó los ojos y la frente y luego apagó la lámpara de petróleo. Fuera, junto a la pared del granero, Ursbach le sujetó de improviso.

—¿Ha pensado usted en que si se la descubren ahí dentro será como firmar su sentencia de muerte?

—Si usted cierra la boca, nadie la descubrirá.

—¿Y si no puedo ayudarla?

Plötzerenke contempló absorto el lívido cielo nocturno. Era una de aquellas noches veraniegas, cálidas y aterciopeladas, en que no apetece dormir, sino vagabundear.

—Entonces la mataré —dijo, muy bajo, Plötzerenke—. La quiero. Sus sufrimientos no deben prolongarse innecesariamente.

«Lo mejor sería que desapareciese mañana mismo —pensó Ursbach—. Lo he percibido en su mirada. Ella no es de esas mujeres que se conforman con su destino. Lucha por cada hora de supervivencia que pueda conseguir con su propio esfuerzo. Plötzerenke la quiere..., pero todo cuanto posee de ella es su cuerpo desvalido. Toda esa ternura no penetra bajo su piel ni un milímetro. Sin embargo, él no lo comprende.»

Regresaron, despaciosos, a las posiciones. Cuando un escucha oculto detrás de un pequeño muro les pidió el santo y seña, Plötzerenke le contestó:

—¡El ojo del culo elevado al cuadrado!

Eso fue suficiente, pues todo el mundo sabía quién era la persona capaz de dar tal respuesta. Por fin alcanzaron la entrada de las trincheras.

—¿Cuándo volverá usted a verla? —preguntó en voz baja Ursbach.

—Mañana temprano. Si no tengo todavía las gachas, le llevaré el té y un poco de pan con miel artificial.

—Y ¿nadie ha sospechado hasta ahora al ver sus continuas rondas por los alrededores?

—No. Solamente me dan miedo Hesslich y Dallmann. Esos dos oyen y ven todo. Pero no han descubierto nada por el momento. Además, allá fuera tengo un huertecillo, y eso lo sabe todo el mundo.

—¿Y si le visita alguna vez alguien de la compañía?

—Entonces estaré allí y determinaré lo que ha de pasar. Y mientras no esté allí, nadie me visitará.

Era una lógica irrefutable, que había funcionado bien hasta entonces. Ursbach le dio un apretón de manos, prometió ir allí la noche siguiente con el maletín quirúrgico y todo cuanto fuese necesario, y regresó al búnker de la compañía.

El teniente Bauer III, el brigada Pflaume y el alférez Lorenz von Stattstetten estaban a la mesa jugando una partida de tresillo. También ellos creían que era una lástima emplear en dormir aquella noche aterciopelada. Stattstetten había acudido al tresillo contra su voluntad después de que fuera a buscarle un ordenanza comisionado por Bauer III. Entretanto, él ocupaba sus horas como poeta y componía poemas para su pequeña ucraniana de la Compañía de Propaganda. Hasta entonces había recibido tan sólo una carta muy breve de ella. El grupo de altavoces al que pertenecía ella estaba en constante movimiento e iba de acá para allá por todo el frente. Apenas se retiraba, los soviéticos replicaban con fuego de artillería y bombas, de tal modo que en las filas alemanas había siempre muertos y heridos. Por consiguiente, los elementos de la Propaganda eran impopulares; los jefes de compañía se manifestaban contra esa intervención en sus sectores, pero todas las objeciones resultaban inútiles. Se les decía, con notable desvalimiento, que aquella misión especial era respaldada por altos cargos. «Todos sabemos que siempre hay castañazos después de su intervención, pero eso es inevitable. Guerra psicológica..., por eso hay en Berlín un cupo extra de burócratas.» *Tengo poco tiempo para escribirte* —explicaba la pequeña ucraniana en su carta—. *Pero tú escribes unas cosas tan hermosas... Te quiero, tesoro mío. ¡Dios mío, si sobreviviéramos a esta guerra...*

Lorenz von Stattstetten se hacía llevar resmas de la oficina y poetizaba en su búnker; componía largos versos en forma de oda o soneto, con rima libre o al estilo griego.

Tú, que eres sol y estrella
con tu vagabundeo intemporal día y noche,
infinidad en la pulsación de toda vida,
tú eres átomo y espacio sideral dentro de mí.

Esto sonaba muy bonito, aun cuando Bauer III, que había leído algunas estrofas del poema, le dijera:

—¿Qué significa esto, Lorenz? No verás nunca más a esa chica... ¡y Hölderlin poetiza mejor que tú! Vamos, siéntate aquí y juguemos una decente partida de tresillo...

Ursbach se quitó cinto y guerrera y tomó asiento a la mesa. Bauer III acababa de recibir una runfla de corazones y ganaba baza tras baza.

—¡Al fin llegaste, quebrantahuesos! —vociferó entre risotadas—. ¿Dónde te habías metido? Te han buscado por todas partes. Debes relevar a este alférez nuestro que juega al tresillo como un chino con ictericia.

—He estado en el Donetz —replicó Ursbach mientras se arremangaba—. ¡Cuánta quietud e inmensidad! Contemplando tanta belleza, resulta difícil creer que estamos en guerra.

—¡Qué barbaridad, ahora éste empieza también a poetizar! —gritó Bauer III. Lanzó los naipes a Ursbach y se frotó las manos—. ¡Baraja, señor médico! Vuestro sentimentalismo se os bajará bonitamente a los pantalones cuando los rusos aprieten otra vez el botón.

Aquella noche, Schanna Ivanovna llevó a cabo una proeza admirable.

Ardiendo de fiebre y presa de constantes escalofríos, salió a gatas del granero. Arrastró la lámpara de petróleo con la boca. Como había clavado los dientes en el asa, la mecha se saturó de petróleo con cada movimiento hacia delante y le goteó en los labios. El sabor era nauseabundo, pero ella lo soportó tan estoicamente como el dolor infernal que devoraba su cuerpo.

«¡Afuera! —pensó—, ¡afuera! Sólo traspasar esa puerta. Luego encender la lámpara y hacer señales. Ellas las verán, deben de verlas, no pueden haberme olvidado tan pronto. Nombre: Schanna Ivanovna Babaieva. Desenganchada. ¡Inexistente! ¡Todavía estoy aquí, queridas camaradas!»

Sus ojos se llenaron de lágrimas, pero ella logró abandonar el granero y reptar con la lámpara entre los dientes, hasta alcanzar el aire libre. Quedó tendida sobre las piedras del patio, llorosa y trémula. Luego se puso de espaldas y contempló el estrellado firmamento.

Así permaneció durante media hora, hasta que recobró la energía suficiente para enderezarse y coger las cerillas que Plötzerenke había dejado junto a la lámpara.

«Si ellas me ven, vendrán mañana mismo —pensó Schanna Ivanovna—. Todas ellas: Stella, Marianka, Lida y el resto... No tendrán misericordia. ¡Te acribillarán, Fritz! Quedaré muy triste. Me has atendido, me has dado de comer y beber, has tocado y cantado canciones para mí. Sin embargo, después de eso te has lanzado siempre sobre mí como un animal y has arrastrado mi honra por el fango. Y yo he jurado sin cesar para mis adentros: "¡Venganza! ¡Venganza! ¡Venganza!" Sé que me quieres..., eres un lobo que lame primero las heridas de su víctima y luego la desgarra. Me entristeceré un poco cuando mueras, Fritz, de verdad. Pero con pensamientos tristes no podemos salvar a Rusia, y esto sólo será cuando consigamos aniquilaros, ¡malditos alemanes! Tengo una misión, debes comprenderlo, una misión encomendada por el camarada Stalin, quien ha dicho: "El Ejército Rojo debe estar pertrechado para librar las batallas decisivas contra los fascistas alemanes invasores. ¡Debe vengarse sin piedad de los intrusos alemanes por la sangre y las lágrimas de nuestras mujeres e hijos, nuestros padres y madres, hermanos y hermanas!"

»Ya lo ves, Fritz, estamos obligados a hacerlo. Y siendo así, ¿dónde queda lugar para tu amor? A mí también me hace sangrar la bala de un fusil alemán, y yo también lloro cuando te arrojas sobre mí. Sangre y lágrimas... ¡Debemos vengarlas! Hay una Rusia eterna. ¿Tienes algo que objetar, Fritz...?»

Encendió una cerilla y la aplicó a la mecha de la lámpara. Gimiendo de dolor, se puso de rodillas y empezó a balancearla frente a la orilla opuesta. Sollozó y retorció la boca, aspiró el aire nocturno y lloró a lágrima viva. No fue sólo el dolor lo que quemó su cuerpo.

Desde el campo soviético le respondió un breve relampagueo. Nada más. Una luminosidad fugaz. Schanna Ivanovna apagó la lámpara de un soplido, la colocó junto a sí y se dejó caer otra vez en tierra.

«Me han visto. Mañana vendrán a recogerme. Ahora saben ya que todavía existe Schanna Ivanovna Babaieva. ¡Queridas amigas, permitidme morir entre vosotras...!»

Amanecía ya cuando Schanna entró reptando en el granero con la lámpara entre los dientes. Se tendió otra vez sobre la paja bajo las mantas y tiritó lastimosamente, pese a la calentura del cuerpo.

Hacia las siete llegó Plötzerenke con el desayuno: té, galletas y miel artificial. Lo colocó, como siempre, junto a Schanna, la besó e hizo una alegre mueca. Ella le sonrió lánguida. «¡Qué corta será tu vida! —pensó—, y tú sin saberlo...»

—Esta noche..., doctor venir —dijo él. E imitó con los dedos el movimiento de unas tijeras como queriendo indicar: «Te cortará. Te ayudará.»

Ella asintió. Luego comió una galleta con miel y bebió el té. Seguidamente dejó caer la cabeza hacia atrás, vencida por la debilidad.

—Es un buen médico —dijo Plötzerenke—. Doctor *dobro...*, ¿entiendes...? *Dobro...* ¡Mierda! Desde mañana empezaré a estudiar ruso, Schanna... Mañana fiebre fuera... ¡Largo!

Schanna Ivanovna sonrió otra vez. «Verdaderamente eres un hombre bueno —pensó—. Pero eres también un fascista alemán, y no hay ningún alemán bueno, según se nos ha enseñado.»

Schanna masticó trabajosamente la segunda galleta mientras Plötzerenke la miraba con ojos iluminados por la felicidad.

Él no sospechaba que Ugarov había observado su llegada con un telémetro de campaña, y que desde ese instante se sabía en la otra orilla dónde se hallaba Schanna.

Las señales luminosas desde el campo alemán fueron descubiertas por la escucha Vanda Alexandrovna. Ésta avisó inmediatamente, mediante el teléfono de campaña —que enlazaba las excelentes posiciones de vanguardia con el atrincheramiento principal—, a Soia Valentinovna Baida, quien se puso al instante el uniforme, achuchó al teniente Ugarov fuera de la cama y marchó presurosa con él hacia el lugar desde donde se había divisado la balanceante luz.

Entretanto, diez milicianas rojas se habían agrupado ya allí y discutían sobre el significado de aquellas señales. Asimismo, la doctora Galina Ruslanovna había acudido desde su búnker y escrutaba la orilla alemana con unos potentes prismáticos de noche.

—¿Se ve algo? —inquirió, jadeante, la Baida arrebatándole los prismáticos a Galina.

—¡Poca cosa! Es una lámpara, y alguien la mueve muy cerca del suelo. Pero, ¿quién lo hace? ¡Es imposible averiguarlo, por mucho que se aguce la vista!

—¿Creéis que puede ser la Schanna?

Mientras tanto, la Baida había enfocado la misteriosa lámpara. La luz se balanceaba ante una mancha clara que parecía ser una camisa, y de pronto aparecía otra mancha más clara que la primera..., podría ser una cabeza, un rostro—. ¿Por qué es tan torpe y no sostiene la lámpara ante su propia cara? Entonces sabríamos quién hace las señales. —La Baida soltó los prismáticos—. Podría ser una trampa, algo sencillo y vulgar que se puede atribuir al diablo del gorro de punto. ¡Él nos hace señas, nosotras cruzamos el río y caemos bajo su fuego graneado!

—¿Y si fuera realmente Schanna Ivanovna? —preguntó Ugarov mientras observaba, a su vez, la orilla alemana.

—¿Al cabo de seis días? —Los rasgos de la Baida se endurecieron otra vez como las aristas de una piedra—. Entonces, ¿dónde se ha pasado tanto tiempo?

—En cautividad.

—¡Imposible! ¡Mis chicas no sobreviven a un solo día de cautividad!

—¡Quién sabe en qué circunstancias han hecho prisionera a Schanna!

—¡Sólo hay una circunstancia que nos permita eludir un interrogatorio alemán —dijo, con aspereza, Soia Valentinovna—. ¡No, Victor Ivanovich! ¡Me parece imposible que Schanna viva aún tras seis días de cautividad y haga señales luminosas! ¡Eso es lo que me deja perpleja!

—Por lo menos, deberíamos contestar —murmuró Ugarov.

—Eso podemos hacerlo. No nos perjudica. ¡Si se trata de una trampa, esperarán que acudamos!

Ugarov encendió su potente linterna, orientándola hacia el cielo nocturno, contó hasta tres y la apagó. Poco después se extinguió la luz al otro lado.

—¡Nos ha comprendido! —exclamó Ugarov.

Y se sintió realmente feliz.

La Baida le miró de reojo.

—A tu juicio es Schanna, ¿verdad?

—Puede serlo.

—¿Quién quiere recogerla? Sólo admitiré voluntarias. ¡Y no más de tres! ¡El *Gorro de punto* nos ha ocasionado ya demasiadas pérdidas!

—¡Yo iré! —exclamó Marianka Stepanovna Dudóvskaia—. Schanna es mi mejor amiga.

—¡También yo! —Lida Ilianovna Selenko levantó la mano—. Ella..., ella me da lástima...

—¡La debilidad no merece compasión! —La Baida se pasó ambas manos por la negra melena—. Poco importa lo que haya pasado allí, pero si es realmente Schanna, deberemos preguntarle: «¿Por qué vives, aún después de seis días de cautividad en el campo fascista? ¡Se trata también de vuestro honor, camaradas! ¡No lo olvidéis! —Echó una mirada en torno suyo—. ¿Otra voluntaria?

—Sí. ¡Yo! —Galina Ruslanovna alzó la mano.

La Baida negó enérgicamente con la cabeza.

—Rechazado. ¡A ti te necesitamos demasiado, Galinanka! Estoy muy contenta de que, al fin, tengamos nuestro propio médico. ¡Y también se queda aquí Stella! Por cierto, ¿dónde está?

—Desde hace seis días pernocta en la aldea y espera a su enemigo personal.

Ugarov se encogió de hombros. Se había intentado disuadirla, pero desde que ella viera al diablo del gorro encaramándose por la orilla cual un bañista satisfecho, le alentaba sólo la esperanza de enfrentarse otra vez con él.

—¡Os negáis a creerlo! —repetía sin cesar—. Pero yo lo sé: ¡él volverá! Volverá, y esta vez no se me escapará. Hasta entonces no tendré paz...

—Entonces, dejadla donde está! —La Baida miró de hito en hito a cada una de las mujeres que le rodeaban—. Pensadlo bien. Sólo acepteré a otra voluntaria. Pero antes de que la traigáis aquí, preguntadle cómo ha podido atravesar el río con un alemán. Si no sabe daros una respuesta pausible, será mejor que la dejéis allá. ¡Allá donde, aparentemente, se encuentra más a gusto que entre nosotras! —Dicho esto, miró a Marianka, y ésta bajó al instante la cabeza—. No obstante, queda otra posibilidad...

Todo el mundo supo lo que Soia Valentinovna quería significar. Era bien conocido el castigo por negligencia y cobardía ante el enemigo. Resultaba ocioso hacer preguntas en una unidad especial como la de tiradoras escogidas.

—Escuchémosla primero —dijo Ugarov, esforzándose por calmar los ánimos—. Nadie puede encauzar su destino, aunque muchas veces lo creamos posible.

—Mañana por la noche. —Soia Valentinovna devolvió los prismáticos a la escucha Vanda Alexandrovna—. Esto no es una orden, camaradas, sino, simplemente, una recomendación.

Dicho esto, se alejó a paso vivo y censuró con un gruñido colérico el hecho de que Ugarov se quedase atrás. «Debe de ser así —pensó—. *Yo* debo ser así. La disciplina lo es todo en esta vida que nos ha tocado. El coraje no basta por sí solo, y tampoco el amor a la patria. Para ganar esta guerra necesitamos una gruesa coraza, de tal modo que nada pueda perforarla y alcanzarnos en el corazón. Debemos ser duros, más duros que una piedra, pues también se desintegran las piedras. Schanna me inspira lástima, naturalmente..., pero ¡nadie ha de apercibirse!»

—Si se trata de Schanna, traedla —dijo Ugarov en voz baja, antes de seguir a la Baida—. Es un ser humano..., y, ¿quién puede convertir en máquina a un ser humano? Por sus venas corre sangre, no lubricante. ¡Traedla viva aquí, camaradas!

Siempre ocurre así, eso se sabe de sobra: cuando uno necesita realmente a alguien, ese alguien está fuera de su alcance. Aquella noche, Uwe Dallmann se encontró solo en el escondite. Peter Hesslich había recibido orden de presentarse en el regimiento. O, mejor dicho: se le había rogado que informase sobre su notable acción individual. El jefe del regimiento había ofrecido un almuerzo, y Hesslich estaba sentado entre los oficiales, refiriéndoles cómo había neutralizado a los escuchas femeninos.

—¿Qué anima, en definitiva, a esas chicas? —dijo un comandante de la artillería antiaérea—. Hace falta echarle mucha imaginación: Ahí está al acecho una criatura joven, bonita, pesca una cabeza humana en el retículo y no tiembla ni un instante cuando encorva el dedo y se dice: «¡Ahora lo mato!» No lo duda; tira de gatillo... ¿De dónde sacarán esa sangre fría? ¡Es un escarnio de todo sentimiento femenino!

—Se nutren del odio. —Hesslich tomó un cigarro puro de la caja que le tendía el jefe del regimiento.

Todavía quedaban esas exquisiteces en la retaguardia de las fuerzas combatientes: suficientes cigarrillos, habanos, coñac, licores y asados.

—De otro modo, sería inconcebible. Ellas mismas te lo hacen entender así. Las escasas tiradoras que se ha podido hacer prisioneras por ahora, mantuvieron un silencio hermético hasta que fueron fusiladas o ahorcadas. Lo único que gritaron cuando la soga les rodeó el cuello fue esto: «¡Viva la Unión Soviética! ¡Viva la patria! ¡Viva el camarada Stalin! ¡Mueran los invasores!» y esto es justamente lo que somos nosotros.

Hesslich aceptó el fuego que le ofrecía un primer teniente, saboreó, encantado, el cigarro puro y echó una mirada en torno suyo, a través de la azulada humareda. Los oficiales le miraron silenciosos. Para ellos, aquel sargento era una especie de monstruo, una máquina mortífera con cuerpo humano. Pese a la guerra y la mortandad cotidiana, él era un cuerpo extraño en su círculo. A nadie le gusta compartir su almuerzo con la muerte... Hasta en aquel bochorno estival parecía soplar un hálito glacial. Todo el mundo tenía por legítimo el matar durante un ataque o una acción defensiva. Otra cosa muy distinta era el permanecer tranquilo y concentrado en un escondite, apuntar a una persona aislada y abatirla, con verdadero arte, de un disparo a la cabeza. Eso era homicidio premeditado, requería nervios de acero más fuertes que la convivencia.

Hesslich se respaldó en su asiento. No comprendió lo que se quería de él, ni por qué había sido invitado a un almuerzo de seis platos, desde una sopa fría de madroños, hasta un delicioso pudín de chocolate con crema de vainilla. No se le podía proponer para una condecoración: él tenía ya la Cruz de Hierro de Primera Clase, la Cruz Alemana no estaba aún en vigor, la Ritterkreuz exigía algo más que la reducción de unos cuantos centinelas. Se le podría ascender a brigada, eso sí..., pero el que la Plana Mayor de un regimiento viese en ello motivo suficiente para invitarle a almorzar, era insólito, por decir algo.

—Lo mismo cabría preguntar por qué somos nosotros francotiradores —dijo Hesslich. Creyó leer ese interrogante en los ojos de la oficialidad—. Nosotros somos combatientes solitarios. Ahora bien, los combatientes solitarios no han decidido jamás el desenlace de una guerra, a menos que maten a los estadistas cuyas maniobras han sido el origen de la guerra. Les diré una cosa, caballeros: ¡aborrezco mi tarea! Soy ingeniero de montes, y ahora mismo preferiría vagabundear por un bosque umbroso observando a los animales..., la ardilla que salta de rama en rama, un abejorro que curiosea cada flor entre zumbidos, un escarabajo que se arrastra penosamente por el suelo forestal o un ave que cuida de su nidada. Todo esto me gustaría mucho más que estar aquí en el Donetz acechando a unas muchachas para abatirlas. Supongo que ustedes piensan y sienten lo mismo. Pero aquí se da un fenómeno que quizá podamos analizar sólo si sobrevivimos a esta guerra. Se nos pone un uniforme, se nos da una orden y, fíjense, nuestros cerebros se desconectan al instante y hacen tan sólo lo que se nos ha inculcado. Lo hacen con precisión maquinal, pues una máquina no sabe nada de escrúpulos ni lógica... Estamos aquí, en plena Rusia, y nos preguntamos, asombrados, por qué querrán expulsarnos los rusos. Hemos conquistado y asolado su tierra, hemos perseguido, matado o desterrado a los pobladores, y obramos como si no comprendiésemos por qué se nos detesta. Han caído millones, centenares de miles están en cautividad, cada familia, por así decirlo, sufre alguna pérdida, las ciudades son puras ruinas, el país está sembrado de bombas y granadas..., ¡y nosotros estamos estupefactos ante el hecho de que los rusos no nos quieran! ¡Eso es fenoménico de un modo u otro, caballeros! Nosotros no veremos esa contradicción en toda su magnitud hasta que nos quitemos el uniforme. Mientras llevemos esta guerrera gris, los razonamientos lógicos se nos escaparán como el agua sobre un hule.

—Sargento, ¡eso bastaría para colocarle tres veces seguidas ante un pelotón de fusilamiento! —dijo benévolo, el jefe del regimiento—. Tal vez piense usted que puede permitirse esa labia entre nosotros, sencillos hijos de párrocos. No obstante, usted ha demostrado que no le amedrenta nada. ¡Nada ni nadie!

—Quisiera aclarar por qué soy tirador escogido. Para comenzar, fue una orden. Desde luego, pude haber intentado soslayarla errando continuamente el tiro. Pero nadie se lo habría tragado..., pues mi fama como guarda forestal de fina puntería me precedía en todas las unidades militares a las que iba destinado. Y ahí estaba la recomendación por escrito del consejero forestal al comandante de la Caja de Reclutamiento, cuya copia circulaba por todas partes. No obstante, yo habría podido intentarlo, quizá con alguna dolencia nerviosa de la vista, que seguía siendo un enigma para los médicos. Un tic que imposibilitaba toda puntería. Pero entonces se hizo conmigo exactamente lo mismo que se hace allá con las muchachas: me enseñaron diversas fotografías, fotos de camaradas muertos por un balazo sumamente limpio, una bala colocada en la cabeza con exactitud milimétrica. Disparos al centro del corazón. «¡Así son los tiradores escogidos siberianos! —se nos dijo—. Nuestras bajas se cuentan ya por millares gracias a ellos. Sólo podremos combatirlos cuando tengamos tiradores tan buenos como ellos. ¡Hombre contra hombre! ¡No hay más solución! ¡Es un aspecto muy específico de la guerra!» Bueno, nosotros lo comprendimos..., y así fue cómo me hice tirador escogido. Más tarde supimos que aquí, en la zona del VII Ejército de la Guardia soviético, existía una sección femenina que se había especializado en matar individuos aislados y cuyas mujeres disparaban con más precisión todavía que los hombres. ¡Créanme si les digo que ofrecí una gran resistencia interna! Jamás he deseado tener en la mira a una de esas muchachas. Disparar contra una mujer..., ¡inconcebible! Sin embargo, reaparecieron las fotos que me habían enseñado en la división..., ¡disparos a la cabeza! Y cada uno de ellos pasaba al haber de esas muchachas. Nunca hubiese creído que los pensamientos pudieran quedar reducidos a una idea tan simple: ¡Son el enemigo! ¡Nada más! Y esta otra: ¡Procura ser más rápido y preciso que él! Pero desde la liquidación de nuestros diez camaradas en la sección de ametralladoras, he hecho mías esas ideas.

Hesslich dejó el cigarro apagado en un cenicero de cristal y miró alrededor.

—Ésta sería la respuesta a su pregunta sobre lo que anima a esas chicas. Nos basta con saber lo que nos anima *a nosotros*. ¡Y eso lo sabemos!

—Le he propuesto para el ascenso a brigada, Hesslich —dijo el jefe del regimiento. Y se levantó. Hesslich le imitó, presuroso.

—Le estoy profundamente agradecido, mi teniente coronel.

—La firma del general es sólo una formalidad. Puede procurarse ya las estrellas, Hesslich.

—Conforme, mi teniente coronel.

—Tiene usted permiso hasta mañana temprano. Eche un vistazo por nuestras instalaciones. Precisamente tenemos ahora aquí un cine itinerante. Esta noche pasan *El hombre del gas*, por Heinz Rühmann y Anny Ondra. ¡Algo regocijante entre tanta mierda! ¡Que se divierta!

Con estas palabras fue despedido Peter Hesslich. El sargento dio un taconazo y abandonó la comandancia.

—Ha sido una suerte que hoy no estuviera presente ningún invitado de la SS —comentó un capitán de la Plana Mayor mientras se bebía su coñac—. ¡Entonces nadie habría podido salvarle! Pero tal vez estos mozos necesitan ser unos grandes fanfarrones para poder disparar con serenidad. Por mi parte pienso, francamente, que estos tipos son inquietantes.

Por la noche, Peter Hesslich se sentó en el suelo ante la pantalla desplegada y vio la película *El hombre del gas*. Trescientos soldados, entre ellos algunos heridos leves del puesto de socorro, se desternillaron de risa siguiendo las peripecias de Heinz Rühmann durante la lectura del gas. No comprendieron el sentido de la comedia, a saber, la lucha del hombre sencillo contra las adversidades de este mundo. La película les ofreció un grato esparcimiento, que les hizo olvidar durante dos horas la guerra, esa gran mierda de la que venían y a la que deberían volver... Entre carcajadas se transformó el mundo.

Ya avanzada la noche, Hesslich se aposentó en el alojamiento de una unidad de ingenieros y bebió aguardiente ruso de tubérculos. Todo estaba tranquilo en el frente; aquella unidad mantenía comunicación directa con la sección de zapadores que acampaba junto a la IV compañía.

—Vosotros lo pasáis de buten —comentó un suboficial que se había sentado a la mesa con Hesslich—. ¡Tantas hembras a vuestro alcance! ¿Por qué no os traéis acá unas cuantas?

—Inténtalo tú si quieres. —Hesslich miró fijamente al vacío—. Ellas tienen una opinión muy distinta.

—Ataque con bragueta abierta... ¡Eso las desarbolará incluso a ellas!

Hesslich se puso en pie y dijo broncamente:

—¿Acaso sois unos ojos de culo? Venid conmigo adelante y buscad vuestro propio ojo en la frente.

Luego se tendió en una colchoneta y penso en aquella muchacha soviética de pelo rubio que él tuviera en el retículo. Durante sus tiempos de práctica forestal le había ocurrido lo mismo muchas veces con los ciervos cuya belleza le fascinaba: se había limitado a observarlos con los prismáticos sin abatirlos.

Eso mismo era aquella rubia: un animal hermoso, vivaz. La mujer se había ganado unos días de gracia, pero él sabía que la mataría tan pronto como se la encontrase de nuevo.

Se durmió con este pensamiento. En el sueño ella estaba entre sus brazos, movía el cuerpo apasionadamente, pero cuando él se entregaba por completo, la mujer se desmadejaba y él se encontraba abrazando a una muerta, que se diluía despacio en un charco.

Ocultas detrás de una balsa enmascarada como islote a la deriva, Marianka, Lida y Vanda atravesaron el Donetz y arribaron a un paraje llano al norte de las ruinas, en donde se suponía estaba Schanna. En la orilla se pusieron sólo camisa y bragas y se calzaron con unos gruesos calcetines de lana. Ofrecían un extravagante aspecto: las largas piernas desnudas, encima las bragas, la camisa militar, el cinto con la cartuchera colgada de él, el gorro militar sobre la empapada melena y el rostro ennegrecido con hollín. Así se arrastraron por la orilla y desaparecieron entre las hierbas esteparias. Llevaron sobre los antebrazos sus fusiles de precisión «Moisin-Nagant 1891/30», con las pesadas balas. Se deslizaron, furtivas, hacia la aldea destruida, desde donde habían hecho señales luminosas, tras las cuales se sospechaba a Schanna.

Pocas horas antes, el teniente Ugarov había hecho un croquis de la aldea, señalando exactamente la casa en donde entrara Plötzerenke.

—¡Ése es mi cola de toro! —había gritado, jubilosa, Marianka—. ¡Vosotras prometisteis dejármelo, queridas! ¿Os acordáis?

Ahora se acercaron a la casa por un flanco y percibieron el débil resplandor que se filtraba por algunos resquicios.

Marianka, que marchaba delante, alzó la mano. Las tres quedaron agazapadas y, sin perder de vista la pared, quitaron el seguro de sus fusiles. La puerta, que se hallaba sólo a diez saltos de distancia, estaba entornada.

Les llegó un fuerte rumor de música desde la casa. Alguien tocaba una mandolina. Lo hacía briosamente, y cantaba al compás del ritmo con voz ronca. Cualquiera habría podido pasar por allí con un coche sin temor a ser oído.

Marianka se levantó e hizo una señal. Lida y Vanda abandonaron la hierba protectora y se encaminaron, erguidas, con los fusiles al costado, hacia la casa y su puerta entornada. Marcharon agrupadas, casi cadera con cadera; el agua del Donetz les seguía goteando del pelo y resbalaba por sus rostros tensos.

—Conozco lo que están cantando —susurró Lida.

Era una persona cultivada, tenía a sus espaldas cuatro semestres de medicina odontológica y habría sido una buena dentista en Gorki si no se hubiese descubierto su increíble puntería en el cuadro deportivo de estudiantes. La Gran Guerra Patriótica la reclamó al instante, porque los odontólogos no eran de momento demasiado importantes y, por el contrario, se requería tiradoras escogidas en todos los frentes. Así pues, fue enviada, como ocurriera con las demás, a la Escuela especial de Veschniaki, cerca de Moscú, bajo la férula de la coronela Nikiforova y Olga Petrovna Rabutina. Tras cuatro meses de instrucción intensiva, Lida figuró entre las mejores tiradoras. Ahora tenía treinta y siete aciertos en su cartilla. Todos estaban orgullosos de ella.

Marianka se llevó un dedo a los labios. Lida sonrió satisfecha.

—Se llama *Lorelei*... —siguió susurrante—. La primera estrofa dice: *No sé lo que significará...*

—¡Pues ahora mismo lo sabrá! —replicó Marianka, sonriendo a su vez.

Entretanto habían llegado a tres pasos de la puerta entornada.

Dentro del granero, el médico auxiliar Ursbach estaba arrodillado junto a Schanna y había desplegado sobre una toalla su instrumental quirúrgico. Había limpiado ya la herida del hombro, que presentaba un aspecto horrible. Ahora se disponía a operar. Tenía ya dispuesta la jeringuilla de anestésico. Schanna, respaldada contra un tonel vacío, tenía entre los dientes un tarugo de madera, por si no podía resistir las oleadas de dolor.

Ante ellos, y de espaldas a la puerta, estaba Plötzerenke, sentado en un trozo de viga; cantaba su *Lorelei* acompañándose con la mandolina.

—Esto la distraerá —había dicho poco antes—. Lo sé bien, mi teniente. ¡La música surte los efectos de una tableta! Lo leí una vez: Música en el establo. Las vacas dan más leche, los cerdos engordan mucho, las gallinas ponen un huevo cada día. Se lo aseguro: cuando canto, Schanna se tranquiliza y pierde el miedo... ¿Me lo permite?

—Por mí, ¡adelante! —había gruñido Ursbach—. Pero si me molesta, ¡le daré una patada en el trasero!

Ahora Plötzerenke cantó la *Lorelei* y no sonó nada mal. Schanna mordió su palitroque y miró, expectante, la puerta. Su instinto le dijo que había llegado el momento; fue ese instinto desarrollado con el pastoreo junto al lago Baikal, ese hormigueo que le anunciaba el peligro y le hacía prever con mucha antelación la proximidad de un águila dispuesta a arrebatarle un cordero o de un lobo acechando entre las peñas.

—*...y tranquilo fluye el Rin...* —cantó Plötzerenke, mirando tiernamente a Schanna.

Marianka, Lida y Vanda, hicieron alto en la puerta.

Ahora sólo un empellón...

—*...bajo el sol del atardecer...* —tronó Plötzerenke rasgueando, enérgico, las cuerdas.

Los ojos de Schanna se abrieron desmesuradamente. Ursbach, atareado con la jeringuilla de anestésico, no se percató.

Y Plötzerenke acometió la segunda estrofa.

—La doncella más hermosa sentada, deslumbrante, allá arriba...

Cuando Marianka empujó la puerta, Schanna no reaccionó, ni mucho menos, como se había propuesto. Con ambas manos empujó a Ursbach, arrodillado ante ella, y le hizo caer de espaldas agitando los brazos y empuñando todavía la jeringuilla. Al mismo tiempo gritó (y el miedo hizo estridente su voz).

—¡Fritz!

Plötzerenke reaccionó instantáneamente. Se tiró al suelo de costado en esta fracción de segundo que necesitaron Marianka y Lida para disparar; Vanda, que irrumpió acto seguido en el granero —pues la puerta permitía sólo el acceso de dos personas al mismo tiempo—, disparó dos segundos después.

La bala destinada a Ursbach se hundió en la paja, junto al muslo derecho de Schanna. Sin embargo, Plötzerenke fue alcanzado dos veces. Arqueó el cuerpo y, durante unos segundos, semejó un puente tambaleante; luego se desplomó y empezó a estremecerse en medio de convulsiones espasmódicas. En el súbito silencio que siguió se oyeron resonar las cuerdas de la mandolina, que la bala de Lida había rozado antes de alcanzar a Plötzerenke.

Tras la primera salva, Marianka, Lida y Vanda se parapetaron detrás de un maltrecho carromato, pues ignoraban todavía cuántos enemigos habría en la casa, aparte los dos alemanes. Ante ellas, Schanna, sentada en el suelo tapándose el rostro con ambas manos, y el soldado a quien ella había empujado, manoteando para levantarse. Ahora vieron claramente que el hombre llevaba un brazalete de la Cruz Roja, mientras que el «toro», como le había llamado Marianka, estaba tendido boca arriba y lanzaba lastimeros gemidos.

—Un sanitario —susurró Lida. No se movió cuando Ursbach se levantó y alzó la mano para enseñar la jeringuilla—. Está aquí para ayudar a Schanna.

—¡Liquídale! —gruñó Vanda dando un codazo a Marianka—. ¡Hazlo ya! Sea médico o no. El enemigo es siempre enemigo.

Marianka negó con la cabeza y miró a Lida.

—Háblabe. Tú sabes alemán. Pregúntale si están solos.

Lida contuvo el aliento. Abriendo mucho los ojos, miró a Ursbach, en cuyo pelo rubio se habían prendido algunas briznas de paja. El hombre abrió los brazos y se encogió de hombros. Fue un gesto de resignación, como si quisiera decir: «Mirad, no llevo armas. Tan sólo una jeringuilla en la mano, y ahí, junto a Schanna están los instrumentos quirúrgicos. Podéis disparar, soy un blanco a vuestra disposición. Sé que colocáis las balas en medio de la frente.»

Oyó gemir a Plötzerenke y se volvió para mirarle. «Está bien —pensó—, disparadme en la nuca si queréis. Pero tengo que atender al herido.»

—*Stoi!* —gritó secamente Lida mientras salía de su escondite.

Aterradas ante aquella iniciativa tan peligrosa e imprudente, Marianka y Vanda apretaron los dientes y ejercieron presión sobre el gatillo, hasta el punto de disparo.

Ursbach giró sobre sí mismo despacio, con los brazos todavía abiertos. Cuando Lida se le acercó dos pasos, él la miró como si viera un espíritu llegado de otro mundo: la camisa militar, las largas piernas desnudas, las sutiles bragas y los calcetines de lana..., un aspeto demasiado fantástico como para que uno pudiera describirlo poéticamente a primera vista.

—¿No hay nadie más? —gritó Lida.

Ursbach negó con la cabeza.

—¿Eres sanitario?

—Médico. —A Ursbach le extrañó su propia voz, como si fuera un ruido hueco, no identificable—. ¿Hablas alemán?

—¡Poco!

Lida Ilianovna adelantó otro paso y quedó iluminada plenamente por el resplandor de la lámpara. Su belleza era arrobadora..., aunque la mirada cruel no entonase con el cuerpo esbelto, el rostro ovalado y los ojos color castaño.

Entonces se levantaron también Marianka y Vanda. Orientando sus armas hacia Ursbach, gritaron a Schanna algo, que el médico no entendió. La aludida siguió inmóvil en el suelo, tapándose el rostro con las manos.

—¡Ven acá! —le gritó Marianka—. ¿Es que no puedes moverte?

—Estoy aquí para ayudar a tu camarada herida —explicó Ursbach con voz enronquecida—. La herida tiene mal aspecto. Supura. Me disponía a operar. —Dejó caer los brazos y, frunciendo el entrecejo, miró a Lida—. Ahora habéis dejado malherido a mi camarada y debo atenderle. Schanna tiene tiempo. ¿Comprendes?

Dicho esto, quiso volverse hacia Plötzerenke, pero la voz de Lida le paralizó:

—¡Estáte quieto! Tú no puedes ya socorrerle.

—¡Soy yo quien decide eso!

El fusil de Lida se alzó más y encañonó a Ursbach en el pecho.

—Tú no puedes tomar más decisiones.

—¡Soy médico!

—¡Todavía vives gracias a eso! Ahora puedes vernos porque eres médico, sólo por eso.

—¿Significa que no habéis decidido todavía sobre la conveniencia de largarme un balazo?

—Es una forma de expresarlo...

—Entonces sería aconsejable que os pusieseis de acuerdo cuanto antes.

Ursbach se miró la mano derecha como si no hubiera descubierto hasta entonces que tenía entre los dedos la jeringuilla de anestésico.

—Tengo un deber que cumplir. Cumple tú el tuyo...

Y, dando media vuelta, se arrodilló junto al estertoroso Plötzerenke. Las dos balas le habían dado en el pecho y penetrado hasta los pulmones. Fue fácil diagnosticar observando la espumilla sanguinolenta que surgía con cada aliento de los labios de Plötzerenke y le resbalaba por la barbilla y el cuello.

El herido, plenamente consciente, miró a Ursbach con pupilas dilatadas por el miedo. Quiso decir algo, pero no pudo emitir ni un sonido. Tan sólo burbujeó la espuma roja alrededor de la boca. Ursbach le arrancó la camisa e intentó colocarle boca abajo para examinar los balazos en la espalda. Pero Plötzerenke pesaba demasiado. «No disparan —pensó Ursbach sintiendo cómo se le erizaba el vello de la nuca y se estremecía su piel como si recibiera un soplo glacial—. ¿Será, quizá, porque les estoy dando la espalda? ¿Será por ese maldito código de las tiradoras sobre el que me hablaba Peter Hesslich? ¡Jamás en la espalda! ¡El adversario debe mirarte! Debes acertarle entre los ojos. Ursbach lo había interpretado como una perversión indecible del homicidio, inhumanidad fría y arrogancia sin precedentes: ¡sólo puede enorgullecernos el balazo entre ceja y ceja! ¡Dios santo! ¿Pensarán así estas muchachas?»

Plötzerenke se fue extinguiendo con cada aliento. Su rostro palideció y adquirió un tinte amarillento. Se encogió a ojos vistas, como si perdiese toda su energía junto con el aire que ahora escapaba por los dos boquetes en el pecho. Los pulmones desgarrados trabajaron desesperadamente entre silbidos y estertores, transformando en espuma la sangre que circulaba por ellos.

Fritz Plötzerenke sufrió una hemorragia interna. Ursbach le miró con expresión muy grave y acarició el convulso rostro.

Plötzerenke comprendió. Él, el hombre prepotente que hasta entonces resolviera por su propia iniciativa todos los problemas y cuya espléndida vida estuviese presidida por la fortaleza física, se hallaba en el más absoluto desvalimiento. Ni siquiera el médico auxiliar podía hacer nada. Él le había acariciado como quien acaricia a un perro que, habiendo recibido una inyección mortífera, mira, todavía leal y amoroso, a su amo.

La ternura del último adiós.

Plötzerenke quiso hablar, y sus labios formaron los sonidos bajo la espuma sanguinolenta. Creyó incluso oír su propia voz, aunque en realidad no pudiera articular ni una palabra.

—¿Dónde está Schanna? —preguntó—. ¿Han disparado contra ella? Ocúpese de Schanna, mi teniente, no de mí... Esas hembras le han respetado a usted... Estupendo, ¿eh? ¡Ese brazalete de la Cruz Roja sirve para algo! Pero vaya usted junto a Schanna. No necesita quedarse conmigo. No siento ningún dolor, ninguno. Sólo frío. Disparatado, ¿verdad? ¡Cochino frío! Sobre todo en las piernas...

El agonizante resolló mientras Ursbach asentía, le acariciaba otra vez la cara y se preguntaba si debería inyectarle la solución anestésica que había preparado para Schanna.

El médico oyó a sus espaldas las voces quedas pero muy excitadas de las chicas. Lida, Marianka y Vanda habían rodeado a Schanna. La Babaieva apoyaba la cabeza sobre el hombro de Marianka.

—¿Puedes caminar? —preguntó Lida—. No malgastes palabras, Schanna..., ¡ya habrá tiempo para eso! ¡Nada de explicaciones! Te llevaremos...

—¿Os envía Soia Valentinovna? —inquirió, llorosa, la enferma.

—No. Somos voluntarias. ¡Soia no te habría recogido jamás, ni siquiera después de tus señales!

—Se me repudia, ¿verdad?

—Deberás explicar muchas cosas, Schanninka.

—Necesito..., necesito matar a diez alemanes para ser otra vez una de vosotras.

Cuando Plötzerenke lanzó un rugido estertoroso, ella se tapó los oídos.

—Os he... os he procurado uno. —Entonces, ella gritó también, y sus ojos negros se desorbitaron—. ¡Matadle ya! —vociferó—. ¿Por qué no le matáis? ¡Él vive todavía, grajos cegatos, lastimosas chapuceras! ¿Qué se pensará de vosotras? Él vive todavía...

—Sacadla de aquí —dijo Lida Ilianovna haciendo una seña a Marianka y Vanda—. Os seguiré en seguida. Yo me ocuparé de lo que queda por hacer.

Marianka y Vanda levantaron a Schanna y la sostuvieron. Ella se sintió muy débil, tanto, que apenas pudo sostenerse en pie, y, sin embargo, lo bastante fuerte para dar unos pasos hacia Plötzerenke. Le examinó en silencio... El rostro apergaminado, cada vez más pequeño, la espuma sanguinolenta alrededor de boca y cuello, el ancho pecho salpicado de sangre con los dos balazos. Los pies de Plötzerenke se estremecieron, los talones golpearon el suelo. Él se sintió como si su cuerpo ardiera y se congelara a un tiempo. Desvió la mirada de Ursbach y descubrió a Schanna. Durante unos segundos, ambos se miraron; luego Plötzerenke retorció la boca en una mueca estremecedora. Fue tan sólo la sonrisa de felicidad con que Fritz se despidió de Schanna.

«Ella está de pie..., vive..., ¡y ha venido a mí! ¡Qué hermoso es eso, Schanna! Tú me avisaste un segundo demasiado tarde. Pero no sabías que ellas vendrían. Gracias, Schanna. Y ahora, ¿qué harán contigo?»

Ella le miró, muda. Sus ojos le saludaron, sí, incluso le pidieron perdón. Luego se apoyó en Marianka y dio media vuelta.

—Vamos ya... —dijo—. ¿Le alcanzaste tú?

—Un disparo de Lida y otro mío.

—Siempre quisiste hacerte con el «toro». Ahora ya lo tienes...

Arrastraron a Schanna hasta la puerta; allí se inmovilizaron un momento para observar el exterior y, por fin, abandonaron el granero. Era una noche cálida y tranquila, nadie parecía haber oído los disparos. Vanda se apretó contra la pared del edificio. En otra casa cercana graznaron unos gansos.

—¿Esperamos a Lida?

—Vendrá en seguida.

—¿Liquidará al médico?

—Ya lo oiremos, si lo hace. —Marianka sostuvo a Schanna, cuyas rodillas se doblaron—. ¿No puedes caminar más, Schanna?

—No.

—Te llevaremos en una manta hasta el río. —Marianka se deslizó hasta quedar sentada en el suelo. Oyó entrechocar los dientes de Schanna—. ¿Te iba a operar el alemán?

—Sí.

—¡También puede hacerlo Galina Ruslanovna! No te preocupes, Schannanka, ahora estás a salvo.

En el granero, Lida se plantó junto al doctor Ursbach y observó que éste preparaba la jeringuilla para Plötzerenke. Fue entonces cuando Ursbach percibió las largas piernas desnudas hasta las ceñidas bragas y, más arriba, la camisa militar. Bajo el tejido escaso y sutil se perfiló claramente el triángulo negro de Lida. Y, apretado contra el blanco muslo, su fusil.

—¿Puedes ayudarle todavía? —preguntó Lida Ilianovna.

—No. O, mejor dicho, sí... Ahora le ayudo a que muera sin dolor.

—¿Le anestesias?

—Hago que se duerma su corazón desangrado. —Ursbach extrajo la aguja del brazo de Plötzerenke y dejó la jeringuilla a un lado—. Ahora, sólo un par de minutos...

—¿Y luego?

—¿Luego? ¡Luego podéis matarme! Según tengo entendido, matáis a todo lo que se os ponga por delante.

Plötzerenke se fue tranquilizando. La inyección surtió efecto. El dolor se atenuó progresivamente, la frialdad glacial desapareció, todo se hizo vaporoso y maravillosamente pacífico. El moribundo volvió la cabeza hacia Ursbach y le miró agradecido. Entonces, su mirada captó las piernas desnudas de Lida Ilianovna, y una mueca desfiguró otra vez su rostro bajo la espuma sanguinolenta. Antes de que el sopor le dominara y se lo llevase a la eternidad, Plötzerenke echó una mirada a las exiguas bragas de Lida..., fue la última impresión de su cerebro antes de sumirse en la oscuridad abismal.

Lida se arrodilló junto a Ursbach y, cogiendo un puñado de paja, lo pasó por la boca de Plötzerenke. Las burbujas rojizas no reaparecieron, el aliento cesó.

—Está muerto —dijo. Y pasó la palma de la mano por los párpados de Plötzerenke—. ¿Fue él quien hizo prisionera a Schanna?

—Sí. Y también quien la cuidó. La mantuvo oculta aquí porque sabía que no sobreviviría si la entregaba a la SD.

—Y mientras tanto, tú hablando de que si nosotras matamos a todos.

Lida dejó el fusil en el suelo junto a sí y echó una ojeada en torno suyo. Sobre una toalla blanca seguían los instrumentos quirúrgicos cerca del lugar donde se había sentado Schanna. Ursbach miró de reojo el fusil. Podría arrebatarlo si quisiera. Con intención provocativa, alargó despacio la mano hasta colocarla sobre el cerrojo. Lida le dejó hacer. En vez de moverse, le lanzó una mirada larga, inquisitiva.

—¿No tienes miedo? —pregunto él.

—De ti no. Ahora bien... ¡Ah, sí, tengo miedo! No seríamos seres humanos si no lo tuviésemos.

—¿Qué clase de seres humanos sois vosotras?

—Chicas que aman a su patria. Que os odian a vosotros, los fascistas, porque habéis invadido nuestra tierra. ¿Qué buscáis aquí? ¿Por qué estás tú en una granja del Donetz y no en cualquier hospital de tu Alemania? ¿Qué harías si yo estuviese frente a ti en Berlín?

—Lo estoy viendo con la imaginación. Hay paz y...

—¡No! ¡Guerra!

—Hay paz y tú vienes hacia mí... Un verano como éste. El viento cálido se prende de tu pelo. Llevas un vestido ligero de flores, te detienes riendo ante mí y dices: «Aquí estoy. ¿Qué pasa ahora?» Y, en vez de responder, yo te cojo entre los brazos y te beso...

—¡Paz! —Su hermoso rostro ovalado no mostró ninguna emoción, los ojos miraron más allá de él—. ¡Pero hay guerra! ¡Nosotros nos aborrecemos mutuamente! ¡Debemos matarnos unos a otros! —Lida le apartó la mano de su fusil y estrechó el arma contra sí—. Dentro de un año yo hubiera sido odontóloga, pero entonces llegasteis vosotros...

Ursbach se inclinó sobre Plötzerenke, le colocó la ensangrentada camisa sobre el rostro y se levantó. Lida hizo lo mismo; resultó ser casi tan alta como Ursbach. Se alejó de él caminando silenciosa con los gruesos calcetines, ligera, casi aérea, mientras él la miraba petrificado como si viera un milagro hecho carne.

En la puerta, Lida se detuvo y dio media vuelta.

—¿Hay entre vosotros alguien que use un gorro de punto cuando sale a la caza del hombre?

Ursbach vaciló. «Ése debe de ser Hesslich —pensó—. El gorro es parte de su equipo, yo se lo he visto puesto.»

—Sí —contestó cautelosamente—. ¿Qué pasa con él?

—Todas nosotras le odiamos, ¡y más que todas, Stella Antonovna! Puedes advertírselo.

—¿Quién es Stella Antonovna? ¿Acaso tú?

—No. Yo soy Lida Ilianovna.

—Lida. —Ursbach hizo una leve inclinación—. Yo me llamo Helge Ursbach...

—¿Y a quién le importa eso? —replicó hoscamente ella.

Pero sus ojos azules la traicionaron revelando que ella habría querido responder algo muy distinto.

—¿Qué hay de esa Stella?

—Es la mejor tiradora de la Unión Soviética. Ha jurado vencer al *Gorro de punto*.

—Le pasaré el comunicado. —Ursbach se le acercó un poco más—. ¡Larga vida a la hermosa colega de la medicina odontológica...!

—¡Estáte quieto! —Su voz pareció insegura, pese al tono cortante. Alzó el fusil y encañonó el vientre de Ursbach—. ¡Quieto inmediatamente! *Stoi!*

—No dispararás.

—¿Por qué estás tan seguro? ¿Eh?

—Tus ojos me están llamando...

Su rostro quedó rígido, sin expresión. Sólo un movimiento de los labios casi imperceptible.

—Me amenazas. También..., también matamos a los médicos.

Ursbach se detuvo ante ella, apartó a un lado el cañón del fusil y le acarició con la otra mano la mejilla y el pelo. Notó cómo se tensaban los músculos de ella. La mujer pareció petrificada. Apretó los labios, pero sus ojos refulgían. Una vez más, Ursbach le pasó la mano por el rostro, siguiendo el contorno de los ojos, la nariz, la boca y la barbilla. Se detuvo en el cuello; no se atrevió a descender hasta los pechos. Cuando retiró la mano, ella dejó escapar el aliento, largo rato contenido. Las aletas de la nariz temblaron.

—Fritz Plötzerenke... —Ursbach señaló con el pulgar por encima del hombro—. Fritz Plötzerenke se enamoró de Schanna. A su modo, claro está. Hizo todo lo humanamente posible por ella, y ahora ha dado incluso su vida por ella. Schanna tendrá una opinión muy distinta. Ella se verá como una prisionera maltratada. El mundo a nuestro alrededor está absolutamente loco y ha perdido el equilibrio. Todos nosotros somos víctimas. Pero, ¿por qué nos quejamos? Nosotros mismos participamos en esta locura. Vemos sangre y ruinas, fuego y caos por doquier, millones de personas mueren en ambos campos, el tuyo y el mío, y seguirán muriendo sin que nadie formule esta pregunta: ¿Por qué?

—¡Nosotros conocemos el porqué! ¡Morimos para salvar a nuestra patria!

Hubo tensión en la voz de Lida, los labios apenas se movieron.

—Cerremos los ojos durante dos minutos... ¡no, uno solo!, y seamos nosotros mismos, dos personas solitarias, ajenas a toda realidad.

—¿Para qué? ¿Qué significa un minuto?

—Cierra los ojos, Lida...

—¡No!

—Por favor...

—¿Qué pretendes? No me inspiras confianza...

—Cierra los ojos y piensa: Es verano en Moscú. Te encuentras a orillas del Moscova, el sol calienta, el agua chapotea en las orillas, un vapor blanco de recreo se desliza por la superficie, se oyen música y alegres canciones, hay un ansia profunda de abrazos y amor, de plenitud y felicidad... Yo cierro también los ojos y me digo: «Estoy en una playa dorada del Báltico... La mar tiene reflejos azules bajo un sol sin nubes. Ondean banderolas por todas partes, y los niños retozan en el agua.» Entonces alargo la mano y te encuentro, te toco tu pelo, la piel suave, las redondeces de tu cuerpo, y me siento tan feliz, que quisiera no abrir nunca más los ojos, mecerme para siempre en ese estado de suspensión. ¡Intentémoslo, Lida!

Lida permaneció rígida como una talla de piedra, su tesitura fue absolutamente defensiva desde la coronilla hasta la planta de los pies. No obstante, cerró los ojos y ofreció un cuadro maravilloso. Sólo vibraron las aletas de la nariz en su rostro pétreo. Ursbach le cogió la cabeza con ambas manos y la besó. Tampoco la alteró eso; sus labios continuaron prietos, las manos aferraron el fusil.

Fue un largo beso. Ursbach sintió el calor de sus labios, la proximidad de su cuerpo, el aliento entrecortado que, escapando por la nariz, le rozaba las mejillas. Por fin la soltó y dejó caer los brazos.

En ese mismo instante, Lida sujetó con una mano el fusil y descargó la otra sobre el rostro de Ursbach. Sonó como si alguien golpeara madera con un trapo mojado.

—¡Fascista! —exclamó sin entonación—. ¡Ah, condenado fascista! ¿Quieres ser feliz? ¿Eh? ¡Pues lo serás en el infierno como todos los demás alemanes! ¡Malditos seáis!

Dicho esto, se volvió bruscamente, abrió de un tirón la puerta y salió. Fuera tropezó con Vanda, que guardaba la puerta y vigilaba al mismo tiempo el terreno. Marianka se había pasado por el cuello el brazo de Schanna para poder sostenerla.

—No he oído nada —murmuró Vanda—. ¿Vive todavía ése?

—Es médico...

—Y alemán. Espera, yo lo arreglaré...

Vanda quiso volver al granero, pero Lida la retuvo, cogiéndole de la camisa. Sus ojos brillaron, su cuerpo se estremeció de cólera.

—He decidido que él viva... ¡al menos hoy! —ordenó tajante—. ¡No te resistas! ¿Quién tiene esta noche el mando? ¿Acaso no ha ayudado él a Schanna? ¡Al río! ¡Hemos de cruzarlo!

—Según ha ordenado Soia Valentinovna, deben morir todos los que nos vean.

—¡Yo me haré responsable! —Lida la apartó de un empujón y se acercó a Marianka y Schanna—. Regresemos por el mismo camino. ¡Aprisa!

—Schanninka no puede caminar —dijo Marianka sujetando con firmeza a la muchacha medio inconsciente.

—Sí, la llevaremos en un saco. Vanda..., adelántate y vigila el río. Yo iré por el saco.

Lida corrió al granero, entró empuñando el fusil y cerró la puerta de un empellón. Ursbach estaba arrodillado junto al cuerpo de Plötzerenke e intentaba ponerle la guerrera.

—Necesito una manta o un saco. Algo para transportar a Schanna —farfulló. De tres saltos se plantó en el lugar donde yaciera Schanna y arrebató una de las mantas que le había llevado Plötzerenke—. ¿Por qué no das la alarma?

—Estáis transportando a una persona herida. Eso es un acto humanitario.

—Yo he tumbado a ése. —Lida señaló a Plötzerenke—. Uno de los impactos es mío.

—Es la guerra. ¡Tal vez alguno de los nuestros te mate a ti algún día!

—Esto te alegraría, ¿verdad?

—Me daría mucha tristeza.

Ursbach seguía arrodillado cuando ella se le acercó de un salto y quedó plantada ante él. Largas piernas desnudas, bragas ceñidas dejando transparente el triángulo oscuro, más arriba la pardusca camisa militar, el cinto con las cartucheras y, junto al blanco muslo, el fusil especial de tiradora escogida, con su mira telescópica... Una vez más, se le hizo aparente lo demencial de aquella situación.

Ella le hurgó con la culata y ordenó agriamente:

—¡Levántate!

Ursbach obedeció. Mas, apenas se puso de pie, ella le cogió la cabeza por los pelos y, atrayéndola hacia sí, le puso los labios en plena boca. Aquello duró sólo unos segundos, pero el momento fue lo bastante largo como para hacerle sentir que Lida entreabría los labios y le hurgaba los dientes con la punta de la lengua. Luego le apartó de un empujón, haciéndole caer contra un pilar.

—¡Perro! —exclamó acalorada—. ¡Cerdo fascista! ¡Cinco de tu banda deberán morir por esto, recuérdalo!

Acto seguido, se echó la manta al hombro y corrió afuera.

Entretanto, Vanda se había acercado al río para asegurar la retirada. Marianka y Lida colocaron a Schanna sobre la manta y la arrastraron hacia la orilla. Con cada desigualdad del terreno, Schanna gimió para sus adentros o hizo rechinar horriblemente los dientes.

A mitad de camino, Lida miró un instante hacia atrás.

Le pareció ver en la puerta del granero una sombra grande, difusa. Levantó el brazo y lo agitó. No quiso hacerlo, pero el impulso interior fue más fuerte que su voluntad. Marianka lo interpretó como un cambio de mano en las puntas de la manta.

«Helge Ursbach... —pensó Lida Ilianovna—. Médico alemán. Que te vaya bien..., ¡no!, que mueras bien... Tú eres de esos tipos que la guerra no devuelve jamás. Fue un minuto hermoso, mi orilla del Moscova y tu playa del Báltico en verano. ¿Cómo puedes saber tú que yo no he tocado nunca a un hombre con la lengua?»

Arrastraron a Schanna hasta el agua y la colocaron sobre el supuesto islote, entre los matorrales de camuflaje. Luego se desnudaron otra vez y, zambulléndose en el río cual grandes peces nacarados, empujaron la balsa hacia la orilla opuesta.

Era una corriente perezosa. Tras el deshielo, después de roer los taludes con sus aguas revueltas, espumeantes, el río fluía despacioso sobre su lecho de arena. La balsa se desvió muy poco y llegó a un remanso, algo más abajo de la aldea destruida, en donde había tan poco fondo, que las muchachas pudieron arrastrarse sobre el vientre. No salieron del agua hasta que les amparó la sombra del repecho ribereño.

Pese a todo, las divisó Uwe Dallmann desde su escondite. Él estaba solo —Peter Hesslich había sido emplazado en el regimiento—, y hasta medianoche había estado vigilando la orilla soviética. Por fin, después de telefonear al alférez Stattstetten y oírle decir que los tres escuchas de la cuarta compañía estaban ya en sus puestos, se había ido a dormir.

Serían las tres de la madrugada cuando se despertó porque le apremiaba la vejiga..., a su juicio, aquella meada matutina era parte del ritmo de la vida. Así pues, salió al huerto y, ante un cerezo mutilado, soltó el agua sobrante mientras daba grandes bostezos.

Desde aquel cerezo se veía muy bien la orilla soviética. Allí, la estepa era lisa como una mesa, sin la menor protección. Dallman atisbó el islote que, arrastrado por la corriente, encallaba en la distante orilla. Y vio, con infinito asombro, que alrededor del islote surgían súbitamente del Donetz tres chicas desnudas como Afrodita nacida de la espuma marina.

Sosteniéndose el prepucio con el pulgar y el índice, todavía desaguando, Dallmann dio dos pasos alrededor del cerezo y contempló, estupefacto, las desnudas figuras. Aunque la luz fuera demasiado débil y la distancia demasiado grande para apreciar detalles, distinguió de forma inconfundible senos, vientres, muslos... Ahora dos muchachas se agacharon enseñándole el trasero y recogieron del islote uniformes y fusiles. Dallmann divisó cuatro redondeces blancas y regocijantes.

—¡Ah, querida pipa! —exclamó emocionado—. ¡Y que hayas de ver esto tras medio año sin permiso! ¡Menudas hembras!

Dio media vuelta, marchó desolado a la casa, cogió prismáticos y fusil y volvió corriendo, sin tomarse tiempo para ponerse los pantalones. Con los anteojos de noche logró acercarlas más..., dos de las chicas se habían puesto ya el uniforme y arrastraban un cuerpo por la orilla. La tercera chica —era Vanda Alexandrovna— brincó desnuda alrededor del islote, lo amarró a un arbusto y dio dos o tres saltos. Sus senos redondos y llenos bailotearon como campanas pintadas de blanco.

Dallmann exhaló un suspiro hondo y mantuvo bajo observación a Vanda hasta que ésta se vistió, recogió del suelo el fusil y miró hacia él, aunque, naturalmente, sin verle. Fue una mirada recelosa. A Dallmann no le pasó inadvertida.

En aquel momento comprendió que había sido testigo de una acción soviética contra sus camaradas. Cuatro tiradoras escogidas regresaban de una incursión en campo alemán utilizando como medio de transporte una balsa camuflada, tal como hiciera Peter Hesslich en sus correrías. Aunque no se hubiese oído nada, debió de haber habido contacto con el enemigo, pues una de las chicas estaba herida.

Dallmann empuñó el fusil. Se le cortó el aliento al pensar que podría haber habido muertos. A aquellas alturas se sabía ya cuán despiadado era el adversario: Si tres tiradoras conseguían cruzar indemnes el río con una herida, quizás hubiesen dejado atrás algunos muertos.

Los pelillos se erizaron en la nuca de Dallmann como los de un perro azuzado. Alzó el fusil y apuntó a Vanda Alexandrovna, pero en ese instante la muchacha desapareció entre los matorrales de la orilla. Su espalda fue como una mancha disolviéndose en el ramaje.

Dallmann dejó caer el fusil y regresó, cabizbajo, a la casa. Allí titubeó un buen rato, antes de telefonear al búnker de la compañía. Un adormilado suboficial cogió el aparato.

—¡Eh, ojo de culo! —vociferó cuando Dallmann se dio a conocer—. ¡No pegues esos sustos! ¿Qué sucede?

—Nada. ¿Y ahí?

—En el búnker VI ha habido trallazos...

Dallmann contuvo el aliento.

—¿Cómo es eso?

—¡El cabo Putlang se ha tirado cuatro pedos! Sólo un experto podría distinguirlos de unos morterazos!

—¡Idiota! ¿Ningún incidente?

—Diecinueve hombres formaron pabellones con sus mantas... Estaban soñando con ¡Eriiikaa...!

Dallmann colgó. Todo tranquilo, ni muertos ni escaramuzas. ¿De dónde vendrían, pues, las chicas? ¿De dónde procedería la mujer herida? Cogió otra vez su fusil, marchó afuera y se deslizó hasta la orilla del Donetz. Allí echó cuerpo a tierra entre los juncos y escudriñó el campo soviético con los prismáticos de noche.

No vio nada, nada se movió en la oscuridad. En las ruinas de la aldea harían guardia las tiradoras escogidas, eso era seguro.

Dallmann decidió no mencionar sus observaciones. El callar la boca es una de las mejores medidas defensivas del soldado. A quien nada sabe, nada se le puede preguntar. La torpeza tiene aceptación general; la inteligencia, por el contrario, engendra recelo..., así ocurre entre los militares. Debió de ser algún soldado quien idease el aforismo de los tres monos: no hablar, no oír, no ver.

Dallmann reptó de vuelta a su casa, pero no pudo volver a dormirse. «¿Qué habría hecho Hesslich en mi lugar? —pensó—. ¿Habría disparado contra aquellos hermosos traseros? ¿Habría apuntado a aquellos soberbios senos? ¡Maldita sea, cuánto me gustaría averiguar si él es esa especie de témpano!»

Sería medianoche cuando Peter Hesslich reapareció en la aldea. Para entonces, Dallmann estaba ya enterado de todo. La compañía le había telefoneado, y él, fiel a su precepto, se había hecho el tonto. Bauer III le llamó el mayor haragán del Ejército, y Dallmann se lo tragó. Aún podrían ocurrir cosas peores.

—¡Plötzerenke ha muerto! —dijo Hesslich lanzando a Dallmann una botella de coñac que había traído del regimiento.

—Lo sé. —Dallmann no levantó la vista. Le fue imposible mirar a Hesslich a los ojos—. Aparentemente, nadie ha oído ni observado nada. Hacia las tres telefoneé al suboficial de guardia. ¡Ése tenía sólo algunas gorrinadas que contar!

—¡Dos balazos en los pulmones! Le encontraron dentro de un granero en el sector de los zapadores.

—¡Ah! Por eso...

—¡Y allí tampoco se ha oído el menor ruido! —Hesslich se dejó caer en una silla remendada y encendió su pipa—. Todo eso es muy extraño.

—¿El qué?

Dallmann empinó la botella y bebió coñac como si fuera limonada.

—¿Por qué estaría Plötzerenke en el sector de los zapadores? Y, por añadidura, en plena noche. Se han encontrado restos de comida, nada más. Pero tales restos demuestran que Plötzerenke frecuentaba ese lugar. ¡¿Para qué?! Y todavía otro enigma: el médico auxiliar Ursbach, que acudió inmediatamente a reconocerlo, asegura que Plötzerenke recibió una inyección antes de morir. Eso es descabellado: ¡Alguien le hiere mortalmente y luego le administra un calmante! ¡Parece increíble! ¡Pero Ursbach descubrió un pinchazo reciente en la vena del brazo!

—Y... ¿y quién encontró a Plötzerenke?

—Los zapadores. Estaba sobre un montón de paja, con la guerrera puesta y la desgarrada camisa cubriéndole la cara. Nadie puede imaginar nada más disparatado... Lo llevaron inmediatamente a la compañía y buscaron al médico que, casualmente, estaba en la trinchera.

Dallmann tomó otro largo trago antes de cerrar la botella.

—Sé en lo que estás pensando, Peter —dijo con voz ronca—. En las tiradoras...

—¡Sólo en una! Sólo ésa es capaz de semejante cosa. —Hesslich miró, absorto, el suelo entarimado—. Yo la he visto...

—*¿Qué* has...? —Dallmann se inclinó hacia delante—. ¿A quién...?

—Es rubia, muy bonita, estatura media, ojos almendrados, nariz recta, boca pequeña, barbilla redondeada. Tuve su mirada en el retículo.

—Y te ablandaste y la dejaste marchar...

—No, llegué dos segundos demasiado tarde.

—Porque estuviste demasiado tiempo admirándola.

—Tal vez... —Hesslich se golpeó un puño con el otro—. La creo muy capaz de haber sorprendido a Plötzerenke y luego haberle prodigado incluso sus cuidados. Me gustaría encontrarme a solas con ella.

—¿Y si te retrasaras otra vez dos segundos?

—Mala suerte. Correría ese riesgo.

—Pero, ¿la matarías?

—¡Sí!

Aquel «sí» fue tan contundente, que hizo superflua cualquier otra pregunta. Dallmann encogió los hombros como si sintiera un escalofrío. «Ahora ya lo sé —pensó—. Él dispararía también contra las figuras desnudas. No vería sus pechos y muslos, sino sólo el blanco a derribar. Es un perro impávido, no se parece al que conocimos en el cursillo de Posen. Allí le creíamos siempre dispuesto a berrear después de cada acierto, y eso que eran sólo camaradas de cartón y muñecos de paja.»

—Mañana será enterrado Plötzerenke —murmuró Hesslich—. Estaremos presentes en la salva de honor.

—¿Es necesario eso? —Dallmann miró fijamente la cercana pared.

—Sí. Debemos aprender de una vez a olvidar nuestros sentimientos ante los blancos. Y eso lo conseguiremos más aprisa ante las tumbas abiertas de nuestros camaradas.

En las posiciones soviéticas, Galina Ruslanovna recibió al pequeño destacamento. Tras un somero examen, comprobó el alarmante estado de la herida en el hombro y dispuso que Schanna fuera trasladada inmediatamente al búnker de Sanidad. Tal como hiciera antes Ursbach, Galina preparó sin demora la operación.

Entretanto, Marianka marchaba al búnker de la Baida para dar parte del regreso. Cuando llamó a la puerta, Soia Valentinovna acudió con un albornoz color vino tinto que le había prestado Ugarov.

—¡Éxito total, camarada! —dijo Marianka, sonriendo de oreja a oreja—. ¡El toro está muerto!

—¿Y Schanna Ivanovna?

—La habían hecho prisionera. La hemos traído con nosotras.

—¡¿Prisionera?! —La Baida escupió la palabra en vez de pronunciarla—. ¡Traído...! ¿Por qué no la perdisteis en el camino? Hubiera sido mejor para ella.

Cerró de golpe la puerta y volvió a su cama. Ugarov alzó la cabeza.

La Baida se quitó el albornoz y se dejó caer, desnuda, sobre la colcha.

—¿Qué ocurre, palomita? —inquirió Victor Ivanovich.

—Schanna ha vuelto. ¡Ha estado viviendo con los fascistas! —Soia Valentinovna apretó las rodillas contra el cuerpo como si sufriera violentos retortijones—. Dime, ¿cómo puede seguir viviendo con esta vergüenza...?

La muerte de Plötzerenke siguió siendo un misterio. Nadie pudo explicárselo..., y Dallmann calló. Circularon por el batallón las más sorprendentes conjeturas: se dijo, por ejemplo, que Plötzerenke y otro camarada, todavía desconocido, se habían instalado secretamente en las ruinas del granero para disfrutar a sus anchas con los juegos de azar. Entonces fue cuando se descubrió que Plötzerenke había sido un artista en materia de naipes, uno de esos tipos a quienes antaño se solía colgar o llenar de plomo en el Lejano Oeste, es decir, un fullero sumamente hábil, capaz de manipular seis ases sin que nadie se apercibiera de ello. Tal vez, según el rumor, Plötzerenke y su compadre discutieron sobre algo y ello ocasionó un enfrentamiento, de resultados fatales. Plötzerenke debió de haberse dejado sorprender, pues no había ningún indicio de que hubiese intentado defenderse. Entonces el autor olvidó su cólera al ver cómo se desangraba Plötzerenke en el suelo, y comprendió lo que había hecho. Intentaría ayudarle, y cuando comprobó que todos los esfuerzos eran inútiles, le administraría la inyección consoladora.

Más tarde se rechazó esa versión, tachándola de farsa: Por lo pronto, ¿quiénes son los que tienen jeringuillas de anestesia? Ni siquiera los sanitarios; sólo los médicos en hospitales de sangre y principales puestos de socorro. Se descartó absolutamente la posibilidad de que el jugador asesino procediera de semejantes lugares.

El médico auxiliar Ursbach, que dirigía la investigación a instancias del batallón y más adelante asesorado por el médico del regimiento, se había visto obligado a aguantar que se le dijera —si bien en privado— que él era aún más joven y necesitaba aprender todavía mucho para dominar aquellas situaciones críticas.

—¡Cerrar la boca y certificar una muerte heroica! —le recomendó el coronel médico del regimiento—. ¡Así es como se hace, joven colega! ¿Qué saca usted en limpio de su meticulosidad? ¡Sólo trabajo, disgustos y un montón de árido papeleo! El pobre Plötzerenke no descansará en la tumba de los héroes, muchas personas se ocuparán del problema y cada cual dirá para sí: «¡Si ese galeno hubiese cerrado la boca!» En un solo día pueden morir millares, eso es normal y así ocurre. Pero se da *un* caso enigmático de muerte, y todos los diablos de la burocracia se desatan. Dígame, Ursbach, ¿no podría usted pasar por alto esa inyección?

—Yo pensé... —Ursbach tragó saliva varias veces, y el coronel médico lo interpretó como un síntoma de confusión—. La verdad...

—La verdad es ésta: ¡Plötzerenke, Fritz, cabo primero de la Plana Mayor, murió por el Führer y la Patria de dos balazos en los pulmones! ¿Acaso no corresponde eso a la verdad? ¡Veamos, pues! ¿Qué hacemos entonces con él?

—Lo enterramos con todos los honores militares.

—¿Y quién le ha matado realmente?

—Una patrulla de reconocimiento soviética...

—Que nadie ha visto ni oído, ¿eh? Eso no lo aguanta ningún jefe de compañía. Eso empaña el honor. Y, ¿cómo se propone usted explicar el hecho de que una patrulla soviética anestesiara a Plötzerenke y le cubriera el rostro con la camisa?

—¿Cómo hacerlo, mi coronel?

—¡Eso es lo que le pregunto! Querido amigo, ¡se nos ha pegado una hermosa mierda en el tacón!

Uwe Dallmann escuchó todo..., y calló. Dos o tres veces se propuso iniciar a Hesslich, con apretón de manos para sellar la promesa de silencio, pero siempre se echó atrás. Tuvo miedo, sencillamente. No estaba muy seguro de saber cómo reaccionaría Hesslich ante la verdad. Aunque ambos se conocieran desde hacía tiempo, Hesslich seguía siendo una incógnita para él. ¡Un individuo que, en lugar de ir al lupanar, prefería ver teatro o escuchar ópera, y eso sabiendo que se le había recomendado una misión suicida con posible viaje al cielo, un individuo incapaz de retorcer el cuello a un conejo, pero muy capaz de disparar con fría precisión contra una frente humana y abrirle un bonito boquete...! Bueno, esas cosas eran incompatibles entre sí, a juicio de Dallmann.

Plötzerenke fue inhumado en un huerto próximo al puesto de mando del batallón. Una cruz de abedul, en la que se colgó su casco de acero, constituyó un ornamento funerario sencillo, pero hermoso. Bauer III pronunció la oración fúnebre. Doce hombres, entre ellos cuatro tiradores escogidos, le rindieron los últimos honores con una salva. Algo apartado, con las manos cruzadas y la expresión muy seria, asistió el médico auxiliar Ursbach.

«Eso fue todo cuanto pude hacer por ti, Plötzerenke —pensó—. Nunca se sabrá qué clase de cerdo fuiste. Y tampoco qué buena persona..., a pesar de todo. Tu secreto descansará contigo en el sepulcro para la eternidad, porque yo callaré. ¿Cómo habrían reaccionado ellos si hubiesen tenido noticias de la verdad? Ciertamente, no con un funeral como éste. Nunca jamás con todos los honores que ahora te endosan el sello de héroe.»

Después del sepelio, el coronel médico del regimiento se llevó aparte a su joven colega Ursbach.

—Estuvimos a punto de cargárnosla —dijo secamente—. El comandante del regimiento se puso de manos. ¡Honras fúnebres por un fullero asesinado! Casi le dio un síncope. Pero entonces yo le presenté algo en lo que usted no había pensado, querido Ursbach: las balas fatales. Operé y las extraje de los pulmones.

—¿Estaban en el cuerpo? —Ursbach levantó la vista, incrédulo—. ¿Cómo es posible? Todos vimos los espantosos orificios de salida. Grandes como puños...

—¡Ha pasado algo fantástico! —El coronel médico contuvo la risa—. Ambos disparos fueron hechos a corta distancia. Los proyectiles le atravesaron el esternón a Plötzerenke, salieron por detrás, presuntamente rebotaron en el suelo y volvieron a penetrar como balas perdidas en el cuerpo de Plötzerenke. Ahí todo vuelve a su cauce. Los dos grandes orificios de salida fueron al mismo tiempo orificios de entrada para las balas perdidas. Fenomenal, ¡¿eh?! Así, pues, he podido presentar las balas. Se trata, sin lugar a dudas, de proyectiles soviéticos. ¿Qué me dice usted ahora?

—Nada.

—Eso mismo opinó el comandante y, por tanto, nos autorizó a que hiciéramos un héroe de Plötzerenke. No obstante, la cosa seguirá candente para los jefes de compañía en vanguardia: Plötzerenke ha sido muerto por los soviéticos, ¡y nadie ha visto ni oído nada! Eso va a ser causa todavía de un bonito baile.

Ursbach asintió, mudo, y se encaminó hacia el casino del batallón, donde se servía a los oficiales vino y cigarros puros. Por aquellos días, el tranquilo frente ofrecía una buena vida... Según contaba un oficial, en Jarkov se había celebrado una cena con veintiséis platos, coñac caucasiano, champaña francés, vino dulce de Grusia y un voluntarioso ballet en uniforme circasiano. La historia era verosímil, pues el oficial mostraba incluso fotos de aquella «cena» en la retaguardia.

Dallmann, que estaba buscando a su amigo Hesslich, lo encontró ante la tumba de Plötzerenke. Hesslich se hallaba frente a la cruz de abedul con el casco y miraba, ensimismado, el montículo de tierra.

—¡No somos nadie! —exclamó Dallmann con cierta tosquedad—. Él era muy buen amigo tuyo y ahora es como si jamás hubiese existido.

—Según tengo entendido, se han encontrado balas soviéticas dentro de su cuerpo.

—Bueno, ¿y qué?

Dallmann se mordió el labio inferior.

—Pues que ellas estuvieron aquí ¡y nadie las vio! —Peter continuó mirando fijamente la tumba—. Si se le pudiera preguntar... ¡Sin duda, él no estaba solo en el granero! ¡Y por la noche! Desde luego, Plötzerenke no. Él era un tipo gregario. Necesitaba tener siempre a alguien a su alrededor. No era, ni mucho menos, de los que prefieren enclaustrarse. Entonces, ¿para qué? ¿Por qué pensar sólo en un granero cuando te esperan los jugadores de tresillo en el búnker? Nada de eso concuerda. Y si no se hallaba solo, ¿dónde están ahora los otros? ¿Por qué se esconden? Aquí no falta ni uno. Nadie ha sido secuestrado por esas hembras, como ocurriera aquella vez en

Cherjovo. Y si las chicas hubiesen estado aquí, no habrían disparado sólo contra Plötzerenke, dejando escapar a los demás, ¡eso por descontado! Sus cartillas de aciertos son su Biblia... —Hesslich miró, pensativo, a Dallmann—. ¿Qué ha ocurrido aquí, Uwe?

—¿Acaso soy yo Hanussen, el vidente? Además, nadie te ha pedido que resuelvas ese acertijo...

—Me preocupa el inquietante sigilo con el que ha ocurrido todo. Si tal cosa fuera cierta, ellas podrían sorprendernos también a nosotros.

—Bueno, ¡por lo pronto vayamos a la cocina y comamos hasta ponernos redondos! —exclamó Dallmann con forzada jovialidad—. Hay *gulash* con tallarines. Y después flan. Cada vez que veo una de esas cosas redondas temblando en mi plato, pienso siempre, sin poder evitarlo, en un par de tetas...

Hesslich se alejó dejando plantado a Dallmann ante la tumba. Éste hinchó los carrillos, exclamó por lo bajo «¡uf!» y le siguió a cierta distancia.

Schanna fue operada. Galina Ruslanovna había hecho exactamente lo que propusiera Ursbach: ensanchar el boquete de la herida, cortar y desinfectar a fondo con una solución muy activa. Luego le pusieron una inyección contra la gangrena y la fiebre perniciosa. No se podía hacer más por el momento..., al menos no allí, en las trincheras.

Por aquellas fechas se estaba fabricando en Norteamérica a escala industrial, una panacea que, según se esperaba, llegaría pronto a Rusia, dentro del marco establecido para la ayuda norteamericana. Se llamaba penicilina. Su componente fundamental era un moho u hongo que tenía la propiedad de devorar y digerir sin interrupción bacterias patógenas. Se había dado ya algunas conferencias a los médicos militares para presentarles el medicamento milagroso en aquella forma simplificada. Entretanto, Galina había recibido un prospecto científico que prometía curas realmente milagrosas. Pero la penicilina no había llegado aún al Donetz y, por consiguiente, no podía salvar a Schanna.

Por la mañana muy temprano, la Baida, vistiendo uniforme completo, apareció en el búnker de Sanidad. Schanna estaba todavía bajo los profundos efectos de la anestesia. La Opalínskaia se acababa de lavar manos y brazos y se estaba cambiando su bata blanca. La cara de Schanna era delgada y tenía un conmovedor aire infantil: facciones de muñeca enmarcadas por una peluca negra. En su semblante asomaba ya la sombra de un arrobamiento ajeno a esta tierra.

La Baida se aproximó al lecho, se inclinó sobre el enflaquecido cuerpo y lo miró durante un buen rato. Galina Ruslanovna, que movía al fondo un puchero para hacerse té tras la ajetreada noche, no la interrumpió. Lida Ilianovna, que había ayudado en la operación para caer después rendida sobre un catre, no se despertó de su profundo sueño pese a la ruidosa entrada de Soia Valentinovna. Una sanitaria se encargó de recoger el instrumental quirúrgico utilizado.

—¿Ha declarado algo? —preguntó, con súbita brusquedad, la Baida.

Galina abrió un sobre de té prensado y lo vació en la tetera.

—No. Está demasiado débil para eso.

—¿Cómo se encuentra?

—Pésimamente. Debemos mandarla en seguida a un hospital.

—¡Sabes que eso es imposible! —La Baida se enderezó, sentóse en el borde del catre en donde dormía Lida y cruzó las manos entre las rodillas—. Nosotras no tenemos ninguna Schanna Ivanovna herida.

—Se podría hacer una aclaración...

—Yo no hago aclaraciones, ¡sólo doy partes claros! —Soia lanzó otra ojeada a Schanna y proyectó hacia fuera el labio inferior—. ¿Sabemos ya algo más concreto sobre su maldita cautividad?

—El soldado fascista a quien Marianka llama el «toro», tuvo escondida a Schanna durante seis días. Lida y Marianka lo eliminaron.

—¿Le sirvió ella de... de puta? Me cuesta decirlo.

—Lo ignoramos.

Galina puso a hervir el té. Allí era preciso recurrir al método primitivo. En primera línea no se tenía un samovar como los que se veían en todos los Estados Mayores de la retaguardia.

—No la creo capaz.

—Pero pasó seis días a su lado...

—Estuvo cada día más débil.

—¿Tan débil como para no poder quitarse la vida?

—Esperaba que la recogiésemos. ¿Para qué hizo señales si no? Gracias a esa esperanza pudo soportar todo. Se le había ordenado matar a diez alemanes. Cuando encontró, por fin, una oportunidad, nos hizo señales. Lo justo sería inscribir al «toro» en su cartilla de aciertos.

—Lo justo sería formular cien preguntas y dictar cien sentencias.

—¿Por qué? —Galina se sirvió una taza de té. Luego se respaldó en la pared del búnker y lo tomó a sorbos cortos, cautelosos—. ¿Por qué eres tan inflexible, Soia Valentinovna? Lo sé bien, lo he oído decir por todas partes..., se te teme más que a ningún otro comandante.

—¡Lo celebro mucho! —La Baida no cambió de tesitura—. Además, no puede ser de otra forma. ¡Al fin y al cabo, nosotras somos la mejor unidad del Ejército Rojo! ¡Gracias a nuestra disciplina! Y ella... —La Baida movió la cabeza en dirección a Schanna—. ¡Ella me ha traicionado! Era una de mis mejores chicas. ¡Podría haber sido cualquier cosa, Heroína de la Unión Soviética..., qué sé yo! Tal como lo serán Stella y Lida. Y también, quizá, Marianka y Vanda. ¡Mi unidad proporciona el mayor número de Heroínas! ¿No nos obliga, pues, ese compromiso, Galina Ruslanovna?

—¿Por qué dices «Schanna podría haber sido»? Vive todavía...

¡Y seguirá viviendo si la llevamos inmediatamente a un hospital! No te ha traicionado. No fue cobarde ni te ha humillado, ¡más bien se diría que soportó todas las torturas para poder hacernos señales luminosas! ¿Qué otra cosa pudo haber hecho?

—¡*No* caer en cautividad!

—Eso le puede pasar a cualquiera de nosotras. Incluso a ti...

—Me tenéis miedo y, sin embargo, ¡qué poco me conocéis! Nosotras aprendimos mucho en la Academia Militar de Frunse. Allí leíamos poetas alemanes, estudiábamos estrategia alemana, discutíamos sobre la ciencia castrense alemana. En tiempos de los zares teníamos aquí muchos estadistas y militares alemanes. Cierta vez encontré una frase de un poeta alemán que me tocó el alma como un rayo. Entonces comprendí de pronto por qué triunfaban siempre los alemanes, por qué se lanzaban al asalto aunque su inferioridad en hombres y material fuese proverbial, aunque el ataque fuese pura insensatez. Marchaban hacia la muerte detrás de sus oficiales. ¿Por qué ? Sí, entonces lo supe. Aquel poeta alemán —Walter Flex se llamaba, tú no lo conoces, naturalmente, cayó en los combates por la isla de Ösel durante la Primera Guerra mundial—, pues bien, aquel poeta escribió esta frase: «Ser oficial significa preceder en la vida a su gente..., el preceder en la muerte es sólo una parte de eso.» Yo me atengo a ello y lo considero válido también para mí. Por tanto, os lo exijo a cada una de vosotras: ¡Preceded en la muerte para que podamos vivir! —Miró de nuevo a la inánime Schanna—. Por eso ella me ha traicionado, Galina Ruslanovna: no supo morir en el momento crucial. Convivió seis días con un alemán. ¿Acaso es necesario que ella me lo aclare?

La Baida se levantó, se estiró la guerrera y abandonó el búnker de Sanidad con tanto aparato como había llegado. Sus botas martillearon el suelo de tablones, la puerta se cerró de golpe.

—¿Y ahora qué? —inquirió, quejosa, la sanitaria.

—Todavía no lo sé. —La Opalínskaia sopló aquel té humeante, que se le antojó un auténtico elixir tras una noche tan agitada. «Habrá una gran trifulca. Pero ella no puede darme órdenes. ¡Soy doctora! ¡Ahora yo decido lo que se ha de hacer con Schanna! Será duro, muy duro. Aquí no se trata de poetas alemanes, sino de nuestra camarada. ¡Deberé metérselo en la cabeza!»

Schanna permaneció inconsciente hasta bien pasado el mediodía. Por lo menos así lo pareció. Sin embargo, durante la visita de la Baida hacía ya mucho que ella estaba despierta y se había dado por enterada del desprecio que aquélla le expresara. El simular desfallecimiento le parecía en aquellas circunstancias la mejor protección. Quería ganar tiempo, un compás de espera lastimosamente reducido sin preguntas ni interrogatorios, sin denuestos ni humillaciones. Una pequeña tregua para poder acumular energías y poder reflexionar sobre el modo de proceder.

¿Qué debería responder ella a todas las preguntas con que la asediarían? «Sí, fui la concubina del alemán, él me lo impuso muchas veces, día y noche, y yo intenté morderle la yugular, pero fracasé tal como vengo fracasando en estos últimos tiempos. Y, además..., sí, además me sentía demasiado débil para defenderme, estuve allí tendida e inerme cual un trozo de carne, que él picoteaba y casi desgarraba cada vez... ¡ah, yo conozco bien al «toro»! Pero decidme, ¿qué podía hacer yo con la herida del hombro, la fiebre y los incesantes escalofríos? Me ataba cada vez, y después se sentaba junto a mí, me daba de comer y beber, me cantaba canciones, tocaba la armónica y la mandolina... Entonces no era ya un monstruo, sino un niño grande.

»¿Acaso no os lo entregué yo? ¿Acaso no está muerto? ¿Qué podéis reprocharme, en definitiva? ¿Que durante seis días con sus noches estuviera él dentro de mí como una clavija candente que yo no podía quitarme de encima? ¿O que yo no me haya dado muerte? Pero decidme: ¿Con qué? Estaba atada de pies y manos. ¿Es posible morir si se contiene el aliento? ¡Demostrádmelo! ¡No lo es! ¡Lo sé bien, pues he hecho la prueba! Los pulmones son más fuertes que la boca y la obligan a abrirse. La respiración es *inevitable*, puesto que se vive del aire. Uno no puede darse sencillamente una orden: ¡deja de respirar! Uno podrá ahorcarse, asfixiarse, ahogarse... si tiene libre las manos. ¿Qué me reprocháis, pues? ¿Qué debería haber hecho yo? ¿Cuál fue mi descuido? Me haces gracia, Soia Valentinovna, con tu frase alemana de "preceded en la muerte": ¿cómo te habrías matado tú? ¡Explícamelo!»

Las horas pasaron aprisa. Galina Ruslanovna le hizo algunas visitas para tomarle el pulso, auscultarla, ponerle el termómetro. Luego la dejaron otra vez sola.

«¿Qué se propondrá?», pensó Galina cuando abandonó una vez más a Schanna. Ella sabía, desde hacía varias horas, que la paciente no se hallaba ya bajo los efectos de la anestesia, pero la dejó creer que estaba engañando a todos y no le habló. ¿Qué objeto tendría aquella argucia? ¿A qué esperaría la chica? ¿Se imaginaría poder eludir el interrogatorio arrebatando dos o tres horas insignificantes?

Hacia el mediodía le puso otra inyección contra la fiebre y sonrió cuando Schanna se estremeció con el pinchazo. Una persona anestesiada no hace semejante cosa...

Luego Schanna se quedó sola de nuevo, se hizo preguntas y más preguntas sin encontrar las respuestas. Sintió una creciente modorra cuando la inyección surtió efecto, el presente se dilató hasta el infinito y ella percibió, con profunda emoción, que se hallaba nuevamente en el Baikal. Estaba cuidando de su gran rebaño a orillas del lago, los perros rodeaban a las ovejas, unas nubes blancas y apretadas navegaban perezosas por el cielo, de un azul profundo. Ella se había tendido sobre la hierba alta, cruzando las piernas desnudas. Sobre su cabeza trazaban círculos tres cernícalos; ella les amenazaba con el puño y les mostraba su fusil. Era el viejo escopetón de cañón largo que sólo se podía cargar con un cartucho y que daba siempre la impresión de desintegrarse al primer disparo. Pero Schanna abatía con él a cualquier pájaro en el cielo o a cualquier rata en la orilla del lago, a cualquier zorro sigiloso o a cualquier lobo aullador en los largos inviernos.

«¡Oye! ¿Qué estoy viendo? ¿No es Gamsat Vadimovich, el hijo del pescador, el que viene por ahí? ¡Eh, Gamsat, estoy aquí! ¿Me estabas buscando? ¿Cómo te ha ido la pesca esta mañana? Te he visto desde aquí en la barca. ¡La red tenía buen aspecto, casi llena! Estarás contento, ¿no? ¡Anda, siéntate a mi lado, Gamsat! ¿Qué estás mirando con esa cara de tonto? ¿Mis piernas? ¡Pero si las has visto desnudas muchas veces! ¿Mis pechos bajo la blusa transparente? ¡Mira hacia otro lado si te molestan! ¿Por qué me pones la mano en el vientre? ¡Estáte quieto, Gamsat Vadimovich! ¿Quieres dejarme el pecho en paz? ¡Te daré un golpe en los dedos! ¡Yo no soy un pez dando coletazos en tu red! ¡Lárgate, piojo desvergonzado! ¿Qué dices? ¿Qué quieres? ¿Que tengo quince años y debo saber ya lo que piensa un hombre cuando ve a una chica guapa tendida en la hierba? ¡Gamsat, estáte quietecito! ¡No resoples así! ¡Ni los perros jadean como tú! ¡Gamsat! ¡Te daré una patada! ¡Largo, estúpido lagarto! ¡Cómo! ¿Quieres arrancarme la blusa? ¿Levantarme las faldas? ¿Que soy una piedra? ¿Yo? ¿Como una piedra? ¡Una piedra recibirás tú en la frente si no paras! ¡Gamsat! ¡Idiota...!

»¿Lo ves? Ahora estás sangrando en la hierba. Ya te lo advertí, Gamsat. Quédate con tus peces y déjame tranquila. Podrás visitarme cada día si quieres, ¡pero con el cinturón bien puesto en los pantalones! ¿Acaso soy una perra? Sí, vete ya, vete, llámame ojal cosido y lo que te parezca bien..., vuelve mañana si estás más sereno. Tal vez fuese la alegría por la buena pesca. ¿Crees que puedes coger todo cuanto te plazca? ¿Peces y pastora? Vete, Gamsat Vadimovich, no necesito de eso. ¡Yo puedo pasarlo bien sin tu lengüeta plegable! Cuando necesite un hombre, lo buscaré yo misma. ¿Serás tú? Quizás.

»El lago. ¡Cómo brilla bajo el sol de poniente! Primero dorado, después rojo, luego violeta, el cielo se disuelve en bandas llameantes, y entre esas bandas se puede ver la Eternidad. Un viento tibio. Ahora las rocas se tornan negras, los árboles se transforman en sombras chinescas a la luz del firmamento. ¡Qué hermoso eres, lago! ¡Qué inasequible! Siberia. Yo no quisiera marchar nunca de aquí, quisiera morir algún día aquí, a tus orillas, quisiera sumergirme en el lago. Te quiero, sólo te quiero a ti, Siberia..., ¡no tienes igual en el mundo!

»Ahora oscurece, pero el lago sigue reluciendo. Brilla de abajo arriba, un titilar de las misteriosas profundidades. De plata es tu piel levemente ondulada. Las rocas se miran en el brillo. ¡Oh, Baikal, te adoro...!»

Al atardecer, completamente sola en el búnker de Sanidad, Schanna se levantó y, tambaleante, rebuscó por los rincones. Finalmente encontró debajo de varios capotes una funda de cuero con la pistola «Tokarev 7,62» de Galina. Sacó el arma y examinó la estrella roja grabada en la culata; después de comprobar que la pistola estaba cargada y el seguro echado, regresó con ella a la cama.

Se acostó e intentó meterse el cañón en la boca, pero lo encontró desagradable, porque se ahogaba. Retiró, pues, la pistola y se aplicó el cañón en la sien derecha. Lo hizo varias veces, hasta encontrar la posición adecuada; entonces cerró los ojos y apretó el gatillo. Sólo sintió un golpe sordo. Luego su cerebro perdió toda sensibilidad.

—¡Era digna de formar entre nosotras, después de todo! —exclamó la Baida, a quien llamaron inmediatamente. Se inclinó sobre Schanna, acarició la ensangrentada cabeza y después se limpió las manos en la bata blanca de Galina. Hizo oídos sordos a los sollozos de las chicas que la rodeaban—. Mi turbación habría sido grande si me hubiese decepcionado...

El teniente Ugarov cogió una sábana y la extendió sobre la muerta.

Dos días después, Soia Valentinovna cursó un parte anunciando la muerte de Schanna Ivanovna Babaieva. Abatida durante la incursión de un francotirador fascista. Se sabía incluso quién era el susodicho tirador: ¡aquel maldito alemán del gorro!

Nadie vio el menor motivo para dudarlo. Schanna fue enterrada junto a Daria Miranski. El sepelio fue muy solemne, similar al de Fritz Plötzerenke. Desde luego, no se pronunció ninguna oración, pero un coro femenino entonó una canción del lago Baikal. Y muchas lloraron, incluida la dura Soia Valentinovna, lo cual le pareció un milagro a todo el mundo, pues nadie la había visto llorar hasta entonces, salvo Ugarov. Y en aquellas contadas ocasiones habían sido siempre lágrimas de celos feroces. Así pues, el hecho de que la Baida pudiera condolerse fue un acontecimiento insólito y conmovedor por derecho propio.

Al cabo de dos días llegó para Schanna Ivanovna la medalla «Suvorov» en bronce tanto tiempo anunciada por el VII Ejército de la Guardia. El propio general Koniev, comandante supremo del «Frente Estepa», había escrito la carta de presentación.

A la valerosa camarada Schanna...

La Baida leyó en voz alta el comunicado ante la tumba y colocó la medalla en el canto rodado con que se había adornado el sepulcro.

Con el mismo correo llegó el ascenso a sargento de Stella Antonovna Korolénkaia, más una elogiosa mención. Todas la abrazaron y besaron. La Baida pronosticó misteriosamente:

—Esperad, esperad, queridas. ¡Aún se cargará Stella al maldito tipo del gorro! ¡Entonces nos concederán la medalla colectiva Bandera Roja y seremos las primeras entre todos los batallones de mujeres!

Tal como hiciera Hesslich ante la tumba de Plötzerenke, Stella se quedó sola más tarde ante la tumba de la camarada caída. El secreto que se la había confiado la tenía en ascuas. Las circunstancias de que el hombre del gorro resultase ser su asesino o, más bien, su victorioso enemigo, según el parte oficial de Soia, era una mentira convencional que todos comprendían. Por otra parte, también era alarmente que fuese precisamente el diablo alemán quien hubiera de pagar los platos rotos. Porque así se evidenciaba cuán profundo era el temor que inspiraba a la Baida aquel adversario.

Stella barruntaba tan sólo la verdad. Sabía lo que le había revelado Lida, ni más ni menos. También lo había oído hablar del médico alemán, aquel enemigo de nombre casi impronunciable, Helge Ursbach, y sabía que éste había besado a Lida y que ella le había devuelto el beso. ¡Eso era una monstruosidad! Stella se había quedado petrificada de horror cuando los ojos de Lida empezaron a brillar con el recuerdo, como si estuviera hablando de su amante.

—¿Y qué te respondió cuando mencionaste mi nombre y le dijiste que yo mataría al perro del gorro de punto? —preguntó con voz tensa.

—Que se lo transmitiría. Ahora, ese diablo conoce la situación.

—Y ¿no te avergüenzas de haber besado a un fascista?

—¡No! Pienso constantemente en él.

—Soia Valentinovna te haría azotar si se enterase de eso, y yo la conozco bien, créeme! ¿Te has vuelto loca, Liduschka?

—Sí...

—¡Cielos! ¿Te has enamorado realmente de él?

—Lo ignoro. Pero no puedo olvidarle...

—¿Y si te encuentras otra vez con él?

—No le mataré, porque es médico. Por tanto, le amaré...

—¡Eso es ir demasiado lejos, la verdad! —Stella Antonovna unió de pronto las manos—. Haz que te releven, Lida —dijo apremiante—. Trasládate a otro sector. Vete de aquí. Idearemos sin dificultad un buen pretexto. ¡Aquí acabarás siendo una carga para nosotras! ¿Qué diablos ha ocurrido entre nosotras? ¿No nos dispararán desde allí con bacilos para enloquecernos?

Por la tarde, Stella Antonovna se plantó en el último huerto de la ruinosa aldea y miró a través del río. Desde allí no se podía disparar, claro está..., cualquier acierto a semejante distancia sería pura casualidad. Y a esto no se compromete ninguna tiradora escogida.

—¡Ésa es bella! —exclamó Hesslich—. ¡Mi bonita rubia!

Hesslich estaba tendido con Dallmann en la orilla. Habían captado a Stella con los prismáticos.

—Sin armas —añadió—. Una visita, pues. Ahora presta atención...

Cuando se disponía a levantarse, Dallmann le tiró de los pantalones, haciéndole caer otra vez en la hierba.

—¿Te has vuelto loco? ¡¿Qué te propones?!

—Devolver la visita, como hombre galante...

—¡Déjate de sancedes, Peter!

La intervención fue tardía. Hesslich se soltó y, poniéndose en pie, adelantó un paso; luego se sacó el gorro del bolsillo y se lo encasquetó. Así se plantó en la orilla del Donetz abriendo los brazos. A su lado, Dallmann permaneció agazapado sobre la hierba y tembló de miedo, mientras mantenía a Stella en su mira telescópica.

Stella Antonovna creyó ahogarse de pronto al ver cómo se erguía el hombre allá lejos, se encasquetaba el gorro de punto y extendía los brazos. El corazón le latió hasta en las encías, su sangre circuló cual torrente abrasador, en la cabeza los nervios le zumbaron y excluyeron los demás ruidos.

Durante unos instantes, ambos permanecieron frente a frente, separados por el río, sin armas, inalcanzables y, sin embargo, como si pudieran tocarse en el aire cristalino de la tarde.

Y entonces se saludaron.

Stella Antonovna apuntó con el puño apretado al cielo.

Peter Hesslich le hizo señas como un amigo.

«Tú o yo..., ¡no quedan más alternativas!»

Dos días después llegó un nuevo miembro de la sección Baida en el camión de suministro del batallón. Poco tiempo antes, Soia Valentinovna había recibido una breve notificación telefónica al respecto; entonces corrió desolada a ver a Ugarov, quien estaba tomando el sol en bañador y tallaba por puro aburrimiento, figuras grotescas, como liebres, renos, ratones, zorros, todas bastante toscas, defectuosas por su anatomía, pero, así y todo, reconocibles.

—Dime, ¿qué significa esto? —gritó la Baida, presa de excitación—. ¡Imagínate! Me telefonean del batallón para comunicarme: «Le enviamos refuerzos.» «Excelente —digo yo—. Gracias, camaradas. Los necesitamos. Nuestra pequeña guerra exige también víctimas, eso lo sabéis vosotros. ¿Cuántas muchachas serán?»

»¿Y qué oyen mis oídos? El camarada comandante dice: «Mi querida Soitschka, ¿en qué está pensando usted? Nada de muchachas..., le enviamos un hombre. ¡Un hombre de verdad! Usted necesita un apoyo sólido tras la muerte de nuestro querido Miranski. ¡El camarada que le llegará hoy es uno de los mejores tiradores del VII Ejército de la Guardia!»

La Baida contuvo un furioso resoplido. Ugarov lanzó el cuchillo al suelo, como si quisiera cortar en dos el mundo.

—¡Eso me dijo con claridad mediana! —prosiguió la Baida—. ¡Le llegará un hombre! ¡Y sin la menor posibilidad de protestar! ¡No es posible hacer objeciones! ¡El camarada general lo ha ordenado, sencillamente! ¡Y punto! ¿Qué haré yo aquí con un desconocido, Victor Ivanovich? Miranski, descanse en paz, era ya una verdadera carga con sus eternas críticas. ¿Tendremos ahora la misma canción?

Ugarov vio que se le venían encima otros problemas muy distintos. Un desconocido... —¿quién sabía cuál sería su aspecto, su comportamiento, y cómo influiría sobre las mujeres?—; un desconocido significaría, ante todo, un peligro para la paz doméstica de que disfrutaba Ugarov por el momento. La llegada de una desconocida, Galina Ruslanovna, no había degenarado en tragedia porque Soia y Galina habían acordado que el apuesto y diligente Ugarov perdería facultades si tuviese que satisfacer a dos mujeres de su talla. Por entonces se llegó a ese sensato entendimiento y la paz no sufrió menoscabo.

Pero, ¿se sabía de antemano si aquel desconocido tendría idéntica sensatez y, ante todo, si no pretendería ganarse los favores de Soia desplegando una excesiva cordialidad? Ugarov imaginó cómo se siente un hombre que se ve obligado de improviso a convivir con sesenta y nueve chicas más o menos apetitosas, aunque todas ellas hambrientas de amor. Es como si te arrojaran a un hormiguero..., mordiscos y cosquilleos por todas partes. Si, por añadidura, aquel novato tenía buena planta y era joven, vigoroso y capaz, se cernirían ciertos peligros, incluso para Soia Valentinovna.

—Hablaré inmediatamente con él —dijo Ugarov, adoptando una cxprcsión sombría.

—¡Nos hará la pascua apenas llegue! —vociferó la Baida—. ¡Quién sabe qué clase de individuo será! ¿Quizás un soplón? ¿Un repelente delator? ¿Ojos y oídos de los Estados Mayores en la retaguardia? Lo primero que soplará será esto: «La capitana Baida y el teniente Ugarov duermen juntos. Hacen vida matrimonial en el búnker de ella...»

—¡Entonces le sacudiré! —gruñó Ugarov amenazador—. ¡Vaya que sí! ¡Le sacudiré si descubro que es un espía del Estado Mayor! Es estupendo que tengamos al *Gorro de punto* alemán..., ¡le podremos achacar todo!

Naturalmente, se trató de reflexiones muy teóricas que no dieron ningún resultado concreto. El propio Ugarov intentó hacer gestiones en la Plana Mayor del batallón, pero allí se le dijo, con suma frialdad, que la decisión era del general..., ¿acaso se proponía criticarla él? Pues si fuera así..., por favor, el teniente Ugarov debería exponer su opinión particular en el Ejército.

Ugarov renunció a discutir con los camaradas del VII Ejército de la Guardia. No se sacaría nada en limpio, salvo una bronca monumental y las consiguientes interpelaciones al batallón: ¿Quién es ese idiota de Ugarov? ¿Cómo se atreve a corregir la plana al general? Vigiladle de cerca, camaradas...

Y esto era precisamente lo que Ugarov quería evitar a toda costa. No hacer nada llamativo, no causar extrañeza en las altas esferas, seguir siendo un granito más entre los múltiples granos: así se vive tranquilo, aunque alguna bota rechine a tus espaldas de vez en cuando. Por el contrario, el despertar la curiosidad de los poderosos puede resultar funesto.

—Debemos acatarlo —dijo Ugarov a Soia Valentinovna—. Pero déjale venir. ¡Le haremos tal recibimiento, que se le revolverán las tripas!

Pero eso no fue todo lo que ocurrió aquel día memorable. Coincidiendo con la anunciada incorporación del nuevo camarada, Stella Antonovna recibió orden de regresar al batallón en el mismo vehículo que transportase a aquel personaje, ya tan impopular antes de su llegada.

—¿Acaso es eso un canje? —aulló la Baida por teléfono, haciendo girar sus negras pupilas—. ¿Me quieren quitar a Stella? ¡Lo mejor que tengo! ¡Protesto, camaradas! ¡Recurriré al camarada general Koniev! ¡Sí! ¡Yo en persona! ¿Qué se pretende hacer con nosotras? ¿Somos una unidad distinguida o una estación de transbordo?

Soia Valentinovna tomó carrerilla y ya no hubo forma de frenarla. El comandante del batallón colgó dando un suspiro y, cuando el teléfono volvió a tintinear un instante después, hizo señas a su ayudante y le pidió con mirada suplicante:

—Querido amigo, si es de nuevo Soia, despídala con las palabrotas más vulgares que se le ocurran. ¡Es lo único que entiende! ¡Yo capitulo ante esa furia desencadenada! Me pregunto cómo puede aguantarla Ugarov. Sólo por eso merece una condecoración...

Stella Antonovna recibió aquella orden con serenidad. Durante los dos últimos días, ella parecía haber cambiado, estaba más callada, cavilaba mucho y daba respuestas lacónicas. Solía vagar sola entre las ruinas de la aldea, rastrillaba los bancales o se tendía en la orilla del Donetz y contemplaba el campo alemán.

Uno cambia cuando Satán te hace guiños, eso es comprensible. Uno se hace más pensativo y dice para sus adentros que uno puede ser también el perdedor. Y en este caso particular, ser perdedor significaba morir..., una muerte honrosa tras un duelo feroz, pero la forma de morir era intrascendente, al fin y al cabo.

Stella Antonovna no había evocado nunca la muerte con tanta intensidad y frecuencia como en aquellos días. Jamás había tenido miedo de morir. Cuando tales pensamientos germinaban en su mente, ella solía combatirlos con optimismo: «Yo soy más rápida y segura que mi adversario. ¡Siempre triunfo! ¡Nunca me atraparán!»

Ahora eso había tomado otro giro. El hombre del gorro de punto la había saludado, le había sonreído, y ella no podía olvidar aquella sonrisa. Necesitaba pensar, dondequiera que estuviese, hiciera lo que hiciese. Era como una fiebre que se había apoderado de ella, que dominaba su vida con violencia implacable y le comunicaba un desasosiego tal, que amenazaba con dejarla sin aliento. Poco importaba que estuviera tendida en la hierba contemplando el azul infinito del cielo estival, o cavando en el huerto, o comiendo con las demás muchachas, cantando y bailando en alegre ronda al sol del baian, o despierta de noche, atenta a los murmullos de la estepa..., en todos los casos, ella veía a aquel hombre allá lejos saludándola y sonriendo radiante. No podía quitarse de la cabeza aquella imagen de los brazos que se abrieron como si dijeran: «¡Ven! ¡Cruza el río! Aquí me tienes dispuesto...»

Eso había llegado a ser parte de su destino, lo intuía. Ahora su vida se orientaba tan sólo hacia él, desfilaba ante él, penetraba en él, o bien concluía por la acción de él o con él. Tal conocimiento la hacía enmudecer y ensimismarse.

Por la tarde, Stella se puso el uniforme, se echó al hombro su fusil «Moisin-Nagant» y esperó el camión del suministro. Pronto la rodearon Ugarov, la Baida y un montón de camaradas para ver cómo era el nuevo compañero cuyo traslado a aquella jaula de gatos monteses había sido dispuesto por el general.

Entretanto, Soia Valentinovna se había aplacado un poco. Aparentemente no se canjearía a Stella Antonovna. Ugarov había conseguido hablar con el ayudante del batallón.

—¿Cómo que con equipo completo? —había preguntado, atónito, el primer teniente—. ¿Quién ha ordenado que Stella Antonovna venga con sus pertrechos? La orden dice que Stella se presente en este mando. ¿Qué os pasa ahí fuera? ¿Os ha derretido el sol la materia gris? ¡Nada más! Si se hubiese querido que viniese con equipo completo, se habría dicho así. Victor Ivanovich, no dejes que Soia Valentinovna te sorba el seso...

Esa noticia amansó algo a la Baida, lo cual no le impidió gritar que el ayudante era un pestilente cabrón. Así pues, quedó pendiente tan sólo la llegada del novato, el mejor tirador del VII Ejército de la Guardia. Ugarov se había propuesto escarnecerle apenas llegara, para hacerle ver desde el principio lo que le esperaba allí. Ante todo pensaba ridiculizarle con esta pregunta: «Antes de que usted ocupe aquí una cama, camarada, deberá explicarme por qué usaba Lenin perilla.»

Ahí no había respuesta posible. La pregunta estaba concebida para desconcertar a cualquiera. Él parecería un rústico, incluso un necio, y nada desprestigia tanto a un hombre como que se diga de él: «¡Fíjate qué torpe es! ¡Un auténtico zoquete!» Ciertamente, el novato no podría recuperarse de aquel impacto.

Apuntaba ya la oscuridad cuando llegó el camión del suministro, un trasto estrepitoso, pintado con el color pardusco de la estepa y cuyo motor aullaba, tosía y escupía. Probablemente se trataba del vehículo más viejo que se hubiera podido birlar en todo el frente. Ugarov dio unas palmaditas tranquilizadoras en el hombro de la Baida y se encaminó hacia el armatoste.

Un hombre saltó de la cabina, hizo tres flexiones de rodillas y, apenas vio al teniente, hizo un rígido saludo militar.

—¡Se presenta el sargento Bairam Vadimovich Sibirzev!

Allí estaba él. No sólo era originario de Siberia —lo cual revelaban al instante sus verdosos ojos oblicuos, de mirada astuta, y sus altos pómulos—, sino que también se llamaba así. Era de estatura media y fornido, de anchos hombros, y piernas macizas, un auténtico trampero de la taiga, que podía dormir en cualquier hoyo y alimentarse de raíces. Echó una mirada fugaz a las muchachas e hizo una mueca expectante. Pelo negro cubierto de polvo tras el recorrido por la estepa, al hombro fusil de tirador escogido como Stella Antonovna, quien esperaba junto a Soia Valentinovna. Como quiera que Ugarov no hubiese respondido todavía al saludo, Sibirzev mantuvo su rígida posición.

«Ugarov respiró aliviado. Ningún peligro para mí o para Soitschka —se dijo, satisfecho—. Verdaderamente es un hombre, pero se asemeja más bien a un mono.» Esta apreciación fue sobremanera insidiosa, pues Sibirzev era una figura atractiva, una criatura de la taiga, infatigable ante los elementos, fueran neviscas o vientos tórridos, inundaciones o pantanos traidores. Y aún era más difícil hacerle doblar la rodilla ante los seres humanos. Así lo había demostrado durante su adiestramiento especial en Ulan-Ude. Pasaba cual incendio devorador por una casa de placer: cuando la abandonaba, se iba silbando una alegre tonadilla, mientras todas las rameras sin excepción quedaban desmadejadas en sus catres y pedían, gimiendo, paños refrescantes.

Quien observara con más detenimiento a Sibirzev detectaría algo de eso: sus piernas recias y potentes caderas, el dilatado esternón, los músculos en brazos y dorso, el nervudo cuello... Era uno de aquellos cazadores que se pasan días enteros persiguiendo a osos heridos hasta que, finalmente, se hacen con la piel.

Convencido de que Bairam Vadimovich no era, ni mucho menos, el tipo de Soitschka, Ugarov cobró ánimo y preguntó en tono autoritario, tajante:

—¡Descanso! ¡Sargento, ésta es una tropa muy especial! Antes de que usted ocupe aquí una cama, explíqueme por qué Lenin usaba perilla.

Sibirzev adoptó una postura cómoda, sonrió de oreja a oreja y respondió al instante.

—Porque había notado que con barba corrida se le enredaba casi toda la sopa entre los pelos.

Ugarov quedó sin habla. A sus espaldas, la Baida aplaudió, se adelantó unos pasos y, dando la mano a Sibirzev, gritó:

—¡Bravo sargento!

Bairam Vadimovich soltó otro taconazo —en definitiva, la Baida tenía el rango de capitán y, por tanto, más graduación que el teniente—, encajó la cabeza entre los hombros y semejó una estatua destinada a la plaza del mercado en Novoselitsa: *El combatiente*.

Ugarov resopló por la nariz. Todo había sido inútil... Él tendría que aborrecer a Sibirzev y hacerle morder el polvo. «Es un endiablado bocazas, y también rápido para la réplica.» El propio Ugarov no habría podido responder jamás a aquella disparatada pregunta.

—¡Recoja usted su equipaje! —bramó Ugarov cuando la enorme zarpa de Sibirzev soltó la mano de la Baida—. ¿A qué pueblo pertenece?

—Soy un evenco —respondió Sibirzev lazando otro vistazo a las muchachas, que habían formado corrillos y cuchicheaban risueñas—. Pero crecí en Ulan-Ude con mi tío. Él era pastelero. Cuando cumplí los dieciséis años, me fui a la taiga para unirme a los cazadores..., no me interesaba vender mantecados y panes de miel junto a la mezquita.

—¡Me lo imagino! —rezongó Ugarov. Y miró malévolamente de reojo a Soia, que se estaba retorciendo de risa y proyectaba sus pechos como si fueran dos minas que quisiera disparar contra

Sibirzev—. ¿Cuál es su misión entre nosotros? ¿Se le ha dado alguna orden especial?

—Debo ayudarle, camarada teniente.

—¿A mí? ¿En qué? —Ugarov enrojeció de cólera—. ¡No necesito ayuda!

—Tiene usted problemas con los alemanes.

—Ninguno que no podamos resolver por nuestra cuenta. Tenemos la mejor tiradora de la Unión Soviética.

—Lo sé. Stella Antonovna Korolénkaia. ¿Está aquí?

—Presente.

Stella se adelantó y miró con frialdad a Sibirzev.

—Tienes mucha fama, camarada.

Sibirzev le tendió la mano, pero Stella fingió no verla. Bairam Vadimovich le había resultado antipático a primera vista, y, sin embargo, no supo explicarse el porqué. No era su aspecto ni sus modales..., su sola presencia bastaba para alertarla, aprestarla a la defensa. Su instinto se lo advertía: «¡Éste querrá quitarme al hombre del gorro de punto! Ha venido sólo para eso; ésa será su verdadera orden. Deberá ayudarme. El general Koniev no me cree capaz de arreglármelas yo sola con ese diablo.»

—¿Cuántos aciertos tienes en tu cartilla? —inquirió ásperamente.

Sibirzev retiró la mano. Percibió la hostilidad latente, y sus palabras fueron como mazazos.

—Treinta y tres.

—¡Naderías! —Stella Antonovna se puso de lado y miró a la Baida—. La peor de nosotras se encogería de vergüenza con treinta y tres.

Sibirzev miró fugazmente a Ugarov, y la mueca sardónica de éste confirmó sus temores: «Aquí eres un intruso, Bairam Vadimovich. Te desollarán donde puedan. No podrás darte buena vida...»

Dando un fuerte impulso a su fusil, se lo quitó del hombro y lo sostuvo entre ambas manos. Con idéntica celeridad apuntó, y simultáneamente, restalló el disparo. La cabeza de un girasol todavía pequeño voló por los aires hecha pedazos.

Pero cuando Sibirzev apretaba la culata de su arma contra la barbilla, se alzó ya el largo cañón del fusil de Stella. Un segundo después resonó el disparo, y la bala dio al trozo mayor del girasol despedazado.

Sibirzev bajó la cabeza, colocó el fusil a sus pies sobre la hierba esteparia y mostró las palmas de la mano a Stella. Un gesto de sometimiento absoluto. Las muchachas, al fondo, aplaudieron entusiásticas. «¡Nuestra Korolénkaia! ¡No tiene igual!»

—Casi toda la sopa se te enreda todavía en la barba corrida, Bairam Vadimovich —dijo Stella con un aire apacible de superioridad—. Cuando la sopa te llegue por fin a la boca, házmelo saber.

Ugarov nadó en una ola de éxtasis. Podría haber abrazado y besado a Stella. ¡Una buena lección para aquel charlatán, palabra! ¡Lo ha acusado! ¡Viene aquí faroleando como si cazara liebres en la nieve! Se sentirá feliz y contento cuando se le devuelva al lugar de donde le han traído. Se persignará siete veces en señal de alivio.

—¡Descarguemos las vituallas! —ordenó, cortante, Ugarov—. ¡Manos a la obra, camarada sargento! Y luego firmará un informe, que yo mismo redactaré: «Uso indebido de un arma y derroche de munición en una acción ajena a la guerra. ¡Vamos, muévase...!»

Sibirzev inclinó la cabeza y empezó a trabajar en silencio.

«Esperad —pensó furibundo—, ¡todavía no me conocéis! Me largáis una patada en el culo, pero éste es blando y amortigua los golpes. ¡Vanidosa pandilla! ¡Aún me pasearé por vuestras pieles como mil piojos!» Por encima de un cajón que había cogido del cargamento, miró a Stella Antonovna. Ésta se había sentado aparte y esperaba la salida del vehículo.

«¿Qué le pasa a ésa? —pensó Sibirzev—. ¿Por qué me tiene ese odio tan ciego? Hace unos minutos le he dicho que la admiro, ¿y qué hace ella? ¡Me escupe unas palabras desagradables! Cabe preguntarse cuál será el motivo. Todas éstas son personas extrañas, lo he notado al instante. ¡Una unidad de conspiradores! Aquí serás siempre un extraño, Bairam Vadimovich...»

Dos horas después, el viejo trasto regresó al batallón. Stella se sentó delante, junto al conductor, el mismo lugar que ocupara Sibirzev en el viaje de ida. La Baida la había despedido como si se fuera al país de «irás y no volverás».

—¿Te ha dicho Sibirzev por qué viene con nosotros? —preguntó al conductor, un joven miliciano de cara picada de viruelas.

—Ni una sílaba, camarada.

—Entonces, ¿de qué ha hablado?

—Ha contado cosas de la taiga.

—¿Nada más?

—Y de las putas de Ulan-Ude...

El muchacho, avergonzado, enrojeció como un pimiento. Stella Antonovna le tocó el brazo.

—No te preocupes —le dijo en tono casi maternal, aunque tuviera sólo veinte años—. Los hombres como él viven de esas aventuras.

En el batallón la recibió el comandante en persona y la ayudó a apearse.

—¡Te asombrarás! —gritó, exaltado—. ¡Figuras entre los privilegiados! ¡Ni una pregunta, Stella! No te diré nada. Te acompañaré adentro..., todos estamos muy orgullosos de poder entregártelo...

La mesa había sido dispuesta como un altar.

La habían cubierto con un mantel blanco, flores por todas partes y, al fondo, una fotografía del Generalísimo Stalin. Sobre la blanca superficie había un fusil flamante.

Stella quedó perpleja ante el impresionante decorado y oyó a sus espaldas el expectante carraspeo del comandante. Tras el grandioso anuncio, ella había esperado algo grande..., una alta condecoración, una distinción personal de Stalin, algo fuera de lo común. ¿Y qué veía allí? ¡Un fusil! Un fusil nuevo, eso sí, con un modelo inédito de mira telescópica, un cañón relativamente corto empotrado en un portaculatas pulimentado, cartera cargador y silenciador tapallamas con dos grandes ranuras. Durante largo rato, Stella examinó todo aquello en silencio ¿Qué podría decir?

—Mañana llegará el coronel Starostin, de la Maestranza Central, para hablar contigo —dijo a sus espaldas el comandante del batallón en tono verdaderamente hierático—. Hasta el camarada general Kitaiev ha anunciado su visita para conocerte. ¿No es un gran honor? ¡Todos estamos muy orgullosos de ti!

Stella Antonovna asintió.

—¿Qué debo hacer? —inquirió.

—¡Qué debe hacer ella, pregunta! —El comandante se adelantó y le pasó un brazo por la espalda—. Está conmovida nuestra brava camarada. ¡Cualquiera puede comprenderlo! Vamos, coge ese fusil...

Ella se inclinó, levantó el fusil del blanco mantel y lo sopesó. No era tan ligero como su viejo «Moisin-Nagant», pero el peso estaba mejor repartido. El arma se fundía al instante con la mano, ligera como una pluma. Al alzarla se ganaba una fracción de segundo, sin duda una porción risible de tiempo, mas la suficiente para decidir entre la vida y la muerte en un momento crítico.

—Éste es el nuevo «Tokarev SVT», fabricado especialmente para tiradores escogidos —dijo el comandante con unción, como si presentase una rara obra de arte en una exposición—. Mañana te lo explicará todo el coronel Starostin, y desde ese instante podrás disparar el fusil y quedártelo. En todo el sector de la división eres la única persona que posee un «Tokarev». Te asombrará lo que puedes hacer con él. Como ya te he dicho, se trata de una fabricación especial.

Stella Antonovna se llevó a su alojamiento el nuevo fusil. Tras una buena cena con la oficialidad y un buen vino de Crimea, se encerró en su habitación y puso el arma en la cama. Ahora, ya sola con el nuevo fusil, retornaron a ella los pensamientos que la habían asediado durante días.

«Ya estás listo, *gorro de punto* —pensó cerrando los ojos. Creyó verlo allá en el Donetz, sonriente y abriendo los brazos—. ¡Listo, diablo! Ahora tengo el mejor fusil del mundo...»

Durante dos horas se estuvo ejercitando con el nuevo «Tokarev». Se dejó caer una vez y otra, rodó sobre sí misma por las baldosas, se puso a cubierto detrás de la mesa, la cama, las sillas..., y desde todas las posiciones dio en el blanco, mentalmente oyó el trallazo y vio caer al adversario.

Más tarde se acostó, apretando el fusil contra sí como si fuera un amante, y durmió profundamente. Soñó con el río por cuya orilla corría ella arriba y abajo buscando al hombre del gorro; pero él no comparecía, pese a sus insistentes llamadas... En aquel sueño, la tierra estaba desierta, el río se movía plomizo, la estepa se resecaba y tomaba un color grisáceo, el cielo se tornaba de una lividez amenazadora. Ya no había vida en torno suyo, sólo ella vivía y gritaba en la silenciosa e infinita soledad.

No fue un sueño hermoso y, sin embargo, ella no gimió. Mientras dormía, se apretó el fusil contra la cadera, el cañón le rozó el seno derecho, la mira telescópica se alojó en su regazo..., los nervios lo aceptaron como un contacto tranquilizador.

Hacia mediodía llegó el coronel Leonid Nikolaievich Starostin, acompañado de tres oficiales. Stella Antonovna esperó a los visitantes en la comandancia. El fusil quedó ante ella sobre la mesa, ahora con el cargador lleno y presto para disparar.

Starostin —a quien Stella veía por primera vez— la miró entusiasmado. «¡Menudo cisne! —pensó—. La foto que me enseñó el general Kitaiev era ya impresionante, aunque el fotógrafo pareciera estar afectado de ceguera. ¡Pésimo enfoque..., yo haría que ese animal se comiese el negativo y todas las copias! ¡Es una verdadera beldad! ¡Palabra! Rizos rubios, ojos azules, un cuerpecito lleno, pero no rechoncho. ¡Y qué piernas tan esbeltas! ¡Se nota a pesar de esas toscas botas! Y lo que esconde la blusa..., bueno, camaradas, ¿está permitido chascar la lengua con disimulo? Así pues, ésta es Stella Antonovna Korolénkaia. ¡La chica que asciende una empinada pendiente para ser Heroína de la Unión Soviética! Cuando alcance los cien aciertos, el camarada Stalin le conferirá el honor supremo. Con todo, parece una hijita modosa, que alegraría el corazón de cualquier padre...»

Starostin desechó muy pronto esa opinión algo aburguesada acerca de Stella. Primero pronunció una pequeña conferencia sobre el trabajo desarrollado con aquel fusil de precisión; luego explicó meticulosamente todos los detalles. Ahora ella quedó bien enterada: Un «Tokarev SVT» tenía un mecanismo de gas comprimido que introducía automáticamente los proyectiles en la recámara; ya no se necesitaba manipular la manivela del cerrojo, el cargador incorporado contenía diez balas, hacía 30 disparos por minuto, tres veces más que su viejo «Moisin-Nagant», la velocidad inicial era de 829 metros por segundo; el alcance máximo, de 1.500 metros, la distancia adecuada para un disparo absolutamente seguro rondaba los 500 metros. Por último, la nueva mira telescópica tenía un dispositivo para la acción nocturna, un círculo ocular mayor, y captaba con suma claridad todos los objetos a una distancia máxima de 1.400 metros. Era el mejor fusil de tirador escogido que jamás fabricara la Unión Soviética.

Tras la explosión de aquellos datos, Starostin desarmó el fusil y volvió a armarlo. Luego se lo tendió a Stella y dijo, benigno:

—Ahora inténtelo también usted, camarada Korolénkaia.

Stella cogió el arma, la desmontó con dedos ágiles, miró desafiadora al estupefacto Starostin y la montó rápidamente otra vez. Sólo se domina un fusil cuando se conoce hasta su último tornillo. Lo mismo ocurre con una persona enferma cuyo bienestar está a nuestro cuidado: es preciso conocer su anatomía para descubrir el mal.

Starostin se llevó la segunda sorpresa en el campo de tiro.

Stella Antonovna disparó diez veces, y ello le bastó para saber cómo reaccionaba el fusil, dónde ocultaba sus trucos, cuáles eran sus deficiencias. En suma, aquel nuevo «Tokarev» resultó ser una obra maestra. Disparó con exactitud, no hubo dispersión de tiro. Tocó todo cuanto se apuntó con él..., el éxito estribó en la agudeza visual y la firmeza del pulso.

Stella hizo diana en todos los blancos que se le pusieron. Estallaron botellas lanzadas al aire. Volaron por los cielos diversos blancos móviles, como las flores que se agitaban con el viento. Starostin contempló, pasmado, la escena que se le ofrecía: una chica rubia, espatarrada sobre el suelo estepario, se apretaba un fusil contra la barbilla y disparaba sin cesar..., y cada disparo daba en el blanco.

Para terminar, Stella hizo una demostración de lo que ya había dejado sin habla en la Escuela Especial de Veschniaki a la coronela Olga Petrovna Rabutina: hizo cinco disparos en rápida sucesión contra un poste que, a doscientos metros de distancia, sostenía un techo de paja. Cuando se examinó la madera, se encontró sólo un impacto. Starostin se turbó y quiso disculparla.

—Todos nos cansamos tarde o temprano, Stella Antonovna. ¡No se aflija por eso!

Pero Stella soltó una carcajada clara y, señalando hacia el lugar del impacto, gritó:

—¡Hurgue con el cuchillo, camarada coronel! ¿Acaso me cree usted capaz de desperdiciar tantas balas?

Starostin sintió que se le erizaban los pelos. Hizo ensanchar el lugar del impacto, y sacaron de él cinco proyectiles, uno detrás de otro.

—Nadie me dará crédito cuando lo cuente —murmuró con voz opaca mientras hacía saltar las cinco balas en la palma de la mano—. ¿Cómo explicarlo? ¡Es inconcebible! Contradice esa ley de la Naturaleza según la cual ninguna cosa es igual a otra, aunque lo parezcan. Stella Antonovna, ¡trastorna usted las leyes de la Física! ¿Cómo puede hacerlo? ¿Tiene algunos conocimientos de magia?

—No lo sé —Stella apretó contra sí el fusil—. A veces me resulta inquietante. Pues yo hago lo mismo que los demás..., apunto y encorvo el índice.

—¡Se debe levantar acta de esto! —exclamó, muy impresionado, el coronel Starostin—. Es preciso retenerlo. Todos nosotros somos testigos, camaradas.

Una vez más examinó las cinco balas que tenía en su mano, meneó, aturdido, la cabeza y se encaminó hacia la comandancia.

Por la tarde, Stella Antonovna regresó al río. Fue recibida con guirnaldas, abrazos y besos. Entretanto se había sabido, por el teléfono, lo ocurrido en la Plana Mayor del batallón. El ayudante se había encargado de comunicárselo. La Baida tembló de orgullo y emoción.

—Les has hecho una buena demostración, ¿eh, hijita? —vociferó, apretando a Stella contra su rotundo busto—. ¡Cómo habrán mirado...! Como bueyes en la tormenta, ¡ja, ja! ¡Cuánto me hubiera gustado estar allí! «Así somos nosotras —les habría dicho a los empingorotados camaradas—. Como ésta hay muchas más en mi tropa. Bueno, no exactamente como Stella, ¡pero cualquiera de nosotras puede quitaros los mocos a balazos!»

También acudió Sibirzev para felicitarla. Curioseó el nuevo fusil, se puso verde de envidia y lanzó una venenosa mirada a Stella con sus ojillos oblicuos.

—Ahora ya no hay duda de que ganaremos la Gran Guerra Patriótica —comentó rencoroso—. En Berlín, Stella arriará las banderas a tiros, y de un solo balazo le afeitará el bigotillo a Hitler... ¡Nosotros lo veremos, es cuestión de esperar!

Se rió mucho, pero poco después Ugarov dijo por lo bajo a Stella:

—¡Este Bairam Vadimovich es un tipo repelente! Yo soy un patriota, un buen comunista, ¡odio a los fascistas, ya lo creo! Sin embargo, por lo que se refiere a Sibirzev, me alegraría que los de allá enfrente encontrasen pronto su cabeza en el punto de mira. Se me ha dicho ya cómo llama él a Soitschka: «¡La ubre esparrancada!» ¡Me gustaría machacarle, rebanarle la cabeza de un sablazo!

Aquella noche, Stella no soñó. Durmió como una niña fatigada abrazando a su muñeca.

La muñeca de ella fue el flamante fusil.

Se podría decir lo que quisiera de Sibirzev; se le podría aborrecer; desearle cien muertes distintas; conforme, era un ser repulsivo..., pero jamás lo podrían acusar de cobarde.

No, Bairam Vadimovich no tenía nada de cobarde. Ninguna bestia salvaje le espantaba..., y el enemigo del otro lado era ahora para él la bestia salvaje que debería acosar y eliminar.

Hacía dos días escasos que estaba en primera línea, cuando los alemanes observaron que algo estaba caminando y que la vida estival, tan pacífica y contemplativa a orillas del hermoso Donetz, había pasado a la historia.

Sibirzev atrapó a dos zapadores alemanes que se estaban bañando en el río. Aguardó paciente hasta verlos nadar en el centro del Donetz y al alcance de su fusil. Permaneció tendido en la orilla bajo unos cañaverales, contrajo los ojillos oblicuos, que se convirtieron en dos finas ranuras, contuvo la respiración y apuntó tranquilo.

El primer disparo encontró la cabeza. El alemán no dijo ni pío, no hizo el menor movimiento; simplemente se hundió como una piedra. Desesperado, el segundo se esforzó por alcanzar nadando la orilla alemana, pero el crol tiene la fatal particularidad de dejar al descubierto nuca y cuello mientras la cabeza surca el agua como un arado.

Eso le bastó a Sibirzev para lograr un disparo perfecto al cuello. El segundo alemán se fue asimismo al fondo mientras las aguas se teñían de rojo alrededor del lugar y luego río abajo. Bairam Vadimovich regresó, satisfecho, a las posiciones, se cuadró ante Ugarov y le pidió autorización para anotar dos nuevos aciertos en su cartilla.

—¿Tiene usted testigos? —preguntó Ugarov, a sabiendas de que tal pregunta era rastrera, por decir algo.

¿Qué tirador escogido puede tener testigos en una acción de guerra? Se acepta su declaración bajo palabra de honor y no se habla más. No obstante, Sibirzev miró, perplejo, a Ugarov y tragó saliva varias veces.

—¿Testigos? —balbuceó.

—¿Acaso nos conocemos tanto, camarada? Cuando Vanda o Marianka vienen a mí, o Stella, o Lida, o cualquiera otra de mis muchachas, hago inmediatamente la anotación, ¡claro que sí! Pero usted es nuevo aquí, usted se va por ahí solo, luego regresa y dice tan fresco: «Por favor, dos aciertos en la cartilla. ¡Tenga la bondad de certificarlo!» Y yo me pregunto, naturalmente...

Sibirzev quedó boquiabierto.

—Camarada teniente, yo tengo también mi honor —replicó sibilante—. ¡Un honor muy grande! Y usted no me lo hará trizas...

Ugarov intuyó que había alcanzado el límite. Eso le bastó. Sibirzev se consumió de ira por dentro..., exactamente lo que se proponía Ugarov. Se debería socavar sus fundamentos, herirle con pequeños alfilerazos, hasta que se le descompusieran los nervios y cometiese la estupidez de atacar físicamente a su teniente. Entonces se tendría un motivo justificado para dar parte de él y enviarle a retaguardia.

—Nadie pretende empañar su honor, Bairam Vadimovich. Deme su cartilla y lo anotaré.

Ugarov cogió el librillo, lo hojeó y leyó sus acciones de guerra en donde había participado Sibirzev. El hombre pertenecía a los comandos volantes. Éstos surgían allá donde se les necesitara, y desaparecían tan pronto como se estabilizaba la situación. Ugarov anotó concienzudamente la fecha y el lugar; luego devolvió la cartilla a Sibirzev.

La muerte de los dos zapadores alemanes perturbó como un rayo la idílica paz que reinaba desde hacía semanas en las posiciones alemanas. La cuestión había comenzado con Plötzerenke... y ahora se estuvo seguro de que las hembras del otro lado habían iniciado una especie de pequeña ofensiva.

Se reforzó la guardia. En la destruida aldea donde se alojaban Hesslich y Dallmann se habilitó dos emplazamientos de ametralladoras pesadas. Se excavó en la orilla durante la noche, para hacer una cadena de nidos individuales. Uno de ellos fue ocupado noche y día por los mejores tiradores de la compañía. Éstos eran siete en la cuarta compañía del teniente Bauer III, entre ellos, el alférez Von Stattstetten, el soñador, que seguía escribiendo poemas y elegías a su pequeña y distante ucraniana de la Compañía de Propaganda.

Mientras tanto, Hesslich y Dallmann eran libres como pájaros hasta cierto punto. Se dejaban ver por todas partes, se reunían con otros tiradores escogidos de sectores vecinos y cambiaban impresiones. En las compañías tercera y segunda todo parecía muy tranquilo. Allí se hacía frente a tiradores siberianos, a quienes se hacía comparecer cuando lo requerían las circunstancias. Sólo se notaba la presencia de aquellas mujeres malditas en las proximidades de los zapadores vecinos. El grupo de Soia ocupaba un frente más amplio que el de una unidad alemana equivalente.

Desde la otra orilla del Donetz se observaba atentamente las actividades de los alemanes para anotarlas en los planos. Asimismo, reaparecían los «molinillos de café», aquellos lentos y ruidosos aparatos de reconocimiento soviéticos. Sus rechonchas estructuras acorazadas volaban bajo sobre las líneas alemanas y las fotografiaban metro a metro, sin sufrir la menor molestia por parte de los cazas alemanes, cuya presencia se solicitaba ciertamente, pero jamás despegaban: «¡Ahorrad combustible! Falta de benceno.» No valía la pena gastar doscientos litros de combustible para derribar un viejo «molinillo». Era preciso reservarlo hasta el día X, aquella fecha cada vez más próxima en que se iniciaría la ofensiva de verano, varias veces aplazada por el Führer: limpieza del arco de Kursk, aniquilamiento del «Frente Central» soviético al mando del capitán general Rokossovski y el «Frente Voronej», al mando del general Vatutin. Si se conquistara primero Kursk, se podría arrollar a los rusos por todos los flancos; luego el «Frente Briansk», del general Popov, debería replegarse, y entonces el «Frente Estepa», al mando del general Koniev, no tendría más remedio que emprender una presurosa retirada hacia Oskol y el Don y adentrarse de nuevo en la vasta estepa. Se soñaba incluso con dominar de nuevo el Volga... recuperar Stalingrado ¡y esta vez para siempre!

El IX Ejército, al mando del general Model, y el IV Ejército blindado del general Hoth deberían proyectarse como cuñas aniquiladoras. Seguidamente, desde el centro del arco, Kursk avanzaría el II Ejército, formado tan sólo por nueve divisiones de Infantería exhaustas, diezmadas y sin capacidad ofensiva. Conservarían, si acaso, el terreno. Sin embargo, la situación se haría singularmente crítica en la zona del Donetz. Aquí, la Agrupación Kempf y el I Cuerpo de Ejército Blindado SS ocupando toda la zona desde Bielgorod hasta Chuguiev, al sur del Jarkov, no sólo deberían aprestarse a la defensa cuando se desencadenara la ofensiva, sino también hostigar el flanco de los rusos, sobre todo en el sector de los Ejércitos soviéticos LIII, LXIX y VII de la Guardia.

Era un plan descabellado, considerando la proporción de fuerzas..., o bien podría ser el plan más audaz en la historia moderna de la guerra si las tropas alemanas, con su incomparable valor, pudiesen llevarlo a cabo.

No pudo llevarse a cabo. El Mando soviético supo todo de antemano: las particularidades del despliegue alemán, el número de tanques y piezas artilleras, hombres y material, el intercambio de comunicados entre los Estados Mayores generales, los planes distribuidos desde el Cuartel General del Führer: la red de espionaje «Luzy», domiciliada en Suiza, transmitió hasta los detalles más ínfimos. Hitler esperó poder dar un giro decisivo a la guerra, pero tal esperanza se frustró no sólo por la inferioridad militar, sino que también la hizo pedazos el trabajo menudo y secreto de unos cuantos hombres y mujeres en Suiza.

Desde luego, se disparó contra los «molinillos de café», pero sólo con ametralladoras pesadas o piezas antiaéreas de 2,38 montadas sobre armones especiales de un eje con ruedas de goma. Así y todo, se hizo sin entusiasmo, pues la orden de ahorrar munición todo lo posible se aplicaba con tal rigidez, que era necesario llevar cuenta puntual de cada disparo. Había unos impresos en donde se debían hacer constar el motivo, la fecha, la hora y el número de proyectiles utilizados, más un juicio crítico del comandante. Parecía excesivo tanto trabajo para derribar un «molinillo de café».

Ugarov y Soia Valentinovna estudiaron las aerofotografías magníficamente ampliadas que les habían enviado. Lo mismo hizo Stella Antonovna, y gracias a ellas averiguó dónde se escondía el diablo del gorro: en la granja del gallinero y el hermoso huerto, la última casa antes de la explanada esteparia, hasta el Donetz.

Una de las fotos mostró incluso a un hombre desnudo que tomaba el sol bajo un cerezo y a quien, evidentemente, le importaba un bledo el avión de reconocimiento soviético.

—¿Puedo quedarme con ésta? —preguntó Stella procurando dar una entonación normal a su voz—. Hay muchas fotos de la aldea, pero ésta es excepcionalmente clara. Me gustaría examinar despacio cada ángulo.

—¡Quédatela! —replicó la Baida haciendo un ademán de magnanimidad.

Ugarov observó de reojo a Stella. Ésta cogió la foto y se la metió en su cartuchera. Mantuvo una expresión de indiferencia.

Fue por la noche —ambas se encontraban solas en la trinchera— cuando dijo la Baida:

—¡No me la pegas! Querías la foto porque hay un hombre desnudo en ella, ¿no? Tal vez te la aprietes después entre las piernas, ¿eh? ¡Quién lo hubiera pensado de ti...!

Stella proyectó despectivamente el labio inferior.

—¿Es que no sabes pensar en otra cosa?

—¿No debo pensar así?

—¡No! Da la casualidad de que está desnudo. ¡Pero es él! Una foto de él. Y quiero tenerla siempre conmigo. Esta imagen me lo recordará en todo momento: ¡No habrá paz mientras él viva!

—Entonces, pégatela con caca entre los pechos. —La Baida soltó una risotada bronca—. Parece como si la guerra fuese exclusivamente entre vosotros.

—Y casi lo es. —Stella Antonovna miró el cielo. Amazacotadas nubes de verano sobrevolaban la sombría tierra—. Esta noche me quedaré junto al río. Quiero probar la mira telescópica de acción nocturna. Te lo digo por si me buscáis...

—Esperas que él vaya también al río... —Soia Valentinovna cogió a Stella por los hombros y la hizo volverse hacia ella—. Quien no te conociera, creería que estás hablando de un amante...

—Sería pura casualidad, Soitschka. Pero en los nuevos nidos se agazaparán sin duda algunos.

—¡Sé prudente!

—Mi arma es la mejor. —Se rió y abrazó como a una hermana a Soia Valentinovna—. Además, yo barrunto al enemigo. Le olfateo con todos los poros de mi piel. No tengas miedo, Soitschka...

Dicho esto, Stella se puso el nuevo fusil bajo el brazo, saltó fuera de la trinchera y, a los pocos metros, desapareció en la oscuridad de la noche.

Aquella noche, Hesslich y Dallmann patrullaron juntos por las cercanías inmediatas del río. Unos doscientos metros más allá habían aparecido los cadáveres de los dos zapadores. Sus cuerpos yacían ahora en el reducto de la compañía, esperando la inhumación. El jefe de la sección, un capitán, había contemplado a los muertos, meneando la cabeza.

—¡Malditas hembras! ¿Por qué no dedicará nuestra artillería una hora entera en machacar esas posiciones? ¡Ah! ¡Ahorro de munición! Pues bien, vale la pena desperdiciar cien granadas por una vez. ¿Cuánto tiempo va a durar este disparatado tiro al blanco? ¡Es para vomitar!

Hesslich se preguntó, pensativo, cuál sería el mejor lugar para apostarse. ¿Qué estarán pensando los del otro lado? Probablemente lo mismo que nosotros en el caso inverso: no habrá ninguna acción allá donde fueron tiroteados los dos zapadores. Eso invalidaría toda experiencia anterior. El siguiente golpe se producirá en una dirección muy distinta. Así pues, ¡atención a todas partes!

Pero el razonamiento lógico era erróneo en este caso, y Hesslich lo intuyó. De acuerdo con la experiencia, un ataque se repetía muy raramente en el mismo escenario —un ladrón no suele atracar dos veces seguidas en la misma tienda— y, sin embargo, justamente por eso había buenas razones para pensar que aquellas chicas elegirían el mismo lugar para acechar una oportunidad.

Cuando Hesslich dijo que quería ir a la parte del río donde los zapadores habían muerto, Dallmann le miró atónito.

—¡Excelente idea! Allí habrá calma hoy.

—No. ¡Tendremos que estar alerta, Uwe!

—¿Allí? —Dallmann hizo una mueca irónica—. Ahora podríamos jugar al corro en el agua. —Hizo un amplio ademán con el brazo, como si quisiera abarcar tierra y cielo—. ¡Y, además, la noche! ¿Acaso hay luz en conserva? ¿O es que esas zagalas pueden fabricar también ojos de lechuza?

—¿Y si, a pesar de todo, ocurre algo?

—¡No seas zopenco, Peter! —Dallmann rió a gusto—. ¡Es necesario coserte la bragueta cuando esa liebre rubia brinca por allá! ¡Ésa no se acercará a ti para pasar un rato contigo, chico! ¡Puedes ir contando con un boquete en la cabeza cuando venga!

—Eso espero.

—¿Cómo has dicho?

—Espero que nos enfrentemos nosotros dos.

—La tigresa y el cazador.

—O la cazadora y el lobo. Depende de cómo se mire. ¿La viste amenazarme con el puño? Eso fue una promesa.

—¡Eso fue una idiotez! —Dallman se sacó del bolsillo una tableta de chocolate y partió un trozo—. ¿Quieres un poco? Es «Schoko-Cola».

—No, gracias.

—¿Una píldora de «Pervitina»?

Hesslich miró, pasmado, a Dallmann.

—¿Tomas «Pervitina», Uwe?

—Ya es la cuarta noche de vela. La «Pervitina» es siempre mejor que tener telarañas en los ojos.

—¿Dónde has obtenido esas píldoras?

—Un primo de la Luftwaffe. Piloto de caza. Ésos dan gritos de júbilo apenas engullen una píldora, y la noche se hace tan vivaz como Emma la de Kanalstrasse. Me queda todavía una buena ración...

—¿Y desde cuándo lo tomas?

—¡Eh, fisgón! —Dallmann se respaldó en un sauce. Entretanto habían llegado a la orilla del río, pero les cubría bien un espeso matorral—. ¿Qué es esto? ¿Un interrogatorio?

—Algo parecido.

—Pues ponle punto final, apóstol: ¡mientras yo use un fusil de tirador escogido, tomaré «Pervitina»! ¡Y ahora no te caigas del susto! Lo necesito, Peter. Ese granito blanco representa la inquietante firmeza de mi pulso.

—¿Te temblaría sin «Pervitina»?

—Más o menos.

—Entonces eres un toxicómano, Uwe. ¡Santo cielo...!

—¡No digas sandeces! —Dallmann miró fijamente más allá de Hesslich, hacia la tenebrosa noche. Apenas se veía la orilla soviética. ¿Quién podría disparar desde allí?—. ¡Toxicómano! Cierta vez leí algo sobre una cantante que necesitaba tener a un hombre en la cama antes de salir al escenario. ¡De lo contrario, se quedaba sin voz! ¿Cómo le llamas a eso? ¡Pues conmigo ocurre lo mismo! ¡Una píldora tan pequeña..., su efecto es más bien psicológico!

—¿Supo el comandante Molle algo de eso?

—¡Qué preguntas tan necias se te ocurren! Posen era ya lo bastante aburrido. ¡Y, además, bajo observación! Peter... —Dallmann se apartó del sauce—. ¡Olvídalo! No debiera habértelo dicho, pero tú eres mi único amigo, de verdad el único. Y ahora cierra el pico, ¿entiendes? Bueno, ¿continuamos?

Se acercaron, silenciosos, al lugar en donde Sibirzev sorprendiera a los dos zapadores. A varios metros de la orilla ambos se sumergieron en la hierba y reptaron hacia el agua. La orilla era llana y arenosa, una auténtica cala para bañarse, una playa junto al Donetz. Eso mismo pensarían, sin duda, los dos zapadores cuando se lanzaron al agua.

Hesslich y Dallmann permanecieron tendidos uno junto a otro al borde de aquella tentadora playa. No era ancha. Quizá cinco metros escasos. Más allá fluía, perezosa, el agua. En la otra mitad del río perteneciente a la orilla soviética, el bajo nivel de las aguas había hecho surgir un largo banco arenoso que semejaba, en la oscuridad, el abultado caparazón de una tortuga. Con las primeras lluvias desaparecería otra vez bajo el Donetz, y se dejaría ver de nuevo tan pronto como llegase el estío. Por lo general, el agua resbalaba sobre él, pues allí no crecía nada, ni el más ínfimo tallo. Aquella arena fina, salpicada de pequeños guijarros que iban y venían con el trasiego constante de las aguas.

Hesslich y Dallmann observaron el terreno más allá del banco, pues éste era demasiado llano y calvo para resultar peligroso. La orilla soviética se extendía, oscura e inalcanzable, en la noche. A lo lejos, salpicando la línea del horizonte, lucían lívidas claridades en medio de la oscuridad. Allí, en las Planas Mayores soviéticas y bases de avituallamiento, brillaba, sin reparos, la luz. Pues, ¿quién se atrevería a molestarles? La Aviación alemana se daba por contenta con poder conservar sus aparatos. Las pérdidas en las grandes batallas aéreas sobre Alemania y el canal de la Mancha eran más que excesivas, y las granizadas de bombas dificultaban el abastecimiento.

Había oscurecido por completo cuando Stella Antonovna alcanzó un lugar muy próximo al «caparazón de tortuga» y escarbó un hoyo alargado de poco fondo. De la misma forma que las focas y los pingüinos remueven el terreno arenoso para hacerse un lecho fresco, ella se alojó también en la arena.

Aquel banco le pareció el lugar idóneo para probar su nuevo fusil, pues no lejos de allí Sibirzev había sorprendido a los dos nadadores, y ahora los alemanes creerían que no aparecería ningún ruso en el mismo escenario aquella noche. Quizás eso la hiciera algo despreocupada.

¡El mismo pensamiento que tuvo Hesslich! El destino empezó a entretejer inseparablemente sus hilos.

Siguieron todavía sin verse... Hesslich tendido frente al banco arenoso, Stella oculta en su refrescante lecho. Sólo el cañón del fusil asomó por encima del «caparazón» como un fino palote. Así pues, la nueva mira telescópica luminosa de acción nocturna resultó invisible contra el fondo oscuro. Fue la gran ventaja de Stella: con su ayuda pudo ver y distinguir las incidencias del campo alemán, bastante mejor que Hesslich y Dallmann con sus cristales normales las del campo ruso.

El coronel Starostin no había hecho ninguna apología hiperbólica. Todo cuanto dijera de positivo sobre el nuevo fusil era cierto; el «Tokarev SVT» existía desde 1940 y era una réplica perfeccionada del «SVT 1938», un fusil que no se había podido imponer nunca en el Ejército porque el mecanismo del cerrojo resultaba ser defectuoso. Granos de arena, partículas de hielo y otros cuerpos extraños dificultaban con frecuencia la carga, y por eso las armas predilectas seguían siendo el excelente y antiguo «Moisin-Nagant 1891/1930», y la carabina «M-1938».

Naturalmente, aquello había tenido sobre ascuas a los fabricantes del «Tokarev», quienes, al fin, habían conseguido diseñar un modelo que tenía todo cuanto se pudiera desear: precisión y, no obstante, la robustez requerida en Rusia, potencia de fuego y carga por aire comprimido, gran fuerza de penetración y, para coronarlo todo, una mira telescópica con la cual Stella escudriñaba, aquella noche lóbrega, la orilla alemana como si ésta se hallase bajo una luz indirecta de suave resplandor.

Stella palpó literalmente el arenoso talud con la mira telescópica: los alemanes no estaban lejos. Observó en las diversas ruinas unos leves reflejos luminosos que se filtraban por los resquicios. La distancia era demasiado grande para precisar su origen. Pero Stella esperó, paciente y tranquila, el momento favorable, tal como el cazador sabe que sólo con paciencia se alcanza el éxito y calcula exactamente cuál será la ruta por la que vendrá la presa. A ella no le conmovió lo horripilante de esa emboscada, ni lo diabólico de aquella asechanza letal desde la oscuridad, ni el asesinato cometido con glacial impavidez. Había guerra, enfrente estaba el enemigo: esto era lo único que contaba, por encima de cualquier escrúpulo.

¿Qué les había contado Ugarov —y probado con documentos— durante la última sesión de adoctrinamiento? En la región al sur de Borissov donde operaban grandes guerrillas saboteando las líneas de abastecimiento alemanas —una misión honrosa, pues la lucha tenía por objeto deshacerse de los fascistas para liberar a la patria—, se había hecho prisionero a un valeroso grupo de 134 guerrilleros, hombres, mujeres e incluso niños. Les sorprendieron en un campamento del bosque donde vivían bajo tierra. Luego llegaron la SS, un grupo de asalto SD, que colgaron a hombres y mujeres emparejados. A los niños les dieron de golpes en la cabeza. No quedó ni uno con vida. Así lo había referido con voz trémula el teniente Ugarov, y después había recitado un poema: En los ojos infantiles se refleja la imagen de las madres...

Todas ellas habían llorado y sentido crecer el odio en el alma. No, el estar allí agazapada acechando a los alemanes, no era asesinato premeditado. Era un granito de patriotismo, y con muchos, muchísimos de aquellos granitos, se construiría una Rusia nueva, libre y más hermosa.

Uwe Dallmann se rascó la nariz y dio un codazo a Peter Hesslich:

—¿Quién tiene razón, eh? —dijo con voz inmoderadamente alta—. En mis tripas se oye más ruido que aquí.

—¡Cierra la boca! —bisbiseó Hesslich.

—Hombre, Peter, ¿cómo puede haber alguien ahí? El río está satinado como el culo de una doncella, el banco de arena parece un muslo largo, ideal para comérselo a mordiscos. Y, ¿acaso ves la otra orilla? ¡Se ha echado el telón!

—Desconfío de esa gente...

—¡Tonterías, Peter! Ésos te ven tanto como nosotros a ellos. Fíjate lo que hago...

Antes de que Hesslich pudiera impedírselo, Dallmann le arrebató la gorra y la enarboló. Hesslich le tiró del brazo, pero él se soltó riendo, agitó mano y gorra en el aire y rodó sobre sí mismo, para evitar que Hesslich le sujetara de nuevo.

—¡Idiota! —barbotó Hesslich. Y notó que los dientes le rechinaban involuntariamente—. ¡Eres un perfecto idiota! ¡Ven aquí, Uwe...!

En el banco de arena, Stella contrajo los músculos, creyó haber percibido movimiento, fue un barrunto más que una percepción. Exploró la maleza con la mira telescópica y, de pronto, captó una gorra alemana en el retículo..., una gorra bailoteando en la noche como por arte de magia. Lentamente, Stella empujó la aleta del seguro con el pulgar. La gorra desapareció entre las hierbas altas. Stella removió el vientre para ahondar un poco el hoyo y buscar una posición más cómoda; luego se apretó la culata contra el hombro y esperó tranquila, pero con los músculos tensos, detrás de la mira telescópica.

¡Donde haya una gorra, siempre habrá un hombre! Si se le caza, *habrá habido* un hombre. Por enésima vez, Stella se sumió en un estado de vacuidad absoluta. Ella y el fusil formaron una unidad. Ella misma fue a un tiempo fusil y trayectoria del proyectil. Ella misma se proyectó contra el enemigo.

Dallmann gesticuló e hizo señas a Hesslich.

—¡Tal vez me equivoque, pero aquí apesta! ¡Que dé un paso al frente quien se haya cagado en los pantalones! ¿Dónde está tu ruso, Pete?

—Nos retiramos. —Hesslich se llevó el fusil al costado—. En marcha hasta el pie del talud. Puedes irte preparando, porque cuando lleguemos allí te partiré tu condenada bocaza.

—Seremos dos en hacerlo.

Dallmann se rebuscó en el bolsillo y, por fin, levantó la mano derecha. Stella la vio inmediatamente como una mancha pálida, pero titilante, en el retículo—. ¿Quieres chocolate?

—¡No!

—Un negro se apostó junto al pantano, sosteniendo algo negro en la mano. «¡Oh! —dijo la chiquitina—, ¿acaso es una chocolatina...?» —Dallmann se rió, cortó un gran trozo y se lo lanzó a Hesslich, gritando—: *¡Hopp!*

Para lanzarlo mejor, se incorporó un poco. Durante una fracción de segundo, su cabeza se elevó sobre la hierba.

Con enorme parsimonia, Stella encorvó el índice.

El disparo fue más sordo que de costumbre: recordó un latigazo, un alegre chasquido de cochero. El trozo de chocolate cayó en la arena junto a Hesslich. Uwe Dallmann rodó hasta quedar de espaldas y permaneció inmóvil, tan pegado al suelo como lo estuviera antes sobre el vientre. Sin embargo ahora, no se le oyó reír. Un perno candente le había perforado el cerebro.

Durante el segundo en que cayeron al suelo casi a la vez el trozo de chocolate y el propio Uwe Dallmann, Hesslich quedó como paralizado. Luego estalló en su interior algo que él jamás habría sospechado, pues ni siquiera conocía su existencia. Fue como si le devoraran las llamas.

Con un solo movimiento se puso en posición de tiro y disparó contra el banco arenoso. Allá, justamente ante el escondite de Stella, saltó un surtidor de arena y gravilla. Ella amagó al instante la cabeza, retrocedió un poco detrás del ligero montículo y esperó. Entonces oyó su voz. Le llegó arrastrada por la leve brisa nocturna.

—¡Ramera! —bramó Hesslich a pleno pulmón—. ¡Maldita puta! ¡Carroña de Satán! ¡Te pescaré! ¡Juro por Dios que te pescaré! ¡Carroña! ¡Condenada carroña!

Aquella voz devolvió de pronto a Stella todos sus sentidos. Empezó a tiritar, un temblor que la estremeció desde la coronilla hasta las plantas de los pies. Cuando se oyó otro trallazo y la arena saltó de nuevo ante ella, se acurrucó cuanto pudo cerrando los ojos. Tres veces, cuatro..., cinco..., cambio de cargador..., seis veces..., siete...

«¡Se ha vuelto loco! —pensó trémula—. No ve nada y, sin embargo, sigue disparando...» Se deslizó hacia atrás por el banco de arena y, alzando el fusil sobre la cabeza, vadeó el río con agua hasta los hombros, camino de la orilla salvadora. El banco de arena le dio protección. Aprovechando un ángulo muerto, corrió desolada en la negra noche y se arrojó al suelo entre las primeras ruinas de la aldea. Estrechó convulsivamente contra su pecho el «Tokarev».

Hesslich disparó y siguió disparando. Le tenía ya sin cuidado que él mismo ofreciera ahora un blanco perfecto. Rodó de un lado a otro e hizo fuego cada vez que ocupaba una nueva posición. Luego vio correr hacia él varias sombras procedentes de la aldea. Le alcanzaron y echaron cuerpo a tierra cuando él hacía el séptimo disparo.

—¿Estás loco? —gritó el suboficial de zapadores dejándose caer junto a Hesslich—. ¿Qué ocurre?

—¡Ella ha matado a Dallmann! —vociferó Hesslich, que parecía verdaderamente un lunático—. ¡Debe de estar escondida en ese banco de arena. ¡Bengalas! ¿Lleváis ahí bengalas? ¡Arriba con ellas! ¡La atraparemos! ¡No podrá retirarse con esa claridad! ¿Dónde están las bengalas, ojos de culo?

Dos proyectiles partieron silbantes hacia el cielo e iluminaron ambas orillas del Donetz con una claridad fría, mientras descendían, despaciosos y balanceantes, colgados de pequeños paracaídas. Ahora todos hicieron fuego concentrado sobre el banco de arena. Fueron quince hombres, el caparazón de tortuga quedó destrozado, se convirtió en surtidores de arena. Cuando el tercer proyectil luminoso silbó hacia arriba, Hesslich se lanzó al río y nadó con poderosas brazadas. Su *Gauleiter* se habría entusiasmado ante aquella escena: ¡Por fin ese haragán, que podría ser un as deportivo, ha decidido poner sus dotes al servicio de la Patria!

Moviéndose cual felino, Hesslich se abalanzó sobre el banco de arena y rodó por él. Ahora intervino la segunda faceta del combate individual aprendido en el cursillo: atacó empuñando el machete de doble filo. La arena saltó en torno suyo: sus camaradas hacían fuego de cobertura.

Con mandíbulas encajadas, Hesslich contempló sus dos hallazgos: la pequeña hondonada donde se acomodara poco antes Stella Antonovna y los casquillos de las balas que causaran la muerte de Dallmann. Se las guardó y, tendiéndose de espaldas con su empapado uniforme en la hondonada, miró fijamente la bengala que navegaba por el cielo nocturno.

«¡Te juro, hembra endiablada, que no viviré mientras no te atrape! Escúchame, por el Dios que está en los cielos: ¡Debo matarte! *¡Debo!*»

Todavía permaneció un rato en la hondonada donde estuviera Stella; fue como si de ella fluyese una corriente invisible, misteriosa, hacia él; como si el contacto con el lugar donde descansó su cuerpo le cargara con una energía inédita, extraña, sólo comparable con la que pudiera encontrarse en el espacio sideral.

Ahora, los de allá dejaron de disparar. No pudieron ver ya a Hesslich y se desconcertaron. Cuando lo vieron enderezarse, por fin, sobre el banco de arena y regresar a nado, se comprendió que su acción había sido inútil.

—¡Nada! —exclamó Hesslich al salir del agua—. Se había largado ya.

Caminó despacio hacia Dallmann, cuyo cuerpo seguía donde cayera sin haber sido tocado por nadie. Se arrodilló a su lado. Se inclinó y se lo quedó mirando durante un buen rato, mientras el agua del pelo y el uniforme goteaba sobre el pecho de Dallmann.

El balazo en el centro exacto de la frente sobre la nariz parecía casi una marca registrada. Los ojos de Dallmann reflejaban un asombro infinito; se habían quedado fijos como un reloj que se para de pronto al segundo. La convulsa mano aferraba todavía el chocolate, algo aplastado y reblandecido. La sonrisa juvenil estaba prendida aún en las comisuras de la boca, la vida se adhería aún a él... Así de repentina fue su muerte.

Hesslich cogió la mano de Uwe Dallmann y le dio la vuelta. No podía tolerar ver el chocolate entre sus dedos. «No comeré chocolate nunca más —pensó Hesslich—. Ni siquiera podré olerlo. Si lo hago, vomitaré. Vomitaré al instante...»

Con gran delicadeza, cerró los ojos de Dallmann y se levantó.

Llevaron a Uwe Dallmann hasta la cuarta compañía en una carretilla de los zapadores. Todos formaron y saludaron en silencio cuando lo trasladaron a una camilla. Bauer III miró, horrorizado, a Hesslich: aquel joven intrépido se había transformado en un hombre serio y envejecido. Se había recibido ya una orden del batallón: Dallmann sería trasladado a retaguardia, no sería enterrado en el cementerio general reservado a los héroes.

—¡Le acompañaré! —dijo Hesslich con voz ronca—. Espera que yo esté a su lado hasta el último momento. Él habría hecho lo mismo por mí. Vosotros podréis prescindir de mi valiosa ayuda durante un día...

A primeras horas de la tarde, Dallmann había recorrido ya todas las etapas. Luego, un camión lo transportó a la división en un ataúd; sorprendentemente, el regimiento poseía catorce piezas similares, porque su Plana Mayor había montado una carpintería en la mejor casa del lugar. El general recibió a Hesslich y escuchó su informe.

—Esas mujeres son mejores y más rápidas que ustedes —comentó con amargura—. Ya se lo advertí en su última visita, brigada. Las mozas del otro lado son verdaderos engendros del diablo. Si me fuera posible, les daría un buen repaso con la artillería. Pero todos nosotros estamos sobre las armas esperando la gran fecha que ha de designar el Führer. ¡Y ese día está próximo! Entonces verá usted cómo aprenden a correr las faldas...

—Le ruego, mi general, que me dé de baja.

Hesslich habló con gran desenvoltura.

El general le miró sin comprender.

—¿Qué significa eso? ¿Dar de baja?

—Quiero abandonar mi unidad, la cuarta compañía.

—¿Se ha vuelto usted loco? ¡Hombre! ¡¿De qué me está hablando?!

—Permítame recordarle, mi general, que el OKH me ha provisto de amplios poderes especiales.

—¡Previa integración en una unidad concreta!

—No tiene ya ningún sentido estar esperando en el Donetz. Debo actuar.

—¿Y cómo se ha de entender eso?

—Debo ir al campo soviético...

—¡Hesslich! —El general contuvo la respiración—. ¡La muerte de su amigo le ha hecho perder el juicio!

—Viviré delante de las líneas rusas, en ellas, entre ellas y detrás de ellas, hasta cumplir la misión que me he impuesto. Pudiera ser que no se sepa nunca más de mí. Le ruego, mi general, que, en tal caso, me dé por caído. No tengo otra alternativa. Regresar o morir.

—¡Está enloqueciendo por momentos, Hesslich! —El general le miró de hito en hito—. Pero no puedo retenerle.

—¡No! Es una acción militar especial... Pido permiso para despedirme, mi general.

—¡Que Dios le acompañe! —La voz de su interlocutor se hizo opaca—. Regrese, Hesslich.

Dicho esto, le estrechó la mano e hizo una breve inclinación de cabeza. Hesslich dio media vuelta y abandonó la estancia.

Por la tarde se concedió a Dallmann la Cruz de Hierro de Primera Clase; se prendió la condecoración en el féretro y se dio tierra a éste. El pastor evangelista de la división pronunció la oración fúnebre. Un trompeta lanzó al aire el toque de silencio.

Dos días después, una noche sin luna, negra como la pez, Hesslich cruzó el Donetz con una pequeña balsa. No llevó nada consigo, salvo una mochila llena de munición, un estuche de careta antigás lleno de munición, una segunda mochila y todos los bolsillos llenos de munición. Y su gorro de punto.

Media compañía estaba en la orilla cuando Hesslich desatracó y se dejó arrastrar por la corriente. El teniente Bauer III le despidió alzando la mano.

—A ése no le veremos nunca más —dijo mientras Hesslich desaparecía en la oscuridad—. Podemos ya tachar su nombre.

Sibirzev procuraba no irse de la lengua, mantener un comportamiento discreto y dejar tranquilas a las chicas, pero, así y todo, le era imposible ganarse la simpatía general. Cuando ellas se lavaban, casi siempre en cubos de madera, o cuando se bañaban —para lo cual se había hecho traer de retaguardia unas tinajas enormes—, las pobres muchachas jugueteaban con el agua como suele hacer todo el mundo..., y prescindían de ropas incómodas. Se habían habituado a la presencia de Ugarov, Miranski estaba muerto, y el maestro armero, tras cuatro meses de servicio, había solicitado, casi lloroso, el traslado, y, por fin, se había atendido a su deseo en marzo de 1943, durante el avance hacia el Donetz. Fue destinado a una unidad de talleres en la división, y él agradeció secretamente a Dios aquella merced y besó la foto de su mujer con los siete hijos. Luego escribió con profunda devoción a su oronda Marfusia: *Me he librado de las diablesas. ¡He encendido en secreto una vela a San Demetrio! Un poco más en esa olla diabólica y habría regresado con el alma lisiada... si sobreviviese a la guerra. Doscientas treinta y nueve hembras salvajes: hasta ahora, nadie ha descrito así el verdadero infierno...* Le remplazó en la sección Baida, una suboficial, quien tomó a su cargo el apartado armas y utensilios.

El inspector comisionado por el batallón, aquel granuja pusilánime y taimado, eludía todo encuentro directo y se comunicaba con la Baida exclusivamente mediante el teléfono de campaña. Sólo había contacto personal cuando ella recibía orden de verle en su oficina de retaguardia. Él había hecho tres visitas a las trincheras, y cada vez había regresado lívido y descompuesto a la Plana Mayor del batallón. Cuando él anunció nuevas restricciones, las chicas le habían escupido y agarrado por los pantalones, y cuando preguntó por qué cada muchacha habría de tener dos sujetadores, se había visto rodeado de improviso por ciento veintitrés hembras desaforadas, que se habían abierto la camisa para mostrarle sus pechos desnudos. Y la Baida había dicho, triunfante:

—¿Es que una defensora de la patria debe correr así por ahí cuando su única prenda está en el lavadero? ¡Nosotras somos personas limpias, entérese de una vez! ¡No queremos apestar como cabras ni asfixiar a los alemanes con nuestro hedor!

Así pues, el inspector huía cada vez a retaguardia y aprobaba todo cuanto se le pedía mediante semejantes manifestaciones.

Ahora, Sibirzev era, junto con Ugarov, el único hombre que debía convivir con las 230 mujeres; este número oscilaba constantemente en función de los permisos, enfermedades y bajas definitivas. Las chicas no pensaban, ni mucho menos, alterar su ritmo de vida en atención a un solitario poseedor de pito, y, por tanto, se comportaban como si Sibirzev no existiese. Así, solía ocurrir que cuando Bairam Vadimovich entraba en un búnker, se encontraba con varias mujeres desnudas, unas frotándose el cuerpo, descansando o leyendo, otras haciendo punto o música... Hacía calor por aquellos días, y sólo iban uniformadas las muchachas que estaban de servicio.

Uno podía permitirse aquel estilo tan poco militar; uno podía tenderse al sol, pues se sabía que, de todas formas, los alemanes no atacarían.

No había concluido aún el despliegue en orden de aproximación para la gran ofensiva de verano de los Ejércitos alemanes.

A Sibirzev le costaba un esfuerzo sobrehumano no alargar la mano cuando una forma prieta y saltarina pasaba por su lado; mas él sabía que la Baida estaba esperando algo parecido para despachar inmediatamente un dramático parte. ¿Y el teniente Ugarov? Cada conversación con él era una tortura para Sibirzev. No se intercambiaba ni una sola palabra razonable entre ellos. Únicamente alfilerazos, miradas malévolas y labios apretados. «¿Por qué, vamos a ver? —se decía, aturdido, Sibirzev—. ¿Qué le he hecho yo? Soy un soldado valiente que ha sido destinado aquí para ayudarles, les he servido ya en bandeja dos alemanes, y ¿cómo me lo agradecen? Soy aire para ellas.»

Cierta vez, Sibirzev había dicho cautelosamente a Ugarov:

—Escuche, camarada teniente, si usted piensa que yo fisgo demasiado, ¡se equivoca! ¡No fisgo nada! Aquí estamos unidos, y eso es lo que cuenta. Yo no soy un espía de la división ni nada de lo que usted quiera imaginar...

Pero eso había sido otro error. Ugarov había corrido a Soia Valentinovna para decirle, lleno de amargura:

—¡Ése es un perro baboso! Dice que él no fisga nada..., luego fisgonea algo. ¡Maldito sea!

Pero aquel mismo día, Sibirzev hizo un importante descubrimiento. ¡Vio fugazmente a un hombre rondando la aldea destruida! Y se podía dar por segura una cosa, esa cosa era ésta: ¡Allí no había ningún hombre, salvo Ugarov y él mismo! Aquel intruso tenía un aspecto muy extraño, como si en lugar de cabeza tuviese sobre el cuello una media rellena de algo. Sibirzev rastreó el lugar, se puso al acecho como un gato ante la ratonera, paciente e inmóvil..., todo fue en vano: el hombre no se dejó ver más.

—¡Despacharemos patrullas! —ordenó la Baida cuando Sibirzev le dio cuenta de su hallazgo—. ¿Cree usted a ciencia cierta que era un hombre, Bairam Vadimovich?

—¿Acaso soy idiota? —exclamó, ofendido, Sibirzev.

Ugarov exclamó a su vez cínicamente:

—¿Quién se atrevería a determinarlo? Bueno, ya veremos lo que nos traen las próximas horas. Desde luego, nadie puede alojarse aquí entre nosotros sin ser visto. ¿Llevaba uniforme?

—¡No! O, por lo menos..., no creo haberlo visto...

—¡Ajá! —Ugarov, hizo una sardónica mueca—. Camarada Sibirzev, en el próximo envío del suministro encargaré unas buenas gafas para usted.

Sibirzev se alejó rechinando los dientes y llamando por lo bajo a Ugarov «repugnante meón».

Sin embargo, la historia tomó un giro muy distinto tres horas más tarde.

Poco después del mediodía, cuando más luz había, dispararon contra Maria Petrovna y Amalia Fiedorovna en un huertecillo de la aldea. Los secos disparos fueron oídos en las trincheras, y, no obstante, cuando los centinelas acudieron corriendo al lugar, resultó ya inútil toda ayuda: ambas muchachas estaban tendidas con un balazo en la frente sobre el bancal recién cavado.

Soia Valentinova contempló, horrorizada, a las muertas. Sibirzev lanzó una mirada aviesa a Ugarov, quien se mordía nervioso el labio inferior. «¿Sigo necesitando unas gafas? —pensó gozoso—. ¿Eh, encopetada mierda de oficial? Ahora ya sabes qué clase de intruso es. No, no llevaba uniforme, era más bien una chaquetilla en forma de camisa, parda o tal vez azul... Fue todo tan rápido... Lo más llamativo era la falta aparente de una cabeza. Desde lejos no pude examinarlo bien. Pero, ¿quién cuenta eso a un tipo como Ugarov? ¡Un hombre sin cabeza! Ése sería capaz de presentar una propuesta para que se examinara el estado mental del sargento Sibirzev. Así pues, sujeta la lengua, Bairam Vadimovich. Silencio significa prudencia. Quizá la fortuna te sonría y ponga otra vez a ese individuo ante tu fusil. ¡Entonces les darás una lección a esos lerdos, esos topos ciegos que parlotean con tanta facundia!»

Hacia el atardecer encontraron a Lidia Ivanovna en un granero. Cualquiera diría que estaba dormitando si no fuese porque el pequeño orificio ribeteado de sangre en la frente no concordaba con aquella imagen de serenidad y paz. El granero se hallaba en el otro extremo del sector controlado por la sección Baida, lo cual demostraba que el francotirador había desfilado tan campante ante las trincheras y todas las centinelas de izquierda a derecha. Y nadie le había descubierto.

—¡A vosotras os va demasiado bien! —gritó Soia Valentinovna a sus subordinadas, suboficiales y jefas de pelotón—. ¡Estamos en guerra y vosotras vais por ahí soñando con camas y pitos! ¡Se acabó la buena vida! ¡Estado de alarma! ¡Reforzad las patrullas hasta el Donetz!

Estuvo despotricando durante veinte minutos, con lo cual dejó bien patente ante el auditorio que su repertorio de palabrotas y blasfemias superaba al de cualquiera. Luego, ella misma salió a explorar el terreno armada hasta los dientes, como sus muchachas. El teniente Ugarov se quedó en las trincheras con una telegrafista y la doctora Galina Ruslanovna. Y fue Galina quien exteriorizó lo que Ugarov no se atrevía a decir:

—¿Crees que será el alemán del gorro de punto?

—Lo ignoro. ¡Y nada de pánico si lo fuera! Stella Antonovna y otras cuarenta milicianas rojas son tan buenas como él ¡o mejores si me apuras! Además, todo esto es una locura. ¡Un hombre solo! ¿Qué puede hacer?

—Puede pavimentar las calles con cadáveres... ¡Si te parece poco! ¡Ya hay tres! Y cunde la alarma...

—Él ha tenido de su parte el factor sorpresa. ¡Ahora es acechado! Le encontraremos y le liquidaremos...

Aunque Ugarov lo imaginara tan fácil, no se pudo conjurar la amenaza.

Por la noche ocurrió algo inconcebible: entre la sección Baida y el batallón, es decir, detrás de las líneas, fueron muertos cinco milicianos rojos que llevaban material de una camioneta a un emplazamiento de artillería. Cuatro horas después, otros dos soviéticos murieron de limpios balazos en la cabeza en un escenario completamente distinto. Ambos regresaban a sus puestos tras una visita de camaradería en una batería antiaérea ligera. Hacia el amanecer se cazó la cabeza de la última víctima por el momento. Fue un primer teniente que se dirigía en motocicleta por la estepa hacia la Plana Mayor de su batallón.

La Baida, sentada en un taburete frente a Ugarov, miró con expresión descompuesta la terrosa pared del búnker. Victor Ivanovich intentó consolarla.

—Ahora ya no va con nosotros. El tipo merodea por ahí como un lobo hambriento y asalta a todo el que se encuentra en su camino...

—Pero él ha partido de aquí —dijo, desalentada, la Baida—. Se ha deslizado por el atrincheramiento detrás de nuestras líneas ¡y nadie le ha visto! ¡Nosotras le hemos dejado filtrarse...! ¿Cómo voy a soportarlo? ¿Quieres decírmelo? ¡Esto me está haciendo polvo! ¿Sabes lo que me ha dicho el comandante del batallón? ¡Usted debe ocuparse más del enemigo y menos de su sujetador! Eso me ha dicho. ¿Cómo puedo sobrevivir a tanta humillación? ¿Somos todavía de verdad una unidad escogida? ¡Ah, algunos se ríen ya de nosotras! ¡Se hacen chistes a costa nuestra! Por ejemplo, Radio Eriwan. Pregunta: ¿Son buenas las mujeres en el combate cuerpo a cuerpo? Respuesta: Eso depende siempre del adversario masculino... ¡Ah, Victor Ivanovich! ¡Al final tendré que quitarme la vida!

Hacia las doce del día siguiente, y en un bosquecillo a espaldas de la sección Baida, fue muerto un soldado del grupo lanzaminas II que estaba cogiendo fresas. Una camarada que hacía lo mismo no lejos de él, pudo ver que el francotirador escapaba como un gato. Aunque el hombre temblara de pies a cabeza sin explicarse todavía cómo pudo salir vivo del trance, se supo por él un detalle importante: el asaltante llevaba un gorro gris de punto muy hundido sobre la frente.

Aquella misma noche, Soia Valentinovna oyó en una conversación telefónica con el batallón lo que había declarado el superviviente. Escuchó en silencio el informe, y sólo al final dijo:

—Eso es sumamente importante, camarada. ¡Tomaré buena nota!

Luego colgó. A juzgar por su gesto, cabría decir que el auricular pesaba varias libras. Miró con ojos enturbiados a Ugarov:

—Es él.

—¿Quién?

—¡El satán del gorro! ¡Y, en efecto, va solo! ¡*Es* un diablo, no hay duda! Se nos ha desafiado, Victor. ¡Él nos pertenece! Convoca a las mejores, sobre todo Stella... y también Sibirzev. ¡Si sobrevive a esto, será un milagro...!

No había terminado aún la noche cuando todas partieron en grupos para peinar el terreno. Marianka Stepanovna y Lida Ilianovna capitanearon dos grandes patrullas de diez chicas cada una, los otros destacamentos fueron de cuatro. Únicamente dos personas partieron solas: Stella y Sibirzev. Ellos eran individualistas, preferían sacar de su madriguera por su cuenta al enemigo.

—Quiero pedirte una cosa —dijo Stella a Bairam Vadimovich.

—¿Qué, Stellinka?

—Si le ves, hiérele tan sólo...

Sibirzev la miró desconcertado.

—¿Por qué?

—Quiero hablar con él.

—¿Hablar?

—No debe morir en un segundo, no; debe sentir cómo muere, presenciar su propia muerte, segundo a segundo, minuto a minuto. Tiene que devorarle el miedo antes de morir. Tráele vivo, Bairam Vadimovich..., por favor..., prométemelo...

—Si... si es posible —tartamudeó Sibirzev sintiendo un nudo en la garganta.

—¡Gracias!

Stella saludó, cogió bajo el brazo su flamante fusil de precisión y se esfumó en la noche. Fue como si la atrajera el viento de un animal salvaje en el bosque. Sibirzev la vio marchar, encogió los hombros como si le hubiera dado un escalofrío y unió las manos.

¡Qué barbaridad, cuánto odio! Quien la tenga por enemigo, puede verse ya con un pie en el infierno.

Reflexionó unos instantes y salió trotando en dirección contraria. A él le pareció lógico que el diablo del gorro hubiese abandonado mucho antes su viejo coto de caza. Pocos minutos después, Sibirzev se encontró a solas con la estepa ensombrecida por la noche: en torno suyo, algunas granjas calcinadas, colinas chatas y vaguadas, pequeños bosques y exiguos arroyos que fluían, gorgoteando, hacia el Donetz.

Al cabo de una hora, Stella alcanzó el bosque. Cuando los árboles se hicieron reconocibles, ella se dejó caer en la hierba esteparia y recorrió a rastras el último trecho. Poco antes de tocar el lindero del bosque oyó disparos a su izquierda.

«¡Oh, no! —pensó, y este pensamiento le hizo casi daño—. ¡No permitas que él esté allí! Vosotros no sabéis que yo he rezado en secreto, sí, implorado a ese sorprendente Dios de quien mi madre solicitaba todavía misericordia en aquel hermoso rincón donde estaba colgado el icono y delante la luminaria. Yo le he preguntado si es una realidad. Y si realmente existes, Dios, ¡pruébamelo dejándome a ese hombre para mí sola! Dios, he dicho, Dios, escúchame: si tú haces que vea a ese diablo, que pueda enfrentarme con él y aniquilarle, entonces creeré en ti tal como *mamitschka*, y tío Iván, y tía Sofia y todos los demás a quienes sorprendí cierta vez celebrando la misa en el establo, rezando arrodillados entre las ovejas. Ellos creyeron que yo estaba en una velada del Konsomol, pero aquella reunión se suspendió porque el camarada que debía dar la conferencia —recuerdo que se llamaba Fiodor Semionovich Kubelkov— sufrió un ataque de colitis, y, por tanto, yo regresé antes a casa. Entonces me reí de aquellos bobos que cantaban y oraban..., pero ahora te prometo, Dios, si es que existes, que me arrodillaré también y rezaré entre las ovejas. Te basta con ponerme en las manos a ese diablo...»

Stella permaneció inmóvil en el lindero, intentó captar ruidos excepcionales, pero, aparte el viento entre los árboles y el gemido del ramaje, no hubo nada que alterara la tranquilidad nocturna.

Se acercó rodando a un grupo de jóvenes hayas donde crecía también hierba alta y se sumergió en aquel verde sintiéndose infinitamente segura.

«Ahora todo se reduce a esperar —pensó—. Esperar sin medir el tiempo. Si no le atrapan ni Sibirzev ni los demás, se deslizará por aquí tarde o temprano. ¡Vendrá a mí!»

Su corazón corrió alocado, la sangre se le subió a la cabeza. Se estremeció espantada al oír un ruido extraño.

La había asustado el rechinar de sus propios dientes.

El reguero de sangre que quedó tras Peter Hesslich significaba un grave peligro. Pero él había dejado adrede aquella pista esperando que la tremebunda rubia la encontrara y la siguiera... hasta colocarse, finalmente, en el retículo de su mira telescópica.

El recolector de fresas había sido la última víctima. Hesslich había desechado los numerosos blancos que se le ofrecieron en el curso del día. Todos habían sido blancos fáciles, soldados que se paseaban ociosos por el bosque, se acuclillaban en el lindero, se tendían sobre la hierba, fumaban cigarrillos de *machorka* liados a mano o pipas. ¿Y por qué no habrían de hacerlo? Eso no era el frente propiamente dicho. Desde luego la Artillería alemana podría machacar la zona, pero no lo hacía para ahorrar munición. Visto de ese modo, esto era la retaguardia, la idílica campiña, casi un cachito de esa paz que convenía saborear antes de que comenzase el candente verano de la ofensiva.

Hesslich, bien oculto bajo un enmarañado grupo de arbustos, contempló la pacífica escena. Un soldado, sentado en un gran rizoma casi a su alcance, sostenía un gran trozo de madera e intentaba tallar una granja rusa. Hesslich vio claramente que en aquella talla alentaba toda la nostalgia por la distante aldea, una añoranza infinita por el terruño.

«Ahí estás —pensó Hesslich, evocando el hogar—; tus dedos dirigen la navaja y transmiten todo su amor a ese tarugo que quieres convertir en una casa con techo alabeado de paja. Has viajado lejos con tus pensamientos mientras la muerte acecha detrás de ti... ¡Yo puedo matarte porque llevas un uniforme distinto, sólo por eso! ¿Acaso no es una locura? Tú eres un ser humano, yo soy un ser humano... ¡Nosotros deberíamos ser siempre y por doquier hermanos! ¡Deberíamos esforzarnos por luchar, hombro con hombro, para hacer más hermosas nuestras vidas! ¿Y qué hacemos en cambio? Si yo te llamase ahora, tú darías media vuelta como un torbellino y sólo sobreviviría el más rápido de nosotros dos! O yo puedo levantar muy despacio mi fusil, apuntarte a la nuca y apretar el gatillo. Y nadie dirá: «¡Eso ha sido un asesinato!» Nadie me gritará: «¡Asesino!» ¡Ah, no! Se me felicitará, se me condecorará y ascenderá, lo mismo que harían contigo si fueses el más afortunado. Y todo eso ocurre tan sólo porque hay distintos ideales políticos, objetivos nacionales, ansias de predominio económico, ambiciones personales de poder.

»¿Cuándo se impondrá de una vez la idea de la Humanidad? ¿Cuándo comprenderá el hombre que sólo podrá sobrevivir si trata al prójimo como a un hermano?»

Al cabo de dos horas, el joven tallista levantó el campo y marchó hacia su unidad. Hesslich se levantó, hizo algunas flexiones de rodillas, sacudió piernas y brazos para desentumecer las articulaciones y reanudó su sigilosa marcha por el bosque saltando de un árbol a otro.

Sin embargo, unos extraños rumores le indujeron a retirarse de nuevo hacia el lindero. Ocultándose detrás de un abedul, amparado por las crecientes sombras del atardecer, Hesslich observó, regocijado, cómo se solazaba, incansable, un teniente soviético con una robusta campesina. Ella tenía las faldas arriba; él, los pantalones militares abajo. Fundiéndose ambos cuerpos en rabioso abrazo; se arquearon hasta separarse del herboso suelo y, por fin, la rolliza lugareña gimió desmadejada:

—*Prekasni..., prekasni...*

Lo cual significaba más o menos:

—¡Qué hermoso..., qué delicia...!

Peter Hesslich se retiró, furtivo, a su excelente escondrijo. Allí se tendió boca arriba, se colocó el fusil al lado y contempló el follaje de arbustos y árboles. Entretanto se había hecho de noche, el viento murmuraba entre las ramas y él aguzaba el oído a cada ruido e intentaba clasificarlo.

«Un bosque tranquilo —pensó—. La guerra ha ahuyentado a los animales. Sólo quedan unas cuantas cornejas.» Surgió el recuerdo de su distrito forestal, con los corzos que aparecían en la niebla matutina y galopaban por los prados del bosque, los negruzcos topos que horadaban el campo con sus cortas patas, los buaros de gran envergadura que trazaban silenciosos sus círculos de caza bajo el sol todavía pálido, el zorro que husmeaba entre las hierbas humedecidas por el rocío y la comadreja que se sentaba en una piedra para asearse.

¡Qué mundo tan espléndido! Allí, el joven guardabosque se pasaba el tiempo soñando con las realidades. Si alguien le hubiese dicho entonces que algún día él, como combatiente individual y francotirador, mataría sin misericordia a un ser humano tras otro simplemente porque le dirían que debía hacerlo para salvar a Alemania, él se habría reído y, además, habría respondido golpeándose la frente: «¡Debes de tener la cabeza llena de mierda!» Y ahora estaba aquí, a orillas del Donetz, en lo más profundo de la tierra rusa, que él jamás hubiera deseado pisar o, por lo menos, no de esta forma, con el arma al brazo dentro de un bosque mudo que parecía agonizar y esperando el momento de hacer fuego contra una rubia cabeza femenina sin que le temblaran las manos, sin que se le encogiera el corazón, sin remordimiento. La imagen del muerto Uwe Dallmann, tendido junto a él, con la sonrisa juvenil en los labios, los ojos desorbitados e incrédulos, el orificio en el arranque de la nariz... Esa imagen no querría apartarse de su mente. Le persiguiría siempre, le formularía sin cesar una pregunta: «¿Por qué?»

Hesslich concilió un sueño ligero, inquieto. Cada crujido entre los árboles le sobresaltó, cada ráfaga de viento le alarmó. Sus nervios reaccionaron al menor ruido cual sensibles receptores electrónicos. Su cuerpo durmió, sus antenas hipersensitivas velaron.

Aquella noche, a trescientos metros escasos de él, Stella Antonovna alcanzó el lindero del bosque y se sentó en un tronco muerto. El fusil, presto a disparar, quedó sobre su regazo, mientras plegaba las manos sobre el cerrojo.

«Ahora esperemos —pensó—. ¡Esperemos! ¡Él vendrá! Él está aquí... en algún lugar muy próximo...»

Durante dos días, ambos estuvieron al acecho sin verse entre sí. ¡Es difícil de imaginar lo grande que puede resultar, comparativamente, un bosque pequeño! Mientras tanto habían cesado las visitas de soldados soviéticos, pues estaba prohibido el acceso a la zona en tanto no apareciese el misterioso alemán del gorro de punto.

Pero la tierra parecía haberlo engullido. O bien el hombre había vuelto a las líneas alemanas por el mismo camino que viniera, lo cual podría ser imputable a un error de las fuerzas propias: ¡para coronar tal empresa, el sujeto habría necesitado atravesar por segunda vez el frente de combate soviético y cruzar a nado el Donetz! ¡Y pasando inadvertido entre las patrullas! «Capitana Baida, ¿qué diablos ocurre con su distinguida unidad?»

—¡Todavía está aquí! —dijo desesperada Soia Valentinovna a Ugarov, al batallón y al regimiento, desde donde la interrogaban sin tregua—. ¡No puedo explicar cómo lo sé! Si les digo que Stella Antonovna no ha regresado aún y que precisamente por eso estoy tan segura, ustedes me creerán loca, ¡¿no es verdad, camaradas?!

No se le dio la razón, pero como tampoco se la quitaran, Soia Valentinovna comprendió que sus manifestaciones estaban causando infinito asombro en las altas esferas.

A ello se sumó un error de Sibirzev, ¡y eso fue lo más irritante! El siberiano descubrió de pronto una figura merodeando en un caserío abandonado. Disparó sin pensarlo dos veces.

El magistral disparo alcanzó a una campesina inocente: Natalia Filipovna Schmelchova. La buena mujer se había escabullido en su antigua morada para desenterrar un saco de mijo escondido debajo de las losas y llevárselo.

Fue un asunto extremadamente penoso, pero como la aldehuela era zona prohibida y nadie tenía que buscar nada allí —máxime cuando se hacía de modo furtivo y premeditado para no ser visto—, Sibirzev pudo alegar, con razón, que su deber era disparar inmediatamente contra cualquier figura sospechosa.

No obstante, Sibirzev quedó afectado en lo más profundo de su corazón. Sobre todo cuando el teniente Ugarov le advirtió que varios conejos correteaban por la aldea, y que tuviera cuidado al pasar por la casa de las persianas azules, porque en su establo se alojaban dos cerdos, obtenidos gracias a la operación secreta de la sección Baida organizada por el bueno de Miranski.

Sibirzev rechinó los dientes, maldijo al alemán del gorro que estaba enloqueciendo a todos y desapareció otra vez en la vasta estepa.

Al otro lado del río, en campo alemán, había una insólita agitación. Las trincheras se llenaban con tropas de refresco. Trenes de mercancías y largas columnas motorizadas procedían al avituallamiento, los carros de asalto se concentraban, y ahora la Artillería antiaérea disparaba contra los aviones de reconocimiento soviéticos, los «molinillos de café», y les obligaba a interrumpir sus vuelos después de hacer reventar en el aire a tres de ellos. Pero su concurso resultaba innecesario, porque ya se sabía que la ofensiva alemana era inminente.

Por consiguiente, se revisaban una vez más las posiciones soviéticas profundamente escalonadas y se hacían ocupar por fuerzas de reserva; las brigadas acorazadas seguían manteniéndose ocultas, la Artillería se preparaba para lanzar una barrera de fuego. Tierra adentro, en la estepa, entre el río Oskol y la villa de Korotscha, una zona inalcanzable para las piezas alemanas, acampaba el grueso de las divisiones de choque que el general Koniev quería reservar mientras fuese posible. La táctica de los alemanes era ya sobradamente conocida: el IX Ejército avanzando desde el Norte, y el IV Ejército, más la Agrupación Kempf, desde el Sur, lanzarían anchas cuñas contra Kursk, de tal forma que limpiaría el arco de Kursk e incomunicaría a los Ejércitos soviéticos proyectados hacia el Oeste para encerrarlos en bolsas y aniquilarlos.

Los jefes militares soviéticos estudiaban, perplejos, el desatinado plan alemán. Si la interrupción tuviera éxito, quedarían aislados los Ejércitos LXX, LXV, LX, XXXVII, XL y XXVII. Al otro lado de la cuña se mantendrían firmes el II Ejército blindado, el XIII Ejército, el I Ejército blindado, el VI Ejército de la Guardia, el V Ejército blindado de la Guardia, el LXIX Ejército, el VII Ejército de la Guardia y todas las reservas de retaguardia.

Hasta el calculador más mediocre tendría aquí sus dudas: Tres ejércitos alemanes deberían enfrentarse a catorce ejércitos soviéticos, más sus reservas. Quien hubiese ordenado tal cosa habría perdido, sin duda, todo sentido de las proporciones. En el Estado Mayor General del Kremlin —donde se estaba minuciosamente informado por la organización de espionaje suiza «Luzy»—, reinaba el estupor más absoluto. Eso no era ya heroísmo, era demencia total.

—¡Dejémosles venir! —dijo el comandante supremo del «Frente Central», general Rokossovski, que había acudido a Moscú para celebrar consultas—. ¡Todavía está por ver que alguien recorra cien verstas a través de una roca!

Las horas de temor ante los ataques alemanes pertenecían ya al pasado. Stalingrado había herido a los alemanes en pleno corazón. Y ellos se desangraban sin enterarse. El IX Ejército al mando del general Model estaba en sus trincheras listo para el asalto: ¡tres ridículos cuerpos de Ejército blindado con seis divisiones acorazadas, dos acorazadas de granaderos y siete divisiones de Infantería como punta de lanza! En el Sur, el IV Ejército acorazado, al mando del general Hoth, esperaba la gran señal... ¡con dos cuerpos de Ejército acorazados, uno de los cuales era de la SS, y una solitaria división de Infantería como fuerza de choque! Más al Sur, en el sector de Jarkov, ocupaban ya sus puestos tres divisiones acorazadas y tres de Infantería pertenecientes a la Agrupación Kempf. Su gran objetivo: embestida en el frente del Donetz por Voltschank-Bielgorod y avance hacia Korotscha.

Ello significaba que profundizarían en el VII Ejército de la Guardia, para encontrarse con las reservas rusas, bien disimuladas al oeste del río Oskol.

Así pues, la furia del ataque alemán arrollaría primeramente a la sección Baida, entre otras unidades. El general Kitaiev, a quien correspondía la supervisión de los batallones femeninos, no vio ninguna posibilidad de introducir variaciones. Allí, todos eran soldados y nada más. Cada cual defendía la patria, ¡eso era lo importante y no el sexo! Quien vistiera uniforme soviético tenía sólo una misión: ¡Detener a los fascistas! ¡Aniquilarlos! ¡Expulsarlos de nuestra Rusia...!

Mientras Stella Antonovna aguardaba en el bosque a que Dios hiciera cumplir su deseo, material y montañas de munición seguían llegando a las trincheras de primera línea. Se multiplicaban ametralladoras, morteros y lanzaminas, cañones antitanques y antiaéreos recorrían el ondulado terreno de la estepa, brigadas acorazadas bullían por todas partes, incontables cajas de granadas ahogaban casi a la artillería media y pesada. Tres millones cien mil soldados de las distintas Armas se aprestaban a contener la ofensiva alemana de verano.

El Alto Mando del Ejército alemán no sabía nada de todo esto, o, si acaso, muy poco. Sólo una persona estaba previniéndoles sin cesar, pero no era más que un querellador para Hitler: el almirante Canaris. Sus informes del Servicio Secreto recibían el calificativo de «documentos estúpidos» y pasaban a la papelera. Para mayor inri, seguía imperando una consigna de Hitler según la cual un soldado alemán valía por diez rusos.

La batalla de Kursk, la llamada «empresa Zitadelle», podía comenzar.

La última aventura militar en la guerra de Rusia. El juego cruento de todo o nada.

Peter Hesslich seguía merodeando por el bosque y se preguntaba si tenía sentido prolongar aquella espera. La incursión que había emprendido no parecía evolucionar como había supuesto. Él cavilaba sobre la conveniencia de anunciar otra vez su presencia matando a varios soldados más de ambos sexos, pero acto seguido rechazaba ese pensamiento y se horrorizaba de la frialdad con que pensaba en los muertos. Ellos no hacen otra cosa —se decía para tranquilizarse—. Precisamente esas mujeres han sido adiestradas para matar, se enorgullecen de poder apuntar los tiros a la cabeza en su cartilla de aciertos, son los combatientes más fanáticos y despiadados del Ejército Rojo, y las anima un pensamiento único: «¡Muerte al enemigo!»

Él se reintegraba a su escondite, disfrutaba con el aire aromático y la quietud del bosque, observaba a los escarabajos que se abrían camino despaciosamente entre las hierbas, a las pequeñas arañas pardas que tendían redes maravillosas entre las ramas. Había divisado incluso un faisán que, contoneándose muy digno, se había detenido para examinarle sin timidez y luego había optado por el espacio libre de la estepa. Todo era allí tan idílico, que resultaba absurdo pensar en los seis mil tanques que se estaban preparando para entablar la mayor batalla de fuerzas blindadas en la historia de la guerra.

Aquella misma tarde, Peter Hesslich tomó una decisión: abandonaría el bosque por la noche y regresaría al Donetz. Su cálculo no salió bien. «Conforme —se dijo—, retirémonos. Esperemos de nuevo que la casualidad ponga a esa hembra satánica ante mi fusil. Yo habría jurado que nos encontraríamos...»

Esperó hasta el crepúsculo, y abandonó su escondrijo cuando el arrebol vespertino se extendía sobre la estepa y el bosque tiñendo de oro la tierra. Con el fusil presto bajo el brazo, se deslizó por el lindero para alcanzar el terreno ondulado tras el cual se extendía un paisaje estepario llano hasta las trincheras más apartadas de la primera línea. Como siempre, se había cubierto la frente con el gorro gris de punto y embadurnado la cara con tierra húmeda. En su marcha sigilosa encontró una aglomeración de arbustos y decidió contonearla. Sin embargo, cuando daba impulso al cuerpo para salir de estampía si fuera necesario, se topó con una forma humana, no menos sigilosa y totalmente desapercibida, que acudía a él por el otro lado de la maraña vegetal.

Inmediatamente después del topetazo, sin un segundo de vacilación, sus manos aferraron el cuello del otro. Tampoco titubeó el oponente... Manos como garras le arañaron las mejillas, al tiempo que una rodilla intentó golpearle entre las piernas, pero chocó con la culata del fusil.

Una oleada de calor abrumó a Peter Hesslich, y Stella Antonovna sintió que se quedaba sin aliento. Se apartaron uno de otro, retrocedieron tambaleantes dos pasos y enarbolaron sus fusiles. No habiendo suficiente espacio para disparar, ambos tuvieron a la vez la misma idea, cogieron el fusil por el cañón y golpearon con la culata.

La culata de Stella se estrelló contra la de Hesslich y resbaló hacia abajo. Antes de que ella pudiera enarbolar otra vez el arma, su oponente la golpeó. No queriendo destrozarle el cráneo, Hesslich apuntó al hombro y cogió de paso el antebrazo y la mano que sostenía el fusil. Inmediatamente, el brazo quedó inerte, los dedos dejaron caer el arma. Stella Antonovna se agachó rauda para recoger con la otra mano su fusil. Simultáneamente, Hesslich le asestó una patada en la cadera, haciéndole caer de rodillas. Giró sobre sí misma e intentó de nuevo recobrar el arma. Hesslich le dio otra patada, esta vez en el hombro. La dura bota desgarró la camisa e hirió la piel. Stella dejó escapar un grito entrecortado, se encogió y, poniéndose de lado, se sacó del cinto una pistola pequeña, una afiligranada «Tokarev TK» similar a la que usaban los oficiales de Estado Mayor y la KGB. Pero

Hesslich, que estaba ya encima de ella, le arrebató el arma y la oprimió otra vez contra el suelo.

Las manos de Stella intentaron agarrarle por el cuello, arañarle el rostro... Él le sujetó los brazos y los apretó contra la hierba, luego descargó todo el peso de su cuerpo sobre ella. Stella intentó dos o tres veces golpearle con las piernas y zafarse de la presa, pero todo fue inútil. Temblando de ira, apretó los puños y quiso golpearle con la cabeza; pero él eludió aquellos últimos coletazos echando hacia atrás la suya.

Ni uno ni otro pronunció palabra durante ese tiempo; fue una lucha muda, que ahora terminó con un resuello agitado. Ella cerró los ojos, las aletas de su nariz vibraron. Apretó tanto los dientes, que sintió la dolorosa presión en las articulaciones de las mandíbulas.

«Es él..., le siento..., le huelo..., su cuerpo está sobre el mío como el de un amante..., también lleva el gorro, ¡ese espantoso y ridículo gorro! Tú no existes, Dios de las alturas..., me lo has traído, cierto, pero ¡has permitido que él venciera!»

Stella desistió de golpearle con la cabeza, sus músculos se relajaron un poco, los puños se abrieron. Levantó muy despacio los párpados y miró a su adversario. ¡Allí estaba él! Cabeza erguida, rostro terroso y, en la cabeza, aquel horrible gorro. Pero lo más horripilante fue el arrebol vespertino, que daba a su cabeza el aspecto de un muñón ensangrentado. Se le antojó que aquel cráneo flotaba en la sangre con que el cielo inundaba el mundo entero.

—*Pioss!* —exclamó jadeando, con voz enronquecida por la repulsión—. *Pioss!* —Y añadió en un alemán duro, rebosante de odio—: Muerte..., todos..., fascistas...

—¡Hola! ¿Sabes alemán?

Hesslich se inclinó algo más. No respingó cuando ella le escupió en la cara, mientras abría mucho los ojos. «¡Vaya ojos —pensó él—. ¡Dios mío, qué ojos! De un azul verdoso, y el arrebol vespertino tendiendo como un velo rojo sobre ellos.»

—Sí.

—¿Cuánto sí? —preguntó Hesslich intentando desprenderse de su mirada.

—Yo sé alemán..., poco..., matar a mí...

—¿Por qué?

—Tú diablo...

—En eso estamos de acuerdo. ¡También tú un Satán! ¿Te estarás quieta?

—¿Qué?

—Tú..., estar muy quieta...

—*Niet.*

—Vamos, muchacha, sé razonable. ¡No puedo estar encima de ti hasta el fin de la guerra! —La miró fijamente. Le habría gustado soltarle los brazos y apartarle de la cara los mechones rubios. Pero no se atrevió, porque temía que ella le arañase inmediatamente—. Tú mataste a mi mejor amigo, ¿lo sabías?

—Matar..., tú... a mí..., por favor...

Stella cerró los ojos, y él notó que el cuerpo debajo del suyo se relajaba casi por completo. «¡Santo cielo, pueden morir con la misma felicidad con que otros se comen un bocadillo! Hemos de morir..., ¡pues muramos! ¿Para qué lamentarse e implorar, temblar, llorar o gritar! Ella se queda muy quieta, esperando que la mate.»

—Tú mataste a mi amigo —repitió—. *Moi drug...*

—¡Sí! —Ella abrió otra vez los ojos, y ahora el reflejo del cielo les dio un matiz violáceo—. ¡Tú vives! ¿Por qué?

—Hemos de tener una charla algo más larga sobre esa pregunta.

De pronto le soltó los brazos y se echó hacia atrás para quedar fuera de su alcance. Al mismo tiempo desenvainó el machete y lo apuntó hacia ella.

Stella permaneció tumbada en la hierba, los brazos cruzados sobre la cabeza, las piernas abiertas. Él examinó el esbelto cuello, la camisa destrozada en el hombro por su patada, y bajo la clavícula, entre jirones de tela, el comienzo de un seno.

—¿Con cuchillo? —dijo ella alzando brevemente la cabeza.

—¿Con cuchillo qué?

—¿Matar con cuchillo? Bien..., nadie oye...

Hesslich devolvió el machete a su vaina y se quitó el gorro de punto. Se pasó la mano izquierda por el sudado pelo y, al fin, decidió ponerse en pie. Miró desde la altura el cuerpo todavía inmóvil de Stella, luego dio unos pasos hacia su fusil. Lo cogió del suelo, lo examinó por todas partes y, al probar la mira telescópica, admiró atónito, su claridad y luminosidad. Después volvió sobre sus pasos y permaneció ante ella.

Stella, que no había cambiado de postura, le miró serena:

—Tú matas con fusil mío... ¡bien! —murmuró trémula—. ¡Gran honor!

—Prescindamos por el momento de ese gran honor, chiquita..., ¡maldita situación la mía gracias a ti! No sé lo que pensaréis vosotros..., yo, por mi parte, no puedo liquidar a una chica indefensa. ¡A ti tampoco, hermosa diabla! ¿A cuántos de mis camaradas has matado ya? Bueno, eso se comprueba pronto. Llevarás contigo tu cartilla de aciertos, ¿verdad? ¿Dónde la guardas? ¿En el bolsillo trasero de los pantalones? Te daré media vuelta y te registraré el trasero hasta encontrarla. No te prestarás voluntariamente, claro está. Y entonces habrá otro asalto de lucha libre entre nosotros. —Dicho esto, dejó el fusil de ella en el suelo y la miró, inquisitivo. Ella sostuvo su mirada y esperó. En aquellos ojos no vio el menor rastro de miedo o sometimiento—. ¿Has entendido?

—*Niet*. No todo...

—Hagámoslo más sencillo. —Hesslich se señaló con el dedo—. Yo..., Piotr...

—¡Oh! —Ella alzó la cabeza y le escupió en las botas—. Yo, Stella Antonovna.

—¡Stella... Estrella! En eso hay algo de verdad: quienes te miran, se sumergen en la noche..., para siempre. Yo no había visto nunca nada parecido, Stella. Conocía el lucero vespertino, el lucero del alba, la estrella de Belén..., y ahora la tuya, ¡la estrella de la muerte! Como caída del cielo ante mí. Una cosa así es para desanimar a cualquiera. Eso sí lo verás, aunque no entiendas ni palabra, ¿eh?

Diciendo esto, se sentó junto a ella, apretó entre las rodillas su flamante fusil de precisión y apoyó la cabeza en el cañón.

Stella cerró otra vez los ojos. Aquel espectáculo la ofendió profundamente. «¡Mi fusil en manos de un alemán! La muerte no es lo peor, hay cosas mucho más atroces.»

—Por favor..., matar... —murmuró angustiada.

—No me aburras más con ese estribillo, Stella.

Hesslich se inclinó y apartó los jirones de tela. Instantáneamente, Stella alzó el puño y le golpeó. Luego quedó sentada, dejó caer los brazos y le miró atónita, sin explicarse por qué no le había estrangulado todavía o descerrajado un tiro. Aún estaban entumecidos, como paralizados, los puntos de su cuerpo donde la había golpeado con la culata o la bota. «Es fuerte —pensó, escrutándole de arriba abajo—. Tiene mucha energía y anchas espaldas. El pelo parece castaño. Las facciones son agradables, no cabe duda; aunque se entrevean sólo bajo esos tiznones de tierra. Pero cuando habla, sus ojos chispean de tal forma, que se puede confiar en ellos, y su voz tiene una entonación agradable, romántica, que no es propia de un peligroso asesino.»

Hesslich, que había recibido el puñetazo sin alterarse, señaló con el dedo índice el hombro de Stella.

—Sangras...

—Sí...

—Ha saltado la piel. —Arrancó el cargador de su fusil y lo lanzó con fuerza al bosque, que, entretanto, se había oscurecido. Luego colocó el fusil junto a él, de modo que ella no pudiera cogerlo por sorpresa—. ¿Sientes todavía dolor? ¿Te..., *bolit*...?

Ella hizo una profunda inspiración y negó con la cabeza.

—¿Sabes ruso?

—*Niet*. Un par de palabras. Tu alemán es mejor.

Hesslich abrió su mochila y sacó dos paquetes de vendas, un carrete de esparadrapo, unas tijeras y una cajita metálica con tabletas. Era todo cuanto había aceptado del médico auxiliar Ursbach.

—¿Para qué necesito eso? —había protestado él—. Jamás resultaré herido, ¡sólo muerto! Allá adonde voy no hay ningún herido, ni de un lado ni de otro...

Ahora celebró que Ursbach le obligara a coger unas cuantas vendas. Las tabletas eran buenas contra el dolor..., poderosa medicina, como había dicho Ursbach. Martillo narcotizador. Tan potente, que el centro sensorial del dolor en el cerebro quedaba casi paralizado.

—¿Tú..., ayudar? —murmuró Stella—. ¿Tú me ayudas?

—¡Más bien me ayudo! —Hesslich le sonrió—. ¿Dónde aprendiste alemán?

—*Escola...*, cuatro años... —Ella le devolvió la sonrisa—. No buena escolar..., mejor tirar...

—Eso es precisamente lo que ahora nos rompe el cuello. ¿Qué voy a hacer contigo? No puedo llevarte a rastras atravesando vuestras líneas y, por añadidura, el Donetz. ¿Y dejarte escapar sin más? ¿A cuántos de nosotros has matado ya, Stella? Y ¿a cuántos te propones matar? Lo sé, lo sé, es la guerra, se premia el asesinato, quien no mata es un cobarde y puede resultar muerto a su vez, muchas veces incluso a manos de los propios camaradas... Hasta ese extremo llega la demencia del hombre. Y eso mismo es lo que piensas mientras me miras con tus ojos de un azul verdoso, ¿verdad? ¡Con esos maravillosos ojos claros que saben apuntar tan bien! «Ahí está ahora el alemán. ¿A cuántos de nosotros habrá matado? ¿Cuántos habrá en su cartilla de aciertos? Cuando me haya matado, él sobrevivirá y matará todavía a muchos milicianos rojos.» ¡Maldito sea! No puedo molestarme porque pienses así, Stella. Ahora bien, ¡dime lo que hago contigo! No puedo meterte una bala en la cabeza como si fueras una oveja desvalida. Eso lo hacen sólo las fuerzas de seguridad detrás de nuestras posiciones, las gentes de la SD. ¿Sabes lo que harían contigo? Primero te pondrían morada a golpes, después te interrogarían mediante métodos bestiales y, por último, te colgarían o te pegarían dos tiros. Hasta ahora, ninguna fusilera, como ellos os llaman, ha sobrevivido a un interrogatorio de la SD. Hay incluso una orden muy especial, ¿sabes? ¿Cómo terminará este asunto nuestro, Stella?

Ella le miró atenta, aunque sólo hubiese entendido dos o tres palabras, y esperó a lo que pudiera llegar después de la parrafada. Los largos discursos tienen, sin duda, algún significado..., pues nadie habla tanto sin motivo.

—Si piensas revolverte otra vez mientras te vendo —dijo, enérgico, Hesslich—, te largaré un sopapo, digamos, a modo de anestesia. ¿Comprendido? Ahora dime: ¿te ayudo? *Koroscho?*

Stella asintió, echó la cabeza hacia atrás y cerró los ojos. Cuando las manos del hombre la tocaron para quitarle la camisa, ella empezó a temblar por dentro y tensó los músculos. Hesslich desenrolló un paquete de vendas, cortó una tira de gasa y limpió con ella la magulladura. Como quiera que no hubiese agua, humedeció la gasa con saliva y la pasó delicadamente por la herida. Ella entreabrió los ojos y le miró, examinando el pelo y la frente, ojos y nariz, boca, barbilla y cuello, y no supo explicarse por qué experimentaba una repentina sensación de alivio, por qué no pensaba ya en la muerte ni se aprestaba a morir bajo aquella mano que le estaba limpiando la sangre del pecho.

—Así no marcha —dijo Hesslich. Y su voz sonó opaca, no tan clara como antes—. Se interpone el sujetador..., has de quitarte el sujetador. —Señaló la prenda que apresaba sus turgentes pechos y la miró, confuso—. Debes quitártelo... —Hizo el correspondiente ademán—. ¿Comprendes? Fuera...

—Sí...

Ella se soltó el otro tirante y se bajó el sujetador hasta la cintura. Hesslich apretó los dientes, escupió otra vez en su gasa y limpió el resto de la sangre. Al hacerlo, rozó sin querer un pezón, y ella se estremeció como si le hubieran aplicado una descarga eléctrica.

—¡Perdón! —balbuceó él, atragantándose—. *Prostite...*

Ella sonrió lánguida y sacudió la cabeza.

—Si ha de ser...

Hesslich comprobó muy pronto que las heridas causadas con su patada no tenían tan mal aspecto como le había parecido. Bastó un par de esparadrapos. Las desgarraduras no tardarían en curar. Quizá quedasen dos o tres cicatrices superficiales que, además, sólo serían visibles para quien admirase a Stella Antonovna en estado de completa desnudez.

¿Qué quedaba? ¿Quedaba algo más por hacer? Hesslich tiró las gasas, cortó meticulosamente dos trozos de esparadrapo, hizo cuanto pudo por ganar tiempo y poder hacerse cargo de su impotencia absoluta. ¿Qué hacer con Stella? Hay sólo tres alternativas. «Dejarla escapar: esto significaría la muerte de muchos camaradas. Matarla: soy incapaz de hacerlo viéndola así ante mí, con los pechos al aire, joven y hermosa, enmarañada la rubia melena, el reflejo violado del sol poniente en los ojos entre azules y verdes. Por último, llevarla conmigo a la otra orilla del río, lo cual es pura fantasía. Jamás atravesaríamos las líneas soviéticas, y aunque lo consiguiéramos y la entregara allí como prisionera..., bueno, ya le he descrito por encima el verdadero desenlace. Desde luego, eso no sería asunto mío; me vería libre de toda responsabilidad, pero sólo el saber lo que harían con ella, me torturaría como una cicatriz dolorosa y eterna.

»¿Qué hago con ella, pues? ¡Stella Antonovna, salta y atácame, saca otra pistola oculta y oblígame a defenderme! ¡Es preciso que suceda algo, Dios mío!»

Pero, al tiempo que pensaba así, quiso que ella siguiera allí sentada, mirándole.

¡Disparatado! ¡Todo aquello era totalmente disparatado!

Arrancó el papel protector del esparadrapo e, inclinándose de nuevo, aplicó éste a una herida junto al seno.

—Gracias... —dijo ella.

—Stella...

—¿Qué?

—Tú..., ¿quieres matarme?

—No puedo...

—¿Y si te doy el fusil...?

Hesslich señaló el arma a su lado.

Ella comprendió, asintió y sonrió seráficamente, como si dijese algo muy hermoso.

—Sí... ¿Tú no?

—No.

—¿Por qué *niet*?

Hesslich se levantó de un salto, se golpeó un puño con otro, paseó arriba y abajo ante ella. Mientras tanto, se había hecho oscuro por completo, una media luna brillaba entre perezosas y panzudas nubes de verano, derramaba una luz lechosa sobre el vasto paisaje.

—¿Qué debo responder? Si te hubiese visto a tiro de fusil ya no existirías, ¡eso seguro! Jamás quise verte a corta distancia..., ¡eso me daba miedo, de verdad! Tenía miedo de verte, de acecharte a menos de treinta metros. Tenía miedo de verte como te veo ahora, porque sabía muy bien que me sería imposible capturarte y después pegarte un balazo. Eso no lo comprendes, ¿verdad? ¡Tú eres muy capaz de abrazar a un hombre y clavarle un cuchillo en las costillas por detrás! ¿Eres verdaderamente una de ésas? ¿Con semejantes ojos? ¿Y semejante boca? ¿Con ese cuerpo...? ¿Eres verdaderamente una bestia, Stella? ¡Si al menos pudieses entender algo de lo que digo...!

—Entiendo... —replicó ella muy tranquila—. ¿Terminas..., con herida...?

—No.

Se arrodilló ante Stella, le aplicó otras cuatro grandes tiras de esparadrapo sobre los desgarros y hematomas en el comienzo del pecho y el hombro. Luego señaló el sujetador.

—Está bien. Listo. Póntelo ya...

Ella negó con la cabeza, se echó hacia atrás inopinadamente y cruzó otra vez los brazos sobre la frente.

—No listo... —Su voz era suave, tímida, no había ya la estridencia de antes cuando pedía que la matara—. Dolor..., pierna...

—Cierto. —Ahí te he dado también un puntapié. —Él la escrutó ladeando la cabeza—. ¿Es una jugarreta, Stella? ¡Si supiese lo que estás pensando ahora! Soy más rápido y fuerte que tú, te lo advierto. Y estoy al tanto para que no me sorprendas por detrás. Quizá tengas razón. Quizá sea ésa la única solución entre nosotros. —Se la quedó mirando largo rato, desde las polvorientas botas hasta los rizos rubios. Por fin meneó la cabeza—. No puedo matarte, y tú lo sabes muy bien, carroña...

Se inclinó una vez más, le palpó la cadera y el muslo y creyó notar humedad en la tela del uniforme. ¿Sangre? Eso significaría quitarle los pantalones, verla en plena desnudez.

Ella pareció pensar lo mismo; permaneció estática mirándole inquisitiva.

Hesslich se levantó de improviso y se echó a un lado. La cabeza de ella siguió su movimiento, aunque sin apartarse de la hierba.

—¡La cautela es la madre de la supervivencia! —dijo Hesslich—. Otro adagio aleccionador del comandante Molle... Tú no le conoces, pero vosotros tenéis, indudablemente, unos tipos similares como instructores.

Se agachó y, cogiendo la pequeña pistola «Tokarev», la lanzó lejos hacia el bosque, aunque en dirección contraria a la que siguiera antes el cargador del fusil. Acto seguido recogió del suelo la hermosa arma soviética de precisión, con su fantástica mira telescópica, se acercó a un grueso abedul y, enarbolando el fusil, lo descargó sobre el tronco con todo el peso de su cuerpo.

—*Niet* —gritó Stella. Su voz tuvo la claridad del cristal al quebrarse—. ¡Piotr..., *niet*! *¡Tschiort! ¡Tschiort!* (¡Diablo! ¡Diablo!)

Coincidiendo con aquel alarido, el fusil se estrelló contra el tronco. La culata se rompió por el cuello. Al segundo mazazo se quebró la caña, y el cañón, doblado, se desprendió, rechinando, de las abrazaderas. Cerrojo y mira telescópica cayeron en la hierba. Ya no había arma milagrosa.

Stella Antonovna se plantó de dos brincos junto a Peter Hesslich, saltó sobre él cual gata rabiosa y le arañó la espalda. Pero no fue un ataque que pudiera darle motivo para matarla. Se le colgó de los hombros, lloró a lágrima viva, gimió con la boca abierta, y los ruidos que surgieron de su garganta semejaron al lloriqueo de un cachorro abandonado.

—¡Piotr...! —chilló con voz aguda y ahogada a un tiempo—. ¡Te odio! ¡Así revientes, perro! ¡Revienta! ¡Mi fusil! ¡Has destruido mi fusil! ¿Por qué me dejas con vida? Podías hacer todo conmigo..., todo... ¿Por qué no dejaste vivir a mi fusil...? Te maldigo..., te maldigo...

Él la sujetó por las manos y, torciéndole los brazos hacia atrás, la hizo volver al suelo. Stella cayó en la hierba junto al cerrojo suelto y la mira telescópica, miró fijamente aquel rostro que se abalanzaba sobre el suyo.

—Stella...

—Diablo...

—Te quiero...

Hesslich se atragantó. No había querido decirlo, pero se le escapó sencillamente. ¡Dios mío, todo esto es una locura! Le cogió la cabeza con ambas manos e, inclinándose aún más, le besó los ojos parpadeantes, a sabiendas de que ella le golpearía acto seguido con los puños. Sin embargo, la muchacha permaneció inmóvil, como paralizada, y cuando él le rozó los labios, no mordió.

—Te quiero —repitió Hesslich.

Ella continuó muda e inerte, incluso cuando él la besó otra vez en la boca y le acarició el pelo y la cara con tal ternura, que la hizo sentir como si una corriente cálida circulara por su interior. Y con cada uno de sus latidos, cada vez más acelerados, se apoderó de ella aquel calor deslizante indeciblemente placentero. Lo sintió en las puntas de los pies y las pantorrillas, en la cara interior de los muslos, debajo de los pechos, en los hombros y sienes y bajo el cuero cabelludo. Pero donde más se acentuó esa deliciosa sensación de calidez fue en el regazo. Allí empezó a pulsar, comunicó un ansia infinita a su corazón y la llenó con el deseo de ser sólo pura entrega.

—¿Todavía te duele? —preguntó él.

Cuando él le quitó los pantalones y se inclinó sobre la cadera magullada; cuando sus manos le bajaron las sutiles bragas y aplicaron un esparadrapo a la pequeña excoriación que le ocasionara la bota, Stella gimió, le rodeó el cuello con ambos brazos y acercó aquel rostro a su cuerpo. Cuando los dedos del hombre la exploraron, ella creyó estallar al contacto; fue como si su sangre hirviese y no encontrara ya el camino de salida. Sus muslos se abrieron maquinalmente. Ella le cogió por los hombros y le atrajo hacia sí, sus piernas le aferraron, y se acrecentó aquel hervor abrasador de la sangre ajeno a todo lo racional, aquella sensación volcánica que asfixiaba cualquier pensamiento, aquel anhelo llameante que la dejó aislada, desligada de tierra y cielo, infinitamente distante de todo terreno... Exhaló un suspiro hondo cuando él empezó a penetrar en su carne, le mordió el torso con un gemido sordo, gritó para sus adentros «¡me muero!», y por fin, su conciencia se diluyó en una cascada de ondas ardientes.

No fue un amor normal..., fue el deseo omnímodo de morir juntos allí mismo. Sólo hubo un objetivo: no despertar jamás de aquel abrazo, no vivir nunca más en un mundo que les obligaba a matarse entre sí, no afrontar nunca más la estremecedora pregunta: «¿Qué ocurrirá ahora? Nunca más la realidad asfixiante, despiadada: Es la guerra, tú eres mi enemigo, tú has matado a mis camaradas, tú has eliminado a Uwe Dallmann, tú has liquidado a cuatro milicianas rojas.»

La desesperación de su amor les embargó por completo mientras yacían, como liberados, sobre la hierba, fundidos en estrecho abrazo, respirando anhelantes y con el corazón palpitante, un solo cuerpo de piel cubierta por el sudor de ambos, con todas las extremidades entrelazadas. Retornó la conciencia. Las uñas de ella se deslizaron suavemente por la sudorosa espalda de él, y él exploró con los labios el rostro femenino, besó las perlas de sudor en la nariz, en las comisuras de boca y ojos y en los costados del cuello bajo las orejas.

«¿Cómo podemos seguir viviendo después de esto? —pensó él—. ¿Quién me da una respuesta?»

Y ella pensó: «Nunca más volveré a ser Stella Antonovna... ¿Qué ocurrirá ahora? Me he quemado..., ¿qué haré con mis cenizas? ¡Oh, Piotr, ya no hay ningún mundo para nosotros!»

No rompieron el abrazo; sintieron que con el aliento más reposado llegaba también nuevas energías a sus cuerpos. Los besos fueron cada vez más largos y apasionados; los cuerpos, más exigentes; las manos buscaron nuevos caminos, y ambos se dejaron llevar nuevamente en silencio por aquel calor radiante y trascendente que les hacía olvidar todos sus temores e interrogantes.

Cuando Piotr penetró por segunda vez en ella, fue como si una ráfaga hubiese desgarrado un muro de niebla tras el cual ella hubiera estado vagando hasta entonces. Stella vio su cabeza empapada de sudor, su boca entreabierta, sintió cómo sus manos le atenazaban los pechos, cómo le daba vida su cuerpo convulso. Le miró con ojos desorbitados, empavorecidos, interpretó aquella imagen de cópula como una marca de fuego, aquel momento en que ambos eran uno, en que sus facciones se dulcificaban con la dicha de una culminación insospechada, y entonces, conteniendo el aliento, retiró los brazos de su espalda, los interpuso entre ella misma y Piotr y le aferró súbitamente el cuello con ambas manos.

Mientras procedía así, gritó, gritó a aquel rostro desconcertado cuyos ojos se abrían cada vez más bajo la presa férrea y la creciente escasez de aire, voceó y voceó sin cesar su nombre: «¡Piotr! ¡Piotr! ¡Piotr! Los dedos se clavaron en el cuello, ejerciendo presión sobre la laringe, los músculos de sus antebrazos empezaron a temblar, los hombros le dolieron, sintió el agarrotamiento de sus músculos hasta en la vagina, aquella vagina de la que él no podía escapar por que ella le retenía con las piernas cruzadas sobre su espalda. Y siguió gritando, y sus músculos movilizaron todas las energías que les restaban y le asfixiaron. Finalmente, cuando ella le libró del mortal abrazo, el cuerpo rodó sobre sí mismo y la cabeza golpeó fuertemente contra el suelo.

Moviéndose maquinalmente, sin la menor agitación aparente, Stella se levantó, se puso los pantalones y el sujetador, metió la cabeza por la desgarrada camisa, se encasquetó la gorra y se abrochó el cinto.

Luego cogió el fusil de él, comprobó que no tenía echado el seguro y, volviéndose hacia el cuerpo, le encañó la frente, apuntando desde la cadera.

Él había quedado tendido de lado, con los puños apretados, la boca abierta y los ojos vidriosos. Su poderosa figura desnuda relució al resplandor lunar. Stella se inclinó para estudiar una vez más aquel cuerpo que ahora le pertenecía y cuyo germen de vida había recogido su seno. Vio los sanguinolentos arañazos que le habían dejado sus uñas; las mordeduras tumefactas en el cuello, pecho y abdomen; vio entre sus dedos un pequeño mechón rubio que él le había arrancado en el acmé del éxtasis amoroso.

—¡Oh, Piotr! —susurró—. Vivimos y, sin embargo, hemos muerto hace mucho. Estamos acabados, rotos...

Se encaminó hacia el mismo árbol en donde Hesslich estrellara su fusil y proyectó, a su vez, el arma de él contra el grueso tronco. Golpeó cinco veces con todas sus fuerzas y a la quinta, el fusil se partió en tres pedazos. Los arrojó junto a los restos del suyo e interpretó aquel acto como una especie de alianza. Después volvió junto a Peter Hesslich y se arrodilló al lado del hombre, que seguía exánime, respirando apenas.

Stella cubrió el cuerpo desnudo con su ropa y le puso las mochilas bajo la cabeza a modo de almohada. Luego besó la boca abierta de Piotr, los ojos de mirada fija, le acarició la cara, en cuyo maquillaje de tierra el sudor había trazado profundos regueros.

—Do svidaña... —murmuró, besándole de nuevo—. *Vsevo choroschevo...* (¡Hasta la vista! ¡Te deseo lo mejor!)

Se adentró, despacio, en el bosque; se detuvo dos o tres veces para mirar hacia atrás, a la figura tendida en el suelo. Luego, cuando la oscuridad le arrebató aquella visión, echó a correr, marchó desalada por el bosque como si peligrara su vida, siempre en línea recta, hacia un lugar donde había hombres que se diferenciaban mucho de Piotr, hacia un mundo en donde ella sólo podría refugiarse bajo el cielo que llevaba dentro y que jamás olvidaría.

Al cabo de una media hora, una llamada estridente interrumpió su carrera.

—*Stoi!*

El individio surgió de la oscuridad abandonando algún nido de escucha en las proximidades.

Ella alzó ambos brazos, respiró hondo y, echando la cabeza hacia atrás, miró el cielo. Ante su vista desfilaban, lentas, las rotundas nubes arrastradas por el viento, la luna creciente desparramaba una luz velada y, allá donde las nubes dejaban libre un boquete negro en el infinito, parpadeaban algunas estrellas solitarias.

—¡Soy Stella Antonovna Korolénkaia! —gritó con voz clara, habituada al mando—. ¡Regreso de una acción especial! ¡Soy sargento de la sección Baida! ¡Gracias, camaradas!

Pero en el cielo dentro de ella pensó: «Gracias a ti, allá arriba. ¡Gracias! Siempre te amaré.»

Bajó los brazos, se acercó al centinela y estrechó seis manos.

—¡Quisiera ver al comandante! —dijo secamente Stella Antonovna—. Me ha sucedido algo inaudito. Se me trabará la lengua cuando tenga que contarlo. ¿Quién es vuestro comandante?

—El comandante Samiutin. Segundo batallón de morteros. Te llevaremos inmediatamente a él, camarada.

El comandante Samiutin fue el primero en escuchar la casi increíble y, sin embargo, indudable historia. La camisa desgarrada de Stella Antonovna fue prueba suficiente.

—Cuatro milicianos rojos me asaltaron en el bosque —dijo Stella aprentando los puños y resoplando de indignación—. ¡Me arrojaron al suelo! Me defendí con todas mis fuerzas, cierto, pero, ¿qué se puede hacer contra cuatro hombres?

—¿Qué..., qué le sucedió, camarada Korolénkaia? —El comandante Samiutin echó una mirada discreta a la camisa desgarrada, que cubría sólo parcialmente el sujetador, y se fijó en las contusiones del hombro—. ¿La han...? Discúlpeme si le pregunto..., bueno, ¿le han hecho... algo?

—¿Quiere decir usted..., como mujer?

—Exactamente.

Samiutin pareció muy confuso.

—¡No!

—¡Respiro aliviado, camarada!

—Yo no. Me han robado el fusil...

—¡¿Qué le han hecho?!

Samiutin se inclinó hacia delante. Aquel asunto parecía cada vez más monstruoso.

—Mi fusil nuevo de tiradora escogida. Una fabricación especial.

Hay sólo seis piezas de ese modelo en la Unión Soviética. Yo tenía el gran honor de poseer una. Y ahora esos milicianos rojos me han asaltado y me la han robado...

El comandante Samiutin se imaginó el alud de investigaciones que se le vendría encima y haría la vida muy difícil en todo el sector del frente.

—¿Qué se puede hacer, camarada? —inquirió con cierto tono de súplica.

—¡Nada! Hasta que yo hable con el general Koniev.

—Entonces me temo...

—¿Aquí está desplegada sólo su unidad?

—No. Hay también artillería, baterías antiaéreas, una sección de Información, una panadería..., y el III batallón acorazado...

—¡Un surtido muy completo! Comandante Samiutin, debemos encontrar a los cuatro ladrones. Necesito recuperar mi fusil...

¡Uf, menuda agitación se armó cuando Soia Valentinovna, recibió aquella noche la llamada telefónica del comandante Samiutin! Según informó el comandante, la famosa Stella Antonovna se había alojado en su casa y parecía bastante perturbada. Le habían robado el fusil y, por otra parte, estaba en un estado de nervios que más valía dejarla sola, porque de momento odiaba ferozmente todo cuanto oliera a masculino.

Transportados velozmente por un aullador jeep —un vehículo de la ayuda norteamericana—, Baida y el teniente Ugarov llegaron al alojamiento de Samiutin.

Cuando vio a Stella, Soia la estrechó contra su prepotente pecho.

—¡Avecilla mía! —vociferó—. ¡Mi pobre y desplumado cisne! ¡Cuatro hombres! ¿Quién puede soportar eso? ¡Esos cerdos pestilentes! ¡Y te han birlado el fusil! ¡Esto requiere una investigación exhaustiva! ¡En esto sí que no cederé! Aunque haya de escribir personalmente al camarada Generalísimo Stalin.

El comandante Samiutin se reservó todo comentario. Las palabras de Soia le escandalizaron; pero, ¿cómo podía saber el buen hombre —que mandaba una unidad normal— cuál era el tono habitual de la Baida? Ugarov blasfemó a su vez de manera detestable, llamó verdaderos engendros a los cuatro desconocidos y aseveró que deberían ser castrados. Y Stella gritó que les hubiera permitido deshonrarla como mujer cuatro veces, u ocho, o dieciséis, siempre que hubiesen respetado su fusil... Si Samiutin no hubiese sido ateo, se habría santiguado tres veces cuando la Baida, Stella Antonovna y el teniente Ugarov partieron con el alba hacia sus posiciones.

Entretanto, la noticia se había filtrado ya hasta la división.

«¡La Korolénkaia asaltada por cuatro milicianos rojos! ¡Le han robado el nuevo fusil especial! ¡Es para revolverte el estómago!»

Tales cosas no suceden, sencillamente. Y es preciso evitar a toda costa que el general Koniev se entere del incidente.

La división telefoneó a Soia Valentinovna. El comunicante fue un coronel, que dijo con voz susurrante:

—Mi querida, mi bondadosa Soitschka...

Apenas le oyó, la Baida comprendió de pronto que tenía un poder muy considerable.

—¡No! —exclamó antes de que el coronel prosiguiera su discurso—. No me retracto, camarada, y, además, le ruego que tome buena nota de esto: Soia Valentinovna cree siempre en la verdad, y es absolutamente inútil intentar desviarla de esa línea.

—Querida. —El coronel dejó escapar un dramático carraspeo—. Nosotros proporcionaremos a la Korolénkaia un fusil nuevo de calidad idéntica.

—Eso no servirá para recuperar el viejo, y, por añadidura, los culpables quedarán impunes...

—Está en juego la moral de la tropa.

—Ésa es exactamente mi opinión.

—Una moral que *debe* ser alta..., ¡sobre todo en lo que concierne al camarada Koniev! ¡Nos hallamos ante una batalla inminente, de importancia decisiva para la guerra! ¡Cuatro hombres no representan todo el Ejército! Siempre habrá piojos...

—¡A los que se fumiga en la *bania*! ¡Exijo una investigación!

—¡Está bien! —El coronel de la división suspiró como un abuelo acostumbrado a los sobresaltos—. Escuche, camarada Soia Valentinovna, necesitamos recibir primero el parte por escrito. Luego conferenciaremos sobre la declaración de Stella...

Mientras la Baida hablaba por teléfono en el búnker del mando, Stella Antonovna estaba sentada en una gran tinaja de la casamata de Sanidad, enjabonándose y jugueteando con el agua caliente. Galina Ruslanovna ocupaba un taburete frente a ella y la observaba atenta.

—Eres imprudente —dijo de pronto la doctora.

Stella, con el rostro lleno de espuma, la miró parpadeante:

—¿Qué quieres decir?

—¿Te han asaltado cuatro milicianos?

—Sí, ya lo sabes...

—Los acontecimientos de aquella noche resultan algo extraños —dijo, cavilosa, la Opalínskaia—. Llevas esparadrapo alemán en el pecho y en el hombro...

Con movimientos acompasados, Stella Antonovna se echó por el cuerpo el agua de un pequeño puchero para limpiar los restos de jabón, se sumergió hasta la barbilla en la tinaja y, desde aquella posición, miró meditativa a su interlocutora. Galina Ruslanovna le devolvió la mirada sin decir palabra y en actitud expectante.

—Encontré ese esparadrapo —replicó, al fin, Stella. La doctora asintió varias veces.

—Lo sé. Los alemanes no lanzan sólo bombas desde sus aviones, sino también recipientes con material sanitario. Tú hallaste uno de ellos en el bosque, ¿verdad? ¡Qué casualidad! Y te enganchaste en unas ramas espinosas que te arañaron la piel, pobre avecilla..., y las múltiples excoriaciones amoratadas, claro, el suelo de la estepa es duro en verano y las malas hierbas suelen cortar como navajas. ¡Cuánto puede sufrir un cuerpo grácil cuando va a la caza del enemigo...!

—¿Qué insinúas? —inquirió Stella hundiendo aún más la barbilla en el agua.

—Nada. Sólo afirmo que eres imprudente. Quizá Soia Valentinovna observe también que ese esparadrapo es alemán...

—Gracias, Galina.

—¿De qué? —La Opalínskaia se inclinó hacia delante—. Entonces, ¿le encontraste?

—¿A quién?

—No te hagas la boba, Stella. Me refiero a quien ocupa tu pensamiento día y noche. A la muerte con gorro de punto.

—Sí.

—¿Y vive todavía?

—Sí.

—Ya no es un enemigo, ¿me equivoco? Ahora deliras por él. ¡Me pregunto con qué clase de bacilos trabajarán estos alemanes! Primero Schanna Ivanovna, ahora tú..., tú, el admirable arquetipo, la heroína cuyo nombre se grabará en mármol, Stella Antonovna Korolénkaia, que dará nombre a calles, plazas y estaciones de Metro, escuelas y hogares de la juventud... ¿Quién puede entender eso?

—¿Tú no?

—No.

—¡Denúnciame a Soia Valentinovna, si eso te satisface!

Stella emergió del agua, quedó erguida con su espléndida y remojada desnudez ante Galina y, cogiendo una toalla empezó a secarse. Frotó cautelosa los lugares amoratados, los pechos, y guardó silencio cuando Galina le quitó la toalla y empezó a frotarle la espalda y secarle las partes cubiertas de esparadrapo.

Y mientras lo hacía, preguntó:

—¿Tan poco confías en mí?

—Sería tu deber. Eres patriota, eres comunista y eres un soldado más. Lo que he hecho está castigado con la muerte, ¿no es cierto?

—No deberías hablar así, Stella.

La Opalínskaia le quitó el esparadrapo como lo hacen todos los médicos, arrancándolo de un tirón, pues el dolor repentino y breve es más soportable que el de una manipulación lenta. Stella Antonovna dio un respingo y luego se examinó los pechos. Más arriba de las heridas, en el arranque de los senos, había algunas marcas que no parecían haber sido ocasionadas, ni mucho menos, por una vigorosa patada. Galina Ruslanovna asintió con la cabeza y sonrió levemente para sí.

—Es indispensable cubrirlas también con esparadrapo, claro... Constituyen, sin duda, el tipo de herida que Soia conoce bien. ¿Tenía labios y dientes bonitos tu *Gorro de punto*?

—Se llama Piotr —susurró Stella—. ¿Crees que debo avergonzarme, Galina?

—¡Deberías pegarte un tiro, con arreglo a nuestro código de honor!

—Le quiero...

—Él ha matado a muchos de nuestros soldados. ¡Y piensa también en nuestras amigas...!

—Yo he disparado también contra muchos de sus camaradas. Ciento veintitrés hasta ahora.

—Nosotras luchamos por la liberación de nuestra patria. ¿Y él?

—¡Él también! Le contaron que nosotros nos proponíamos invadir Alemania, y Hitler se nos adelantó, sencillamente. Y se lo creyó. Casi todos se creen lo que se les dice, lo que leen, lo que oyen. Se tragan la propaganda como quien engulle vitaminas. Por todas partes es igual, también entre nosotros, Galina. El hombre sigue siendo un animal gregario, que trota tras el jefe de la manada. Le sigue cuesta arriba y cuesta abajo, por la llanura y... hasta el abismo. Y cuando descubre la verdad, cuando se opone entre mugidos..., debe seguir adelante, porque millones le empujan, le arrollan, ahogan su voz y miran al jefe de manada...

—¿Y ahora tú quieres romper? ¿O intentarlo por lo menos?

—¡Yo cumpliré con mi obligación, Galina!

Salió de la tinaja y quedó allí plantada, con los brazos colgantes y el cuerpo desnudo, esperando que la Opalínskaia le cubriera con esparadrapo soviético las heridas y las delatoras marcas del amor.

—Eres hermosa... —comentó Galina—. ¿Lo sabías?

—Sé que tengo un cuerpo bonito, eso sí. Quizá demasiado musculoso..., los hay más hermosos que el mío. Por ejemplo, Schanna Ivanovna era más hermosa...

—Ella era una gata negra. Tú eres como una personificación de la tierra fértil. Quien te mire, evocará al instante los campos de girasoles, los trigales infinitos, las ondulantes praderas de la estepa, las anchas corrientes que brillan plateadas bajo el sol...

—Eso debería decirlo un amante, no tú... —Acabó de secarse algunas partes donde quedaba agua, las axilas, la garganta y entre los muslos; luego se ahuecó con ambas manos la rubia melena hasta que los rizos cayeron otra vez sobre la frente. Por fin se volvió hacia su uniforme, que había arrojado de cualquier manera sobre un taburete—. ¿Está todo cubierto?

—¿Queda todavía algún lugar sospechoso?

La Opalínskaia escudriñó el cuerpo desnudo y le miró de pasada el bajo vientre. Stella se apercibió y negó con la cabeza, mientras sentía que la sangre le inundaba el rostro.

—No es probable que Soia Valentinovna exprese el deseo de informarse en esa región... —dijo entre dientes—. ¿Puedo vestirme ya?

—Ahora sí. —La Opalínskaia metió el esparadrapo sobrante en un estuche cromado y lo cerró. Se oyó un leve chasquido—. ¿Qué harás si le encuentras de nuevo?

—No sé. Me da miedo pensarlo.

—¿Dispararías contra él?

—No lo sé, de verdad, no lo sé. Quizá si él disparase primero...

—Si él dispara primero, no tendrás ninguna oportunidad de abatirle. Porque ya no existirás. Y tú lo sabes muy bien.

—¿No sería ésa la mejor solución?

—¿Y piensas ir a la lucha con esa parálisis de corazón y cerebro? —La Opalínskaia metió el esparadrapo alemán en un saco de lona, donde se recogían los desperdicios de la enfermería, y esperó a que Stella Antonovna se pusiese el sujetador y las bragas—. Cuando veas al *Gorro de punto* te comportarás como un conejo ante una serpiente.

—No lo llevará nunca más.

Stella dio un suspiro de alivio.

—¿Te lo ha prometido?

—¡No! Pero no podrá ponérselo. —Y rebuscando en el bolsillo izquierdo de sus pantalones, sacó el gorro gris de Hesslich y lo enarboló como si fuese un banderín—. Lo tengo *yo*.

—¿Te lo ha regalado?

—¡Se lo he quitado!

Galina Ruslanovna tocó con suma cautela el gorro de punto como si se viese ante una valiosísima pieza, quebradiza e insustituible. Aunque fuese doctora, una persona joven e instruida, ajena a todo misticismo, la presencia de aquel gorro fatídico la hizo reaccionar con cierta timidez.

—¿Quitado? —balbuceó.

—Estaba sin conocimiento cuando le dejé. Casi le estrangulé..., de lo contrario me habría sido imposible escapar de él. Él fue el vencedor, pero no sabía cuál sería el desenlace. Yo le ayudé a averiguarlo, ¿comprendes?

—Ahora me veo obligada a comprender lo que no debiera ser. ¡Lo que ha trastocado repentinamente en tu pensamiento la significación de nuestra Gran Guerra Patriótica! Amas a tu enemigo jurado..., y ahí cesa toda comprensión. No puede uno evitar estremecerse.

—Eso es... —Stella se puso los pantalones y las botas y se embutió en la camisa nueva que le habían traído del almacén—. Pero, ¿cómo puedo matar ahora ese amor sin que yo misma sucumba? Explícamelo, Galina Ruslanovna. ¡Eres tan inteligente! Has estudiado medicina, tienes el título de doctora y conoces bien la condición humana. ¿Cómo es posible seguir viviendo con ese amor?

—Sólo hay dos alternativas, Stellinka...

—Dime cuáles son, por favor.

—La primera es ésta: solicita el traslado a otro frente. Precisamente tú puedes hacerlo muy bien, con tus relaciones en Moscú y el alto concepto que le mereces al general Koniev. Alega que no acabas de congeniar con la camarada Baida.

—Eso sería fatal. ¡El general Koniev ordenaría inmediatamente una investigación contra Soia Valentinovna! No, ¡eso es imposible!

—Entonces queda la segunda solución: Debemos rezar porque sea liquidado lo antes posible ese Piotr, como tú le llamas.

—Eres cruel, Galina Ruslanovna.

Stella se guardó otra vez el gorro en el bolsillo, pero, tras un instante de reflexión, lo sacó nuevamente, se lo metió en el escote y se abrochó la camisa hasta el cuello. La Opalínskaia frunció su bonita boca.

—Tu corazón no se sentirá ya nunca más exclusivamente ruso —murmuró—. Ahora serás una enferma para toda tu vida, ¡una enferma incurable! Arroja ese gorro en el primer embudo de granada que veas, quémalo, destrózalo..., lo que prefieras. Pero, de una forma u otra, ¡destrúyelo! ¡No vivas más con ese gorro! Verdaderamente es una atrocidad: aprisionas la muerte contra tu pecho y encima te sientes feliz...

—Tiemblo de felicidad, Galina.

—Eres un aborto. ¡Un monstruo, eso es lo que eres!

—Por primera vez me siento de verdad mujer.

—¡Gracias a un alemán! Un agresor fascista.

—Un hombre a quien quiero. ¡Ignoro de dónde procede! Sin embargo, ahora sé lo que es amor, y, ¿quién le pone fronteras a eso?

—¡Procede de la Alemania nazi!

—Y yo de la Rusia soviética. Y te pregunto, Galina, si eso no serán meros nombres. Nosotros nos abrazamos como seres humanos..., ¿acaso no es suficiente? ¿No es éste el verdadero sentido de la vida?

—¡Vida! —La Opalínskaia abrió los brazos—. ¿Cómo puedes pronunciar con tanta desenvoltura esa palabra? ¡Nosotras estamos aquí para morir!

—¡No tú! Como doctora en medicina, debes salvar vidas.

—Vuestras vidas..., ¡para que podáis seguir matando! —Galina Ruslanovna dejó caer los brazos y miró a Stella Antonovna, que se estaba poniendo el correaje—. ¿Cómo perdiste el fusil?

—Él lo estrelló contra un árbol.

—¿Y la pistola?

—La tiró lejos, en el bosque.

—¿Y el cuchillo?

—Todavía lo tengo. —Tras breve vacilación, Stella se volvió despacio hacia Galina Ruslanovna—. Sé lo que quieres darme a entender: debería haberle apuñalado. ¿Lo harías tú si lo tuvieses encima de ti, sintiendo el calor de su cuerpo y su sudor en tu propia piel, si oyeras su voz y vieras sus ojos, si su aliento te acariciara la cara, si lo sintieses por todas partes porque no habría nada en torno tuyo, salvo él...? ¿Le clavarías un puñal por detrás en el corazón sabiendo que él representa para ti el mundo, el tiempo, el universo...? ¿Serías capaz de hacerlo, Galina Ruslanovna?

—No ha nacido todavía el hombre que ejerza sobre mí un dominio tan absoluto —replicó, atropelladamente, la Opalínskaia—. Ni nacerá jamás.

—¿Has amado alguna vez?

—Quizá. —La doctora miró, absorta, la terrosa pared del búnker—. Aunque no como lo describes tú, Stellinka. Siempre he sido bastante apasionada, y cuando un hombre me gustaba, cuando lo encontraba interesante, cuando quería llevármelo a la cama, lo hacía, sencillamente. Aquello solía ser como una competición deportiva. ¿Ves a aquél? Sí, el del pelo negro y rizado. Se llama Abdulchan, es de la región de Azerbaidján, estudia tecnología de altas frecuencias y quiere construir cohetes algún día..., pues fíjate, esta noche dormirá conmigo. Y, efectivamente, lo hacía, ya me ocupaba yo de ello, guiada siempre por el prurito de ganar y no tener que soportar las burlas de las otras. O ese otro..., ese pequeñajo de aspecto frágil, que quiere ser ingeniero. Se llama Konstantin. Tiene extremidades delicadas como una muñeca, facciones que parecen dibujadas, ojos llenos de melancolía y música. ¿No sabéis que los tipos pequeños y gráciles son los mejores amantes, los más resistentes, los más correosos? Los gigantones sudan a cubos y acaban hundiéndose, pero los pequeños son enjutos, actúan como hélices que giran y giran, aunque el motor se haya parado mucho antes. Veis bien a ese apuesto Konstantin..., bueno, ¡pues estará conmigo dos días y dos noches! El delicado Konstantin estuvo conmigo dos días y tres noches y no quiso ceder hasta que le ausculté y dije: «¡Se acabó, chivito mío, tu corazón empieza a sufrir palpitaciones!» Así fue siempre: tuve a quien quise. Y quien quiso tenerme, me tuvo siempre que *me* cogiera de humor. —Se volvió hacia Stella, quien se había respaldado contra la pared del búnker junto a la puerta y se estaba encasquetando la gorra militar—. ¿Es eso amor?

—¡No! —exclamó apasionadamente Stella Antonovna.

—Tú debes de saberlo.

—Sí, ahora lo sé. —Se propulsó hacia delante desde la pared—. ¿Piensas decir a Soia Valentinovna que he regresado con esparadrapo alemán por todo el cuerpo?

—¿Dónde hay aquí esparadrapo alemán? —La Opalínskaia hizo un amplio ademán—. ¡¿Dónde?!

—¿Cómo podré agradecértelo, Galina?

—No necesito agradecimiento alguno. Pero me preocupas. Cada vez que tengas un alemán ante el punto de mira, te preguntarás: «¿No será Piotr?» Y entonces vacilarás, tu mano temblará, tus ojos se nublarán. ¿Qué ha sido de la gran Koroلénkaia?

—¡Eso lo sé yo! —Stella Antonovna abrió de un tirón la puerta—. ¿No basta con que lo sepa yo?

La Opalínskaia se encogió de hombros y estrujó la toalla húmeda que utilizara Stella para secarse.

—No te envidio ese amor —dijo vehemente—. ¡Ni quisiera experimentar jamás nada semejante!

Esperó a que Stella abandonara el búnker para arrojar la toalla a un rincón y dar un furioso puntapié a la improvisada bañera. Desechando toda prudencia, así como su incipiente amistad con Soia Valentinovna, decidió engatusar al apuesto teniente Victor Ivanovich Ugarov y llevarlo hasta su bien rellena colchoneta. «Eso es también hacer diana —pensó—. Ahí está *mi* cartilla de aciertos. ¿Por qué he de respetar a Ugarov?»

En el búnker del mando, Stella Antonovna encontró a Soia y Ugarov. Se quedaron mirándola con rostros enrojecidos. A fuerza de derrochar tiempo y energía, Ugarov había conseguido amansarla evidentemente, pues la Baida se expresaba otra vez de un modo bastante juicioso y prescindía hasta cierto punto de los espantosos y nada femeninos tacos.

—¡Aquí está mi avecilla! —gritó Soia apenas vio a Stella—. ¡Escucha, en la división quisieron echar tierra al asunto! ¡Los del Estado Mayor se cagaron en los pantalones! Ante todo, ni una palabra al general Koniev, ¡no permita el cielo que lo husmee la sección política en Moscú! Hay que proceder con la máxima cautela... Cuatro soldados soviéticos asaltan a la Korolénkaia y le roban el fusil..., ¡eso hay que solucionarlo a escondidas y en la oscuridad! ¡Ah! ¡Cuánta grandilocuencia entre los caballeros del batallón y del regimiento! El coronel Koskanian me gritó: «¡Atraparé a esos cerdos, camarada Baida, y cuando los tenga, les rajaré desde el ojo del culo hasta arriba! ¡Con mis propias manos! ¡Yo, personalmente, repararé el honor de Stella!» Bien. ¿Y cómo se expresa ahora, cuando en la división se camina de puntillas? ¿Qué dice ese fatuo de Koskanian? Mi querida camarada... Cuando oigo esas cosas... ¡Mi querida camarada! ¡Ese viejo marica, ese abyecto lameculos!

—Soitschka...

Ugarov la interrumpió con un tono levemente reprobador, pero la Baida se puso otra vez en marcha.

—¡Todos quieren callar! Precisamente hace pocos minutos se ha recibido otra llamada telefónica de la división. Tu fusil nuevo llegará pasado mañana. ¡Como si eso lo arreglara todo! ¿Se puede transformar a una desvirgada en virgen mediante el simple procedimiento de cosérselo otra vez?

—¡Soia! —dijo, algo más enérgico, Ugarov—. ¡Prometiste moderación!

—¡Quiero justicia! —vociferó la Baida apretando los puños—. ¡Justicia para mi avecilla Stella! ¿Por qué luchamos entonces? Por la libertad y la justicia ¿no? ¡Ah! Yo haré que nos visite el general de la división, ¡ese gallo que se pasa el tiempo escarbando en la mierda! ¡Él comparecerá ante Stella y presentará disculpas en nombre de todo el Ejército! ¡Es lo menos que puedo pedirle, si no se me deja llegar hasta Koniev!

—Yo creo que deberíamos arreglarlo entre nosotros con toda discreción —sugirió muy tranquila Stella mirando la pared por encima de la cabeza de Soia Valentinovna—. También se podría dar otra interpretación al incidente: «¡Ahí va Stella en busca de un alemán peligroso que merodea entre nuestras líneas, y se deja sorprender por cuatro milicianos rojos! ¡Vaya! ¿Qué es esto? ¿No habremos sobrestimado su competencia? ¿Cómo quiere vencer a un enemigo si ella misma está medio sorda?» También se puede pensar así, Soia Valentinovna...

—A quien diga semejante cosa le escupiré entre los ojos —murmuró, sombría, la Baida—. ¡Nadie se atreverá!

—Pero tiene razón. —Ugarov lanzó una mirada de agradecimiento a Stella—. Llega un fusil nuevo, y este incidente nos ha enseñado a desconfiar de todos. La guerra continuará hasta que entremos en Berlín, y ésta debe ser nuestra única preocupación. Es más importante que todo lo demás, creo yo...

—Uno puede roturar todo cuando recurre a la lógica —comentó con amargura la Baida—. Pero..., conforme, conforme..., ¡me inclino ante el gran objetivo! Aunque no inmediatamente..., antes quiero verles patalear un poco. Conviene hacerles saber, hasta lo más alto de la división, cuán peligroso es enzarzarse con Soia Valentinovna.

Dos horas después regresó también Sibirzev, decepcionado, malhumorado y gruñón. Aparte no encontrar ni rastro del alemán, había tenido un desagradable encuentro con una joven campesina que estaba labrando sus bancales. Cuando él le levantó las faldas por detrás con su habitual precisión, la muchacha no gritó regocijada ni lanzó miradas traviesas, sino que le asestó una bárbara patada en la espinilla y le plantó el azadón ante las narices. Total: ¡fracaso en toda la línea! Así pues, volvió al atrincheramiento de primera línea y dio su parte:

—Búsqueda suspendida sin novedad. El enemigo podría haberse retirado de nuestro sector.

La Baida gruñó algo ininteligible, despidió a Sibirzev e hizo una anotación en el diario de la compañía: «Regresa sin éxito la última patrulla.»

—También has vuelto tú, ¿eh? —comentó Sibirzev cuando se encontró con Stella en el búnker de intendencia—. Por desgracia no pude servirte y traértelo empalado como un ciervo. El tipo se ha esfumado. Es un fantasma...

—Ya lo encontraremos en alguna parte —respondió ella mirándole indiferente—. Él tiene su misión, nosotros la nuestra... Eso nos hará encontrarnos tarde o temprano.

«Manténte alejado, Piotr —pensó mientras decía eso—. Quizá *tú* sí puedas solicitar el traslado, o fingirte enfermo, o levantar la mano izquierda para que te larguen un balazo, porque entonces estarás herido y te transportarán a Alemania, y la guerra proseguirá sin ti. Los meses pasarán, y ¡quién sabe lo que puede ocurrir en esos meses! Tal vez os hagamos correr y ganemos la guerra. Y entonces tú sobrevivirías. ¿No sería maravilloso? Debes vivir mucho, muchísimo tiempo, debes vivir...

»No pretendas más ser un héroe, Piotr. ¿Para qué? Vosotros habéis perdido la guerra hace mucho, aunque no lo sepáis todavía...

¡Ojalá no figures entre los cientos de millares que siguen ofrendando su vida por una mentira!»

Stella recogió su rancho de la tarde, pasó muy erguida ante Sibirzev y se sentó a comer en un rincón de la trinchera, bajo el cálido sol crepuscular. Allí se le unieron Lida Ilianovna, Marianka Stepanovna y Naila Tahirovna, una muchacha de movimientos pesados y anchas caderas. Más tarde se les incorporó la menuda Antonina, el delicado pajarillo de Ulan-Ude. Todas comieron su pan bien untado de mermelada y bebieron limonada dulce. ¡La limonada dulce es algo exquisito! En tiempos de paz, los vendedores de limonada recorrían las calles empujando sus carritos o competían en las grandes plazas con los heladeros y los barquilleros.

—Ya he pescado algo —dijo Lida Ilianovna como si revelase un gran secreto—. Ugarov y Soia Valentinovna hablaron sobre ello. ¡Se acabó la tranquilidad! Nuestra artillería está presta, y también la aviación. Algo grande se nos viene encima. Ugarov lo ha sabido por el regimiento. Estad atentas..., pronto se nos dará la alarma.

«¿Qué dirás a tu gente cuando vuelvas, Piotr? —pensó Stella mientras masticaba un viscoso bocadillo—. ¿Dónde te has dejado el fusil? ¿Conseguirás explicarlo de una forma verosímil? ¿Y tu gorro de punto? ¿Pedirás que te hagan uno nuevo?»

Hizo una profunda inspiración, sintió la lana entre los pechos y apretó los labios. Fue como si le acariciara la mano de él.

«Aléjate, Piotr —pensó—. ¡Corre..., corre..., sálvate...! Nuestros Ejércitos os arrollarán, Piotr, no intentes ser un héroe...»

Cuando Peter Hesslich despertó de su desmayo, era ya demasiado tarde para regresar. En el horizonte aparecían las primeras franjas pálidas, la noche se tornaba grisácea, y dentro de media hora, a más tardar, habría claridad. Las noches de verano eran cortas, y el sol madrugaba mucho.

Regresar ahora al Donetz sería peligroso. Aunque la noche que moría fuese tibia, Hesslich se estremeció. Se levantó de un salto, hizo algunos movimientos gimnásticos para desentumecerse y se vistió. Luego caminó hacia el árbol grueso, examinó los fusiles destrozados y lanzó sus piezas una a una al interior del bosque. Acto seguido recordó que se había quitado el gorro de punto y lo había dejado en la hierba cuando curaba las heridas de Stella.

Pero no encontró nada en la hierba, por más que registró los alrededores. Entonces comprendió que ella debió de llevárselo.

Hesslich se sentó al borde del lindero y contempló la salida del pálido disco solar, que no se hizo rojo hasta rebasar largamente la línea del horizonte. Sin embargo, no hubo una auténtica aurora. Una espesa bruma surgió de la estepa, desde el Donetz llegó la niebla matinal porque el sol fundió inmediatamente el rocío nocturno y evaporó el agua de las grandes charcas. El cielo se desvaneció en una nebulosidad azulada e infinita.

«Estoy vivo —pensó Hesslich—. Verdaderamente no podía contar con esto, por lo menos desde el momento en que ella empezaba a estrangularme, clavándome los dos pulgares en la laringe e imposibilitando todo movimiento defensivo. Cuando comprendí lo que se proponía, ya era demasiado tarde. Pese a todo, estoy vivo. Pero, aparte que me guste vivir, has cometido un error, Stella Antonovna. ¡En el fondo, yo no debería vivir! ¿Qué hemos conseguido con la supervivencia? Los problemas subsisten. Ambos seguiremos enfrentados y nos veremos obligados a matarnos unos a otros exactamente como hasta ahora. Cabe preguntarse si seremos capaces de hacerlo. Para ser sincero, Stella, ¡yo no! Anoche ocurrió algo prodigioso: ¡yo no estoy ya solo! Ahora tú estás conmigo, dentro de mí... Esto puede parecer ridículo, cursi, sentimental..., llámalo como quieras, pero el hecho está ahí: con cada aliento mío, tú respiras conmigo...»

Tras estas reflexiones, se levantó, volvió al lugar donde estuvieran ambos, examinó detenidamente el suelo y vio las huellas de sus botas. También vio unos manojos de hierba, que Stella debió de haber arrancado en su momento de pasión. Además, encontró un trozo de esparadrapo, que ella había perdido en los frenéticos abrazos.

La amarillenta almohadilla de gasa tenía sangre reseca.

Hesslich la examinó durante largo rato, luego se la llevó a los labios y la besó antes de meterla en el escapulario donde guardaba la fotografía de sus padres. Ésta era una instantánea agrietada y descolorida donde aparecían el profesor de Geografía y francés Friedrich-Wilhelm Hesslich y su esposa, Wilhelmine, en la pedregosa playa de Niza, con un fastuoso hotel al fondo en la Promenade des Anglais. Por aquel entonces, eso era algo muy especial: un profesor que se podía permitir una estancia de dos semanas en Niza, dos semanas en la enemiga jurada, Francia. Y, para mayor escarnio, él sonreía jovial a la cámara, en vez de lanzarle una mirada alemana, aviesa y amarga.

Hesslich hubo de permanecer en su escondite del bosque durante todo el día. La actividad reinante a su alrededor y, sobre todo, en el ambiente, le causó curiosidad e inquietud a la vez. Jamás se habían visto tantos aviones soviéticos en aquel sector del frente. Casi todos ellos volaban sobre el campo propio y a gran altura, pero también era posible vigilar las posiciones alemanas desde allí. Hacia el mediodía, una escuadrilla alemana de caza pasó rauda sobre el Donetz y atacó a los aparatos soviéticos; la Artillería antiaérea estuvo disparando durante media hora, pero ninguno de los dos campos tuvo bajas. Los aviones de reconocimiento soviéticos se retiraron, y los cazas alemanes regresaron a sus bases.

«¡Qué contentos estarán ésos!», pensó Hesslich viendo cómo se iban los aparatos. La aviación del *Gordo,* como llamaban a Goering, estaba paralizada por todas partes. Poco combustible, muchas bajas e insuficiente avituallamiento, flotas aéreas enemigas sin duda técnicamente inferiores pero de gran superioridad numérica... Así, todo el mundo se daba por satisfecho cuando se conseguía limitar las pérdidas en una acción.

Al otro lado del bosque marchaban grandes columnas y tanques. El viento traía los ruidos hasta el oído de Peter Hesslich..., rugidos de motores y matraqueo de cadenas hasta bien entrada la tarde. Algunas unidades pasaban tan cerca del lindero, que lo obligaron a refugiarse tres veces en su escondite: primero, dos baterías de artillería ligera; luego, una columna de vehículos blindados y, por último, tres secciones de artillería antiaérea de tracción animal. Los remolinos de polvo flotaron largo rato en el aire caliente del bosque, ensuciando el follaje y dificultando la respiración.

«¿Dónde estarás ahora, Stella? —se dijo Hesslich—. ¿En qué estarás pensando? ¿Otra vez a orillas del Donetz esperando a los soldados alemanes? Yo no me atrevo a pensar, Stella, porque si lo hiciese, me volvería loco. Nos hemos amado..., y un día después estás de nuevo al acecho para matar...

»Nuestra situación no tiene futuro, ¿te has dado cuenta, Stella? No podemos embaucar al destino..., es de todo punto imposible.

»¡Ahí está la Tierra, tan enorme, y, no obstante, sin un lugar para nosotros dos. ¿Cómo se entiende eso? 510.000.000 de kilómetros cuadrados tiene su superficie, y 149.000.000 son de tierra firme. Mas para nosotros dos no hay ni siquiera un metro cuadrado. No podemos amarnos ni vivir porque Hitler y Stalin se oponen a ello. ¿Por qué no se desligará la Humanidad de esta locura?

»Fíjate, Stella Antonovna, mi nuevo corazón: nosotros somos inferiores al polvo que flota en torno a mí, pues este polvo tiene un lugar donde posarse y nosotros no...»

Al oscurecer, Hesslich emprendió el regreso. Aprovechó las ondulaciones del terreno, contorneó diversos emplazamientos de artillería ligera y obuses, talleres y unidades de reserva, depósitos de material, puestos de mando, elementos de transmisiones y tanques camuflados. La llamativa concentración de tropas le desconcertó. Cuando llegó allí, pocos días antes, la situación no le había parecido, ni mucho menos, tan amenazadora. A medianoche alcanzó el sector más crítico: la estepa llana ante la orilla del Donetz, con sus aldeas arrasadas, sus graneros y cobertizos calcinados. Aquí, el suelo estaba acribillado por las granadas, fragmentado por las trincheras, y el número de escuchas en las posiciones de vanguardia había aumentado mucho desde el día de su marcha. Aquel atrincheramiento era el mejor que viera Hesslich hasta entonces, sobre todo las trincheras más apartadas de primera línea, las posiciones de contención en los escalones cuarto y quinto. Los informes de prisioneros y desertores —a quienes se recibía siempre con cierta incredulidad en el campo alemán—, resultaban ser verídicos: ¡las trincheras soviéticas estaban escalonadas en profundidad y formaban nada menos que siete líneas! Aunque fuesen arrolladas las tres o cuatro primeras líneas de posiciones, se tendría que frenar en la sexta, si no antes. Y a espaldas de ésta era donde se concentraba el verdadero potencial de los soviéticos: allí esperaban las brigadas de

Artillería y los cuerpos acorazados; allí se aprestaban las reservas de Infantería. A ello se agregaba la infinita vastedad del país, que engullía a los hombres tal como una inundación absorbe las gotas de agua. Era la estepa entre el Donetz y los ríos Don y Volga, que se extendería una vez más ante los atacantes como lo hiciera cuando la marcha sobre Stalingrado. Y, más allá del Volga, nuevamente la estepa sin fin, inaprensible, deslizándose por las regiones asiáticas, marchando hacia la Siberia meridional, el país de los calmucos y los kirguises, hacia las gigantescas cuencas de Kasakstán. ¿A quién le interesaba conquistar aquello, a quién le interesaba poseerlo? ¿Quién osaría agarrar lo inaprensible?

Ahora bien, lo que más impresionó a Hesslich fue el masivo despliegue de cañones antitanque detrás de las líneas soviéticas. Se podía hablar perfectamente de un cerrojo antitanque. También estas posiciones estaban escalonadas. Tan pronto como los tanques alemanes abrieran brecha, se verían expuestos por todas partes a un fuego aniquilador.

Hesslich necesitó tres horas para atravesar furtivamente las líneas soviéticas de vanguardia. Al amparo de las casas incendiadas y, más tarde, de los escasos arbustos, logró alcanzar el Donetz. Se deslizó silencioso en el agua y nadó con poderosas brazadas a la orilla alemana. Permaneció unos minutos dentro del agua, antes de salir arrastrándose a tierra y alcanzar, en veloz carrera, los primeros arbustos. Cuando se sacudía como un perro mojado y se enjugaba el pelo, oyó una voz que le llamaba desde la oscuridad.

—*Stoi!* ¡Aletas arriba, ruso!

—¡Quita el dedo del gatillo, ojo de culo! —replicó, jovialmente, Hesslich—. ¿Dónde estoy?

—¡En el burdel de *Lola la negra*! —La voz permaneció inflexible—. ¡Quieto ahí! ¡Manos sobre la cabeza! Así está bien. ¿Nombre? ¿Procedencia?

—Brigada Hesslich. Comando especial I. ¿Procedencia? Pues ya lo ves. Estaba haciendo el muerto cuando las mujeres quisieron cogerme... —Avanzó tres pasos con los brazos todavía sobre la cabeza e hizo alto de nuevo—. No os ensuciéis en los pantalones, camaradas. Ha sido una acción individual.

—¿Dentro del agua? ¿Tal vez un torpedo humano en el Donetz?

—Quiero hablar con vuestro comandante, y ¡ahora mismo! ¡He estado detrás de las líneas soviéticas! ¡Maldita sea, meones, es urgente!

Media hora después, Hesslich se hallaba sentado en el puesto de mando del regimiento, telefoneando a la división. Tras su breve informe al jefe del Estado Mayor, se decidió sacar al general de la cama, dada la importancia del parte.

El general le recordó al instante. No era fácil olvidar a un hombre como Hesslich.

—¡Lo celebro! —exclamó con un tono casi familiar—. ¡Ha conseguido volver sano y salvo! Verdaderamente, aquí nadie lo creía posible...

—Yo tampoco, mi general. —Hesslich cerró los ojos y vio inmediatamente el monstruoso despliegue de los soviéticos—. Mi general, debo comunicarle que los soviéticos están concentrando grandes unidades antitanques en nuestro sector. El sistema septuplicado de atrincheramiento está lleno a rebosar.

—Eso lo sabemos, y también lo sabe el Alto Mando del Grupo de Ejércitos. Y el Cuartel General del Führer.

—¿Me permite hacerle una pregunta, mi general?

—Adelante, Hesslich, por favor...

—¿Cómo abriremos brecha?

—Con coraje y espíritu combativo.

—¿Contra tanques, antitanques y piezas antiaéreas?

—¿Le compete eso a usted, Hesslich?

—No, mi general.

—Bien. Refiera usted punto por punto lo que ha visto. Y mañana preséntese a mí en la división. Me gustaría tener su parte por escrito.

Hesslich dio un minucioso informe del que excluyó únicamente el encuentro con Stella Antonovna. No lo consideró de interés militar ni tampoco un hecho glorioso del que pudiera enorgullecerse el combatiente individual Peter Hesslich.

En la división habían conectado un segundo auricular para que un taquígrafo pudiera escribirlo. Concluido el relato de Hesslich, el general habló otra vez por teléfono.

—Ha observado bien todo, Hesslich —dijo—. Mañana analizaremos los pormenores. Nuestro reconocimiento aéreo ha hecho observaciones similares. Gracias.

Dicho esto, el general colgó y, dejando la mano sobre el teléfono, miró al jefe de su Estado Mayor, coronel Von Foubelais.

—En nuestro sector tenemos 1.081 carros de asalto —dijo, con voz opaca, el coronel Von Foubelais—. Repartidas entre el IV Ejército acorazado del general Hoth y la Agrupación de Ejército Kempf. Entre ellos hay 200 «Panther» y 90 «Tiger» pesados nuevos. Además, en las zonas Bielgorod-Tomarovka y Bielgorod-Voltschanks hay seis tanques de caza «Ferdinand». Estas «fortalezas artilleras sobre ruedas» con sus 70 toneladas, son casi indestructibles, pero demasiado pesadas para el combate a corta distancia. También están dispuestos para la acción 100 tanques de bolsillo teledirigidos «Goliath», así como los cazatanques pesados del calibre 12,8 cm. Según el plan de ataque, tras una intensa preparación artillera, los tanques abrirán brecha apoyados por la IV Flota Aérea y arrollarán el sistema de trincheras soviético. Les seguirán codo a codo la Infantería y las unidades de Artillería ligera y baterías antiaéreas. Bajo esa campana de fuego, los zapadores tenderán pontones sobre el Donetz—. Von Foubelais contuvo el aliento unos instantes—. Pero la situación parece haber evolucionado. Todos los indicios denotan que los soviéticos preparan una defensa elástica. Nos dejarán penetrar un pequeño trecho y se retirarán aprisa. Nos permitirán formar cuñas en sus líneas, para atacarlas después por todos los flancos y eliminarlas. Pretenden ponernos como cebo un éxito aparente...

—Eso acláreselo usted al Führer —murmuró con amargura el general—. En la reciente conferencia de mandos, Von Manstein nos comunicó lo que dijo Hitler durante su última visita a él y a Von Kluge. Cómo ve a los rusos, cómo valora a los rusos y qué concepto le merece su moral. Estrafalario, se lo aseguro, Foubelais. Estrafalario..., ¡pero fascinante! Eso es lo que da tanta soberanía a Hitler. Todo *puede* ocurrir como él prevé, está en esa zona borrosa de lo asequible y lo concebible. Pero ¡*puede* ser también un disparate absoluto! —El general levantó el auricular. El radiotelegrafista de la división se puso al aparato—. ¡Un mensaje relámpago al Grupo de Ejércitos! —dijo el general—. Dirigido al propio mariscal. Diga usted que *debo* hablar inmediatamente con Von Manstein.

Al cabo de tres minutos carraspeó el teléfono. Tras un breve intercambio verbal, el general colgó otra vez.

—Von Manstein ha partido hacia Bucarest. ¡Va a conferir solemnemente la placa de Crimea! Lo ha concebido como una maniobra diversiva. Así, los soviéticos creerán que, por lo pronto, no pensamos en ofensivas. El propio jefe del Estado Mayor se puso al aparato. Manstein regresará secretamente hoy mismo. Así pues, el día X sigue siendo el propuesto: pasado mañana... No variará nada. Última orden del Führer. —El general se levantó y se estiró la guerrera—. Bien. ¡Que Dios nos proteja, Foubelais! Seremos los primeros afectados. Somos la punta de lanza... Orden a todas las unidades: ¡Máxima alerta!

Pasado mañana fue el 5 de julio de 1943.

Se iniciaba la «Operación Zitadelle», la batalla de tanques en Kursk, la mayor batalla de todos los tiempos entre fuerzas acorazadas.

3.200.000 soldados soviéticos esperaban infligir una derrota aniquiladora a los Ejércitos alemanes.

Hacia el amanecer, Peter Hesslich regresó a la cuarta compañía. Una motocicleta pesada, conducida por un cabo primero, le llevó a las posiciones de vanguardia.

El teniente Bauer III le abrazó, le dio varias palmaditas en la espalda, y el brigada Pflaume encargó inmediatamente una ración de asado con pastas a la cocina de la compañía. ¡Y aguardiente!

—¡Eres un portento! —exclamó, entusiasmado, Bauer III—. ¡Nadie habría apostado ni un pfennig por ti! Oye, ¿cómo te las arreglaste? ¿Estuviste realmente detrás de las líneas?

—Lo suficiente. El panorama se presenta endiabladamente negro para nosotros...

—Última consigna: pasado mañana se desatará el infierno...

—Ya lo he oído, Franz..., ¡ésos nos van a poner el culo como un colador! Nos dejarán entrar un pequeño trecho, para acribillarnos después por todas partes. ¡Es increíble lo que han acumulado allá! Montañas de material...

—Lo capturaremos todo...

Hesslich miró, pasmado, al teniente Bauer III.

—¡Eso no te lo crees ni tú!

—Claro que sí, Peter. —Bauer III hizo una mueca aviesa—. ¡No se puede ir al asalto con la moral en los pantalones! Y tenemos que ir al asalto..., así lo ha pedido el diablo...

Cualquier comentario adicional hubiera sido superfluo. Además, no tenían más opción.

La pérdida del fusil acarreó a Hesslich menos complicaciones que a Stella Antonovna. Pidió uno nuevo y explicó la pérdida del otro con un breve parte:

«Al cruzar por la noche el Donetz bajo la observación del enemigo, me arrastró un remolino. No me fue posible sostener el fusil, pues necesitaba ambas manos para salir de la corriente. El arma se hundió en el río.»

—¡Menuda potra has tenido, chico! —exclamó el brigada Pflaume cuando él entregó el parte en su oficina para que se le diera curso—. ¿Viste también a esas hembras del otro lado?

—Bastantes veces. Más de las necesarias.

—Disparatadas abejitas, ¿eh?

—Peligrosas, Richard, endiabladamente peligrosas. Fanáticas hasta la inmolación.

—El tener una cosa así en la cama..., debe de ser una auténtica experiencia. —Pflaume chascó la lengua—. En eso debería ser permisible hacer la guerra con un fusil de asalto que se pudiera empotrar..., y, entonces, ¡fuego a discreción!

—¡Pasado mañana vivirás esa experiencia, tío gordo! —exclamó Hesslich.

Acto seguido se lió un cigarrillo con la ración inextinguible de tabaco del brigada Pflaume, le lanzó el humo al rostro y miró el techo del búnker.

—Tú te maravillarás —dijo meditabundo—. Todos vosotros os maravillaréis. Hemos depositado nuestra esperanza en el nuevo «Tiger»..., pero los de allá están preparados para eso.

El 4 de julio, centenares de bombarderos soviéticos, escoltados por cazas «Rata» y aparatos de combate con armamento pesado tronaron sobre las líneas alemanas. Simultáneamente, la artillería pesada abrió un intenso fuego de barrera contra las posiciones alemanas de retaguardia. Antes de que se pudiera reaccionar, antes de que pudieran despegar los cazas de la cuarta Flota Aérea —compuesta por tres ridículas escuadrillas de «Stuka», dos escuadrones de batalla y cuatro grupos de combate—, las bombas cayeron en granizada sobre la zona del despliegue alemán. Las divisiones alemanas, formadas en orden de aproximación, se acurrucaron bajo el aguacero de granadas desencadenado por las piezas pesadas soviéticas, se desquiciaron todas las articulaciones de la gran maniobra alemana.

Entretanto, la central de espionaje «Luzy» en Suiza había hecho una excelente labor. Ni la central de órdenes en el Kremlin, ni los mariscales Rokossovski y Vatutin, ni el general Koniev con sus respectivos «Frentes», se habían dejado engañar por el repentino viaje de Manstein a Bucarest. Todos ellos lo sabían: los alemanes lanzarían su ofensiva el 5 de julio. Se hablaba de unos 1.500 tanques y cañones de asalto alemanes que deberían cortar el arco de Kursk. «Tiger», «Panther», «Ferdinand»... Estos nombres infundían respeto a los rusos y, sin embargo, no les amedrentaban. Los esperaban...

Cuando la Aviación y la Artillería soviéticas descargaron su golpe atronador sobre el adversario, el 4 de julio, el mariscal Vatutin, jefe supremo del «Frente Voronej» contra el cual apuntaba la embestida alemana, estaba tomando el té y leyendo los últimos partes de sus divisiones.

—Vendrán, pese a todo —comentó—. No se sabe qué admirar más; si su valentía o su estupidez.

Mientras tanto, el mariscal Von Manstein se había reintegrado a su tren de órdenes, estacionado en un bosquecillo a espaldas de los Ejércitos atacantes, y leía también los partes que le llegaban sin cesar del vagón de Transmisiones. El «Ia» * y el «Ib»*, del Grupo de Ejércitos «Sur», estaban inclinados sobre un mapa inmenso.

—Ahí se ha torcido algo —susurró el «Ib» al «Ia», de forma que no le oyera Manstein—. Los soviéticos conocen nuestro 5 de julio...

—¡Eso lo supone usted!

El «Ia» puso el índice en un punto del mapa. Precisamente acababa de llegar un parte que decía: *Impacto directo en la zona de despliegue del primer Cuerpo blindado. Veintinueve aparatos soviéticos derribados. Prosiguen los ataques... Intensa actividad artillera en la zona del segundo Cuerpo acorazado SS... La trescientas veinte división de Infantería, bajo fuego graneado muy violento...*

—¿A qué viene, si no, ese ataque preventivo?

—Puede ser una cochina casualidad...

El «Ib» movió dubitativo la cabeza.

—Ya no creo en casualidades tratándose de los rusos. Aquí apesta a algo de la distante retaguardia...

—¡Ahora todo eso importa ya un bledo! —El «Ia» se volvió de nuevo hacia el mapa—. Mañana temprano, el mundo tendrá un aspecto muy distinto...

Las granadas y las bombas llovían también en el Donetz, concretamente sobre el sector de la cuarta compañía. En el atrincheramiento de la sección Baida, tal como ocurría con todos los de aquel frente, las milicianas rojas ocupaban sus puestos de combate y contemplaban, más allá del río, aquel infierno de fuego y huma-

* «Ia», «Ib» = primer Jefe del Estado Mayor, segundo Jefe del Estado Mayor.

reda, explosiones y surtidores de tierra. Finalmente, el secreto había sido aireado en una orden del día distribuida por el general Koniev: *Mañana, 5 de julio* —decía—, *los fascistas atacarán con las últimas reservas que les quedan. Tanques y cañones de asalto, divisiones de Infantería recién formadas. ¡Camaradas, aplastadlos donde los encontréis! Esta batalla determinará el destino de nuestro pueblo.*

—¡Les daremos para el pelo! —exclamó, satisfecha, Soia Valentinovna, mientras observaba con sus prismáticos los impactos en el campo alemán—. Esto debería servirles de aviso, ¡pero son demasiado ciegos para verlo! ¡Ja! ¡Mañana correrán a su perdición!

Stella Antonovna, el teniente Ugarov y el brigada Sibirzev, apostados junto a ella, miraban por el parapeto. Las posiciones estaban atestadas de munición, granadas de mano, granadas de fusil, granadas de tanque y lanzaminas. En emplazamientos preparados mucho antes estaban los cañones antitanque dispuestos a abrir fuego. Los tanques propios, debidamente camuflados, esperaban el momento del contraataque.

«¿Dónde estarás ahora, Piotr? —pensó Stella Antonovna mirando la muralla de fuego, humo y tierra—. ¿Ahí mismo? ¡Cómo se regocijan todos a mi alrededor! Yo quisiera llorar...»

En el búnker de la compañía se acurrucaban contra la terrosa pared Bauer III, Hesslich y cuatro radiotelegrafistas. El suelo temblaba bajo las explosiones, la metralla batía las vigas del techo reforzadas con tierra. Todos ellos contaban con un impacto directo, pero esperaban fervorosamente que no les llegara. Aguardaban y aguardaban, condenados a la inactividad. En ninguna parte se siente el hombre tan desvalido como bajo un fuego de barrera.

—¡Mañana, a las 3.30 horas, arrancaremos! —dijo Bauer III amagando la cabeza cuando estalló una granada muy cerca de ellos—. Los zapadores tenderán dos puentes. Y entonces... ¡cataplum!

Peter Hesslich calló. Pensó en Stella Antonovna y maldijo la época que les había tocado vivir.

TERCERA PARTE

Cada jefe, cada hombre, debe estar persuadido de la importancia crucial que reviste este ataque. La victoria de Kursk debe ser como un farol para el mundo...

Orden del día número 6 de Hitler para la «Operación Zitadelle».

Los periódicos norteamericanos cifran las pérdidas de la Unión Soviética, ocasionados por el hambre a la población civil, en unos treinta millones de seres humanos. Las bajas de los aptos para el servicio militar en la Unión Soviética oscilan, según cálculos aproximados, entre doce y catorce millones. A la vista de tales pérdidas, y considerando las dificultades del abastecimiento, el adversario deberá desmoronarse o bien —como China— sumirse en la agonía. Pero es preciso explicar al soldado alemán por qué lucha: ¡Lucha por el espacio vital para sus hijos y nietos! Ése fue el gran error en la Primera Guerra Mundial: ¡No teníamos objetivo alguno!

Hitler en la *Führerbesprechung* del 1.º de julio de 1943 ante todos los comandantes supremos y generales con mando de las formaciones del Ejército y de la Aviación previstas para «Zitadelle».

Situación del frente:
En la madrugada del 5-7-43, la Agrupación del Ejército Kempf, el IV Ejército acorazado y el IX Ejército han iniciado la empresa «Zitadelle» con arreglo al plan previsto...

Diario de guerra del OKW.

La primera embestida fue espeluznante.

Bajo una campana de granadas, entre los aullidos de los «Stuka» y los aviones de combate pasando raudos en vuelo rasante, bajo el tronar de los morteros pesados y el tiro directo de los temidos antiaéreos 8,8, los zapadores alemanes tendieron el primer puente de pontones sobre el Donetz. El XI Cuerpo de Ejército, al mando del general Rauss, se lanzó con prodigioso impulso, como ala derecha de la Agrupación Kempf, en dirección a Korotscha; el XLVIII Cuerpo acorazado del general Von Knobelsdorff desgarró las posiciones soviéticas en dirección a Oboion y arrolló los escalones primero y segundo del atrincheramiento ruso. El II Cuerpo acorazado SS, mandado por el *Obergruppenführer* Hauser invadió, tras salvar una potente barrera antitanque, los antemurales de la importante plaza fuerte de Prochorovka.

Asimismo, el ataque frontal del Grupo de Ejércitos «Centro», ejecutado por el arrollador IX Ejército, logró abrir brecha en las posiciones de los Ejércitos soviéticos. El temido cerrojo antitanque que éstos habían levantado para contener a los tanques alemanes «Tiger» se derrumbó bajo un arma nueva de la aviación alemana: las bombas «SD-1» y «SD-2» cuyo mecanismo consistía en un recipiente con 180 granadas de dos kilos o 360 de un kilo, que se abría poco antes de llegar a tierra. Estas bombas diminutas, pero altamente explosivas, cayeron como lluvia sobre los rusos. Pocas posiciones pudieron aguantar aquella tormenta de fuego.

Sin embargo, Rokossovski no se dejaba dominar por el pánico, y tampoco Vatutin, Koniev y los demás colegas del generalato. Allí no se calculaba al igual que los alemanes. Desde el principio se había contado con grandes pérdidas. Se tenía ya experiencia con aquel tipo de ataques, se conocía bien el ímpetu inicial de las tropas alemanas. Pero se sabía también que éstas se paralizarían pronto, que a todos les pesaba en los huesos el quinto año de guerra, que los avances y retiradas incesantes les estaban devorando. El nimbo glorioso de invencibilidad en torno a los tanques alemanes y la tenacidad del soldado alemán habían sucumbido en Stalingrado, y la Aviación de Goering, tenida antaño por insuperable, era hoy objeto de múltiples chistes.

—Dejadles venir... —dijo, serenamente, el general Koniev cuando empezaban a llegar los alarmantes partes.

Se había cruzado el Donetz; el III Cuerpo acorazado alemán, al mando del general Breith, había franqueado las trincheras en cruenta arremetida, barriendo las posiciones antitanque, y seguía arrollando todo con sus «Tiger» y «Panther» a ambos lados de Bielgorod, hacia Korotscha y Prochorovka, donde formarían una tenaza letal con el II Cuerpo acorazado SS. Con ello quedaría sellado el destino del V Ejército de la Guardia soviético y del LXIX Ejército. La situación ofrecía un feo aspecto en la zona del VII Ejército de la Guardia. Allí penetraba la Agrupación Kempf hacia Belóvskaia y podría caer sobre las espaldas del Ejército soviético.

Así pues, el ataque alemán afectó de lleno al «Frente Voronej», de Vatutin, y al «Frente Estepa», de Koniev. Así, quedó formada la cuña hacia Kursk, el gran objetivo, el nuevo farol de la victoria. Pero el general Koniev dijo muy sereno:

—Esto acaba de empezar. Así que nada de agitaciones, camaradas. Ellos han sufrido ya tremendas pérdidas en los primeros kilómetros. No podrán mantener ese ritmo hasta Kursk. Esperemos...

La sección Baida se encontró en plena retirada. El fuego graneado de la artillería alemana la afectó relativamente poco, porque casi todas las granadas reventaron en los emplazamientos de antitanques. Los alemanes dieron escasa importancia a la Infantería; temían mucho más las rápidas armas antitanques empleadas por los rusos.

No obstante, las primeras salvas artilleras le costaron a la Baida diecinueve muchachas. Un impacto directo deshizo el búnker VIII, la metralla hirió a las servidoras de las ametralladoras pesadas.

El búnker de Galina Ruslanovna quedó atestado. Entonces demostró qué clase de cirujana era. Operó simultáneamente en tres mesas: mientras las sanitarias preparaban en dos tarimas a las muchachas heridas, ella extraía metralla del primer cuerpo, luego pasaba a la segunda mesa y cortaba jirones de carne; seguidamente iba a la tercera y limpiaba una herida tremenda en un muslo; después volvía a la primera mesa para poner una inyección. Las sanitarias se ocupaban de los vendajes. Y se hacía todo esto sin muchas palabras, sin histerismo, sin agitación.

A las 5.25 horas, las primeras tropas alemanas cruzaron el Donetz en aquel sector. La cuarta compañía, marchando detrás de cuatro tanques «Tiger» apenas quedó listo el puente construido bajo la campana de fuego, asaltó las trincheras soviéticas. El teniente Bauer III corrió delante de la primera sección. El alférez Von Stattstetten tomó el mando de la segunda. Les siguieron dos brigadas con las secciones tercera y cuarta. Richard Pflaume se quedó en las trincheras, supervisando el complejo administrativo. Porque, ¿cómo podrían marchar las cosas delante si no funcionaban detrás?

Necesitaron más de cuatro horas para alcanzar las primeras trincheras del grupo Baida. Ese período increíblemente largo, y la enconada resistencia que encontraron, merecieron más tarde una mención especial por parte del general Breith, en un análisis táctico de la situación. Los cuatro tanques «Panther» asignados a la cuarta compañía y la sección de zapadores para el paso del Donetz, fueron abatidos entre las ruinas de la primera aldea una vez cruzado el río, como si fueran blancos de feria. Tres «Panther» ardieron bajo el fuego concentrado de unos cañones antitanque bien camuflados; el cuarto voló por los aires al pasar raudo sobre un pequeño embudo de granada en el que se apelotonaban las tiradoras Marina, Tamara y Veronica. Justamente cuando el monstruo de acero pasaba por encima, ellas encendieron la mecha de la carga explosiva.

El ataque se estancó; la cuarta compañía se parapetó detrás de los tanques destrozados y en las ruinas del poblado. Bauer III avisó por radio: «No más fuego artillero; de lo contrario, resultarán dañadas las fuerzas propias..., ¡y se necesitan urgentemente nuevos tanques!» Lo mejor sería un orondo y perezoso «Ferdinand». A ése no le abatía nadie, y con su ayuda, la cuarta compañía podría abrirse paso a sangre y fuego.

El grupo de artificieros sembró de minas las posiciones de la Baida sin el menor éxito. Para compensarlo, avanzaron tambaleantes por el otro lado aquellos objetos voluminosos, que uno podía ver, localizar y, sin embargo, estaba vendido ante ellos, dada su monstruosa potencia de fuego: el lanzagranadas soviético con proyectiles de 12 cm.

Ese «cañón de la Infantería soviética» era muy temido. Tenía la altura de un hombre, parecía un tubo grueso de órgano y estaba montado en un armazón plegable; formando bloque con otros, se encontraba en todas las compañías de infantería. La propaganda soviética lo anunciaba diciendo: «Un soldado alemán de cada dos tiene la Cruz de Hierro, y un miliciano rojo de cada dos tiene un lanzagranadas.»

Eso era una exageración, naturalmente, pero en el Donetz demostró cuán descomunal era la potencia de fuego de los soviéticos. El ataque alemán quedó paralizado durante varias horas.

Mientras la cuarta compañía y las unidades a sus flancos, envueltas en el humo de sus tanques incendiados, hostigadas por las ametralladoras, los fusiles lanzagranadas, los antitanques ligeros y los precisos disparos de las tiradoras escogidas, quedaban clavadas en la estepa después de franquear el río, la sección Baida tuvo tiempo suficiente para retirarse despacio a las trincheras de segunda línea, cumpliendo órdenes del regimiento.

Primero fueron retiradas las heridas y muertas; luego se desmontaron las ametralladoras y se despejaron las casamatas repletas de cargas explosivas. Por último, las muchachas se fueron replegando en pequeños grupos, mientras las piezas ligeras soviéticas cubrían con fuego de barrera el terreno comprendido entre el Donetz y la primera línea propia.

Soia Valentinovna, Ugarov y Stella fueron los últimos en abandonar las trincheras. Antes examinaron una vez más las cargas explosivas y los estopines eléctricos, en cuyo extremo esperaba Sibirzev a que los alemanes invadieran el atrincheramiento. Se sabía que la explosión del búnker principal ocasionaría pocas bajas a los alemanes, pero las secuelas del efecto psicológico serían bastante más favorables: paralizarían al adversario, le harían cauteloso. Pero la precaución, el talante exploratorio en todos sentidos, tenía ya muy poco que ver con un ataque impetuoso.

Efectivamente, un tanque «Panther» y otro «Tiger» llegaron al área de la cuarta compañía, pero no encontraron resistencia, porque el cerrojo antitanque se había replegado. Sólo hostigaron un poco la distante artillería y algunos «T-34» soviéticos, que acudieron, cansinos, al encuentro de las tropas alemanas.

El búnker voló por los aires. Siete hombres de la cuarta compañía subieron en remolino por los aires con el surtidor de tierra.

—¡Malditas sean esas hembras rastreras! —rugió Bauer III descargando el puño contra la tierra. Hesslich, tendido junto a él, celebró que las chicas se hubiesen retirado a tiempo—. He perdido ya a doce hombres...

El avance prosiguió a buen ritmo aquel mismo día. Las cuñas acorazadas alemanas acreditaron su valía, se abrieron paso entre las posiciones soviéticas, desgarraron el sistema de defensa profundamente escalonado e intentaron ocupar el terreno no atrincherado, adentrarse en la vasta estepa, a trechos llana y a trechos ondulada, ante Prochorovka. Más allá —según se esperaba en el Grupo de Ejércitos «Sur»— quedaría el camino despejado hasta Kursk. Las reservas soviéticas no podrían acudir allí tan aprisa como los carros de asalto alemanes.

El farol Kursk apareció ya en el cielo.

Un ala del III Cuerpo acorazado se desvió hacia Korotscha. Entre las unidades que seguían a los tanques figuraba también la cuarta compañía.

En su puesto de mando, el general Koniev empuñando un grueso rotulador, trazaba sobre un mapa diversas flechas, que representaban la penetración de los tanques alemanes. Los teléfonos sonaban sin interrupción, las centralitas radiotelegráficas echaban chispas. El primer día, por la tarde, las vanguardias enemigas habían traspasado el sistema de trincheras en casi todo el frente de ataque y seguían avanzando. El cerrojo antiaéreo soviético estaba desarticulado. Por otra parte, los alemanes habían pagado sus éxitos con la pérdida de numerosos «Panther» y «Tiger». Y cada «Tiger» pesaba más que diez «T-34», los cuales esperaban a centenares el contraataque ocultos con un buen camuflaje en el arco de Kursk. Y aún sería posible llevar varios millares desde el *hinterland* del Don y el Volga. Por el contrario, era imposible remplazar un «Tiger» eliminado, porque el material empleado en aquella ofensiva era la última reserva que Hitler podía movilizar. En el debilitado flanco Sur del frente se esperaba un desembarco aliado. Todas las noticias parecían pregonarlo... Sicilia era un portentoso trampolín, a espaldas de los alemanes. Las situaciones de los Balcanes y la Italia meridional eran similares. Sería preciso formar nuevos Ejércitos para proteger ese flanco. Pero, ¿de dónde saldrían? Sólo había una fuente capaz de proporcionarlo, ¡y esa reserva era el frente oriental! Él facilitaría las tropas y debería paliar esa pérdida con abnegación suicida y combatividad. ¡Justamente el frente entre Leningrado y el mar Negro! Y justamente cuando se pretendía hacer olvidar la catástrofe de Stalingrado mediante la batalla de Kursk.

Vistas así, todas las irrupciones que debían soportar los Ejércitos soviéticos en el Donetz y en el sector Norte, alrededor de Olchovatka, eran simples arañazos que cicatrizarían muy pronto. La táctica de los rusos se imponía desde el primer día del ataque alemán. «¡Dejadles venir...! Dejadles profundizar en la vastedad del país..., ¡ignoran lo que se les viene encima! Sus caminos están llenos de sangre y, sin embargo, sigue marchando directamente hacia su aniquilamiento. Nuestros grandes sacrificios no serán baldíos...»

Koniev permanecía tranquilo y circunspecto, aun cuando se multiplicaran los partes adversos de su «Frente Estepa». Lo mismo ocurría con Vatutin y Rokossovski. Las cuñas acorazadas marchaban.

La noche del 6 de julio, Koniev dijo a sus oficiales:

—¡Cómo se refocilan ésos ahora... —Había tomado una buena cena y estaba haciendo la digestión en un sillón de madera—. ¡Es precisamente lo que necesitamos! A partir de mañana morderán en piedra, ¡y dentro de una semana desearán no haber nacido! Dejemos que Manstein y Kluge revienten de orgullo, concedámosles por lo menos otra jornada de éxitos...

Pero en esto se equivocó Koniev. Nadie se refocilaba en el Grupo de Ejércitos «Sur», en el tren de órdenes de Von Manstein. Había llegado el primer informe general del 5 de julio. Las pérdidas eran desproporcionadamente altas. La resistencia soviética, sobre todo a ambos lados de Bielgorod y en la zona del II Cuerpo acorazado SS, dificultaba mucho el avance. La pérdida de tanques resultaba ya muy amenazadora. Por otra parte, el fracaso de la Flota aérea representaba una hipoteca particularmente onerosa. La aviación soviética, de la cual se había hecho mofa hasta entonces, empezaba a dominar el espacio aéreo. Dondequiera que apareciesen aviones alemanes, el cielo se convertía pronto en un hervidero de aparatos soviéticos. Llegaban como enjambres de avispones. Y su superioridad numérica decidía el desenlace. Ocurría lo mismo que con los tanques: un avión alemán abatido no era remplazable; por el contrario, las brechas de los soviéticos se cerraban al instante.

El panorama no era diferente en el Grupo de Ejércitos «Centro». El mariscal Von Kluge, que contaba sólo con su IX Ejército para la embestida hacia Kursk, vio ya el primer día cómo penetraban sus Cuerpos izquierdo y central hasta diez kilómetros en el sistema de posiciones soviético, pero, contradiciendo todos los cálculos, la resistencia fue increíblemente dura. La CII División de Infantería quedó inmovilizada; la XXXI División de Infantería avanzó a duras penas bajo un fuego demoledor; la IV División blindada sufrió tan graves pérdidas, que se dudó de su capacidad combativa si fuese atacada por tropas de refresco soviéticas. Además, el frente de ataque tuvo sólo 10 kilómetros, con arreglo a la táctica del lanzazo..., y en los flancos se concentraron masivamente los Ejércitos rusos.

No hubo, pues, ningún motivo para refocilarse. El primer día reveló ya que la «Operación Zitadelle» quizá fuera la mayor batalla de tanques en la Historia militar, pero fue también, y sobre todo, un combate desesperado.

Entretanto, la sección Baida se había replegado ordenadamente, y cuando amanecía el 6 de julio, se hallaba al este de la aldea de Melechovo, por donde pasaba el pequeño Rosumaia, un afluente del Donetz. Allí había establecido una cabeza de puente, una barrera ante el codiciado objetivo de los alemanes: Prochorovka. Rodeada de antiaéreos y antitanques, se había atrincherado a orillas del riachuelo. En aquel terreno ondulado esperaba una agrupación de tanques y cañones montados sobre orugas.

Soia Valentinovna iba de un lado a otro con expresión sombría, y se mostraba muy lacónica. Aquel día había tenido treinta y tres bajas, entre ellas, diecinueve muertas. El ataque alemán había sido frenado ante sus posiciones. Por tanto, tenía motivos sobrados para sentirse orgullosa, máxime cuando había oído decir en el regimiento que aquél era el único lugar, en un frente de nueve kilómetros, donde los fascistas no habían conseguido abrir brecha inmediatamente. Pero aquel elogio tan halagador no conseguía atenuar el dolor por las muertas habidas en sus filas. Ahora se había retirado a su tienda, montada en una depresión, y, alumbrándose con una vela, escribía el «epitafio» de sus heroínas muertas. Ugarov, que tenía la lista en la mano, le iba leyendo los nombres, y, cada vez que oía un nombre, permanecía absorta un momento, hacía resucitar a la muerta en su mente y se despedía de ella.

—Los alemanes se presentarán pronto aquí —dijo a Ugarov—. Tenemos orden de resistir hasta que nuestra brigada acorazada se haya reorganizado para volver al combate. Aún moriremos muchos de nosotros, Victor Ivanovich...

—No hables de eso, Soitschka...

—Me puede tocar a mí.

Y también a mí. A cualquiera de nosotros...

—En cualquier caso, debes saber que te he amado mucho. Y que muchas veces he pensado qué nos ocurrirá después de la guerra. ¿Seguiremos juntos? Bueno, tú eres seis años más joven que yo, pero la guerra nos ha desgastado a todos, los años se difuminan y sólo queda la certeza de que nos pertenecemos uno a otro. Me he recreado pensando en eso, he soñado con una vida completamente distinta..., contigo. ¿Sabes lo que haríamos en tiempo de paz?

—Tú mandarías una brigada de mujeres...

—¡No! Después de la guerra me quitaré el uniforme. No lo tiraré, ¡eso no! Lo guardaré como una reliquia en una vitrina. Pero volveré al lugar de donde procedo.

—¿A Kizik?

—Sí, a mi mar Caspio. A la orilla caliente... —Apoyó la cabeza en el hombro de Ugarov y cerró los ojos—. Mi padre tenía tres mil ovejas; mi hermano, tres lanchas de pesca. Nuestra casa era de piedra, revestida con ladrillo. Y había un pozo artesiano en el jardín que nos daba siempre agua, incluso en los meses más calurosos. Los vecinos nos llamaban ricos. —Frotó la cabeza en el hombro de Ugarov—. Mi hermano cayó en Orel, mi padre no regresó de una expedición de reconocimiento junto a Taganrog. Todo cuanto hay en Kizik me pertenecerá si sobrevivo a la guerra. Victor Ivanovich, allí hay lo suficiente para vivir sin preocupaciones. Será el paraíso en torno nuestro. En Kizik, nadie perturbará nuestra paz. —Hizo una pausa—. Sí, es realmente hermoso soñar con eso...

La salvaje Baida habló de una forma insólita, casi poética, con voz oscura y tierna, acariciando las palabras. Ugarov sintió una desagradable opresión en el estómago. Todo aquello le sonó a presentimiento, a mirada retrospectiva, a despedida y temor profundo. Soia Valentinovna, la aguerrida jefa, pensando en la muerte...

—Naturalmente, en Kizik nos cuidaremos del rebaño y repararemos las lanchas —dijo Ugarov—. Me gusta mucho el agua.

—Entonces, ¿seguiremos juntos, querido mío? —preguntó ella con un temblor de felicidad en la voz.

—¿Quién lo ha dudado jamás? ¿Dónde hay otra mujer como tú,

Soitschka? ¿Acaso no soy contigo el hombre más dichoso del mundo? La verdad, no se puede pedir más de la vida.

Dos horas después, ambos oyeron llegar a los alemanes. Las vanguardias escaparon en motocicletas, los obuses de campaña soviéticos abrieron fuego. Los «T-34» formaron un semicírculo y dispararon contra todo lo que se movía más allá del río Rosumnaia.

La cabeza de puente de Melechovo cumplió su mortífera tarea: detener la tormenta alemana, aunque sólo fuera por unas horas. Las bajas alemanas se multiplicaron con cada hora...

La cuarta compañía alcanzó Melechovo hacia las cinco de la mañana y se puso a cubierto entre los escombros de las contadas casas hasta que los dos «Tiger» y los tres «Panther» avanzaran hasta la orilla del río e iniciaran el duelo artillero con los «T-34». Algún tiempo después apareció también, muy lento, un «Ferdinand», una de esas casamatas artilleras sobre ruedas que habían sido bautizadas con el nombre de su genial constructor, «Ferdinand Porsche». Este artefacto captaba en el visor un tanque soviético tras otro a 2.000 metros de distancia; la lente de proyección indicaba exactamente al artillero el ángulo de tiro, y entonces intervenía la pieza de 8,8 cm para dar en el blanco con infalibilidad mortífera. Columnas de fuego surgieron del férreo coloso, penachos de humo oscurecieron el cielo, flotaron sobre la estepa y el monte bajo.

Amparada por los tanques propios, la cuarta compañía hizo camino poco a poco hasta la orilla. Un «Panther» quedó inmóvil con la oruga destrozada, pero en lugar de abandonarlo, su dotación lo utilizó como fortaleza artillera.

—¡Hemos de cruzarlo! —gritó Bauer III señalando el raquítico río—. Apostaría cualquier cosa a que podemos vadearlo.

—Deja ir delante a los tanques.

Hesslich agachó la cabeza. Las gruesas granadas volvieron a rugir desde el otro lado.

—¡Las cincuenta y cinco toneladas del «Tiger»... se hundirán en el lodo! —Bauer III alzó varias veces el puño. Cada infante conocía esa señal... ¡Al asalto!— ¡Adelante, Peter! ¡Ésos de ahí enfrente son sólo una sección extraviada!

La cuarta compañía salió de sus refugios, corrió hacia el río y se lanzó al agua. Los tanques hicieron fuego de protección, una batería avanzó aprisa desde muy atrás, y, apenas quedó en posición, perdió la primera pieza bajo un impacto directo.

Y entonces ocurrió algo espantoso: cuando los hombres de la cuarta compañía vadeaban el riachuelo con agua hasta el pecho y levantando sus armas sobre los cascos para protegerlas del agua, empezaron a caer uno tras otro: simplemente un leve tambaleo antes de hundirse, sin ruido, en el Rosumnaia. La primera fila desapareció cuando no había alcanzado aún el centro del río.

—¡Cúbranse! —bramó Bauer III.

Acto seguido se sumergió y avanzó buceando hacia la orilla opuesta. No había otra alternativa. Hesslich le imitó... Sacó cuatro veces la nariz del agua para respirar y desapareció al instante.

Las muchachas de la sección Baida, atrincheradas en sus nidos, cargaron, apuntaron y dispararon, tranquilas como en una caseta de tiro al blanco. No podía haber nada más sencillo para ellas: los alemanes vadeaban el río con cabezas erguidas, dando cara a la otra orilla. Así que cada disparo les alcanzaba exactamente en la frente, tal como el código de honor exigía a las tiradoras escogidas.

Las granadas de los «Tiger» y «Panther» batían también las posiciones de Soia. Mientras tanto, algunos hombres de la cuarta compañía estaban aún dentro del agua, y otros, aplastados contra el suelo en la orilla opuesta. Los que alzaban la cabeza se quedaban instantáneamente inmóviles con un boquete en plena frente. Era imposible reanudar el asalto, ni siquiera un metro. No se podía reptar siquiera. Quien abandonara la orilla protectora, sería un perfecto blanco.

Soia Valentinovna, tendida con Lida y Vanda en un embudo de granada, esperaba que salieran a la superficie, para respirar, más cabezas alemanas. Stella y Marianka estaban treinta metros más allá, y, a su izquierda, Sibirzev acechaba con otras tres muchachas. Tres nidos de ametralladoras permanecían aún callados: sembrarían la muerte y la destrucción tan pronto como los alemanes decidieran proseguir el asalto. Doscientas seis muchachas exactamente guardaban la cabeza de puente de Melechovo y mantenían inmovilizados a los alemanes.

Bauer III, que había ganado indemne la orilla, se apretó contra la arena temblando de excitación e ira. «¡Mi cuarta compañía! —se dijo una y otra vez—. ¡Mi hermosa cuarta compañía! ¡Mi cuarta compañía!» El pensamiento se repitió como un disco rayado.

Y, para colmo, ¡aquellas malditas hembras! ¡Aquellas bestias glaciales! «¿Habrá siquiera una chispa de temor en sus corazones? ¿Cómo es posible una cosa así? ¡Mujeres defendiendo una cabeza de puente y deteniendo a una vanguardia de asalto apenas transcurrido el segundo día!»

¡Mujeres!

También había alcanzado la otra orilla Peter Hesslich. Y había sido más afortunado que los otros, pues encontró ante sí un matorral, cuyo ramaje llegaba hasta el agua. Bajo su protección salió del río, se arrastró por la orilla y se perdió entre los arbustos.

De pronto, el corazón le dio un salto. Ante sus ojos aparecieron, como en un cuadro, los nidos y embudos de granada donde se agazapaban las muchachas. Éstas estaban solas o por parejas, habían levantado pequeños parapetos, tras los cuales observaban los movimientos en el río apuntando con sus fusiles especiales. Los «Tiger» y «Panther» disparaban ahora contra las posiciones, mientras que el robusto «Ferdinand» seguía sembrando el terror entre los «T-34». También se había soltado el pelo la batería antiaérea y castigaba con tiro rasante los puntos críticos. Una de sus granadas acertó a dar en un embudo. Hesslich vio cómo saltaban dos muchachas con la detonación y sus miembros volaban por los aires acompañando al surtidor de tierra.

«¿Dónde estás ahora, Stella? —pensó, sintiendo un nudo en la garganta—. ¿Tal vez ahí, entre ésas?» Con dedos temblorosos, secó el cerrojo de su fusil, cambió el humedecido cargador y esperó que el arma no se encasquillara. Luego escudriñó el terreno con la mira telescópica e hizo alto al descubrir una hondonada donde se acuclillaban cinco figuras. Una de ellas miró casualmente en su dirección. Él vio un rostro serio, huesudo, de ojos algo oblicuos bajo unas cejas negras, espesas. La boca gritó algo, los labios llenos se curvaron. Hesslich contuvo el aliento y apretó despacio el gatillo.

Como si la hubiera golpeado un puño invisible, la Baida salió disparada hacia atrás. Bajo la raíz del pelo apareció súbitamente un boquete, del que brotó la sangre como un surtidor.

Ugarov se arrojó sobre ella lanzando un alarido salvaje, desesperado, la abrazó y apretó contra sí la sangrante cabeza.

—¡Soitschka! —gritó con voz ahogada—. Soitschka... —Luego aulló como un lobo—: ¡No! ¡No! ¡Nooooo!

El teniente se quitó la guerrera, hizo jirones su camisa y los apretó contra la cabeza de la muerta. No pareció comprender que ella no vivía ya, que estrechaba un cadáver entre los brazos. Gritó sin cesar su nombre, la sacudió como si pudiera despertar, sonreírle y decir con voz profunda: No es nada, pequeño mío. ¡Un simple rasguño! ¡No te alarmes, querido! ¿Dónde está mi fusil? ¿Y dónde el perro sarnoso que ha disparado contra mí? Mira, ¿lo ves como estoy bien...?» Y sus ojos negros lanzarían chispas, y sus gruesos labios se curvarían hacia abajo. Y Ugarov pensó cómo le habían acariciado el cuerpo aquellos labios, cómo le habían cosquilleado cada vez hasta el éxtasis.

Dejó el cuerpo sobre la tierra, le pasó otra vez la camisa por el rostro y se quedó mirándola con ojos vacíos. Una muchacha partió rauda hacia el grupo de Stella y cayó en el embudo junto a ésta.

—¡Soia ha muerto! —gritó mientras las lágrimas corrían por su sudoroso rostro—. Hace un instante. A mi lado. ¡Balazo en la cabeza! Los fascistas han cruzado el río... Soia ha caído...

Dicho esto, se agachó porque los «Tiger» alemanes volvían a batir la cabeza de puente soviética, y las granadas estallaban por todas partes. Ahora se acercaron por detrás, a gran velocidad, tres «T-34», levantando una densa nube de polvo. Abrieron fuego contra los carros de asalto alemanes. Mientras tanto, en la otra orilla, el voluminoso «Ferdinand» se paseaba, pausado. Era invencible, por así decirlo, a menos que una granada del 10,5 diese de lleno en el macizo blindaje de su ancha torre. El nuevo dispositivo telemétrico daba una precisión casi perfecta a sus disparos. Los tanques soviéticos que se aproximaban ahora para apoyar al batallón de mujeres, entablaron un combate desigual.

Ugarov comprendió poco a poco que Soia Valentinovna estaba muerta. No pudiendo explicarse de dónde provino el disparo, se alejó a rastras del cadáver y miró en torno suyo: no vio más que surtidores de tierra, lanzagranadas escupiendo fuego y dos o tres figuras corriendo como flechas para ocupar nuevas posiciones.

Ahora, Hesslich vio con suma claridad al joven teniente soviético en su mira telescópica. Él siguió oculto entre los espesos matorrales de la orilla y estudió durante dos segundos el rostro de Ugarov, que se había vuelto en su dirección. A todo esto, los supervivientes de la cuarta compañía siguieron aprovechando el ángulo muerto de la orilla y esperaron a que la batería antiaérea y los «Tiger» machacaran definitivamente las posiciones soviéticas. Bauer III, escarmentado tras las grandes pérdidas sufridas al vadear el río, no pensó ni por asomo ordenar un nuevo asalto: «¡Esas hembras malditas pulverizarían la primera cabeza que se alzase sobre la maleza!»

«¡Mi hermosa cuarta compañía! —se dijo otra vez. Y le costó mucho contener un sollozo—. ¿Qué quedará de ella? Probablemente un pelotón escaso... Y son mujeres quienes la han aniquilado.»

¡Mujeres!

Peter Hesslich tenía a Ugarov en el retículo... Victor Ivanovich lanzó los brazos al aire cuando el trallazo mortal le voló el ojo izquierdo, le hincó un perno candente en el cerebro y acabó con su vida. Estaba ya muerto cuando cayó sobre Soia Valentinovna, cubriéndola con su cuerpo, como si quisiera librarla de más torturas. Juntos quedaron en la hondonada, cabeza con cabeza, al igual que en los momentos más felices de sus vidas.

Con suma precisión, disparo tras disparo, Hesslich fue matando milicianas rojas, una a una. En total, doce muchachas. No sintió remordimientos ni asco de sí mismo. Tan sólo recordó lo que había presenciado poco antes, cuando sus camaradas vadeaban el río. Indefensos, levantando el fusil sobre la cabeza, habían sido abatidos por aquellas mujeres como animales en una cacería.

Aparte esto, él tenía sólo una cosa en la cabeza, una palabra arcaica: «¡Vida!» ¡Se ha dicho y escrito tanto sobre los pensamientos de un soldado durante un asalto...! Por desgracia, no se dice la verdad en la mayor parte de los casos. Durante un asalto, el soldado no piensa nada, absolutamente nada, salvo, quizás, esto: «¡Adelante! ¡Adelante!» Por lo demás, el pensamiento está desconectado, las piernas corren, las manos disparan, apuñalan y golpean, la garganta se desgañita dando vítores y, de pronto, ahí está el adversario, ahí las posiciones enemigas, es preciso arrollarlas, pasar al otro lado, y cuando lo ha logrado, piensa primero que ha sobrevivido, luego se agazapa en un embudo de granada, o se parapeta tras un muro ruinoso, o utiliza como cobertura un tanque inutilizado. Sólo entonces empieza a pensar de nuevo y se dice con profundo alivio: «Hoy lo has aguantado. Has salido sano y salvo una vez más de esta mierda. ¿Cuántos muertos tenemos? ¿Veintinueve hombres sólo en nuestra compañía? ¡Cómo! ¡Entre ellos está Fritz, y también Walther! ¡Estupendos tipos, maldita sea! Hemos de meterlos bajo tierra aquí en el Donetz.» Walther se había casado durante su último permiso y, al mismo tiempo, había hecho diana. Recientemente había recibido una carta, que decía: *Voy a tener un hijo...,*

¡cuánto me alegro! Pero ahora voy a tener doble miedo por ti... Walther, con «th». Balazo en la cabeza cuando cruzaba el riachuelo Rosumnaia. Le mató una muchacha...

«Sí, ahora somos ya capaces de pensar normalmente..., pero no durante el asalto, no al apuntar, no al tirar de gatillo. Y, sobre todo, no cuando manda exclusivamente el instinto de conservación.»

El heroísmo es una condición animal más bien que humana.

Ahora los partes se dirigieron simultáneamente a Stella y Sibirzev. Teniente Marina Antonovna Obuschova —sustituta de la Baida en ausencia de ésta—, muerta. Sargento Katia Semionovna, muerta. Suboficiales Olga, Yekaterina y Vera, muertas. El ala derecha de la sección bajo el fuego graneado de los «Tiger». Les llega a los alemanes artillería montada, piezas ligeras de campaña para proteger a «Ferdinand», aquel maldito gordo. Catorce muertos por disparo en la cabeza, entre ellos, Soia, Ugarov, Vera y... y...

Desde ese instante, Stella Antonovna y Sibirzev fueron los únicos jefes de la sección Baida. Sibirzev corrió en zigzag al nido excavado para Stella y se dejó caer por el borde. La frente le sangró. Pero no fue un roce de bala ni una herida de metralla, sino un chichón que se hizo al lanzarse de cabeza.

—¡Has de hacerte cargo de la sección! —gritó a Stella—. ¡No queda nadie! ¡Todas las comunicaciones están cortadas! ¡Estamos aquí como en un islote! ¡Los alemanes se han infiltrado a izquierda y derecha! ¡Debes actuar, Stella! Estamos a merced de esos perros...

—¿Y tú? —gritó, a su vez, ella—. ¡Tú eres también sargento! ¡Y, además, hombre!

—Como si eso hubiese tenido jamás importancia para vosotras —replicó, amargado, Sibirzev—. ¡Vosotras sois las grandes heroínas! ¿Qué se espera de una Koroléhkaia? ¿Eh? ¿Puedes imaginártelo?

«Catorce tiros en la cabeza..., ése es él —pensó Stella. Y sintió escalofríos—. Sólo puede ser él, sólo Piotr puede infiltrarse así. Está escondido en alguna parte y dispara, insensible como una máquina. Apuntan esos ojos que saben mirarte con infinita ternura, disparan esas manos que saben acariciarte hasta aturdirte... ¿Quién entenderá jamás a ese hombre?»

—¡Enlaces! —dijo, autoritaria—. ¡Consigna a los pelotones! —Miró a sus tres compañeras, que se habían puesto en pie de un brinco—. Stella Antonovna toma el mando de la sección. Dentro de media hora nos retiraremos. ¡Que esperen mi señal! Dirección del repliegue: Korien. Punto de reunión para quienes se extravíen: la aldea de Volino-Larinski. —Hizo un ademán con la cabeza a las tres chicas—. ¡En marcha, camaradas!

«Ferdinand» quedó ahora al alcance de los tres «T-34», que concentraron su fuego en aquella masa de acero y consiguieron destrozarle la oruga. Eso le inmovilizó, convirtiéndole en una fortaleza férrea cuyas bocas de fuego empezaron a vomitar.

El «T-34» más adelantado se perdió entre llamas y humo, hasta que una explosión envió por los aires sus piezas de acero. Sin embargo, los otros dos lograron tocar a dos «Panther», tras lo cual los alemanes se hicieron muy precavidos. La artillería de campaña recurrió al tiro rasante para proteger a los restos de la cuarta compañía que seguían clavados en la orilla, sin la menor posibilidad de reanudar el asalto.

La cabeza de puente de Melechovo pareció tener ya bastantes probabilidades de pasar a la historia militar.

Las tres muchachas partieron como rayos hacia los distintos pelotones. Stella las vio marchar hasta que una nueva cortina de granadas la obligó a hundir la cabeza. Sibirzev, apostado junto a ella, miró atento su reloj de pulsera, que se había atado a la muñeca con un cordel.

—¡Todavía nueve minutos...! —dijo en voz alta cuando se intensificó la granizada de fuego.

Desde varios nidos llegó el restallido de fusilazos. Simultáneamente volaron tres cascos alemanes. Sus propietarios los habían alzado con el cañón del fusil para revelar su posición.

—¡Continúa esta mierda! —gritó el brigada Dumske a Bauer III—. ¡Esas tías siguen todavía ahí!

—¿Ha visto alguien a Hesslich? —vociferó el teniente.

—¡No! Nadie. Estaba en el río..., desde entonces no ha dado señales de vida.

«Así que él también —pensó, amargado, Bauer III—. Las mujeres le han atrapado. Él no se imaginaba, ni mucho menos, un final semejante. Tiroteado como un castor mientras vadea el río. ¿De qué te ha servido ese adiestramiento tan especial, Peter? No se os ocurrió esa posibilidad cuando estabais en Posen ¿eh? ¡Mierda de guerra...!»

Él permaneció a cubierto con los restos de su cuarta compañía, corriendo el riesgo de tener que explicarse más tarde ante su comandante. Se le preguntaría por qué razón la cuarta compañía no había conseguido tomar el asalto aquella lastimosa cabeza de puente. Y él respondería así, sencillamente: «Detrás de nosotros había tres "Panther", dos "Tiger" y tres piezas antiaéreas... ¡todos fuera de combate! Se me había ordenado que realizara el asalto con apoyo de los tanques. Y no había tal apoyo...»

Cabía suponer que un discurso semejante sería mal acogido por parte de los camaradas oficiales superiores. Pero los tres agujeros de aquellos cascos sostenidos en alto fueron más convincentes, a su juicio, que un enérgico apretón de manos del general e incluso una propuesta para la Ritterkreuz.

Poco después llegaron a primera línea varios vehículos, cargados con tropas de la reserva. Los infantes saltaron a tierra como enjambres y ocuparon posiciones detrás de los tanques desarbolados, entre los cuales figuraba también el gigantesco «Ferdinand»: un impacto directo había retorcido el tubo de su cañón. Ahora, la mole de acero permanecía inmóvil, con la oruga destrozada, sin su eficaz cañón..., tan sólo la dotación se hallaba relativamente segura detrás del grueso blindaje. A su sombra se agrupó una unidad de zapadores con cuatro lanzallamas. Por otra parte, un remolque llevó rápidamente hasta allí una lancha de asalto blindada con motor fuera borda.

¡Les darían una lección a aquellas malditas hembras!

Hesslich, pasando inadvertido bajo su matorral, abatió a dos muchachas que barrían con fuego de ametralladora la orilla opuesta. En aquel infierno de humaredas y explosiones, surtidores de tierra y detonaciones, fue imposible detectar de dónde procedían aquellos disparos tan precisos. Además, el tiempo apremiaba..., la retirada estaba a punto de comenzar.

Sibirzev hizo un gesto con la cabeza a Stella: había transcurrido la media hora prevista. Los dos «T-34» giraron sobre su eje y se replegaron disparando. Ellos habían cumplido su misión. Los alemanes se habían detenido y no podían correr más riesgos, en vista de las pérdidas sufridas. Antes de enviar adelante otras unidades había que tomar la condenada cabeza de puente. Los zapadores de asalto se aprestaban a hacerlo...

Stella alzó el puño fuera del abrigo. Casi simultáneamente, Sibirzev lanzó la primera bomba fumígena, que estalló con una detonación sorda. Se elevó una niebla amarillenta, fluctuante, que se arrastró a ras del suelo, se extendió cada vez más y terminó formando un muro impenetrable para la vista.

La señal había sido dada. En nueve puntos de la sección Baida estallaron otras bombas fumígenas, y que transformaron en una masa lechosa la orilla y la estepa, los altozanos próximos y el monte bajo. Ya no hubo blanco alguno. Ni forma de adivinarlo. Por todas partes se extendía aquella niebla espesa, perezosa.

Los zapadores corrieron al río con su lancha de asalto; también a ellos les protegió la niebla. El teniente Bauer III siguió titubeando. «Eso puede ser una cochina treta —pensó—. Ellas se rodean de niebla, nosotros nos dejamos engañar, avanzamos resueltos y, ¡pang!, nos pescan.»

Las muchachas abandonaron sus posiciones en pequeños grupos y se replegaron. Se llevaron consigo todo cuanto pudieron arrastrar: armas y compañeras heridas. Stella, Sibirzev y cuatro chicas corrieron, amparados por la niebla, al embudo donde yacían Soia Valentinovna y Ugarov unidos por el estrecho abrazo de la muerte.

—¡No podemos llevárnoslos! —gritó Sibirzev—. ¡Sería una locura! ¡Cargar con dos muertos sólo porque se llaman Baida y Ugarov! Vámonos, Stella Antonovna...

—¿Y voy a dejarlos aquí? —replicó ella a gritos.

—¿Y los demás? ¿Son estos dos más valiosos que los otros? ¿Eh? ¡Nadie te lo agradecerá!

—Me lo agradeceré yo a mí misma.

—¡Qué me importa eso!

Sibirzev dio un empellón a Stella y salió corriendo, de vuelta a la seguridad. La niebla lo engulló al instante. Los dos «T-34» esperaron para recoger supervivientes.

Poco después surgió de la niebla Marianka Stepanovna Dudóvskaia, la jovial muchacha de rizoso pelo castaño que aprendiera el oficio de panadera en otros tiempos. Había perdido la gorra y cojeaba un poco porque al correr se había torcido el tobillo izquierdo. Con lágrimas en los ojos, se colocó junto a Stella y miró el cadáver de la Baida.

—Debemos dejarla aquí —murmuró Stella—. Pero me he grabado en la memoria este lugar. Después de la guerra se levantará aquí un monumento. ¡Yo me ocuparé de que así sea! Vámonos...

Las muchachas corrieron agachadas hacia los tanques. Marianka, Stella y una tercera chica se dirigieron hacia el «T-34», que esperaba en el flanco izquierdo. Las tres se dieron de manos a boca con Peter Hesslich.

Entretanto, Hesslich había cambiado de posición al explotar las primeras bombas fumígenas. Como la densa humareda le privaba de campo visual, se había atrevido a abandonar el ramaje protector y vagar entre los grupos. Allí se proponía esperar hasta que aparecieran los hombres de la cuarta compañía o las muchachas se cruzaran en su camino.

Y se cruzaron. Surgieron, fantasmales, de la niebla..., tres figuras furtivas con fusiles a la espalda y cajas de munición al brazo. Pasaron corriendo una tras otra ante él, de izquierda a derecha, exactamente como en Posen, cuando desfilaban siluetas de cartón durante los ejercicios más sencillos.

Hesslich disparó. Marianka Stepanovna dio un salto hacia delante y cayó de bruces. La muchacha que la seguía huyó a escape; la tercera, sin embargo, se detuvo, se agachó y, dando media vuelta a Marianka, examinó el tiro en la frente.

Hesslich se sintió como si le hubiesen asestado un mazazo. Aunque la vaga silueta de un ser humano fuera apenas reconocible entre aquellas brumas blancuzcas y sólo tomara forma concreta a través de la mira telescópica, él supo que la mujer arrodillada allí miraba a su alrededor en actitud expectante. Así pues, se sintió incapaz de levantar el fusil, no pudo siquiera examinar aquella cabeza con la mira telescópica. Quedó petrificado, sin energía ni voluntad, mientras murmuraba para sí: «Corre, corre de una vez, por favor, márchate... ¿A qué estás esperando? Ahora mismo se presentarán ahí... zapadores con lanzallamas..., es la manera más horrible de morir..., un hombre se derrite en ese petróleo llameante... ¡Corre, pues, estúpida, corre, carne de heroína, corre, corre...! ¡Dios mío, dile que debe correr...!»

Stella Antonovna se enderezó muy despacio, miró en torno suyo sin apartarse del cadáver, se volvió hacia todos lados..., y esperó.

«Estás aquí —pensó—. Este disparo es tuyo. Ningún otro podría acertar en estas condiciones. Sé que todos nuestros muertos han sido obra tuya. ¿Dónde estás? ¿Por qué vacilas? Es la guerra, Piotr. Yo soy el enemigo, tal como lo fueron Marianka, y Soia, y Ugarov. Fíjate, te estoy esperando..., ¿acaso no soy un buen blanco?»

Emprendió la marcha despacio, paso a paso, caminó con la

cabeza erguida y la nuca rígida, entre los jirones de niebla. Y Hesslich la observó. Su rostro se descompuso, quiso gritar, pero siguió como paralizado, obsesionado por un solo pensamiento: «¡Corre, Stella..., corre, te lo ruego! Mira, allí espera tu "T-34". ¡Corre y súbete a él! Por favor, por favor... Ya llegan los lanzallamas...»

Stella Antonovna se abrió paso en la niebla como si sus piernas fuesen de madera, aferrando su caja de munición, mirando fijamente al frente.

«¿Por qué no disparas, Piotr? —pensó—. ¿Porque soy una chica? ¡Hay ciento cuarenta y siete alemanes en mi cartilla de aciertos! ¿No te parece una cifra para enorgullecerse? ¡Ciento cuarenta y siete de tu especie! Tú tuviste también éxito hoy. ¡Se te dará una condecoración, seguro! ¡Y ahora te quedas ahí plantado y sin disparar! ¿Por qué no? ¿Porque una vez estuvimos juntos? ¿Porque nos dijimos una a otro, "te quiero"? ¿Es motivo suficiente para claudicar ahora? ¡Estamos en guerra, Piotr! Soy tu enemiga... ¿Acaso importa que esta enemiga tuya se haya abierto de piernas para ti? No... ¿O sí? Debemos aniquilarnos, eso es todo lo que se nos pide, nada de amor... ¡Dispara, Piotr! No titubees más...»

Hesslich contempló, inmóvil, cómo se perdía su figura en la niebla. Entretanto, la lancha de asalto atracó a unos cuarenta metros de él. Los zapadores saltaron a tierra, los primeros lanzallamas encendieron la niebla artificial.

«¡Corre, Stella, corre... —pensó Hesslich dejándose caer en los matorrales—. ¡Ah, Dios, corre...!»

A través de la niebla se oyó el traqueteo de cadenas. Después de recoger a las últimas muchachas de la sección Baida, el «T-34» se alejó estrepitoso. Hesslich se sentó, apretó su fusil entre las piernas y esperó a que los primeros hombres de la cuarta compañía pasaran corriendo ante él. Entonces se les unió como si hubiese estado todo el tiempo con ellos en la orilla. No se detuvieron hasta haber atravesado el muro de niebla.

Los tanques habían desaparecido. Sólo una nube de polvo indicaba la dirección de su huida. También se habían retirado los antiaéreos y los antitanques. Quedaban allí sólo siete piezas destrozadas junto a los retorcidos cadáveres.

La cabeza de puente de Melechovo había cumplido su finalidad: el avance alemán se había paralizado, y no sólo allí, sino en todas partes. Al norte, zona del IX Ejército; en el ala izquierda, al Sur, zona del IV Ejército acorazado y del II Cuerpo acorazado SS. Incluso el XLVIII Cuerpo acorazado, que ocupaba la extrema ala izquierda de la cuña atacante, había avanzado trabajosamente dos kilómetros escasos. La Agrupación Kempf había conquistado Belovskaia, a once kilómetros de las posiciones de partida. El milagro de Kursk no se había producido; el farol que, según esperaba Hitler, paralizaría a Rusia, no resplandecía... Al igual que en Melechovo, los batallones soviéticos habían ofrecido una resistencia encarnizada en todas partes, replegándose con arreglo a su táctica del acordeón. Las diezmadas cuñas alemanas progresaban titubeantes. Su fuerza interna estaba ya rota.

Bauer III pasó lista a los que restaban de su cuarta compañía. Eran cuarenta y tres hombres. Lorenz Von Stattstetten estaba herido: un balazo superficial en el nacimiento del pelo. Ofrecía un aspecto muy atractivo con su vendaje ensangrentado. Su imagen se ajustaba a una foto épica de la Compañía de Propaganda, al pie de la cual se leería en los periódicos alemanes: «Indomable, el soldado alemán marcha al asalto hacia el Este. Hasta los heridos se sienten arrastrados por esa carrera triunfal.» Con todo, los hombres de la susodicha compañía no habían sido los autores del texto. Éste provenía, como casi todos los demás, del Ministerio de Propaganda en Berlín, cuya orientación se ajustaba estrictamente a las consignas semanales de Goebbels.

En la sección de Stattstetten hubo sólo heridos, casi todos de metralla: once hombres que llegaron cojeando, ayudándose unos a otros. Y de aquellos velos brumosos, fragmentados ya por un viento ligero, surgió también Peter Hesslich. Bauer III le miró como a un espectro.

—¿Tú...? —exclamó con evidente alivio.

—Tal como lo ves. —Hesslich se sentó en la hierba. Los sanitarios, que entretanto habían cruzado también el río, empezaron a buscar heridos. Dos «Panther» pasaron raudos a izquierda y derecha de ellos. Se habían arriesgado a vadear el río y, como podía verse, no les había detenido el lodo—. Si lo hubiesen hecho antes, tendríamos ahora mejor aspecto —comentó Hesslich.

—¿Dónde estabas tú, pues? —preguntó secamente Bauer III.

—Aquí.

—Nadie te ha visto. Te hice llamar por ahí y no diste respuesta.

—No era posible, por la sencilla razón de que lo impedía el espacio.

—Explícate.

—Yo estaba aquí.

—¿Qué significa eso?

—Mientras vosotros estabais en la orilla apretando el trasero y hundiendo vuestra bocaza en la arena, yo me había instalado entre las chicas e intentaba hacerles asomar la cresta.

—Tú has... —Bauer III miró, pasmado, a Hesslich—. ¿Tú estabas aquí...? ¿Completamente solo? Mientras que nosotros... ¿Realmente solo y ahí enfrente los tanques...? ¡Vamos, hombre, eso no se lo creerá nadie...!

—Haz que recojan los muertos, y cuenta los tiros en la cabeza —replicó flemático, Hesslich—. Por lo demás, me importa un comino que os lo creáis o no.

—Si eso es cierto —replicó, muy acalorado, Bauer III— tendrás la Ritterkreuz, Peter...

—Más chatarra, todavía... —Hesslich hizo un ademán de rechazo y se dejó caer en la hierba—. Me siento como un mulo de labranza al caer la tarde.

Al cabo de dos horas, todo estuvo listo para reanudar la marcha, exceptuando dos «Tiger». Los heridos fueron transportados al hospital de sangre, los muertos les siguieron embanastados como sardinas y cubiertos con lonas en un camión. Los de la impedimenta les darían sepultura. En el cementerio para héroes de Melechovo. Y los dos capellanes castrenses rezarían el responso y les bendecirían. Caídos por la Patria.

Pero, ¿tiene algo que ver el Donetz con la patria...?

—Hemos hecho prisioneras a nueve mujeres —dijo Bauer III cuando se encaramó a la plataforma del «Tiger» y tomó asiento al lado de Hesslich—. Todas gravemente heridas.

—¡Pobres chicas! —murmuró Hesslich.

—¿Pobres? —Bauer III sacudió la cabeza—. Esta guerra ha terminado para ellas.

—¡Por supuesto! —Hesslich cerró los ojos—. Las ahorcarán.

Envueltos en inmensas nubes de polvo, avanzaron veloces por la estepa, camino del gran objetivo: Korotscha. Allí se tenía previsto formar una tenaza con el III Cuerpo blindado y el II Cuerpo blindado SS, para batir y eliminar a dos Ejércitos soviéticos.

—He sugerido por escrito que se examine y cuente a las mujeres muertas con un balazo en la cabeza.

Bauer III lió un cigarrillo y se lo alargó a Hesslich. Los dos se agarraron con una mano a los asideros de la torre. No era tan fácil viajar sobre un tanque.

—¿Para qué? —inquirió ásperamente Hesslich.

—¿Para qué? ¡Hombre, está claro! ¡Tú solo has limpiado toda una cabeza de puente!

—Exageras. —Hesslich dio una chupada al cigarrillo y miró cómo escapaba el humo. «¿Habrá escapado también ella? —pensó—. Cabe esperar que retiren de primera línea a las muchachas. Han tenido ya suficientes bajas. El utilizar mujeres como soldados de Infantería es una marranada bestial. Y, encima, ellas lo aceptan como un honor»—. Tuve la suerte de tocar tierra debajo de un arbusto. Eso es todo.

—¡Eres un perro insensible! —clamó, indignado, Bauer III—. ¿Dónde y cómo te han cambiado el corazón por un tarugo de acero? Aunque a ti no hay quien te apee del burro, eso sí...

—Tú lo sabrás mejor. —Hesslich miró, pensativo, la interminable estepa. El sol vespertino vertía oro sobre la tierra—. No resulta nunca fácil juzgarse a sí mismo.

Y pensó en los ojos verdosos y azulados de Stella, vio sus labios entreabiertos, sintió el contacto suave de su piel. «Si vosotros supieseis..., si todos vosotros supieseis lo que estoy pensando..., mañana mismo me colgarían del primer árbol.»

El 10 de julio de 1943, la cuarta compañía hizo alto ante la pequeña localidad de Novo Slóboda, en el alto Korien.

Entretanto se había paralizado todo el frente de la ofensiva. En el Norte, donde el IX Ejército debería proyectar una potente cuña hacia Kursk, se había llegado sólo hasta Olchovatka y Poniri, es decir, una distancia equivalente a un pulgar, comparada con el arco de Kursk, que se pretendía limpiar. El Ejército del general Model se había atascado sin remedio. El II Ejército acorazado y el XIII Ejército soviéticos habían formado un cerrojo infranqueable. Su sistema de posiciones escalonadas en profundidad y, sobre todo, sus poderosas fuerzas blindadas y artillería, asociadas a una superioridad total de la flota aérea, constituían un obstáculo absolutamente insuperable.

Model corría al encuentro de una catástrofe.

En el Grupo de Ejércitos «Sur» el IV Ejército acorazado había alcanzado el río Psiol, pero sin conseguir conquistar Prochorovka. El objetivo principal, la plaza de Oboian, cuya ocupación podría suponer el quebrantamiento de cuatro ejércitos soviéticos, se podía ver con tiempo claro y unos buenos prismáticos, pero más allá de eso, todo era un sueño.

Asimismo, la Agrupación Kempf se hundía sin salvación posible...

«Dejadlos venir.» La recomendación de Koniev llegó a ser un oráculo: Ahora los alemanes estaban allí, aferrados por una tenaza de la que no había escape.

En Novo Slóboda, el alférez Von Stattstetten se encontró con su ucraniana, a quien escribiera poemas durante largas horas. La Compañía de Propaganda acompañó a una unidad acorazada para informar sobre el curso triunfal de la «Operación Zitadelle» y para exigir, por altavoz, a los soldados soviéticos dispersos, que rindieran las armas y abandonaran sus escondites con los brazos en alto.

Poco bueno hubo que informar sobre el «farol» preconizado por Hitler. La acción de los altavoces tuvo más éxito. Verdaderamente se atrajo a los milicianos rojos dispersos por la escabrosa región: muchos salieron de cuevas y otros escondrijos. Sólo en aquel sector, más de dos mil rusos marcharon a la cautividad. En toda la zona del Grupo de Ejércitos «Sur» hubo un total de 24.000 soldados soviéticos. Pero esa cifra tan elevada de prisioneros planteaba también un inmenso problema.

¿Cómo llenar veinticuatro mil estómagos adicionales? ¿Máxime cuando el avituallamiento de las divisiones propias creaba ya serias dificultades? El intendente general del IX Ejército tenía sobre su mesa esas cifras, y en verdad se requería mucha presencia de ánimo para no perder la paciencia al revisarlas.

La manutención de los 266.000 hombres del IX Ejército requería 5.320 toneladas de víveres sólo para diez días, lo cual representaba ¡266 vagones de mercancías llenos hasta los topes! A ello se sumaban 12.300 toneladas de munición, cuyo transporte requería 615 vagones de mercancías. Había 50.000 caballos distribuidos entre los antiaéreos, la artillería de campaña, los avantrenes, batidores, impedimenta, patrullas rápidas de reconocimiento, etc. Para esos 50.000 caballos se necesitaba 6.000 toneladas de pienso. Por añadidura, la guerra con fuerzas acorazadas, es decir, una guerra donde intervenía fundamentalmente la máquina, para desarrollar una ofensiva eficaz, exigía combustible, aceite lubricante, grasa... Y en este caso eran necesarios 82 trenes especiales, gigantescas serpientes de vagones-tanque para transportar 11.182 toneladas de material.

¿Qué quedaba, pues, para el sustento de veinticuatro mil prisioneros?

Sea como fuere, el jefe de la unidad propagandística se enorgullecía de que sus altavoces sacaran de sus escondrijos con tanta eficacia a los soldados soviéticos. Su vehículo blindado recorría el país tras las vanguardias de asalto. Las consignas resonaban sobre estepas y aldeas arrasadas, florestas y cuencas fluviales.

«¡La guerra ha terminado para vosotros, camaradas soviéticos! ¡Podréis seguir viviendo! ¡Podréis contribuir a la creación de una Rusia nueva y más feliz! Sin hambre, sin opresión, sin esclavitud, sin el mal uso de vuestro trabajo. ¡Venid a nosotros con las manos sobre la cabeza! ¡Así comprobaremos vuestra buena disposición para dar fin a esta guerra descabellada! ¡Camaradas soviéticos: lo habéis conseguido! ¡Podréis vivir!»

Tales palabras no dejaron de surtir efecto. ¡Sobrevivir! ¡Terminó la guerra! ¡Una Rusia nueva! Paz...

El alférez Von Stattstetten, que había conducido a retaguardia a un grupo de heridos, estaba en el puesto de socorro avanzado esperando el camión que le llevaría de nuevo a su cuarta compañía. Fumaba un *papirossa* producto del botín arrebatado a una compañía de transporte soviética. Su herida de cabeza había echado costra, pero aún le escocía un poco, y aunque siguiera llevando su atractivo vendaje, no se sentía ya como un herido de guerra. El médico de la Plana Mayor, que había instalado su quirófano bajo una tienda y, ayudado por un médico auxiliar y tres sanitarios, operaba sin interrupción, le había propuesto colgarle del cuello un salvoconducto y despacharle a retaguardia, pero Stattstetten lo había rechazado.

—Naturalmente lo enviarán de vuelta —dijo el doctor—. Pero hasta que el hospital de sangre decida devolverle al frente con catapulta, pueden transcurrir muy bien ocho días. ¡Y quién sabe lo que habrá pasado aquí dentro de ocho días! Eso podría ser su seguro de vida...

El médico auxiliar Helge Ursbach se había quedado delante con la tropa para prestar asistencia en plena acción. Ayudado por dos sanitarios, recogía a los heridos y les facilitaba el transporte. También cuidaba de los heridos soviéticos como si fueran sus propios camaradas, lo cual requería, claro está, un gasto considerable de vendajes y medicamentos. Quien transportase heridos debería recoger más material del puesto de socorro, y, por tanto, Stattstetten esperaba también que el doctor de la Plana Mayor le diera los dos cajones prometidos.

—Esto no puede seguir así —le había dicho el doctor en una pausa entre operaciones—. Hágale saber lo siguiente a mi joven colega del frente: si él se propone envolver en gasa a medio Ejército Rojo, ¡no tardaré en quedarme sin un mísero recorte para cubrir siquiera un pinchazo! ¡Lo sé, lo sé, el médico debe estar para todos! ¡Pero es imposible robarle la cartera a un hombre desnudo! También a mí me falta el suministro...

Como quiera que el avance se estancó cuando las tropas soviéticas atrincheradas ante Prochorovka y Korotscha decidieron no ceder ni un palmo más de terreno, la Compañía de Propaganda se retiró del frente. Ya no hubo más desbandadas soviéticas..., y el pedir a una fuerza combatiente que rindiera las armas pareció demasiado estúpido, incluso para el jefe de la CP.

Stattstetten respingó como si le hubiera alcanzado una bala cuando se oyó súbitamente un grito agudo, y una voz femenina pronunció su nombre.

—¡Lorenz! ¡Oh, Dios mío, Lorenz! ¡¿Eres tú?!

La sorpresa y la felicidad le incapacitaron para correr a ella con los brazos abiertos. Fue tan grande su regocijante sobresalto, que no pudo emitir ni un sonido. Sólo sus ojos captaron la figura con falda y camisa grises que corría a su encuentro, la rubia melena que enmarcaba la cabeza, las manos que se le tendían ya en plena carrera.

Por fin llegó y, echándole los brazos al cuello, le besó. Fue entonces cuando se acabó la parálisis. Stattstetten la estrechó apasionadamente contra sí y creyó morir de alegría.

—Olga Fedorovna... —balbuceó cuando la boca de ella se separó un momento de la suya—. Olitschka... ¿Dónde..., de dónde vienes? ¡Ah, tú..., tú...! —Nuevamente la estrechó contra sí, le cubrió de besos el rostro haciendo caso omiso de las voces que daban los heridos a su alrededor—: «¡Más hondo! ¡Más hondo! ¡No vale tocar debajo de la falda!» —Éstas fueron las frases más inofensivas.

Más tarde, ambos se sentaron en la hierba entre avantrenes y camiones-taller, entrelazaron las manos, unieron sus cabezas y apenas pudieron respirar porque sus corazones tocaban a rebato y la sangre circulaba por las venas más aprisa de lo que éstas podían soportar.

—¿Estás herido? —preguntó ella por quinta vez.

Y él contestó:

—Es sólo un rasguño. Ya está curado. Verdaderamente no necesito para nada el vendaje.

—¡Mi pobre querido! ¡Mi pobre, pobre querido!

Una vez más le acarició y besó, y él le puso la mano en los pechos llenos y notó, con verdadero éxtasis, los latidos acelerados de aquel corazón.

Luego sus dedos le desabrocharon la camisa y se deslizaron por aquella deliciosa desnudez, mientras ella le miraba con sus inmensos ojos azules de niña.

—Te quiero... —dijo él—. Simplemente «te quiero»... Tan sencillo y universal, tan natural y rotundo.

Ella afirmó en silencio, le cogió la mano libre, y se la llevó al regazo y suspiró cuando los inquietos dedos comenzaron a explorar.

—Te he escrito cada día, Olga —dijo Stattstetten con la garganta seca—. ¿Sabes cuántas cartas han sido? ¡Una verdadera montaña! Arrastro siempre conmigo un saco de lona lleno. Te he enviado, seguro, diez cartas...

—No ha llegado ninguna, querido.

—A tu estafeta postal...

—Nada..., absolutamente nada. —Ella suspiró, disfrutando de su mano acariciante—. ¿Y qué escribías?

—Del cielo y el infierno, sobre Dios y el mundo..., y sobre nosotros. He escrito pequeñas historias, poemas, versos... Tú estabas siempre conmigo..., siempre... ¡Cuántas veces te he dedicado en el pensamiento una poesía...!

—Ahora estoy aquí. —Ella escondió el rostro en su cuello y empezó a temblar—. Dime una poesía...

Él alzó la cabeza y miró al cielo. No apartó las manos de los pechos ni del regazo.

Le habló del verano y de los girasoles, de la esperanza y del reencuentro.

Ella le tapó la boca y le interrumpió con un beso.

—No sigas hablando —susurró—. No más hablar... Ven...

Se levantaron, marcharon cogidos de la mano hacia un camión-taller apartado, entraron en él y cerraron la puerta. Olía a diesel y grasa rancia. Se unieron sobre una manta pringosa.

—El mundo entero está repleto de girasoles —musitó ella en un momento de aquellos minutos fugaces—. Tierra y cielo están llenos de girasoles. —Y él habló, hundiendo el rostro en su melena rubia, sudorosa—: No veo ni oigo nada... sólo te siento a ti, sólo a ti..., tú lo eres todo...

Al amparo de la noche, el alférez Von Stattstetten regresó a la cuarta compañía con un camión-cuba, dos cajones de material sanitario, una saca pequeña de correo y un cargamento especial de coñac. Allí le esperaba impaciente el médico auxiliar Ursbach. Unas patrullas de exploración se habían topado con unidades, originándose el consiguiente tiroteo. Al norte de Novo Slóboda, en el curso superior del Korieni, los soviéticos habían levantado una fortaleza. No se podría seguir adelante sin un considerable apoyo artillero. Los comandantes de las tropas alemanas desplegadas en aquella zona opinaban unánimemente que cualquier tipo de asalto ocasionaría grandes pérdidas. Y nadie podía permitirse tal cosa, pues las reservas estaban agotadas. El OKH no las facilitaba. Hitler había denegado la apremiante petición del mariscal Von Manstein en el Cuartel General del Führer, solicitando que se lanzara a la batalla la división SS «Viking» y el XXIV Cuerpo blindado, junto con la XVII división acorazada.

En la mañana de aquel 10 de julio de 1943 sobrevino la catástrofe que tantos temieran y preconizaran en el Sur: las tropas aliadas —excelentemente situadas al dar fin la misión africana del maltrecho Ejército «Rommel»—, desembarcaron en Sicilia para desgarrar el frente desde abajo. La situación fue insostenible. Los italianos no ofrecieron la menor resistencia, depusieron las armas y se entregaron o se desperdigaron por las montañas sicilianas. Hitler, que había contado ya con la pérdida total de la isla, quiso evitar, sin embargo, que la invasión se extendiera al continente. ¡Así, pues, en vez de reforzar las tropas del frente oriental, el Führer ordenó separar algunas divisiones para formar un nuevo Ejército de Italia!

Por tanto, ahora, cada hombre fue insustituible; cada riesgo que acarrease muchas bajas, inaceptable. Se precisó un compás de espera. Aunque nadie supiera para qué. Sólo una cosa fue segura: tras un solitario éxito inicial con una ganancia de 35 kilómetros, empezó la pugna por cada metro de terreno.

¡Y Kursk tan distante todavía...!

Desde el *hinterland* ruso acudieron a marchas forzadas por la vasta estepa los refuerzos soviéticos. Sólo en el sector de Prochorovka, el general Koniev hizo desplegarse al V Ejército acorazado de la Guardia y al II Cuerpo acorazado de la Guardia. Tropas de refresco magníficamente pertrechadas.

—En Novo Slóboda debe de haber todavía heridos —dijo Ursbach dando un abrazo a Stattstetten—. ¿Sólo dos cajones?

—Son los últimos...

—¡No vengas con mierdas, Lorenz!

—¡No tienen más! Es un desastre..., el comandante médico está haciendo lavar las vendas usadas.

—¿Algo nuevo, aparte eso? ¿Consignas de letrina? El cincuenta por ciento de ellas son ciertas casi siempre...

—He visto otra vez a Olga Fedorovna —dijo Stattstetten con mirada ensoñadora. Sus ojos brillaron febriles. Ursbach le miró perplejo.

—¿A quién has visto?

—A Olga Fedorovna Nasarova, del Escalón Especial III CP. ¡Pero si ya te hablé de ella!

—¿La chica a quien le escribías cartas y poesías?

—Sí.

—Hombre, Lorenz, ¿acaso es real?

Stattstetten miró, indignado, a Ursbach.

—¿Qué te habías creído?

—Disculpa. Pero yo me había dicho siempre: «Déjale soñar... Quizá lo necesite, él busca algún asidero en estos tiempos horribles y se ha inventado a una pequeña ucraniana. La lejana e inalcanzable amante, la figura de ensueño que infunde fuerza y aliento. Hay hombres que necesitan cosas así, que no aguantan si no pueden dirigirse a una figura ideal.»

—Entonces, ¿me has tomado por loco?

—No, pero sí por un joven muy sensible. ¡Y ahora resulta que esa Olga es real! ¿E iba con la impedimenta?

—Volvía del frente. Allí había hecho llamamientos a los soviéticos en desbandada. —Stattstetten dejó caer la cabeza—. Cuando termine la guerra —murmuró— me casaré con ella. Después de conocer a Olga no habrá para mí ninguna otra mujer, ¿puedes comprenderlo, Helge? Un amor así se da sólo una vez...

El médico auxiliar Ursbach pasó un brazo por la espalda del alférez.

—¿Que si puedo, muchacho? Fue fantástico, ¿verdad?

—Estuvimos en un vehículo de material hasta que alguien aporreó la puerta y gritó: «¡Basta de joder! ¡Necesito una lata de lubricante!» Bueno, Helge, jamás he sido tan feliz...

—Pero la guerra continúa, querido alférez Lorenz. —Ursbach le dio un puñetazo amistoso en el costado—. Ahora debo ir a recoger heridos.

—¿Ahora? ¿En plena noche?

—Un balazo en el pulmón no puede esperar hasta el alba. He hablado ya con el comandante de los blindados. Dispararemos bengalas con paracaídas, y bajo su luz registraremos los campos. Quizá colaboren los rusos e incluso nos estén agradecidos.

—¡Humanitarismo en el matadero!

—Alégrate de ello..., ¡son los últimos residuos de humanitarismo en nosotros!

Acompañados de tres sanitarios, Ursbach y Stattstetten se presentaron en la vanguardia de las fuerzas acorazadas. La cuarta compañía estaba también estancada allí y había desplegado su gente por aquel terreno ondulado. Novo Slóboda era una aldea muy dispersa. Había un pequeño núcleo urbano y numerosas granjas desperdigadas por los alrededores. Entremedias, huertos y campos de labranza, pastizales con majadas cercadas de troncos para ovejas y cerdos. Todo estaba abandonado, calcinado, ametrallado. Los alemanes ocupaban la mitad de la aldea; la otra mitad, hasta el río, estaba en manos de los soviéticos. Allí se había reedificado cada ruina como un pequeño fortín. Más allá, en el gigantesco semicírculo desde Oboian hasta Korotscha, las divisiones acorazadas rusas habían hecho suya una propuesta que —¡temeridad inaudita!— contradecía la orden expresa de Stalin, a saber: «Todas las unidades acorazadas deben mantenerse prestas para la ofensiva.»

El comandante general Nikita Kruschev, actuando como general asesor político del Politburó —conocido ya por su papel en primera línea ante Stalingrado— había dispuesto que todas las unidades acorazadas disponibles ¡se atrincherasen en terreno accidentado, bosques y estepa abierta! Así se había formado un frente masivo de fuego, un cerrojo de férreas casamatas artilleras contra el que se estrellaban los ataques alemanes. Con los medios a disposición de los Ejércitos alemanes, esa línea era infranqueable. La decisión de Kruschev había hecho historia militar.

Bauer III, cuyo puesto de mando estaba instalado en un granero, recibió a su alférez con gesto agrio, y dejó a un lado las cartas que estaba escribiendo.

Distinguida Frau Schneider, apreciado Herr Schneider: su hijo Franz, uno de mis mejores soldados y un camarada muy apreciado por todos nosotros, ha caído hoy a mi lado durante el asalto a la aldea de Novo Slóboda, cumpliendo así valientemente su juramento al Führer y a la Patria por una Gran Alemania. Enorgullézcanse ustedes, pues murió para que nosotros, la Patria, nuestros hijos y nietos podamos vivir en paz...

Él había escrito ya muchas cartas de ese tipo, siempre con el mismo texto. Sólo variaban el nombre del caído y el escenario del combate. Y muchas veces, cuando la muerte había sido demasiado espantosa, Bauer III agregaba: *No sufrió. Murió en el acto. Hoy le hemos enterrado con honores militares. Les enviaré una foto de su tumba a la primera oportunidad...*

Bauer III no tenía máquina fotográfica. Pero los padres o la esposa lo creían así, aguardaban esperanzados y se decían, aunque no llegase foto alguna: «No sufrió. Y tiene una hermosa tumba. Con cruz y flores. Quizá podamos visitarla cuando termine la guerra...»

Nadie sabía aún que los soldados soviéticos —cumpliendo órdenes de Stalin— arrasaban todas las tumbas alemanas en las regiones reconquistadas, para que ningún héroe alemán descansara en tierra rusa. Los Ejércitos de muertos se esfumaban en la nada...

—¡Es para vomitar! —exclamó Bauer III interrumpiendo su carta al matrimonio Schneider—. Otra vez dos muertos. ¡Y otra vez tiros en la cabeza! Hesslich tenía razón..., están ahí de nuevo ante nosotros...

—¿El batallón de mujeres? —preguntó Ursbach con voz ahogada.

Y recordó, sin poder evitarlo, a Lida Ilianovna, la estudiante de Odontología que matara a Plötzerenke. No obstante, él, Ursbach, la había besado. Considerándolo de forma retrospectiva, lo vio como un acto demencial y lo disculpó diciéndose que el asalto imprevisto de las mujeres debió de haberle causado un trauma. No encontró ninguna otra explicación..., aunque pensara a menudo en Lida Ilianovna.

—Sí. ¡Nuestras diabólicas hembras! Se escabullen entre las ruinas de la aldea ¡y fotografían todo lo que se mueve por aquí! Como decía el viejo Ben Abika, todo se repite en este mundo. Parece casi un juego habitual entre amiguitos. ¿A quién le harán primero un agujerito en la cabecita?

—¿Y dónde está Hesslich?

—¡En camino! —Bauer III sonrió alicaído—. Apenas se enteró de que las tetas heroicas están ahí enfrente..., salió de estampía. Con una mochila llena de munición, seis granadas de mano y su puñal. No hay forma de pararle. Se comporta como el semental que olfatea a la yegua. —Miró a Ursbach—. ¿Realmente quieres salir?

—Debo hacerlo.

—Con tus bengalas chafarás la incursión de Hesslich. Imagínate que iluminan toda la zona y descienden sobre un huertecillo donde se oculta Hesslich. ¡Listo para caer como un muñeco de cartón!

—¿Cuántos hombres te faltan todavía, Franz? —inquirió Ursbach sin alterarse.

—De mi compañía tres...

—Entre las patrullas de los blindados hay una dotación que aún no ha regresado. Estarán todavía dentro de su armatoste, o quizá muertos o heridos a su lado. Nadie puede socorrerles. Sólo yo tengo carta blanca...

—¿Quieres decir con bandera blanca y brazalete de la Cruz Roja?

—Sí. Y por eso me largo ahora mismo.

—¿Y qué hay de Hesslich, el cazador solitario?

—Deberá apretar el culo cuando las bengalas partan hacia arriba. No es un bisoño...

Después de desembalar los cajones y revisar el material, Ursbach se despidió de Bauer III, enrolló la bandera de la Cruz Roja y marchó directamente, con sus tres sanitarios, a la tierra de nadie. Llevaron consigo dos camillas plegables y se pusieron anchos correajes de porteador.

A la salida de la posición, en el último puesto avanzado, les esperaba Stattstetten, que había cambiado su vendaje blanco por un esparadrapo poco llamativo.

—¿Me dejas acompañarte? —preguntó. Ursbach se detuvo, desconcertado—. Yo puedo cargar también con un camarada.

—No me queda ningún brazalete de Cruz Roja, Lorenz.

—Si voy junto a vosotros... Hoy necesito hacer algo, ¿comprendes? No puedo pasarme toda la noche cavilando, sin hacer nada. No puedo quedarme solo..., os necesito, camaradas. Ayudaré, buscaré, arrastraré, vendaré..., haré cualquier cosa que me impida pensar en Olga. ¿Lo entiendes?

—¡Acompáñanos! Pero habría sido preferible que te hubieses dejado tu vendaje. Así, todo el mundo vería que estás fuera de combate...

Enarbolando la bandera blanca, emprendieron la marcha, caminaron hasta suponer que se encontraban en terreno neutral. A su alrededor se veían las ruinas de dos granjas, con sus correspondientes graneros y una fragua. Inesperadamente, en algún lugar de aquel paisaje desolador, se oyeron voces, luego quejidos, gritos contenidos y gemidos prolongados.

Ursbach disparó la primera bengala. Una claridad espectral se extendió por todo el lugar, quedó colgando del paracaídas bajo el tenebroso cielo nocturno y descendió, balanceándose perezosamente, sobre las ruinas. Deslumbrados por un momento, todos permanecieron quietos y parpadeantes. Ante su vista apareció un huerto donde florecían hortalizas bajo unos perales y cerezos desmochados. Y, ante ellos, tres muchachas del batallón femenino con uniformes pardos. Cuando la bengala partió entre silbidos, ellas se habían enderezado raudas, dejando caer una figura oscura. Y ahora, la figura empezó a gemir.

Ursbach agitó la bandera. Los sanitarios se alinearon a su lado mostrando las camillas. Lo mismo hizo Stattstetten, llevándose las manos a la espalda.

Lida Ilianovna miró con ojos desorbitados a Ursbach. Estaba detrás de Galina Ruslanovna, quien empezó a frotarse las manos y respirar con dificultad. Al fondo, acechaba Maia Semionovna, la más joven de la sección, que hoy hacía el papel de sanitaria. La sección, compuesta poco antes por 239 bravas muchachas, se había quedado reducida a 87 camaradas, bajo el mando de Stella Antonovnna. Sería ascendida muy pronto a teniente, y entonces se le daría oficialmente el mando de la tropa. También se la había propuesto para el título de «Heroína de la Unión Soviética». Koniev y Kruschev le impondrían personalmente la condecoración y la estrecharían contra su corazón. Ahora bien, eso sería cuando se desbaratase la ofensiva alemana...

Sibirzev demostró ser un buen lugarteniente. Entretanto, había tomado como amante a la regordeta Gulnara Vladimovna, o, para ser más exactos, Gulnara le había sorprendido en la ducha y se había ofrecido inmediatamente a frotarle en los lugares que más le apeteciera. De resultas, Sibirzev no se había puesto más los pantalones durante aquel día. Todo el mundo había esperado y deseado algo parecido. Gulnara había sido muy elogiada, porque, al cuidarse asiduamente del disoluto individuo, libraba a las demás de sus asechanzas.

Pero, como jefe de tropa, Sibirzev procedía siempre con mucha vista. Colocaba a su pelotón allá donde se pudiera ganar prestigio, aunque en realidad hubiese poca acción. Desde las grandes pérdidas sufridas en la cabeza de puente de Melechovo, la gente se había hecho cautelosa. Por eso mismo Stella Antonovna celebraba el poder permanecer allí, en Novo Slóboda, donde la sección podía dedicarse a su tarea específica: el combate individual y asesino de las tiradoras escogidas. El teniente Bauer III había percibido ya de dónde soplaba el viento.

—¡Soy médico! —dijo Ursbach con sonora voz avanzando un paso—. Me llamo Helge Ursbach. ¿Habla usted alemán?

—¡Sí!

La voz de Galina fue áspera. Sus ojos negros brillaron al crudo resplandor.

—¡Magnífico!

—¡No necesitamos tu ayuda!

—Tú eres también doctora, ¿no?

—Sí. Galina Ruslanovna Opalínskaia. Estáis molestando...

—Busco a nuestros heridos.

—¡Aquí no hay ninguno!

—¡Es imposible!

—¡Cuando digo que no hay ninguno..., es que no lo hay!

—Nos faltan un par de hombres.

—Quizás estén muertos.

—¿Y quién grita ahí detrás? Y ese que gime...

—Camaradas nuestros.
—Me gustaría comprobarlo.
—¡No! —La Opalínskaia alzó la mano derecha y apuntó al frente—. ¡Vuélvete! ¡Esto es tierra soviética!
—Según la Convención de Ginebra...
—¡Ginebra es ridícula! —Galina Ruslanovna sacudió la cabeza. Sus mechones negros le cubrieron el rostro como un velo hecho jirones. Detrás de ella, Lida y Maia cortaron hasta el cinto la camisa del jadeante herido. Con cada resuello salía tejido pulmonar del pecho—. ¿Para qué necesita la Rusia soviética a Ginebra? ¿Para oírle decir lo que ha de hacer? ¡No necesitamos maestros! El mundo debe aprender de *nosotros*...
—¡Santo cielo! —Ursbach hizo una señal al sanitario que estaba a su lado, lo cual quiso decir: «Prepara otra bengala»—. ¿Vamos a seguir conversando sobre el orgullo nacional mientras los heridos gritan en torno nuestro?
—¡Yo no necesito lecciones! —gritó, enfurecida, Galina—. ¡Tampoco necesito ayuda! Aquí no queda ya vivo ningún fascista.
—Eso es otra cosa.
Ursbach hundió la cabeza entre los hombros. «¡Qué hembra tan satánica! —pensó lleno de amargura—. ¡Y, por añadidura, doctora! Su belleza es fascinante, su voz tiene gran atractivo, pese al tono mordiente. Pero ella es como la araña hembra que devora al macho después del escarceo amoroso.»
—Entonces, nos llevaremos a los muertos.
Galina miró de hito en hito a Ursbach con ojos entornados. El pelo rubio del médico auxiliar surgía, enmarañado, de la gorra. Durante las últimas semanas, no había tenido tiempo de hacérselo cortar. Además, detestaba el corte militar, cuya longitud se solía medir con la profundidad de un plato sopero que el sargento colocaba sobre la cabeza al joven recluta. Ahora, como médico, Ursbach disfrutaba de ciertas libertades. Nadie le denostaba porque llevase el pelo demasiado largo.
—¡No más luces! —exclamó secamente la Opalínskaia, cuando el sanitario alzó la pistola—. ¡Nada de luces!
—Debemos buscar...
—Es una orden: ¡nada de luces!
—¿Quién manda aquí? —preguntó atónito, Ursbach.
—¡Yo! ¿Quién eres tú? ¡Médico! ¡Ah, vaya! ¡Médico de los fascistas! ¡Curas a los hombres para que sigan asesinando a hombres, mujeres y niños soviéticos! ¡Buscas cadáveres para enterrarlos en la sagrada tierra rusa! ¿Pretendes contaminar la tierra rusa con esos muertos alemanes? ¿Ves ahora lo ridícula que es la Convención de Ginebra?
En ese instante, Lida Ilianovna se incorporó y reconoció las facciones de Ursbach. A él le ocurrió lo mismo; su corazón dio un brinco. Sintió sequedad en el paladar, escozor en las encías.
—¡Dios mío, Lida! —exclamó con voz ronca—. Eres tú, Lida. Nos..., nos vemos otra vez...

Galina Ruslanovna alzó los hombros, echó una ojeada al herido y comprobó que ya no había forma de ayudarle. Se le podría trasladar a un hospital de sangre, pero el desgraciado no sobreviviría al viaje. Y allí, en primera línea, era imposible operar una herida de metralla.

Ursbach quiso acercarse a Lida Ilianovna, pero la pequeña Maia Semionovna contorneó súbitamente a la Opalínskaia y le encañonó, apuntándole a la cabeza.

—*Stoi!* —gritó con voz clara, todavía infantil—. *Stoi!*

Lida Ilianovna se quedó plantada, con los brazos caídos, pálida al resplandor de la bengala descendente. No movió ni un músculo. Junto a ella resolló el moribundo.

—¡Ajá! ¿Le conoces? —preguntó Galina sin mirarla—. ¡Cuántas cosas salen a relucir! ¿Dónde le conociste? ¡Tal vez estaríais los dos buscando heridos y luego os pondríais a joder en cualquier embudo de granada! ¿No fue así? ¡La benigna Cruz Roja, la hermosa bandera! ¿Te has limpiado después con ella?

—¡Cállate! —Lida bajó la voz—. ¡No digas más infamias! Procura callarte...

—Y él tiene pelo rubio. —El tono de la Opalínskaia fue aborrecible—. Pelo rubio en todas partes, ¿verdad? Yo no he visto nunca a un hombre que tenga pelo rubio en todas partes. ¿He de preguntárselo a él?

—Quieres que termine aborreciéndote, Galina?

«¿Qué ocurre con éstos? —pensó, amargada, la Opalínskaia—. Ya lo sospechaba. ¡Estos hombres deben de estar infectados con un bacilo muy singular! Primero la imperturbable Schanna, luego Stella Antonovna, la gran heroína, y ahora Lida Ilianovna..., ¡no hay más que ver cómo se le animan los ojos! ¿Qué les pasa a éstas?»

Miró nuevamente a Ursbach, quien acababa de dar un codazo al sanitario. «Suelta otra bengala..., ¡ésta se está apagando!» Pero el sanitario no se movió. Pareció mirar, hipnotizado, el fusil de Maia. «No estoy cansado todavía de la vida —pensó—. Lo del brazalete es una cuestión bastante peliaguda. No se sabe nunca con quién tendrás que habértelas, o si ese alguien querrá acordarse de la Cruz Roja. Esta doctora, esta carroña negra, es de esas personas que más tarde dicen ser daltonianas y haber confundido el rojo con el azul.»

La bengala se fue extinguiendo muy despacio, mientras se acercaba con su paracaídas a tierra. La luz palideció y proyectó sombras cada vez más largas. Galina Ruslanovna avanzó dos pasos hacia Ursbach. La pequeña Maia hizo inmediatamente lo mismo; el cañón de su fusil apuntó ahora a Stattstetten. Cuando ella vio que éste no llevaba brazalete, sus ojos se dilataron y adquirieron una extraña fijeza. Stattstetten no se movió. Miró fascinado a Galina Ruslanovna y comparó su salvajismo apenas reprimido con la ternura de Olga Fedorovna.

—¡Dámela! —dijo, absorto, al precavido sanitario.

Arrebatándole la pistola lanzacohetes, apuntó al cielo nocturno y disparó el proyectil luminoso. Simultáneamente la pequeña Maia

Semionovna, de cándidos ojos azules, apretó el gatillo y la bala alcanzó al alférez entre los ojos, a una distancia de cuatro metros escasos. Sí, la delicada Maia lo había aprendido bien a sus diecisiete años. ¡Menudo disparo! Seguro que la elogiarían y se depositarían grandes esperanzas en ella.

Lorenz von Stattstetten salió proyectado hacia atrás por el certero balazo. La fuerza del impacto le arrancó un trozo del frontal. Cayó dando media vuelta y empuñando todavía la pistola lanzacohetes.

Lida Ilianovna saltó sobre Maia cual un gato montés, le arrancó el fusil de las manos y la golpeó con ambos puños. Cuando la pequeña Maia intentó protegerse la cabeza con los brazos, recibió golpes aún más fuertes en el cogote. Entonces empezó a gritar y se tiró al suelo, utilizó los pies para defenderse y lanzó grandes berridos cuando Lida Ilianovna le golpeó las costillas con sus sólidas botas.

Los sanitarios permanecieron estáticos. Ursbach, que había girado sobre sí mismo después del disparo, se arrodilló junto al exánime Stattstetten. Luego miró descompuesto a Galina Ruslanovna. Ésta se mantuvo hierática entre él y la enloquecida Lida, hundió las manos en los bolsillos de su pantalón y proyectó hacia fuera el labio inferior, como si quisiera escupir.

—¡Asesina! —rugió Lida asestando un furioso puntapié a la llorosa Maia—. ¡Maldita asesina! ¡Te mataré a golpes!

—Ordené que no se disparara bengalas —dijo, muy tranquila, la Opalínskaia—. Maianka no ha hecho más que cumplir con su deber. Le hacía frente un enemigo con una pistola. No le pegues más, Lida. ¡Para ya!

—Estaba indefenso y se hallaba bajo la bandera de la Cruz Roja —dijo Ursbach levantándose y acercándose a Galina—. ¿De qué sirven ahora las protestas? Pero sí quiero decirle que la desprecio. Como doctora en Medicina y...

—Está bien. —La Opalínskaia hizo una mueca burlona—. Eso nos ahorra muchas cosas. —Señaló con la cabeza el cadáver de Stattstetten—. Él no llevaba brazalete. ¿Por qué?

—No nos quedaban más.

—¿Era médico?

—No.

—¿Pertenecía al cuerpo de Sanidad?

—Yo le había pedido que me ayudara. Desde ese instante le amparó la Convención de Ginebra.

—¡Otra vez Ginebra! ¡Tú has llevado contigo un asesino fascista al amparo de la Cruz Roja! Tú la has deshonrado, la has manipulado, has violado la inmunidad del médico. —Dicho esto, la Opalínskaia fulminó con la mirada a los tres sanitarios, que parecían petrificados junto a su teniente médico—. Vosotros podéis marcharos. ¿Me oís? ¡En marcha! ¡Inmediatamente! Aquí no hay ningún trabajo para vosotros. Ningún alemán herido. ¡Largo! ¡Fuera!

Los tres titubearon y miraron de reojo a su teniente médico.

Éste miró a su vez hacia Lida Ilianovna, que se había apartado de la quejumbrosa Maia y estaba jadeando, limpiándose con ambas manos el sudor del rostro a la cruda luz de la segunda bengala. Mientras tanto, el herido ruso había enmudecido. Su cuerpo estaba encogido sobre la hierba, y en la enorme brecha del pecho no se agitaba ya nada.

El brazo derecho de la Opalínskaia se alzó como una lanza y apuntó a Ursbach.

—¡Tú nos acompañarás!

—¡No puedes hacer eso! —Lida avanzó unos pasos y se interpuso entre Ursbach y Galina—. Tiene vía libre.

—¿Quién se la ha dado? ¿Tal vez Ginebra? —La Opalínskaia ladeó la cabeza y estudió a Ursbach como quien examina un caballo en la feria de ganado—. ¿Acaso le ampara su bandera blanca? No hay negociaciones ni acuerdos entre nosotros. Él se presentó aquí sin más ni más. Sencillo, ¿eh? ¡Cualquiera puede venir agitando una cosa blanca y, automáticamente, deja de ser enemigo! ¿Para qué hacer guerras si se puede arreglar todo con banderas blancas? —Su brazo continuó enhiesto—. ¡Tú nos acompañarás!

—No pienso hacerlo. —Ursbach levantó la voz—. Me remito a...

—¡Se remite!

La Opalínskaia soltó una risotada estridente e hizo una seña a Maia. La pequeña, que entretanto se había rehecho, miró con odio a Lida, recogió el fusil del suelo y se acercó, cojeando, a la doctora. Cuando pasó delante de Lida, le escupió en el pecho. Lida levantó la mano para golpearla, pero Maia se escabulló a tiempo.

—¡Escucha, médico alemán! ¡Eres un enorme idiota! Yo, Galina Ruslanovna, pisando el suelo de mi patria, te digo: ¡Nos acompañarás, agresor! ¿Te atreves a negarte? ¡Cuánta torpeza!

Acto seguido, Galina avanzó unos pasos hacia los sanitarios, les arrancó los brazaletes de la Cruz Roja y los tiró hacia atrás por encima del hombro. Los sanitarios no pensaron, ni mucho menos, en defenderse. Les apuntaba el fusil de la pequeña y encolerizada Maia Semionovna.

Galina Ruslanovna se volvió hacia Ursbach, a cuyo lado se había puesto Lida. «Hermosa pareja, vistos así juntos a la luz pálida de la bengala, erguidos y disparatadamente orgullosos.»

La Opalínskaia sonrió melancólica.

—¿Dónde está ahora tu Convención de Ginebra? ¿Quién lleva aquí brazalete? No veo a ninguno. ¡Sólo veo fascistas que han irrumpido en mi país! ¡Invasores que encima se enorgullecen de cada metro conquistado! ¡Qué fácil sería decir ahora: «Maia Semionovna, aquí tienes cuatro palotes para tu cartilla de aciertos!»

—¡Eso sería asesinato! —gritó Ursbach—. ¡Asesinato puro y simple!

—¿Acaso es la guerra otra cosa que un asesinato? Pero seremos magnánimos: esas tres lastimosas figuras pueden reunirse con sus camaradas. Nosotros los aniquilaremos muy pronto dondequiera que estén. Pero tú te quedarás.

Los tres sanitarios miraron al médico. Ellos supieron que sus vidas dependían ahora de él. Pero no dijeron palabra. Esperaron su decisión en silencio.

—Largo, muchachos... —dijo Ursbach con voz ronca e intentando sonreír—. Ya saldré del paso. Ya os enviarán otro médico...

—Mi teniente... —El sanitario del centro tartamudeó e, inesperadamente, rompió a llorar—. Nosotros no podemos... ¿Y usted?

—¡Dad media vuelta y corred como si os hubieran puesto pimienta en el trasero! —les gritó Ursbach—. ¡Es vuestra última oportunidad, muchachos! Ya no lleváis brazaletes. ¿Es que no os dais cuenta?

Los tres sanitarios se cuadraron y saludaron como a una voz de mando. Luego dieron media vuelta marcialmente y se alejaron marcando el paso por la aldea destruida hacia las posiciones alemanas, sin volver ni una vez la cabeza.

—Muy dramático —comentó, irónica, la Opalínskaia, y, a una señal suya. Maia bajó el fusil—. Sólo ha faltado la música. ¿Una marcha quizás? ¿O las notas épicas de Wagner?

—¿Qué quiere usted de mí? —preguntó, irritado, Ursbach—. Hacer prisionero a un médico... ¡Un hecho verdaderamente glorioso!

—Eso es, ¿qué quieres de él? —gritó en ruso Lida Ilianovna—. ¿Quieres que ellas lo utilicen después para el tiro al blanco?

—¡Cuánta agitación! —La Opalínskaia se acercó a Ursbach, le tocó el pelo rubio, le pasó el dedo índice por los ojos y la nariz hasta los labios. Entonces notó su gesto de aversión e hizo un mohín—. Lo llevo sólo por ti. Para que pueda descansar entre tus muslos. ¿O no te parece bien? Además, un médico es siempre útil. Incluso las doctoras necesitan a veces un médico...

Dio media vuelta e hizo un guiño a Maia. La esbelta jovencita aplicó el fusil a la espalda de Ursbach, escupió otra vez ante Lida y gritó con voz aguda:

—*Davai! Davai!*

—Vamos —dijo Lida. Habló como si no hubiese guerra, como si fuesen a dar un paseo por la orilla del río o hacia un calvero del bosque—. Vamos..., no tengas miedo, estoy contigo.

A la luz cada vez más pálida de la segunda bengala, todos siguieron a la Opalínskaia. Lida pasó el brazo por la cintura de Ursbach, y tras ellos siguió la pequeña Maia con el dedo en el gatillo.

Antes de alcanzar los puestos avanzados de la sección Baida, examinaron a tres soldados soviéticos gravemente heridos. Sólo uno tenía salvación. Lida y Maia lo transportaron en una lona, y Ursbach las ayudó sosteniendo el cuerpo por detrás.

Al cabo de un rato alcanzaron el puesto de mando de Stella Antonovna, una casa incendiada.

—¿Quién es ése? —preguntó ásperamente Stella.

—Un médico.

La Opalínskaia le sostuvo la mirada.

—¿Te has vuelto loca?

—Le necesito.
Stella Antonovna examinó con detenimiento al prisionero. Él permaneció inmóvil y la miró curioso. Eso pareció molestarla. «Verdaderamente, este hombre está ya muerto —pensó Stella—. Nosotras no hacemos prisioneros. El viejo principio de la Baida sigue vigente.»
—Tú... ¿De dónde vienes? —preguntó despótica.
—¿Por qué quiere que le diga el nombre de mi unidad? Usted la conoce?
—¿Conoces a un tal Hesslich?
—¿Peter Hesslich?
—¡Sí!
Los ojos verdeazulados de Stella brillaron de forma extraña.
—Peter es amigo mío... —Ursbach hizo una profunda inspiración. «¿Será posible?», pensó—. Y usted es Stella Antonovna.
—Sí.
—Casi me gustaría decirle que la saludo en nombre de Peter...
Su rostro enrojeció, las comisuras de los labios temblaron. Stella sintió sobre sí las miradas de Galina, Lida, Maia... Comprendió que debería hacer algo contra su voluntad.
—¡Fuera con él! —dijo bruscamente señalando la puerta—. Galina, vigílale.
—No saldrá de la enfermería. —La Opalínskaia lanzó una mirada triunfal a Lida, que había palidecido—. ¡Yo me ocuparé de él!
Luego dio un empellón a Ursbach y le hizo salir de la casa. Lida Ilianovna les siguió presurosa.
—Quiero dar parte de un acierto, Stella Antonovna —dijo la pequeña Maia, cuadrándose—. El número diecisiete. Y creo que es incluso un oficial.
Stella sintió un ahogo súbito. Miró con ojos desorbitados a Maia Semionovna. «No —pensó—, no puede ser. Manténte firme, Stella..., eso no es posible.»
—¿Un brigada? —inquirió balbuceante.
—No lo sé. Llevaba galones plateados...
—¿Qué aspecto tenía?
—Joven, muy guapo... ¿Cómo podría describirlo...?
—¿Color del pelo? —gritó Stella sin poderse contener. La incertidumbre la enloqueció.
—Ru... rubio —tartamudeó, confusa, Maia.
—¿Rubio de verdad? ¿Nada de mechones castaños?
—Castaños no, seguro, camarada Koroléńskaia...
—¡Te felicito por el acierto! —dijo Stella Antonovna con voz demasiado vibrante.
Se había quitado un peso de encima. «No es él. Él tiene pelo castaño y rizado. ¡Oh! ¿Qué habría hecho yo si Maia le hubiese matado? ¡Habría tenido que proclamarla heroína por matar a nuestro peor enemigo! ¡Y abrazarla! ¡Y besarle en las mejillas! Besar a la asesina de Piotr... ¡No sé si lo habría aguantado!»
—Eres una chica valiente, Maia Semionovna —dijo con parque-

dad militar—. Enviaré una mención de ti a la división. Ahora, ve y descansa.

Amaneció lloviendo. Cuando el día gris expulsó a la noche, cayó un verdadero diluvio. El tiempo se opuso también al avance de los alemanes. La tierra se tornó puré pastoso. La Flota aérea no despegó, las posiciones se empaparon.

Hacia el amanecer, Stella Antonovna se presentó en la enfermería itinerante de Galina Ruslanovna, dos camiones con tiendas, camillas, mesas y su propio grupo electrógeno. Al volante de los camiones iban chicas.

—¿Dónde está el médico? —preguntó.

Galina estaba en su tienda-quirófano tomando té bien caliente con un chorrito de aguardiente de Grusia.

—Durmiendo. En el otro camión. —Galina levantó la vista y miró parpadeante a Stella—. ¿Ese amigo de quien hablasteis es tu Piotr?

—Sí...

—Deberías estarme agradecida por habértelo traído.

—Los alemanes lo aprovecharán para su propaganda. Dirán: «¡Los soviéticos infrahumanos fusilan también médicos!»

—¡Déjales que aúllen! —Galina hizo un ademán despectivo—. Nosotras conocemos la verdad. —Miró, inquisitiva, a Stella—. ¿Piensas entregarlo como prisionero?

—Nosotras no hacemos prisioneros, Galina; lo sabes perfectamente.

—¿Y Sibirzev?

—Le presentaré a Bairam Vadimovich cuando él te ayude en alguna operación. ¿Lo crees posible? ¿Tienes algún caso grave?

—Amalia Romanovna. Balazo en el pulmón, imposible trasladarla por ahora. La bala está alojada en las costillas.

—¿Es posible extraerla?

—Sí. —La Opalínskaia miró, dubitativa, a Stella—. Pero con mis medios...

—Y con el valor, ¿qué tal?

Galina Ruslanovna bebió té antes de decir:

—Le preguntaré. Por su aspecto se diría que le puede amputar la cola a Satanás.

—Cuando lo hayas resuelto, házmelo saber. —Stella miró a su alrededor—. ¿Dónde está Lida?

—Durmiendo junto al camión como un perro de presa.

—Cuando él opere, traeré a Sibirzev. Él mismo se convencerá de que no se debe ajusticiar al prisionero. —Titubeó un poco, se pasó la mano por la melena rubia y se mordió el labio inferior—. ¿Ha contado algo de Piotr?

—Nada. —Galina Ruslanovna alzó ambas manos en actitud defensiva—. Olvídale, Stellinka. Olvídale de una vez.

—¡Ya lo he hecho!

Salió aprisa de la tienda y volvió, corriendo bajo el aguacero, a su puesto de mando. «Olvidarle... ¿Acaso era posible? Apenas pensaba en él, sentía un ardor extraño en el bajo vientre; era una sensación indecible.»

Por la mañana, bajo el fuego esporádico de la artillería alemana, Ursbach operó el balazo de pulmón.

—¡Menuda suerte tiene usted! —dijo a Galina Ruslanovna cuando ésta desplegó su instrumental—. ¡Aquí hay de todo! ¿Están tan bien provistos todos sus médicos militares?

—No. Sólo yo.

—¿Y por qué esa excepción?

—Quizá porque yo sea una predilecta del destino. —Y se rió en su cara. Los ojos negros echaron chispas—. Además, el general médico era amigo mío antes de que me destinaran al frente.

—¡Ajá!

—¿No nos aprovechamos todos de algo? —Le miró casi radiante—. Por ejemplo, usted está operando ahora para salvar su vida, amigo mío.

Ursbach sintió un escalofrío muy desagradable en la espina dorsal, por mucho que hizo para contenerse y pensar en la muerte del alférez Stattstetten, que él mismo provocara con su segunda bengala.

Diez minutos después, Sibirzev entró con gran estrépito en la tienda-quirófano y se sonó tal como solía hacerlo cuando era cazador en la taiga: se tapó con el pulgar una fosa nasal y sopló con toda su fuerza por la otra.

—¡Ajá! —dijo Ursbach. Echó una ojeada al torvo Sibirzev y siguió dedicando su atención a Amalia Romanovna.

La mujer respondió al anestésico que le había inyectado Ursbach.

Luego, él le metió en la boca unas pinzas rodeadas de gasa, apresó la lengua y la sacó todo lo posible entre los dientes, para que no se deslizara hacia dentro y asfixiara a la paciente.

—A esto tendré que acostumbrarme —comentó.

—¿A qué? —preguntó la Opalínskaia mientras revisaba una vez más el instrumental quirúrgico.

—A que, aparentemente, en Rusia los cerdos tienen también acceso al quirófano.

Galina Ruslanovna le miró indignada. Sus labios empezaron a temblar.

—Tienes suerte de que él no entiende alemán.

—Échele fuera.

—Ni hablar.

—¿Por qué?

—Él representa la vida para ti. Él curiosea, tú vives... ¿comprendes?

—Más o menos. Yo opero ahora para demostrar que no conviene fusilarme.

—Justo.

—No obstante, me opongo a que él me llene de mocos el quirófano. ¡Dígale que debe comportarse como un ser humano!

La Opalínskaia titubeó. Mientras tanto, Sibirzev se había acercado a la mesa de operaciones, escrutaba con ojos contraídos a Ursbach, contemplaba el torso desnudo de la Romanovna y proyectaba hacia fuera el labio inferior.

—Si este tipo escupe ahora, le sacudiré en el hocico —dijo calmosamente Ursbach—. Aunque me pegue un tiro. Además, aquí hay una persona gravemente herida y no una hembra desnuda expuesta a las miradas lascivas. También puede decirle eso.

La Opalínskaia se acercó a Sibirzev y quiso empujarle hacia un rincón. Él retrocedió dos pasos gruñendo.

—Si ella muere, ¡tú serás culpable! —le dijo.

Sibirzev la miró irritado.

—¿Quién husmea alrededor de ella, yo o ese maldito fascista?

—¡Tú esparces bacterias por todas partes! ¿No te ha dicho Stella Antonovna que debes observarlo desde cierta distancia? ¡Vuelve a la pared!

—¡Malditas hembras! —Sibirzev lanzó una furiosa mirada a Ursbach y la Opalínskaia. No obstante, se abstuvo de prolongar la discusión y, alejándose de la mesa de operaciones, se sentó en un taburete para observar a Ursbach, que estaba limpiando con yodo la herida de bala—. ¿Puedo fumar?

—¡No! —gritó Galina Ruslanovna.

—¿Por qué no?

—Ya hay suficiente con tu hedor.

—Un día de éstos te joderé —dijo Sibirzev con tono sombrío—. ¡Lo haré, maldita sea! Tanto si quieres como si no. ¡Y entonces te quedarás para siempre con mi hedor!

—¡No sobrevivirías a eso, Bairam Vadimovich!

—¡Claro que no! —El hombre hizo una mueca sardónica—. ¡Pero antes te haré resoplar hasta que revientes! ¿Quién te crees que eres? ¿Una doctora? ¿Una camarada de alto rango? ¿Una elegida ante cuya presencia tenemos que descubrirnos? ¿De cuyas tetas cuelgan un par de condecoraciones? ¿Una persona respetable? ¿Eh? ¡Error! Sólo eres una mujer más: ¡un agujero!

—¿Qué está diciendo ése ahora? —inquirió Ursbach. Ya tenía lista a Amalia Romanovna para la operación. El anestésico había surtido su efecto—. ¿Peroratas del partido?

—Algo así. —La Opalínskaia se acercó a Ursbach y le alargó el bisturí. Ella misma cogió compresas y preparó diversas pinzas. Filosofía. *Su* filosofía.

—¡Caramba! ¿Es que tiene alguna?

—¿Charlamos u operamos?

El tono de la Opalínskaia fue duro.

La intervención duró casi una hora. Por fin, Ursbach llegó hasta la bala aplastada contra una costilla, la cogió entre las pinzas y la extrajo. Hubo de proceder muy cautamente para no herir la pleura, con el riesgo de provocar un neumotórax. Galina Ruslanovna le prestó una asistencia hábil, rápida y silenciosa. Trabajaron como un equipo bien compenetrado en una gran clínica.

Al cabo de una hora, cuando se hubo cosido la herida y cubierto el cuerpo desnudo con una sábana blanca, ella miró abiertamente a Ursbach.

—Eso ha estado bien —dijo, respirando hondo—. ¡Muy bien!

Ursbach hundió las manos en una palangana con la solución desinfectante y se las secó con la toalla.

—Gracias. También tú has estado bien.

La Opalínskaia se sonrojó un poco, avergonzada, y se volvió hacia Sibirzev, quien seguía acurrucado en el fondo.

—La chica vive. ¡Él la ha salvado!

—¿Acaso soy ciego? Sibirzev se levantó, caminó hacia Ursbach y alzó la vista para mirarle. Era casi dos cabezas más bajo—. Te permito vivir. ¡Pero me gustaría que intentases huir para poder largarte un balazo!

—¿Qué ha dicho? —preguntó Ursbach a Galina.

—Que puedes vivir.

—¡Cuánta generosidad!

—¡Nada más cierto! —La Opalínskaia echó los ensangrentados instrumentos a un recipiente cromado—. Nosotros no hacemos prisioneros. Especialmente *nosotros.*

—Eso va contra las normas del Derecho internacional de guerra.

—¿Derecho? ¿Y tú me hablas de Derecho? ¿Dice también el Derecho que entreguéis todas nuestras chicas a la SS? ¿Para darles muerte? Primero tortura, después muerte. ¿Dónde está ahí el Derecho?

—Eso es cierto. —Ursbach se secó el sudoroso rostro. Fuera seguía lloviendo a chorros, las gotas se estrellaban contra la tienda, y la lona se combaba allá donde no se había tensado lo suficiente—. Sería perverso hablar de derechos humanos en una guerra. Porque la guerra es inhumana en sí..., podría decirse. Sólo los hombres hacen la guerra. ¡No he oído jamás que los elefantes, o las cabras, o las golondrinas, se exterminen entre sí! Eso sólo lo hace el hombre. ¡Y luego habla de humanitarismo! ¿Qué clase de concepto es ése: humanitarismo? ¡Una palabra espeluznante! ¡Una amenaza mortal! ¡La ofensa más grosera contra la vida misma! Cuando alguien te dice «quiero ser humanitario contigo...», ¡tienes un motivo más que suficiente para huir a escape! —Ursbach miró a Galina Ruslanovna por encima de Sibirzev—. ¿Lo has entendido?

—No todo. Para mí, lo importante es que vives.

Sibirzev dio una patada. Amalia Romanovna pareció sobreponerse ya a los efectos del anestésico. Lanzó un débil gemido.

—¿Qué ha dicho? —preguntó Sibirzev.

—Agradece que le permitas seguir viviendo.

—¿Tantas palabras para eso?

—El alemán es un idioma ridículo, Bairam Vadimovich. —La Opalínskaia intentó reír—. Tienen muchas palabras que no dicen nada.

Sibirzev se dio por satisfecho con la explicación. Lanzó otra mirada malévola a Ursbach con sus ojillos oblicuos. Luego alzó la mano, le propinó una bofetada y abandonó la tienda-quirófano. La Opalínskaia contuvo el aliento, sujetó a Ursbach por el brazo y apoyó la cabeza en su hombro como si estuviera exhausta.

—*Isvinite...* —murmuró balbuceante.

Ursbach asintió.

—A decir verdad, no sé lo que significa, pero lo adivino. No necesitas disculparte en su nombre. ¿Qué se puede hacer..., si es precisamente humano?

Dos enfermeras de campaña atendieron ahora a Amalia Romanovna, quien empezaba a despertar. La colocaron en una camilla, la cubrieron con una lona para preservarla de la lluvia y corrieron con ella hacia un camión que hacía las veces de enfermería. Fuera se cruzaron con Lida Ilianovna. Ante la entrada de la tienda, Lida se sacudió la lluvia del uniforme e hizo un gesto de mal humor cuando vio que la Opalínskaia se apartaba de Ursbach y caminaba con paso rígido hacia el arcón de vendajes.

—¿Satisfecho? —preguntó mordaz.

Le irritó que su voz vibrara un poco.

—Sí. —Ursbach respondió cándidamente, sin notar la sutil alteración de su voz—. Vivirá..., si la trasladan pronto a retaguardia y se hace algo contra la sepsis neumónica.

—¿Y qué pasará de lo contrario? —Lida Ilianovna miró fijamente la espalda de Galina Ruslanovna. Ésta estaba rebuscando sin sentido entre las vendas, las trasladaba de izquierda a derecha o las colocaba una sobra otra, para deshacer después el montón—. Tienes mucho trabajo, ¿eh?

—No lo sé. —Ursbach miró en torno suyo—. ¿Dónde puede echarse un rato el prisionero indultado?

—Puedes moverte por todas partes —dijo Lida. Y añadió en ruso—: Déjale tranquilo, Galina.

—¿Tienes algún abono sobre él?

La Opalínskaia cerró la tapadera del arcón y se enderezó. El primer golpe surtió efecto: Lida había atacado, era preciso defenderse.

—Stella Antonovna lo ha ordenado.

—¿Qué ha ordenado?

—Que queda libre.

—!¿Cómo?!

—Cuando nosotras nos retiremos, le dejaremos aquí.

—Para que Sibirzev le liquide tranquilamente si se le da el mando de la retaguardia. —Galina miró a Ursbach, quien no había entendido ni palabra del acalorado debate y sólo esperaba que se le dijera cuál sería la decisión sobre su suerte—. ¡Yo le he traído aquí y me ocuparé también de él! Puedo necesitarle en la enfermería.

—Y para otras cosas. ¿He leído bien en tu mirada, querida? —Lida Ilianovna apretó los puños—. Te lo diré una vez más: ¡Déjale tranquilo!

—Lo quieres para ti, ¿eh, conejita?

La Opalínskaia rió bronca, dobló la cintura hacia atrás y sacó el pecho ante Ursbach, que la miraba atónito. La sutil camisa de verano pareció a punto de estallar. Luego caminó hasta la entrada, miró hacia afuera e hizo una seña a Ursbach. Él marchó titubeante. Cuando pasó por delante de Lida, ésta le cogió firmemente la mano y le hizo retroceder. Ursbach se quedó pasmado, sintió que los dedos de Lida se le clavaban en el brazo.

—¡Ven...! ¡Quédate aquí! —ordenó Lida.

—Me sentiría mucho mejor si os pusierais de acuerdo —dijo, algo alarmado, Ursbach.

Lo vislumbró repentinamente: los sentimientos de aquellas mujeres eran mucho más peligrosos que Sibirzev, y él se había convertido en objeto de una lucha entre ambas chicas, bastante más importante, momentáneamente, para ellas, que la Gran Guerra Patriótica. Pese a los uniformes, cartillas de aciertos, condecoraciones y adiestramiento político; pese a ser una unidad escogida y el orgullo del Ejército Rojo, ahora no eran más que dos mujeres capaces de hacerse trizas por un hombre.

La Opalínskaia volvió sobre sus pasos. Orgullosa, alta, esbelta, la melena negra cayéndole hasta los hombros, consciente de su belleza, esa armónica combinación de formas equilibradas y temperamento fogoso: Europa y Asia fundidas en un crisol misterioso. Frente a ella, Lida Ilianovna parecía muchachil e inocente, todavía en esa frontera entre adolescencia y madurez. Pero eso era engañoso. A sus veintitrés años figuraba en la sección Baida entre las veteranas; era tres años mayor que Stella Antonovna y cinco mayor que la pobre Schanna Ivanovna. Pero comparada con la madura y exuberante Galina Ruslanovna, tenía un aspecto casi infantil. Era también una beldad. Su cuerpo espléndido y flexible estaba moldeado para el deporte y la incesante actividad. Sin embargo, lo más hermoso era su rostro. Semejaba uno de los retratos románticos de las galerías de arte moscovitas, esas caras que te miraban con ojos inmensos e interrogantes como si preguntaran: «¿Acaso no se nos ha creado para ser admiradas?»

Y así se enfrentaron ambas, cual arquetipos clásicos, como Brunilda y Crimilda, como Elsa y Ortrud, como María Estuardo e Isabel, y se miraron de hito en hito con ojeadas más hirientes que puñales.

—Yo le he traído. ¡Me pertenece! —dijo, orgullosa, la Opalínskaia, como quien excluye toda posibilidad de error—. ¡Es de mi propiedad! Mi botín de guerra.

—Yo le conocí antes.

—¡Mañana le conoceré *mucho mejor*!

—¡No podrás imponérselo si él me ama!

—Él ha operado hoy para salvar la vida. —La Opalínskaia contuvo el aliento—. Y también dormirá por su vida.

—¡Puta! ¡Miserable puta!

—¡Ratoncillo! ¿Pretendes espatarrarte debajo de un semental?

La Opalínskaia rió groseramente y guiñó a Ursbach, que seguía sin comprender el tema de la discusión. Se mantuvo aparte, confuso, y hundió la cabeza cuando Galina le guiñó.

—¿Qué quieres hacer? ¿Cogerle de la mano y salir corriendo con él? ¿Colarte dentro del primer pajar y poner un letrero en la puerta diciendo, «No molesten, por favor»? —Su burla fue machacona, tuvo por objeto marear a Lida—. ¿Te han contado alguna vez quién es realmente Galina Ruslanovna?

—¡Aquí lo sabe todo el mundo! —gritó Lida—. ¡Todo el mundo! ¡La puta del general médico, la colchoneta del jefe de Estado Mayor, el linimento del reumático comandante de la división! ¡Te has hecho con cada hombre que has deseado!

—¿Y qué? ¿Acaso es una ignominia? —La Opalínskaia se pasó las manos por su larga y negra melena—. ¿Qué puedes oponer a eso? ¡Nada! ¿Cuál es tu verdadero propósito? ¿Quitarme al hombre que quiero para mí? ¿No te parece una locura, pequeña? ¿Quién ha conseguido hacerlo hasta ahora? Ni las esposas más fieles, ni las novias más tiernas pudieron impedir que sus maridos viniesen a mí cuando yo me lo propuse. ¡Me bastó con hacer una seña, utilizando el dedo, o la cabeza, o un ojo, e incluso la punta del pie, para que ellos se tumbaran ante mí como perros legañosos!

—Y ninguna te ha vapuleado hasta ahora, ¿verdad?

—¿Lo harías tú, ratoncillo? ¡Sí, tu catadura me dice que querrías hacerlo! ¡Qué valiente eres! ¿Tanto te importe el hombre?

—¡Más que a ti! ¡Para ti, es un nombre más en tu lista!

—¿Tan censurable es eso? Vosotras apuntáis los muertos en vuestra cartilla de aciertos. ¡En mi cartilla de aciertos figuran sólo hombres vivos! ¿No es más hermoso eso? ¿Os disputo yo vuestros tiros a la cabeza? Para eso estáis aquí, para eso se os ha instruido, ése es vuestro único objetivo en la vida; por eso recibís condecoraciones y títulos, y algún día apareceréis en los libros de texto como ejemplo para las generaciones venideras. ¡Tiros a la cabeza! ¡Lo dejo para vosotras! Pero dejadme a mí con mis tiros a la vagina.

—Eres una puerca —comentó Lida Ilianovna con infinito desprecio—. Nada más que una cerda. ¡Se debería escupir a tu paso!

—Puedes hacer cuanto te plazca, ratoncillo, mientras sueñas con el gran garañón. —La Opalínskaia soltó otra enorme risotada y balanceó las caderas—. Lo cual no me impide hacer lo que *yo* quiera. Dicho esto, lanzó otra mirada invitadora al expectante Ursbach. La lluvia seguía tamborileando sobre la tienda—. ¿Qué harás si me lo llevo ahora?

—¡Gritaré!

—¿Gritarás? ¿Cómo?

—¡Daré auténticos alaridos! Voces estridentes que puedan oír todos: «¡Galina quiere putear con él!»

—¡Con eso le matarías! —exclamó, vehemente, la Opalínskaia. Entornó los párpados.

—¡Me daría igual! —Lida Ilianovna echó hacia atrás la cabeza—.

Es más, ¡me parecería preferible a que lo tuvieras tú! ¡Antes su muerte!

—Ya hablaremos de eso. —Galina Ruslanovna hizo otro guiño a Ursbach y señaló la salida—. Lida, llévale al camión II y ocúpate de que coma algo—. Luego, mirando a Ursbach, dijo—: Ahora descansa. Ha sido un buen trabajo. He aprendido bastante.

Por la tarde, hacia las 14.00 horas, las tropas soviéticas evacuaron la zona de Novo Slóboda y retrocedieron trazando un arco. Sólo dos o tres kilómetros. Pese a la lluvia torrencial, pese a los caminos y carreteras convertidos en abismos, los «Tiger» y «Panther» alemanes las persiguieron. La Infantería se subió a ellos e intervino en el combate allá donde aparecieron núcleos de resistencia. No así la Artillería y la Intendencia, que quedaron atascadas sin remedio en el lodo. Los dos o tres kilómetros de terreno conquistado no aportaron nada a las fuerzas alemanas, salvo fatiga, atrofia y nuevas bajas.

Los batallones soviéticos se replegaron hacia Korotsch, y, por el Sur, hacia Niekiudovo y Korien. El Alto Mando del Ejército les había dado instrucciones. «¡Mañana comienza nuestra contraofensiva! ¡A partir de mañana, la situación en el arco de Kursk experimentará un cambio total! A partir de mañana, los Ejércitos alemanes volverán a correr..., ¡pero hacia atrás!»

«Sed como el caucho, camaradas. Haced una retirada elástica. Sólo un par de verstas. ¡Cuando se os dé orden de recuperarlas rápidamente..., estaréis al instante en Berlín!»

«¡Victoria para la Patria!»

En el camión II, el médico auxiliar Ursbach estaba acuclillado entre siete muchachas heridas y les prestaba asistencia médica. El batallón de mujeres se dirigía hacia Niekiudovo. Él no sabía aún cuánto le acercaría eso a sus camaradas.

Seis Grupos de Ejército soviéticos, cada vez más fortalecidos, aguardaban, en un frente de 500 kilómetros aproximadamente —desde Kirov hasta Jarkov—, la orden del asalto decisivo. Seis agrupaciones apelotonadas de Ejércitos contra dos exhaustos Grupos de Ejércitos alemanes: el «Frente Occidental» bajo el mando del mariscal Sokolovski; el «Frente Briansk», bajo el del general Popov; el «Frente Central», bajo el del general Rokossovski, el «Frente Voronesj», bajo el del mariscal Vatutin; el «Frente Estepa», bajo el del general Koniev, y en el Sur —curso inferior del Donetz, a su paso por Jarkov—, el «Frente Sudoeste», al mando del mariscal Malinovski. Veintiocho Ejércitos soviéticos, una máquina bélica masiva como nunca, estaban prestos en sus posiciones para arrollar a cinco Ejércitos alemanes que carecían de reservas y, por añadidura, debían ceder algunas de sus unidades al nuevo frente italiano. Cinco lastimosos Ejércitos, desangrados, cansinos, desmoralizados por el calor y el barro, por el fuego de la artillería y los innumerables «T-34» soviéticos, que el 11 de julio de 1943 avanzaban, con sus últimas energías, unos kilómetros en el arco de Kursk, alcanzaban el objetivo más próximo, Prochorovka, ocupaban el valle del Ossel, al oeste de Oboian, y creían haber asestado un golpe aniquilador a los rusos y haberles dejado también sin reservas. Hasta el propio mariscal Von Manstein compartía esa opinión. Resultaba inconcebible que los soviéticos pudieran soportar sin tambalearse la pérdida de 17.000 muertos, 24.000 prisioneros, 1.800 carros de asalto, 267 piezas de artillería y 1.080 cañones montados en vehículos blindados.

Ciertamente, el ataque alemán en el Norte, por el IX Ejército del general Model, se había estrellado contra la idea, tan genial como disparatada, de Kruschev, a saber, formar con los tanques un muro férreo erizado de cañones, pero en el Grupo de Ejércitos «Sur» —la zona de Bielgorod— proseguía el avance, si bien obstaculizado una y otra vez por los contraataques soviéticos y las admirables posiciones fortificadas. Von Manstein esperaba por lo menos poder desgarrar el frente ruso desde el Sur. Si se le permitiera emplear el XXIV Cuerpo acorazado, la XVII división acorazada y la división SS «Viking», fuerzas todavía en reserva, podría seguir empujando hacia Kurks y confundir a los soviéticos con aquella potencia combativa imprevista.

Había una pugna interna entre Von Manstein y el OKH acerca de esas unidades que, aun estando en la zona de combate, no dependían del Grupo de Ejércitos «Sur», sino exclusivamente del OKH. Pero en el Cuartel General del Führer, en la lejana Rastenburg, de Prusia oriental, se tenían otras ideas. Allí interesaba retener las riendas de cada unidad no comprometida todavía en combate para enviarla acá o allá, dondequiera que se estimase necesario. No prosperaba la apremiante solicitud de Manstein para disponer precisamente de aquel Cuerpo. Además, en el Cuartel General del Führer no había unanimidad a la hora de decidir si la ofensiva, la «Operación Zitadelle», no habría dejado en las filas soviéticas unas cicatrices lo bastante profundas como para hacer tambalearse el frente mediante una poderosa embestida. El ataque proseguía al Sur, el IX Ejército continuaba estancado al Norte, y el II Ejército, en el Centro, pasaba días verdaderamente tranquilos y se ocupaba tan sólo de escaramuzas locales.

Y justamente ahí estaba el punto más débil, pero eso no le importaba nada al Mando soviético. ¿Para qué profundizar la cuña y alargar peligrosamente los flancos? Mucho más importante era limpiar la cuña alemana a la altura de Orel y progresar hacia Briansk. Y, en el Sur, la reconquista de Jarkov era ya una cuestión de honor, había que sacarse aquella espina.

Al norte de esa región, ante el Grupo de Ejércitos «Centro» del mariscal Von Kluge, se concentraban las mayores masas acorazadas jamás vistas en una guerra y que, probablemente, nunca más se volvería a ver. Y, por añadidura, un hecho inquietante: el arma predilecta de los soviéticos, la Artillería, se estaba desarrollando en tales proporciones, que se superó hasta los cálculos más exagerados. Treinta mil cañones nuevos, sólo del calibre 10 cm, empezaban a desplegarse. Divisiones, Cuerpos enteros de artillería surgían del suelo como por ensalmo. Era tan monstruoso aquel enjambre artillero, que a menudo trescientos cañones formaban un frente de un kilómetro.

El Cuartel General del Führer tenía tan sólo una vaga idea de esos datos, o incluso les negaba toda verosimilitud. Simplemente, no se quería comparar a los soviéticos con la fabulosa Hidra, de la que brotaban dos cabezas apenas se le cortaba una. Y no se quería comparar porque un concepto semejante desbordaba toda capacidad de comprensión.

Seis Grupos de Ejércitos esperaban la gran fecha.

Fue el 12 de julio de 1943. Hacia el alba, millares y millares de cañones abrieron un fuego exterminador contra los Ejércitos alemanes II acorazado y IX, dejándolos pegados al suelo. Según la vieja táctica, los tanques soviéticos avanzaron bajo aquella campana de fuego, formando cuatro cuñas estrechas, pero macizas: las divisiones de los generales Bagramian, Belov, Gorbatov y Puchov. Objetivo principal: Orel. Ésta era la única línea ferroviaria, el único nudo de comunicaciones; en suma, una arteria vital. Si se consiguiese conquistar aquella vía férrea, se acabarían el suministro y el municionamiento de los Ejércitos alemanes. Y, entonces, ¡el nuevo Stalingrado se llamaría Orel!

Simultáneamente con la acometida del «Frente Briansk», Koniev movilizó su «Frente Estepa». Su pasividad dio fin, su «¡dejadles venir!» había cumplido su finalidad. Mientras la Agrupación Kempf avanzaba, todavía despacio, en el vacío; mientras el IV Ejército acorazado alcanzaba, contento y feliz, Prochorovka, los tanques de Koniev marcharon traqueteando por ambos lados y apresaron a los alemanes en una tenaza exterminadora.

Unidades de las reservas, bien protegidas en la estepa del Don, se pusieron en movimiento: el V Cuerpo acorazado de la Guardia, el V Ejército de la Guardia, el V Ejército acorazado de la Guardia y el II Cuerpo acorazado de la Guardia, fuerzas todas ellas de las que no se había tenido hasta entonces la menor noticia. Su arremetida tocó de lleno al II Cuerpo acorazado SS. Por otra parte, los Ejércitos LIII y LXIX reanudaron el avance y estrangularon a las tropas alemanas. En Bielgorod, entre Korotscha y Voltschanks, el VII Ejército de la Guardia cercenó el avance, todavía impetuoso, del III Cuerpo acorazado alemán.

Se destinó al VII Ejército de la Guardia una unidad pequeña y escogida, de la cual se hablaba con asombro reverencioso: la sección Baida. El batallón de mujeres. Los ángeles de la muerte.

Aquella contraofensiva soviética, desencadenada el 12 de julio, dio al traste con todas las esperanzas alemanas. Los batallones se aferraron al terreno con uñas y dientes o, arrollados por las masas acorazadas, machacados por los millares de cañones, se replegaron desesperadamente a sus antiguas posiciones, las que sirvieron de partida el 5 de julio para la prometedora ofensiva: la «Operación Zitadelle».

No hacía ni diez días que habían salido de allí. Eran los últimos días que hicieran creer aún en un éxito arrollador. Y lo que se produjo fue la muerte horripilante e infinitamente lenta, valerosa y disparatada, de los Ejércitos alemanes, la muerte de centenares de millares en la retirada hacia Alemania. Y, tras ellos, el Ejército Rojo cual una gran marea.

La cuarta compañía del teniente Bauer III se hizo fuerte entre Novo Slóboda y Korotscha. Después de ocupar, por fin, la aldea el 11 de julio, una vez vencida la feroz resistencia del batallón de mujeres gracias a tres secciones de antitanques y catorce tanques, se vio bloqueada por fuertes contingentes soviéticos, que aparecieron repentinamente como nacidos de la tierra. Cuando, el 12 de julio, comenzó el bombardeo de 3.000 o más cañones y la tierra esteparia se transformó en un infierno de explosiones, Bauer III, su gente al mando del brigada Pflaume, Peter Hesslich y otros tres tiradores escogidos, restos de los zapadores y los servidores de dos cañones antiaéreos, se parapetaron en las ruinas de Novo Slóboda y esperaron el ataque soviético.

Habían dejado ya atrás dos jornadas fatales.

Todo había comenzado con el secuestro del médico auxiliar Ursbach por aquellas malditas hembras. Los tres sanitarios habían llegado a la compañía, jadeantes y sudorosos, llevando al infortunado Von Stattstetten, y explicaron los increíbles acontecimientos ocurridos durante la búsqueda de heridos.

Una doctora soviética hace prisionero a un médico alemán. Un hombre amparado por la bandera de la Cruz Roja —el alférez Von Stattstetten—, resulta muerto a tiros. ¡Asesinado! Ésta fue la expresión justa para Bauer III, pues la muerte de Stattstetten no había tenido nada que ver con una acción de guerra.

Bauer III despachó inmediatamente un parte para el regimiento. Pero allí tenían preocupaciones más importantes que la de dar un giro propagandístico al incidente, como había sugerido Bauer III: ¡Los soviéticos desprecian la inmunidad del médico, pisotean la Convención de Ginebra! Esto habría sido, sin duda, un tema grandioso, publicado por todas partes en grandes titulares, con Ursbach y Von Stattstetten como héroes silenciosos..., pero no en aquella coyuntura. Los batallones alemanes estaban estancados por todas partes, la «Operación Zitadelle» cojeaba, y, siendo así, ¿quién se iba a interesar por un alférez caído y un médico secuestrado? Así que subsistió una delirante indignación en la cuarta compañía. Mientras Bauer III maldecía a las bárbaras hembras y juraba no reconocer desde aquel instante que las cosas debajo de aquellos pantalones y camisas se diferenciaban de las de un soldado, Hesslich pensaba en Stella Antonovna y la imposible situación de ambos.

Deseaba no encontrarse nunca más con ella..., y, sin embargo, soñaba con tenerla otra vez entre los brazos y sentir su cálido aliento en el cuello. Él la añoraba, pero, al mismo tiempo, suplicaba al destino que la mantuviera alejada de él para siempre.

La contraofensiva soviética del 12 de julio confundió a los alemanes. Asimismo, la cuarta compañía tuvo que abandonar Novo Slóboda y seguir el curso del río Korien, bajo el fuego de los tanques y perseguida por la Infantería rusa, para reunirse con las demás unidades en el cerrojo defensivo alrededor de Bielgorod. Así se aproximó a la pequeña localidad de Niekiudovo, en donde la sección Baida acababa de entrar. Casi paralelamente, separadas tan sólo por el riachuelo, ambas unidades habían marchado hacia el Sur. En diversas cuñas de ataque residía ahora toda la potencia del VII Ejército de la Guardia. El general Koniev había dado a conocer el nuevo objetivo: primero Bielgorod; después, Jarkov.

El médico auxiliar Ursbach procuró hacerse útil a Galina Ruslanovna.

La ayudó a limpiar y vendar heridas, acarreó el rancho para las mujeres heridas, vivió los últimos kilómetros de retirada y luego el avance como si fuera un miliciano rojo. Pudo moverse libremente, nadie pareció extrañarse de que un fascista correteara por toda la sección y prestase ayuda allá donde se le necesitara. La propia Galina se esforzó por hacer que las muchachas no vieran a Ursbach cual un animal raro, que él, en el fondo, estaba para todas, porque se le había permitido seguir viviendo como prisionero. La operación a Amalia Romanovna había sido comentada muy pronto en la sección, y durante la retirada, el 11 de julio, incluso Stella Antonovna había aprovechado un breve descanso para visitar el camión sanitario II y agradecer a Ursbach la curación de la camarada.

En aquella ocasión le dijo muy rígida, para disimular su enorme agitación interior:

—Tú eres médico. Por tanto, tu obligación es ayudar. Sigues siendo un enemigo...

—Lo sé.

Al fin Ursbach tuvo tiempo de estudiar a Stella Antonovna. Según le había dicho Hesslich, era la persona más valerosa e impávida que jamás viera. Una muchacha que había despachado a toda una compañía con tiros a la cabeza. Ahora bien, vista de cerca, lo más fascinante de ella era su aspecto absolutamente normal. Si prescindía uno del uniforme y las condecoraciones y se la imaginaba con un vestido campesino y un pañuelo florido alrededor de la rubia melena, podía verla claramente en el mercado regateando por algunas cebollas y pepinos, o cruzándose contigo en una carrera arrastrada por un peludo caballejo del Paniev, y detrás, sobre la plataforma, los cántaros de leche. Su mirada era abierta y escudriñadora, pero no había nada de fogosidad heroica en ella, y tampoco se entreveía la agudeza visual de una especialista; se plantaba ante uno con las manos a la espalda, las piernas ligeramente entreabiertas, sin el menor indicio de insinuación erótica, a diferencia de Galina Ruslanovna, cuyos andares eran ya una provocación patente, no menos que el movimiento de las manos o la lengua, humedeciendo, ágil y sugerente, los labios.

Sin duda Ursbach habría rectificado algo su descripción de Stella Antonovna si hubiese sabido que ella escondía el gorro gris de Hesslich en su sujetador, porque así experimentaba constantemente la sensación de tener a Peter junto a sí, piel contra piel.

—¡Cuenta! —dijo Stella.

Y se deslizó junto a Ursbach en el abrigo improvisado con lonas al lado del camión sanitario II. Entretanto, las muchachas heridas habían recibido ya su rancho; ahora se tenía un poco de tranquilidad. La retirada había sido más rápida que el avance de los alemanes. Seguía lloviendo a cántaros. Enlaces motociclistas pasaban, raudos y estruendosos, ante ellos, esparciendo salpicaduras de lodo; era preciso mantener la comunicación entre muy diversas unidades. La vanguardia se mezclaba ahora con las reservas estacionadas en la estepa. El nuevo comandante, coronel Schementschuk, se había comunicado por radio con la sección Baida. La radiotelegrafista había llevado la noticia a Stella, y también una orden diciendo que la sección debería enlazar con la tercera compañía de infantería de la Guardia. Mañana comenzaría el despliegue hacia Bielgorod. Por la noche llegarían cuarenta tanques. Además, las acompañaría un puesto de socorro muy bien dotado, con cinco médicos, catorce enfermeras y suficientes tiendas. La camarada Opalínskaia debería presentarse en aquel nuevo puesto de socorro.

Con esas nuevas disposiciones, Ursbach resultaría superfluo y podría ser eliminado. Se le enviaría a cualquier parte..., punto de concentración para prisioneros, o campamento de tránsito, o sección de transporte, o campo de prisioneros, donde podría servir como médico a sus camaradas alemanes. A cualquier parte menos en la sección Baida.

—¿Qué he de contar? —inquirió Ursbach.

—Tu vida.

—¿Mi vida? Ahí hay poco que contar. Prácticamente acaba de comenzar. Como la tuya.

—Tus amigos...

Ursbach miró, caviloso, a Stella. «¡Ajá!» —pensó—. He ahí una pregunta que parece apuntar a Peter Hesslich. Durante unos minutos, yo fui un confesor para Hesslich pero, así y todo, él no fue más allá de meras insinuaciones. Sólo se pudo deducir una cosa: Hesslich debió de haber estado con esta diablesa, como la llamó Bauer III. ¿Y qué pasaría entonces? ¿Por qué viviría todavía él? ¿Por qué estaba aún presente esta Stella Antonovna? Hesslich había sufrido un cambio perceptible. Se había hecho más callado todavía, replegándose sobre sí mismo como si ocultara algo en su interior. ¿No sería esta muchacha la más odiada en aquel sector del frente?»

—¿Quieres saber algo sobre Peter Hesslich? —le preguntó a quemarropa.

Stella Antonovna no mostró la menor agitación. Su rostro no se estremeció, sus ojos no lanzaron chispas. Pero nadie pudo ver ni oír que su corazón latía demasiado aprisa junto al gorro gris de punto.

—*Niet!* Sólo por encima —replicó con sequedad.

—Peter es una excelente persona. —Ursbach adoptó un tono indiferente, como si hablara de cosas nimias—. Le gustan las flores, los animales y los seres humanos, detesta toda clase de violencia, maldice esta guerra y añora sus bosques. Es ingeniero de montes, ¿sabes?, es decir, un hombre que administra el bosque, protege a los animales...

—*Lesnitschii* —dijo, ensimismada, Stella.

—Tal vez, no sé ni jota de ruso. Pero está bien, eso es él, un *lesnitschii.*

—Y profesión ahora: matar.

—También matas tú. ¡Y, además, eres una chica!

—Por la patria.

—Eso mismo piensa él.

—¿Su patria es Rusia?

—Según se nos ha dicho, los soviéticos se proponían invadir Alemania, pero nosotros nos anticipamos. Y lo hemos creído. ¡Todos nosotros!

—¿Y Polonia?

—Sí, empezó con Polonia. Entonces dijo Hitler que nosotros devolveríamos el fuego. ¡Luego ellos dispararon primero! Todos nosotros estábamos indignados. Y lo creímos, desde luego.

—¿Y Francia?

—Francia e Inglaterra fueron quienes nos declararon la guerra, no nosotros a ellos. ¿Qué podíamos hacer? Debíamos triunfar.

—¡Qué sencillo todo para vosotros, alemanes! —exclamó ella amargada—. No pensar. Sólo deber...

—¿Quién de nosotros ha pensado en 1939? No se nos ha educado para pensar, sino para marchar. Nuestra bandera ondea ante nosotros... ¡Y nos señala el camino! ¿Adónde conduce el camino? ¿Quién puede preguntar semejante cosa? Se sigue ciegamente a la bandera dondequiera que vaya. ¿Qué cantábamos? ¡Ah, sí! *Marchamos hombro con hombro hacia el futuro...* Y también: *Con la bandera de la juventud por la libertad y el pan...* Esas cosas te enardecen, Stella Antonovna. ¡Éramos jóvenes, con una capacidad infinita para el entusiasmo! ¿No tenéis también vosotros esas canciones en el Komsomol? ¿No marcháis también detrás de ondeantes banderas rojas? ¿No lleváis triunfalmente en la fiesta de mayo y en el aniversario de la Revolución de Octubre unas pancartas gigantescas con las cabezas de Marx y Engels, Lenin y Stalin? ¿Se diferencia eso de lo que cantábamos nosotros cuando muchachos: *Nuestra bandera es el tiempo nuevo, nuestra bandera nos lleva a la eternidad, sí, la bandera es más que la muerte...*? —Ursbach cobró aliento, mientras Stella Antonovna le observaba meditabunda. Y continuó—: Ahí lo tenemos: ¡nuestra bandera es más que la muerte! Nosotros lo hemos acuñado así sin pensar lo que es la muerte, lo cual significa reventar bajo un diluvio de granadas, lo horrible que es morir con el vientre desgarrado y los intestinos asomando mientras se llama desesperadamente a la madre. ¿Quién reflexionaba sobre eso cuando cantábamos *nuestra bandera nos lleva a la eternidad...*? ¡Santo cielo, cuánto nos enorgullecíamos cuando gritábamos eso..., tanto como vosotros cuando glorificabais vuestra vida del partido o al gran camarada Lenin! Y al término de esta guerra no cambiará nada. Una vez y otra los políticos se aferrarán, desvergonzada e impunemente, a esa juventud tan inflamable, para idealizar sus fines egoístas. Una vez más habrá muchachos y muchachas que cantarán con voces claras y entusiásticas estupideces criminales como nosotros:

No miramos a la izquierda, no miramos a la derecha,
marchamos adelante respirando el hálito de tormenta,
somos herederos de una raza
ante la que tiembla el mundo.
Sólo respetamos la fuerza y el coraje,
a los bravos y a los temerarios.
Queremos redimir la sangre del hermano muerto
mediante valerosas acciones.

»Jamás cambiará eso. ¡Jamás! La política necesita el extravío de la juventud tanto como los pulmones la respiración. Sin juventud no hay futuro: esto es lógico. Así pues, se precisa manipular a la juventud de acuerdo con la propia ideología: éste es el credo fundamental del político.

Ursbach se secó la humedad del rostro. Pero no era sudor: por un resquicio del entoldado goteaba la lluvia.

—Y así ocurre con nosotros, Stella Antonovna. Algún día, si sobrevivimos a esta guerra, nos lo reprochará una nueva juventud sin comprender que ella está ya contaminada también con lemas huecos. Sin embargo, se eludirán como siempre tres palabras, porque las tres son intolerablemente revolucionarias para un político: «¡Hermano! ¡Hermana! ¡Humanidad!» Nunca podré comprender por qué es así. Por qué no aprende jamás el hombre a emprender algo haciendo buen uso del pensamiento con que se le ha dotado.

Stella Antonovna se llevó la mano al bolsillo, sacó una arrugada cajetilla de *papirossa* y se la dio a Ursbach.

—Toma —dijo—. Yo no fumo. Tú muchas palabras. Yo entiendo poco..., pero sé lo que es. ¿Dónde está Piotr?

—¿Hesslich? En algún lugar de la estepa. Si todavía vive.

—¿No puede marcharse?

—¿Puedes marcharte tú, Stella?

Ella le miró atónita con sus ojos verdiazules, frunció los labios y se encogió de hombros. Luego se echó una lona pequeña sobre la cabeza y huyó corriendo bajo la crepitante lluvia.

De pronto apareció allí Galina Ruslanovna. Debió de haber estado acechando en algún lugar cercano a que llegase aquel momento.

—¿Qué quería? —preguntó jadeante. Su pecho se llenó de aire. En su mirada había algo parecido al temor.

—Nada.

—¡Ha estado aquí largo rato!

—Hemos charlado.

—¿Te ha dicho cuál será tu suerte?

—¡No! —El corazón se le encogió. «Esto es miedo —pensó. Muchacho, Helge, esto no es más que cochino miedo. ¡De repente temes por tu vida! Lo sientes hasta en el trasero. ¡Miedo!»—. Soy prisionero de guerra, ¿no es verdad? ¡Y médico! Iré a un campamento.

—Eso no se sabe. —Los ojos de ella semejaron ranuras incandescentes. Él percibió la irreprimible inquietud que hacía temblar su cuerpo—. Sibirzev dirá: «¡Nada de prisioneros!»

—¡No puede hacerlo!

—La ley de fuga.

—Eso sí.

Ursbach asintió varias veces. ¿Por qué no habrían de obrar los rusos como los alemanes? Recordó cierto incidente acaecido en el invierno de 1942. Una patrulla regresó con siete prisioneros rusos. El jefe de la compañía ordenó a dos soldados que los escoltaran hasta el batallón. Eso significaba recorrer a pie nueve kilómetros con nieve hasta media pierna, a 35 grados bajo cero, a lo largo de la estepa barrida por el viento y luego un bosque enmarañado. Nueve kilómetros de ida, nueve de vuelta, total dieciocho kilómetros para buscar un lugar seguro a siete rusos. Los dos infantes partieron con carámbanos en la nariz y una bufanda transformada en un tablón por el aliento propio. Al cabo de media hora reaparecieron ambos, solos, hicieron un rígido saludo militar y dieron el parte al capitán, que les escuchó con rostro compungido.

—Los prisioneros intentaron huir. ¡Todos resultaron muertos en plena huida!

Y no se habló más del asunto.

¿Por qué no habría de hacer lo mismo Sibirzev?

—Si ha de ser así... —dijo vehemente Ursbach—. ¡Desde luego, no pienso arrodillarme ante él!

—Yo te esconderé... —murmuró Galina Ruslanovna. Y levantó la mano para quitar el agua de lluvia de los rubios mechones—. Vendrás conmigo adonde yo vaya...

—¿Cómo te propones hacerlo? —preguntó él. Se sintió como si le pusieran una banda de hierro alrededor del pecho—. ¡Cuatrocientos ojos nos observan!

—Y dejarán de verte cuando menos lo esperen.

Galina sonrió y, cogiéndole la mano, se la llevó al seno izquierdo. Suspiró profundamente con los ojos cerrados, le rechazó de un empujón y abandonó, corriendo, el entoldado.

La noche del 12 al 13 de julio, Ursbach despertó al sentir que alguien le sacudía. Dormía sobre una manta junto a la puerta trasera del camión. A sus espaldas dormían también las tres muchachas heridas, a quienes había cambiado los vendajes y administrado calmantes.

Durante la tarde del 11 de julio, la unidad había alcanzado el pequeño lugar de Niekiudovo, y esperaba allí su entrada en acción. Hacia el amanecer había comenzado la contraofensiva soviética. El cielo parecía estremecerse con el ladrido de los cañones. Columnas acorazadas desfilaban ante ellos al encuentro de las vanguardias alemanas, que se habían atrincherado inmediatamente o retirado a las aldeas arrasadas, para organizar allí la defensa. Todo el día había sido un estruendo incesante de infantería motorizada, convoyes de municionamiento, grupos de artillería, camiones-taller y tropa de a pie, siempre tropa. Por todas partes tronaban los cañones durante un rato y luego cambiaban rápidamente de emplazamiento, para seguir tronando. Alrededor de Niekiudovo reinaba un caos de hombres, máquinas y caballos... Una maraña aparentemente inextricable y, sin embargo, resultante de un plan muy conciso llevado a cabo con inquietante precisión.

La sección Baida tocaba zafarrancho de combate, lista para partir a primera línea. Pero no entraría en posición. El nuevo jefe, coronel Schementschuk, parecía opinar que aquellas marchas forzadas no eran cosa de mujeres. En una guerra de posiciones, sí, las tiradoras escogidas eran insustituibles, pero constituían más bien un impedimento durante una ofensiva. Cuando el frente se estabilizase; cuando se ocuparan nuevas posiciones, el batallón de mujeres podría ir a primera línea. Hasta entonces, las muchachas deberían hacer la colada o putear con los exorbitantes contingentes de Intendencia en retaguardia. Era evidente que Schementschuk tenía un concepto muy pobre de las mujeres combatientes en lo referente a la batalla en campo abierto.

—¡Arriba! —susurró una voz al oído de Ursbach—. ¡Levántate y ven! ¡Aprisa! ¡Ven!

Ursbach se dejó deslizar al suelo y cerró muy despacio la puerta. Fuera esperaba Lida Ilianovna. Le cogió la mano y le arrastró consigo sin más explicaciones. Juntos corrieron al amparo de las casas en aquella noche lóbrega, hasta alcanzar un pequeño granero. Lida le hizo entrar de un empujón. Luego encendió una cerilla y la aplicó a un cabo de vela colocado sobre un tajo. Junto al tajo había un montón de ropa coronado por una gorra de visera similar a la usada por trabajadores y gente campesina.

Lida se apretó el pecho e indicó con la cabeza el montón.

—¡Vístete! ¡Aprisa! Debes ir a lo largo del río hacia el Sudoeste. Desde allí, al Donetz. Tus camaradas están en Krinovno, regresan a Bielgorod. Aún puedes alcanzarlos...

—Lida... —Ursbach quiso estrecharla contra sí, pero ella le dio un cachete en las manos y retrocedió.

—¡No hay tiempo! ¡Ponte esas cosas! ¡Rápido! Es ropa de trabajador.

—Te quiero, Lida —susurró Ursbach, atragantándose de emoción—. ¡Sólo a ti! ¡No a Galina! ¡Nunca!

—¡Vístete!

Diciendo esto, se agachó y le entregó unos pantalones desgarrados. Y como viera auténtico pavor en sus ojos porque cada minuto podría significar el fin, no vaciló ni un momento más. Se arrancó prácticamente el uniforme, se puso la ropa de paisano y se encasquetó la gorra. El nuevo traje le quedaba más o menos bien. Lida enrolló el uniforme y lo escondió bajo un montón de trastos.

—¡Vete! —dijo maquinalmente—. ¡Y aprisa!

—Lida... —La besó y la estrechó contra sí. Entonces él notó cómo le temblaba el cuerpo, cómo le pasaba las manos, nerviosa, por la espalda—. He reflexionado mucho sobre eso. Si me quedase aquí..., si me quedara contigo...

—¡Sibirzev te mataría! ¡Y también Galina, si supiera que me quieres!

—Ellos seguirán persiguiendo a las tropas alemanas. Yo me quedaré aquí o en cualquier otra parte de la región y te esperaré. Ahora parezco un ruso. Marcharé hacia el Este.

—¡Debes estar entre tus camaradas!

—¡No tengo madera de héroe, Lida! Tal vez suene a cobardía, pero no lo es. Casi todos los héroes muertos no quisieron jamás ser héroes. ¡Quisieron seguir viviendo! Si se les hubiese preguntado si preferían un acto conmemorativo anual con banda de música a una casita con amante esposa y tres hijos, ¿que habrían contestado?

—Tú hablas, hablas, hablas... ¡Y lo que has de hacer es correr! ¡Vete! ¡Ahora mismo!

—¡Lida! —Se abrazaron y besaron de nuevo. Pero, de pronto, Lida Ilianovna le propinó una patada en la espinilla y le empujó lejos de sí.

—¡Vete! —farfulló, apretando ambos puños—. ¡Perro alemán! ¡Corre!

Dicho esto, apagó el cabo de vela, abrió de un tirón la puerta y corrió desalada. Ursbach la siguió a tientas, pero ya no pudo verla en la oscuridad. Corrió un poco alrededor de las casas más próximas, pero no se atrevió a gritar.

Luego hizo alto, se pasó ambas manos por el rostro y se mordió las palmas para no gritar. Esperó todavía dos o tres minutos, con la absurda esperanza de que volviera Lida. Después caminó despacio por la aldea, desfilando ante convoyes estacionados, puestos de mando montados a toda prisa, oficinas y almacenes, se cruzó, indiferente, con varias personas, cual un trabajador afincado allí a quien nadie pregunta adónde va ni de dónde viene.

Cogió una bicicleta apoyada contra una fachada, saltó al sillín y pedaleó hacia el Sudoeste entre columnas de material. Allí tampoco resultó muy visible en la oscuridad, y, además, el despliegue obsesionaba a todos. ¿Qué podría importar un camarada trabajador montado en una bicicleta?

A la pálida luz del crepúsculo matutino, Ursbach se adentró en la zona de la artillería. ¡Allí sí que no tenía nada que buscar un paisano!

Ursbach se escondió con su bicicleta en el monte bajo y esperó a que despuntara el día.

«A estas horas, Galina habrá descubierto ya mi ausencia», pensó. Y de pronto sintió miedo por Lida. ¿Qué haría ahora la Opalínskaia..., aparte chillar y despotricar? ¿Daría la alarma a las patrullas? Y si fuera así, ¿quién buscaría a un alemán fugitivo en plena ofensiva? ¡Había cosas más importantes que hacer!

Ursbach se tumbó en su escondite entre los matorrales y contempló la salida de aquel sol amarillento, casi descolorido. Era el mejor momento para huir, eso lo reconoció. Sólo le irritó el hecho de que ahora debería ser lo que nunca ambicionó. Pero estaba obligado a serlo para salvar la vida: ¡un héroe!

Galina Ruslanovna necesitó una hora para cerciorarse de que ya no estaba en Niekiudovo una persona llamada Helge Ursbach.

Primero pensó que él habría ido a dar un paseo por la aldea para ver el despliegue de las tropas soviéticas, pero pronto desechó tal pensamiento por estúpida, pues cualquier miliciano rojo y, sobre todo, cualquier oficial, detendría a Ursbach en el acto, ya que llevaba uniforme alemán. ¿Qué sería, pues? ¿Cómo podría pasear tranquilamente un soldado alemán entre las fuerzas soviéticas? ¡Y luciendo, para colmo, la Cruz de Hierro! «Camaradas, aquí huele mal algo.»

Tampoco supo nada Stella Antonovna. Tan sólo le dijo:

—¡Vigílale mejor, Galina Ruslanovna! ¿Qué pasará ahora si se ha largado?

—¿A...adónde? —tartamudeó la Opalínskaia. Repentinamente se le hizo un nudo en la garganta. Se quedó helada—. Eso es imposible...

—¿Qué es imposible?

—¡Que se haya largado así como así! ¿Para qué?

—Quizá tuviera miedo de ti.

—Pero, ¿de qué?

—Hay hombres que huyen de la cachondez excesiva.

La Opalínskaia lanzó una mirada asesina a Stella, pero no dijo ni pío. Dio media vuelta y se alejó corriendo. No quiso solicitar ayuda de Sibirzev. Demasiado peligroso. Corrió de alojamiento en alojamiento, atravesó dos veces la aldea y, en una de las últimas casuchas arrasadas, se encontró con Lida Ilianovna.

Eso le extrañó. La Selenko estaba respaldada contra una pared, tan inmóvil como una enorme muñeca, mirando hacia la orilla del río. La Galina se detuvo a cierta distancia, se apretó contra la pared de un establo y la observó durante un rato. De improviso, Lida se enderezó y descendió despacio al río. El camino, reblandecido por las grandes lluvias, la hizo hundirse hasta los tobillos, pero ella sacó un pie tras otro de la viscosa masa y avanzó maquinalmente, paso a paso.

Tras breve titubeo, la Opalínskaia la siguió. A mitad de camino entre las últimas casas y el río, en una ligera hondonada donde el agua se había estancado y las botas de Lida levantaban mil salpicaduras a cada paso, Galina la llamó:

—¿Adónde vas, Lidotschka? —gritó—. ¡Deténte un momento! ¡Necesito hablar contigo!

Lida Ilianovna se detuvo como si se le hubiera desconectado un motor invisible. Fue un movimiento tan maquinal, que casi resultó extraño no verla quedarse con la pierna a medio camino, en lugar de bajarla hasta el lodo. Su rostro lívido pareció petrificado; los ojos, relucientes como el vidrio. Sólo se movieron las puntas de los dedos en los brazos colgantes.

Galina Ruslanovna llegó a su lado y tuvo que detenerse como ella en la charca de barro con un fondo resbaladizo y compacto.

—¿Te has enterado ya? —preguntó, jadeante, la Opalínskaia.

—¿De qué debo haberme enterado?

El tono de Lida fue calmoso, pero sin la menor modulación. Siguió mirando impertérrita el río, no echó ni una ojeada a Galina.

—No encuentro por ninguna parte a mi prisionero.

—¿Le estás buscando?

—¡Naturalmente!

—No le encontrarás.

—¿Qué estás diciendo?

La Opalínskaia miró estupefacta a Lida Ilianovna como si la muchacha hubiese perdido el juicio. Entonces se irritó de tal forma, que cogió a Lida por la camisa con ambas manos y la atrajo violentamente hacia sí.

—No vas a encontrarle —replicó, impávida, Lida.

—Le has escondido tú, ¿eh? ¡Ah, pequeña gata astuta! ¿Dónde está? ¡Hazle salir inmediatamente! ¡Qué desfachatez! ¡Esconder a mi prisionero! ¡Hazle salir inmediatamente, te digo!

Y sacudió a Lida Ilianovna. Ésta no se defendió, mantuvo una actitud expectante, y dejó que la Opalínskaia la zarandeara. Por fin habló, mientras Galina contenía el aliento:

—No lo he escondido.

—¡No mientas! —aulló la Opalínskaia.

—¡Te lo juro por la vista de mi madre! ¿Te parece suficiente?

—¡Tú lo jurarías por eso aunque la dejaras ciega! —chilló Galina—. ¡Sabes dónde está! Allá abajo en el río, ¿no? En alguna cabaña de pescador. El nidito amoroso, ¿verdad? Os habéis estado apareando toda la noche. Ahora él está fatigado y duerme, y tú haces guardia. ¿No es así? ¡Respóndeme! ¿Qué pensabas hacer en el río? ¿Chapotear por el lodo? ¡Está escondido allá abajo, no lo niegues! —Y, aferrando nuevamente a Lida, le gritó en plena cara—: ¡Condúceme a él! ¡En el acto! ¡Marcha delante para indicarme el camino! ¡Ah, te mataré si te niegas, carroña de puta!

—¿Lo harás? —preguntó Lida Ilianovna con voz inanimada—. ¿Matarme?

—Lo haré. ¡Y, además, riéndome, lanzando gritos de júbilo! —Dicho esto, agarró a Lida por el pelo y le sacudió bárbaramente la cabeza mientras vociferaba—: ¿Ves qué fuerte soy? ¡Puedo arrancarte de cuajo esta estúpida cabecita! ¡Y extraerte tu reducido cerebro! ¡Llévame a él, gata descarriada!

—Está ya lejos... —dijo Lida, como si soñara—. Muy lejos... No volverá nunca más.

Lanzando un suspiro muy profundo, que sonó como un grito ahogado, Galina alzó el puño. Pero esta vez Lida no se mostró sumisa. Despertó inesperadamente de su letargo como si se le hubiese desgarrado algo por dentro..., alzó rauda la rodilla y se la hundió a su contrincante en el bajo vientre. Fue un golpe tan doloroso, que Galina soltó involuntariamente el pelo de Lida, dejándola libre.

Cuando se quedaba mirándola con ojos desorbitados y boca abierta, recibió el segundo golpe de Lida en la sien. No fue un puñetazo, sino un hachazo con el canto de la mano, tal como lo aprendiera en Veschniaki y que le valiera tantos elogios de la coronela Olga Petrovna Rabutina. Un golpe que paralizaba al adversario, interrumpiendo todo su funcionalismo, como si se apagara una luz.

La Opalínskaia se desplomó de rodillas y luego de lado, enterrando la cara en el agua fangosa. Instintivamente quiso volverse, ponerse boca arriba, pero Lida Ilianovna le asestó una patada en la espalda.

No hubo escape posible. Cerrando los ojos, Lida saltó con las piernas abiertas sobre la espalda de Galina, sus pesadas botas oprimieron el cuerpo contra el lodo, y mientras Galina pataleaba convulsa intentando levantar los riñones, ella le plantó la bota derecha en la cabeza, y con la izquierda le pateó las nalgas, la pelvis, los muslos, con lo que, al poco, se acabaron las contracciones convulsivas y el pataleo.

Sin abrir los ojos, Lida Ilianovna permaneció sobre el cuerpo casi sumergido en el barro. Levantó la vista al cielo, su rostro se llenó de lágrimas, y mientras Galina Ruslanovna se ahogaba en el lodo bajo sus botas, pensó: «¡Lo hago por ti, querido! Por ti. ¡Corre, corre! Que Dios te acompañe.»

Cuando la Opalínskaia dejó ya de agitarse y pareció ya impensable que viviese todavía, Lida se levantó del cuerpo retorcido y se encaminó hacia Niekiudovo sin volver la cabeza ni una sola vez.

Llegada a los aledaños de la aldea, se limpió las botas en un charco de agua limpia, se quitó las manchas de barro del uniforme y marchó con toda calma a su alojamiento, donde nadie la había echado de menos. Las muchachas de su grupo estaban muy atareadas descargando un camión atiborrado con sacos de pepinos frescos. Nadie conocía la procedencia del vehículo; había aparecido allí como por encanto. Sibirzev, su descubridor, había esperado dos horas por si lo reclamaba algún camarada, pero, como no ocurriera así, dio la alarma.

—¡Se debe aceptar lo que nos cae del cielo! —vociferó entusiasmado—. ¡Un camión lleno de pepinos! ¡Camaradas, a nuestro almacén con él!

Lida Ilianovna se puso en la cola y acarreó, entre quejidos, su saco de pepinos. Si se hubiera preguntado sobre su paradero, todo el mundo habría jurado que estuvo allí desde el principio.

Por la tarde encontraron a Galina Ruslanovna en la hondonada del río. Las chicas heridas se habían incomodado porque nadie se ocupaba de ellas, ni la Opalínskaia ni el médico alemán. Stella Antonovna, recordando inmediatamente que Galina buscaba a Ursbach, despachó cinco patrullas. Y fue precisamente Sibirzev quien la encontró. Ahogada en el fango. Puesto que una muerte semejante no era normal ni natural, y por añadidura el médico auxiliar Ursbach había desaparecido, no hubo la menor duda de que se había cometido un delito espantoso.

Por lo tanto la llevaron a la tienda de la enfermería.

—¿Qué había dicho yo? —preguntó, malicioso, Sibirzev cuando Stella Antonovna vio el horrible cuadro que ofrecía el cadáver—. «¡Liquidarle! ¡Liquidarle sin demora!» Pero ¡no, no! Todas pusieron los ojos en blanco y dijeron con tono melifluo: «¡Pero es médico, caramba!» Pues bien, ¿qué ha hecho ese médico, ese hombre santo? ¡Ahogar a Galina en el barro como si fuera una gata! ¿Qué me decís ahora de vuestro humanitarismo? ¡A la mierda todo lo que apeste a conciencia! Os lo he repetido una vez y otra, ¡pero yo soy para vosotras un salvaje!

—Esos razonamientos no nos sirven de nada, Bairam Vadimovich —murmuró, agobiada, Stella Antonovna—. ¿Te propones gritar así al camarada coronel? ¿Qué le diremos ahora?

—¡Galina Ruslanovna ha sido asesinada!

—¿Por quién?

—¿Qué sabemos nosotros? ¿Acaso los asesinos dejan siempre su nombre? Naturalmente, podríamos decir una cosa: ¡Fue ese perro alemán! ¡Ahogó a una doctora, siendo él mismo médico! Eso sí que sería buen pienso para nuestra propaganda. Nos besuquearían como locos, Stella Antonovna. ¡Un animal teutón! ¡Necesitamos algo así para levantar la moral! Un animal teutón. Por desgracia no podemos hacerlo. Aquí no puede haber prisioneros, ya se sabe. ¡Se me desgarra el alma de pesadumbre!

—¿Y por qué habrían de asesinar a Galina?

—¿Acaso somos los asesinos para vernos obligados a dar información? Aunque, mirándolo bien, *nosotros somos* los asesinos, ¡de modo que permanezcamos callados! Hagamos circular un rumor:

A la camarada Opalínskaia se le nublaba el entendimiento cuando veía por ahí unos pantalones interesantes. ¿Y si se investigara esa faceta del asunto? Sería una tarea ingente: ¿Cuántos oficiales han pasado hoy por Niekiudovo? ¿Con cuántos podría haberse escondido Galina detrás de unas matas? Y así debe de haber ocurrido allá abajo en el río. Si no, ¿qué buscaba por aquellos andurriales? —Sibirzev guiñó sus astutos ojos de yacuto—. Se nos dará crédito. ¡Paz y bendición sobre nosotros!

Al siguiente día, Galina Ruslanovna Opalínskaia fue inhumada en el cementerio de Niekiudovo, y doce muchachas dispararon la salva de honor sobre su tumba, el último saludo.

Entre ellas formó Lida Ilianovna. Su mano no tembló.

La contraofensiva soviética prosiguió incontenible y reconquistó todo lo que ocuparan los alemanes en los últimos días. Los Ejércitos soviéticos demolieron las débiles posiciones a retaguardia de las divisiones alemanas y proyectaron cuñas acorazadas en oleadas sucesivas, de tal modo que la última, compuesta por infantería, eliminó los nidos de resistencia alemanes en la zona reconquistada y también en los grandes objetivos: Orel, Bielgorod, Jarkov. Las pérdidas de tanques, cañones y personal fueron enormes, pero también se desangraron las tropas alemanas. El número de muertos y heridos no fue excesivo: arrollados e incomunicados por las cuñas de penetración, desperdigados por el frenético fuego artillero, millares y millares fueron al cautiverio.

Había comenzado la mayor batalla entre tanques de la Historia Universal, la mayor concentración de artillería sembraba fuego y muerte por doquier: sólo en la región de Bielgorod, 6.000 cañones soviéticos abrumaban a los batallones alemanes. El general Koniev había enviado adelante todas las reservas, que esperaban, vigilantes, en la estepa del Don.

La intendencia de las fuerzas alemanas se quebrantó por completo. Jarkov, conceptuada hasta entonces como retaguardia profunda, con teatro del frente y cabaré, burdeles para oficiales, suboficiales y tropa, sanatorio de heridos convalecientes, un sinfín de enfermeras y auxiliares femeninas del Ejército; Jarkov, donde se bebía aún champaña y coñac de Grusia acompañando al cochinillo asado; donde se daban cenas de siete platos en su casino militar servidas por ordenanzas con chaquetilla blanca, y para postre muchachas complacientes de todos los matices, desde las rubias germanas hasta las tártaras de ojos almendrados; Jarkov, la ciudad en donde todo dependía casi exclusivamente del abastecimiento especial y con la que soñaban todavía los combatientes rodeados de basura en primera línea; aquel oasis de corrupción, prostitución y gandulería, borracheras y trapacerías, pero, al propio tiempo, ciudad de hospitales magníficamente dotados y campamentos de tránsito, grandes polvorines y talleres..., aquella Babel en la confluencia de los ríos Uda, Kasatschia y Jarkov, se disponía por tercera vez a cambiar el paraíso por un infierno en llamas.

Marchando entre las arrolladoras columnas soviéticas, Ursbach se dirigía también hacia Occidente, siempre con la esperanza de que se detuviese el ataque por algún tiempo en un lugar u otro.

Llevaba la vida de un lobo. Durante el día permanecía escondido, por la noche merodeaba robando comida a las tropas soviéticas acampadas y consiguiendo incluso viajar dos veces en un camión de suministro. Se encaramaba furtivo, se escondía bajo las lonas y se apeaba con idéntico sigilo cuando observaba que la columna de transporte se estaba aproximando a su destino.

Pero aquello era una carrera en competición con los acontecimientos. Cada vez que creía estar ya cerca de sus camaradas, a punto de darles alcance, el frente se alejaba ante su vista. Un día —fue el 23 de julio—, Ursbach asistió a un combate de tanques. Buscó refugio en un embudo de granada; a sus espaldas dispararon los antitanque soviéticos; ante su vista evolucionaron cuatro «Tiger» alemanes; a su lado vomitaron fuego nueve «T-34», y, como era de noche, nadie le vio en su agujero. Permaneció allí acurrucado, deseando que los alemanes atacaran y rebasaran su posición. Pero fue una esperanza frustrada, porque un «Tiger» se incendió y los otros se replegaron.

El avance soviético siguió su marcha.

Y hacia delante marchó también el médico auxiliar Ursbach. Con una bicicleta robada —la número cuatro— atravesó una Bielgorod reconquistada por los rusos y envuelta en llamas, siguió al V Ejército acorazado de la Guardia durante su marcha triunfal hacia Solotschev, donde formaría una cuña lateral en dirección a Jarkov, la cual constituiría, junto con la cuña principal del VII Ejército de la Guardia y las vanguardias acorazadas, al Sur, del LVII Ejército, un círculo cuyo punto central sería Jarkov. Los tanques se proponían asaltar la ciudad desde tres frentes distintos, y esos tres frentes eran los que avanzaban ahora sobre ella. ¿Quién se atrevería a detenerlos?

El 5 de agosto —escuchando siempre el frente y muchas veces viéndolo, pero nunca lo bastante cerca para poderse pasar—, Ursbach descansó en un arbolado y consideró lo absurdo de su situación: si la cosa siguiera así, él regresaría realmente a Alemania, pero bajo la sombra de los tanques soviéticos. Todo era cuestión de tiempo y suerte.

Ahora tenía suficientes provisiones. En su última etapa había conseguido robar todo un saco y amarrarlo a su bicicleta. ¿Qué más se podía pedir? Libertad, un saco repleto de comida, una bicicleta, un verano hermoso, cálido, ríos en donde bañarse, graneros en donde dormir... Lo que jamás le atrajera antes, la vida de trotamundos, la carretera bajo sus pies y la lejanía ignota ante sus ojos, le parecía ahora un refugio residual, el último del paraíso.

Sólo molestaban los atronadores cañones, los carros de asalto escupiendo llamas, las columnas de soldados y las largas caravanas de prisioneros sudorosos y exhaustos. Prisioneros alemanes.

Dos o tres veces había visto pasar trotando a sus camaradas. Era imposible darse a conocer. Por tanto, se contentaba con mirarles apesadumbrado. Solían marchar en columnas de cuatro o seis filas por las polvorientas carreteras camino del Este, hacia el campamento de tránsito más cercano, donde se tomaría una decisión sobre su destino inmediato. Y él se plantaba en la cuneta..., un ruso con ropa remendada y maltrecha, gorra de visera, ocultando el rostro tras una florida barba rubia. Muchas miradas resbalaban sobre él; uno le gritó incluso *chleb!, chleb!,* pero él no les dio pan; haciendo gestos negativos con la cabeza, dio media vuelta porque temía que no se podría contener por más tiempo y se delataría.

Aquel 5 de agosto lo pasó en un bosquecillo junto a su bicicleta, como hiciera a menudo durante las tres últimas semanas. Un tirón en el brazo le despertó. Se había atado el brazo a la bicicleta con un cinturón, para evitar que se la robaran. Vio ante sí a dos milicianos rojos. Él pareció interesarles menos que la bicicleta. No habían esperado encontrarla atada al brazo de su propietario. ¡Astuto zorro aquel palurdo!

Puesto que se había despertado, los dos milicianos rojos adoptaron una actitud muy similar: propinaron una patada a Ursbach en el costado y le gritaron:

—¡Arriba, zoquete! Esto es una investigación. ¡Oficial! ¡Y si replicas, te largaremos un tortazo, amiguito!

Ursbach se sentó; no sabía ni palabra de ruso. Para compensarlo, hizo una mueca amistosa a los soldados.

—*Tovaritschi...* —balbuceó cortésmente. Eso siempre sonaba bien: «camaradas». Lo recordaba, junto con otras palabras.

Los milicianos rojos le miraron perplejos y, largándole otra patada para animarle, vociferaron:

—¡Levántate! ¿De dónde has sacado esta bicicleta? ¿Quién notará hoy su falta? ¿Por qué no la han incautado todavía para la Gran Guerra Patriótica? Tal vez la hayas escondido, ¿eh, granuja? Pero se acabó. ¡Te confiscamos la bicicleta!

—*Da, da* —replicó Ursbach sonriendo de oreja a oreja—. Golpeó su saco de yute y movió la cabeza arriba y abajo—: *Kolbassa..., chleb..., miasso...* (salchicha, pan, carne).

—Ha perdido el seso —comentó uno de los soldados. Luego sacudió una bofetada a Ursbach, le soltó la correa del brazo y levantó la bicicleta.

—¡El calor del verano! —El otro soltó una carcajada bronca—. ¡Se le ha desteñido hasta la barba! —Levantó de un tirón a Ursbach, le escupió en la cara y gritó—: ¡Nos acompañarás, hermanito! ¡Declararás ante el camarada teniente que tu bicicleta es útil para la guerra! ¡Y que nosotros nos hemos portado bien contigo, matachinches! ¡En marcha!

Ursbach entendió muy bien el *davai, davai.* Él había esperado siempre que ese vocablo no le sorprendiera jamás indefenso. ¡Se acabó la huida!

Cuatro horas después, un jeep —procedente de la ayuda norteamericana, que ahora se volcaba a raudales— llevó al médico alemán Helge Ursbach a presencia del jefe de un regimiento de Infantería soviético. El coronel, un hombre ya maduro, le recibió cortésmente con un saludo militar, y le habló incluso en un buen alemán.

—¿Es usted médico? —le preguntó mientras le ofrecía asiento y un *papirossa*—. ¿En plena huida para reunirse con los suyos? ¿Es cierto? ¿Cuánto hace que dura esto?

—Tres semanas. —Ursbach fumó con largas chupadas, aunque el tabaco le ardiera como la yesca—. Desde el 13 de julio.

—¿Y nadie se ha dado cuenta de que es usted alemán?

—Al parecer, mi indumentaria es algo así como el uniforme de los paisanos. Sobre todo la gorra. Todos los que me veían me saludaban amigablemente.

—Se acordará de esto durante mucho tiempo, doctor —dijo, complacido, el coronel, lanzándole una larga mirada—. Allá donde va usted ahora no encontrará ya la menor cortesía.

Pujantes e incontenibles, los Ejércitos soviéticos seguían empujando ante sí a los extenuados regimientos alemanes, unidades desprovistas de avituallamiento y con municiones cada vez más escasas.

Los «Tiger» y los «Panther» carecían de combustible y eran abandonados en plena estepa, cual monstruos de acero desvalidos; la Infantería defendía metro a metro el terreno, pero, ¿qué podía hacer contra las oleadas de tanques «T-34»? La artillería soviética lo machacaba todo con sus millares de piezas. Antitanques y antiaéreos disparaban con tiro rasante incluso contra los hombres aislados; por su parte, los milicianos rojos, siguiendo de cerca a los tanques, asaltaban los reductos alemanes, pese a la desesperada defensa.

Las tropas del general Koniev encontraron exactamente el enlace entre el IV Ejército acorazado alemán y el VIII Ejército, el nuevo nombre asignado a la Agrupación Kempf. Tres Ejércitos soviéticos, totalmente reconstituidos con las reservas del Don, abrían allí una brecha de cincuenta y cinco kilómetros entre los dos Ejércitos alemanes. Un pasillo por el que se filtraban grandes contingentes de fuerzas camino de Jarkov.

Pero la táctica de los soviéticos no se limitaba a esas irrupciones. Atacaban en un ancho frente para evitar que las tropas alemanas formaran centros de resistencia y para limpiar de alemanes todos los sectores. Eso costaba muchas vidas, engullía mucho material, convertía la dilatada ofensiva en una carnicería, pero..., ¡se alcanzaban los objetivos! Era lo único que importaba al Kremlin. ¡Qué insignificante resulta el ser humano cuando se trata de Rusia! ¡Había costado siglos inculcar al pueblo esa idea!

El coronel Schementschuk cayó. Una muerte absurda: Estaba inspeccionando un tanque «Tiger» abandonado, y cuando se encaramó a la torre, estalló dentro una carga preparada para explotar si alguien ocupaba el asiento del comandante. Sacaron al coronel del «Tiger» en pedacitos.

Stella Antonovna fue ascendida a teniente. Fue el último acto de servicio del coronel Schementschuk. Entregó a Stella el nombramiento y pronunció una breve arenga; ella besó la bandera roja, y él la besó en ambas mejillas. Todo resultó bastante solemne, aunque Schementschuk, aparentemente misógino, manifestara en el círculo de oficiales no comprender por qué se organizaba todo aquello en honor de las hembras. Ahora bien, Stella Antonovna se había anotado entretanto 329 aciertos en la cartilla, y su exaltación a «Heroína de la Unión Soviética» era sólo cuestión de tiempo. La propuesta estaba ya en el Alto Mando. Faltaba sólo la firma de Stalin. Pero, al fin y al cabo, ella había cumplido con su deber como tiradora escogida, y era una tontería armar tanto revuelo por aquello.

Hasta que llegara de Moscú un nuevo jefe, Stella asumiría el mando de la sección Baida del batallón de mujeres.

Cuando se desencadenó la tormenta sobre Jarkov; cuando el VII Ejército de la Guardia arrancó desde Bielgorod y su zona formando tres cuñas; cuando el general Koniev anunció, en una orden del día, que ya no descansarían hasta ver ondear triunfalmente la bandera roja en toda la ciudad, la sección Baida formó también entre las unidades de Infantería. Se encaramó a los tanques, arremetió con ellos contra las tropas alemanas, asaltó nidos de ametralladoras, trincheras abiertas a toda prisa, fortines, y barrió las tropas alemanas dispersas por la región reconquistada.

Fue una batalla cruenta, sobre todo allá donde aparecieron las muchachas. Sus disparos fueron casi siempre certeros; no pudo escapar ninguno de los soldados alemanes que se atravesó en su campo visual.

Se evacuó Jarkov. El teatro del frente y el cabaré, las compañías de ópera y teatro, las rimbombantes administraciones e intendencias de la Wehrmacht, los hospitales y campamentos se retiraron a Poltava e incluso llegaron hasta Kiev. Se hicieron añicos los centros de borracheras, comilonas y fornicación; por las calles y plazas poco antes pobladas por guerreros bien nutridos de retaguardia, circulaban ahora grisáceas columnas de seres macilentos: los cerdos del frente. Los combatientes que regresaban de la sangre y la mugre. Todos contemplaban maravillados aquel mundo casi intacto que se había erigido allí, detrás de sus cuerpos sangrantes.

Letreros en fachadas y árboles. Hoy: *El barón gitano,* de Johann Strauss.

Cada día: «¡Granada revientatanques! El cabaré para vosotros, camaradas.»

Escenario al aire libre de Jarkov: «El cuerpo de baile de Berlín danza para vosotros óperas y operetas.»

«¿Por qué es tan hermoso el Rin? Velada renana.»

—«¡Camaradas, nuestro ventrílocuo vuelve! En el gran salón de la Casa de la Cultura.»

«¡Sí, las mozas del Waterkant están aquí! Gran velada hogareña de la compañía del frente.»

Y en los pisos abandonados se veían sofás y sillones, camas recién hechas, hileras de botellas vacías y apestosos montones de alimentos corrompidos.

El cinturón de fortificaciones del casco urbano de Jarkov fue reconstruido y ocupado una vez más. Todavía salieron interminables columnas de la ciudad, hacia el Oeste, hacia la seguridad. Los guerreros de retaguardia, con orondas panzas y gonorreas en serie, se apresuraron a sacar su «pacífica humanidad» del escenario bélico con la mayor celeridad posible. Allí rigió como siempre la ley del embudo, según la cual debía haber por cada combatiente ante el enemigo diez hombres en retaguardia, quienes se ocupaban, muy diligentes, dc quc aquel combatiente disparara y muriera heroicamente. Si se hubiera movilizado a todos los hombres residentes en Jarkov, se habría constituido fácilmente un nuevo ejército. Pero ese ejército de disponibles forzosos bien alimentados, huyó por vía férrea o por carretera hacia Poltava, llegando incluso hasta el Dniéper. La retaguardia profunda y tranquila de Cherkassi y Kiev se llenó a reventar.

Sin embargo, el combatiente de primera línea, hundido en inmundicia, pasó hambre, contó su munición, esperó impaciente cada lata de combustible y se aferró a su trinchera para aguantar la acometida de las divisiones soviéticas, las masas acorazadas y el martilleo de la artillería.

El teniente Bauer III fue herido. Recibió un balazo en el vientre y tuvo la suerte de que lo transportaran en una *sanka* a Jarkov, y desde allí, a un hospital de Poltova. Un primer teniente llamado Von Bellinghoven asumió el mando de la cuarta compañía. Le acababan de dar el alta en el hospital de Burgsteinfurt, Westfalia, y, tras cuatro semanas de convalecencia, fue despachado sin tardanza al frente. Allí encontró a su división en plena retirada, y su regimiento, reducido a un batallón, y cuando fue destinado a la cuarta compañía no tuvo que hacer mucho camino: la misma compañía salió a su encuentro. Se dio de cara con su camión en un asalto soviético. El primer teniente Von Bellinghoven formó en seguida, con la sección del suboficial Pflanzl, un núcleo de resistencia, y demostró cómo se puede cascar un «T-34» con una carga adherente: aguantar hasta encontrar el ángulo muerto, encaramarse entonces de un salto al monstruo, pegar la carga explosiva —provista de magneto— a la torre, apearse aprisa y ¡listo! Con la explosión se evaporó el «T-34».

Por la tarde se interrumpió el ataque soviético. Ante los nidos quedaron humeando cinco tanques soviéticos. Las bajas de la cuarta compañía fueron reducidas: dos muertos y nueve heridos. Pero cada caído valía ahora por diez hombres.

Aprovechando la oscuridad, Von Bellinghoven hizo formar a la cuarta compañía. Se presentó como nuevo comandante, saludó a los jefes de sección y celebró que el brigada Pflaume hubiese acudido con una ametralladora ligera en vez de quedarse en la improvisada oficina, pues un combate de repliegue no podía tolerar ningún personal administrativo. Luego, Von Bellinghoven se acercó al embudo de granada que Peter Hesslich había escogido para pasar la noche.

—Ésos de ahí enfrente son tipos correosos —dijo el primer teniente quitándose el casco—. Calculo que sus pérdidas han sido el quíntuplo de las nuestras. ¡Y, sin embargo, siguen atacando!

—¿Ha visto usted bien lo que tenemos ahí enfrente? —preguntó Hesslich—. A propósito..., ¡baje usted la cabeza, mi teniente!

—¿A qué viene eso? —Bellinghoven miró, pasmado, a Hesslich—. Ésos están por lo menos a doscientos metros de nosotros.

—Lo suficiente.

—¡Está usted viendo visiones! ¡Un balazo certero a doscientos metros...! ¿Acaso estamos en el circo presenciando un número de tiro de salón?

—¡Exactamente eso!

—¿Delira usted?

—Entonces, ¿no sabe usted lo que tenemos ahí enfrente? Pues bien, se lo diré. ¡Muchachas! La sección de un batallón de mujeres. Y mucho me temo que sea la sección Baida.

—¿Un batallón de mujeres? —El primer teniente miró, atónito, a Hesslich—. ¿Existe realmente tal cosa? ¿No será uno de nuestros trucos propagandísticos?

—¿Es que no le han dicho nada en el batallón?

—He venido inmediatamente aquí con el camión. No es posible, Hesslich. ¡Muchachas en un asalto! Entonces, ¿nos hemos pasado todo el día disparando contra..., esos muertos de ahí fuera, son todos..., muchachas?

—Sí.

—¿Desde cuándo están enzarzados ustedes con ellas?

—Desde marzo. ¡Es como si se pegaran a nosotros! Casi todas las bajas que hemos tenido hasta ahora son imputables a ellas. ¡La cuarta compañía ha sido renovada tres veces desde marzo! Lo peor fue la cabeza de puente de Melechovo.

—¿Y nos vamos a dejar tratar así por esas hembras? ¿Nos hemos de poner a cubierto ante unas faldas?

—Absténgase de heroicidades, mi teniente. —Hesslich señaló con el pulgar la boca del embudo—. Ésas le vuelan la punta de la cola a un gato a doscientos metros.

—No me propongo sacar la cola —replicó secamente Von Bellinghoven—. ¡Pero mañana les enseñaré a esas mozas lo que son dos y dos!

No tuvo ocasión de hacerlo. Hacia la madrugada inició su martilleo la artillería soviética, que había adelantado los emplazamientos durante la noche. El frente alemán siguió replegándose. También tuvo que retroceder la cuarta compañía, pues habría sido suicida enfrentarse a aquel ataque masivo. No se supo más de las muchachas. Marcharon con la tercera oleada de tanques, envueltas en polvaredas altas como casas.

Jarkov. ¡Adelante, hacia Jarkov! Koniev esperó ansioso entrar de nuevo en aquella ciudad antigua y hermosa, entre el júbilo y los vítores de la población metida ahora en los sótanos.

El primer teniente Von Bellinghoven cayó el 10 de agosto de 1943 en la aldea de Mulnov. Había alcanzado con dos hombres un bosquecillo de abedules jóvenes cuando, súbitamente, le salieron al paso dos muchachas. Parecieron como surgidas del suelo y levantaron sus fusiles. Antes de que Bellinghoven pudiera reaccionar, Lida Ilianovna y la pequeña Maia hicieron fuego. Sonó como un solo disparo. Una estría ígnea hizo estallar la cabeza de Bellinghoven. En la fracción de segundo precedente a su muerte, vio que las muchachas no llevaban casco, sino gorros cuarteleros, bajo los cuales asomaba la masa de pelo.

Los otros dos alemanes alzaron los brazos apenas vieron caer a su teniente. No supieron que allí imperaban otras leyes. Los fusiles «Tokarez» automáticos escupieron otros dos disparos y les destrozaron la frente, exactamente entre las cejas.

Las muchachas acecharon a su alrededor, pero no vieron más rastros de alemanes. Entonces se abrazaron y desaparecieron en el bosque. Fue el 268 acierto de Lida Ilianovna y el 121 de la pequeña Maia.

El VII Ejército de la Guardia ensanchó la brecha entre el IV Ejército acorazado y el VII Ejército. Al este de la línea férrea Kursk-Jarkov inundó la estepa, haciendo marchar ante sí a los alemanes. El Grupo de Ejércitos «Sur» del mariscal Von Manstein emprendió un repliegue más o menos ordenado, a diferencia del Grupo de Ejércitos «Centro», donde fueron aniquilados el IX Ejército y el II Ejército acorazado. Éstos habían perdido Orel y buscaban su salvación en una rápida retirada hacia la línea «Hagen», muralla fortificada ante Briansk que, desde hacía años, tenía fama de invulnerable.

El 11 de agosto, Peter Hesslich fue alcanzado por metralla de granada. Un trozo candente de hierro le atravesó el muslo, destrozándole el músculo crural y dejando colgado un trozo de carne, pero respetó el hueso. Aunque no fuera una herida peligrosa, le privó de movimiento. La granada estalló ante la camioneta todo terreno con la que él, acompañado de cinco hombres, intentaba alcanzar la línea férrea Kursk-Jarkov para establecer de nuevo contacto con su unidad en la localidad de Kasatschia Lopan. Tras un choque con los acorazados soviéticos, se desperdigaron; poco después habían dado con la camioneta abandonada y, para colmo, descubrieron dos latas de gasolina bajo los asientos traseros. Corrieron a una velocidad infernal por el terreno ondulado de la estepa, sabiendo que a izquierda y derecha avanzaban las vanguardias acorazadas enemigas. Fue una carrera de competición, con la vida como trofeo.

La granada explotó ante sus narices. La camioneta todo terreno se levantó, dio una voltereta en el aire y se estrelló contra el suelo. Cuatro hombres murieron en el acto. El quinto vivió todavía dos horas con sólo media cabeza. Hesslich reptó como pudo, dejando un rastro de sangre, con la pierna temblando y ardiéndole endiabladamente: registró los cadáveres, tomó los vendajes de todos y se los puso en la herida abierta. Quedó inmóvil sobre la estepa, entre el vehículo destrozado y sus camaradas caídos. Allí, tendido boca arriba, miró fijamente el azul cielo estival y esperó la muerte. Quizá fuera una forma hermosa de morir, un deslizamiento hacia lo ingrávido, un mutis discreto en el escenario del mundo. El desangramiento es casi agradable. Se debilita uno poco a poco, la fatiga le domina y, por último, se duerme en la eternidad.

Stella Antonovna le encontró al atardecer.

Fue una casualidad, pues, como ocurre en esta vida, las casualidades suelen determinar nuestro futuro.

Tras la nueva irrupción de las cuñas acorazadas hacia el ferrocarril, la sección Baida —como se la llamaba ya oficialmente, en honor a la brava Soia Valentinovna— recibió orden de limpiar aquella región de las unidades alemanas dispersas. Junto con tres compañías pertenecientes a un batallón de Infantería de la reserva, peinó aldeas y graneros, bosques y monte bajo, sacando de sus escondrijos a los soldados alemanes. Otras unidades amontonaron los muertos y los cargaron en camiones para transportarlos hasta unas fosas largas y poco profundas donde se los incineraba, tal como se hiciera en Stalingrado. Allí, después de la liberación, se formaba grandes túmulos de cadáveres en la estepa y se les prendía fuego. Eso era más sencillo que abrir fosas comunes. Y, además, no dejaba rastro.

Stella Antonovna, que recorría la estepa con un jeep norteamericano, divisó a bastante distancia la maltrecha camioneta alemana rodeada de muertos. Poco antes había salido sola de la aldea, donde su sección tomaba el rancho de la tarde. A todo esto, las reservas acorazadas se habían puesto en marcha; la artillería disparaba por encima de las posiciones propias y desbarataba el plan alemán de utilizar la vía férrea como nueva línea de contención. Ahora, Stella estaba en camino para ver al comandante de la compañía que enlazaba con ella y conferenciar sobre los próximos movimientos.

Frenó en una colina chata de la estepa, se llevó los prismáticos a los ojos y escudriñó el destrozado vehículo. Examinó despacio el grupo: auto y muertos, uno por uno. Se detuvo en un cuerpo. Le parecía que aún se movía. Esperó, le tuvo bajo observación y, de pronto, vio que intentaba avanzar a gatas.

Stella Antonovna arrojó los prismáticos al asiento, se acercó el fusil y, apretando el acelerador descendió hasta los restos del vehículo. Frenó ante ellos levantando una nube de polvo, se apeó de un salto y se abalanzó sobre el soldado alemán, que ahora estaba de lado. Vio que los pantalones desgarrados estaban llenos de sangre y el enorme tampón ensangrentado entre los jirones de tela. El hombre puso la cabeza entre los brazos y resolló.

—*Stoi!* —exclamó cortante, Stella Antonovna.

El famoso *stoi* que sonaba sin cesar en los oídos de todo prisionero alemán. Luego orientó el cañón de su fusil hacia la cabeza. No pensó anotarse aquel disparo, porque era sólo un tiro de gracia.

El herido levantó la cabeza. Dos ojos fatigados la miraron desde aquel rostro embadurnado de sangre y polvo. Aunque apenas recordara su verdadero rostro..., ella lo reconoció al punto.

Arrojó el fusil al suelo, se echó de rodillas junto a él, le atrajo hacia sí, apretó aquella cabeza contra el pecho y le rodeó con ambos brazos, como si quisiera meterlo dentro de ella.

—¡Piotr! —balbuceó—. ¡Oh, Piotr! ¡Vives! Vives..., Piotr, *moi drug... moi liubimii... moi niebo... moi bog...* ¡Estás aquí!

Le besó la cara ensangrentada, le tocó por todas partes y escuchó que él le decía, con voz muy débil:

—Stella..., ¿eres tú realmente...? Hay todavía milagros de verdad... En el último momento...

—No último..., tú vives..., tú vives...

—Demasiado tarde.

—¡No demasiado tarde!

Vio la horrible herida en el muslo, empezó a temblar, notó que le corrían las lágrimas como si no fuesen suyas, que los sollozos estremecían su cuerpo.

—Tú vives... —repitió una y otra vez, y le besó la boca entreabierta—. Conmigo vives, Piotr, *voina* rota, guerra rota. Pero nosotros aquí. Piotr, yo he rezado, día y noche. Ahora tú aquí, siempre conmigo. ¡Piotr, no mueras!

—¡Ah, Stella...! —exclamó él jadeando. El dolor lacerante se extendió desde el muslo por todo el cuerpo hasta los mismos pelos, y pareció hacer saltar el cuero cabelludo. Arqueó el cuerpo y, haciendo rechinar los dientes, se aferró a ella—. Stella..., esto no marcha.

La vista se le nubló. Perdió el conocimiento.

Sola en la estepa entre cinco muertos. Stella apretó la cabeza de él contra su regazo. El crepúsculo se ensombreció, la estepa se sumió lentamente en la noche. El tronar del frente se hizo más cercano. Los alemanes intentaron maniobrar una vez más para perder contacto.

«Mañana todo será distinto —pensó—. Ya no habrá mañana para nosotros dos, Piotr, querido mío, no tengas miedo.»

CUARTA PARTE

Una vez más, quizá la última, aunque sólo durara una noche, los soldados alemanes, un puñado de ellos, consiguieron irrumpir en la ofensiva soviética.

Con el objetivo de mantener despejada la vía férrea a Jarkov y liberar a una unidad cercada en Kasatschia Lopan, lanzaron un ataque contra la punta de lanza soviética cuatro «Tiger», cinco «Panther» y un «Ferdinand», apoyados por artillería de campaña y, sobre todo, los temidos «cuatrillizos» antiaéreos, acompañados de infantería y zapadores.

La arremetida fue tan inesperada, que desconcertó a los rusos por una noche. Nadie podía esperar ya que aquellos soldados exhaustos, desahuciados, tuviesen aún energías para dar un contragolpe y recuperar terreno. Ahora aparecieron allí con un ímpetu verdaderamente enigmático; su artillería hostigó con suma precisión a los batallones soviéticos de vanguardia; las granadas pesadas del «Ferdinand» hicieron saltar por los aires a dos baterías. Luego llegaron los «Tiger» y «Panther» escupiendo fuego por todas sus bocas, les siguieron los antiáreos «cuatrillizos» desenganchando el avantrén cada vez que topaban con concentraciones soviéticas. Éstos no tuvieron más remedio que retroceder un trecho aquella noche, para averiguar a la mañana siguiente lo que se proponían los alemanes.

El golpe dio de lleno a la sección Baida, incluidos los «T-34» circundantes, la batería antitanque y las piezas de artillería ligera. Asimismo, el grupo de lanzagranadas cayó bajo el fuego alemán y resultó aniquilado o poco menos.

Tras aquel primer encuentro, que causó nueve muertas y doce heridas entre las muchachas, Lida Ilianovna corrió desde su pelotón al puesto de mando de la Korolénkaia. Allí encontró a Sibirzev, acuclillado junto a un aparato de radio.

—¿Dónde está Stella? —gritó Lida.

No bien lo hubo dicho, se lanzó al suelo. Una granada del «Ferdinand» estalló no lejos de ellos, abriendo un embudo inmenso. La tierra tembló y pareció alzarse bajo sus pies.

—¡Fuera! —gritó Sibirzev—. ¡En la compañía de al lado!

—¡Debe volver inmediatamente!

—¿Acaso soy mago? —Sibirzev escupió contra el aparato de radio—. He perdido la comunicación. ¡Quién sabe lo que pasará allí!

—¡Vienen los tanques alemanes!

—¡Yo no puedo ahuyentarlos a meadas! —Sibirzev asestó una patada al aparato de radio y cogió su fusil ametrallador—. ¡Nosotros tenemos también tanques, Lidotschka!

—En el ala derecha se pueden ver ya. ¡Permanecen quietos y están barriendo a tiros nuestra esplanada!

—Tomaré el mando mientras Stella esté fuera. —Sibirzev hizo una mueca—. ¡Aunque ella lo quiera, no podrá llegar hasta aquí! Se marchó a toda velocidad con un jeep. ¡Quién hubiera pensado que los malditos fascistas se soltarían así el pelo! —Miró el reloj y luego a las tres chicas que Stella utilizaba como enlaces y que ahora esperaban apretujadas en el embudo—. ¡Nos retiramos! —gritó—. A todos los pelotones: retirarse uno por uno. Punto de reunión: Lunovo. Esto han de solventarlo los tanques.

—¡Soia Valentinovna no habría dado jamás semejante orden! —gritó Lida.

—¿Y dónde está ella? ¿Eh? ¿Huirán los «Tiger» si les escupes?

—¿Y Stella? ¡No podemos abandonarla así!

—¿Sabes tú dónde está? ¡Pues bien! ¡Ahora yo me hago responsable de todas vosotras, de vuestras vidas..., y por la victoria! Y os ordeno la retirada. Luego, concentración. ¡Y mañana, de vuelta con nuestros tanques!

La sección Baida se retiró bajo el fuego de la artillería alemana. Pasó corriendo ante tres «T-34» en llamas, tomó aliento junto a la expectante batería antitanque y allí mismo Sibirzev consiguió también establecer contacto, al fin, con la compañía vecina. El operador, jadeando en su nido, le aseguró que allí no se había presentado ningún teniente de nombre Korolénkaia.

—No está allí —dijo Sibirzev a Lida y las demás muchachas.

Entretanto, los tanques alemanes habían virado un poco hacia el ala derecha y estaban disparando contra una columna motorizada de avituallamiento cuyo jefe, convencido de que no cabía esperar ya ninguna reacción alemana, se había adentrado temerariamente en la zona de combate. Al cabo de pocos segundos se incendiaron nueve vehículos e iluminaron la noche con un resplandor llameante. Entre detonaciones ensordecedoras estallaron bidones de gasolina y un camión cargado de munición; densas humaredas surgieron por todas partes, hombres en llamas se revolcaron por la tierra dando alaridos.

Lida sintió una contracción muscular irreprimible en la cara. Se cogió la cabeza con ambas manos y contempló, pasmada, aquel infierno. Los cañones antitanques alrededor de ella empezaron a disparar sin punto de reposo. Aparecieron dos «Panther». Bajo su protección, varios soldados alemanes corrieron, agachados, hacia ella.

Aquello fue una carnicería. Los dos tanques quedaron bajo el fuego concentrado de los antitanques soviéticos. La Infantería se mantuvo a la expectativa en la estepa. Sibirzev miró fijamente a Lida Ilianovna e inclinó la cabeza. Luego alzó el brazo derecho con el puño cerrado. Él fue el primero en salir hacia delante.

Las chicas le siguieron sin titubear, tal como se esperaba de ellas: verdaderas luchadoras que no conocían el miedo. Atacaron en pequeños grupos, mientras los antitanques primero, y las ametralladoras pesadas después, contenían a los asaltantes alemanes. Entonces surgieron los uniformes parduscos, al principio aislados, luego muy rápidos y por todas partes, y se oyó el inquietante «¡hurraa!» lanzado por gargantas femeninas. Las tiradoras escogidas se abalanzaron cual gatos monteses sobre los soldados alemanes, ensartándolos con bayonetas, puñales y cuchillos, disparando pistolas o abatiéndolos con sus famosos tiros a la cabeza.

La cuarta compañía fue literalmente apisonada. El suboficial Pflanzl, que marchaba al lado del brigada Pflaume, tuvo el tiempo justo para gritar:

—¡Por los cuernos de Belcebú..., ahí están las malditas hembras!

Apenas lo dijo, las enfurecidas muchachas se lanzaron contra la maltrecha compañía.

Pflanzl apretó los dientes y disparó contra una que apareció, fantasmal, ante su improvisado parapeto. Le apuntó a la pierna izquierda..., fue incapaz de dispararle en el pecho. Aunque fuera la muerte misma acudiendo a su encuentro..., se trataba de mujeres, y a él le quedaba todavía un resto de decencia.

Los sargentos Hellersen, Fritzke y Pinter murieron a bayonetazos. El horror, el titubeo a la vista de las desenfrenadas mujeres, aquellos segundos de paralización, dieron una ventaja decisiva a las muchachas.

El brigada Pflaume defendió, junto con Pflanzl, un pequeño nido de ametralladora. Abatieron en un amplio semicírculo todo lo que intentó acercárseles. Frente a ellos, Sibirzev entró en posición con una ametralladora pesada, pero entonces se demostró que Pflaume no sólo sabía bramar y chinchar, sino también disparar. Junto a Sibirzev cayeron dos muchachas con sendos disparos en la cabeza.

—¡Nada de bromas conmigo! —exclamó Pflaume, casi jovial, haciendo un guiño a Pflanzl—. ¡Si una hembra se me quiere cargar, no será de un tiro en la cabeza!

Hizo girar la ametralladora y lanzó una ráfaga contra un grupo de muchachas que se acercaban galopando por la estepa. Una figura se tambaleó, otras dos la arrastraron consigo y todas juntas se esfumaron en la noche. Pero los tanques y vehículos en llamas iluminaron todavía la estepa; fue una luz cambiante de sombras y claridad intermitente, que a veces pareció incluso hacer revivir a los muertos de cuerpos crispados.

—¡Mira, ahí viene alguien! —dijo Pflanzl.

Y señaló a una figura que se acercaba reptando. Era un alemán, se distinguía claramente su casco de acero. Pero no se podía ver aún si el hombre estaba herido. Pflanzl hizo señas con el brazo.

—¡Cuidado, muchacho, ahí enfrente hay una ametralladora! —le gritó—. ¡Pégate al suelo! ¿Estás herido?

El alemán no respondió. Sólo alzó la cabeza, adelantó el fusil y miró al suboficial Pflanzl. La ametralladora soviética calló, incluso cuando él levantó aún más la cabeza ofreciendo el blanco clásico.

Sibirzev, que estaba observando la escena, no apretó el gatillo. Esperó fascinado, como si supiera lo que iba a suceder.

—¡Eh, tonto del culo! —gritó Pflanzl desde su seguro nido—. ¡Abajo esa cabeza! ¿Estás loco?

Alzó el brazo, quiso hacer señas, asomó media cara por el borde del embudo... «¡Ése va a disparar!», quiso pensar, pero no le dio tiempo. El martillazo le lanzó hacia atrás, un orificio apareció en su frente, el cuerpo se desplomó sobre Pflaume. La estupefacción quedó fija en sus ojos.

El brigada Pflaume se atragantó y quiso gritar. Vio brotar de la estepa a su alrededor cinco muchachas, mientras que el hombre con el casco alemán se erguía, tiraba el casco al suelo y agitaba una rizosa melena.

—¡Bravo, Lida Ilianovna! —gritó Sibirzev aplaudiendo detrás de su ametralladora—. ¡Cuánto se habría divertido Soitschka si hubiese visto esto!

El brigada Pflaume se estremeció de horror. Alzó los brazos, los estiró hacia el cielo y permaneció así, petrificado por el espanto, en su embudo. Lida se acercó a él de tres zancadas y alzó su fusil.

—No..., no... —tartamudeó Pflaume—. Me entrego. ¡Yo prisionero de guerra! *Voiennoplenni. Voiennoplenni. Plenni...* ¡No!

Con despiadada impasibilidad Lida apuntó a la cabeza de Pflaume. Él se quitó el casco y lo arrojó lejos, alzó nuevamente los brazos y rompió a llorar. Miró hipnotizado el cañón que le apuntaba exactamente entre los ojos, las lágrimas rodaron por sus rojizas mejillas, el corazón le ardió de miedo, sus músculos sufrieron una atonía total, los excrementos le llenaron los pantalones, la orina resbaló por sus piernas, y él siguió balbuceando:

—Yo... *voiennoplenni..., voiennoplenni...*

Entonces restalló el disparo. Con gruesas lágrimas en aquellos ojos entre los cuales había ya un boquete, Pflaume cayó contra la pared del embudo.

Mientras tanto, las muchachas de la sección Baida limpiaban la estepa de alemanes supervivientes..., sin piedad, tal como les habían enseñado, pues no sabían otra cosa.

Cuando empezaba a amanecer no quedaba ya ni señal de la cuarta compañía.

Tampoco la hubo de Stella Antonovna. Sólo encontraron su jeep acribillado a balazos. Y diez metros más allá se descubrió su cartilla de aciertos. Manchada de sangre. La última entrada era del día anterior. Desde el acierto 344 hasta el 349.

Incluso brotaron las lágrimas en los ojillos oblicuos de Siberzev cuando le entregaron la cartilla de aciertos. Se la llevó con unción a los labios. Lida Ilianovna rompió en sollozos histéricos y gritó:

—¡No lo creo! ¡Ella vive! ¡No lo creo! ¡Ella vive!

Sibirzev dijo con voz trémula:

—Sí, ella vivirá. Vivirá para siempre entre nosotros. Para todos los tiempos mientras exista un ruso. Será inolvidable como heroína máxima. Stella Antonovna se ha hecho inmortal.

La buscaron durante dos días mientras las unidades acorazadas proseguían hacia Jarkov, empujando a las tropas alemanas. Se disfrutó de un descanso, dos o tres días, pues la sección Baida había sufrido mucho en aquel contraataque. Casi una tercera parte de sus efectivos habían resultado muertos o heridos. Pero el comandante supremo, general Koniev, honró a la sección Baida con una mención especial en la orden del día. Incluso el jefe de Operaciones, mariscal Zúkov, envió un radiograma donde se hablaba de «heroísmo singular».

—No la encontraremos jamás —dijo Sibirzev al tercer día de búsqueda—. ¿Cómo podría ser? ¡Los fascistas, esos malditos perros, habrán maltratado su cuerpo para arrojarlo después a un vertedero! ¡Os lo juro: no descansaré hasta que no quede vivo ni un solo alemán!

Al siguiente día, la sección Baida se retiró del frente cumpliendo órdenes superiores y marchó a la conquistada Bielgorod para disfrutar de su merecido descanso. Aquí reinaba ya algo parecido a la paz. Los ciudadanos habían emprendido la reconstrucción comenzando por limpiar las calles y dinamitar las casas casi derruidas.

Sobre Jarkov avanzaron, desde tres frentes, nueve ejércitos soviéticos.

La estepa se empapó de sangre en la cuenca del Donetz.

El imprevisto contraataque de las unidades alemanas pareció —según creyó Stella Antonovna— la respuesta a una oración. Ella habría estado bien dispuesta a rezarle, aunque estuviese convencida de que el Dios a quien imploraban todavía en secreto sus padres, había sido desenmascarado hacía mucho por el marxismo-leninismo y resultaba ser un espantajo.

Con la cabeza de Piotr en su regazo, Stella siguió sentada entre el vehículo destrozado y los alemanes muertos, acariciándole la cara..., y dándose perfecta cuenta de su difícil situación. Le sería imposible reunirse con su unidad y llevárselo consigo. No habría ninguna razón para dejar con vida a aquel prisionero. Y había que excluir también la posibilidad de abrirse paso hasta las líneas alemanas. Ella sabía muy bien que, una vez allí, la entregarían en seguida a la SS. Lo cual significaría abusos, torturas y, por último, la muerte en la horca. El servicio de información de las guerrillas era excelente: allí se sabía con detalle cómo procedían la SS y la SD con las tiradoras escogidas. Si se las fusilara, sería relativamente humano. Había suficientes fotos de muchachas ahorcadas.

Cuando las primeras granadas alemanas empezaron a rugir sobre sus cabezas, Hesslich recobró el conocimiento. Al principio no se encontró muy bien, agitó los brazos, quiso levantarse de un salto, pero el terrible dolor en el muslo le hizo volver a la realidad.

Stella le sujetó, rodeándole con los brazos.

—Está tranquilo..., está tranquilo..., Piotr..., ¡no moverse!

—¡Dios mío, Stella! —Dejó caer la cabeza sobre su pecho. Calló mientras las granadas seguían pasando por encima para estallar en las posiciones de los contingentes acorazados soviéticos. Y en una pausa del fuego dijo—: Stella, ¡debes marcharte! ¡No puedes quedarte aquí!

—Eres tú marcharte..., no yo. ¿Puedes andar?

—No. Reventaré aquí.

—Tú no, ¡yo estoy aquí!

Le reclinó la cabeza con mucho cuidado sobre la hierba, se levantó, se acercó al jeep y regresó con su fusil.

—Eso está bien —dijo Hesslich cerrando los ojos—. Pon fin a esto. El tiro de gracia. Siempre es un favor. Lo sé bien porque yo fui guardabosque. Es un alivio. Yo..., te lo agradezco, Stella.

—Yo sostengo. Tú andar con fusil. Como bastón.

—No tiene sentido, Stella. ¿Adónde vamos a ir?

—A la paz. Tú y yo. Sólo paz. No más *voina. Voina* termina para nosotros.

—¡Por el amor de Dios! —La miró, aterrado—. ¿Te propones desertar? ¿Desertar conmigo? ¿Esconderte conmigo?

—Sí.

—¡La Korolénkaia! ¡La heroína! ¡Desertora!

—Yo te amo. Así nada del mundo. Sólo tú.

Stella le entregó el fusil, luego caminó hasta los restos del coche, cogió dos fusiles de los alemanes muertos y empezó a disparar contra el jeep. Como en ese momento llovieron las granadas alemanas sobre los emplazamientos de antitanques soviéticos, sus disparos se fundieron con las incesantes explosiones. Cuando volvió junto a Hesslich, éste se había levantado y se mantenía sobre una pierna, con ayuda del fusil. El dolor le hacía temblar de pies a cabeza, hasta los dientes le rechinaban. La pierna herida le colgaba como un apéndice absolutamente superfluo.

—¡Ven! —dijo ella tragando saliva varias veces—. ¡Ven!

Se pasó su brazo por la espalda, y entonces él, contando con ese apoyo y el del fusil, pudo caminar a la pata coja hasta el jeep. Cada vez que la pierna herida rozaba el suelo, lanzaba un largo gemido de dolor y tenía que detenerse para apoyar la cabeza en el hombro de Stella. Ella oyó cómo le entrechocaban los dientes.

—Todavía cinco metros —dijo ella, muy bajo—. Piotr, yo te ayudo.

Él sacudió la cabeza, gimió e hizo un esfuerzo por recorrer, saltando, aquellos cinco metros. ¡Qué largos pueden ser cinco metros, qué interminables cuando cada centímetro te cuesta un estallido de dolor!

Al fin lo consiguió. Se dejó caer en el asiento, cogió con ambas manos la pierna inútil y la metió en el jeep. Se golpeó la frente contra el marco del bajo parabrisas.

—Y ahora, ¿adónde? —dijo sin entonación—. ¡Dios mío, Stella!, ¿adónde?

—Tus camaradas atacan otra vez.

—No debes caer prisionera, Stella. No podré protegerte. ¡Huye! ¡Rápido!

—Yo quedo contigo.

—¡Eso es una locura!

—No locura... Es amor...

Stella puso en marcha el jeep y condujo despacio hasta una aldea arrasada sobre la que ahora pasaban zumbando las granadas alemanas, para estrellarse a lo lejos, en las posiciones improvisadas de los soviéticos. Era el mismo fuego preparatorio que hiciera tanto daño a la sección Baida cuando Sibirzev intentaba alcanzar a Stella en la compañía contigua.

La aldea estaba abandonada, las primeras salvas artilleras la habían demolido, y los observadores destacados allí se habían retirado. Cuando Stella miró a su alrededor, vio el relampagueo de cañonazos en la pálida oscuridad. Los tanques alemanes se estaban acercando.

Hizo alto ante una casa destrozada y corrió dentro buscando ansiosamente un escondite. Por fin encontró en la cuarta casa una especie de sótano, una fosa de mampostería rudimentaria con tapa de tablones donde otrora se almacenaban patatas. Todavía quedaba un par de libras, podridas y viscosas. Era un escondrijo utilizable.

Stella Antonovna empujó con las botas el amasijo de patatas hasta un rincón, volvió corriendo y vio que Piotr estaba de pie junto al jeep aferrándose al marco del parabrisas.

—¡Debes marcharte! —gritó él—. ¡Nuestros «Tiger» vienen!

—Tú no más solo, Piotr. ¡Tú conmigo!

Ella le sujetó y, una vez más, comenzó el infinito sufrimiento de la pata coja. Adentro y luego descenso al reducido sótano. El hedor a patatas podridas cortó casi el aliento a Hesslich, pero al menos pudo tenderse y estirarse. Se colocó debajo del muslo el fusil de Stella como apoyo. Luego aspiró con fuerza varias veces y el dolor pareció ceder un poco.

Stella corrió otra vez afuera. Mientras los tanques alemanes de vanguardia se aproximaban, ella condujo el jeep fuera de la aldea, destruyó a tiros los neumáticos con el fusil alemán y, escabulléndose entre las ruinas, volvió rauda a su escondrijo. Una vez allí, amontonó inmundicias sobre la cubierta de madera del sótano, la abrió muy despacio y se deslizó adentro. Se acercó reptando a Hesslich, tanteó en la impenetrable oscuridad, pasó la mano por su cuerpo y su rostro; entonces comprendió por qué los ciegos utilizaban la punta de los dedos para «ver». Averiguó que Piotr tenía los ojos abiertos y la miraba, que sus labios temblaban, que su cuerpo se estremecía aún, que se había tumbado sobre el resbaladizo suelo cuya superficie apestaba a podredumbre y fermentación, y que tenía su fusil como apoyo bajo el muslo herido.

La tierra tembló. Había comenzado la batalla. Prosiguió el avance de los tanques alemanes, los «T-34» y los antitanques soviéticos hicieron fuego de barrera, la Artillería rusa intervino con fuego disuasivo y tocó también la aldea que ahora se hallaba entre ambas líneas. Las ruinas saltaron por los aires, cinco casas ardieron y la casa en cuyo sótano estaban Stella y Hesslich, se desplomó.

Estrechamente abrazados en su escondite, esperaron que un impacto directo solucionara de golpe todos sus problemas. Cuando se estremeció el suelo bajo ellos y las explosiones tronaron sobre sus cabezas, Stella apretó la cara contra el pecho de Piotr y le estrechó más fuerte con los dos brazos. Quiso morir con él, en sus brazos, apretada contra él..., una unidad que nadie podría fraccionar nunca más.

El feroz combate duró toda la noche. Oyeron cómo los tanques —no podían saber si soviéticos o alemanes— rodaban por la incendiada aldea; oyeron también un tiroteo casi inmediato sobre sus cabezas, como si un carro de asalto estuviese encima mismo de la arrasada casa; luego ruido de cadenas y explosión de algunas granadas, hasta que, de pronto, se hizo un silencio inquietante, aunque el suelo temblara todavía con las detonaciones lejanas. La guerra había pasado sobre ellos, y ahora no sabían si se encontraban en campo alemán o soviético.

Llegó la mañana, aquella espantosa mañana en que la sección Baida exploró la zona de combate buscando a Stella Antonovna, y Lida Ilianovna gritó una y otra vez:

—¡No lo creo! ¿Dónde está? Sólo lo creeré cuando la vea...

Y cuando comprendieron que no volvería, que los alemanes la habían arrastrado consigo; cuando descubrieron el jeep tiroteado y la ensangrentada cartilla de aciertos, Sibirzez dijo:

—¡Mataré a cada alemán que me eche a la vista hasta el final de mis días!

La cuestión de la cartilla se le ocurrió a Stella Antonovna cuando la aldea quedó al margen del escenario bélico. Se apartó a rastras de Hesslich y empujó cautelosamente la trampilla de madera.

—Quédate aquí —susurró Hesslich—. Todavía no ha terminado la guerra. Aún durará cien años para nosotros...

—Debo dejar una falsa pista.

—¡Más tarde, Stella!

—¡No más tarde! Ahora.

Abrió del todo la trampilla, se aupó y quedó con medio cuerpo fuera sobre el suelo de tablones. La casa no ardía; sólo se había desplomado el resto del techo, y faltaba toda la pared desde allí hasta el huerto.

—Debo desprenderme de la cartilla de aciertos. No más Korolénkaia.

—¡Tú cartilla! ¿Cuántos..., aciertos tienes?

Ella titubeó, tendió el oído a los ruidos externos y, por fin respondió:

—Trescientos cuarenta y nueve.

—¿Todos en la cabeza?

—Se cuenta sólo tiros cabeza. ¿Y tú?

—Comparado contigo soy un pobre chapucero. Sólo ciento sesenta y nueve.

—¡Ciento sesenta y nueve demasiados! Eran mis hermanos.

—Y trescientos cuarenta y nueve camaradas míos, Stella.

—¡Guerra de vosotros! ¡No nosotros!

Diciendo esto, salió por completo del sótano, trepó por las ruinas hacia fuera y vio que los tanques alemanes se habían retirado. Aún ardían tres de ellos. En aquella pálida luz del amanecer sobre la estepa, Stella vio una batería de antitanques soviéticos marchando presurosa, y al lado de la aldea, un destacamento de Caballería lanzado al galope.

Se sacó la cartilla y la hojeó para leer una vez más las entradas. Cada fecha representaba un destino alemán extinguido, cada fecha era para ella, la rusa, una cifra enorgullecedora, una prueba de su valer y saber, de su amor a la patria.

Cerró los ojos para desgarrar las hojas y arrojarlas a un embudo de granada muy cerca del jeep, que, por cierto, había sufrido entretanto más disparos de una ametralladora alemana. Cuando desgarró su cartilla de aciertos, fue como si le arrancasen trozo a trozo el tiempo vivido hasta entonces. Nadie podría aquilatar lo que significaba aquel librillo para ella: era su mundo, el mundo destruido, el gran mundo ancestral de la patriota Korolénkaia.

Pocos minutos después, Stella volvió junto a Hesslich, se acurrucó contra él como un gatito asustado y empezó a llorar calladamente. Él la oyó asombrado, y, a la luz tímida del crepúsculo matutino, vio que su rostro estaba lleno de lágrimas.

—¿Qué sucede? —preguntó—. ¿Te duele algo?

—No. —Ella le miró la cara, casi irreconocible bajo el polvo y la sangre, y se la tapó con ambas manos, porque no era la de aquel Piotr a quien ella amaba más que patria y cielo—. Estoy muerta. —Y cuando él le acarició los ojos húmedos y quiso decir una estupidez, algo así como, «pues estás respirando», ella añadió—: No más Korolénkaia. No más nombre.

Él adivinó al instante que Stella había destruido su cartilla de aciertos y, por ende, dejado de ser la muchacha que ayer mismo mandaba la sección femenina más temida del Ejército Rojo. La atrajo hacia sí y la besó, pero al hacerlo se movió con tan poca maña, que el dolor le atravesó la pierna como un hierro candente. Entonces perdió el conocimiento. Stella no se dio cuenta hasta sentir su brazo sobre el hombro como un peso de plomo.

Durante cinco días vegetaron en el angosto depósito de patatas con el temor incesante de ser descubiertos. Al reanudarse la retirada de las tropas alemanas y la presión acuciante de los batallones soviéticos, la demolida aldea fue ocupada durante veinticuatro horas por una unidad de acompañamiento; pero ésta prefirió vivaquear al aire libre; sin duda, no fueron de su agrado aquellas ruinas todavía humeantes y siempre malolientes. Era un taller y un almacén ambulante de compañía, que seguía a las fuerzas combatientes como una unidad suministradora. Le acompañaba una sección de heridos leves, que recorría la estepa limpiándola de cadáveres y dando una sepultura digna a los caídos soviéticos, pero sin encontrar muchachas del batallón de mujeres. Cuando se ordenó la retirada a la sección Baida, Sibirzev había recogido ya todas las muchachas caídas, y en los camiones destinados al transporte de la sección iban también las muertas. El comandante de Stara Saltov —localidad donde las chicas descansarían dos o tres días— abrió unos ojos como platos cuando las muchachas saltaron de los camiones, cargaron con sus camaradas caídas y las llevaron a paso de procesión. La escena fue tan conmovedora, que no se le ocurrió formular ninguna pregunta cuando la sección Baida, sin hacerle tampoco preguntas, preparó su cementerio particular a los héroes en Stara Saltov.

Durante la noche, Stella consiguió robar un cajón con conservas de verdura y el pequeño botiquín portátil del médico militar. Pero lo más importante fue que en una casa vecina encontró un armario macizo que había soportado las granadas y el derrumbamiento. Dentro había dos vestidos, pañuelos de cabeza y una muda, así como unos pantalones de hombre colgados de una percha, más un blusón de campesino y un cinto hecho con tres cordones de cáñamo entrelazados.

Stella lo llevó todo al sótano y se lo enseñó a Hesslich.

—Nosotros mucha suerte —dijo—. Nosotros campesinos..., ¿entiendes? Nosotros..., por fascistas... —hizo un ademán inquisitivo—, ¿cómo se dice...?

—¿Sorprendidos?

—Sí, sorprendidos. Tú por fascista golpeado, herido. ¡Tú patriota! Gran *dopros*... ¿Cómo se dice *dopros*? Muchas preguntas... con golpes...

—¿Interrogatorio?

—Eso. ¡Interrogatorio! Tú pronto reventado. Yo te encuentro, te vendo, yo claro tu mujer. No tenemos ya casa. Debemos ir ciudad. En ciudad seguros. En ciudad nueva vida. Y guerra reventada.

—¡Suena tan sencillo todo eso, Stella! Tal vez yo quede inválido para siempre.

—¿Qué es inválido?

—Sin pierna, Stella...

—También con una eres Piotr... ¿O no? —Stella rebuscó en el botiquín. Había todo cuanto necesitaban ahora con urgencia: vendas, esparadrapo, calmante, tabletas contra la fiebre, pomada antiséptica, polvos vulnerarios, tijeras, grapas, agujas de seguridad, ligaduras de arterias, una férula plegable, compresas y ligaduras antigangrenosas—. Si yo sin pierna..., ¿no más Stella para ti?

—Yo te amaría aunque sólo quedasen los ojos de ti. O un dedo. O sólo tu pelo...

—¿Por qué preguntas entonces? Si Jarkov libre, nosotros vamos allí. En Jarkov no más preguntas. Nosotros pobres *tovarischtschi*...

Con grandes dolores por parte de él, Stella le puso una venda nueva. La herida presentaba un aspecto espantoso, dejaría una enorme cicatriz, quizás incluso un boquete en el muslo. Y, no obstante, a Stella le habría gustado besarla; ella significaba para Piotr la vida, el fin de la guerra; se lo entregaba para toda la vida futura, le había salvado del aniquilamiento.

Mientras Stella procuraba limpiar la herida con algodón y pinzas y cortar la carne prendida de la piel antes de que muriera por completo y ocasionara una infección, Hesslich perdió otra vez el conocimiento. Ella lo aprovechó para arrancar con las tijeras más jirones de carne. Se preguntó cómo podría curar aquello sin coser. Piotr debería ingresar en una clínica. Razón de más para trasladarse a Jarkov tan pronto como el Ejército Rojo desalojara de allí a los alemanes.

Caso de que Jarkov existiera todavía... ¿Qué ciudad podría soportar tres conquistas consecutivas?

Luego colocó un grueso vendaje que aguantaría más tiempo, acomodó la cabeza de Hesslich sobre el botiquín y salió sigilosamente del escondite para informarse de la situación.

La unidad había levantado el campo.

Al cuarto día desfilaron por allí largas columnas motorizadas con soldados, munición y material. Les siguió artillería, unidades acorazadas, carruajes de tracción animal... e, inesperadamente, apareció una pequeña ciudad de tiendas en la estepa, un Estado Mayor se aposentó allí, llegaron vehículos de transmisiones. La guerra estaba ya tan distante en dirección Oeste, que la gente se sentía lo bastante segura para montar allí un Estado Mayor de división.

Stella Antonovna se atrevió a dejarse ver. Hacía mucho que había enterrado su uniforme, y ahora llevaba la indumentaria campesina, un pañuelo descolorido en la cabeza, calzaba botas agujereadas y no se había lavado la cara para mostrarse lo menos apetitosa posible. Pese a todo, su primera aparición causó gran revuelo entre los soldados. Le hicieron propuestas deshonestas y gestos obscenos, pero todo acabó cuando Stella dio un golpe entre las piernas a un subteniente particularmente temerario y se hizo anunciar al aposentador de la división, un coronel.

—¡Camarada! —gritó, sin más preámbulos—. Yo y mi marido hemos sido arrollados, hemos estado detenidos en nuestra propia casa, los fascistas nos han interrogado, torturado y arrancado casi un trozo de cuerpo a mi pobre Piotr. ¡Pero nos hemos quedado! Ésta es *nuestra* tierra, pensamos. ¡No cederemos ni un metro de ella! ¿Y cómo se nos lo agradece? ¡Ahí fuera hay unas serpientes que quieren echarse sobre mí! ¿Es esto liberación? ¡Ni siquiera los fascistas me tocaron!

Y siguió exponiendo sus quejas hasta que el coronel se levantó abrumado, echó una bronca a un oficial ayudante y ordenó que no se molestara más a la camarada campesina —no había podido preguntarle siquiera su nombre—, so pena de un severo castigo.

Stella Antonovna había saltado el primer obstáculo. Desde entonces pudo moverse libremente, recoger víveres, pan y mantequilla, también vajilla y cubiertos, y calzado nuevo o, mejor dicho, utilizable para ella y Piotr. En el almacén de la división pidió camisas y calzoncillos, así como un chaquetón de lana bastante aceptable y vendajes.

El Estado Mayor de la división pemaneció allí cuatro días. Reemprendió la marcha el 20 de agosto. Stella corrió muy excitada junto a Hesslich, que estaba tumbado al sol. Desde el día anterior llevaba también vendada la cabeza, incluidas nariz y boca. Pero aquí el vendaje estaba flojo, para que pudiera respirar.

—Debe ser —le había explicado Stella Antonovna—. Cuando viene alguien, tú no hablas ruso. Boca cerrada..., ¿entiendes? Boca reventada, no decir nada. Tortura de fascistas...

El abultado vendaje, de espectacular aspecto, más la espeluznante historia de Stella, surtieron el efecto deseado. Varios oficiales soviéticos visitaron a Piotr, el torturado, le dijeron palabras de ánimo, Hesslich asintió de vez en cuando y, finalmente, los oficiales saludaron a aquella víctima de la brutalidad alemana como si fuera un héroe y se llevaron consigo a Stella. Tres horas después, durante las cuales Hesslich sufrió un verdadero tormento, regresó ella con una rechinante carretilla cargada hasta los topes de víveres. También hubo vino y vodka, *papirossa* e incluso dos pares de calcetines para Piotr, el mártir. Calcetines nuevos, sin remendar. Máxima calidad.

—¡Victoria en Jarkov! —gritó Stella levantando los brazos—. ¡Tanques por todas partes! Ejército alemán reventado. ¡Piotr, Piotr! ¡Próxima semana, nosotros también en Jarkov! ¡Nueva vida!

Hesslich tenía una encarnadura excepcional.

Durante los seis días que siguieron a su percance no hubo ni un momento de crisis. La herida no se había inflamado ni supuraba, no había infección. La fiebre había durado sólo dos días, y después el organismo, aparentemente, no había sentido la necesidad de defenderse. La herida echaba costra, quedaba un boquete en el muslo, pero como el hueso estaba intacto Hesslich pudo salir cojeando al quinto día. No necesitó ya el fusil de Stella para apoyarse, y, por tanto, ella lo escondió bajo unos escombros. Ahora utilizaba para andar una vara de carro partida que había encontrado entre las ruinas. Era más alta que él, y cuando paseaba, cualquier cristiano le habría comparado con San Cristóbal, quien usaba también como apoyo una larga percha. Aquel cuadro resultaba impresionante, sobre todo para los que sabían cómo habían maltratado los alemanes al tal Piotr. ¡Le habían hecho trizas la pierna y triturado la boca! Cuando Stella Antonovna lo describía con voz quejosa y ademanes patéticos, todos miraban fijamente al pobre hombre y le admiraban. Un patriota. Un héroe.

Y Hesslich, que no entendía ni una palabra, asentía con la cabeza y se dejaba estrechar la mano.

Las columnas desfilaban incesantemente ante su vista, día y noche. Ellos se sentaban a verlas pasar en las ruinas de su casa demolida: una pareja campesina que se había salvado por los pelos y ahora esperaba pacientemente la llegada de los nuevos tiempos.

Mientras tanto, las divisiones alemanas se batían desesperadamente en retirada. Las tropas soviéticas penetraban, irresistibles, hasta Kotelva y Qualki, y amenazaban desde allí con dividir todo el frente Sur alemán. Cinco Ejércitos empujaban al IV Ejército acorazado al sur de la vital línea férrea Jarkov-Poltava, las divisiones acorazadas del Arma SS contenían a los Ejércitos de la Guardia IV y V, los cuales hacían inmediatamente una variación y atacaban como cuña occidental hacia Jarkov. El VIII Ejército alemán, que se interponía en la impetuosa carrera del VII Ejército de la Guardia y tenía a las espaldas el LVII Ejército, ocupaba las posiciones fortificadas de Jarkov, pero era seguro que no podría contener al «Frente Estepa» de Koniev.

Von Manstein pedía inútilmente refuerzos. Hitler contestaba con un no rotundo. ¿De dónde tomarlos, pues? En la retaguardia de las fuerzas alemanas se construía con actividad febril. Según la voluntad de Hitler, se debería levantar una «muralla oriental», la llamada «línea Panther», una serie de fortificaciones formidables desde el mar Báltico hasta el mar de Azov. Por consiguiente, la solicitud de Von Manstein apremiando a ceder la cuenca del Donetz para evitar graves pérdidas, tropezaba con el inconmovible silencio de Hitler. Era preciso mantener el frente en el Donetz hasta que estuviese lista la «muralla oriental».

Era un desatino sacrificar a cientos de millares para levantar tierra adentro nuevas fortalezas y muros de contención. Una vez más predominaba el principio del desmoronamiento lento... que el mundo presenciara ya en Stalingrado.

El 22 de agosto se evacuó Jarkov. Manstein no vio otra posibilidad para salvar a sus ejércitos. Jubilosos y triunfales, los milicianos rojos del «Frente Estepa» de Koniev entraron en la ciudad, cuyos habitantes salieron de sus sótanos y agujeros para recibirles con guirnaldas y banderas, flores, abrazos y besos. El gran cinturón fortificado a través de la ciudad quedó abandonado. Los milicianos rojos lo ocuparon y celebraron el triunfo como si hubiesen ganado ya la guerra.

Stella oyó anunciar por la radio la conquista de Jarkov. Se leyeron también las órdenes del día publicadas por el general Koniev y el mariscal Zúkov, donde se felicitaba a todos los héroes. Stella se enteró de todo cuanto ocurría en el frente gracias a una unidad de Información que acampó en un lugar de la estepa próximo a la aldea.

—¡Jarkov es libre, Piotr! —dijo una tarde—. ¡Hoy gran día para nosotros! ¡Ven! Hemos de celebrarlo con los nuestros. Tú eres un pobre patriota herido, ¡caramba!

Así pues, Hesslich se sentó como una momia entre soldados vociferantes y borrachos, sorbió vino mediante una paja que se le metió en la boca a través de los gruesos vendajes y balanceó el cuerpo desde la cintura, al compás de las melodías. Eso fue lo único que pudo hacer para expresar su entusiasmo, un hombre cruelmente torturado e incapaz de hablar y casi, casi de andar.

Los milicianos rojos le manifestaron su pesar con hechos, regalándole tocino, cebollas y bizcocho e incluso un saquito de alubias. Además, se ofrecieron a llevarle con su mujer un buen trecho hacia Jarkov, si deseaban realmente ir allí.

—Debemos hacerlo, queridos camaradas —dijo Stella Antonovna mientras acariciaba la cabeza de Hesslich—. Sólo allí se podrá curar a mi Piotr en una clínica especial. Necesita buenos médicos; de lo contrario, no volverá a hablar nunca más.

El 25 de agosto partieron hacia Jarkov en un vehículo cargado de cajones con granadas de mano. Entretanto, los Ejércitos alemanes, después de abandonar la ciudad, habían lanzado un contraataque desesperado en Kotelva, rechazando al XXVII Ejército soviético y oponiendo una gran resistencia en un ancho frente. El que más había profundizado era el XL Ejército soviético; sus fuerzas se hallaban ya en Gadiatsch, a orillas del Psiol, y presionaban sobre el ala izquierda del Grupo de Ejércitos «Sur», causando gran zozobra a Von Manstein. El mariscal esperaba utilizar el río Psiol como frontera natural a sus espaldas, esperando siempre contar con la autorización de Hitler para retirarse ordenadamente y formar una nueva línea en el Dniéper. Así se salvarían los ejércitos, se tendría tiempo para remozarlos con gente nueva de la patria y heridos reincorporados. La gigantesca cuenca del Donetz no revestía ya ninguna importancia para la guerra, estaba perdida. ¿Por qué conservar, pues, un rincón de ella a costa de tan grandes pérdidas?

Pero Hitler se atuvo a su obstinada negativa. La mera palabra «retirada» fue para él una provocación. Si hubiese repliegue, sería sólo para ocupar posiciones sólidas donde se pudiera restaurar la capacidad combativa y rechazar de nuevo a los rusos. Sin embargo, como no existía aún la «línea Panther», aquella nueva muralla oriental, ¡hubo que conservar la cuenca del Donetz!

Jarkov fue ahora el principal punto de reunión para las divisiones soviéticas. Allí se acumuló todo; se concentraron hombres y material para poder desgarrar y arrollar algún día el flanco Sur de Manstein. Columnas motorizadas e interminables trenes de mercancías llegaron a la ciudad tan pronto como se restablecieron las comunicaciones con Bielgorod. Aquellos transportes pudieron circular día y noche porque la Aviación alemana era ya algo inexistente. Lo que jamás se hubiera creído posible en el Kremlin, era ahora una realidad, para asombro de todos: la flota aérea soviética, hasta entonces insignificante, dominó el espacio aéreo en las zonas Centro y Sur. Ello demostró hasta qué punto se había batido a los alemanes.

Una tarde, Stella y Piotr llegaron a Jarkov. El camión con el que viajaran fue descargado ante unos grandes almacenes destruidos. Los dejaron en plena calle. Viandantes y soldados pasaron por su lado sin hacerles el menor caso. ¿Y por qué habrían de hacérselo? Eran una campesina y un hombre envuelto en vendajes, un pobre camarada que, a juzgar por su aspecto, se diría que había perdido media cabeza de un balazo; pero heridos los había más que suficientes en Jarkov, los vehículos sanitarios los traían sin cesar del frente, descargaban nuevos cuerpos destrozados, que llenaban ya todos los recintos y colegios disponibles. ¿Por qué habría de preocuparles particularmente Piotr?

Se cumplió, pues, lo que Stella había esperado: pasaron inadvertidos entre las masas humanas. Los absorbería la ciudad, aquella inmensa ciudad del frente siempre dispuesta a rehacerse, en donde los alemanes representaran operetas apenas diez días antes y donde ahora cantaban los coros del Ejército soviético y bailaban los grupos folklóricos del Volga y el Don, e incluso los de Alma Ata, que entusiasmaban a los soldados con sus fogosas danzas populares.

—Nosotros buscamos vivienda... —susurró Stella a Hesslich—. En sótano o ruinas. Y tú aprendes ruso. ¡Día y noche!

—¿También de noche? —inquirió Hesslich. Sólo le asomaron los ojos del vendaje, y ambos rieron.

Stella le miró ladeando la cabeza y asintió.

—También de noche. No amor. Primero tú dices en ruso: «Yo te quiero.» Y yo hacer amor contigo. Entonces amor...

—Jamás aprenderá nadie el ruso tan aprisa como yo —replicó Hesslich con voz sorda bajo los vendajes—. ¡Rápido, Stella! ¿Cómo se dice eso?

—¡Aquí no!

Stella cogió del brazo a Hesslich por creerle demasiado vulnerable para su entorno, y paseó despacio con él por los barrios destruidos, haciendo preguntas ocasionales a algunas de las mujeres que quitaban ya escombros, vaciaban sótanos, fregaban escaleras, limpiaban cuartos habitables o clavaban tablas en las ventanas sin cristales. En las fuentes públicas se formaban colas, pues las cañerías no habían quedado intactas en todas partes. Muchos barrios —sobre todo aquél donde se instalaran los oficiales alemanes y el pomposo aparato de retaguardia— tenían agua corriente limpia, e incluso se veían por allí cuartos de baño con estufas de carbón y ventiladores. Se admiraba mucho cierto baño cuyo usuario alemán lo había hecho decorar con azulejos pintados a mano que representaban escenas eróticas.

Stella y Hesslich encontraron un piso a medias destruido en las cercanías del muelle ferroviario de mercancías, no exactamente un barrio distinguido, pero muy bien situado en una amplia zona de vagones y vías para esconderse si hubiese peligro e incluso abandonar Jarkov con un tren de mercancías. El piso conservaba sólo una ventana, pero tenía agua corriente y botellas vacías por todas partes. Una mujer que había ocupado un piso contiguo les explicó que el edificio había sido ocupado por un batallón alemán de transportes. Los antiguos inquilinos de la vivienda de Stella habían marchado con paradero desconocido: un matrimonio que se había retirado con las tropas soviéticas tras la primera ocupación de Jarkov por una división SS. ¡Quién podía saber dónde estarían ahora...¡ Quizás habían sido víctimas de los «Stuka» alemanes.

Hesslich inspeccionó el piso y encontró en el cuarto de aseo, donde estaba también el retrete, un aforismo escrito con una tiza roja en la blanqueada pared:

Y la ladilla se sienta y acecha
cómo baja la orina por la brecha.

—¡Quedémonos aquí! —dijo Hesslich cogiendo a Stella por la cintura—. Esto suena a hogareño.

—¿Por escritura en pared?

—También por eso.

Ella leyó el aforismo, sus labios se movieron mientras intentaba descifrarlo, pero, por fin, se encogió de hombros.

—¿Es poesía?

—Más o menos.

—¿Bonita poesía? ¿Qué es ladilla?

—Una porquería.

—¿No bueno?

—Cuestión de gustos. Para un soldado envuelto en inmundicia, eso sería un poema alentador. De ahí se infieren muchas cosas. ¡Quedémonos aquí, Stella!

—Sí.

Cogidos de la mano revisaron las dos habitaciones, celebraron la presencia de tres sillas y una mesa, un armario y cuatro camas de madera que los soldados alemanes habían dejado, encontraron en una estantería sobre la cocina de carbón cuatro platos, cuatro tazas y los correspondientes cubiertos, cuatro copas y seis vasos, y en los armazones de las camas había colchones auténticos con colchas.

—Esto es más de lo que cabía esperar —dijo Hesslich—. La vida nueva nos obsequia ya, Stella. Ahora debo quitarme estos vendajes para poder trabajar. Aquí no se nos dará ni una miga de pan sin ganarla, a diferencia de lo que nos ocurriera allá en la estepa con los soldados.

—Primero aprendes ruso. Luego trabajar.

—Nunca podré hablar como un ruso, Stella —replicó él, preocupado—. La gente se dará siempre cuenta: «ése no es uno de nosotros.»

—Tú dirás: yo vengo de muy lejos..., Siberia, taiga... Kasakstán... Sí, Kasakstán. Allá muchos alemanes son rusos. Empezar mañana.

—¿Y después, Stella?

—¡Ah! Lo de la noche.

—Sabes decirlo de una forma fantásticamente sencilla.

—¡Necesario! Sé poco alemán.

Stella se sentó en una silla ante la ventana, miró la calle que conducía hasta el muelle de mercancías y los camiones que cargaban el material de los vagones ferroviarios y lo llevaban a la ciudad. «Éste es un buen piso —pensó—. Colaboraré en la estación. Conseguiré un empleo donde se me necesite. Mi documentación se ha quemado con mi casa, y si alguien lo duda, les presentaré a Piotr. Su aspecto les convencerá.»

—¿Qué pasa, Stella? —preguntó Hesslich. Se puso junto a ella y miró también la calle.

—Nada, Piotr. Vida será hermosa. —Le buscó a tientas la mano, la aferró y apoyó la cabeza en su cadera. Sus dedos estaban fríos, aunque ambos hubieran sudado poco antes en aquella tarde bochornosa—. Cuando *voina* termine, no más muertos. Paz por todas partes. ¿Tú vuelves patria?

Él había esperado y temido aquella pregunta. Pedía una decisión sobre su vida futura. ¿Quedarse en Rusia? ¿Hacerse ruso? ¿Vivir en cualquier lugar de aquel país gigantesco y olvidar de dónde se provenía? ¿Era posible tal cosa? ¿O mantenerse a la espectativa, observar la evolución política y entonces regresar a Alemania? ¿Quizá fuera posible llevarse consigo a Stella? ¿Por qué habrían de negárselo? Reinaría la paz, y después de aquella guerra, la más horrible de todas, los pueblos habrían aprendido lo que significa amistad, fraternidad y colaboración para el bien de la Humanidad.

—Me quedo contigo, Stella —respondió bruscamente—. Te debo la vida.

—¿Sólo por eso?

—No. Te quiero.

—¿Más que a patria?

—Sí.

—¿No mientes?

—No. No miento. Pero no sé si podré llegar a ser jamás un auténtico ruso.

—Tú mi marido. Eso suficiente. —Stella le besó la mano antes de que él, aturdido, pudiera retirarla; luego frotó la cara contra la palma de su mano—. Gracias, Piotr, gracias.

Aunque dispusieran de cuatro camas, durmieron juntos en una. Por primera vez descansaron totalmente desnudos uno junto a otro; fue una sensación celestial.

—Tú debes aprender ruso —susurró ella contra su pecho—. Fue condición. Escucha: te quiero se dice...

—Ia liubliu tebia... —dijo él acariciándola—. *Ti prekásnaia... pozelui menia.* (Eres preciosa. Bésame.)

Ella le mordió el pecho y le dio un puñetazo en el hombro.

—¿Cómo lo sabes? ¡Eres un diablo! ¡Sabes ruso!

Él rió, la estrechó contra sí y, al mismo tiempo, tuvo que apretar los dientes; la herida del muslo le hizo daño.

—Eso es más o menos lo único que sé de ruso. En la escuela especial de Posen teníamos un brigada en el grupo que hablaba perfectamente el ruso. Y nos aconsejaba: «Si vais a Rusia necesitaréis tener conocimientos fundamentales; algunas frases serán suficientes. Con ellas podréis ir por todas partes. Y entre esas frases figuraba ésta. —La besó en los ojos abiertos—: ¿La he dicho bien? *Ia liubliu tebia...*

Ella no respondió. Se deslizó, cautelosa, sobre él para no rozarle la pierna herida y exhaló un suspiro hondo, ahogado cuando lo sintió dentro de sí, dejó caer la cabeza sobre su hombro, y el tiempo y el espacio perdieron todo significado. Desde la lejanía el viento nocturno les trajo, como un leve gruñido el estruendo de la guerra por la ventana sin cristales. Su respiración se hizo más anhelante y les arrulló como si fuera música.

Al cabo de tres semanas, Hesslich tenía ya tan bien el muslo, que pudo caminar sin bastón y sin vacilaciones. Su encarnadura había triunfado. Ciertamente le quedó en el muslo un orificio rodeado de una fea cicatriz, sobre el cual se extendía una nueva piel rosada, pero se podía vivir con eso. Era una tarjeta de visita de la guerra.

Con todo, la cuestión del idioma ruso resultó más peliaguda para Hesslich. Por tanto, tuvo que seguir llevando vendaje en la cabeza y hacerse el sordo; pero acompañaba a Stella hasta el muelle de mercancías, departamento de Facturación, en cuyo Registro de salidas le habían dado un trabajo.

Había tenido una suerte casi increíble. El jefe de la Oficina de Mercancías, un ex comandante a quien le habían volado una pierna y descompuesto un nervio, de tal modo que el muñón temblaba violentamente cada vez que el hombre gritaba, observó con lástima el vendaje del pobre Piotr —quien acompañaba a su mujer para ser presentado al camarada director—, y decidió espontáneamente que Stella no pasara al grupo de cargamentos y tuviera una ocupación en la oficina. La esposa de un camarada torturado merecía un trato preferente.

Tras la tercera semana, Hesslich cooperó también cuando los trenes-hospital llegaban del frente a Jarkov. Los vagones iban llenos de cuerpos sangrantes, desatendidos muchas veces durante días; era un horrible concierto de gemidos y lamentos, de hedor a pus y excrementos.

Mientras tanto, el avance de los Ejércitos soviéticos no tenía el ímpetu de pocos días antes, pero el frenazo era deliberado. Desde puntos lejanos eran trasladadas al frente reservas intactas. También se recomponían las divisiones para la gran embestida en dirección al Dniéper. Se precisaba alcanzar esta corriente antes de que la muralla oriental de Hitler, la «línea Panther», pudiera constituir un nuevo baluarte. Los partes de las guerrillas y los informes del espionaje que llegaban de Suiza apremiaban a la acción inmediata.

Ahora los Ejércitos de Manstein se replegaban con orden. Se había superado el sobresalto del Donetz, el fracaso de la «Operación Zitadelle».

El 27 de agosto, es decir, a los cinco días de haberse evacuado Jarkov, Hitler voló desde su Cuartel General en Rastenburg a Winiza, su antiguo centro de órdenes. Allí se entrevistó con el mariscal von Manstein, quien le expuso sin reparos la situación. Fue un verdadero tormento escuchar la respuesta de Hitler.

—¡Deberá usted resistir en todos los sectores hasta que el enemigo vea la inutilidad de su ataque!

¡Inutilidad! Koniev ejercía presión desde Jarkov; Malinovski, con su «Frente Sudoeste», y Tobuchin, su «Frente Sur», ordenaban sus ingentes masas humanas para triturar al Grupo de Ejércitos «Sur» del mariscal Von Kleist, es decir, el I Ejército acorazado y el VI Ejército. El «Frente Oeste», al mando de Sokolovski, y el «Frente Briansk», a las órdenes de Popov, habían arrollado la cuña alemana de Orel y ahora se concentraban ante la mítica «línea Hagen», donde se habían atrincherado otra vez el II Ejército acorazado y el IX Ejército alemanes, al mando de Model. El «Frente Central», a las órdenes de Rokossovski, y el «Frente Voronej», mandado por Vatutin, esperaban con cuatro ejércitos al raquítico y débil II Ejército alemán para hacerle batirse en retirada. Y a todo esto, Hitler decía que los rusos deberían ver la inutilidad de sus ataques.

Lo que dijo Hitler al mariscal Von Manstein el 27 de agosto, ocasionó la ruptura entre el jefe militar y aquel hombre que se tenía por el máximo estratega de todos los tiempos. Ya no sirvió de nada que Hitler le prometiera nuevas divisiones, que se proponía retirar del sector Central y del Norte. Manstein tuvo la certeza de que jamás recibiría tales refuerzos.

Ya no entendía a Hitler. La «Operación Zitadelle» había sido una catástrofe. ¡Sólo el Grupo de Ejércitos «Sur» había perdido 133.000 hombres! Millares de prisioneros caminaban por la estepa hacia el Este.

Un día después, el 28 de agosto, el mariscal Von Kluge, jefe del Grupo de Ejércitos «Centro», visitó a Hitler, y escuchó, horrorizado, que sería él, precisamente, quien debería ceder algunas divisiones a Manstein. Con claridad meridiana, expuso ante el comandante supremo la angustiosa situación de sus dos Ejércitos: direcciones del ataque sobre Smolensko y Yelnia. Peligro inmediato para Briansk. Pero había algo aún más grave: el campo soviético contaba con 134 divisiones y 187 brigadas acorazadas, ¡que no habían entrado todavía en acción! Cuando esas masas se pusieran en movimiento, ¿quién podría detenerlas con dos ejércitos alemanes cada vez más debilitados?

Y otra adversidad: a espaldas del frente alemán operaban guerrillas cuyos efectivos equivalían a una división. En la región de Orscha-Smolensko eran 11.000; en los pantanos de Pripiet, 26.000; en Briansk, 7.000; entre Vitebsk y Polozk, 12.000. Ello dificultaba considerablemente el avituallamiento y retardaba los movimientos de tropas. Trenes enteros cargados de combustible volaban por los aires. Se habrían requerido algunas divisiones sólo para seguir el rastro a los guerrilleros en zonas forestales y aniquilarlos: ¡era un segundo frente! Pero, ¿de dónde sacarlas? Las líneas férreas habían sido cortadas o destruidas 8.422 veces, y se produjeron 1.478 asaltos a convoyes, acantonamientos, almacenes de víveres, polvorines e incluso a un hospital. Todo ello hacía insegura la retaguardia y retenía cada vez más fuerzas de seguridad. ¿Cómo se le ocurría a Manstein retirar más tropas de allí?

Tras una gran pausa para tomar aliento, los ejércitos soviéticos reanudaron el ataque. Se perdió Taganrog y Stalino, Briansk cayó en manos rusas, y, ante la necesidad de salvar todo el flanco Sur y ahorrarse hombres, Hitler mandó evacuar, al fin, la cabeza de puente en Kuban, un espacio sumamente reducido donde estaba cercado el XVII Ejército.

El 9 de setiembre, con el nombre de «Operación Kriemhild», se desarrolló una operación militar de singular rareza: la evacuación de un ejército completo por el estrecho de Kerch a la península de Crimea. Transbordadores tripulados por zapadores, dragaminas y lanchas rápidas, buques nodriza y otras unidades de la Marina de Guerra, todos ellos sometidos a los intensos bombardeos de las escuadrillas soviéticas y a los incesantes del «Frente Cáucaso Norte», mandado por el general Petrov —quien disponía de seis ejércitos contra el XVII Ejército—, transportaron por el estrecho una ingente masa humana: 249.669 soldados, entre ellos, 50.139 aliados rumanos y 28.486 *hivis* (voluntarios rusos al servicio de Alemania que esperaban ser liberados del bolchevismo), 16.311 heridos, 27.456 civiles que deseaban retirarse hacia el Oeste con los alemanes, 49.971 vehículos de todo tipo, 74.657 caballos, 1.815 cañones, 74 tanques y 6.255 reses, es decir, vacas, cerdos, y corderos. Por añadidura, se transportaron 115.477 toneladas de material diverso y 1.153 toneladas de accesorios. Fue un éxito de proporciones jamás vistas. Una operación magistral por la precisión y colaboración de todas las unidades.

Mientras los ejércitos soviéticos presionaban durante el día, al caer la noche se emprendió una inconcebible acción de aniquilamiento sobre el Kubán y la península de Tamán: una unidad de bombardeo nocturno, el Regimiento de Aviación Tamán, de la Guardia, con el número militar 588, tapizó de bombas la retirada y las posiciones alemanas. Estos bombarderos realizaron entre diez y doce ataques diarios, dejando caer su aplastante carga: 3.000 toneladas de bombas. Destruyeron 17 puentes, 9 trenes de mercancías, 26 polvorines y depósitos de combustible, 176 camiones y 86 casamatas alemanas.

Para ello se requirieron 23.672 salidas de los aviones..., ¡todos ellos tripulados por mujeres!

Las mujeres del DLXXXVIII Regimiento de bombardeo nocturno, el Regimiento de Aviación «Tamán», lucieron la medalla Suvarov y la medalla Bandera Roja. ¡Veintitrés de ellas fueron «Heroínas de la Unión Soviética»!

Entretanto se asignó un nuevo mando a la sección Baida: la

capitana Anaid Gregorievna Vartanian, una armenia taciturna y menuda, de pelo negro y ojos ardientes, quien comunicó sin demora a Sibirzev que no le interesaban nada los hombres, y quien, apenas transcurridos cinco días, tomó por amante a la fornida Rusalka, lo cual le pareció verdaderamente repugnante a Sibirzev. Tras la ocupación de Jarkov, la sección Baida, orgullo del batallón de mujeres, dio por terminado su descanso en Stara Saltov porque se había creído oportuno lanzarla otra vez al frente.

Se podría hacer buen uso de ella. El avance se había estancado en Valki, y más adelante, en Novo Vodolaga. Fuerzas del Arma SS ofrecían allí una gran resistencia. Ése era el lugar idóneo para la sección Baida. Con inquietante serenidad y sin dejarse impresionar por los contraataques de la SS, sus muchachas abatían alemanes como si estuviesen en una caseta del tiro al blanco.

—¡Si Stellinka estuviese ahora con nosotros...! —murmuró, entristecido, Sibirzev—. O siquiera Soia Valentinovna. ¡Cuánto les alegraría tirar a las cabezas de los SS! ¡El corazón les saltaría de júbilo!

—¡Pensemos en ellas al hacer cada disparo! —dijo ásperamente Lida Ilianovna—. ¡Pensemos en todas nuestras camaradas muertas!

Sibirzev asintió sin decir palabra. Cada día le parecía más inquietante la actitud de Lida. La muchacha actuaba como un autómata, un Moloc vomitando fuego. Ahora había 291 aciertos en su cartilla, y contando sólo los disparos directos. ¡Cualquiera sabía a cuántos habría alcanzado con su fusil ametrallador cuando los alemanes atacaban!

No había acuerdo entre la capitana Vartanian —quien había ascendido a brigada a su amante Rusalka— y Sibirzev, el único hombre de la sección. Ella le despreciaba de tal modo, que le hablaba sin detenerse cuando el hombre se interponía en su camino. Sibirzev le parecía tan superfluo, que saboteaba incluso sus clases obligatorias de adoctrinamiento político. La Vartanian solía organizar a la misma hora algo completamente distinto y siempre más importante, por ejemplo, revista de armamento.

Un buen día, Sibirzev logró librarse de ella contra su voluntad. El destino le deparó una bala alemana. Se lo llevaron con un balazo en el estómago, e incluso lloraron algunas muchachas. Pero la Vartanian comentó groseramente:

—No morirá de eso. ¡Un tiro en la barriga! Para acabar con Sibirzev hay que apuntar más abajo. Así y todo, mucho me temo que la bala le rebotase allí.

Sibirzev ingresó en el hospital de campaña. Allí le extrajeron la bala, le cosieron el boquete del estómago y lo despacharon a otro lugar. El mozo era tan duro que, cuatro días después de la operación, acechó a una enfermera en el lavadero, le levantó las faldas por encima de la cabeza, la oprimió contra la pared y empezó a entonar su canción siberiana predilecta: *El zorrillo apresó a la ardilla...*

Aquello hizo circular las consiguientes habladurías, y algunas enfermeras se disputaron incluso al zorrillo. ¿Qué cabía hacer, salvo enviarle nuevamente de viaje?

En Jarkov se supieron todas estas cosas por la radio, por las órdenes del día expuestas a la vista de todos, por soldados con permiso y por los hombres que llegaban desangrados y sin pausa en los trenes-hospital. El avance prosiguió, y Jarkov se convirtió en la mayor ciudad hospital del Sur. Allí se representó otra vez teatro, una orquesta sinfónica dio conciertos, se oyeron por todas partes coros de soldados; pero, a diferencia de la retaguardia alemana, donde la gastronomía y la prostitución eran los mejores pasatiempos, la ciudad pemaneció ahora bajo el Mando militar soviético, se convirtió en el eje de la gran ofensiva.

Entretanto, Hesslich, a quien todos respetaban por sus grandes sufrimientos, se ocupaba de cargar heridos en los vehículos que los trasladaban al hospital. Era fuerte, todo el mundo lo veía, y muchos lamentaban profundamente que sus heridas en la cabeza no acabasen de curar. Cuando se le dirigía la palabra, él respondía, si acaso, con un leve movimiento de cuello. Aquel lamentable cuadro conmovía a cualquiera, y todos le abrazaban y le regalaban chocolate del que se había encontrado en un almacén alemán y que había llegado, creyérase o no —¿habría aún milagros?— en un vagón hasta la propia Jarkov.

Una tarde, cuando Hesslich ayudaba, como siempre, a descargar heridos, se quedó petrificado ante un oficial soviético. Era un primer teniente al que una granada le había cercenado las dos piernas. El infortunado había sobrevivido al transporte, pero ahora resultaba evidente que no tenía salvación. Habría sido absurdo trasladarlo. Por tanto, se le pondría aparte con su camilla, como a tantos otros, que deberían morir en el andén de la estación.

Pero no fue eso lo que pasmó a Hesslich. Aquel hombre que él debería dejar aparte para morir podría ser su hermano gemelo. La misma forma de cabeza, el mismo color de pelo, barbilla partida casi idéntica... La nariz se parecía también a la suya; tal vez la boca fuera algo más ancha, pero estaba desfigurada por el dolor.

Hesslich esperó hasta que el otro camillero regresara, corriendo, al tren-hospital. Entonces se inclinó sobre el moribundo, le palpó la guerrera y, cuando le sacó la documentación del bolsillo interior izquierdo, quedó estupefacto: creyó estar viéndose a sí mismo en aquella foto. Luego se llevó la segunda sorpresa al leer el nombre. ¡Cuántas jugarretas reserva a veces el destino!

Piotr Hermannovich Salnikov. Nacido, el 17 de marzo de 1920, en...

No consiguió descifrar el lugar de nacimiento. «Nosotros dos somos parientes muy cercanos, hermanito —pensó Hesslich mientras se guardaba la documentación—. Sólo soy un año mayor que tú. Nacido en 1919. Creo que nadie notará esa diferencia.»

Se inclinó otra vez sobre Salnikov y pudo ver que duraría poco tiempo. Mientras transportaban heridos a su alrededor y colocaban junto al teniente otras siete camillas, él estuvo acuclillado allí, esperando... Salnikov murió emitiendo un largo suspiro; le quedaron los ojos muy abiertos, casi sorprendidos, aquellos ojos que quizá vieran una vez su entorno en aquel minuto postrero del salto al más allá.

Hesslich le cerró los ojos y tendió la manta sobre el rostro del muerto. Después siguió ayudando a descargar de los vagones cuerpos gimientes. Otra columna de trabajadores recogió los cadáveres. Si Salnikov no tuviese otros documentos de identidad, se le enterraría cual un desconocido. Uno más entre cientos de millares que más tarde figurarían como desaparecidos.

Hesslich esperó, con temblorosa impaciencia, a que Stella Antonovna saliera de su trabajo. La recogió como siempre, hizo un saludo amistoso a sus compañeras y recorrió con ella el corto trecho hasta el piso, apoyándose con familiaridad en su hombro, como si la pierna le causase todavía molestias.

Ya en el piso, tras cerrar la puerta y echar dos o tres ojeadas por la ventana, Hesslich se acercó por detrás a Stella, que estaba preparando una sopa de col en el fogón, y la abrazó.

—Deja..., Piotr —dijo ella mientras removía la comida—. No ahora... ¿Piensas siempre..., sólo eso?

—Con todo derecho. —Él rió entre dientes y le besó el cuello, la sedosa pelusilla de la nuca—. ¡Tienes un nuevo amante!

—¡Tonto!

—Peter Hesslich se ha largado. No ha existido jamás, tú no le conoces. Pero aquí está el apuesto y fuerte Piotr Hermannovich Salnikov, en cuyos brazos duermes y eres feliz.

—¡Tú has bebido! —exclamó, reprobadora, Stella—. ¿Cómo bebes con vendaje?

—Soy Salnikov, Stella.

Diciendo esto, sacó la tarjeta de identidad del primer teniente y se la puso ante los ojos. Stella Antonovna lanzó un pequeño grito, le arrebató la tarjeta y la acercó al resplandor de las tres velas que ardían sobre el fogón. Luego giró sobre sí misma, tirando casi el puchero de sopa y miró, maravillada, a Hesslich.

—¿De dónde? —tartamudeó—. ¡Piotr! ¿Quién te ha dado documentación? —La examinó otra vez a la luz de la vela—. ¡Documentación es auténtica!

—¡Claro que es auténtica, Stellinka!

—¡Foto eres tú!

—Así parece.

—Nacido el 17 de marzo de 1920 en Minsk...

Entusiasmada, Stella Antonovna lanzó la tarjeta al aire.

—¿De dónde? —De pronto, sus ojos reflejaron miedo. «¿Cómo habrá conseguido Piotr una tarjeta de identidad auténtica con su retrato?» Lo que la desconcertó fue sobre todo la foto. Debajo del cuello se veía claramente el comienzo de una guerrera—. ¿Dónde hacer foto?

—Probablemente en Minsk. Hace cuatro horas, Piotr Hermannovich Salnikov fue recogido en el muelle de mercancías de Jarkov por un campesino pobre, maltratado, que lo trasladó al andén para que muriera allí. Y ahora es transportado su cuerpo a algún lugar para enterrarlo con honores en cualquier tumba del soldado desconocido.

—Eso..., eso..., imposible —balbuceó, aturdida, Stella.

—Lo mismo dije yo exactamente cuando descargué a Salnikov y le vi la cara. ¡Mi hermano! ¡No puede haber nada más parecido! Y lo comprendí: el destino ha puesto en mis manos mi nueva vida. Entonces le quité la tarjeta de identidad. —Hesslich se la guardó y prosiguió—: ¡Estás viendo ante ti a Piotr Hermannovich Salnikov! Por fin tengo un nombre. Y su mujer se llama Stella Antonovna Salnikova. ¡Nadie lo dudará más! No habrá más preguntas ni miradas recelosas. ¡Tenemos personalidad oficial, Stellinka! Un sello refrenda nuestra nueva vida, la marca todopoderosa: ¡Un sello oficial!

—¿Y yo?

—Con este documento juraremos ante la Administración que los fascistas nos destruyeron todo, y, por tanto, será preciso expedir nueva documentación para ti. —Se golpeó el bolsillo de la pechera—: ¡Mi tarjeta de identidad es suficiente prueba!

—¿Y no seremos casados? —inquirió ella atragantándose.

—Nosotros estamos casados desde hace tres años, Stella...

—Exacto, Piotr.

—En eso encontraremos también el camino. —La estrechó contra sí, la besó y, cogiéndola en brazos, la llevó a la cama. Ella rió y lloró a un tiempo, le cubrió de besos sin reparar en las vendas y exclamó una y otra vez: ¡Salnikov! ¡Salnikov! ¡Salnikov!

Se quemó la sopa de col con sus dos o tres trozos de jugosa carne. No se dieron cuenta hasta que un tufillo característico invadió la habitación. También quedó inservible el puchero.

Era un domingo de fines de setiembre, y los ejércitos soviéticos se aprestaban al asalto en Vitebsk, Gomel, Kiev, Dniepropetrovsk y Saporoshie. Ahora Jarkov era retaguardia profunda y se reorganizaba, con una voluntad de recuperación sin precedentes, para una nueva vida en paz. Stella Antonovna y Piotr Hermannovich Salnikov —ahora se llamaban así— habían salido a pasear por la ciudad ya despejada. Por todas partes se construía, se retiraban montañas de escombros, se excavaba en ruinas y sótanos. Hacía tiempo que las calles eran ya transitables. Desde la semana anterior, una compañía operística representaba el *Príncipe Igor,* tres conjuntos del Ballet Nacional ofrecían diversas actuaciones coreográficas, tres grupos teatrales representaban obras de Gogol y Gorki, la población civil retornaba del campo y reanimaban a la hermosa ciudad. Las cañerías de agua funcionaban nuevamente, había también corriente eléctrica, y diez líneas de tranvías unían un extremo de la ciudad con el otro. Una institución del Alto Mando militar soviético, el llamado Consejo del Frente de Guerra, se había establecido allí, y se había inaugurado una exposición militar, «Héroes de Jarkov», donde se exponían fotos mostrando ataques de tanques y «Tiger» alemanes ardiendo, banderas y estandartes alemanes tomados al enemigo, armas y uniformes. Pero la mayor parte eran cuadros estremecedores de niños llorando entre las humeantes ruinas de sus casas, ante cuya entrada yacían muertos sus padres, y, a modo de consuelo, había también un cuadro honorífico con las imágenes fotográficas de los «Héroes de la Unión Soviética», arquetipos inmortales para todas las generaciones venideras.

—Veremos eso, ¿eh? —dijo Piotr cuando pasaron ante la exposición.

La vecina, que había visitado aquel museo de la inmortalidad, había regresado muy orgullosa del Ejército Rojo y se había pasado casi una hora contándoselo a Stella.

—*Niet* —dijo Stella.

Y, colgándose del brazo de Piotr, se dirigió hacia la plaza del Teatro. El sol lucía cálido, ella llevaba un vestido de algodón ligero que se había comprado con los primeros rublos del salario y una cartilla de racionamiento preferente en unos almacenes centrales recién inaugurados. Asimismo, Piotr llevaba mejores pantalones y una camisa azul celeste, y al fin había podido prescindir de su remendada indumentaria campesina. El vendaje de la cabeza se había empequeñecido: ahora era una gruesa venda sobre la frente y, desde luego, alrededor de la boca y la barbilla, para evitarle hablar. Por cierto que hacía progresos con su ruso; le costaba poco hablarlo, y menos aún la gramática. También lo leía de forma aceptable. Stella era una maestra rigurosa; sólo hablaba ruso con él, exceptuando los largos parlamentos, y, por supuesto, él debía responder en ruso, y eso le sonaba a ella más divertido aún que a él los giros y la pronunciación de ella.

—¿Por qué no hemos de ir a ver la exposición? —preguntó Piotr.

—La guerra ha terminado para nosotros, querido. Tú eres Salnikov y un campesino.

—¿Campesino de Minsk?

—En Minsk hay también campesinos.

Ella habló muy despacio, para que él pudiera traducirlo al alemán. Él respondió con idéntica lentitud. Cuando no conocía los vocablos, decía las correspondientes palabras y entonces Stella las repetía en ruso. Así, él aprendía sobre la marcha pero, así y todo, le costaba lo suyo.

—Pues bien, al campesino Salnikov le interesa la Gran Guerra Patriótica. Por eso quiere ver la exposición.

—Yo no quiero oír hablar nunca más de guerra.

—¡Todavía estamos en guerra, Stella! Y mucho me temo que la tengamos aún dentro de cien años. ¡Que esta guerra no cese jamás! Que los hombres hayan empezado ahora a aniquilarse sistemáticamente. ¡Que no haya paz nunca más!

—Para nosotros sí, Piotr.

Stella se apretó contra él mientras caminaban y le arrastró consigo cuando él quiso detenerse ante la exposición. Banderas rojas y un gran emblema en oro —hoz y martillo— decoraban la entrada. Sobre él se leía, en letras de oro: «Nuestros héroes: inolvidables para todos los tiempos.»

—Ejerce una atracción mágica sobre mí, Stella —dijo él con la garganta reseca—. ¡Qué seguros de la victoria deben de sentirse los rusos para abrir un museo de guerra en Jarkov cuando todavía se combate en Smolensko!

—No deberías entrar. Verías otra vez a vuestros muertos...

—Cada día veo los transportes de prisioneros cuando, a su paso por Jarkov, se detienen en el muelle y piden agua, pan, sopa..., Millares de mis camaradas. Me duele el corazón cuando les veo los ojos y su sonrisa pese al hambre y el frío, su ánimo: «Hemos dejado atrás la guerra. No nos puede pasar ya nada peor. Algún día volveremos a casa. ¿Adónde nos llevan ahora? ¡Nos importa un comino! A cualquier campamento. Tal vez aquí, o en el Don, o en el Volga, o los Urales, o Siberia. Y aquí estamos, muchachos, como sentados sobre la caja de truenos.» Y yo me quedo mirándoles, sin poder decirles nada. Les llevo agua y sopa, y ellos me gritan: «Eh, tú, acércate otra vez. Un nuevo sablazo. ¿Tienes *papirossa*? «Y yo me alejo sin decir palabra. Al fin y al cabo soy el campesino Salnikov... Oye, esto es endiabladamente penoso, Stella.

—¿Qué es caja de truenos?

—¡Ah, Dios! ¿Eso es todo lo que has retenido de mi discurso?

—¿Qué es?

—Una fosa cubierta con palos atravesados o tablas delgadas, y encima, colgando sobre la fosa, traseros de hombre al aire...

—¡Eres un cerdo! —replicó ella, muy ofendida, en ruso. Se soltó de su brazo—. Ahora me voy a pasear sola.

—¡Querías una explicación! ¡Y eso es exactamente una caja de truenos alemana! —Hesslich miró otra vez hacia la entrada del museo de héroes—. ¿Cómo puedo ser un buen ruso si paso por aquí de largo? Escúchame, Stella, el Salnikov auténtico habría obrado de otra forma.

Tras un breve titubeo, ella asintió y entró delante de él en el edificio. Ante la cabeza de un miliciano rojo en escayola ardía la llama eterna. Debajo se leía, en letras de bronce dorado: «Nosotros morimos por vuestra vida.» Para empezar, aquella antesala era ya impresionante. Desde sus paredes, cruzadas por banderas, los rostros de Lenin y Stalin miraban severos al visitante.

El «Recinto de los Héroes» era una enorme sala donde se enlazaban consecutivamente diversos temas: La batalla del Don. La conquista del Donetz. El Mahnmal. La ofensiva alemana «Zitadelle». La carrera triunfal desde el 12 de julio. Liberación de Jarkov. Luego banderas y distintivos capturados al enemigo, el uniforme de un comandante general alemán en un maniquí, ametralladoras y fusiles alemanes, un cañón antitanque, octavillas de las compañías de propaganda, munición, desde granadas de mango, hasta minas, un lanzallamas alemán, medallas alemanas, incluida una Ritterkreuz.

En la pared más larga, rodeados de coronas y banderas, enfocados por cuatro reflectores, colgaban los cuadros honoríficos de los Héroes del Ejército Rojo. Las fotos de los distinguidos, con una breve reseña de sus proezas.

No fue un sobresalto lo que sintió Stella Antonovna. El corazón se le salió por la boca, le faltó el aliento... Cayó contra Piotr, que estaba detrás de ella. Él la sujetó al instante y, con gran presencia de ánimo, le puso el pañuelo ante la cara.

Había visto al mismo tiempo que ella la gran foto enmarcada en oro, circuida por un laurel dorado, así como misivas y órdenes del día de los generales:

Stella Antonovna Koroléńkaia.
Heroína de la Unión Soviética. Condecorada con la medalla Suvorov y la medalla Voroschilov. Heroína de la orden Bandera Roja.
Fue la mejor tiradora del frente Sur. Dio muerte a 349 fascistas y fue siempre la primera en muchos asaltos. Tuvo una participación principal en el heroico combate por la cabeza de puente de Melechovo. El camarada Generalísimo Stalin la nombró «Heroína de la Unión Soviética». Pero no pudo recibir tan alta distinción. El 11 de agosto de 1943, los fascistas la mataron durante un contraataque en la línea férrea de Stara Slatino.
Siempre será un ejemplo para todos los que la sucedan. ¡Inolvidables son los Héroes del Pueblo!

Las órdenes del día de los generales venían a decir lo mismo, aunque con mucho más detalle. Sólo el general Koniev había escrito: «La quise como a mi propia hija.»

—Vámonos —susurró Piotr—. Vámonos...

Ella asintió y se dejó llevar como una ciega. No comprendió que pudiera caminar, que la sostuvieran sus piernas, que tuviera aún huesos y músculos. Ya fuera, en la calle, bajo el sol candente, con el estruendo callejero, el ruido de coches y tranvías, y la vista de tantas personas, Stella se detuvo en seco, se subió el pañuelo de cabeza y se apoyó contra una pared.

—Estoy muerta —dijo sin entonación—. He estado ante mi propia sepultura...

—Tú eres Stella Antonovna Salnikova, ¡y nada más! Nunca has sido otra cosa.

Piotr se plantó ante ella, muy cerca, temiendo de pronto que los visitantes de la exposición la reconocieran al salir. Pero fue un temor infundado; nadie había reconocido a Stella, ni siquiera la entusiástica vecina. ¿Por qué habrían de hacerlo? La Heroína de la Unión Soviética había caído bajo las balas alemanas, su retrato épico colgaba en el museo..., ¿a quién se le podría ocurrir que ella viviese todavía, que correteara en Jarkov, que la esforzada vecina Salnikova, con su maltrecho esposo Piotr, fuese la difunta Koroléńkaia? Sería una locura pensar semejante cosa.

—Fui para él como una hija, escribió Koniev. Piotr, tú no conoces a Koniev. No sabes cuánto significa que Koniev haya escrito eso.

—Ella no pudo saberlo, Stellinka. Cayó el 11 de agosto.

—Se..., se dará mi nombre a los Hogares de Juventud. A las escuelas de Komsomol. Apareceré en los libros de texto. Y cuando se celebre ese 11 de agosto, los niños cantarán, agitarán banderolas. Heroína de la Unión Soviética... ¡Oh, Piotr!

Escondió el rostro en su pecho, lloró, y él la apretó contra sí, cruzó los brazos sobre su espalda y no dijo palabra, porque no había palabras para paliar lo que ella sentía en aquel momento.

Sólo cuando se calmó un poco y se secó las lágrimas con el dorso de la mano, Piotr dijo, cauteloso:

—Nosotros dos no somos todavía nada. Ahora, sin embargo, podemos hacer algo de la nada. Somos los Salnikov. Tenemos documentos, incluso con mi foto, ¿Qué más queremos? Hay millares que tienen mucho menos, Stella. ¡Nuestra vida empieza de una forma maravillosa!

La rodeó el hombro y siguieron caminando bajo el sol por las espaciosas calles y los parques atestados de gente, por aquella ciudad hermosa, destruida y, sin embargo, otra vez floreciente..., cara y cruz. Se sentaron en los restos de un muro, al borde de una plaza, y bebieron la limonada dulce que una mujer con un recipiente a la espalda vendía a los paseantes.

No hubo amor físico entre ellos aquella noche. Stella Antonovna lloró hasta el amanecer, casi sin ruido, para sí. Cuando la turbia claridad se filtró por la ventana sin cristales, ella dio media vuelta y buscó a tientas el cuerpo de Piotr, sospechó que él se había pasado despierto toda la noche observándola, y murmuró con voz trémula e infantil:

—Perdóname, Piotr. ¡Perdona! Ahora..., ahora ya pasó todo. ¿Qué le importa a una tal Salnikova la difunta Korolénkaia? ¿Qué ha de lamentar ella? Ya tenemos bastante quehacer.

Él le acarició el cuerpo, y entonces supo que se puede llorar también de alegría.

En octubre estuvo lloviendo casi una semana; el ambiente se hizo frío, demasiado frío para aquella época del año. Fue preciso cegar las ventanas, pues la obtención de bonos para adquirir cristales requería una larga espera; como en todas partes, la distribución de cristal —aquí no había diferencia alguna— se efectuaba primero entre autoridades, instituciones oficiales, casas del partido, centros culturales y domicilios de camaradas distinguidos. Cuando la administración civil remplazó al regimiento en Jarkov y se hizo cargo del muelle de mercancías, fue relevado también el comandante de una sola pierna. Entonces ocupó el sillón de jefe un rollizo funcionario, un camarada llamado Iván Semionovich Finupkov, quien tenía una mujer pendenciera y un hijo que había perdido un ojo ante Kirov. Al hombre le agradó Stella Antonovna y la nombró jefa de grupo, provéyéndola de los suficientes bonos para que adquiriese cuanto pudiera. Así, todo era asequible: desde calzoncillos, hasta chaquetones de estepa, sólo se necesitaba figurar entre los privilegiados.

Por entonces, Jarkov, sede de hospitales, se convirtió en centro de convalecencia de heridos mal curados, que acudían a disfrutar unos cuantos días o semanas de permiso, antes de que se les ordenase el retorno al frente, para morir.

Ahora llovía, y los trenes con víctimas de las batallas abarrotaban la estación de mercancías, los campamentos estaban repletos, y la administración militar despachaba milicias para requisar pisos destinados a convalecientes. Aquello era un maremágnum de carreras y maldiciones. Los funcionarios administrativos se mesaban los cabellos y gritaban a los jefes de transporte:

—¡No enviad todo hacia Jarkov, camaradas! También tenéis Voroschilovgrad y Rostov, y Taganrog es un sitio estupendo que da al mar, un oasis floreciente. ¿Por qué todo a Jarkov? ¡Tened misericordia!

Se había ordenado a Stella Antonovna que colaborara con la Administración sanitaria en el registro de convalecientes y la asignación de alojamientos. Allí se presentaban incesantes protestas y se pronunciaban palabras fuertes y blasfemias, a lo cual Stella replicaba en el mismo tono. Eso causaba honda impresión.

—¡Usted ocupa el lugar idóneo, camarada! —le decía, elogioso, un orondo funcionario administrativo con uniforme de teniente coronel—. ¡Se tendría que escupir en la cara a esos emboscados! ¡Querrían incluso que les asignáramos una putilla a su servicio! ¡Es milagroso que no nos lo exijan!

Una tarde, al finalizar un día por demás fatigoso, Stella se detuvo en la plaza de la estación y esperó, bajo la marquesina, a que remitiera un poco la lluvia para poder correr hasta casa, echándose un pañuelo sobre cabeza y hombros. El cielo era gris, las gotas repiqueteaban sobre el asfalto y la hermosa ciudad de Jarkov tenía un aspecto lúgubre y desierto.

Cuando alguien la tocó por detrás, no se dio por enterada, pues creyó que algún peatón presuroso la habría rozado sin querer. Pero entonces un brazo se deslizó por su hombro, una mano le tocó el pecho izquierdo. Y una voz, que reconoció al instante, dijo gozosamente:

—¡Ved y asombraos, el cielo devuelve a los muertos! ¿Acaso no se dice que Rusia está llena de milagros? ¡Te saludo, Stella Antonovna Korolénkaia, heroína de la Unión Soviética!

Stella se volvió muy despacio. Cuando las circunstancias lo requerían, ella había mostrado invariablemente gran serenidad, y ahora, como siempre, su actitud fue glacial. Ni temor, ni horror, ni paralización. La cabeza en el retículo..., allí estaba, una vez más...

La sonrisa de Sibirzev fue cruel; sus ojillos oblicuos lanzaron chispas. El hombre parecía más enteco; el balazo en el estómago le había debilitado.

—Acompáñame, Bairam Vadimovich —replicó Stella Antonovna sin alteración perceptible en la voz—. Todo tiene su razón de ser. Caminemos.

Como quiera que Sibirzev había esperado desequilibrar con su asalto imprevisto a Stella Antonovna, pareció muy decepcionado, pero, al mismo tiempo, vio confirmada su apreciación de aquella mujer excepcional. Pues él sabía que Stella podía adaptarse automáticamente a cualquier situación y afrontarla como si la hubiese estado esperando desde fecha inmemorial. La admiró sinceramente, aunque le enfureciera descubrir que la heroína de la Unión Soviética, ensalzada por todas partes; la mujer más condecorada de toda Rusia, no había caído, ni mucho menos, bajo las balas alemanas, sino que seguía viviendo anónimamente en Jarkov.

Cuando Sibirzev creyó haber visto a Stella en el vestíbulo de la estación, entre los remolinos de gente, y luego la siguió afuera, no estuvo muy seguro. «Bueno —se dijo—, parece la Korolénkaia; tiene el mismo porte, la misma forma de caminar..., ¡cuánta semejanza, diablos! Pero sólo puede ser eso. Stella Antonovna está muerta, se encontró su jeep acribillado, su cartilla de aciertos ensangrentada; sólo faltó el cuerpo. Su cadáver continúa sin aparecer, y para explicarlo se dice que los alemanes se la llevaron consigo, al objeto de escarnecerla.»

Así pues, Sibirzev, queriendo salir de aquella incertidumbre, decidió seguir a la mujer e interpelarla como si fuese Stella Antonovna. Y ahora le sobresaltó el hecho de que ella, en lugar de titubear o negar todo, le hubiese dicho tranquilamente, «acompáñame, Bairam Vadimovich». Tampoco le quedó la posibilidad de exigir explicaciones. Ella corrió delante a través de la lluvia, el pañuelo sobre la cabeza, y él la siguió a grandes zancadas; cuando la alcanzó, la observó con el rabillo del ojo.

Había llegado a Jarkov dos días antes para reponerse de su grave herida en el estómago, y permanecería allí una semana. Lo habían alojado en una escuela, se encontraba muy bien, no había tenido noticias de la sección Baida y esperaba no tener que reunirse nunca más con aquellas espantosas hembras. Ya la primera noche, apenas llegado a Jarkov, buscó a una muchacha. Eso era sencillo: había suficientes mujeres pobres y hambrientas en la gran ciudad, mujeres que habían perdido todo, salvo su actractivo cuerpo. Y tan pronto como hizo señas con tocino y un tarro de mermelada, se encontró sobre un deteriorado colchón en un sótano húmedo e inmundo, donde descargó la presión reprimida durante largo tiempo.

Llegados a una zona en ruinas, todavía por descombrar, Stella se detuvo y se respaldó en una pared descascarillada. Sibirzev se le acercó, husmeador, y miró, interesado, a su alrededor.

—¿Vives aquí? —preguntó.

—En el sótano.

—Como una rata.

—No puedo permitirme un piso.

—¡Es natural! ¿Cómo podrías vivir tú entre seres humanos? —Hizo una mueca irónica—. Se te reconoce al instante. Tu retrato cuelga por todas partes. ¡Korolénkaia, el modelo ideal! ¿Y qué es realmente! ¡Una miserable desertora! ¡Una prófuga! ¡Una deplorable cobarde! En fin, ¡sólo una rata sarnosa! —Hizo chocar un puño contra otro; la lluvia trazó regueros en su rostro chato—. Te llevaré a la comandancia. «Aquí la tenéis —diré—. ¡Vuestra heroína! ¡Enorgulleceos de ella!» ¡Menudo festival se armará!

—Tienes derecho a hacerlo —replicó, muy serena, Stella Antonovna.

—¡Yo podría aullar de preocupación y vergüenza! —exclamó Sibirzev cogiendo a Stella por los hombros y atrayéndola hacia sí—. ¿Por qué lo hiciste, Stellinka? ¡La sección entera, todos nosotros te admirábamos! ¡Cómo nos enorgullecimos cuando te nombraron heroína! Además, el nombramiento nos honró a todos. Cuando las cosas se endurecían en el frente; cuando combatíamos por cada metro de tierra patria, pensábamos a menudo: «¡Ahora debería estar Stella entre nosotros!» Sí, eso es cierto. Siempre estuviste entre nosotros, no se te olvidó, y tampoco se te olvidaría hoy ¡si yo no te hubiese descubierto! ¡Qué indignidad para todos nosotros! ¡Nuestro arquetipo es un desertor!

—La historia es muy larga, Bairam Vadimovich.

—Sólo hay una cosa que cuenta: ¡Lealtad a la patria! ¡Liberación del suelo natal! ¡El honor! ¡Y tú has traicionado todo eso! ¿Por qué?

—Todos solemos desfallecer —replicó ella—. Ven al sótano.

—¿Estás sola?

—¿Quién podría acompañarme? Sólo las ratas. Me pertenecen.

Ella se adelantó, alcanzó un pasillo subterráneo y se detuvo. Por todas partes había restos de pared, ladrillos, bloques de cemento y vigas calcinadas. Cualquier día aparecerían por allí dragas de cuchara y tractores, que aplanarían todo para la construcción de nuevos bloques de viviendas.

—Así es. Pasa, tú eres el visitante. Abajo hay más comodidad que aquí arriba. Incluso un sofá forrado de felpa roja.

Sibirzev asintió. Su falta de intuición fue pasmosa. Tal vez creyó que Stella había reconocido, al fin, la inutilidad de seguir ocultándose. Pero, tan pronto como le hubo dado la espalda, Stella cogió un mazacote de cemento con muchas aristas y, levantándolo cuanto pudo, lo descargó fuertemente sobre el cráneo de Sibirzev. Él se desplomó al instante, y el estrépito que hizo al caer ahogó su alarido. Quedó atravesado en la escalera, con el rostro inundado de sangre.

Apretando los dientes y con la mirada vacía, Stella cogió de nuevo el mazacote y lo dejó caer en la cabeza de Sibirzev. Repitió la operación hasta que la cabeza fue una masa irreconocible de huesos, masa encefálica y sangre. Luego, sin poder contener el estremecimiento que recorrió todo su cuerpo, cogió el cadáver por las piernas y le dio una patada. Rodó escaleras abajo y se perdió entre las tinieblas del sótano. Si alguien diera con él, sólo encontraría un esqueleto roído por las ratas. Con la planificación urbanística se encontrarían tantos muertos desconocidos entre las ruinas, que no valdría la pena recoger sus despojos mortales para darles sepultura. Serían triturados junto con los escombros.

Cuando Stella llegó a casa, Piotr Hermannovich estaba sentado, haciendo prácticas de ruso con la lectura del *Jarkov-Pravda*, que había reaparecido. Ahora iba sin vendaje; sólo conservaba algunos esparadrapos alrededor de la boca, que le servían para disculpar su defectuosa pronunciación. Ya entendía bien el ruso y sabía hablarlo con relativa fluidez; pero en sus conversaciones con los vecinos se limitaba a gruñir unas cuantas palabras. Nadie se ofendía por ello; todos comprendían que necesitaba aprender de nuevo a hablar. Todo el mundo le apreciaba. En la Administración de Ferrocarriles se le había sugerido incluso que presentara una solicitud de ingreso. Un camarada tan aplicado e inteligente como él podría llegar incluso a jefe de estación. Piotr Hermannovich gruñía y decía, «¡ya veremos!»; pero añadía que, en el fondo, él era campesino, no funcionario.

—Sin embargo, la vida del funcionario es fantástica —le incitaba el jefe de personal ofreciéndole una vodka y un *papirossa*—. Estás siempre en un lugar caldeado, tienes tu sueldo fijo, no te ensucias las manos con porquerías y alcanzas la jubilación con muy buena salud. ¿Dónde se le ofrece eso a un campesino?

Tampoco hubo mucho revuelo con la documentación de Stella. La Administración de Jarkov selló la instancia y comprendió inmediatamente que cualquiera puede perder todo cuando se incendia su granja. En realidad no había expedientes ni registros oficiales por ninguna parte, pero allí estaba la tarjeta de identidad de Piotr, cuya cara concordaba con la de la foto... No había ningún motivo, pues, para ser mezquinos. Por consiguiente, se expidió nueva documentación para Stella Antonovna: ahora se apellidaba oficialmente Salnikova, estaba casada desde hacía tres años, de profesión tejedora —lo cual era cierto—, con domicilio actual en Jarkov, trabajo eventual en la estación ferroviaria de mercancías. Cuando Salnikov expresó el deseo de volver al campo, se expidió para ambos otro certificado donde se hacía constar la autorización para establecerse en cualquier otra comarca.

—¡Ahora somos ciudadanos de pleno derecho! —había exclamado satisfecho, Piotr, cuando salían de la Administración—. Rusia nos abre sus puertas. Sólo nos falta la paz.

Piotr levantó la vista cuando Stella Antonovna llegó al piso y se apoyó, jadeante y pálida, en la puerta, mientras el agua resbalaba por sus facciones descompuestas. Pasó junto a Piotr con la mirada fija, como si no le viera, y luego quedó inmóvil, mientras se formaba un charco de agua a sus pies.

Piotr soltó el *Jarkov-Pravda* y, acercándose de un salto a la rinconera de la cocina, cogió una toalla.

—¡Santo cielo, qué aspecto tienes! ¿Por qué no te resguardaste en algún sitio? Quítate esa ropa mojada, Stellinka. ¡Cogerás un resfriado!

—Debemos marcharnos —replicó ella, apática—. Inmediatamente, Piotr. Hoy mismo.

Él se detuvo, y la miró lleno de estupor:

—¿Qué..., qué ha pasado?

—No me preguntes, Piotr. Debemos irnos inmediatamente.

—¿Han descubierto quién soy?

—No

—¿Te han reconocido?

—No... —Stella le cogió la toalla y se secó la empapada cabeza—. ¡No me preguntes más! Debemos irnos ahora... No puedo estar por más tiempo en esta ciudad. ¡Te lo ruego, Piotr, si me quieres de verdad! Hoy mismo.

—¡¿En plena noche?!

Él contuvo el aliento; inesperadamente se le ocurrió hacer cien preguntas, pero se tragó todas porque ella había apelado al amor, a su inquebrantable confianza.

—¡Ahora mismo, Piotr!

—¿Sin despedirnos del trabajo?

—Sin nada. Partiremos, sencillamente. ¡Por favor, Piotr!

—¿Y mañana temprano...?

—No me sería posible dormir ni una hora esta noche. ¡Oh, Piotr, ya te lo explicaré! Pero ahora no. ¡No aquí! Primero marchémonos...

—¿Adónde?

—Hacia el Este. Pasado el Don, pasado el Volga, más allá de los Urales. ¡Lejos, muy lejos de aquí! —Se apretó la toalla contra la cabeza y le miró con ojos suplicantes—: Rusia es tan inmensa, que dos personas encontrarán siempre algún sitio. Podemos tomar el tren hasta Voronej y, desde allí, seguir hacia Stalinsk, Kuibischev y Ufa. Y luego, a Sverdlovsk; Piotr, allí comenzará nuestra nueva vida. Siberia se extiende ante nosotros.

—Ésa es una palabra que no me gusta nada oír —replicó acalorado, Piotr.

—Siberia puede ser maravillosa.

—¡Puede...! Casi todos rechinan los dientes cuando la oyen mencionar.

—Eso era antes, Piotr. Siberia es una tierra virgen. ¡Toda su vastedad nos pertenecerá! Y allí no nos conoce nadie.

—Está bien —admitió, muy serio, Piotr—. Veo que tenemos problemas. Tienes miedo.

—Sí —replicó ella sintiéndose de pronto muy cansada. Se sentó en una silla—. Hemos de vivir allá donde no pueda haber nunca más una Koroliénkaia.

—¿Crees posible eso? ¡Quién sabe lo que se organizará contigo después de la guerra!

—Todo es distinto en Siberia, Piotr. Allí el pasado se tornará leyenda. ¡Allí sólo tiene validez el futuro! Nadie nos hará preguntas. Mirarán nuestras manos y nos dirán: «¡Bienvenidos, queridos! Tenéis manos fuertes. ¡Y potentes músculos! Seremos buenos amigos.»

Recogieron lo indispensable. No fue mucho: dos bolsas de viaje llenas. Sin mirar hacia atrás, marcharon hasta la estación. El tren de Voronej saldría hacia la madrugada. Se acurrucaron en un rincón de la sala de espera. A su alrededor, sentados, acuclillados, había innumerables viajeros, soldados y paisanos... que, cuando apareció el tren, asaltaron los compartimientos, entre juramentos e imprecaciones, codazos y patadas, pues sólo así era posible hacerse con un asiento.

Stella no recuperó el color hasta que el tren abandonó Jarkov y empezó a traquetear por la estepa; fue como si se abriese un vaso sanguíneo tras otro, a medida que el tren se alejaba de la ciudad. Piotr, en un asiento de ventanilla, contempló el paisaje con semblante pétreo. Aquélla era la estepa donde se diera por desaparecido al brigada Hesslich. Y se desangrara la cuarta compañía...

—Cada vez nos acercamos más al paraíso —susurró ella—. *Nuestro* paraíso, querido.

—No hay paraíso en la tierra, Stellinka.

—En Siberia sí. Allí construiremos uno propio.

—Deberemos correr todavía mucho —replicó gravemente Piotr desviando la vista de la estepa. A derecha e izquierda de la vía férrea se veían aún los mudos testigos de la ofensiva soviética: camiones alemanes incendiados, tanques destrozados, vehículos de transporte. No había gente disponible para la gran limpieza, era más importante el envite hacia la frontera alemana—. Mucho debemos correr.

—Siberia es infinita —dijo ella echándole los brazos al cuello—. Y tenemos mucho tiempo, Piotr. Un tiempo que sólo nos pertenece a nosotros.

En mayo de 1946, tras el gran deshielo, cuando la taiga empezaba a florecer y por todas partes el verde reciente se fundía con el vasto azul del cielo, una columna de transporte llegó a la aldea de Novo Kalga, en la depresión del río Yayetta, con el propósito de cortar madera. Entre los recién llegados estaba el matrimonio Salnikov.

La pareja inspeccionó los alrededores, paseó por la aldea, saludó, cortés, a los curiosos lugareños y luego se presentó al soviet de la aldea —llamado allí aún *starosta*— para celebrar una entrevista. Por aquellas fechas lo era todavía Nikita Ilich Kaschlev, un sujeto canoso, curtido y prostático, un hombre que en su vida había conocido tan sólo la lucha contra el bosque y los troncos de dureza diamantina; un hombre que se había emborrachado con los cazadores y nómadas yacutos cuando éstos acudían a entregar sus pieles en el centro colector; un hombre que, entre unas cosas y otras, había procreado nueve hijos, quienes trabajaban ahora en el bosque.

Kaschlev echó primero una ojeada a Stella Antonovna y la encontró muy bella. Luego examinó a Piotr Hermannovich y decidió que no le era antipático. Después analizó los documentos y certificados. Según éstos, la pareja había vivido casi un año en Yakutsk, y luego un mes en Siuddiukar, la gran colonia yacuta. Stella Antonovna había trabajado en una tejeduría, y Piotr, en la administración forestal. Todo aquello sonaba bien, pero, ¿qué significaba en Novo Kalga?

Nikita preguntó hermético:

—¿Y bien? ¿Qué buscáis aquí?

—Nos han recomendado esto —respondió Salnikov.

—Una recomendación del manicomio, según parece. ¡Quien os recomendó Novo Kalga, no puede ser más que un demente!

—Quisiéramos establecernos aquí.

—¿Aquí? ¿Para siempre?

—A ser posible...

—¿Venís de Yakutsk, el paraíso, y queréis emmoheceros aquí? ¿Qué os sucede? ¿Tenéis alguna enfermedad contagiosa? ¿Sois unos granujas abandonados de Dios? Uno no viene nunca a Novo Kalga por iniciativa propia.

—Usted vive también aquí, Nikita Ilich —terció Stella levantando la voz.

—¡Yo he nacido aquí! ¿Por qué? ¡El culpable es mi abuelo, a quien el Zar desterró a este agujero infernal! Pero, ¿vosotros? ¡El mundo es grande!

—A nosotros nos gusta esto, camarada.

—¿Qué pensáis hacer aquí?

—Si pudiésemos labrar un pedazo de tierra...

—Podéis colgaros todo el bosque del cuello si os place; la Adminitración no se opone. ¡Santo cielo! —Kaschlev hizo un ademán invitador—. Hay un plan según el cual podéis elegir tierra de labranza. Pero antes de que os extienda el contrato, permitidme una pregunta: ¿Tenéis la sesera en buen estado?

—Hasta ahora sí —replicó sonriente Stella Antonovna—. Nos han dicho que la taiga ata para siempre. Que no es posible eludirla.

—Un verdadero filósofo quien haya soltado eso —gruñó Kaschlev.

—Pero que cuando te engulle, lo más hermoso es Novo Kalga.

—¡Ese filósofo es un idiota!

—¡Queremos vivir aquí! —insistió Piotr con tono firme. Su aire resuelto impresionó visiblemente a Kaschlev—. Dentro de dos o tres años, esto habrá cambiado por completo. El progreso habrá llegado también aquí.

—¡Ajá! ¿Eres un buen comunista?

—Sí.

—¿Un creyente? ¿Uno de los que están pendientes de los labios de Lenin?

—Naturalmente.

—Entonces es buena idea eso de venir a Novo Kalga —dijo, sarcásticamente, Kaschlev—. ¡Búscate un trozo de taiga y cultívalo con arreglo a los lemas leninistas! Esperaré hasta ver cómo arrancas las patatas.

El bueno de Kaschlev vivió dos años con la familia Salnikov. Y no salía de su asombro. También mostró enorme respeto cuando yacía enfermo de muerte y nadie podía librarle de su cáncer de próstata. Pues el hospital más próximo, con cirujano, estaba en Yakutsk; y ¿quién iba a pagar el traslado hasta allí? El doctor Semaschko mitigaba los dolores dentro de sus posibilidades.

Kaschlev dijo a Piotr:

—¡Ya ves lo que pasa aquí! No puedes ponerte enfermo, y si te pones, serás como un árbol carcomido que se desploma. Viliam Matvejevich puede calmar los retortijones ordinarios, y también se pueden tener aquí hijos, sin mayores complicaciones. Pero cuando crece en tu cuerpo algo extraño que te siega la vida, como este maldito tumor, entonces estás perdido. Con todo, he llegado a los setenta y nueve años. ¡Eso ya es algo! —Miró a Salnikov y sonrió—. Nunca me he arrepentido de daros este terreno. ¡Hay que ver lo que habéis hecho de él en dos años! Ha sido un verdadero placer veros trabajar. Ahora Stella está embarazada. No me decepciones, Piotr. ¡Debe ser un chico!

Así había evolucionado todo lo que en aquel día de mayo de 1946 no parecía aún tan esperanzador. Desde luego, se había ganado la guerra; la Alemania de Hitler estaba destrozada por completo; las tropas soviéticas desfilaban en Berlín. Había sido una época terrible para Piotr. Cada noche se sentaba con Stella ante la radio y escuchaba los últimos comentarios y noticias de la emisora Yakustsk, veía en el cine los documentales sobre la ocupación de Berlín, las gigantescas columnas de prisioneros, los increíbles campos de ruinas que fueran otrora ciudades alemanas, las famélicas colas humanas. Y luego, unas imágenes que le encogían el corazón: los campos de concentración, las montañas de cadáveres, los liberados —manojos de piel y huesos—, las cámaras de gas, los hornos crematorios. Oía citar cifras inconcebibles, pero cuando veía los montones de pelo cortado y dientes de oro rotos, sentía enorme aversión y comprendía que el mundo entero se estremeciera de espanto.

—Nadie creerá jamás que el gran público no haya sabido nada de eso —dijo en cierta ocasión—. Y, ¿cómo explicarlo a la vista de semejantes imágenes? Nosotros, los alemanes, hemos perdido todo crédito.

—Tú no eres alemán —le había replicado Stella—. Tú eres Piotr Hermannovich. Trabajador forestal de la brigada agronómica Lena I.

Y cambió de emisora, en busca de música. Desde entonces bajaba siempre el volumen cuando Piotr se sentaba junto a la radio para escuchar noticias.

Él se opuso un par de veces.

—¿Por qué? Quiero oír lo que pasa en Alemania.

—Lo importante para ti es saber lo que pasa en Siberia. ¡Tú estás aquí, no en Berlín!

Y como era bueno lo que les contaban de Novo Kalga, ambos habían decidido, después de vagabundear tres años por el vasto país, preparar allí un huerto propio.

Al principio, Nikita Ilich dudó todavía un poco. Pero Salnikov hizo entonces algo que le había ayudado siempre en sus tratos con las autoridades. Algo mucho más elocuente que todos los razonamientos y palabras. Se bajó los pantalones y, ante el pasmo de Kaschlev, se levantó los calzoncillos y mostró el muslo izquierdo.

El boquete en la carne era impresionante. La ancha cicatriz inspiraba al instante profunda compasión. ¡Menuda herida, qué barbaridad! ¡Cuánto debe haber sufrido!

—¡Los fascistas! —exclamó Stella Antonovna mientras Piotr orientaba el muslo hacia la luz adecuada—. También se debe tomar esto en consideración cuando se habla con Piotr Hermannovich.

Kaschlev quedó impresionado. Estrechó la mano al bravo veterano y firmó un contrato de arrendamiento por la hermosa extensión de la taiga que ahora era el hogar de los Salnikov.

Cuando murió Nikita Ilich, Piotr trabajaba ya como cazador al servicio del Estado. Supervisaba la cría de castores y procuraba que los yacutos no hiciesen demasiados estragos en las reservas de marta cebellina y visón, zorro y liebre de las nieves. Se protegía a los osos pero se daba caza a los lobos porque éstos no tenían ninguna misericordia con el reno, el animal doméstico de la taiga.

Entonces le sustituyó como soviet de la aldea Sinoviei Tofikvich Ivinin, un tipo cicatero que, según aseveraba el doctor Semaschko, valorizaba todo por triplicado y sería capaz de comerse sus propios excrementos si alguien lograra convencerle de que eran sabrosos.

Ivinin provenía de Mirni, cabeza de partido, sede de la Administración de la región del alto Viliui, cuyos funcionarios venía afirmando, desde fechas lejanas, que, tras cien años de nepotismo local, Novo Kalga debería tener, por fin, un *starosta* forastero. Así pues, se le había asignado un cargo peliagudo. Era todavía un extraño allí..., pero se ganó la confianza de la Antonovna con una buena acción: se ocupó de que Stella recibiese un telar enviado de Yakutsk y fundase una tejeduría propia. Entonces nació su hijo Gamsat, un chico robusto, e inmediatamente después del nacimiento —supervisado por el doctor Semaschko—, Piotr fue a la tumba del viejo Kaschlev para anunciárselo.

—¡Nikita Ilich, es un chico!

Poco después transcurrió toda una semana sin llover en la comarca, el sol calentó lo suyo, el vapor de agua ascendió desde los pantanos, y Stella comentó:

—¡Fíjate cómo se regocija Nikita en el cielo...!

Ivinin visitó a Stella Antonovna en la tejeduría, allá por 1950, y dijo:

—Tengo un encargo estupendo para ti. Mis relaciones en el partido... bueno, ¿quién lo censuraría? Es preciso tener contactos; de lo contrario, la vida sería un continuo correr en círculo. ¡Y esos encargos se escaparían por las rendijas! Bien. ¿Podrías tejer tirantes para pantalones?

—Tiras con las cuales se confeccionan los tirantes.

—Eso quiero decir. Tú provees de las tiras y ellos confeccionan los tirantes para los trabajadores. ¡Tirantes de lujo! Ya hay tres máquinas de coser allí, y cuatro en camino.

—¡Eso suena a una operación grandiosa, Sinoviei Tofikovich! —Stella le miró, atónita—. ¿Cuántos metros de tira necesita usted?

—Miles... Diez mil..., ¡qué sé yo!

—Entonces tendré que emplear chicas y construir una nave. También necesitaré más telares. ¡Y, sobre todo, materia prima!

—¡Se atenderá a todo! —exclamó Ivinin con tono convincente—. Tienen nuevos sastres en la columna, y se me ha ocurrido que se les podía dar mejor empleo que el de aserrar madera y cortar tablones.

—¿Quiénes son?

Adoptando un aire misterioso, Ivinin se inclinó sobre Stella, atisbó en las profundidades de su blusa y disfrutó con la vista de aquella exhuberancia femenina. Desde que naciera Gamsat, Stella había desarrollado unos senos que todos envidiaban a Piotr, porque él era el único usuario.

—¿Conoces Dhanuga? —susurró Ivinin como si fuera a revelar un gran secreto.

—No.

—¡Claro está! Dhanuga no aparece en ningún mapa conocido. Verdaderamente es tan sólo un número de registro. Dhanuga está compuesto por veinticuatro barracones, rodeados de un seto muy alto y nueve atalayas. Prisioneros de guerra alemanes o, para ser más exactos, delincuentes fascistas. Todos condenados a cadena perpetua o quince años, según los casos. Ellos mismos han construido su propio aserradero. Y, por cierto, en el campamento tienen esos sastres que carecen todavía de ocupación. ¡Pero tienen también al comandante Meteliev! ¡Un tipo emprendedor! ¿Y qué hace Meteliev? Pues se le ocurre la idea de los tirantes, pide permiso a la Administración Central y ésta le contesta: «Está bien, adelante, pero ocúpate tú de adquirir el material.» Y ahora, todo corre a mi cargo.

—¿Comó a su cargo? —preguntó Stella Antonovna.

Pero ella estaba pensando en Piotr. ¿Un campamento de prisioneros alemanes en nuestras proximidades? ¿Por qué nos persigue otra vez el pasado? ¿Es que ni Siberia es lo bastante grande?

—El comandante Meteliev ha visto una de tus tiras. Se la regalé como adorno de pared. ¡Hay que tener contentos a los amigos, Stella! ¿Y qué exclama Meteliev? «¡Esto es fantástico! ¡Artesanía yacuta! ¡Qué exquisitez! ¿Y lo fabricáis vosotros? ¡Ah, se puede hacer algo interesante con esto! ¡No vamos a tolerar que se pudra en el bosque!» Y así se llegó a esos tirantes de pantalón que Meteliev quiere presentar en la gran ciudad. ¡Los sastres alemanes se encargarán de coserlos!

Stella Antonovna estimó conveniente no decir nada a Piotr de aquella conversación. Por lo pronto, todo aquello era tan sólo un proyecto del comandante Meteliev y del cicatero Ivinin. Pero sí habló de ello al doctor Semaschko, y le preguntó si conocía el tal campamento.

—¡No! —respondió, asombrado, Viliam Matvejevich—. ¿Un campo de prisioneros? Eso deberían saberlo los yacutos. Una noticia semejante circula pronto por ahí. Y si ellos tienen un aserradero propio, eso quiere decir que el campamento existe desde hace algunos años. ¡Eso es interesante!

El invierno llegó, se proveyó la nueva maquinaria, se terminó la nave de producción con troncos redondos en forma de gran choza, e incluso llegó la materia prima —lienzo y lana de muy diversos colores—, lo cual fue visto como un milagro por todo el mundo y acrecentó sobremanera el prestigio de Ivinin entre las gentes. La producción comenzó. Se almacenó la mercancía acabada hasta la primavera, para tener existencias y mantener ocupados a los sastres alemanes.

Después del deshielo, todos fueron en un camión, lleno de mercancía, primero, a Mirni, donde les esperaba el comandante Meteliev. Piotr Hermannovich era de la partida. Hasta entonces no había sabido cuál era la finalidad de las cintas. Y permaneció impasible cuando se lo revelaron.

—Cierta vez me dijiste: «Tú debes ser Salnikov.» ¡Y lo *soy*, Stella! ¿Aún tienes miedo?

—Sí.

—¿Después de casi ocho años? ¿Después de que naciera nuestro Gamsat?

—Quien ama, tiene siempre miedo —replicó ella.

No se habló más de ello. Y Piotr no dejó entrever que pensaba a menudo en aquel campamento. Ahora hacía ya cinco años que había terminado la guerra y, sin embargo, seguía habiendo prisioneros de guerra. Eran llamados «criminales de guerra», sentenciados y condenados. Piotr no podía explicarse por qué no los metían en las cárceles para cumplir sus correspondientes penas, ni por qué eran retenidos en un campamento de Siberia que nadie conocía.

El comandante Meteliev recibió a todos con suma cordialidad, tuvo palabras muy elogiosas para el trabajo de Stella y les participó, a modo de sorpresa, que se les ofrecería un banquete en el mismo campamento. Él reinaba allí como un pequeño monarca: dueño absoluto de mil cien prisioneros alemanes y doscientos milicianos rojos como vigilantes.

—¡Es un soldado humanitario! —susurró Ivinin a Piotr, camino del campamento—. Esos fascistas..., todos ellos son criminales, pero él les da un trato humanitario. ¡Un campamento modélico! Ya lo verás: te sirven como en un hotel. Quiere incluso que los camareros corran por ahí con chaquetillas blancas, ¡Ja, ja! La Central de Sverdlovsk está lejos...

Salnikov asintió en silencio. La sangre le hervía cada vez más.

Vieron el campamento sólo desde fuera: una empalizada alta, las atalayas, el gran portalón. Cerrado. Nadie trabajaba fuera del recinto circunscrito por un muro de madera; allí se oía tan sólo la música perpetua que los altavoces hacían sonar durante todo el día sobre los barracones.

La Comandancia se alzaba ante el campamento; tenía zócalo de piedra y estaba pintada de color pardusco. Un joven teniente les saludó marcial, y luego el comandante Meteliev condujo galantemente a Stella Antonovna dentro del edificio. Piotr les siguió de cerca; se sintió como si le fuera imprescindible la proximidad de Stella para poder soportar aquella jornada.

Habían puesto la mesa en una gran sala..., porcelana tintineante, copas de vino brillantes e incluso un centro de flores.

¡En verdad, una mesa de festín!

Piotr no levantó la vista. Pegados a las paredes, sirvientes muy erguidos..., y, como dijera Ivinin, con chaquetillas blancas de hilo. No parecían hambrientos ni pesarosos, pero, en definitiva, eran los elegidos, los afortunados. ¿Cuál sería el aspecto de los condenados más allá del muro de madera?

Nueve oficiales soviéticos se cuadraron cuando Meteliev entró en la estancia. Se colocaron detrás de sus respectivas sillas.

También se sentaron tres alemanes a la mesa, con uniformes limpios, aunque sin distintivos.

Piotr y Stella le vieron casi al mismo tiempo, y él les reconoció también apenas entraron. Sin embargo, no se movió ni un músculo en su rostro; la mirada se mantuvo curiosa..., y neutra. Se erguía casi al final de la mesa, alto, esbelto, algo más descarnado que antes. Pero conservaba su brillante pelo rubio.

El comandante Meteliev fue un anfitrión perfecto. Hizo las presentaciones entre Stella y todos los demás invitados. Fueron caminando de uno en uno y hubo inclinaciones de cabeza. También se presentó a los alemanes, quienes hicieron una breve reverencia.

Médico de Estado Mayor, doctor Schmude. Jefe médico, doctor Keilkamp. Médico auxiliar Ursbach...

—¡Los mejores médicos que jamás he visto! —exclamó, orgulloso, Meteliev—. ¡Verdaderamente me siento orgulloso de mi hospital de campo! Por favor, siéntense.

Durante la comida, Piotr ocupó un puesto frente al de Ursbach. Intercambiaron dos o tres veces largas miradas, hablando con los ojos; luego comieron, bebieron, brindaron por el Ejército Rojo y Stalin, escucharon un coro compuesto por voces rusas y alemanas bajo la dirección de un profesor de música alemán.

Más tarde, Stella dijo al comandante Meteliev:

—Ha sido un día maravilloso. ¿Se podría ver todo el campamento?

—Por desgracia no. Pero puedo enseñarle la cocina, el almacén y los alojamientos de la tropa.

Piotr se quedó atrás. Se encaminó hacia el camión de la mercancía y encontró allí a Ursbach, que había tenido la misma idea. Quedaron frente a frente, con los brazos colgantes. ¡Les hubiera gustado tanto poder darse un abrazo!

—Peter... —dijo Ursbach con voz ronca—. ¡Dios mío! ¿Eres realmente tú?

—Sí, Helge. Soy yo.

—¿Te escapaste del cautiverio para llevar una vida clandestina?

—No. —Casi se avergonzó al decirlo—. Me hirieron y me escabullí entre sus líneas junto con Stella.

—También la he reconocido al instante. ¡Stella Antonovna! La estrella del batallón de mujeres. Todo esto es onírico.

—¿Y tú? ¿Cómo te ha ido?

—Lo normal. —Ursbach trató de esbozar una sonrisa—. Lida Ilianovna me dejó huir..., ya sabes, la estudiante de Odontología. Pero no conseguí cruzar las líneas. ¡Nuestras fuerzas se retiraron demasiado aprisa y no logré alcanzarlas! Y entonces me pescaron. Lo pasé bastante mal hasta 1945. Sin embargo, desde esa fecha pasé por cuatro campamentos como médico y, por fin, he aterrizado aquí. Hace un año de esto.

—Yo vivo aquí cerca desde hace cuatro años. Tenemos una casa, mucha tierra y un hijo. Se llama Gamsat. Yo me llamo Piotr Hermannovich Salnikov. ¡Nos hemos vuelto a ver, Dios mío! Parece increíble. ¿Sabes lo que ha sido de Lida?

—Debió de quedar trastornada después de mi marcha. Fue también heroína de la Unión Soviética, y tenía 317 aciertos cuando la mataron, el 20 de setiembre de 1943, en Krasnograd. La noticia salió más tarde en todos los periódicos. Vi su fotografía. —Se golpeó el bolsillo de la pechera—. La llevo conmigo a todas partes. Envuelta en hule...

—La quisiste mucho, ¿verdad?

—Sí.

—Entonces, ¿puedes comprender que yo sea ahora Salnikov y viva con Stella?

—Tal vez yo habría hecho lo mismo, Peter. —Ursbach miró en torno suyo. No había nadie a la vista. Estaban inspeccionando las cocinas—. ¿Piensas volver a Alemania..., si se te ofrece la oportunidad algún día?

—No. Pero, ¿por qué no te han soltado a ti? ¿Te han condenado ya?

—A quince años. Por haber colaborado como médico ¡y curar a los soldados fascistas invasores! ¡Textualmente! Así se convierte uno en criminal. Pero el comandante Meteliev me ha dicho que iré a Moscú este verano. Y ése es el trampolín para saltar a casa. Con un poco de suerte, estaré por Navidad bajo un árbol alemán. Tendrá bolas multicolores, pan de especia... ¡Dios mío, cómo sueño con todo eso!

—Y cuando estés en casa... ¿hablarás de nosotros? ¿Del batallón de mujeres?

—No lo sé.

—Nadie te daría crédito, Helge. ¡Es tan increíble!

—Lo intentaré.

Ursbach miró hacia la cocina. Escoltada por el comandante Meteliev, Stella se dirigía a los talleres. Vestía una falda corta, que se balanceaba sobre las esbeltas piernas. Era tan bella, que Ursbach se atragantó sin poder evitarlo.

—Pero no sé si le interesará todavía a alguien, Peter. El tiempo sigue rodando. Cuando vuelva a casa, la guerra será ya Historia. ¿Quién se interesará por lo sucedido entonces en la estepa, alrededor de Jarkov? Batallón de mujeres... ¿Quién podrá hacerse una idea de ello cuando se lo cuenten? ¿Quién podrá comprender que por aquellos días ciertas mujeres nos metían el miedo en el cuerpo a los hombres, mujeres cuya mera presencia te erizaba los pelos? Y, además, ¿cómo describirlas? ¿Como heroínas? ¿O como una perversión de la guerra? Jamás habrá unanimidad sobre ese punto..., ¡y un asado con patatas y col roja les parecerá más importante a todos! —Miró pensativo a Piotr—. ¿Qué dirías tú?

—Fueron muchachas con los deseos y las añoranzas de cualesquiera otras. Mataron obedeciendo órdenes para proteger su tierra..., nosotros lo hicimos por el Führer y la Patria. Así de sencillo.

—Sí, muy sencillo. —Ursbach asintió—. ¡Oye, ésos vuelven ya de la inspección! ¡No se te ocurra darme la mano! Sé feliz, Peter. ¡Que te vaya bien!

—Y a ti. —Piotr tragó saliva varias veces—. Y si vuelves a casa... ¡saluda de mi parte a Alemania! Y..., hazme pasar por muerto. Yo soy Salnikov, el cazador de la taiga. ¡Que Dios te proteja!

—¡El oírte decir eso es más que una bendición! —Ursbach respiró hondo—. Sé siempre feliz, Peter, con Stella Antonovna.

Dando media vuelta, contorneó el camión y se encaminó hacia la comandancia, mientras Piotr hacía lo mismo por el otro lado y marchaba, sonriente, al encuentro de Stella. Pero cuando ella le miró a los ojos, supo que estaba llorando por dentro.

Aquella noche procrearon a su hija Nani.

Amanecía ya cuando el doctor Semaschko dejó a un lado las anotaciones de los Salnikov.

Los ojos le ardían; el corazón le palpitaba aceleradamente desde hacía horas; había interrumpido la lectura dos o tres veces para desleír unas cuantas gotas en un vaso de agua y echárselas entre pecho y espalda... Stella Antonovna estaba sentada en un rincón, tal como lo estuviera durante la tarde. No parecía haberse movido. Se había quitado las botas, de lo cual se dio cuenta él en aquel momento. También se había desabrochado la indumentaria de caza, como si hubiese necesitado mucho aire durante aquella noche silenciosa e interminable.

El doctor Semaschko dio un puñetazo al grueso libro manuscrito con tapas de cartón y se retrepó en el viejo sillón de mimbre.

—¿Quién sabe esto? —inquirió.

—Nadie. Sólo tú. Viliam Matvejevich.

—¿Y por qué precisamente yo?

—Tú asististe al nacimiento de Gamsat; tú asististe al nacimiento de Nani; tú viste morir a Gamsat, tú viste morir a Nani, tú sostuviste la mano de Piotr cuando moría. Estuviste presente en todos los momentos de felicidad y en todos los de pesadumbre, no sólo como médico, sino también como amigo y padrecito nuestro. Has permanecido conmigo mientras mi familia, mi pequeño paraíso, se desintegraba. ¿Una venganza del destino? ¡Quién sabe! No quiero pensar en ello. Pero dime, ahora que lo has leído todo: ¿Cómo era esa vida? ¿Hermosa o terrible? ¡Yo era tan feliz con Piotr! ¿Es eso un delito? Si lo fue, ¡yo soy la delincuente más feliz del mundo! ¡Una delincuente que jamás se arrepentirá de lo que hizo! ¡Por Dios..., jamás, jamás! Lo haría por segunda vez..., ¡cien veces más si tuviera cien vidas!

—Está bien, hijita.

El doctor Semaschko se levantó del sillón, caminó hacia la cocina y levantando la arandela, arrojó el libro a las rojizas ascuas.

Stella permaneció donde estaba, con ojos desorbitados, petrificada de horror.

—¿Qué..., qué has hecho? —balbuceó.

—¡Nadie debe saber lo sucedido!

—¡Has quemado a Piotr!

—¡He mantenido con vida a Salnikov! —El doctor Semaschko se sentó en el banco junto a Stella Antonovna y la atrajo hacia sí—. Perdurará como una gran figura ante nosotros, las gentes de Novo Kalga y del Viliui. Quizá los yacutos le canten loas en días aún lejanos: la canción de Salnikov, el cazador de la taiga que sucumbiera en lucha honrosa contra el mayor oso de los bosques. Bueno, y, por otra parte, los libros escolares hablarán de la heroína Korolénkaia como lo vienen haciendo desde hace treinta años, y todos se sentirán orgullosos de que esa mujer haya existido y luchado. ¿Por qué privarles de esa felicidad? ¿Acaso es tan importante la verdad?

Stella apoyó la cabeza sobre el pecho de Semaschko.

—Está todo tan cercano aún... —murmuró con entonación infantil—. Vuelvo a tener miedo, padrecito.

Él la acarició, apretó su cabeza contra sí y besó el pelo rubio entreverado de gris. La meció como a una niña que debe dormirse de una vez.

—No hay ningún motivo para tener miedo, hijita —le dijo con voz consoladora—. Tienes todavía un buen trecho de camino ante ti. Recórrelo con la cabeza alta, Stella. Lo que ha sido... ¡bah! ¿A quién le importa una vida semejante? Y, además, nadie lo creería.